2021

YEARBOOK OF CHINA AGRICULTURAL PRODUCTS PROCESSING INDUSTRIES

中国农产品加工业年鉴

科学技术部农村科技司
中国农业机械化科学研究院集团有限公司
中国包装和食品机械有限公司
食品装备产业技术创新战略联盟

编

中国农业出版社
CHINA AGRICULTURE PRESS

内 容 简 介

　　本年鉴较系统地记述了我国有关农产品加工业发展的方针、政策、法律、法规和规划等贯彻执行情况；摘编了有关领导、专家对发展我国农产品加工业的论述及本领域内相关行业的发展综述；简介了相关行业经济运行情况及名、优、特、新产品；登载了农产品加工业的国内外统计资料；记载了相关的国家标准、行业标准、专利以及本行业的大事记。本年鉴资料新颖、准确、科学、翔实，内容丰富，可供政府管理部门、协会、学会、中介组织、生产企业、科研教学单位的管理人员、策划人员、教育工作者和科技工作者参考。

编 辑 出 版 说 明

一、为紧跟我国农产品加工业发展的时代脉搏和大力宣传主旋律，在各级领导和行业专家的支持和帮助下，我们组织编辑出版的《中国农产品加工业年鉴》(2021)与广大读者见面了，其宗旨是为我国农产品加工业的发展起到桥梁和促进作用。

二、《中国农产品加工业年鉴》由科学技术部、农业农村部、国家发展和改革委员会、国家林业和草原局、国家粮食和物资储备局、中华全国供销合作总社、中国机械工业联合会、中国轻工业联合会的有关主管部门及农产品加工业相关协会、学会、科研院所、大专院校等，与中国农业机械化科学研究院集团有限公司、中国包装和食品机械有限公司、食品装备产业技术创新战略联盟联合编辑出版。

三、《中国农产品加工业年鉴》(2021)安排了 7 个部分的框架内容，每个栏目名称基本未变，其中的内容和数据均以 2020 年的基本情况为主；但根据资料获取的难易程度也有部分 2019 年前后的情况，以保持每卷年鉴的连续性，其中的政策法规及重要文件、大事记和标准均以 2021 年的基本情况为主。

四、《中国农产品加工业年鉴》记述了相关方针、政策、法律、法规和规划等贯彻执行情况；摘编了有关领导、专家对发展我国农产品加工业的论述及本领域相关行业的发展综述；介绍了农产品加工业行业经济运行情况及名、优、特、新产品；登载了农产品加工业国内外统计资料；记载了相关的国家标准、行业标准、专利以及本行业的大事记。年鉴既述事，也记人，每年编辑、出版一卷。若干年后，不但可以见证我国每年的农产品加工业发展情况，而且将是系统、全面、可靠、翔实的史册和工具书。由于年鉴的权威性和正式的连续出版发行，将有益于国内外各界了解和研究我国农产品加工业现状与发展等情况，促进相互交流与合作；有益于各部门借鉴现实和历史经验，掌握全局，运筹帷幄，制定政策和发展规划，指导本行业健康发展；有益于社会各界沟通行业信息、产品信息，互相学习，取长补短，推动我国农产品加工业的发展和乡村振兴战略的实施。

五、本年鉴各部分所列数据，因来源渠道不同，不尽一致。全面的数据均以国家统计局提供的为准。本年鉴全国性统计数据均不包括香港、澳门两个特别行政区和中国台湾省。两区一省的相关数据，在年鉴的附录中列出。

六、为系统、准确、科学、翔实地反映我国农产品加工业现状，并力争办出本年鉴的特色，我们在编辑中继续突出了综述文章以当年农产品加工业中国家重点抓的有关行业为主，全书内容以推动产业发展为主，国家标准、行业标准与专利以加工工艺、设备和相应的产品为主，统计数据以国家统计局经济行业分类为主，国外的统计数据以特点显著的部分发达国家和少数发展中国家为主等。

七、本年鉴的编辑、出版、发行等工作，得到了国家及各级有关部门、协会、学会、科研院所、高等院校、生产企业、社会团体的大力支持和帮助，谨此表示衷心的感谢！

目　　录

编辑出版说明

第四部分　国内综合统计资料

Contents

Editors Notes

Part Ⅰ Special Subjects Exposition

Part Ⅱ Development Situation of Related Trades

Part Ⅲ Policies, Regulations and Important Documents

Part Ⅳ　Domestic Comprehensive Statistics Materials

Part Ⅴ   Standard and Patents

Part Ⅵ   Chronicle of Events

Part Ⅶ   Appendix

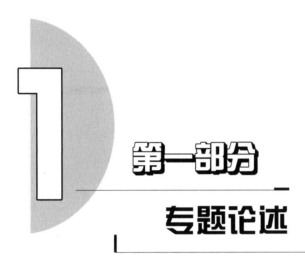

第一部分

专题论述

坚持创新核心地位，引领产业转型升级 提升"大健康"食品供给保障水平

科学技术部农村科技司

创新是引领发展的第一动力，科技是第一生产力，科技创新是建设现代化产业体系的战略支撑。当今世界正经历百年未有之大变局，新一轮科技革命和产业变革带来的激烈竞争前所未有。习近平总书记高度重视科技创新工作，把创新摆在国家发展全局的核心位置，坚持以我为主、立足国内、确保产能、适度进口、科技支撑的国家粮食安全战略，把确保重要农产品特别是粮食供给作为首要任务。粮食安全是国家安全的重要基础，要树立"大食物观"，从更好满足人民美好生活需要出发，掌握人民群众食物结构变化趋势，确保粮食和食物有效供给，满足人民群众日益多元化的食物消费需求。科学技术部农村科技司认真贯彻"藏粮于地、藏粮于技"战略，牢固树立新发展理念，深入实施创新驱动发展战略，实现食品产业科技创新发展，引导鼓励以新思路、新思想、新技术打造中国食品行业现代化生产新业态；大力支持与鼓励科技创新，引领食品工业绿色转型，为开启中国食品行业高质量发展新局面凝聚强大奋斗力量，保障国家食品安全，推动"健康中国"建设。

一、"十三五"以来我国"大健康"食品产业发展成效显著

（一）食品科技创新能力增强，产业驱动效果显著

1. 科技创新平台与成果转化体系夯实创新基础 "十三五"以来，我国以提升创新能力为核心，建设了一批国家重点实验室、国家食品安全检测与评价实验室、国家工程技术研究中心、区域科技发展实验室、食品产业科技创新中心及技术创新联盟等食品科技孵化和创新基地；积极融入全球创新网络，打造了一批国际食品科技交流与合作基地、国际合作共同体、联合研发中心、产业技术发展基地和国际食品产业创业基地，拓展了与相关国际组织的技术合作途径；以食品科技创新人才战略为核心，培养了一批世界一流的科学家、科技领军人才、优秀青年科学家和创新团队。科技创新体制体系进一步

完善，成果转化服务不断强化，推动了科研院所、高校和企业产学研用的紧密结合与协同创新，加速了食品科技成果产出与转化，全行业创新意识不断增强，实现"产业链、创新链、价值链"三链的统一和融合。

2. 核心技术装备自主化增强创新能力 随着国家和社会对食品科技的持续投入，近年来我国食品科技研发实力不断增强，基础研究水平显著提高，高新技术领域的研究开发能力与世界先进水平的整体差距明显缩小，取得了一批以营养健康食品加工、中华传统食品工业化、大宗粮食转化、食品生物工程、食品装备制造为代表，具有引领产业发展作用的重大创新成果，食品加工转化率和资源利用率大幅度提高，中华传统食品加工制造等领域技术与装备水平达到世界领先。食品加工关键技术与装备制造水平显著提高，重点装备自给率大幅度提升。2020年，中国食品包装机械出口总额达到57.01亿美元，远高于2015年（39.47亿美元）。

3. 食品技术创新取得新进展 "十三五"时期，国家和政府大力支持科技创新建设，强化企业创新，形成产学研紧密合作的产业技术创新战略联盟，着力建设创新型人才队伍和基地平台，加速科技成果转化，增强我国食品产业的自主创新能力和国际竞争力。我国食品生物工程、绿色制造、食品安全、中式主食工业化、精准营养、智能装备等领域科技水平进入世界前列。

（二）食品高新技术加快应用，支撑产业高质量发展

1. 企业信息化、智能化发展，促进科技与产业深度融合 我国在营养健康食品加工、中华传统食品工业化、大宗粮食转化、食品生物工程、食品装备制造等重点领域，培育了一批特色鲜明、带动性强、具有国际竞争力的食品高新技术企业。加快了大数据、云计算、物联网等高新技术的应用，提升信息化、智能化水平。企业产品质量效益提升，达到全球食品产业价值链中高端水平。以食品产业为主体，建设了一

批"全链条一体化"的食品产业科技创新中心，促进科技与经济以及一二三产业深度融合，引领产业转型升级。

2. 科技创新引领现代食品产业技术转型升级 我国科技对农产品加工产业发展的贡献率超过 60%，科技创新成为产业升级和可持续发展的主要驱动力。围绕食品安全与健康的科技创新，科技部在"十三五"期间部署了现代食品加工及粮食收储运技术装备、食品安全关键技术研发重点研发专项，食品产业正在从规模型、数量型农产品与食品的初级加工，向质量型、效益型的食品精深制造与创造转变。通过对新型工业技术的积极应用，我国食品工业产值与农业产值的比例已经由 2004 年的 0.5∶1 提高到 2020 年的 1.2∶1。精深加工食品通常具有美味、方便、货架期稳定、低成本等特征，受到消费者青睐，服务居民生活质量提升。

3. 产品提质增效，助力实现高质量发展 "十三五"以来，国家紧密围绕增品种、提品质、创品牌的"三品"战略，扎实推进食品工业改革发展各项任务，培育了一批世界一流、市场竞争力强的龙头企业，优质产品的生产能力提升，持续创新能力增强，创立和维护了一批具有国际影响力的优势品牌。产品结构向多元化、优质化方向发展，新兴产品、创新品类不断涌现，实现产品量的合理增长、质的稳步提升，在激烈竞争态势下助力高质量发展。

（三）强化全链条过程控制，提升食品安全保障水平

1. 产业布局进一步优化，产业链完善延伸 传统主食及中式菜肴逐步实现工业化、规模化生产，功能性食品、养生保健食品和健康食品生产工艺设备不断创新，满足食品消费升级需求。大型企业强化以食品安全为目标的产业链建设；中小企业以区域特色食品创新为基础，成为我国传统食品工业新一批创新主体。鼓励优势企业兼并重组，促进品种、技术、设备等资源向优势企业集中，建设了一批原料生产基地、食品产业园区，产业布局进一步优化，在原料生产、加工物流、市场营销等环节融合发展，产业链条不断延伸。

2. 技术标准体系不断完善，食品质量水平稳步提升 围绕全产业链危害风险的迁移转化、监测检测、追溯预警、过程控制等构建了科技创新体系，快速检测试剂与装备国产化率全面提升，风险因子筛查实现定向检测和非定向筛查的双突破，基于风险评估的食品安全标准科学性得到加强，大数据技术在食品安全智能化监管中广泛应用，全产业链食品安全风险控制能力进一步加强。实现了"从农田到餐桌"的现

代食品物流技术与标准体系全覆盖，食品物流损耗和能耗显著降低。膳食营养干预的健康食品科技保障体系不断完善，为提升全国居民健康素质水平、推进健康中国建设提供坚实的科技支撑。

3. "大健康"食品为国民健康提供重要保障 2021 年，全国规模以上食品工业（含农副食品加工业、食品制造业、酒饮料和精制茶制造业、烟草制品业）企业实现利润总额 7 369.5 亿元，比上年增长 5.1%，比 2019 年增长 15.3%。食品工业以占全国工业 5.9% 的资产，创造了 8.1% 的营业收入，完成了 8.5% 的利润总额，食品工业在国民经济中的支柱产业地位进一步增强。人民群众食品消费向健康型、享受型转变，产业结构由中低端迈向中高端，安全、即食、营养、健康的"大健康"食品成为我国食品消费升级和创新发展的重要方面，国内超大规模市场优势不断显现，消费需求与日俱增。面对严峻复杂的国际形势、新型冠状病毒肺炎疫情的严重冲击，食品工业规模以上企业保持了稳定发展，体现了食品行业的韧劲和可持续性。

二、食品产业未来发展趋势与挑战

"十四五"时期是我国全面建成小康社会、实现第一个百年奋斗目标之后，乘势而上开启全面建设社会主义现代化国家新征程、向第二个百年奋斗目标进军的第一个五年，我国将进入新发展阶段。随着食品消费规模不断扩大，新业态、新模式、新技术层出不穷，消费需求、产销衔接发生重大变化，新发展格局正加快构建，我国食品产业发展正处于重要战略机遇期。

（一）科技创新引领食品工业健康转型

1. 我国食品升级消费需求旺盛，"大健康"产业拥有巨大的发展潜力 在大健康的现实背景下，我国食品科技针对市场持续研发创新，食品科技发展的整体水平不断提高，引领我国食品产业向多领域、深层次、高技术、智能化、低能耗、高效益、可持续的方向发展。疫情期间，食品工业对国家应急保障的重要性更加凸显。以国内大循环为主体、国内国际双循环相互促进新格局的构建，加速了食品工业提质增效和升级发展，为国内食品产业发展创造了广阔的市场空间，引领我国工业经济发展动能转换。大健康食品是传统食品产业的延伸和升级，也是大健康产业的重要组成部分。根据普华永道数据，2020 年大健康市场规模已达到 13 万亿元，目前已经跃居为全球第二大市场。

2. 创新基础和体系推动"大健康"食品快速发展 我国拥有全球基数最大的食品科技人员，科技

创新平台不断建设，科研开发体系逐渐完善，我国食品科技创新的整体水平进一步提升。针对食品加工中薄弱部分的理论研究体系不断丰富，保障共性关键技术得到突破，智能化、规模化与连续化核心设备的自主研发不断深化，逐步推进全链条发展。安全评价体系的构建，为特殊膳食原料安全性评价、自主检测技术研究、先进质量安全管理体系实施、安全性与功能性准确评价提供保障，支撑我国科技型、功能型食品真正实现"走出去"。

3. 开放共享，全国协同实现科技创新多样化 我国未来食品产业领域发展将主要集中在营养健康创新、危害物发现与控制、绿色制造技术突破、智能化装备升级、全链条技术融合等方面。创建全国协同创新体系，构建一站式服务平台，加强现代农产品产业集群、加工产业园之间的联系，发挥区域产业特色优势，实现技术资源共享和互补，提升自主创新能力，形成全面发展、持续提升的食品工业科技创新局面，引领产业健康转型。

（二）智能装备支撑食品产业高质量发展

1. 自主创新提升核心竞争力 我国食品产业坚持引进来与走出去相结合，充分利用国内外创新科技市场，加强国际先进技术引进、吸收、消化、再创新，以专业化、高端化、绿色化、智能化为特征，以生物技术、装备技术、信息技术为重点，大力促进重大食品科技成果转化推广应用，有效解决了食品加工过程中的部分重大共性关键问题，支撑精准加工、数字控制、智能工厂迅速发展。通过加强科技创新建设，自主研发了一批先进技术设备，集成具有自主知识产权的数字化、智能化和成套化核心装备，打破国外技术垄断，提高企业综合效益，引领食品加工技术改造和产业升级，驱动我国由食品制造大国向制造强国转变。

2. 发展绿色制造，实现可持续发展 世界智能制造装备总体呈现出高性能化、智能化、集成化、绿色化的发展趋势。绿色制造是提高智能制造装备资源循环利用效率、降低环境排放的关键途径，资源、能源、环境等压力使装备创新必须从设计、制造、包装、运输、使用、报废的全生命周期中综合考虑，绿色智能制造装备对环境负面影响极小，资源利用率极高，并使企业经济效益和社会效益协调优化。推进绿色制造、低碳循环、集约生产方式，构建绿色制造体系，是实现资源节约、环境友好和可持续发展的有效方法之一。

3. 产业结构和发展环境优化，激发发展动能 我国食品智能制造装备处于起步阶段，多为生产线硬件设备的改造升级和企业资源管理的优化，需要率先

在关键生产环节实现生产自动化和智能化；需要政策不断引导完善企业投融资等发展环境，推进互联网、大数据、人工智能等信息技术、生物技术与食品装备开发深度融合，推动行业技术和流程改造升级，促进我国智能制造装备产业的发展。围绕提升食品质量和安全水平，鼓励引导进一步健全食品标准体系，改善供给结构，提高供给质量和效率，推动食品工业转型升级；全面贯彻实施食品安全战略，完善食品安全标准、风险监测等制度，着力推进监管体制机制改革创新和依法治理，解决人民群众反映强烈的突出问题，推进食品安全现代优化治理体系建设，促进食品产业健康发展；强化食品产业链全程监管，提升食品安全监管和技术支撑能力。

（三）中餐工业化、现代化打造食品制造新模式

1. 立足农业资源禀赋，建设标准化原料供给基地 我国农产品种类丰富，地域特色明显。围绕现代农业发展，以科技为统领，加强技术协同创新，聚集生产要素，创建优质原料基地，链接形成优势原料产业带，推进产业高效集群化发展。坚持创新提升，培育适度规模的市场主体，实现重点企业对优势特色产业的全覆盖，农产品生产规模化、标准化和集约化进程加快，加工原料基地建设水平持续提升，保障优质加工原料供给，为农产品加工业注入强大动力。

2. 中餐现代工业化生产颠覆传统模式 中餐标准化、工业化生产具有安全、营养、方便、美味等优势，符合当代新饮食观念，是食品科技创新发展的主要方向。中餐现代工业化生产需要充分挖掘分解我国传统食品生产工艺，研制出标准化配方，结合先进食品加工技术设备，严格控制加工过程，最大限度地进行机械化、自动化操作，生产方式由传统间歇式人工操作转变为连续式、储备式标准化生产，生产效率提高，实现品种系列化、生产标准化、经营规模化，打造从田间到餐桌的新型产业链模式。

3. 全过程追溯保障食品安全 中餐原料丰富，制作工艺复杂，生产经营的供应链环节众多，保障食品安全是一个复杂的系统工程。应充分利用已有信息化基础设施，建立健全中餐可追溯体系，构建数据驱动、多方协同的安全治理模式，标准化管理整个生产过程，实现信息化追溯和互通共享，质量安全监控覆盖生产、加工、运输、销售等全链条，实现顺向追踪、逆向溯源，显著提升中餐生产管理信息化、标准化、集约化水平，保障产品质量安全与公共安全。

（四）食品产业面临的挑战

在新发展阶段，国内发展不平衡不充分问题仍然

突出，食品国际贸易保护主义及技术壁垒依然存在，实现高质量发展仍有诸多短板弱项。

1. 国内经济下行压力持续　我国经济正处在转变发展方式、优化经济结构、转换增长动力的攻关期，面临着结构性、体制性、周期性问题相互交织所带来的困难和挑战。新冠肺炎疫情仍在持续，全球供应链产业链循环受阻，价值链重构，贸易保护主义加剧，我国经济运行面临较大压力。食品制造、运输、餐饮等行业分化扩大，区域竞争日趋激烈，食品企业运营成本增加，生存压力凸显。消费者外出聚餐减少，传统餐饮、零售领域受到严重冲击。

2. 食品多元化加大食品安全监管难度　新业态、新模式促使食品多元化发展，食品来源、方式、种类增加，技术、工艺、配方不断更新，潜在风险因素增多，我国食品安全进入全面治理新阶段。食品源头、加工、流通等风险增大，微生物性危害已成为我国食品安全的主要问题。添加剂等对人体健康的影响机制尚未明晰，形成的危害难以预测。经营者违法生产、食品质量保障体系不完善、新型添加物检测难度大等问题也给食品安全"全过程"监管带来严峻挑战。

三、我国食品产业存在的问题

（一）核心设备发展不平衡，进口依赖性强

我国食品工业经营主体以中小型为主，对进口核心技术装备依赖性强，存在生命周期短、供应链产业链易断裂、产业化程度低、技术水平落后发达国家等劣势，大型食品企业超过80%的高端装备依赖进口，年进口额近300亿元。发达国家在食品领域的先进技术主要以企业研发为主，产业化阶段技术比例在80%以上。我国全程自动化、智能化设备、技术体系与发达国家差距明显，自主创新缺乏高层次、高学历的人才，技术积累不足，面临潜在的核心技术攻关风险，食品技术产业化比例低。在食品装备智能化过程中，部分核心智能部件与整机发展不同步，产业整体技术创新能力与国外差距较大，对重要基础技术和关键零部件的依赖度较高，我国智能制造装备产业的国际竞争力仍处劣势。

（二）企业科技研究人员少，创新能力弱

国际食品巨头占据食品高端产业链，全球化布局，凭借技术和产品优势，在国际市场领先。我国食品企业以中小型为主，更加关注利润和发展空间，对基础性研究支持较少，创新主体作用尚未发挥，技术水平不高，成果转化慢，产品附加值低，创新能力薄弱。高校和科研院所的科研能力比较集中，但对市场需求较大的应用性研究关注较少，科技成果转化滞后，导致科研与产业之间存在脱节，缺乏产学研合作的内在动力和主动权。市场上产品同质化严重，强竞争力品牌少。

（三）标准和质量体系不健全

食品标准化是食品工业发展水平的重要衡量标志之一，也是确保食品安全与食品进入全球市场的保障。我国的食品标准多为国家、行业、地方、企业四个等级的标准，而且多数是具体的质量标准和卫生标准，缺乏基础标准、方法标准、管理标准、安全卫生标准和通用技术规范等，制约了标准的适用性、规范性和引导性；国家标准与行业标准覆盖率不高，标准结构需要进一步优化；宣标和贯标工作落实不到位，用标准规范市场竞争环境和提高产品质量任重而道远。行业等效采用国际标准、欧盟标准等发达国家标准的步伐较慢，国内标准主要指标和国际标准的通用技术规范还有一定的差距。

四、下一步工作计划与措施

（一）完善组织管理制度，优化科技创新发展环境

发挥中央和地方的引导和支持作用，继续深化科技管理体制改革，建立健全部门协调和决策咨询机制，支持关键技术装备创新与产业化等重点项目建设。深入实施科技创新驱动发展战略，加强科技引领，强化科技支撑，建立领导体制和工作机制，完善考核机制和问责制度，形成适应科技体制与科技计划改革的管理机制。实行动态管理模式，建立科技创新规划实施监测评估与调整机制，营造良好创新环境，激发社会创新的积极性和内在动力，提升自主创新能力，实现食品领域由模仿创新向自主创新转变。

（二）深化体制机制改革，营造良好社会氛围

围绕产业链、创新链、资金链，完善食品领域科技创新运行机制，进一步加快机制改革。针对发展瓶颈和新情况新问题加强体制机制创新，因地制宜深入谋划，整合科技力量，鼓励发扬首创精神，大胆探索，促进成果市场化和产业化。建立和完善激励机制，调动工作人员积极性，增强科技创新动力，加速成果转化。充分发挥企业技术决策、投入和成果转化的主体作用，建立多元化投入机制，完善资金投融机制和筹措方式。加强健康食品正面宣传、舆论监督、科学引导和典型报道，增强社会对"大健康"食品产业建设的普遍认知，引导合理饮食，形成良好社会氛围。

（三）科技赋能食品产业高质量发展

立足新发展阶段，贯彻新发展理念，构建新发展

格局，推进产业基础高级化，产业链现代化，加强食品全供应链、全产业链、产品全生命周期管理。加大科研经费投入，发挥重点实验室、工程技术研究中心作用，强化产学研用结合，提高掌握原创性技术能力，突破核心关键技术，实现关键核心技术自立自强，不断向食品创新大国的目标迈进。践行国家"双碳"战略，推行绿色工厂、绿色设计、绿色园区、绿色产业链，推广节能、节水先进技术，始终坚持生态绿色可持续发展。发展智能制造、生物技术、增材制造和新材料，提高生产技术水平。要利用互联网、云计算、数字化和信息化，集约化智能制造，柔性化融合生产，打造智慧工厂，建设无人工厂，提高生产效率，为食品工业智能发展添薪续力，走高质量发展之路。

农产品加工业是乡村产业的核心产业

中央农办副主任　农业农村部副部长　刘焕鑫

产业振兴是乡村振兴的重中之重，农产品加工业是乡村产业的核心产业。农产品加工业已成为国民经济的重要支柱，在促进乡村产业振兴、拓宽农民增收渠道、加快农业农村现代化等方面发挥了重要作用。要充分发挥农产品加工业的引领和支撑作用，打造农业全产业链，抱团发展联合体，融合发展新模式，开辟绿色发展新领域，融入新发展格局。要总结推广河南经验，通过抓政策、抓链条、抓企业、抓科技、抓平台、抓机制，多措并举推动农产品加工业高质量发展。

中共中央政治局委员、国务院副总理胡春华在青海省督导巩固拓展脱贫攻坚成果同乡村振兴有效衔接工作时强调，脱贫地区推进乡村振兴，必须坚持从实际出发，因地制宜发展乡村特色优势产业，突出抓好农产品加工，确保品质、打出品牌，让农民更多分享增值收益。

一、农产品加工业为何如此重要

加工是农业产业体系中承前启后的核心环节，现代农业强国无一不是农产品加工强国。

农产品加工业是产业兴旺的重点。作为国民经济的重要支柱产业，农产品加工业从种养业延伸出来，是提升农产品附加值的关键，也是拓展乡村多种功能、拓展农业增值增效空间的核心。2020年，全国农业总产值10.7万亿元，而农产品加工业营业收入23.2万亿元，休闲农业、农业生产性服务业、农村电商等营业收入近4万亿元，农产品加工产值与农业总产值之比达到2.4：1。这说明虽然农业在国民经济中的比值在下降，但农业的多种功能、多元价值的作用日益凸显，农业及其相关联的产值占比呈上升趋势，为乡村全面振兴筑就坚实基础。

农产品加工业是产业振兴的支点。乡村振兴，关键是产业要振兴。实践表明，农产品加工企业发展好的地方，往往能够激活一片区域、壮大一个产业、带动一方农民。一些农民讲，"如果有加工、何必去打工"。加工企业的主动融入，能够发挥带动者、主力军、突击队的作用，进行要素导入和产业对接，把工业化标准理念和服务业人本理念注入农业，形成产业振兴的支点。同时，通过发展农业产业化联合体等多种形式，引导小农户分工分业加入农产品加工业发展，成为现代农业发展的积极参与者和主要受益者。

农产品加工业是全产业链交叉的节点。农产品加工业是乡村产业的主体力量，为耕者谋利，为食者谋福，离三农最近，与百姓最亲。总书记在广西考察时指明了乡村产业发展路径，即贯通产加销、融合农文旅，概括为"一纵""一横"打造农业全产业链。一纵，就是纵向拓展新的产业，贯通产加销，创造新供给，即发挥乡村食品供应功能，将生产向加工、流通、品牌、销售拓展，提升新供给能力。一横，就是横向拓展新的功能，融合农文旅，培育新业态，即发挥乡村休闲体验、生态涵养、文化传承等功能，将农业向休闲、旅游、养生、文化、教育拓展，催生新业态类型。这"纵""横"衔接的关键节点正是农产品加工业。

二、农业农村部给予农产品加工业
　　发展优先优惠支持

近年来，农业农村部高度重视农产品加工业的发展，引导农产品加工各类经营主体积极构建市场营销体系，加快推进农产品加工业提档升级。

一是加强规划引领。2020 年印发了《全国乡村产业发展规划（2020—2025 年）》，进一步优化农产品加工业结构布局，培育壮大经营主体，提升质量效益和竞争力。近期，农业农村部正在会同有关部门编制"十四五"农业农村现代化规划，坚持农业现代化和农村现代化一体设计、一并推进，并已将农产品加工业等乡村产业发展纳入规划。

二是搭建平台载体。2017 年以来，会同财政部累计安排中央财政资金 337.54 亿元，支持建设 100 个优势特色产业集群、200 个国家现代农业产业园、1 109 个农业产业强镇，推动农村一二三产业融合发展，打造富有特色、规模适中、带动力强的乡村产业圈状发展格局。在农业产业融合发展项目申报建设中，对脱贫地区适当放宽条件。截至目前，优势特色产业集群覆盖脱贫县 196 个，现代农业产业园支持脱贫县 46 个，农业产业强镇支持脱贫县 307 个，安排中央财政资金约 78 亿元。

三是壮大龙头企业队伍。会同有关部门加快培育壮大龙头企业队伍，持续开展农业产业化国家重点龙头企业认定工作，指导省、市、县开展龙头企业认定工作。目前，全国县级以上龙头企业 9 万家，其中国家重点龙头企业已达 1 547 家，初步形成了国家、省、市、县四级联动的乡村产业"新雁阵"。支持脱贫地区培育国家重点龙头企业 220 多家，市级以上龙头企业 1.4 万家。

截至 2020 年年底，已建成超过 17 万座农产品初加工设施，马铃薯、水果、蔬菜产后损失率从 15% 降低至 6% 以下，加工转化率从 2015 年的 65% 提高到 2020 年的 68%。农产品加工业营业收入约 23.5 万亿元，农产品加工业与农业总产值比达到 2.4∶1。

近年来，中央财政通过安排贷款贴息、支持政府性融资担保行业发展等方式，引导金融资源支持农产品加工企业等小微企业融资。同时，农业农村部会同有关部门，对农产品加工业发展用地给予保障。

一是强化农产品加工业用地保障。2021 年，会同自然资源部、国家发展改革委印发的《关于保障和规范农村一二三产业融合发展用地的通知》提出，规模较大、工业化程度高、分散布局配套设施成本高的产业项目要进产业园区；具有一定规模的农产品加工产业要向县城或有条件的乡镇城镇开发边界内集聚；直接服务种植养殖业的农产品加工产业，原则上应集中在行政村村庄建设边界内；利用农村本地资源开展农产品初加工而必需的配套设施建设，可在村庄建设边界外安排少量建设用地。

二是完善贷款抵押优惠政策。印发《关于贯彻落实国务院常务会议精神进一步推动加大对中小微农业企业复工复产信贷支持力度的通知》，协调中国人民银行、中国银保监会等出台支农专项再贷款、降低担保费率等政策措施。建立中小微农业企业名单制、推荐制和信贷落实周调度制度，落实中小微农业企业和新型经营主体享受优惠贷款政策。截至 2020 年年底，已向金融机构推荐 10.88 万家，获得授信的主体 4.71 万家，授信总额超过 2 300 亿元。财政部等部门通过完善创业担保贷款贴息支持政策、大幅拓展政府性融资担保覆盖面并明显降低费率、开展财政支持深化民营和小微企业金融服务综合改革试点城市工作等举措，推动创业担保贷款增量扩面，符合条件的农产品加工企业可积极申请创业担保贷款贴息和政府融资担保机构支持。

三是给予企业税收减免优惠。自 2008 年起实施的企业所得税法及实施条例，明确对符合条件的农产品初加工企业给予免征企业所得税优惠。近年来，中央财政持续深化增值税改革，通过降低增值税税率水平、扩大增值税进项税抵扣范围等，明显降低纳税人的增值税负担。其中，农产品税率已由 13% 下调至 9%，降幅高达 31%；农业深加工产品税率由 17% 下调至 13%，降幅 23.5%，充分保障农产品加工业享受增值税改革的红利。

下一步，农业农村部将会同有关部门进一步加大政策支持，畅通销售渠道，切实补齐农产品加工市场营销等方面的短板，为农产品加工业发展营造良好环境，促进农产品加工业转型升级。

（本文为作者在农业农村部和河南省人民政府主办的"第 24 届中国农产品加工业投资贸易洽谈会开幕式暨农产品加工业高质量发展论坛"上的讲话，略有删改）

科学认识和推进农业绿色发展

中国农业绿色发展研究会理事长 余欣荣

推进农业绿色发展是农业发展观的一场深刻革命。党的十八大以来，以习近平同志为核心的党中央作出一系列重大决策部署，农业绿色发展实现了良好开局。根据《中国农业绿色发展报告 2019》，2012—2018 年全国农业绿色发展指数从 73.46 提升至 76.12，在资源节约与保育、生态环境安全、绿色产品供给、生活富裕美好等方面得到不同程度改善，为生态文明建设提供了基础支撑。同时也应看到，我国农业绿色发展不平衡不充分的问题依然突出，与党中央要求和人民群众期盼相比还有很大提升空间。比如，农业主要依靠资源消耗的粗放经营方式没有根本改变，农业面源污染和生态退化的趋势尚未得到有效遏制，绿色优质农产品和生态产品供给还不能满足人民群众日益增长的需求。巩固农业绿色发展良好势头，必须深入贯彻落实习近平生态文明思想，科学认识和推进农业绿色发展。

一、科学认识农业绿色发展

从历史实践看，农业绿色发展是我国优秀农耕文化的宝贵结晶。中华民族在长期发展进程中，形成了趋时避害的农时观，辨土施肥、用养结合的地力观，化害为利、变废为宝的循环观等，为推动当代农业绿色发展提供了重要思想文化资源。从现实举措看，农业绿色发展是新发展理念在农业农村领域的具体体现。近年来，我们深入贯彻落实习近平生态文明思想，坚持新发展理念，开展高标准农田建设和耕地轮作休耕试点，实施畜禽粪污资源化利用、果菜茶有机肥替代化肥、东北地区秸秆处理、农膜回收和以长江为重点的水生生物保护等农业绿色发展"五大行动"，创建两批国家农业绿色发展先行区。中共中央办公厅、国务院办公厅印发的《关于创新体制机制推进农业绿色发展的意见》，标志着我们党对农业绿色发展的规律性认识上升到新的高度，成为当前和今后一个时期农业绿色发展的指导性文件，在推动乡村振兴中发挥重要引领作用。从

世界潮流看，农业绿色发展是农业现代化的必然选择。我国充分借鉴20世纪以来发达国家和部分发展中国家在农业可持续发展方面的经验与教训，推动农业可持续发展观念从过去简单注重环保向生命共同体的高度转变，关注资源、安全、健康、产业、环境多重目标协同实现。从科技进步看，农业绿色发展是数字技术、生物技术发展的时代产物。随着物联网、大数据、区块链等新一代信息技术和新型育种、栽培技术的研发应用，农业生产技术正在由依靠增加肥、药、水、劳动力等实现增产增收向减少肥、药、水、劳动力等实现增产增收转变。这为不断推动我国农业绿色发展、保障国家食品安全、加快农业现代化开辟了新途径。

二、用科学思维和方法谋划农业绿色发展

一方面，守底线、把全局、重创新。坚守粮食安全底线、耕地数量与质量红线和水资源红线，从农业绿色发展的全局性、长期性、复杂性出发，加强战略谋划、强化风险应对、坚持久久为功，推动农业发展从思想观念到方式方法、从政策举措到工作安排的全面变革，实现农业可持续发展。另一方面，增强系统思维，坚持统筹兼顾。农业绿色发展贯穿于乡村振兴的各个方面，是一项宏大系统工程。需要系统研究把握土、水、气、种、肥、药、废弃物和生物多样性等农业绿色发展诸要素的内在规律，提高绿色全要素生产率；统筹兼顾、协调推进，重点处理好质和量的关系，以最小投入和环境代价实现最好产出和效益；处理好政府与市场的关系，充分调动各类市场主体参与农业绿色发展的积极性、主动性、创造性。

三、遵循科学路径推进农业绿色发展

加强农业绿色发展理论研究，聚焦农业绿色发展

基础理论，坚持理论与实践相结合，持续深化理论研究、丰富理论内涵，破除思想观念障碍。加快农业绿色发展技术研发应用，面对增加优质农产品供给与立足资源环境承载能力的要求，围绕"农业资源环境保护、要素投入精准环保、生产技术集约高效、产业模式生态循环、质量标准规范完备"，按照系统、集成、智能的思路，破解"卡脖子"技术难题，创新集成绿色农业技术，加快绿色农业机械装备研发应用，推动农业科技绿色转型。优化农业绿色发展政策制度环境，健全以绿色、生态为导向的投入补贴制度，强化粮食主产区利益补偿、耕地保护补偿、生态补偿、金融激励等政策支持，注重发挥好金融和保险的作用；

完善绿色农业相关法律法规，构建标准明确、激励有效、约束有力的农业绿色发展制度环境。加强农业绿色发展标准化、产业化、市场化、数字化建设，加快建立农业绿色标准体系，实施达标提质行动，引导经营主体推进农业标准化生产，强化对农产品质量安全的全程监管；以绿色为导向，优化农村一、二、三产业，增加农村生态服务产品供给；注重发挥市场作用，激发各类主体内生动力，引导农业绿色发展走良性可持续之路；注重大数据建设，推动农业生产数字化改造，为农业生产生活方式绿色转型奠定坚实基础。

（《人民日报》2021 年 1 月 25 日，略有删改）

以科技为引擎，驱动食业高质量发展

中国工程院院士　北京工商大学校长　孙宝国

一、国际食业科技创新的五个发展方向

食物供给和营养健康保障成为全球食品未来发展的主要任务，食品合成生物学、智能制造、设计与重组食品加工等颠覆性创新技术产品不断涌现，学科交叉创新成为其核心推动力，也已成为各国抢占未来食品科技高地、争夺未来食品工业发展话语权的发展重点。国际食品产业科技创新将朝着以下五个方面发展。

（一）食品合成生物学正颠覆传统食品供给方式

合成生物学制造技术将成为"未来食品"制造领域创新的战略高地，满足食物可持续供应、营养功能性物质定向高效合成。利用合成生物学技术，可在微生物、微藻等细胞中重构营养化学品分子的代谢途径，实现营养化学品的绿色生物制造与精准调控；可制造生物基可降解包装材料，实现食品废弃物的生物治理；可用于生产细胞培养肉，发展未来食品；可将食品添加剂的规模制造由化学合成及天然产物提取向生物合成途径的系统优化和改造方向发展。以合成生物学为基础创建细胞工厂种子，众多重要农产品也可以实现生物合成制造，为解决全球人口的农产品供给提供新策略。

（二）智能制造技术正构建食品高端制造新引擎

以现代信息技术为标志的第四次工业革命正快速

影响食品制造业，突出特点是"互联网＋智能制造"，即通过物联网、大数据、人工智能等多技术融合推动食品制造从大规模集约化向分布式增强型模式转变，实现从食品产品设计、工艺优化到装备制造以及食品制造全过程的控制和服务。通过食品的智能制造，可以快速缩短产品研制周期，有效提高能源利用率和生产效率，降低运营成本，有效保障食品制造过程的精确、高效、低耗、优化，从而成为食品高端制造的新引擎。

（三）新兴技术与交叉技术融合正在重塑食品加工制造新模式

全球食品加工制造正进入以满足营养、健康、方便、美味需要为主要特征的阶段，绿色制造、低碳制造、增材制造、分子食品、3D 打印等前沿技术正在不断融入食品加工制造技术中，产生出新的技术、新的产品。此外，面对资源、能源及环境日益严峻的形势，传统的食品加工制造方式也正在经历深刻的变化，如何通过技术升级减少食品供应链上的损失与浪费，已成为全球食品产业关注的热点。通过最少加工技术、食品清洁生产技术、环境友好型食品加工技术等实现食物资源的最大化利用，已成为发达国家和大型跨国食品企业参与全球化市场扩张的核心竞争力和实现可持续发展的全新驱动力。

（四）新型检测与智慧监控正重构食品安全主动防控新体系

组学技术和人工智能等新兴技术的快速发展，突

破了多元危害物高通量快速识别与检测技术，优化形成了基于大数据和云平台的从食品生产到消费整个过程的全程控制体系，可构建风险评估与预警模型、风险管理方法库、质量标准库、检验方法库等安全评估及预警系统，通过大数据的采集、处理、挖掘等引导决策和启动处理预案，实现食品质量与安全的在线监管、实时追溯以及风险快速预警，对质量安全危害因子进行有效防范和管理。

（五）精准营养和食品设计重组正催生着食品新业态

从传统宏观营养向现代分子营养转变、由大众干预向个性化定制服务转变是未来食品产业发展的重要方向之一。以宏基因组学、分子生物学、营养组学和代谢组学为基础而发展起来的分子营养技术已成为食品营养学研究的重要内容。基于营养基因组学的个性化营养设计和大数据的应用正在成为新型营养食品发展的强有力手段，发达国家通过研发本国大宗食材营养品质，构建大宗食材、菜肴、食谱和食品的营养数据库以及本国民众、特殊人群和个性化营养需求与健康数据库、营养基因组学数据库；建立基于大数据、云计算、人工智能等新技术的个人营养健康状况实时在线检测和智能服务系统，为个性化营养需求提供解决方案，通过智能制造技术加工生产个性化精准营养食品，实现未来针对个人的精准营养目标。

二、国内食业科技创新的四大驱动力

作为连接农业资源市场化与服务居民美好膳食需求的重要产业、国民经济支柱产业，食品工业在保障民生、拉动内需、带动相关产业和县域经济发展、促进社会和谐稳定等方面做出了巨大贡献。当前，食品产业已进入推动"大食品"创新发展的新时代。随着我国食品产业进入高质量发展，"大食品"时代已经来临，以"大规模、大科技、大业态、大市场、大龙头、大安全、大品牌"为特征的发展趋势日渐显现。我国食品工业在经历了食物安全、食品安全阶段后，正步入食品营养健康为主要需求的新阶段。四大发展需求驱动着国内食品产业加速科技创新。

（一）食品科技创新是解决供给矛盾、满足人民美好生活的迫切需求

民以食为天，食品问题是最大的民生问题。食品产业关系民生福祉与社会安定，是满足人民日益增长美好生活需要的民生基石。随着未来我国人均可支配收入的不断增长，消费结构不断升级成为必然趋势，居民对美味多元、安全优质、营养健康的美好饮食需求日益增加，食品质量将成为人民美好生活质量的重要体现，我国食品产业未来的任务将由供给保障、食品安全保障逐步提升到食品可持续供给与营养健康保障的更高层面。食品产业的高质量、高水平发展必将成为切实增强人民群众的获得感、幸福感、安全感的重要途径，成为我国实现健康梦、强国梦的重要组成部分。

（二）食品科技创新是实现"健康中国"战略、面向人民生命健康的根本需求

健康是人民美好生活的根本性保障，食品高质量供给是实现人民身体健康的基石。经济的快速发展以及人民生活水平的提高对食品安全与营养健康提出更高要求。《"健康中国 2030"规划纲要》提出，要为人民群众提供全方位全周期健康服务。食品产业是保障食品安全与人民生命健康的重要产业基础，食品科技创新更需要面向人民生命健康。营养健康饮食与慢性病发病率紧密相关，食品产业作为保障食品安全与国民营养健康的重要产业基础，是实施"健康中国"战略的重要组成部分。

（三）食品科技创新是全面推进乡村振兴和可持续发展战略的基础需求

食品产业贯穿一二三产业，是农业的最直接延伸和农业产业化的最短途径，是关乎人民食物供给和农民增收的关键，发展潜力巨大。作为农业与人民生活衔接和农业资源实现市场转化的关键环节，食品产业具有经济体量和就业容量大等特点，已成为推动乡村振兴战略落实的重要抓手，在保障民生、拉动内需、带动相关产业和县域经济发展、促进社会和谐稳定等方面具有关键作用，将为保障国家粮食安全、提高农业质量效益和竞争力、实现巩固拓展脱贫攻坚成果同乡村振兴有效衔接做出巨大贡献。

（四）食品科技创新是食品产业高质量发展、全面提升国际竞争力的关键需求

随着经济全球化的不断推进，全球食品供应链正在经历深度融合，国际竞争将日益加剧。在现代食品科技的推动下和中国扩大开放的背景下，我国食品产业正在深度参与全球竞争，我国是全球最大的食品贸易国，食品进口位居世界第一。但是面对激烈的国际竞争和全球食品供应链深度融合所带来的巨大冲击，作为动物源食品和豆类食品进口大国，我国的食物可持续供给面临着重大挑战，暴露出我国食品科技重大短板，迫切需要依靠食品科技创新，突破核心关键技术，破解食品加工制造系统化不足、集成度不高、智能化程度较低的技术瓶颈，打破国外先进技术与核心产品的垄断；迫切需要加强食品安全主动保障和风险防控能力，以应对国际新形势新挑战。

三、食业科技创新发展的五大重要领域

未来，食品加工制造、营养健康、生物工程、智能装备、质量安全将是我国食品产业科技创新发展重要领域。

（一）食品加工制造领域

针对国民对便捷、健康、安全、美味食品日益增长的需求，以及食品加工制造领域对高质量发展的紧迫诉求，实施优质化、营养化、健康化、绿色化食品加工制造升级工程；重点开展食品加工制造的基础研究，解析食品加工过程中食品生物学基础、物性学基础、数字化基础以及组分相互作用与品质调控机制，提升食品加工制造的原始创新能力；以交叉学科为载体，加强新材料、大数据、互联网＋等技术与食品加工制造的融合，突破制约产业发展的绿色化和智能化共性关键技术，实现食品加工制造过程的数字化与信息化，全面提升食品加工制造水平和原料利用率，建立精准、智能、绿色的食品加工制造体系。

（二）食品营养健康领域

针对"健康中国"战略对食品科技提出的高标准新要求，聚焦食品营养健康基础研究、营养健康食品创制关键技术和产业链集成创新，系统研究食物营养成分、功能因子的协同作用和健康效应，及其与人体、环境的相互关系；突破功能因子的高通量筛选与绿色制备、稳态化与高效释放吸收、营养吸收与利用节律性、食物营养靶向设计、膳食营养与健康大数据、营养与功能评价等一批核心关键技术，开展传统食品功能化和新食品原料开发，以及功能食品、特殊膳食食品和个性化食品等营养健康食品关键技术集成与产业化示范；建立科学系统的食物营养品质和功能评价标准以及营养健康食品管理法规。

（三）食品生物工程领域

针对我国食品生物工程基础研究和科技创新能力不足以及未来可能出现的食物和资源短缺、供养人口比重持续增加等问题，基于合成生物学、基因编辑、细胞工程、生物反应工程等新兴生物技术，重点开展以工程生物学数据处理为关键的合成细胞工厂全局优化技术、绿色生物催化技术、干细胞规模化培养和三维诱导分化技术、食品生物工程智能设计与制造技术、生物反应器设计制造及智能分离纯化技术等关键核心技术，开发全新营养化学品、功能食品及配料，构建以资源充分综合利用为特色的食品生物工程关键技术体系，实现食物资源的人工生物合成制造，显著提升我国食品生物工程的基础研究水平。

（四）食品加工智能装备领域

针对我国智能制造装备产业高质量发展新要求，以及制造业低成本竞争优势持续削弱等问题，重点突破食品数字化设计与制造、多维原位感知、食品清洁制造、食品工业机器人、3D打印、自适应智能化高效食品分解、中式食品智能化生产、食品智能供应链等装备关键技术，突破杀菌、提取分离、干燥冷冻、成型包装、传统食品工业化等关键装备智能化，重点研究关键工序智能化、关键岗位机器人替代、生产过程智能化控制等关键技术装备及产业化示范，构建食品装备新型制造体系，实现食品智能制造行业关键共性技术、重要技术装备和标准化等工作的重点突破，推进我国食品智能装备产业的快速发展。

（五）食品质量安全领域

针对习近平总书记对食品安全提出的"四个最严"最高要求，食品产业高质量发展对食品质量安全不断提升的需求，以及我国食品质量安全技术装备水平相对较低等问题，聚焦食品安全全链条过程控制、食品安全智能控制、新兴食品安全控制等关键技术难题，重点解析个性化食品加工中特征组分效应变化机制与质量品质调控机制，揭示新资源中不良因子及食品加工中危害物形成与调控机制；以食品危害物检测、食品危害物评估和食品质量安全主动防控为重点，突破高、精、廉、自主可控的食品质量安全速测技术、产品及装备，研发危害物非靶向智能识别技术；研发融合大数据、组学和无损检测等新技术的新资源及食品真实性鉴别与溯源技术体系；构建"新兴"组分和食品新业态全程质量安全智慧监控技术及AI智能控制平台并进行集成示范，提升国家食品检验检测与危害控制能力，确保人民群众舌尖上的安全，全面提升我国未来食品质量安全监控技术水平。

（引自《中国食品报》2021年4月23日，略有删改）

中国传统发酵食品研究现状及前沿应用技术展望

中国工程院院士 陈坚

发酵食品是指经过微生物（细菌、酵母和霉菌等）的发酵作用或经过生物酶的作用使加工原料发生重要的生物化学变化及物理变化后制成的食品。发酵食品以其低廉的价格、独特的风味以及丰富的营养成为人们生活中必不可少的一部分。中国传统发酵食品种类繁多，其原料同样来源广泛。根据原料的不同，中国传统发酵食品主要可分为酒类食品，如白酒、啤酒、黄酒、葡萄酒等；谷类食品，发酵面食（馒头、包子、馕、烙饼）、发酵米粉、酸浆面、醪糟、面酱等；豆类食品，如各种豆豉、腐乳、豆瓣酱、酱油、豆汁等；蔬菜类食品，如各种泡菜、腌渍菜等；水果类食品，如西瓜酱、山楂酱、果酒、果醋等；肉类食品，如金华火腿、腊肉、香肠等；水产类食品，如熏鱼、腊鱼、虾酱、鱼酱、鱼酱油等；乳制品，如扣碗酪、奶豆腐、乳扇、酪干、酸奶等；其他类食品，如各种发酵茶（普洱茶、红茶）等。

一、发酵食品生产过程特点

（一）发酵工艺与环境复杂

传统发酵食品制造和贮存过程工艺复杂，生产周期长，影响因素多。以茅台酒为例，茅台酒生产工艺特点为高温大曲作糖化发酵剂，两次投料，高温堆积，采用条石筑的发酵窖，多轮次发酵，高温馏酒；再按酱香、醇甜及窖底3种典型体和不同轮次酒分别长期贮存，勾兑成产品。其特殊的酱香风格来源于传统酿造技艺，且受多种环境因素的影响。

（二）混菌体系

传统食品发酵微生物大多为混菌发酵体系，由于传统发酵工艺的开放性与粗放性导致其微生物来源较为广泛，主要来源于曲种、原料、发酵环境、生产工具等，因此发酵微生物群落具有高度的多样性和复杂性。原始的混菌体系经过特定发酵环境（温度、pH值和养分等）的长期驯化，形成了稳定的由核心菌群主导原料转化和风味形成的混菌体系，从而赋予发酵食品独特的风味与营养。这个混菌体系相当于一个微型的工厂，每个微生物在独立工作的同时也通过互作产生紧密的联系。然而，在发酵生产的过程中，往往会出现原料转化率低、风味生成不足、不良副产物伴生、对环境变化敏感等问题。为解决上述问题，必须透彻解读传统发酵食品的菌群结构及其演替规律，科学建立微生物与代谢物之间的联系，筛选包括不可培养的功能微生物，解析微生物间的互作关系，最终通过添加功能微生物调控菌群或人工重组菌群来实现传统发酵食品品质的提升和发酵工艺的升级。

（三）经验式的感官评定

食品发酵工艺较为复杂，需要定时监控发酵产品的重要指标，从而保证整个发酵过程能够稳定有效地进行。目前，对相关指标的监测手段有限，且无法适配大批量、大规模的生产。因此，大多通过经验丰富的工人对发酵产品的相关特性进行感官分析评定其发酵程度，并根据判断结果调整发酵参数。因此，有必要对重要发酵指标进行量化，建立高效的检测与监控系统。

二、发酵食品研究现状

长期以来，人们对传统发酵食品研究的最终目的都聚焦于风味与健康，期望通过研究解决发酵食品中与特征风味、邪杂味、营养保健物质和抗营养因子相关的5个重要问题（4W1H）：①什么物质（what），即对影响食品品质的物质定性与定量；②什么时间、哪个过程（when），即确定目标物质产生的关键发酵时间节点；③什么地方（where），即确定目标物质产生的关键位置、关键生成条件和关键生成方式；④谁是主要作用者（who），即确定影响目标物质生成的关键微生物；⑤如何调控（how），即基于4W的结果通过强化或消除等方法改良发酵食品的风味或品质。

传统方法对发酵食品的研究效率低、耗时长、投入精力大且研究不全面。随着宏组学技术的兴起，大量的基于组学技术的研究工作被投入到了传统发酵食品的混菌体系研究之中。如对白酒酒醅和大曲、醋、腐乳、泡菜、大酱等传统发酵食品的研究，内容涵盖了微生物群落结构与演替规律的解析，微生物互作关系的初步探索，环境理化因子对菌群结构的影响评估，功能微生物、功能基因、新物种以及新基因的挖掘，核心菌群的确定等。其中 Gan 等利用宏基因组与扩增子测序技术比较了发酵过程中形成的 3 种茅台大曲的微生物群落组成与功能差异，揭示了大曲发酵过程中不同阶段微生物结构的特征，加深了对微生物群落与大曲功能特性间关联性的理解。Xie 等通过宏蛋白组学技术对传统型与产品型北方大酱微生物功能比较，发现传统型大曲的食品安全性更高，两者在关键酶回溯的功能微生物结构上也具有差异。上述研究结果可为后续筛选功能微生物来优化大酱品质提供理论依据。Zheng 等结合宏蛋白组学技术、代谢组学技术与扩增子测序技术全面比较了 30 年和 300 年窖龄窖泥在酶系、物系与菌系结构上的差异，结果显示 300 年窖龄窖泥具有更强的生香能力。Huang 等通过扩增子测序技术与代谢组学技术解析腐乳发酵过程中微生物群落演替规律与代谢物质的变化情况，并通过 Pearson 关联网络分析探究微生物与代谢物间的潜在联系，这为腐乳发酵机制的研究提供了一定的参考。Wu 等运用宏基因组学与代谢组学技术构建了镇江香醋发酵过程中关键物质的代谢通路并阐释了微生物在不同芳香物质形成过程中的作用。该类研究既为传统食品发酵机制的解析提供了理论依据，也为传统发酵食品品质的改良提供了科学指导。

三、发酵食品前沿应用技术

将基因工程、合成生物学、分子生物学等前沿生物技术应用于传统发酵食品的生产中，能有效地定向改良发酵食品的风味感官，增加其营养成分以及消除抗营养分子，同时能维持发酵食品品质的长期稳定性。例如应用合成生物学使工业酿酒酵母合成单萜分子芳樟醇和香叶醇，在啤酒中形成更令人愉悦的啤酒花风味，而不用添加啤酒花。

（一）人工感知技术的应用

随着感知科学基础研究的快速发展，如酸味受体被鉴定，同时确定了酸、甜、苦、咸、鲜 5 种味

道的神经元结构。研究表明，酸味使舌头专用的味觉受体细胞（TRC），以精细调节大脑中的味觉神经元触发厌恶行为，使得人工感知器官可能被实现模拟和应用。

虽然人工智能技术可进行风味物质的挖掘、组合，但人工感知器官（电子眼、电子鼻、电子舌）模拟研究还处于初级阶段，只能实现对现有产品有效分类，无法指出样品间的物质、感官差异。随着技术的迭代日新月异，不久的将来人工感知器官将得到更加广泛的应用，如同生物传感器的发展经历了从"酶电极""酶、免疫、微生物传感器""细胞传感器""组织传感器""生物芯片"到"多功能传感器"的演变。

运用智能感官等技术进行食物感知、物质分析、仿生传感、感官评价、消费者分析。如运用计算机视觉模仿视觉观察食物外观特征，运用电子鼻模仿人体嗅觉器官嗅出食物香味，应用机械嘴模拟吃食物过程，应用机械触觉模拟手指触觉，对食物软硬度、流动性等质构情况提供信息等。通过数据学习、训练，输出食品的多感官特性描述，如产品的消费者情感影响、产品与消费者目标差异等。

（二）发酵食品微生物新技术的应用

随着一批将对生物技术产业产生巨大影响的技术出现与高速发展，我们能结合多元化的手段对关键发酵微生物进行定向化筛选与改造，获得传统方法难以筛选到的功能微生物，包括不可培养的功能微生物，编辑关键微生物遗传信息，创建全新的、高效的微生物群落，从而赋予整个微生物细胞工厂更高的发酵智慧。例如，可使微生物拥有原料自识别和高利用能力、风味物质代谢的适度自控、营养物质高积累和抗营养因子生物降解能力，以及复杂环境自适应和不良条件的强抵御能力等。

1. 微生物的快速精确定量技术　目前，解读传统发酵食品混菌体系的组学技术已较为成熟，但组学技术只能对微生物进行相对定量且无法区分死菌与活菌数，然而想要解析微生物与目标代谢物间的关联性则需要了解相关活性功能微生物在发酵过程中绝对量的变化，因此有必要结合前沿生物技术构建快速的发酵食品活性微生物的快速精确定量技术。目前，发酵食品的微生物定量检测方法的对比见下表。

发酵食品微生物绝对定量技术对比

检测方法	时间	准确度	操作难度	成本	特异性	定量方式
菌落计数	长	一般	一般	低	低	绝对定量
qPCR	较短	较高	一般	较高	较高	绝对/相对定量

（续）

检测方法	时间	准确度	操作难度	成本	特异性	定量方式
EMA/PMA - qPCR	较短	较高	一般	较高	较高	绝对定量
流式细胞术	短	高	高	高	低	绝对定量
CRISPR - Cas12a 耦合荧光探针系统	短	高	一般	高	高	绝对定量

（1）EMA/PMA - qPCR 技术　实时荧光定量 PCR（quantitativereal - timePCR，qPCR）是一种在 DNA 扩增反应中通过荧光信号，对 PCR 进程进行实时检测，由于在 PCR 扩增的指数时期，模板的 Ct 值和该模板的起始拷贝数存在线性关系，所以成为定量的依据，通过内参或者外参法对待测样品中的特定 DNA 序列进行定量分析的方法。魏娜等利用 qPCR 对浓香型白酒不同窖龄窖泥微生物区系特定种群进行快速定量检测，再进一步结合代谢产物指标可用于窖池中难培养微生物种群的功能分析和评定；李凤珠等基于 qPCR 建立一种准确定量榨菜腌制过程中细菌和真菌数量的方法。

但普通的 qPCR 只能反应目标微生物总的拷贝数，无法区分死、活微生物的数量。EMA/PMA - qPCR 活菌检测技术是利用新型核酸染料叠氮溴化乙锭（ethidiummonoazide，EMA）或叠氮溴化丙锭（propidiummonoazide，PMA）渗入膜损伤的细胞后，与双链 DNA 或 RNA 发生非可逆的共价结合，从而抑制膜损伤细胞 DNA 在 PCR 反应中的扩增，使 qPCR 反应结果只反映活细胞 DNA 含量。盖冬雪采用 PMA - qPCR 对乳制品样品中活菌 DNA 进行定量，分别建立一种快速检测巴氏乳中细菌与发酵乳中酵母菌活菌总数的检测方法。段亮杰等利用 PMA - qPCR 法快速、准确地检测黄酒酿造过程中 5 种乳杆菌的活菌数，为解析样品中乳杆菌的实时组成及检测具有活性但不可培养（viablebutnonculturable，VBNC）状态的乳杆菌提供了可靠的手段。Lü 等对与红曲糯米酒传统酿造有关的主要微生物的 PMA - qPCR 参数进行了标准化，并成功将优化的 PMA - qPCR 方法应用于红曲糯米酒的传统酿造过程中总细菌、总真菌、酵母菌、酿酒酵母和植物乳杆菌等微生物数量的监测。

（2）流式细胞术　流式细胞术（flowcytometry）是 20 世纪 60 年代后期发展起来的利用流式细胞仪（flowcytometer）快速定量分析细胞群的物理化学特征及根据这些物理化学特征精确分选细胞的技术，主要包括流式分析与流式分选两部分。它可以高速分析上万个细胞，速度快、精度高、准确性好，是当代最先进的细胞定量分析技术之一。近年来，流式细胞术被广泛应用于食品微生物的检测。黄韵采用流式细胞术对冷鲜肉中的具有 VBNC 状态的单增李斯特菌进行定量检测，经研究发现，流式细胞术相对于平板计数法和 PMA - qPCR 定量能够更加快速且精准地检测食品中的致病菌。Malacrino 等利用流式细胞术对葡萄酒中的酵母与苹果酸-乳酸发酵菌同时进行快速有效的定量。Conacher 等通过流式细胞术对合成酵母菌群系统中微生物数量的动态变化进行实时监控。

（3）CRISPR - Cas12a 耦合荧光探针系统　随着分子技术的发展，出现了一批新兴方法，例如基于 CRISPR - Cas12a 耦合荧光探针系统，可实现快速、简便、准确的特异性微生物定量，在食品微生物检测方面有着巨大的潜力。通过优化荧光强度响应的动态范围，强化微生物种类检测的特异性，开发微生物检测试纸，从而使食品微生物检测有望实现实时定量快速检测，为混菌发酵过程监控与食品安全检测提供有力工具。

2. 人工合成技术　传统发酵食品中的原生混菌系统具有复杂、稳定性差和功能冗余等缺陷，会造成原料转化的低效和不良副产物的生成，同时也会增加发酵产品品质和风味的波动性。实现功能菌群的人工合成（组装与调控），将有助于解决风味、安全与健康等问题。

（1）人工重组菌群　人工重组菌群有助于在模拟环境中实现传统发酵食品风味的重现。为实现人工菌群的选择与重组，首先需要在多组学联用分析研究的基础上，探究传统发酵食品的微生物群落结构及其演替规律，通过酶系、菌系和物系间的互作关系解析核心功能菌群。在此基础上，评估影响菌群的生物因子与非生物因子，并通过模拟发酵分析重组菌群的最佳结构比例。Wang 等运用扩增子测序技术结合代谢组学技术解析白酒发酵过程中的核心微生物菌群，并通过人工合成菌群重现白酒发酵，这对发酵食品的可操作性和连续性生产具有重要意义。

（2）人工调控菌群　通过添加功能微生物调整菌群结构，可以使其拥有更强的原料转化效率、风味合成能力以及有害物质的降解能力。传统生态系统中具有微生物演替和环境变量的自然发酵，导致发酵食品品质存在波动性。He 等提出了定向微生物扰动，用于食品发酵中微生物群的调控和目标产物的增加。通

过接种 *Bacillus velezensis* 和 *Bacillus subtilis* 调整大曲菌群结构来强化大曲功能。结果表明：强化大曲的生物扰动明显影响了微生物群落，增加了己酸菌、梭菌、曲霉、念珠菌、甲烷菌和甲烷菌的丰度，降低了乳酸杆菌的丰度。共现分析表明：生物扰动增加了微生态系统中物种间相互作用的多样性和复杂性，从而促进了风味代谢产物（如己酸、己酸乙酯和己酸己酯）的生成。这些结果表明：通过功能菌群的种间相互作用，强化大曲的生物扰动对于风味代谢的促进是可行的。人工调控菌群对于提升中国白酒以及其他发酵食品的品质至关重要。

（三）发酵食品感知新技术的应用

深入探索发酵食品感知技术，研究食品的感官特性和消费者的感觉，探究感官交互作用和味觉多元性，解析大脑处理化学和物理刺激过程，从而实现感官模拟，理解感官的个体差异，多学科交叉进行消费者行为分析，评估感官、消费者的方法学，构建"发酵＋食品＋神经生物学＋大数据"的系统化研究体系。

1. 基于神经生物学的发酵调控 如找出发酵产品中风味的关键物质成分，了解其造成食用后舒适、不适的机制，确定干预措施，提升产品食用后的舒适度。构建初舒适度模型及理论，建立动物模型，确定舒适度指标。厘清舒适度的标志物和机理，开展行为学、体外脑组织培养高通量筛选技术、生化和生理学实验，进而开展人体测试、转化研究。

2. 基于大数据的风味网络技术 风味化合物不等于风味，不同种类和比例甚为重要，因为人工难以及时处理多类信息、实现全局优化，需要依靠大数据和人工智能技术建立风味网络，解决风味问题，优化已有风味，预测可能风味，开发新型风味及风味食品。

四、结　语

发酵微生物更智慧、发酵过程更智能、发酵产品更美味是新时代发酵食品技术的追求。未来，应以改善中国传统发酵食品为抓手，进一步加速开发发酵食品的关键共性技术、现代工程技术、前沿引领技术和颠覆性技术，推动我国整体食品发酵产业的创新式发展，引领世界食品发酵产业的发展迭代。

（引自《食品科学技术学报》，略有删改）

我国粮油加工业在
"十三五"期间的发展情况

中国粮油学会首席专家　王瑞元

"十三五"期间，我国粮油加工业战线上的广大干部和职工，在以习近平同志为核心的党中央的英明领导下，沉着应对错综复杂的国际形势和由美国蓄意挑起的"中美贸易战"，成功克服了新冠病毒疫情给粮油加工业发展带来的不利影响，取得了我国粮油加工业的持续健康发展。对照我国《粮油加工业"十三五"发展规划》，"十三五"期间，我国粮油加工业包括小麦粉加工业、大米加工业、食用植物油加工业、其他成品粮加工业和粮油机械制造业等5部分，在集约化、规模化程度、主要经济指标、研发投入与获得专利、粮油机械装备水平的提升等方面取得了长足发展。

一、我国粮油加工业集约化、规模化
　程度得到很大提升

根据规划中提出的要优化调整产业结构，提升企业的集约化和规模化程度的要求，5年来，我国粮油加工业按照优胜劣汰的原则，培育壮大龙头企业和大型骨干企业，支持他们做强做大、做优做精，引导和推动企业强强联合，跨地区、跨行业、跨所有制兼并重组；对工艺落后、设备陈旧，卫生质量安全和环保不达标、能耗粮耗高的落后产能，依法依规加快淘汰等，推动了我国粮油加工业集约化、规模化程度的进一步提升。根据国家粮食和物资储备局粮食储备司2020年粮食行业统计资料，我国规模以上粮油加工入统企业为 14 950 家（其中小麦粉加工企业 2 566 家，大米加工企业 9 867 家，食用植物油加工企业 1 637 家，其他成品粮加工企业 680 家，粮油机械制造企业 200 家），较 2015 年的 18 108 家（其中小麦粉加工企业 3 930 家，大米加工企业 11 208 家，食用植物油加工企业 2 171 家，其他成品粮加工企业 693 家，粮油机械制造企业 106 家）减少了 3 158 家，企

业数下降了17.44%，这是很不容易的。

另据统计，2020年小麦加工的处理能力为26 423.2万t，年稻谷加工的处理能力为37 786.8万t，年食用植物油加工的油料处理能力为17 342.6万t，较2015年年小麦加工处理能力、年稻谷加工处理能力、年食用植物油加工油料处理能力分别提高了36.22%、22.9%和11.3%；另外，2020年小麦粉加工企业的小麦处理量为10 054.8万t，大米加工企业的稻谷处理量为11 401.6万t，食用植物油加工企业的油料处理量为9 108.24万t，较2015年小麦粉加工企业的小麦处理量10 047.9万t（扣除饲料用和工业用小麦）、大米加工企业的稻谷处理量8 657.9万t（扣除饲料用和工业用稻谷）、食用植物油加工企业的油料处理量7 814.8万t（其他油料处理量350万t是作者估计的），分别提高了0.1%、31.7%和16.6%。

以上数据表明，5年来，我国粮油加工业在企业数量下降的同时，米、面、油加工企业的年原料处理能力和年实际原料处理量不仅没有下降，反而也有一定幅度的增长。充分表明"十三五"期间，我国粮油加工业的集约化、规模化程度得到了很大提升。

二、主要经济指标稳步增长

据统计，2020年我国粮油加工业的工业产值达14 221.7亿元。其中，小麦粉加工业为3 113.2亿元，大米加工业为4 589.8亿元，食用植物油加工业为5 988.9亿元，其他成品粮加工业为264.2亿元，粮油机械制造业为265.6亿元；产品销售收入为15 162.5亿元，其中小麦粉加工业为3 325.9亿元，大米加工业为4 675.1亿元，食用植物油加工业为6 686.3亿元，其他成品粮加工业为246.1亿元，粮油机械制造企业为229.1亿元；利润总额为514.5亿元，其中小麦粉加工业为110.6亿元，大米加工业为131.7亿元，食用植物油加工业为239.0亿元，其他成品粮加工业为13.1亿元，粮油机械制造业为20.1亿元；产品销售利润率为3.4%（其中小麦粉加工业的产品销售利润率为3.3%，大米加工业的产品销售利润率为2.8%，食用植物油加工业的产品销售利润率为3.6%，其他产品加工业的产品销售利润率为5.3%，粮油机械制造业的产品销售利润率为8.8%）。

以上主要经济指标是近些年来最好的，尤其是产品销售利润率过去一直徘徊在2%～2.5%，2020年竟达到了3.4%，这是我国粮油加工业发展史上从未见过的。

这里需要说明的是，在主要经济指标中，由于有些项目没有具体统计数据，所以上述工业总产值、产品销售收入中没有包括粮油主食品加工业、粮油精深加工、综合利用以及多种经营等方面的有关数据，导致工业总产值、产品销售收入等数据显得偏低了一些。

三、粮油主食品工业化生产取得了长足发展

粮油加工业"十三五"发展规划中提出，要大力开发适合不同的消费群体、不同营养功能、不同地区特点的粮油主食品，并实现其规模化生产，以方便百姓生活。5年来，粮油加工业在发展主食品工业化生产方面做了许多工作，取得了长足发展。

据统计，2020年粮油主食品生产能力达2 064.8万t，其中年产馒头产能65.7万t，年产挂面产能714.6万t，年产米粉（线）产能179.7万t；主食品总产量为1 065.4万t，其中馒头产量为23.2万t，挂面产量为497.0t，鲜湿面10.7万t，方便面160.3万t，方便米饭16.4万t，米粉（线）62.3万t，速冻米面主食品198.0万t。与2015年相比，主食品总产量2020年较2015年的641.6万t增长了66.1%，其中馒头产量增长170%、挂面产量增长111%、速冻米面主食品产量增长107%。现在，粮油加工企业对发展粮油主食品工业化生产的积极性有了很大提升，尤其是通过"十三五"期间的发展和两年的抗疫斗争实践，粮油加工企业都普遍认识到发展以米面为主的主食品生产是粮油加工企业贯彻供给侧结构性改革，优化产品结构的重要举措；是粮油加工业向精深加工，延长产业链和提高企业效益的重要组成部分；是粮油加工业服务社会、方便百姓生活的应尽社会责任。我们可以相信，通过"十三五"的发展，我国粮油主食品工业化生产一定能持续健康发展。

四、粮油加工业企业研发投入、荣获专利和龙头企业数量不断增加

坚持创新驱动，推动企业高质量发展已成粮油加工行业的共识。5年来，粮油加工企业从行业实际出发，面对产品销售收入利润低的实际，千方百计增加研发投入，以推动行业的技术进步和高质量发展。据统计，2020年度我国粮油加工业的研发投入为82.2亿元，其中小麦粉加工企业的研发投入为9.4亿元，大米加工企业为6.0亿元，食用植物油加工企业为59.2亿元，其他成品粮加工企业为0.9亿元，粮油

机械制造企业为 6.7 亿元；占产品销售收入的比例为 0.54%，其中小麦粉加工业的占比为 0.28%，大米加工业的占比为 0.13%，食用植物油加工业的占比为 0.89%，其他成品粮加工业的占比为 0.37%，粮油机械制造企业的占比为 2.92%。对照《粮油加工业"十三五"发展规划》，到 2020 年粮油加工企业研发投入占产品销售收入的比例由 2015 年的 0.3% 提高到 0.6% 的要求，尽管没有完全实现，但已尽了很大努力，并已接近达到，值得高兴。

据资料统计，2020 年度粮油加工企业共获得专利 1 499 件（其中小麦粉加工企业获 129 件、大米加工企业获 354 件、食用植物油加工企业获 499 件、其他成品粮加工企业获 75 件、粮油机械制造企业获 442 件）。在获得的 1 499 件专利中，发明专利为 460 件（其中小麦粉加工企业获 28 件、大米加工企业获 132 件、食用植物油加工企业获 189 件、其他成品粮加工企业获 11 件、粮油机械制造企业获 100 件）。从获得的专利情况可以看到，哪个行业重视科技研发，投入大，其获得的专利就多，专利的质量也高。

另据统计资料，至 2020 年，粮油加工业共获得认定的农业产业化龙头企业 1 948 家，其中国家级龙头企业 201 家。

以上数据表明，5 年来，我国粮油加工业的整体技术水平又向前迈进了一大步。

五、出色完成粮油应急加工任务

为应对国内外的不测风云，确保国家在突发公共事件时的粮油供应和市场稳定，国家加强了粮油应急加工供应保障体系建设。由此，粮油加工企业创造条件，积极承接以成品粮油和小包装为主的应急加工保障任务。据 2021 年 6 月国家粮食和物资储备局粮食储备司编制发布的 2020 年粮食行业统计资料介绍，在全国规模以上的粮油加工企业中，拥有应急加工任务的企业 4 260 家，其中省级 570 加，市级 986 家，县级 2 704 家。在 4 260 家拥有应急加工任务的企业中，小麦加工业拥有 1 054 家（其中省级 115 家、市级 302 家、县级 637 家），大米加工业拥有 2 699 家（其中省级 354 家、市级 560 家、县级 1 785家），食用植物油加工企业拥有 430 家（其中省级 87 家、市级 113 家、县级 230 家），其他成品粮加工业拥有 77 家（其中省级 14 家、市级 11 家、县级 52 家）。

另据统计，2020 年全国小麦粉应急加工企业的产能为 12 311.9 万 t，产量为 5 147.9 万 t；大米应急加工企业的产能为 16 208.5 万 t，产量为 3 655.2 万 t；食用植物油应急加工企业的产能为 6 528.4 万 t，产量为 765.3 万 t。

为出色完成好应急加工的光荣任务，承接应急加工任务的粮油加工企业都能做到高度重视，高质量完成应急加工任务中下达的数量、质量和品种要求；严格按要求精心保存、及时轮换，确保了应急加工的粮油产品在一声令下，能高质量、调得出、用得上。

六、粮油机械制造技术达国际先进水平

"十三五"期间，我国粮油机械制造业依靠科技创新，通过建立高水平的粮油机械装备制造基地，以专业化、大型化、成套化、智能化、绿色环保、安全卫生为导向，积极发展高效节粮节能营养大米、小麦粉、食用植物油、特色杂粮等加工装备，提高了关键设备的可靠性、使用寿命和智能化水平。研发出了一批全自动主食方便食品加工、特色杂粮加工、木本油料和蛋白利用加工、饲料成套加工、定制机器人应用、智能工厂、粮油质量品质快速检测及质量控制、智能仓储及高效输送等关键设备，为粮油加工业的现代化提供了优良装备。关键设备自主率已由 2015 年的 70% 提高到 2020 年的 80%。

据统计，2020 年，我国粮油机械制造企业 200 家，实现工业总产值 265.6 亿元，实现产品销售收入 229.1 亿元，利润总额 20.1 亿元，较 2015 年的我国粮油机械制造企业 106 家、工业总产值 194.6 亿元、产品销售收入 193.9 亿元、利润 13.8 亿元，分别增长了 88.7%、36.5%、18.2% 和 45.7%。

我国粮油机械制造业在"十三五"期间最让人值得高兴的是，粮油机械制造业更加注重创新驱动，更加注重和舍得研发的投入，2020 年我国粮油机械制造业的研发投入达 6.7 亿元，占产品销售收入的 2.92%。随着研发费用投入的增加，粮油机械制造业在"十三五"期间取得的原创性科技成果、专利数量和质量是粮油加工行业中最多最高的，诸如：国际首创的立式砂带低能耗、低破碎的低温升自动碾米机的研制；快速换辊智能砻谷机和智能型选机的研制；达到国际领先水平的 FSFG 型高方平筛和 MMR 型磨粉机的研发；具有自主知识产权的迈安德 E 型智能化浸出器、凯斯达醇法制备大豆浓缩蛋白大型智能化成套装备及华泰机械适应多种产能需要的、经济技术指标一流的成套米糠制油浸出设备和炼油装备的研发；国际首创的全景式大米外观品

质检测仪的研发；等等。并随着一大创新研发成果的产业化和推广应用，不仅取得了显著的经济社会效益，同时还进一步提高了我国粮油加工业的现代化水平。

关于"关键设备自主率"的问题，虽然没有统计资料可查，但经业内有关专家的研究推测，到2020年，我国粮油机械制造业"关键设备自主率"已超过80%。

七、粮油加工业标准制修订工作成效显著

《粮油加工业"十三五"发展规划》中强调了标准的引领作用，提出了要加快对大米、小麦粉、食用植物油、主食品和粮油机械等重要产品的国家标准、行业标准、地方标准的研制，积极开展团体标准的试点，鼓励企业发展个性定制标准，引导建立标准的自我声明制度，试点建立优质粮油产品标准"领跑者"制度，并明确提出了粮油加工业的标准制修订的发展目标指标，即由2015年的194项增加到2020年的312项。

5年来，我国粮油加工行业的标准制修订工作取得了显著成效，尤其是由中国粮油学会授权开展的团体标准制订工作取得了卓越成效，成为我国粮油加工行业国家标准的重要补充。与此同时，优质粮油产品企业标准"领跑者"评估工作亦已在行业内成功开展，取得了良好的效果。

据有关方面提供的资料，经粗略统计，我国粮油加工业在"十三五"期间新发布的各类制修订标准167项，其中国家标准56项，行业标准86项，团体标准25项。连同2015年的194项，总计为361项，超额完成了"十三五"发展规划中提出的312项的发展目标指标。至2020年，在新发布的各类标准167项中，粮食加工行业新发布的制修订标准47项，其中国家标准7项、行业标准31项、团体标准9项；食用植物油行业新发布的制修订标准86项，其中国家标准21项、行业标准49项、团体标准16项；粮油机械制造行业新发布的制修订标准34项，其中国家标准28项、行业标准6项。随着标准制修订工作的成功开展，引领和推动了我国粮油加工业的持续、健康和高质量发展。

八、我国粮油产品质量安全水平进一步提高

粮油产品的质量安全是国家食品安全的重要组成部分。为确保粮油产品的质量安全，《粮油加工业"十三五"发展规划》中提出要强化粮油质量安全保障体系，加快建立健全从田间到餐桌的产品质量和食品安全监督监管体系，健全风险监测评估和检验检测体系。鼓励和支持加工企业加强全产业链食品质量安全检测能力建设，按照食品安全、绿色生态、营养健康等要求，完善原料检验、在线检测、成品质量检验等检测功能，推动大米、小麦粉、食用植物油等生产企业建立覆盖生产经营全过程的食品质量安全信息追溯体系。规划中提出，到2020年，大米、小麦粉、食用植物油抽样检查总体合格率要由2015年的96%提高到2020年的97%。

5年来，粮油加工业企业认真贯彻"十三五"发展规划，加强和完善粮油质量安全监测能力建设，认真把好原料质量关，严格按标准组织生产，从严把好成品粮油的质量安全检验，建立了生产经营全过程的粮油质量安全信息追溯体系，促进了粮油产品的质量安全水平进一步提高。据国家市场监管总局发布的抽检数据，2020年我国粮食产品的抽检合格率为98.9%，食用植物油的抽检合格率为98.5%，超过了规划中要求达到97%的目标任务。国家对粮油产品抽检合格率的显著提高，反映了我国粮油产品质量安全的进一步提升，有效支撑了我国食品安全体系建设和健康中国建设。

九、需要说明的有关情况

前面八个方面反映了我国粮油加工业在"十三五"期间的长足发展情况，但在发展中也存在一些不足、不平衡之处，主要表现在以下两个方面：

一是，由于有些项目没有单独的统计数据，所以规划中有关"主营业务收入超过100亿元企业数量""主食品工业化率""单位工业增加值能耗下降""单位工业增加值二氧化碳排放下降""玉米深加工原料利用率"等发展目标指标无法量化对比。

二是，5年来我国以米糠榨油为代表的副产物综合利用工作取得了较大进展，但没有完全实现规划中提出的"到2020年米糠等副产物综合利用达到50%"的发展目标指标要求。据国家粮油信息中心提供的资料，2020年我国米糠油的产量为60万t，按此产量推算，2020年我国米糠榨油的利用率不足30%，需要行业今后努力加强这方面工作，为节粮减损，为国家增产油脂做出更大的贡献。

总之，我国粮油加工业在"十三五"期间取得的发展成就是有目共睹的，是很不容易的。我们坚

信，在以习近平同志为核心的党中央英明领导下，我国粮油加工业一定会在"十四五"期间取得更加辉煌的发展成就，我国粮油加工业的明天一定会更加美好！

（引自《中国油脂》2022年第3期，略有改动）

以科技创新推进粮食绿色减损

中国农业科学院农产品加工研究所所长　王凤忠

粮食安全是国家安全的重要基础。党的十八大以来，习近平总书记始终把粮食安全作为治国理政的头等大事，提出了"确保谷物基本自给、口粮绝对安全"的新粮食安全观，确立了"以我为主、立足国内、确保产能、适度进口、科技支撑"的国家粮食安全战略。同时在G20峰会上，习近平总书记倡议适时召开国际粮食减损大会。

一、粮食产后减损的发展现状

尽管多方努力下我国粮食生产连年丰收，超过6.6亿t的粮食总产量稳居世界第一，但是由于我国人口众多、耕地和水资源匮乏，粮食供求长期处于紧平衡状态，特别是在全球新冠肺炎疫情暴发和国际环境剧变的大背景下，粮食安全更是极其重要。

据联合国粮食及农业组织（FAO）2019年对全球农产品各环节粮食损失指数估计，全球约14%的粮食（约3.8亿t）在从生产至零售环节之前被损掉，相当于每年损失约4 000亿美元。发展中国家损失主要发生在产后加工阶段，而发达国家主要发生在运输、零售和消费阶段。而我国由于产后仓储、物流、加工等环节的科技水平和设备设施相对落后，粮食产后损失率高达15.69%，其中仓储环节因霉虫鼠损失可达5%，运输环节损失0.7%，加工环节损失3.7%，消费过程中损失6.3%。根据2020年国家粮食和物资储备局数据显示，我国粮食在产后环节损耗严重，尤其是在储藏、运输和加工环节，每年损失量约350亿kg，相当于吉林省一年的粮食产量。

二、粮食产后减损存在的问题

粮食损失与浪费是粮食系统在技术、文化和经济各方面的运作方式不当所致结果，在整个食品链中从生产、收获、储存、加工、销售与零售直至消费的各环节的分布情况迥异。在生产和收获环节，由于质量标准变化或价格暴跌而未收获、作物品种选择或种植方法不当、机械或人工收获损伤、采收时间不当等，占整体粮食损失和浪费的24%；在储存和运输环节，缺乏适当储存或运输设施、温度和湿度管理不善、储存时间过长、运输方式不当等，占整体粮食损失和浪费的24%；在加工和包装环节，加工能力不足、加工流程缺乏严密管理、过渡碾磨、包装破损等，占整体粮食损失和浪费的4%；在批发和零售环节，易腐烂产品无法及时卖出、产品外观和品相不佳等，占整体粮食损失和浪费的7%；在消费环节，保质期和最佳消费日期标签混淆、家中储存不当、超量采购等，占整体粮食损失和浪费的28%。

就全球而言，在生产和收获、储存和运输环节，发展中国家损失率显著高于发达国家，分别高出约40%和67%，表明粮食损失率与农业技术及基础设施水平呈负相关。造成我国粮食加工环节浪费的原因主要有以下几方面：一是企业规模较小导致加工副产物废弃。我国广大的粮食加工企业大多存在于农村和乡镇地区，粮食加工产能弱、规模小、加工量有限、加工链条短，导致农产品原料利用率低，副产物废弃，造成超过10%的粮食浪费。二是粮食加工设施比较落后。我国粮食加工业发展历史虽然悠久，但是粮食加工设施提升速度低于粮食加工的需求。我国粮食加工工艺相对落后，粮食加工设备水平不高，一些企业购买国际淘汰的、低科技含量的设施，导致粮食加工存在浪费。三是加工标准不完善。对待粮食加工损失浪费，必须要有一个明确的标准，什么样的粮食可以食用，什么样的粮食达不到食用标准必须舍弃。只有标准明确才能够有效定义粮食加工损失和浪费。四是过度加工导致粮食营养素损失。当前，居民对粮食制品消费水平从低层次向高层次需求转变，消费者对粮食制品的要求不断上升，对含有丰富营养的粮食制品需求也随之大幅度提升。但是，一些粮食加工企业受到错误导向，追求高、白、亮的米面粮油产品，造成大量营养素损失。同时，一些消费者错误地通过色度和精度判别粮食产品的品质，造成粮食过度加工的恶性循环。

造成粮食损失的主要原因就是科学技术的落后。主要表现为：一是研发技术及科学管理技术落后。我国的精准农业发展面临着底层技术支持不足、信息采集系统不全、专业系统不完善的短板，精准农业的"精准"程度有待提高。二是科技化、智能化的收储运技术落后。国家粮食和物资储备局的数据显示，我国粮食在收储运环节，每年损失量达 350 亿 kg。造成这方面损失的主要原因是机械精细化作业水平不高，储藏运环节的精细化、智能化设备及管理不到位。三是精深加工技术落后。据统计，我国每年深加工用粮约 4 650 万 t，占粮食产量比例仍不到 10%，而发达国家深加工用粮在 70% 以上。我国粮食资源利用比较粗放，产品及其用途单一，粮食加工副产品的综合利用水平还处于初始阶段。因此，提高粮食的深加工利用率已经成为我国粮食产后减损战略中的重要部分。

三、推进粮食减损科技创新的对策

要构建粮食产后减损科技创新平台，建立我国粮食品质评价、精准控温控湿控气、在途实时监测、主动预警透明供应量的仓储物流加工技术体系、标准体系和大数据中心，提高我国粮食产后减损科技水平，保障粮食安全。具体建议如下：

一是深化粮食减损科技体制机制创新。围绕党中央确定的国家粮食安全战略，以科技节粮减损为中心任务，统筹推进粮食减损科技体制机制改革和科技创新体系建设，力争建立从种植、收获、储运到加工、消费全链条一体化的粮食减损保质科技创新体系。加快推进科研、设计和产业一体化发展，促进成果推广应用，使科技支撑粮食减损保供的作用更加突出。

二是设立"粮食减损保供"重大科研专项。聚焦保障国家粮食数量安全、质量安全和生态安全重大需求，重点攻克粮食减损、质量安全、品质营养保持、现代收储物流、监测预警、加工增值和综合利用等方面的重大科学技术难题。通过设立国家重大科研专项、产业技术体系岗位等方式，带动地方政府和粮食企业配置更多资源开展粮食减损保供科技创新，建立从粮食种植、收获、储运到加工、销售全链条一体化的粮食减损保质技术体系，实现"优粮、优储、优加、优食"。加强基础理论研究，引导粮食消费从数量向品质、营养转变，建立适合我国人群膳食习惯和营养需求的粮食质量标准体系。

三是加强粮食减损保质条件能力建设。加强粮食种植、收获、储运到加工、销售等全产业链基础设施建设，提高标准化、规模化、机械化和智能化程度。设立国家粮食产后减损大科学中心，统筹各类资源，开展全链条、一体化协同创新，并对各环节粮食减损保质技术进行系统集成和推广应用。构建国家粮食"时空"品质、仓储、物流和加工大数据中心，应用大数据、"互联网＋"等新技术，对粮食数量和营养损失进行精准监测预警和控制。

四是建立粮食减损法律法规体系。加快《粮食安全保障法》的出台，明确粮食收获损失率，强化储存条件改善，建立粮食存储自然损耗标准，提高粮食加工转化率和副产物利用率，建立废物回收利用登记制度，纳入管理指标。加快《粮食法》立法进程，在粮食消费与节约章节中，建议建立奖励机制，鼓励社会各界开展粮食减损的公益活动或行动，建立粮食减损公示制度，明确统计方法。严格贯彻落实《反食品浪费法》，明确食品经营主体捐赠临期食品的主体责任，减少零售环节浪费；要求大型食品零售商超、规模化农贸市场配套废弃物无害化处理场所，减少环境污染。

五是做好减少粮食损失和浪费宣传工作。加大厉行节约的宣传力度，全方位、多角度开展主题宣传，加强相关法律和政策宣传。号召零售业进行大数据物流管控，倡导餐饮店铺菜品量及点餐科学化。加强节约粮食知识的推广，组织专家深入企业、农机站、粮库等，推广科技知识和技术，并深入田间地头，向农户讲解科普知识和实用技术。加强节约粮食的课堂教育，将减少粮食损失和浪费纳入全国中小学生教学体系，开设节约粮食培训课程，让节约粮食成为评价学生综合素质的组成部分。树立正反两方面的典型，挖掘全国各地减少粮食损失和浪费典型案例，评选厉行节约先进人物和先进事迹。公开通报违反粮食减损法律和政策的机构和个人，将不良行为纳入社会诚信体系。

（《农民日报》2021 年 6 月 6 日，略有删改）

关于食品安全问题的几点思考

中国农业大学特殊食品研究中心教授　罗云波

中国食品安全大会已连续成功举办18届，成为以食品安全为纽带，融通政、学、产、研、媒各领域的重要对话交流平台，当然也成为食品人讲实在话、心里话的好平台。

在当前新发展格局构建过程中、在后疫情时期的特殊背景下，围绕企业自治、行业自律、社会监督和政府监管，涌现出许多新的经验和思考。

一、要继续重视全媒体一手促成的虚拟食品安全事件的危害

做得出来塑料紫菜、塑料米的自媒体的没底线，已是老生常谈了。传统媒体现在搞融媒体，扩张严重，但把关审核不严，一样闹出乌龙事件。没有专业性，没有责任感，为了流量红了眼，断章取义，胡乱剪辑，要他们想要的、炒他们想炒的，危言耸听，博流量，谣言四起。这类食品安全恐慌狂潮，由蓄意夸大误导引发，以暗访测评为主要手段，包括有些主流媒体在内，什么吃草莓致癌、吃樱桃便血、隔夜冰西瓜一口8 400个细菌有毒不能吃、冷冻肉有害健康、沃柑药水泡，等等，消费者莫衷一是，无所适从。不仅严重破坏了中国国家形象，影响中国食品的国际贸易，而且也严重影响我国社会的和谐安定，吃不得、喝不得等妖魔化的不实报道严重损害了公众对政府的信任、对食品安全的信心。

二、要重视食品安全工作的传播效力问题

从2008年起，政府监管部门对食品安全的监测检测就算得上尽心尽力卓有成效了，但是这么多年过去了，力也出了，苦也吃了，钱也花了，事也做了，效果也出来了，但很多监测检测结果并没有完整、公开地展示，不能达到让大众眼见为实心服口服的程度，换言之，在数据共享、数据公开上还有很大的提升空间。社交媒体上意见的影响力，甚至比国家媒体报道的官方抽检报告大得多，如果没有自媒体做二传手，政府部门的抽检就不能深入人心。这也是下一步可以改进的地方，做了的食品安全工作一定要有宣传，这是食品安全风险交流的重要一环，人民群众对食品安全的信心是最宝贵的。另外，社会负面情绪通过食品安全来借题发挥的问题也应高度重视。

三、要重视食品生产过程中的安全问题

食品生产中的硫化氢中毒事件，2019年、2020年和即将过去的2021年，3年时间内媒体报道了近20起。比如今年5月，四川一家食品厂废水处理车间曝气风机出现故障后，继续生产，生产废水中硫酸盐还原成的硫化氢持续富集。当曝气风机重新启动后，高浓度硫化氢逸出扩散，导致未采取防护措施的作业人员及先期施救人员，进入废水处理车间中毒死亡。7条正当年的鲜活生命就在这样一起典型的生产安全责任事故中消失了。同样是今年10月份，沈阳一家饭馆燃气爆炸，导致楼上住户死亡。其他火锅店类似事故时有发生。大家会对餐厅后厨砧板上爬过一只蟑螂而群情激昂，但对这类生产安全问题并不重视，因为这类事故主要伤亡人员是作业工人和后厨厨师等，公众通常觉得和自己无关，媒体通常觉得掀不起流量，地方政府又因为是比老鼠蟑螂大得多的丑闻，而压下来了，所以尽管是人命关天，也是轻描淡写。

四、要重视一些新业态、新观念、新法规背景下产生的新问题

比如临期食品，比如反食品浪费法，比如食品中污染物的一些新标准，比如零添加，比如无糖饮料等新业态。比如新式茶饮，我这一年接受了好几次媒体采访，现场制作的网红饮料频发食品安全问题，就是缺乏这种新业态的与时俱进的相关标准和规范。如何在鼓励创新发展和安全规范之间找到一个平衡点，兼

顾透明性、多样性、标准性、及时性以及灵活性，这是食品新业态对食品人智慧的考验。

如果说过去的我们在摸索前行，那么在新发展格局框架中，我们更要励精图治，利用好大数据、人工智能等新技术，继续肩负起保护人民群众健康的责任，确保食品供应的数量安全，食品品质的质量安全，以及食品未来的可持续安全。

2021年即将过去，新的一年即将到来，让我们食品人继续保持奋发有为的态度，在党中央、国务院决策部署下，紧紧围绕统筹推进"五位一体"总体布局和协调推进"四个全面"战略部署，坚持四个最严，全面实施食品安全战略，促进食品产业发展，推进健康中国建设，使我国的食品行业呈现出一派欣欣向荣的新气象。

（本文为作者在"第十九届中国食品安全大会"上的讲话，略有删改）

加快发展农产品加工装备，助力乡村全面振兴

中国农业机械化科学研究院集团有限公司　刘小虎　吴海华

一、我国农产品加工装备产业现状

近年来，我国农产品加工装备行业不断加大技术创新，积极推进产业转型升级，总体保持稳步发展，产品结构升级趋势显著，头部企业实力明显增强，行业集中度进一步提升；出口稳定增长，贸易顺差逐步扩大，有力地支撑了农业提质增效，促进了乡村产业发展，为全面推进乡村振兴做出了重要贡献。

（一）行业发展保持稳定态势

行业规模总体稳中有升，走出去步伐明显加快。2020年，全国农产品加工装备行业1 097家规模以上企业实现主营业务收入1 194.28亿元，同比增长1.30%。其中，包装专用设备制造相较2019年有较大增长，同比增长7.51%；商业、饮食、服务业专用设备制造同比增长2.87%；农副产品加工专用设备制造大幅下滑，同比增长−16.97%；农产品、酒、饮料及茶生产专用设备制造，同比增长−3.88%。2020年，农产品加工装备行业全年实现进出口贸易总额89.46亿美元，其中出口额57.01亿美元，进口额32.45亿美元。2021年，我国农产品加工装备行业主要领域主营业务收入1 440.13亿元，实现净利润107.81亿元，进出口总额141.14亿美元，出口额89.42亿美元，进口额51.72亿美元，全年贸易顺差37.70亿美元。

（二）科技创新推动行业技术进步

创新成效显著，科技投入持续增长，推动产品结构向多元化、优质化、功能化方向发展，高科技、高附加值产品的比例稳步提升，建立了服务全产业链的农产品加工装备制造创新体系。产品综合性能和自动化水平不断提升，部分装备填补了国内空白，高端装备、成套装备的技术水平与国际先进水平逐步接近，部分产品性能达到或超过国外先进水平，部分产品已替代进口，并开拓了国际市场；实现了高端成套装备从长期依赖进口到基本实现自主化并成套出口的跨越，科技进步促进了行业整体水平和产品质量不断提高。研发了一批具有自主知识产权的核心技术和先进装备，研制了一批高水平成套装备和自动化生产线。开发了一批下游产业和市场亟须的新产品和高端成套装备，行业领军企业完成了一批生产整体解决方案和信息化、智能化系统开发应用，在车间交钥匙工程设计、设备集成优化、数字化监控、信息化远程管理、节能降耗、质量追溯等方面取得了明显进步。

（三）产业结构调整促进行业高质量发展

围绕全产业链发展需求，进一步推动了农产品加工装备与上下游产业的融合发展，不断推进产业发展方式、经营模式、产品结构的调整。传统农产品的干燥、分选、保鲜储藏等装备的自动化、智能化水平不断提升，自动化切制、智能化分级、新兴中央厨房等领域装备蓬勃发展，初步实现了农产品加工装备与人工智能、大数据、云计算、互联网、机器人等新技术的融合发展。培育形成了一批市场占有率高、辐射带动能力强、技术创新和成套集成实力显著、具有明显竞争优势的行业骨干企业和龙头企业，提高了重点产

品与关键装备的生产集中度，有效地提高了国产关键装备和高端成套装备的技术水平。中小型企业向"专、精、特、新"方向发展加速，形成了各类企业分工协作、共同发展的新格局。

（四）行业技术创新体系和服务平台不断完善

建立了依托产业技术创新战略联盟为主导、以大中型骨干企业为主体、以科研单位和高等院校为支撑的食品和包装机械行业技术创新体系。建立了一批国家级、省级和行业的研发中心和创新示范基地，一批具有较强科技创新能力的企业在各个细分领域建立了企业工程技术研发中心，产学研合作不断向纵深发展，合作层次不断提高，合作模式不断创新，创新能力普遍增强。全力打造行业服务平台，依托农产品加工装备产业技术创新战略联盟、中国食品工业互联网产业联盟、中国机械工程学会包装与食品工程分会、中国农业机械学会农产品加工机械分会等联合建立学术研究与技术创新平台，服务行业技术创新和科技进步，推动行业与信息技术的深度融合和创新发展，服务行业产品质量提升和技术创新。

（五）标准化和知识产权工作取得积极成效

依托全国包装机械标准化技术委员会、全国食品包装机械标准化技术委员会、机械工业食品机械标准化技术委员会、中国食品和包装机械工业协会标准化技术委员会等，建立了标准化与技术规范服务平台，完善了国家标准、行业标准、团体标准和企业标准的四级标准化体系。"十三五"以来，颁布制修订国家标准 28 项、行业标准 108 项、团体标准 25 项，支撑了产业结构调整和产品优化升级。国家食品机械质量检验检测中心、国家农产品加工装备质量检验检测中心、国家包装机械质量检验检测中心等积极开展产品质量技术检测工作，努力为设备制造企业和设备使用企业提供质量评价，推进了企业规范化生产和质量提升。

二、我国农产品加工装备产业发展存在问题

总体上，我国农产品加工技术整体上仍处于初加工多、综合利用低、能耗高的发展阶段，国产化的加工核心技术装备水平不高，以传统制造装备为主，大型企业超过 80% 的高端装备依赖进口；较多通过技术引进或者装备仿制来满足市场需求，加工装备已成为我国农业产业安全和高质量发展的瓶颈。

（一）高端关键零部件和重要软件还依赖进口

目前，国产加工和包装机械基本满足了我国大部分加工业的发展需求，但高性能装备和高速生产线的高端关键零部件国产性能达不到要求。如高性能 PLC、伺服电机、控制单元、气动元器件、密封件、电磁阀、高速轴承、部分高端精密仪器和专用传感器等需要进口，装备制造的设计软件、控制软件、信息化管理软件等高端软件还依赖进口。

（二）核心技术研发和自主创新能力亟待提升

面对激烈竞争的国内外市场，行业还普遍存在核心技术缺乏、研发投入不足、自主创新能力不强的局限；大多数企业属于中小企业，没有研发中心，技术力量薄弱，不重视研发和技术创新；产品同质化现象普遍存在。研究院所和高等院校本领域专业化的研究团队和研究平台较少，缺少能与发达国家可比的研究开发试验基地。基础研究、原创性研究，以及共性技术创新和关键核心技术集成创新不够，高端关键装备和高水平智能生产线攻关力度不够，具有自主知识产权的产品供给不足，致使企业缺少核心竞争力和市场占有率，严重制约行业创新驱动和高质量发展。

（三）行业集中度低且缺少具有国际影响力的企业

我国农产品加工装备制造行业 80% 以上为中小企业，仅有一家企业的主营业务收入突破 20 亿元，而瑞典利乐公司（Tetra Pak）营收超过 110 亿欧元，德国克朗斯公司（Krones）营收接近 40 亿欧元，比较来看，国际知名企业在技术创新、系统集成和智能化方面不断推出新一代产品，形成跨代垄断和竞争优势。国内装备企业在规模上相差巨大，围绕产业链高端生产线和成套装备供给能力不足，竞争力较弱，难以形成与国际一流企业集团抗衡的创新能力、成套服务能力、资本实力和市场竞争能力。

（四）行业标准化建设有待进一步加强

目前，行业标准体系和结构不够合理，国家标准与行业标准覆盖率不高，现有标准主要是产品标准，缺乏基础标准、方法标准、管理标准、安全标准、卫生标准和通用技术规范等，制约了标准的适用性、规范性和引导性，用标准规范市场竞争环境和提高产品质量任重而道远。行业等效采用国际标准、欧盟标准等发达国家标准的步伐较慢，国内标准主要指标和国际标准的通用技术规范还有一定的差距。

三、农产品加工装备产业发展趋势

（一）制造方式绿色化

农产品加工业是高能耗、高污染、高耗水的产

业，需要积极开展基于装备全生命周期的技术创新和集成，实现从产品设计、制造、包装、运输、使用、报废与回收利用等全生命周期的绿色化，重视采用绿色制造技术和生产工艺，考虑资源和能源的节约和持续利用，减少废料和污染物的产生及排放，提高生产和使用过程的经济效益和社会效益。

（二）设备卫生安全标准化

农产品加工装备是保障农产品和食品质量及安全的重要保障，必须符合国家有关标准的技术要求，必须建立卫生要求和使用安全的技术标准；必须强化装备的质量、卫生安全、机械安全等要求，通过标准化建设，制修订一批体现技术发展水平的产品标准及通用技术要求，提高装备的技术水平和国际竞争力。

（三）工艺创新与装备成套化

目前，中小规模企业生产工艺落后，缺少成套生产装备，不能适应工业化生产需求，必须基于大工业化和现代化生产的特征和需求，采用新技术和技术集成的方法，改造和创新生产工艺，开发适应现代加工新工艺、新方法、新技术、新装备及生产线，实现生产装备的成套化和智能化，提高装备的技术水平和生产效率。

（四）信息技术融合与智能化

农产品加工具有生产过程复杂、工作环节多、参量耦合性强、质量控制要求高等特点，互联网技术、机器人、大数据、云计算、人工智能等先进技术的快速发展，可实现食品加工生产过程的数据采集、分析处理、控制的实时化，实现面向不同产品的柔性化和智能化生产，为装备自动化、柔性化、智能化和智能车间、智慧工厂发展提供重要支撑。

（五）制造服务化

加快发展服务型制造业是我国农产品加工装备产业转型升级、技术进步、提质增效的重要途径。要积极推动行业全价值链服务型制造业的发展，实现企业从"产品销售导向"转向"客户需求导向"、产品从"技术集成"延伸到"技术服务集成"、价值链从"产品"延伸到"技术服务"、产品服务从"售后单一技术服务"走向"智能全面服务"、产品制造从"企业"走向"全球网络协同"的发展模式转变，行业进入了个性化需求驱动的数字化定制式制造服务、创意创新设计引领系统集成创新、产品制造与用户体验相结合的服务型制造业的新时代。

四、加快发展农产品加工装备产业的建议

（一）加快推进关键核心技术攻关及应用

围绕产业链部署创新链、围绕创新链部署资金链和资源链，组织加工企业、研发团队和装备企业，打造共性技术研发平台和创新联合体，引导骨干企业牵头开展"产学研用"联合攻关，攻克食品预处理、分离提取、混合均质、灌装包装、减损增效等技术及装备瓶颈，创制信息化、智能化、工程化加工装备，建设一批集成度高、系统性强、能应用、可复制的农产品加工技术装备集成应用示范基地。

（二）分层次分类构建高效加工应用模式

针对农民合作社和家庭农场需求，发展冷藏保鲜、原料处理、杀菌、储藏、分级、包装，以及干制、腌制、熟制、分级分割、速冻等加工模式；针对大型农业企业、农产品加工企业需求，发展食材预处理、面制、米制、带馅、调理等主食化加工模式，培育原料基地＋中央厨房＋物流配送（餐饮门店、商超销售）以及中央厨房＋餐饮门店（连锁店、社区网点、终端客户）等模式，进一步延长加工链条，推进农产品加工循环、高值、梯次利用和减损增效。

（三）着力培育农产品加工装备企业

大力支持企业技术创新，集聚科技、金融、政策、知识产权等创新资源，推动科技成果转化落地，服务中小企业技术创新。强化产业政策导向，引导金融和社会资本参与，支持骨干企业整合产业链上下游，推进做大做强和国际化拓展；推进整机与零部件协同发展，支持中小企业向专精特新零部件企业转型。强化财税及金融对科技创新的支持，将农机购置和应用补贴扩大到对农产品加工装备的支持。构建以企业为主体、市场为导向、产学研用深度融合的技术创新体系，形成大企业引领、大中小企业协同发展的产业格局，推进产业可持续高质量发展。

未来农产品供给如何变化

农业农村部新闻办公室

"未来10年，我国农业农村现代化将取得重要进展，粮、油、棉、糖、肉、蛋、奶等重要农产品供给明显增加，稻米产量稳定增长，消费稳中有增，小麦产量稳中有增。"4月20日上午，2021中国农业展望大会在京召开，会上发布了《中国农业展望报告（2021—2030）》（以下简称报告）。报告预测了小麦、稻米、玉米、猪肉等18种农产品未来10年的发展趋势和前景。会议由农业农村部市场预警专家委员会支持，中国农业科学院农业信息研究所主办。这也是自2014年以来，我国连续第8年召开农业展望大会、发布《农业展望报告》。

（一）粮食播种面积稳定在17亿亩，中国人饭碗端得稳

报告指出，未来10年，农业农村现代化将取得重要进展，粮食和重要农产品供应保障更加有力，农业生产结构和区域布局明显优化，农业质量效益和竞争力显著提升。以数量和质量协同发展的农业综合生产能力显著提升，粮、油、棉、糖、肉、奶等重要农产品供给明显增加，绿色、健康、安全的现代农业生产体系建设取得明显进展。随着"藏粮于地、藏粮于技"战略深入实施，耕地数量保护和质量提升得以进一步强化，粮食播种面积稳定在17亿亩以上，建成集中连片高标准农田将达到10亿亩左右；种业翻身战将取得重大突破，主要粮食作物单产水平提高明显，单产增长成为产量增加的主要因素。未来10年玉米、大豆单产水平与基期（2018—2020年3年平均值）相比分别预计提高21.2%和14.9%；玉米、猪肉、奶类等重要农产品产量年均增速在2.0%以上。

小麦和稻米是我国居民的主要口粮，报告显示，未来10年，两大口粮产量在保持稳定的情况下，将有所增长。在未来，稻谷播种面积将逆转缩减趋势，在种子技术突破和建设高标准农田的支撑下，单产呈提高趋势，产量稳步增长。

未来10年，小麦播种面积可能会出现先增后稳的局面，单产水平继续提高，预计2030年小麦总产量将达到13 579万t，较基期增长2.0%。小麦进口量将从展望初期的高位持续回落，预计2030年降至528万t。

（二）猪肉供给将显著回复，价格逐渐回归常态

受非洲猪瘟和新冠肺炎疫情等因素的多重影响，2020年生猪出栏量和猪肉产量下降，但降幅明显收窄，猪肉供需仍然表现出明显的紧平衡特征，全年生猪价格和猪肉价格较上年明显上涨，猪肉进口量439万t，创历史新高。

养殖收益拉动和支持政策带动生猪产能持续恢复。2021年猪肉产量达到4 927万t，增加19.8%；猪肉进口量预计为380万t，较上年下降13.4%。2021年猪肉表观消费量预计为5 297万t，较上年增16.5%。生猪和猪肉价格将会稳步回落，预计四季度猪价将会逐渐接近常态价格水平。

未来10年，猪肉供应或将经历控制疫情、恢复产能到产量回落的过程。报告显示，未来10年的前期，生猪产业主要任务仍是有效应对非洲猪瘟疫情、提升生猪产能。预计2021年生猪出栏量和猪肉产量分别达到6.13亿头和4 927万t。未来10年的中后期，猪肉产量增速将明显回落，2030年，生猪供应预计为7.13亿头、5 998万t。

生猪生产将加速向"提质增量"转变，生产方式向区域化、专业化、规模化、产业化和生态化转变，设施装备由机械化向自动化、信息化、智能化方向发展，供应方式由热鲜肉向冷鲜肉转变，流通方式由"调猪"向"调肉"转型。年出栏500头以上规模养殖比重2025年预计达到65%以上，2030年规模化水平达到80%以上。

报告认为，展望前期猪价将总体处于下降通道。长期看，受产能加速恢复影响，预计在2023年以后生猪供给可能出现阶段性过剩局面，2024年后生猪价格或将再次进入新一轮价格周期，但规模水平提升有助于稳定猪价，波动幅度将会较上两轮周期显著下降。

（三）蔬菜水果消费量持续增加，产业转型升级加快

蔬菜水果关系着居民的膳食健康，报告显示，

2020 年，我国蔬菜产量约 7.22 亿 t，商品产量 5.50 亿 t，水果总产量估计达到 2.79 亿 t，基本可满足城乡居民健康膳食需求。报告指出，未来 10 年，蔬菜生产增速放缓，价格波动呈上涨态势。预计 2021 年生产量达 7.38 亿 t，2025 年和 2030 年将分别达到 7.67 亿 t 和 7.98 亿 t。其中，绿色生产新技术和农业社会化服务，将成为推动蔬菜产量增长的重要动力。

餐桌消费提档升级、社区团购等新业态快速发展、加工技术和设备高新化等，将促进未来 10 年蔬菜消费稳步增长，其中鲜食消费增长较为明显，加工消费和饲料等其他消费稳中有增，损耗占比有所下降。

我国是世界主要的水果生产和消费国，尤其是柑橘、苹果和梨等大宗水果品种的产量居世界首位。报告预测，未来 10 年，水果产业供给侧结构性改革进程加快，生产布局不断向优势区调整，品种结构进一步优化，产品质量不断提升。预计 2030 年水果总产量将达到 3.47 亿 t，产量增速平均为 2.5%。

随着人口增加、城镇化进程加快、居民收入提高及现代流通体系发展、水果销售渠道多样化，水果消费将持续增长，直接消费量年均增长 2.8%，加工消费量年均增长 3.3%，国内总消费量年均增长 3.0%。水果消费增速高于产量增速，再加上人工成本的上涨，水果价格将有所上升，但水果总体呈供大于求的态势，这在一定程度限制了价格上涨动力。未来 10

年，水果产业将朝着标准化、优质化、特色化、品牌化的方向高质量发展。

（四）奶业发展向好，生产量和消费量持续增长

2020 年我国牛奶产量增幅创 10 年来新高，奶制品加工量增加，奶牛存栏企稳回升，单产持续增加，奶类产量和牛奶产量大幅度增长，创 10 多年来最高增幅。全年奶类产量达到 3 546 万 t，其中牛奶产量为 3 440 万 t，同比增长 7.5%。同时，我国奶制品总消费量和人均消费量增长明显，低温奶继续保持了扩张增长态势，消费结构正在发生转变。

2020 年奶制品进口量继续增长，乳清粉进口增幅最大。奶制品全年进口量为 328.12 万 t，同比增长 10.4%，增速继续放缓。生鲜乳收购价格波动上涨，主要奶制品零售价格稳中略涨，生鲜乳价格波动上涨，全年呈"U"字形走势。

报告预测，到 2030 年，我国 100 头以上奶牛规模养殖比重将达到 80%，泌乳牛单产水平将突破 10t，奶类产量达到 4 389 万 t；奶制品消费总量持续增长，消费结构明显转变，消费量将达到 6 933 万 t，奶制品人均消费量达 47.90kg，低温奶制品和奶酪增长明显；奶制品进口持续增加，达到 2 563 万 t，年均增速 3.5%，明显低于过去 10 年 9.9% 的年均增速；生鲜乳需求将持续旺盛，生鲜乳质量分级、优质优价体系将逐步形成，生鲜乳价格将保持高位水平。

2

第二部分

相关行业发展概况

油 料 加 工 业

一、基本情况

2020 年，面对突如其来的新冠肺炎疫情和严重洪涝灾害频发等不利因素，在以习近平同志为核心的党中央的高度重视和英明领导下，我国农业生产战胜各种困难，取得了 2020 年我国粮食生产再创历史新高的成就，产量达到 6 695 亿 kg，较 2019 年增加 56.5 亿 kg，增长 0.9%，为国家粮食安全、促进生产、促进经济发展和社会稳定奠定了坚实基础。2020 年，我国粮食总产量达 66 949 万 t，较 2019 年的 66 384 万 t 增长 0.9%。其中，小麦产量为 13 425 万 t，较 2019 年的 13 360 万 t 增长 0.5%；稻谷产量为 21 186 万 t，较 2019 年的 20 961 万 t 增长 1.1%；玉米产量为 26 067 万 t，与 2019 年的 26 078 万 t 基本持平。另外，2020 年的杂粮产量为 996 万 t，较 2019 年的 971 万 t 增长 2.6%；豆类产量为 2 288 万 t，较 2019 年的 2 132 万 t 增长 7.3%；薯类产量（折干粮）为 2 987 万 t，较 2019 年的 2 883 万 t 增长 3.6%。

二、进出口情况

2020 年我国进口各类油料合计为 10 614.1 万 t，较 2019 年的 9 330.8 万 t，增加了 1 283.3 万 t，增长 13.75%。其中，进口大豆 10 032.7 万 t，较 2019 年的 8 851.1 万 t，增加了 1 181.6 万 t，增长 13.35%；进口油菜籽 311.4 万 t，较 2019 年的 273.7 万 t 增加了 37.7 万 t，增长 13.77%；其他油料合计进口 270 万 t，较 2019 年的 206 万 t 增长 31.1%。2020 年，我国进口各类食用植物油合计为 1 167.7 万 t，较 2019 年的 1 152.7 万 t 增加 15 万 t，增长 1.3%。其中，进口大豆油 96.3 万 t，较 2019 年的 82.6 万 t 增加 13.7 万 t，增长 16.6%；进口菜籽油 193.0 万 t，较 2019 年 161.5 万 t 增加 31.5 万 t，增长 19.5%；进口棕榈油 647.0 万 t，较 2019 年的 755.2 万 t 减少 108.2 万 t，下降 14.3%；进口葵花籽油 191.6 万 t，较 2019 年的 122.9 万 t 增加 68.7 万 t，增长 55.9%。在油料油脂的进口中，一些消费者喜爱的高端油料油脂的进口势头仍然十分看好，诸如葵花籽油、亚麻籽

及亚麻籽油和橄榄油等进口数量不断增加。其中，葵花籽油进口数量由 2019 年的 122.9 万 t 猛增到 2020 年的 191.6 万 t，增长 55.9%，与 2016 年 95.7 万 t 相比，增长了 102%；亚麻籽油的进口量也创进口史上的最高纪录；2020 年进口橄榄油 5.5 万 t、进口椰子油 16.2 万 t。在油料油脂出口方面，2020 年我国出口油料合计为 93 万 t，出口食用油脂合计为 14 万 t。2020 年还进口了豆粕 6 万 t，出口豆粕 83 万 t；进口菜籽粕 189 万 t。

三、我国油料油脂的生产情况

2020 年，我国的油料生产再创历史新高，八大油料作物的总产量达 6 800.1 万 t，较 2019 年的 6 570.4 万 t，增长 3.5%。其中，大豆产量为 1 960 万 t，较 2019 年的 1 809.1 万 t 增长 8.3%；花生果产量为 1 777 万 t，较 2019 年的 1 752 万 t 增长 1.4%；油菜籽产量为 1 380 万 t，较 2019 年的 1 348.5 万 t 增长 2.3%；棉籽产量为 1 063.8 万 t，较 2019 年的 1 060.2 万 t 增长 0.3%；葵花籽产量为 260 万 t，较 2019 年 256 万 t 增长 1.6%。另外，油茶籽产量为 280 万 t，芝麻产量为 45.7 万 t，亚麻籽产量为 33.6 万 t，这三种油料作物的产量较 2019 年都略有增长，但增幅不大。由此可见，2020 年我国八大油料作物的产量全都有所增长，尤其是大豆产量增长幅度最大，达 8.3%，国产油料（扣除大豆、花生、芝麻、葵花籽等四种油料部分直接食用外）榨油的油料量为 3 840 万 t。榨得的食用植物油（含玉米油、稻米油及其他小宗油脂）预测为 1 233.2 万 t，较 2019 年榨得的食用植物油 1 202.8 万 t，多榨得了食用植物油 30.4 万 t。

四、食用油产销情况

2020 年度，我国食用油市场的总供给量为 4 090.1 万 t；其中包括国产油料和进口油料合计生产的食用油产量 2 930.4 万 t，直接进口的各类食用油合计为 1 159.7 万 t；食用油消费量为 3 545.0 万 t，工业及其他消费为 526.0 万 t，出口量为 20.0 万 t，

合计年度需求总量为 4 091.0 万 t；年度食用油的消费总量为 4 071.0 万 t，年度挖库存 0.9 万 t，自给率为 30.1%，与上年的自给率持平。2020 年我国人均食用油的消费量为 28.5kg，超过了 2020 年度世界人均食用油消费量 26.7kg 的水平。

五、标准工作

1. 2020 年 8 月 23 日，《牡丹籽油》国家标准暨油用牡丹产业发展研讨会在山东菏泽举办，本次研讨会由全国粮油标准化技术委员会油料及油脂分技术委员会和菏泽市人民政府主办，菏泽市牡丹产业发展中心承办。与会专家和相关企业代表对《牡丹籽油》国家标准初稿进行了研讨。截至目前，已正式立项木本油料国家和行业相关标准 42 项，其中已发布了 25 项，包括 5 项国家标准和 20 项行业标准，17 项标准在研。这些标准的发布，标志着我国木本油料标准体系已经基本成型，涵盖了核桃、油茶、油用牡丹、油橄榄等主要木本油料。

2. 2020 年 8 月 25 日，由中国粮油学会团体标准油料与油脂技术委员会和中国粮油学会油脂分会主办、迈安德集团有限公司承办的《棕榈仁饼粕》团体标准研讨会在江苏扬州召开。截至目前，学会共立项了 78 项标准，其中油脂领域 31 项，比例接近学会立项总数的一半，并正式发布了 3 项标准。国内外尚未有棕榈仁饼粕的国家标准或行业标准，这对于棕榈仁饼粕产品的生产、销售、监管都是非常不利的。因此，制订棕榈仁饼粕的团体标准，对于棕榈仁饼粕产业以及棕榈仁饼粕加工产业的发展和引导，都是十分必要且富有意义的。

3. 2020 年 9 月 27 日，《高油酸菜籽油》团体标准及产业发展研讨会在湖北荆门召开。菜籽油是我国主要食用油品种之一，气味香醇，营养丰富，是大宗油料作物里为数不多的高油酸油种。目前，高油酸食用油已经成为国内外食用油领域争夺的制高点之一。现阶段，随着公众对高油酸菜籽油的需求不断增加，但还未制定高油酸菜籽油的国家标准或行业标准。因此，制订《高油酸菜籽油》的团体标准，对于规范和促进高油酸菜籽油产业健康发展，具有重要的现实意义。

六、行业活动

1. 中国粮油学会油脂分会八届二次常务理事会"云会议"召开。受新型冠状肺炎疫情的影响，为确保油脂分会的工作能正常开展，中国粮油学会油脂分会八届二次常务理事会于 2020 年 4 月 22 日采用"云会议"的形式召开，会议由油脂分会王兴国常务副会长主持，中国粮油学会首席专家、油脂分会名誉会长王瑞元教授，会长何东平，副会长谷克仁、陈刚，秘书长周丽凤及顾问等共 90 名代表参加此次视频会议。会上，王瑞元名誉会长作了《中国油脂工业在新冠病毒疫情后的发展思考》的报告。会议部署了中国粮油学会油脂分会 2020 年工作要点、第二届"瑞元杯"青年油脂论坛及油脂分会第 29 届学术年会等工作，会议还调整了中国粮油学会油脂分会第八届理事会任职人选及专家组人员。

2. 2020 年 9 月 11 日，"中国粮油学会第十届学术年会暨第七届全谷物与健康食品国际研讨会"在江苏无锡召开。本次会议由中国粮油学会主办，江南大学承办，会期两天，大会以"协同创新、助力粮食产业高质量发展"为主题，邀请全国各地的 600 多位粮油科技工作者云集无锡，共襄本次粮油科技界盛会。抗疫先进个人、单位和 2019 年度中国粮油学会科学技术奖等奖项同步颁发。中国粮油学会学术年会每两年举办一次，是学会重要的综合性学术活动，本次会议是学会在新冠疫情防控常态化条件下，深入贯彻落实党中央"六稳""六保"系列部署要求，发挥平台优势，服务粮油产业发展的具体举措。会议着重发挥学术示范引领作用，统筹粮油全产业链科技资源，搭建政产学研用深度融合的多元化平台，突出学术年会"综合性、开放性、交叉性"的特点，为全国科技工作者打造了一场粮食领域高层次、高水平的科技盛宴。

3. 中国粮油学会油脂分会第二十九届学术年会暨产品展示会于 10 月 20~21 日在广西防城港隆重召开。会议由中国粮油学会油脂分会主办，防城港澳加粮油工业有限公司、迈安德集团有限公司共同承办。大会由中国粮油学会油脂分会常务副会长王兴国教授主持，中国粮油学会油脂分会会长何东平致开幕词，防城港市副市长张海到场祝贺。大会特邀了中国粮油学会首席专家、油脂分会名誉会长王瑞元，中国农业科学院油料作物研究所、中国工程院院士李培武作大会主旨报告，中国粮油学会油脂分会副会长姚专主持了学术报告会。王瑞元教授作《中国油脂工业在新冠病毒疫情后的发展思考》报告，李培武院士作《构建植物油料油脂品质安全检测技术标准体系》报告，益海嘉里投资集团油脂贸易部总监涂长明作《新冠病毒疫情下油脂市场营销对油脂行业的影响》报告。此次会议的圆满召开，不仅预示着我国粮油工业学术研究领域有重大突破，还为推动我国油脂行业改革创新、调整结构、绿色发展起到了积极的作用。

（武汉轻工大学　何东平）

淀 粉 加 工 业

一、基本情况

(一) 资源概况

根据国家统计局数据, 2020 年粮食种植面积及产量均有所回升。其中, 2020 年中国玉米产量 26 067 万 t, 较 2019 年持平略减 (表 1)。2020 中国玉米消费结构基本稳定, 其中, 饲用约占 66.21%, 工业用约占 29.89%, 食用约占 3.50%。2020 年世界玉米产量 112 280 万 t, 其中美国 35 845 万 t, 约占世界总产量 31.92%; 中国为 26 067 万 t, 约占世界总产量的 23.22%。

表 1　2020 年我国玉米主产区产量

单位: 万 t

主产区	2019 年	2020 年	同比增长 (%)
河　北	1 986.60	2 039.23	2.65
山　西	939.40	962.12	2.42
内蒙古	2 722.30	2 776.96	2.01
辽　宁	1 884.40	1 825.85	−3.10
吉　林	3 045.30	2 986.20	−1.94
黑龙江	3 939.80	3 527.24	−10.47
山　东	2 536.50	2 732.94	7.74
河　南	2 247.40	2 361.18	5.06
陕　西	609.61	619.50	1.62
其　他	6 166.60	6 235.79	1.12
总　计	**26 077.90**	**26 067.00**	**−0.04**

(二) 加工业概况

根据中国淀粉工业协会不完全统计, 2020 年我国淀粉总产量 3 388.97 万 t, 同比增长 5.36%。其中, 玉米淀粉 3 232.58 万 t, 同比增长 4.36%; 木薯淀粉 26.00 万 t, 同比大幅增长 52.82%; 马铃薯淀粉 66.14 万 t, 同比增长 45.39%; 甘薯淀粉 25.18 万 t, 同比增长 10.19%; 小麦淀粉及其他淀粉 39.08 万 t, 同比增长 27.77%。

1. 我国淀粉及深加工品产量和品种情况　2020

年, 在新冠肺炎疫情暴发、玉米成本居高不下及行业竞争加剧的情况下, 玉米淀粉产量仍有增长, 较 2019 年增加 4.36%。由于 2019 年我国木薯及马铃薯产量下降, 提振当年价格大幅上涨, 刺激 2020 年木薯和马铃薯种植面积和产量恢复性增长, 2020 年我国木薯淀粉及马铃薯淀粉产量均大幅上涨, 产量同比涨幅分别达到 52.82% 和 45.39%。2020 年我国小麦淀粉及其他淀粉产量也出现明显增长, 主要因为性价比相对较高, 提振终端需求的增长。综合来看, 2020 年淀粉全行业继续稳定增长, 产量整体呈上升趋势 (表 2、表 3)。

表 2　2020 年我国淀粉品种及产量情况

单位: 万 t

品　种	产　量	占总淀粉 (%)	同比增长 (%)
玉米淀粉	3 232.58	95.39	4.36
木薯淀粉	26.00	0.77	52.82
马铃薯淀粉	66.14	1.95	45.39
甘薯淀粉	25.18	0.74	10.19
小麦淀粉及其他	39.08	1.15	27.77
合　计	3 388.97	100.00	5.46

表 3　2020 年我国淀粉深加工品品种及产量情况

单位: 万 t

品　种	产　量	占总淀粉 (%)	同比增长 (%)
变性淀粉	175.11	9.34	−0.38
结晶葡萄糖	536.23	28.61	18.98
液体淀粉糖	1 025.37	54.71	4.12
糖醇	137.46	7.33	9.08
合　计	1 874.16	100.00	7.88

2. 淀粉产量分布及生产规模情况　2020 年我国玉米淀粉产量分布情况是山东、河北、黑龙江位于前三, 首位山东省占我国玉米淀粉总产量的 48.30%

（与 2019 年持平）；其次是河北，占全国玉米淀粉总产量的 13.25%（2019 年 12.95%）；随着新建产能的陆续投产，黑龙江玉米淀粉产量占比增至 9.65%，位列第三。前三省玉米淀粉产量之和占全国玉米淀粉总产量的 71.21%，占比变化不大（2019 年为 72.10%）。宁夏回族自治区的产能也明显提升，2020 年玉米淀粉产量升至 228.00 万 t，占全国总产量的

7.05%（2019 年仅为 3.58%），位列全国第四位；而吉林省的产量占比 6.30%（2019 年 11.88%），排名由第三降至第五。2020 年全国玉米淀粉产量 10 万 t 以上的企业共 39 家，比上年减少 2 家，但 10 万 t 以上企业玉米淀粉总产量提高到 3 188.00 万 t（2019 年为 3 048.77 万 t），占玉米淀粉总产量的比重保持在 98.62%（2019 年 98.43%）（表 4）。

表 4   2020 年我国玉米淀粉产量分布及生产规模情况

单位：万 t

地 区	淀粉产量	占总产量（%）	玉米淀粉生产规模情况	
			年产 10 万 t 以上企业数（家）	企业最大年产量（万 t/年）
山东省	1 561.24	48.30	16	426.46
河北省	428.43	13.25	6	213.42
黑龙江省	312.10	9.65	2	139.50
宁夏回族自治区	228.00	7.05	1	228.00
吉林省	203.74	6.30	1	21.58
陕西省	105.17	3.25	1	72.17
河南省	99.82	3.09	2	31.00
其他 18 个省、自治区、直辖市	294.08	9.10	10	191.43
合 计	3 232.58	100.00	39	—

注：其他 18 个省、自治区、直辖市为：山西、内蒙古、辽宁、江苏、湖北、四川、广东、广西、海南、云南、重庆、甘肃、青海、新疆、贵州、安徽、江西、福建。

3.“十三五”期间淀粉行业发展特点 “十三五”期间，我国经济实力、科技实力、综合国力跃上新的台阶，经济运行总体平稳，经济结构持续优化，新发展理念更加深入人心。纵观淀粉行业的发展，完全顺应国家宏观经济发展的趋势和规律。

第一，淀粉及深加工产品产量稳定增长。伴随着企业集中投资及终端需求的持续增长，“十三五”末（2020 年）淀粉及淀粉深加工产品产量均比“十二五”末期（2015 年末）增长 60% 左右（表 5）。

第二，淀粉及深加工新产品不断推出，产品结构持续优化升级。随着人民消费水平的提高，终端市场需求对淀粉及深加工产品的质量及产品种类提出了更

高的要求，加上为寻求新的盈利点及市场竞争力，近年企业通过加大研发投入与技术攻关，陆续开发高端及新型产品，打破国际企业垄断，并不断丰富产品结构，延伸产业链条，提高行业整体盈利水平。

第三，新的发展理念更加深入企业经营中。在产量及产品结构优化的过程中，企业越来越重视新的技术、新的理念，并将其贯穿于日常运营中。技术与装备的提升、品牌创新、社会责任、可持续发展、环保理念、绿色制造、智能制造等不断被提及并作为工作重点。更具体的如生物可降解材料的应用、产学研协同技术创新、开发国际市场新的增长点等成为企业新的竞争领域。

表 5   “十三五”期间淀粉及深加工主要产品产量变化

单位：万 t

类 别	“十二五”末期（2015 年）	2016 年	2017 年	2018 年	2019 年	2020 年	2020 年与 2015 年相比（%）
玉米淀粉	2 051	2 259	2 595	2 815	3 097	3 233	58
木薯淀粉	37	37	33	26	17	26	−31
马铃薯淀粉	42	34	54	59	45	66	58

（续）

类 别	"十二五"末期（2015年）	2016年	2017年	2018年	2019年	2020年	2020年与2015年相比（%）
甘薯淀粉	19	20	26	26	23	25	36
小麦淀粉及其他	10	8	27	83	31	39	284
总淀粉产品合计	**2 159**	**2 356**	**2 735**	**3 009**	**3 213**	**3 389**	**57**
淀粉糖	621	686	899	948	985	1 025	65
其中：F42果糖	71	60	66	73	69	70	—1
F55果糖	154	190	328	377	421	396	157
麦芽糊精	88	97	103	86	88	163	84
结晶糖	268	337	280	407	451	536	100
变性淀粉	135	148	171	166	176	175	29
糖醇	88	94	102	112	126	137	57
其中：山梨醇（70%）	62	65	70	79	90	104	68
深加工产品合计	**1 112**	**1 264**	**1 451**	**1 633**	**1 737**	**1 874**	**69**

二、市场及进出口情况

2020年，淀粉及深加工行业整体运行压力较大，一方面疫情给整个经济环境带来较大压力，影响终端消费需求；另一方面，原料成本高位上涨加大了企业竞争和运营压力。从行业整体看，生产技术水平和产品品质继续提高，产品应用领域不断扩展，终端市场需求更为多样。疫情促使电子商务、物流行业包装用纸继续增加，直接拉动造纸行业对淀粉需求量的继续提升。但疫情使得外出就餐消费下降，啤酒、饮料消费受到一定抑制，使得淀粉糖的消费需求有所下降。因此，2020年淀粉及深加工产品市场供需相对稳定，需求相对偏弱。

2020年，我国淀粉类产品及淀粉深加工产品进口数量增长，但出口数量小幅下降，玉米淀粉等13种主要商品的出口总量为238.95万t，比上年减少

5.35%，进口总量为441.98万t，比上年增长44.03%。在出口贸易中，2020年我国淀粉类产品出口总量约66.90万t，同比减少12.34%。受全球突发疫情以及价格大幅上涨的影响，玉米淀粉及马铃薯淀粉出口减少幅度较大。受部分国家贸易政策限制，我国淀粉糖出口量为149.11万t，比上年略减少2.37%。除淀粉糖以外的其他深加工产品出口量有一定增长。在进口贸易中，2020年我国淀粉类产品进口总量约284.03万t，同比增长17.03%。其中由于国内玉米供应偏紧加上价格高位，使得进口玉米淀粉具有明显价格优势，进口马铃薯淀粉价格也具备价格优势，使得玉米淀粉及马铃薯淀粉进口数量均有大幅度提高。2020年我国淀粉糖及变性淀粉进口均大幅提高。其中，淀粉糖进口总量109.49万t，同比大幅增长514.26%；变性淀粉进口量48.19万t，同比增长4.37%；糖醇类进口大幅增长49.50%，达2 645t（表6）。

表6 2020年我国淀粉及部分深加工品进出口情况

单位：t

品 名	进 口	同比增长（%）	出 口	同比增长（%）
玉米淀粉	7 975	161	623 095	—12
木薯淀粉	2 756 938	16	682	0
马铃薯淀粉	44 597	44	1 772	—71
小麦淀粉	3 433	—19	2 702	1
山梨醇	27 322	106	40 712	—18

（续）

品　名	进　口	同比增长（%）	出　口	同比增长（%）
甘露醇	2 459	−68	768 021	−4
肌　醇	5 403	1 241	8 832	−3
葡萄糖及葡萄糖浆（果糖＜20%）	7 442	133	197 862	−14
葡萄糖及糖浆（20%≤果糖≤50%，转化糖除外）	1 079 626	546	516 427	5
果糖及果糖浆（果糖＞50%，转化糖除外）	2017	39	101 432	14
糊精及其他改性淀粉	615	107	10 437	22
未列名淀粉	13	−19	38 145	−13
化学纯果糖	481 912	4	79 405	−14
合　计	**4 419 752**	**44**	**2 389 522**	**−5**

三、生产技术发展情况

（一）生产规模

2020 年我国淀粉及深加工产品的生产集中度依然较高，多个品种规模以上企业产量占比均有提高。玉米淀粉、变性淀粉、固体淀粉糖、液体淀粉糖规模以上企业产量占比分别达到 86.88%、80.88%、87.77% 和 93.79%，玉米淀粉比上年下降 2.36 个百分点，其他三种分别比上年提高 2.27、2.57 和 8.44 个百分点（表 7、表 8）。玉米淀粉年产 100 万 t 以上的企业中，规模最大企业的年产量达到 426.46 万 t，同比提高 3.64%。变性淀粉年产 10 万 t 以上的企业增加 1 个，年产量合计达到 82.47 万 t，占总产量的 47.09%；年产量 5 万 t 至 10 万 t 的企业减少 1 个，产量占比从上年的 23.99% 降至 18.21%。固体淀粉糖年产 100 万 t 以上的企业仍为 1 个，年产量 123.40 万 t，占总产量的 23.01%；年产量 20 万 t 至 100 万 t 的企业比上年增加 1 个，产量占比同比提高了 5.61 个百分点。液体淀粉糖 50 万 t 以上企业数量保持在 7 个，合计产量占比 65.16%，同比大幅提高 13.84 个百分点；年产量超过 100 万 t 的企业数量仍为 2 家，其中规模最大单体企业年产量为 140.29 万 t。

表 7　2020 年我国玉米淀粉生产规模

项　目	2019 年	2020 年	同比增长（%）
年产 100 万 t 以上企业（个）	9	10	11.11
年产 100 万 t 以上企业总产量（万 t）	1 667.65	1 962.31	17.67
占全国玉米淀粉总产量（%）	53.84	60.70	6.86
年产 40 万 t 以上企业（个）	18	14	5.88
年产 40 万 t 以上企业总产量（万 t）	1 096.46	846.19	−22.83
占全国玉米淀粉总产量（%）	35.40	26.18	−9.22

表 8　2020 年我国部分淀粉深加工品种生产规模

	项　目	2019 年	2020 年	同比增长（%）
变性淀粉	年产 10 万 t 以上企业（个）	4	5	25.00
	年产 10 万 t 以上企业总产量（万 t）	72.01	82.47	14.53
	占全国总产量（%）	40.97	47.09	6.12
	年产 5 万 t 以上企业（个）	6	5	−16.67

（续）

项　目		2019 年	2020 年	同比增长（%）
变性淀粉	年产 5 万 t 以上企业总产量（万 t）	42.17	31.89	−24.38
	占全国总产量（%）	23.99	18.21	−5.78
	年产 3 万 t 以上企业（个）	6	7	16.67
	年产 3 万 t 以上企业总产量（万 t）	24.00	27.29	13.71
	占全国总产量（%）	13.65	15.58	1.93
固体淀粉糖	年产 100 万 t 以上企业（个）	1	1	持平
	年产 100 万 t 以上企业总产量（万 t）	122.08	123.4	1.08
	占全国总产量（%）	27.09	23.01	−4.08
	年产 20 万 t 以上企业（个）	5	6	20.00
	年产 20 万 t 以上企业总产量（万 t）	198.15	265.78	34.13
	占全国总产量（%）	43.96	49.57	5.61
	年产 10 万 t 以上企业（个）	4	5	25.00
	年产 10 万 t 以上企业总产量（万 t）	63.77	81.45	27.72
	占全国总产量（%）	14.15	15.19	1.04
液体淀粉糖	年产 50 万 t 以上企业（个）	7	7	持平
	年产 50 万 t 以上企业总产量（万 t）	505.42	668.09	32.19
	占全国总产量（%）	51.32	65.16	13.84
	年产 10 万 t 以上企业（个）	13	11	−15.38
	年产 10 万 t 以上企业总产量（万 t）	335.14	293.54	−12.41
	占全国总产量（%）	34.03	28.63	−5.40

（二）新工艺、新技术、新设备、新产品

2020 年，企业通过不断的研发投入与技术攻关，开发高端及新型产品，打破国际企业的垄断，丰富产品线、延展产业链条、提高利润水平。在产品质量上，淀粉行业通过技术升级和装备工艺提升促进产品质量的提升。另外，在智能制造、包装与设备等方面也有新的突破和发展亮点。

（1）中粮生化能源（公主岭）有限公司变性淀粉分厂年产 1 万 t 蜡质玉米变性淀粉及中水回收项目投产。2020 年 6 月首批成功生产的乙酰化双淀粉己二酸酯复合变性淀粉具有良好的产品性能，可广泛应用在果酱、烘焙果酱、番茄酱、调味酱料、酸奶、焙烤食品等食品领域。

（2）吉林中粮生化有限公司与中国科学院长春应用化学研究所成功开发出"第二代聚乳酸薄膜制品及其配方和工艺"。采用该技术开发出的聚乳酸购物袋，聚乳酸含量高达 50%～65%，高于上一代聚乳酸膜袋

含量（≤35%），而抗拉强度及伸长率、热封强度、油墨或水墨印刷附着力等各项技术指标也都有提高，具有显著降低原料配方成本，提高产品市场竞争力的优势。此外，运用多组分共混改性技术与吹塑薄膜加工技术，成功开发出可用于快递领域的全生物降解快递袋。

（3）中国农业科学院农产品加工研究所成功研发"高品质甘薯淀粉和蛋白生产新技术"。针对我国甘薯淀粉加工产业长期存在的加工能耗高、提取率低，甘薯浆综合利用率低，甘薯渣附加值低等突出问题，重点开展了甘薯高值化加工与综合利用关键技术研发及应用，在国内外首次实现了甘薯淀粉及蛋白的绿色高效生产；明确了薯渣中淀粉与膳食纤维分子间相互作用机制，创建了物理筛分与磷酸氢二钠法相结合生产甘薯膳食纤维和果胶新技术；揭示了不同生物酶复合对薯渣转化效率的影响规律，创建了复合生物酶法生产甘薯葡萄糖及酵母新技术，并将本成果研发的产品

应用于主食、非油炸甘薯方便面、固体饮料等产品中，有效推动了我国甘薯产业的健康发展。

四、行业主要活动

2020 年注定是不平凡的一年，突如其来的疫情对我国各行各业带来了较大的影响，协会积极关注疫情的变化，一方面抓疫情防控，另一方面抓复工复产。协会克服重重困难，继续发挥职能，开展特色会议，提高服务质量，争取政策并提出行业建议，制定标准以引领行业发展，并强化基础继续做好日常工作和服务。

1. 争取政策，提出行业建议 近年来树脂处理一直是困扰企业的一大难题，企业树脂处理成本大约 3 500～7 000 元/t。针对这个问题协会积极参与 2019 年生态环境部组织的《国家危险废物名录》的修订工作，组织企业及相关专家研讨，提出行业意见和建议。经过协会及有关专家的共同努力，淀粉行业相关的废树脂成功申请豁免，此次豁免将大幅降低企业危险废物处置费用，进一步落实精准治污要求，增强环保精细化管理水平。《国家危险废物名录（2021 版）》于 11 月发布，于 2021 年 1 月起实施。

2. 制定标准，引领行业发展 2020 年制定或参与制（修）订了 3 项标准。蜡质玉米淀粉是高附加值淀粉产品，随着应用越来越广泛，市场需求不断上升，在国内没有蜡质玉米淀粉相关标准的情况下，应广大蜡质玉米淀粉企业的要求，2018 年协会申请了工信部的《蜡质玉米淀粉》行业标准的制定项目，2020 年标准的征求意见稿在协会网站进行公开征求意见，根据意见协会完成了标准送审稿和编制说明，目前已经上报"全国食品工业标准化技术委员会"。另外，2020 年筹备制定了《淀粉工业污染防治可行技术》的团体标准，并于 9 月 24 日召开了开题论证会，此标准的制定将进一步提升工艺技术和污染防治水平，提高生产过程副产物以及固体废物的综合利用率，推动我国淀粉工业"绿色、环保、持续、高效"的发展。还参与了国标《食品安全国家标准食用淀粉》的修订，经过多次调研，分析检测数据，对原有标准进行反复修改，于 9 月通过了评审委员会的第一轮评审。

3. 开展特色活动，对接产业需求 协会与大连商品交易所联合召开了"2020 中国玉米产业大会——深加工论坛"，大会以"应对变化求突破，产融结合促发展"为主题，会议采取了线下录播与线上直播相结合的模式。佟毅会长在会上做了"玉米深加工行业发展趋势"的报告，详细地讲述了行业发展的 5 个阶段和行业未来发展的 9 个转变，号召全行业团结起来，共同讲好深加工的故事。玉米深加工行业是为满足人民美好生活需要而生的，它大大降低了人们的生活成本，我们要消除一些妖魔化深加工产业的错误认识。变性淀粉专业委员会在济南召开了"第六届淀粉科学会议"，本次会议主题是"探索淀粉科学研究前沿，推动淀粉应用技术创新"，与会代表围绕着淀粉合成与生物学特性、淀粉的结构与功能、淀粉结构修饰与应用等议题进行探讨。同期还在德州举办了首届高直链玉米学术研讨会。2020 年在经历了展会延期、展前一周上海浦东突发疫情以及展期连绵阴雨的种种考验下，"第十五届上海国际淀粉及淀粉衍生物展览会"于 11 月在上海国家会展中心召开，上海国际薯业博览会同期举办。展会三天，主办方携手同期展会共同迎来了食品饮料、营养保健品、医药等相关行业专业买家、生产商、渠道商等 52 624 人次专业观众到场参观。

五、淀粉行业未来

1. 东北地区玉米淀粉及深加工产业地位持续提升、夯实 华东、华北是玉米淀粉需求的集中地区，但产能分布已趋于饱和，土地资源紧张，产能继续扩张受限。而东北地区凭借丰富的原料供应与储备、辽阔的土地资源、低廉的成本与能源优势，通过实施玉米优势产区布局规划，以及玉米市场化的逐步推进，在政策补贴以及当地政府扶持政策的吸引下，越来越多的大型企业在东北地区投资建厂并逐渐投产。未来东北地区将会凭借土地潜力、原料供给与储备、机械化程度高以及人工成本低等多方面优势，成为新的玉米深加工产业基地。

2. 规模化程度提高，全产业链布局，行业发展更为"立体" 相比当前同质化严重、盈利能力差距不大、产品类型不够丰富等相对"扁平"的现状，未来产业发展的方向将更为"立体"。具体表现在：企业的梯队式发展更为明显，将逐步形成大型龙头企业领先发展、中大型企业实力整体提升、小型落后产能明显萎缩的格局；产能增幅将逐步缩小，并主要集中在大型企业扩产或产能改造上；产品结构层次分明、种类更为丰富的多元化发展；新建产能更注重全产业链的布局，系列化、专用甚至定制化的多元发展成为趋势，企业更注重新品开发、原料及加工副产品的全面综合利用，更贴合市场需求的同时，实现资源的高效利用，最终实现"零排放"。

3. 深加工的专用化发展将延伸至原料端，对原料提出更多要求 随着市场和终端需求的进一步细分，淀粉及深加工将逐步向原料端提出更多更高要求。为满足某种专业化的终端需求，比如高档餐饮业、医药行业、精细化工等行业所需优级、专用淀粉，可能会要求企业从种植阶段就开始介入育种、栽培、病虫害防治等，确保为深加工产品提供种类更适用、品质更好的专用原料。由不同品种原料开发及生产专用化产品，从而带动淀粉全产业链的健康、优质的高精深方向发展。

4. 环保治理为行业可持续发展提供动力　一是环保对行业本身的要求促进了行业的发展。环保治理已成为近年来淀粉行业的头等大事，也是企业生存和发展的必要条件，淀粉企业排污许可证审核和发放已

成为行业发展的重要引领和示范。通过环保治理整顿企业生产秩序，促进企业提升生产工艺、改善企业生产环境，为行业健康、可持续发展提供动力。同时淘汰落后低效产能，促使行业整体发展向更高阶段提升。二是环保的进一步严苛为淀粉加工行业提供更大的发展空间和机遇。如塑料的治理是我国环保的一项重要工作，随着科技发展及创新，未来使用玉米淀粉、马铃薯淀粉及木薯淀粉等原料生产的可降解塑料将较为普遍，届时"限塑"工作的进展将为淀粉行业提供非常广阔的需求空间。这将倒推产业整体提升科技含量，褪去部分农产品初加工的刻板印象。

（中国淀粉工业协会　范春艳）

肉类及蛋品加工业

一、基本情况

2020 年，我国肉类产量下降，市场供应不足，价格大幅上涨，进口明显增加。全国屠宰及肉类加工行业规模以上企业数量与上年基本持平，工业资产、业务收入增加，实现利润下降。据国家统计局统计数据，2020 年全年猪牛羊禽肉产量 7 639 万 t，比上年略降 0.1%。全国规模以上屠宰及肉类加工企业 3 502 家，比上年减少 1 家，同比基本持平；营业收入 10 578 亿元，比上年增长 3%；实现利润 407 亿元，比上年减少 18%。

"十三五"期间，我国肉类减产的主要原因，受非洲猪瘟疫情影响，造成 2018 年 8 月以来生猪生产的下降。数据表明，2020 年全国猪肉产量 4 113 万 t，比 2015 的 5 645 万 t 减少 1 532 万 t，下降 27%；牛肉产量 672 万 t，增加 55 万 t，增长 8.9%；羊肉产量 492 万 t，增加 51 万 t，增长 11.5%；禽肉产量 2 361 万 t，增加 535 万 t，增长 29.3%。五年间，牛羊禽肉共增产 641 万 t，只弥补了猪肉减产缺口的 41.8%。为了稳定肉类市场供应，"十三五"期间肉类进口从 2015 年的 286 万 t 增加到 2020 年的 991 万 t，增加了 705 万 t，增幅 246.5%；肉类出口由 2015 年的 78 万 t 减至 2020 年的 31 万 t，减少了 60%。我国肉类总供应量从 2015 年的 8 829 万 t 降至 2020 年的 8 599 万 t，减少了 230 万 t，降幅为 2.6%（表 1）。"十三五"后期，我国肉类产品供不应求，

造成肉类市场价格大幅上涨，成为社会关注的热点问题之一。

表 1　2015—2020 年肉类生产、贸易、消费量

单位：万 t

年　份	肉类总产量	肉类进口量	肉类出口量	肉类供应量
2015	8 621	286	78	8 829
2016	8 504	467	72	8 899
2017	8 540	410	92	8 858
2018	8 517	401	25	8 918
2019	7 649	618	12	8 374
2020	7 639	991	31	8 599

二、行业运行特点

（一）重点行业分析

2020 年，我国牲畜屠宰、禽类屠宰、肉制品及副产品加工业规模以上企业数量均有所减少，蛋品加工业规模以上企业稳定；主营业务收入均有不同程度增长，产业结构有所变化，主要是禽类屠宰占比上升。

1. 牲畜屠宰业　2020 年全国规模以上牲畜屠宰企业 1 189 家，比上年的 1 175 家增加了 14 家，增幅 1.2%，占企业总数的 34%。其业务收入 3 892 亿元，

比上年增长 10%；占肉类行业业务收入总额 10 578 亿元的 36.8%，比上年的 34.2% 增长了 2.6 个百分点。其利润 119 亿元，同比下降 10%。

2. 禽类屠宰业　2020 年全国规模以上禽类屠宰企业 628 家，比上年的 603 家增加了 25 家，增幅 4.1%，占企业总数的 17.9%，比上年的 17.2% 上升了 0.7 个百分点。其业务收入 2 730 亿元，比上年下降 1%；占肉类行业业务收入总额的 25.8%，比上年的 25.9% 下降了 0.1 个百分点。其利润 73 亿元，同比下降 48%。

3. 肉制品及副产品加工业　2020 年全国规模以上肉制品及副产品加工企业 1 685 家，比上年的 1 725 家减少 40 家，降幅 2.3%，占企业总数的 48.1%，比上年的 49.2% 下降 1.1 个百分点。其业务收入 3 956 亿元，同比持平；占肉类行业业务收入总额 37.4%，比上年的 39.9% 下降了 2.5 个百分点。

（二）市场运行分析

1. 肉禽蛋生产总量　据国家统计局统计数据，2020 年全年猪牛羊禽肉产量 7 639 万 t，比上年略降 0.1%。其中，猪肉产量 4 113 万 t，下降 3.3%；牛肉产量 672 万 t，增长 0.8%；羊肉产量 492 万 t，增长 1.0%；禽肉产量 2 361 万 t，增长 5.5%。2020 年猪肉、禽肉、牛肉、羊肉在肉类总产量中所占的比重为 53.8∶30.9∶8.7∶6.4。与上年相比，猪肉占比下降 1 个百分点，禽肉占比上升 2 个百分点，牛羊肉占比略有增加。

2. 肉类进口　2020 年我国肉类进口总量为 991 万 t，同比增加 373 万 t，增幅 60.4%。分大类看，2020 年进口猪肉 439 万 t，同比增长 108%，占进口总量的 44.3%；进口禽肉 153 万 t，同比增长 97%，占进口总量的 15.4%；进口牛肉 212 万 t，同比增长 28%，占进口总量的 21.4%；进口羊肉 36.5 万 t，同比减少 7%，占进口总量的 3.7%（表 2）。此外，进口杂碎 150.5 万 t，约占进口总量的 15%。

表 2　2020 年肉类进口量、进口额及同比变化

单位：万 t、亿美元

肉片种类	进口量	同比变化率（%）	进口额	同比变化率（%）
肉类（包括杂碎）	991	60.4	307.3	59.6
猪　肉	438.9	108.3	120.4	157.6
牛　肉	211.8	27.7	101.8	23.8
羊　肉	36.5	−7.0	17.4	−6.3
禽　肉	153	97	34.5	75

3. 肉类出口　2020 年中国共出口肉类 31 万 t，同比减少 4 万多 t，降幅约 12%（表 3）。中国出口的肉类产品以禽产品为主。2020 年禽产品、肠衣、畜产品出口量分别为 20.5 万 t、8.82 万 t 和 1.75 万 t，占比分别为 66.0%、28.4% 和 5.6%。

表 3　肉类进出口贸易逆差概览

单位：万 t

年份	肉类出口	肉类进口	进出口贸易逆差	逆差增减（%）
2020	31	991	961	64.83
2019	35	618	583	47.63
2018	72.25	467.16	394.91	90.54

4. 肉禽蛋市场供应总量　2020 年，我国肉类市场供应总量 8 599 万 t，比上年的 8 374 万 t 增加 225 万 t，增长 2.7%。2020 年我国人均肉类消费 60.9kg，比上年的 58.8kg 增加了 2.1kg。

肉禽蛋市场价格　据商务部网站发布的 2020 年我国猪牛羊禽肉平均批发价格，比上年同期均有较大幅度上涨。以 2020 年 12 月 36 个大中城市猪牛羊禽肉平均批发价格为例，均比上年同期上升。其中，猪肉上升近 30%，牛羊禽肉升幅均在 30% 以上（表 4）。

表 4　猪牛羊禽肉 2020 年 12 月 36 个大中城市平均批发价

单位：元/kg

主要产品	2019 年 12 月	2020 年 12 月	增减（%）
猪　肉	43.87	56.98	29.88
牛　肉	67.75	90.28	33.25
羊　肉	63.16	84.92	34.45
白条鸡	18.14	25.20	38.91

（三）投资变化特点

2020 年全国屠宰及肉类加工业投资继续增加。据国家统计局数据显示，2020 年全国规模以上屠宰及肉类加工企业资产总计 6 079.8 亿元，比 2019 年增长 3.4%。

从投资增幅看，屠宰业增速加快，肉制品加工业增速放缓。2020 年，牲畜屠宰企业资产 2 084.1 亿元，比上年增长 4.3%；禽类屠宰企业资产 1 407.2 亿元，比上年增长 4.4%；肉制品及副产品加工企业资产 2 588.5 亿元，比上年增长 2.1%。

从投资结构看，牲畜和禽类屠宰资产比重上升，肉制品加工资产比重下降。2020 年牲畜屠宰企业资产在肉类行业的占比，由上年的 34.0% 升至 34.4%，上升了 0.4 个百分点；禽类屠宰企业资产占比由上年的 21.9% 升至 23.1%，上升了 1.2 个百分点；肉制品及副产品加工企业资产占比 42.5%，比上年的 44.0% 下降了 1.5 个百分点。

（四）区域变化特点

根据国家统计局统计，2020 年规模以上畜禽屠宰企业鲜、冷藏肉产量 2 554 万 t，较 2019 年下降 9.98%。从各地规模以上屠宰企业鲜、冷藏肉产量占当地肉类总产量的比重看，肉类生产大省中，山东、辽宁、河南规模以上企业鲜、冷藏肉产量占肉类总产量比重高，占主导地位；四川、湖南、广东、广西等地规模以上企业产量占比低，小规模畜禽屠宰企业占据主流。

从规模以上企业产量看，2020 年鲜、冷藏肉产量排名前 10 位的地区依次是山东、辽宁、河南、河北、福建、四川、安徽、黑龙江、湖北和江苏，合计占全国产量的近 80%。其中，排名前 5 位地区产量占据全国总产量 62.2%，排名第 1 位的山东占 29.7%。行业集中度进一步提升（表 5）。

表 5　2020 年规模以上畜禽屠宰企业鲜、冷藏肉分地区产量及变化情况

单位：万 t

地　区	产　量	同比涨幅（%）	地　区	产　量	同比涨幅（%）
全国总计	**2 554.11**	**−9.98**	河　南	219.38	−28.92
北　京	40.85	−18.67	湖　北	86.46	−24.21
天　津	5.53	−53.29	湖　南	64.61	−18.31
河　北	143.38	−27.35	广　东	48.37	−17.57
山　西	59.24	−3.80	广　西	20.23	−27.11
内 蒙 古	19.79	−15.17	海　南	1.57	−8.26
辽　宁	328.86	10.63	重　庆	50.36	−21.89
吉　林	62.91	−15.41	四　川	97.56	−20.11
黑 龙 江	89.14	−16.21	贵　州	6.56	−11.63
上　海	2.99	−22.71	云　南	14.91	−33.19
江　苏	67.11	−4.99	西　藏	0.00	0.00
浙　江	31.77	−20.85	陕　西	59.53	−22.50
安　徽	92.55	−7.99	甘　肃	11.33	−10.14
福　建	139.73	4.39	青　海	2.83	−38.73
江　西	17.41	−15.18	宁　夏	1.31	−29.07
山　东	757.79	3.66	新　疆	10.05	−17.72

（五）趋势判断

2021 年肉类加工业的发展趋势，依然与生猪生产恢复情况密切相关。由于生猪在我国肉类总产量中的占比 2020 年已降至 53%，比 2015 年减产 1 532 万 t，造成肉类加工业原料的严重短缺。这个缺口靠牛羊禽肉增产和增加进口都未能完全弥补，不仅使肉类食品产量下降，而且使原料成本大幅上升，推高了产品价格，影响了人民生活。

2020 年中央 1 号文件把恢复生猪生产作为我国经济生活中的一件大事，为恢复生猪生产出台了一系列扶持政策，其中包括支持牛羊禽业的产业政策。从目前政策执行情况看，生猪生产基本恢复，牛羊禽肉生产增长加速。但是，总的看来，肉类的生产和供应在未来五年到十年内依然是我国经济的短板之一。按照国家"十四五"规划和 2035 年远景目标，保障肉类的稳定供应、提高肉类自给率还是我们的一项艰巨任务。

三、科技创新与技术进步

（一）肉类食品包装的发展

2020 年，突发的新冠肺炎疫情对全社会产生了巨大影响，各行各业都发生了较大变化，肉类包装行业也不例外。在疫情期间，为了保障生鲜肉能够有效供给武汉等疫区，肉类食品对包装的需求突增，2020年2月和3月，一些肉类包装企业订单暴增，很多此前不需包装的产品纷纷使用了包装。无论是传统的真空包装还是新型的气调包装、热收缩包装、贴体包装等，都获得大幅增长。最明显的体现是，国内一些包装设备生产企业如浙江佑天元、江苏大江智能、罗迪波尔等，全年订单都很充足，各种国外品牌在国内订单也大幅度增加。特别是生鲜肉用气调包装设备、贴体包装设备采购量大增，相比2019年，平均增幅超过30%。从包装设备采购的情况看，国内相当多肉类食品企业都对产品进行了包装改造和升级。

小包装、家庭消费的产品增量尤其显著。2020年是一个很有特别意义的年份，人们对食品安全卫生、新鲜健康的要求更加迫切，更加追求吃得好、吃得少，对包装的作用也有了更理性的认识。这直接导致了小型多元化包装增长明显。由于网络平台、自媒体（如抖音、快手）的开放，分布在全国各地的商家、个体户（包括偏远山区的农业户）都可随时随地的将具有特色的、新鲜的食品（农产品）展示给市场，形成订单后采用小型的包装机和包装材料进行包装，经由快捷的物流及时送到客户手中。虽然该类包装形式所需设备趋小型，包装材料单批量较小，但数量众多、品种丰富，年增长率达200%以上。

盒式配餐包装得到大力推广。因为疫情及消费群体需求的改变，消费者对各类食材经采集、清洗、加工后，与调料根据口味、特色或不同菜系进行搭配而成的配餐式产品的需求量大增，此类食材一般由中央厨房式加工厂生产包装后，经商超、大型电商平台、酒店零售、网购等形式售卖，此类包装形式产品的市场2020年呈井喷式发展。

包装标示标签化发展迅速。由于疫情的影响及消费者对产品溯源的需要，肉制品包装需要标示标签化。标签上要明确生产日期、保质期、产品名称、产品配方配料表、生产厂家等详细信息，便于源头追溯，物料名称的校对，生产日期、保质期的核查，以及与生产管理、物流平台及商超等销售平台及时无缝数据链接和信息共享，便于产、销一体化管理。

热鲜肉采用保鲜膜包装增长迅速。保鲜膜包装主要用于鲜肉类短期保存的包装形式，早先多用于超市柜台由手工将保鲜膜缠绕托盘完成可售卖的包装，这种包装模式包装成本低。因新冠肺炎疫情及人们对产品卫生要求提高，肉制品的包装需要选择能减少人员接触及可以有效阻隔外界（如空气、灰尘等介质）的包装形式，以降低风险。保鲜膜包装方式因它实惠的包装成本成为短期保存肉类产品的首选包装形式，因此自动、手动的保鲜膜包装机也随之开发成功并被应

用。此类包装材料和包装设备在业内会被广泛推广且需求量持续上升。

2020年，在肉类包装发展历史中具有重要意义，肉类食品包装的标准化取得阶段性成果。《肉类食品用热收缩膜、袋》《肉与肉制品气调包装》两项团体标准于2020年8月1日发布。农业行业标准《肉类热收缩包装技术规范》正式立项，2020年年底中国肉类协会又启动了《肉与肉制品贴体包装》团体标准的制订工作。

（二）肉类加工装备的进步

2020年受疫情持续影响，生猪产能恢复不如预期。由于肉类企业原材料供应短缺，成本上升，众多企业大幅度压缩产量，屠宰线（设备）运转率不足15%。与此同时，一些地方政府部门出台促进畜禽屠宰企业升级等政策措施，利用产量小、设备运转率低的时机促使企业进行屠宰线设备升级改造。按照国家政策导向，许多大型养殖企业开始投资建设屠宰厂拉长产业链，如牧源、温氏、新希望等。随着改扩建项目、新建大型规模化屠宰项目的增加，以及在政府改运猪为运肉政策的推动下，解冻、分割等加工设备的需求量，车间消毒杀菌设备和卫生清洗设备的需求量都有明显增加，大小屠宰设备生产企业普遍处于满负荷运营状态。根据用户单位需求，较大的屠宰设备生产企业利用充足的资金，持续加大研发投入，积极探索新产品、新工艺，对标国际一线产品，找不足、补短板，不断对设备进行升级改进，推进设备数字化、智能化、系统化的深度融合，加快向国际最高水平看齐。

相比国内猪肉价格持续高位走势，牛羊肉价格相对比较稳定，消费量增加、产量提升。因此，屠宰设备生产企业加大了肉牛屠宰先进设备的研发力度。国家"十三五"规划项目旋转式牛击晕箱技术进一步完善成熟，产能达到每小时30头以上；牛机器人剥皮机样机已成功研发，可实现牛屠宰剥皮工序的柔性智能化操作，达到安全、卫生、高效的目的；机器人自动劈半机的研发，解决了我国大牲畜屠宰没有自动化劈半设备的历史。这些关键设备和技术的开发应用，进一步提升了肉牛屠宰线的自动化、智能化程度，降低了劳动强度。

禽类市场一直以来管控不够严格，缺少规范，虽然正在推行机械化定点屠宰，但力度不太明显。禽屠宰设备市场基本上是大型自动化屠宰线设备，国内以吉林SSK主导，中小型屠宰线以诸城宝星等一些小规模屠宰设备企业为主。近年来，包装设备企业持续加大技术研发，相继推出了一些功能强、性能优的包装机械设备，国产贴体包装、气调包装、收缩包装等

自动化包装设备趋于成熟，包装设备与前道工序生产线（设备）的集成化程度有所提高，带动了生产线整体自动化水平的提高，包装设备正在更多地参与到智能制造中。

现阶段我国屠宰工艺和屠宰设备的技术水平基本与国外持平，且部分设备优于国外，但肉品分割工艺和设备较为落后。青岛建华食品机械制造有限公司瞄准分割所有环节必须依赖人工操作等现状，联合北京机械工业自动化研究所、山东大学、华中科技大学等10家单位，以"快、准、洁、溯"为目标，系统化研发畜禽类肉品自主分割设备。该项目的成功研发，将大规模实现机器换人，改变现有畜禽类肉品胴体人工分割模式，推动肉类分割关键设备升级与变革。

（三）肉类加工企业数字化转型升级

全球新一轮科技革命和产业变革加紧孕育兴起，与肉类企业制造转型升级形成历史性交汇，给肉类企业带来了新的机遇，智能化转型升级已成为肉类企业的重要发展趋势。肉类产业作为基础民生行业，智能化升级也为行业内企业实现快速发展、弯道超车提供了绝佳机会。国内龙头企业在智能制造探索过程中，采用互联网、人工智能、大数据等新兴高新技术，通过推动技术创新、深化管理创新、实施流程再造等方式，提升企业专业化、自动化、信息化、智能化水平，提高生产、管理、销售全过程的运营效率，实现了智能制造、绿色制造和生产型制造转向服务型制造的新型产业形态。2020年，通过龙头企业的试点示范，行业内已积累了一定的成熟经验，并形成了具有代表性的解决方案，可以复制和推广到同行业其他企业甚至部分其他行业，从而带动相关企业智能制造提升。青岛奥利普自动化控制系统有限公司作为国内领先的智能制造和工业互联网整体解决方案供应商，在制造端为国内知名畜禽屠宰及卤制品加工企业提供了数字化转型升级服务。在项目实施中，通过建立物流标准化体系，制定物流流转路线，实现定置定位管理，提升物流流转效率；通过实行组织绩效改革，取消不增值岗位，如计数、保管、库管、贴标等；通过流程梳理，优化计划排程、车间计数、质量抽检、包材领用、仓储管理等相关流程，消除人工不增值环节及不合理流程；在标准化的基础上，通过数字化平台的落地，固化标准的管理流程，提高执行力；通过标准化的落地，引入自动化喷码贴标设备，减员提效；采用条码、无线射频识别（RFID）技术，落实一物一码要求，实现车间数据的实时采集及车间进度的及时反馈；采用智能化手段，搭建排程模型，实现快速排产；遵循计划、执行、检查、处理（PDCA）循环过程的质量管理思想，从标准及计划制定、质量抽检执行、检查和持续改善层面提升质量管控能力，提升质量数据的分析决策能力，取得了明显的效益。

四、政策建议

（一）加强组织领导

落实"菜篮子"产品省负总责制，深入开展"菜篮子"工程延伸绩效考核，完善奖惩考核机制，强化各省职责，切实保障市场稳定有序供给。统筹考虑资源、环境和消费等因素，制定区域生猪生产和生猪等畜禽屠宰深加工能力发展规划，优化调整生产和屠宰布局，明确发展目标和重点任务，强化政策支撑。

（二）加大政策支持力度

加快发展猪肉和禽肉深加工，稳步提升肉牛肉羊规模化养殖和牛羊肉深加工。健全绿色发展为导向的肉类产业政策框架体系，支持区域性骨干肉类食品企业整合产业供应链，以畜禽优势主产区为重点，通过先建后补、贷款贴息等措施，集成畜禽养殖基地和精深加工示范基地项目、肉类产品仓储保鲜冷链物流设施建设项目和病死畜禽无害化处理示范项目，促进畜禽集约化、规模化高质量发展，打造区域农产品冷链物流枢纽，提升销区肉类等鲜活农产品供应能力。

（三）完善市场监测监管体系

加强生猪等畜禽屠宰加工监测和预警体系建设。强化生产、屠宰和价格动态监测分析，发布生猪生产和市场价格信息。加强形势分析研判，及时发布预警信息，引导科学调整生产结构，稳定市场心理预期，规避市场风险。加强肉类产业信息化建设，建立以消费为导向的全产业链监测体系，着力打造大数据信息平台，逐步实现数据信息互联互通互惠，通过信息化手段提高生产效率和产业效益。

（四）进一步深化"放管服"改革

改革监管体制，减少政府行政干预，充分发挥和释放市场活力。提高肉类加工企业准入门槛，健全完善肉类企业准入管理制度；建立畜禽屠宰加工质量管理规范，推动修订相关法律法规，提高法制化水平；提升企业参与市场竞争的主动性和产品责任感，切实履行保障肉品质量安全责任。

（中国肉类协会　高观）

制 糖 工 业

一、制糖期基本情况

我国有 13 个省（自治区）产糖，沿边境地区分布，主产糖省（自治区）集中在我国西南部、北部和西北部。甘蔗糖产区主要分布在广西、云南、广东、海南及邻近省（自治区）；甜菜糖产区主要分布在新疆、内蒙古、黑龙江及邻近省（自治区）。与糖料种植相关的人员近 4 000 万。2020/2021 年制糖期全国食糖总产量中甘蔗糖占 85.63%，甜菜糖占 14.37%。2020/2021 年制糖期（以下简称本制糖期）从 2020 年 9 月 21 日呼伦贝尔晟通糖业科技有限公司正式开机生产，至 2021 年 7 月 2 日孟连昌裕糖业有限责任公司最后一个停机，历时 285d，比上制糖期少生产 2d。本制糖期全国开工制糖生产企业（集团）49 家，开工糖厂 186 家，比上制糖期少开工 6 家。其中，甜菜糖生产企业（集团）7 家，制糖厂 31 家；甘蔗糖生产企业（集团）42 家，制糖厂 155 家；原糖加工企业 26 家。本制糖期食糖产量前十位的制糖企业（集团）产糖量占全国食糖总产量的 80.4%。

本制糖期，全国共生产食糖 1 066.66 万 t。其中优级和一级白砂糖 896.34 万 t，精制糖 110.09 万 t，绵白糖 6.15 万 t，赤砂糖和红糖 25.08 万 t，原糖及其他 29 万 t。本制糖期，全国糖料种植面积 136.76 万 hm²，比上制糖期减少 1.69%。其中，甘蔗种植面积 112.82 万 hm²，比上制糖期减少 3.21%；甜菜种植面积 22.94 万 hm²，比上制糖期增加 6.56%。甘蔗品种目前以桂糖系列、桂柳系列和台糖系列为主，三大系列品种占甘蔗总种植面积的 78.6%，较前几年略有下降；其他品种约占总种植面积的 21.4%。甜菜品种主要以引进的德国 KWS 系列、安地系列、先正达系列为主，占甜菜总种植面积的 70.9%。2020/2021 年制糖期食糖产量、播种面积、开工糖厂数见表 1。

本制糖期，甘蔗平均收购价格（地头价，不含运输及企业对农民各种补贴费用等，下同）为 498 元/t，比上制糖期上涨 9 元/t；甜菜平均收购价格为 509 元/t，比上制糖期上涨 10 元/t。本制糖期全国制糖行业主要技术指标：甘蔗平均单产 67.80t/hm²，甜菜平均单产 52.80t/hm²；甘蔗平均含糖分 14.36%，甜菜平均含糖分 15.33%；甘蔗平均产糖率 12.59%，甜菜平均产糖率 12.74%。

表 1 2020/2021 年制糖期全国糖料
播种面积、食糖产量基本情况

企业名称	糖料播种面积（万 hm²）	产糖量（万 t）	开工糖厂数（家）
全国累计	**135.70**	**1 066.66**	**186**
甘蔗糖合计	112.77	913.40	155
广　东	8.28	53.98	19
其中：湛江	7.56	47.25	17
广　西	74.00	628.79	79
云　南	28.67	221.23	51
海　南	1.74	8.77	5
其　他	0.09	0.63	1
甜菜糖合计	22.93	153.26	31
黑龙江	0.35	1.45	1
新　疆	6.72	57.61	15
内蒙古	15.33	89.10	13
其　他	0.53	5.10	2

二、市场概况

（一）国内食糖市场

本制糖期，全国累计产糖 1 066.66 万 t，比上制糖期增加 25.00 万 t，增幅 2.41%。其中，甘蔗糖产量 913.40 万 t，比上制糖期增长 1.24%；甜菜糖产量 153.26 万 t，比上制糖期增长 10.03%。本制糖期，全国食糖消费量 1 580.00 万 t，年人均食糖消费量为 11.19kg。食糖消费结构略有变化，食糖消费总量中民用消费占比 46.3%，工业消费占比 53.7%。本制糖期，中国糖业协会食糖价格指数 5 536 元/t，比上制糖期下跌 176 元/t，跌幅 3.08%；制糖工业企业累计销售平均价格 5 379 元/t，比上制糖期下跌 145 元/t，跌幅 2.62%。本制糖期，全国制糖行业销售收入663亿元，利润9.26亿元，财政税收20.28亿元，农民收入增加21亿元。原糖加工企业销售收入321亿元。2020/2021年制糖期行业运行特征：

1. 食糖产量小幅回升　全国糖料种植面积135.70万hm²；加工糖料8 465万t；食糖产量1 067万t，比上制糖期增加25万t。

2. 食糖进口大幅增加　食糖进口634万t，比上制糖期增加258万t。

3. 食糖消费增加　全国食糖消费量1 580万t，比上制糖期增长3.27%；年人均食糖消费量11.19kg，比上制糖期增加0.26kg

4. 食糖销售价格下跌　全国重点制糖企业（集团）成品白糖累计平均销售价格5 379元/t，比上制糖期下跌145元/t。

5. 农民收入增加，财政税收增加，制糖企业利润基本持平　农民增收21亿元；财政税收20.28亿元，同比增长8.5%；企业实现利润9.26亿，同比基本持平。

6. 糖浆（含糖预混粉）进口下降　2020年12月21日，国务院关税税则委员会发布《关于2021年关税调整方案的通知》（税委会〔2020〕33号），新增甘蔗糖或甜菜糖水溶液等糖类产品本国子目，自2021年1月1日起实施，导致糖浆（含糖预混粉）进口下降。

（二）国际食糖市场

2020/2021年制糖期，国际食糖价格大幅上涨。受干旱和霜冻等不利天气影响以及能源价格走强影响，巴西中南部食糖产量下降。新冠肺炎疫情对食糖消费的拖累逐渐缓解，食糖消费恢复增长，全球食糖产销由此前预期的过剩转为缺口。与此同时，美元汇率走弱，以美元计价的美国纽约原糖价格获得支撑。纽约原糖期货价格震荡上扬，于2021年8月中旬创制糖期最高，最终报收于19.93美分/磅，比上个制糖期末上涨52.14%。整个制糖期，纽约原糖期货价格波动区间为13.31美分/磅至20.37美分/磅。

展望2021/2022年制糖期，市场目前普遍预期食糖主产国（地区）印度、欧盟和泰国食糖产量增加，而巴西食糖产量下降，全球食糖产量回升；食糖消费继续增长，食糖产销出现缺口。路易达孚（Louis-Dreyfus）预期全球食糖产销缺口179万t。其中，全球食糖产量增加1.98%至1.830亿t，食糖消费量增加1.33%至1.845亿t；国际糖业组织（ISO）预期全球食糖产销缺口380万t左右。其中，全球食糖产量增加0.2%至1.706亿t，食糖消费量增加1.62%至1.745亿t。

国际食糖是兼具农产品属性、能源属性和金融属性的大宗农产品，影响其价格波动的因素包括天气、产业政策等食糖供求基本面变化，还包括能源价格和美元波动等等，众多影响因素交织、复杂且多变。综合来看，新制糖期的全球食糖产销缺口是否符合市场预期，以及美元汇率是否维持基本稳定等因素，将决定国际食糖价格能否维持高位整理甚至再创新高，以刺激全球食糖生产、抑制食糖消费，最终导致全球食糖供求关系调整。世界主要产糖国食糖产量和消费量见表2、表3。

表2　世界主要产糖国食糖产量统计表

单位：万t（原糖值）

国家（地区）	2017/2018年	2018/2019年	2019/2020年	2020/2021年	2021/2022年
总产量	**19 419**	**17 917**	**16 629**	**17 986**	**18 554**
其中：甘蔗糖	15 052	13 961	12 588	14 289	14 679
甜菜糖	4 368	3 956	4 041	3 696	3 875
阿根廷	187	157	175	183	155
澳大利亚	448	473	429	434	440
白俄罗斯	69	69	71	66	68
巴　西	3 887	2 950	3 030	4 205	3 992
中　国	1 030	1 076	1 040	1 050	1 060
哥伦比亚	250	240	235	222	240
古　巴	110	130	120	90	110

（续）

国家（地区）	2017/2018 年	2018/2019 年	2019/2020 年	2020/2021 年	2021/2022 年
多米尼加	62	55	59	60	61
厄瓜多尔	59	54	53	54	56
埃 及	232	241	274	278	286
埃斯瓦蒂尼	65	75	67	69	70
欧 盟	1 951	1 675	1 656	1 472	1 580
危地马拉	287	297	276	262	270
印 度	3 431	3 430	2 890	3 376	3 470
印度尼西亚	210	220	225	213	220
伊 朗	219	158	118	175	195
日 本	83	78	82	80	83
肯尼亚	41	50	48	60	65
墨西哥	637	681	560	618	616
尼加拉瓜	80	79	79	76	78
巴基斯坦	723	527	540	601	684
秘 鲁	108	126	120	127	130
菲律宾	210	210	215	210	210
俄罗斯	656	608	780	575	610
南 非	206	226	230	211	217
泰 国	1 471	1 458	829	757	1 060
土耳其	250	270	275	280	280
乌克兰	218	175	164	113	140
英 国	136	113	119	90	100
美 国	843	816	739	844	845
其他国家合计	1 720	1 661	1 591	1 602	1 644

注：2021/2022 年制糖期为预测数据。

表 3　世界主要食糖消费国食糖消费量统计表

单位：万 t（原糖值）

国家（地区）	2017/2018 年	2018/2019 年	2019/2020 年	2020/2021 年	2021/2022 年
总消费量	**17 319**	**17 265**	**17 084**	**17 180**	**17 441**
阿尔及利亚	191	209	214	210	209
阿根廷	161	147	149	152	149
澳大利亚	100	100	80	85	90

（续）

国家（地区）	2017/2018 年	2018/2019 年	2019/2020 年	2020/2021 年	2021/2022 年
孟加拉国	266	252	248	251	256
巴　西	1 060	1 060	1 065	1 015	1 020
加拿大	131	134	127	134	137
中　国	1 570	1 580	1 540	1 550	1 580
哥伦比亚	176	186	186	188	190
埃　及	305	310	325	334	343
欧　盟	1 700	1 700	1 660	1 660	1 675
危地马拉	93	90	92	92	92
印　度	2 650	2 750	2 700	2 800	2 850
印度尼西亚	638	706	736	745	750
伊　朗	245	249	222	257	272
伊拉克	133	121	120	109	108
日　本	206	198	196	185	192
肯尼亚	95	98	100	95	100
韩　国	152	167	162	158	160
马来西亚	183	199	188	186	189
墨西哥	451	432	435	420	419
摩洛哥	135	126	133	134	138
尼日利亚	161	161	162	161	160
巴基斯坦	530	540	560	575	590
秘　鲁	147	146	133	140	150
菲律宾	225	230	230	200	220
俄罗斯	611	602	612	602	600
沙特阿拉伯	110	101	99	109	113
南　非	196	177	152	167	171
苏　丹	156	163	195	165	162
泰　国	258	248	236	248	250
土耳其	273	278	300	291	294
乌克兰	138	137	125	120	120
阿联酋	187	146	77	115	123
英　国	190	190	170	170	170
美　国	1 093	1 098	1 117	1 100	1 100
越　南	176	157	177	198	212
也　门	84	69	76	97	98
其他国家	1 593	1 454	1 396	1 388	1 389

注：2021/2022 年制糖期为预测数据。

（三）食糖进出口贸易

本制糖期截至 2021 年 8 月底，我国食糖进口同比增幅较大，出口同比减少。累计进口食糖 546.58 万 t，同比增长 69.58%；累计出口食糖 11.4 万 t，同比减少 33.33%。我国食糖进出口贸易情况分别见表 4、表 5。

表 4　2012—2021 年全国食糖进口与贸易方式统计表

单位：万 t

年度	合计	一般贸易	来料加工	进料加工	保税监管场所进出境货物	特殊监管区域物流货物	边贸	其他
2012	374.72	360.86	0.99	12.55	0.04			0.28
2013	454.59	434.86	1.30	14.77				3.66
2014	348.58	266.33	1.24	13.94	66.93			0.14
2015	484.59	265.71	0.90	13.93	185.14	18.88		0.03
2016	306.19	219.43	1.21	13.67	61.91	9.96		0.01
2017	306.19	219.43	1.21	13.67	61.91	9.96		0.01
2018	177.96	127	1.24	8.93	36.85	3.94		
2019	339.01	209.69	1.35	18.13	94.72	15.12		
2020	527.29	312.37	0.72	21.32	169.47	23.41		
2021	296.58	153.93	0.47	11.74	123.89	6.55		

注：2021 年统计数字截至 8 月底。

表 5　2012—2021 年全国食糖出口与贸易方式统计表

单位：万 t

年度	合计	一般贸易	来料加工	进料加工	保税监管场所进出境货物	特殊监管区域物流货物	边贸	其他
2012	4.71	1.64	0.93	1.87			0.02	0.25
2013	4.78	1.48	1.06	1.71			0.02	0.51
2014	4.62	1.39	1.09	2.00				0.14
2015	7.50	1.09	1.09	1.70	0.28	3.32		0.02
2016	14.91	1.17	1.12	2.12	0.16	10.34		
2017	8.80	0.70	0.76	1.23	0.15	5.95		0.01
2018	12.15	0.64	0.95	1.25	5.63	3.68		
2019	18.56	0.76	1.21	2.08	0.65	13.85		0.01
2020	14.74	0.66	1.13	2.25	1.36	9.34		
2021	8.33	0.66	0.63	2.35		4.69		

注：2021 年度统计数字截至 8 月底。

三、行业工作

（1）2020年2月10日，农业农村部发布《2020年种植业工作要点》。指出，毫不放松抓好粮食等重要农产品生产，确保小康之年农业丰收。保持棉油糖合理自给水平，完善棉花、油料、糖料扶持政策，糖料面积力争稳定在160万 hm^2；加快推广国产自育甘蔗优新品种，集成推广绿色轻简化高效栽培技术模式，因地制宜推进全程机械化生产；持续推进结构调整优化，提升种植业供给质量效率；稳步提升种植业质量效益，助力产业扶贫农民增收；大力推广绿色生产方式，促进种植业持续发展；强化行业管理和体系建设，提高种植业工作效能。

（2）2020年3月25~26日，农业农村部发布《2020年甘蔗春季生产指导意见》和《2020年甜菜春季生产技术指导意见》，建议各产区在做好疫情防控的基础上，抓好技术培训，保障2020年糖料蔗和甜菜生产稳定发展。

（3）2020年5月15日，为进一步加快广西甘蔗良种育繁推进程，提升甘蔗生产能力，实现糖业高质量发展，广西壮族自治区人民政府发布《关于加快广西甘蔗良种育繁推的实施意见》。指出，到2025年，初步构建起高效的甘蔗育种科研体系、种茎（苗）生产经营体系、管理服务体系，全区甘蔗种业转型升级步伐加快，市场竞争力明显提高，为提高广西甘蔗商品化供种能力奠定坚实基础；到2035年，形成具有国际先进水平的现代甘蔗育种科研体系、种茎（苗）生产经营体系、管理服务体系。同时，加大甘蔗新品种研发力度，提高生产供种能力，加快品种更新换代，强化市场监管，强化甘蔗种业发展政策资金支持。

（4）2020年6月30日，商务部发布《关于调整〈实行进口报告管理的大宗农产品目录〉的公告》（2020年第23号），将关税配额外食糖纳入《实行进口报告管理的大宗农产品目录》，自2020年7月1日起实行进口报告管理。原糖加工生产型企业应向中国糖业协会备案，食糖进口国有贸易企业及其他企业应向中国食品土畜进出口商会备案。

（5）2020年7月9日，中国糖业协会五届十次理事长工作（扩大）会暨原糖加工委员会主任工作（扩大）会在北京以线上加线下结合的形式召开。会议通报了协会秘书处近期重点工作，对商务部2020年第23号《关于调整〈实行进口报告管理的大宗农产品目录〉的公告》做了介绍，通报了协会配合商务部有关部门开展的工作概况；中国食品土畜进出口商会相关负责同志介绍了备案流程和"大宗农产品进口报告系统"应用规范。

（6）2020年9月3日，中国糖业协会信息工作会议在京召开。参会代表介绍了所在企业2019/2020年制糖期食糖产销、糖料种植、技术进步、转型升级、降本增效、兼并重组等方面情况，并就提高糖业信息统计和信息服务工作质量和效率展开了充分交流和探讨。会议总结通报了2019年协会信息统计工作，指出了信息报送工作中存在的主要问题，并对食糖进口备案工作、年报信息填写及绩效对标工作的相关情况及要求等做了说明。

（7）2020年11月1~2日，"2020/2021年制糖期全国食糖产销工作会议暨全国食糖、糖蜜酒精订货会"在广西桂林市召开。会议总结了2019/2020年制糖期全国食糖产销工作，通报了2020/2021年制糖期全国糖料种植及产量预计情况、新制糖期国家食糖宏观调控的思路和原则，介绍了全球食糖供求形势和食品工业发展趋势，分析研究了2020/2021年制糖期全国糖料生产及食糖产销形势，对新制糖期食糖供求平衡、产销工作、政府调控工作提出了政策建议。会议同期举办了"2020/2021年制糖期食糖市场形势与风险管理论坛"。会议为参会代表提供了工商洽谈、订货的机会，帮助各企业间加强了产销、供需等环节的联系与合作。

（8）2020年12月19~21日，第五届中国-东盟糖业博览会、中国-东盟农业机械暨甘蔗机械化博览会在广西南宁国际会展中心举行。本届博览会以"共享数字经济发展新机遇，共创高质量新糖业新农机"为主题，为糖业和农机产业发展搭建"农工贸一体化、产销服一条龙"的综合服务平台，集中展示了中国与东盟国家糖业、甘蔗机械化发展成就，加强了中国与东盟国家全方位合作交流，共同推动了糖业转型升级，推动了农业机械尤其是甘蔗机械化进程。

（9）2020年12月22~24日，中国糖业协会原糖加工委员会主任工作（扩大）会议在广东召开。会议全面回顾了委员会成立以来的工作开展情况，听取了与会代表2020年本企业原糖进口、加工生产和经营情况，总结了2014年以来行业自律的成效及经验，探讨了新形势下行业发展的思路，讨论了2021年委员会工作思路。此次会议在积极配合国家有关部门工作、坚决执行和维护各项政策措施、坚定政治站位、积极贯彻一带一路沿线国家和地区战略部署、坚持食糖总量平衡、加强行业自律、限制产能盲目扩张等方面达成了广泛共识。

（中国糖业协会　胡志江　王让梅）

蔬 菜 加 工 业

一、基本情况

（一）资源情况

中国是世界最大蔬菜生产国和消费国。2020年蔬菜种植面积和总产量均超2019年，全国蔬菜种植面积21 485.48 khm²，增长2.90%，全年蔬菜总产量7.49亿t，增长3.75%。山东、河南、江苏、河北、四川、湖北、湖南、广西、广东、贵州蔬菜产量排名前十。播种面积最多的6省依次为：河南1 753.78 khm²，广西1 535.92 khm²，贵州1 511.33 khm²，山东1 487.34 khm²，四川1 444.02 khm²，江苏1 443.80 khm²；总产量排名前6位的省依次为：山东8 434.70万t，河南7 612.40万t，江苏5 728.10万t，河北5 198.20万t，四川4 813.40万t，湖北4 119.40万t。位于前列省份的播种面积9 175.47 khm²，提高2.40%；总产量35 906.2万t，提高2.49%，产业集中度进一步增强。

（二）发展导向

2020年农业农村部要求稳定蔬菜面积，保障供应总量平衡，促进季节、区域、品种结构均衡及质量安全，特别是确保疫情防控期间蔬菜生产供应。全面实施好"菜篮子"工程，落实省负总责，压实"菜篮子"市长负责制，提升"菜篮子"产品优势产区综合生产能力和大中城市自给能力。在我国蔬菜产业"供求平衡、丰年有余"的总体格局下，随着全社会收入水平提高和对食品营养安全的重视，消费者对蔬菜质量要求越来越高，蔬菜产业发展的正途是品牌和优质。我国设施蔬菜主要分布在黄淮海及环渤海湾地区、西北温带干旱区，其中江苏、山东、辽宁、河北、陕西、甘肃6省设施蔬菜面积占到总面积的60.4%。番茄的种植面积占据首位，其他主要有黄瓜、辣椒、茄子等。从生产类型上，北方以日光温室和大中塑料拱棚为主，南方以大中塑料棚和防雨遮阳棚为主，造价低、抗风险能力弱的塑料大棚仍占主流。在蔬菜布局上，我国蔬菜供求之间存在着明显地域上的间隔，主产区和主销区的不一致使得疫情、极端天气出现时，地产蔬菜供应保障能力下降，非常年正常计划的远途应急性调运是菜价走高的主要因素。

本着底线思维的原则，蔬菜生产向大中城市靠拢，增强极端情况下的保供能力。也应看到近10年来，我国蔬菜种植的成本利润率呈整体下降且降幅较大，影响菜农积极性，产业发展上升阻力较大。

二、行业概况

（一）蔬菜加工总体情况

蔬菜加工不仅可以调节蔬菜生产的区域性和季节性，实现周年供应，还可以丰富蔬菜品种，提高蔬菜产业附加值，满足不同消费需求，促进对外贸易。蔬菜加工产品主要包括采后加工、腌制/腌渍蔬菜、干制蔬菜、速冻蔬菜、罐藏蔬菜、蔬菜汁、糖制蔬菜、鲜切蔬菜与预制菜肴、精深加工蔬菜、冷链保鲜蔬菜、尾菜利用等。目前我国蔬菜加工产业的总体布局日渐清晰：在浓缩果蔬汁、浓缩果蔬浆方面加工占有明显的比较优势，已形成了西北（新疆、宁夏和内蒙古）为主的番茄酱加工基地；在蔬菜干制脱水加工方面形成东部、东南沿海省份及宁夏、甘肃等地区的产业聚集；果蔬罐头、速冻果蔬加工主要分布在东部、东南沿海地区；腌制蔬菜加工基地主要分布于东南沿海、四川和东北地区等；直饮型果蔬及其饮料加工则形成了以北京、上海、浙江、天津和广东等省、直辖市为主的加工基地。在蔬菜加工企业的构成中，中、小型企业仍是主流，占企业总数的90%以上，大型加工企业和作坊式微型企业相对占比较小。在加工的增值度上，简易初加工比较大，精深加工占比较小。农业农村部特别提到2020年通过废弃蛋壳制备的"果蔬净"产品，运用抗菌、抗病毒理念，提升果蔬生鲜等食材的安全性，在新冠肺炎疫情防控期间销售良好。

（二）生产及加工技术

1. 采后加工与冷链保鲜　我国蔬菜在流通中的损耗率远高于发达国家水平，究其原因主要是蔬菜采后预冷与贮藏技术和设施还不配套。采后加工重点在于：采后去杂分拣、包装、预冷或气调贮藏。农业农村部下发《关于加快农产品仓储保鲜冷链设施建设的实施意见》和《关于进一步加强农产品仓储保鲜冷链设施建设工作的通知》，支持建设产地分拣包装、冷藏保鲜、仓储运输、初加工等设施,在山药、大白菜、胡萝卜、生姜等耐贮型农产品主产区鼓励建设节能型通风贮藏库,在蒜薹等呼吸跃变型果蔬主产区鼓励建设节能型气调贮藏库,在一般蔬菜主产区鼓励建设节能型机械冷库,鼓励因地制宜配套建设强制通风预冷、差压预冷或真空预冷等专用预冷设施。采后预冷既可减少损失又最大限度地保持蔬菜的品质和安全,必须将采后预冷作为生鲜蔬菜收获后处理的首要环节。采后预冷主要采用压差预冷、真空预冷、冷水预冷和普通冷库预冷,重点是易腐难贮蔬菜的预冷。净菜是蔬菜在无菌车间去杂分选后,经过浸、洗、震荡、喷淋去除有害物质、沥水、包装后马上进入预冷库预冷,然后由冷链物流发往蔬菜批发市场销售。净菜产品发展较快。随着蔬菜仓储保鲜冷链设施逐步完善,果蔬保鲜技术研究也快速发展,如:对绿色防腐剂、保鲜剂、保鲜膜的研究,对紫外线保鲜、冷藏保鲜、低剂量辐射预处理保鲜、基因工程保鲜的研究。如何更科学、更高效、更低廉的保鲜始终是研究的重点方向。目前主流的蔬菜保鲜技术主要集中在基因工程保鲜技术、辐照保鲜技术和冰温贮藏保鲜技术三个方面。

2. 鲜切蔬菜 鲜切蔬菜将生鲜蔬菜适当加工,以包装或散装形式在常温或冷藏条件下储存、流通和售卖。可直接食用或食用前经简单加工。鲜切蔬菜使用方便、快捷,符合大城市餐饮、快节奏生活消费的需求,也推动了中餐制作标准化、工厂化的进程,是目前各大中城市重点发展的领域。但鲜切蔬菜货架期短,需精细调配快速流转。

3. 预制菜肴 预制菜肴是鲜切蔬菜的后向产物,按照中国传统大众菜肴配方,以肉类、蔬菜类、调味类比例搭配配送。近年来预制菜肴的种类越来越多,极大方便了网络订餐加工和工厂、学校、部队、写字楼等团体人群用餐的厨房加工。

4. 脱水蔬菜 脱水蔬菜又称复水菜,是新鲜蔬菜经过洗涤、烘干等脱去蔬菜中大部分水分后而制成的一种干菜。因原有色泽和营养成分基本保持不变、质量轻、体积小、易于储存和运输、食用方便、能有效地调节蔬菜生产淡旺季等特点,成为市场日益青睐的果蔬食品。脱水蔬菜常用的干燥方法除传统日晒外,有热风干燥、红外干燥、微波干燥、热泵干燥、真空油炸干燥、冷冻干燥等,热风干燥仍是主流。常见的笋干、黄花菜、梅干菜等是我国传统干制蔬菜,随着技术和装备升级,脱水蔬菜工厂化加工已突破传统方式,品质有了明显提升,脱水蔬菜的种类也日益丰富。干制蔬菜除了脱水蔬菜、调味品、香辛料产品以外,马铃薯薯片和非油炸的红薯片、山药脆片、

胡萝卜脆片、秋葵脆片等产品发展迅速。2020年中国脱水蔬菜产量预计在40.54万t。

5. 速冻蔬菜 截至2017年全国速冻果蔬企业已达到1 200家,大部分企业分布在蔬菜优势产区,如山东、福建、安徽及京津冀、长三角地区。规模大的企业年产能达12万t,但大多数企业属于中小型,年产能从几千吨至万吨。山东地区以豆类蔬菜及芦笋、菠菜、西蓝花、甜椒、马铃薯等为主,南部沿海地区以绿叶菜类和豆类蔬菜为主。速冻蔬菜常见的有:青毛豆、西蓝花、芦笋、菠菜、青甜椒、油菜、韭菜、蒜苗、莲藕、胡萝卜、平菇、香菇、甜玉米、马铃薯、山芋等。速冻蔬菜出口品种主要有:豆类蔬菜及菠菜、山芋、洋葱、芦笋等。

6. 蔬菜汁 果蔬汁是蔬菜瓜果榨的汁,富含抗氧化物,通常以水果、蔬菜为基料,加糖、酸、香精、色素等调制而成的饮料产品。蔬菜汁是我国蔬菜加工领域的新方向,常见有番茄汁、胡萝卜汁、南瓜汁、冬瓜汁等。目前市场单一品种的蔬菜汁较少,通常是几种蔬菜或多种蔬菜水果原料复配的复合果蔬汁,这更符合中国消费者的饮食习惯。果蔬汁较原果蔬易于贮藏,有利于减少果蔬原料损失且提高了附加值。按区域,华东、西南、华中、华北、西北分别占比28.52%、21.80%、14.97%、10.73%、9.25%;按省份,四川、浙江、福建、河南列前四。2020年中国果蔬汁产量为1 698.4万t。

7. 腌制蔬菜 腌制、腌渍蔬菜在我国有悠久的历史,包括酱菜、腌菜、泡发酵菜三大类。传统作坊式生产大多被现代化生产取代,一些新技术也逐渐融入腌制蔬菜生产中,如智能精准配投料、现代化菌种繁育、精准控温控盐、品质和成分在线分析等。产品已突破传统消费区域向更大市场扩散,也向高品质风味特色发展,向低盐、少糖的健康化方向发展。

8. 精深加工 随着健康养生理念的深入,基于蔬菜开发的保健食品、功能性食品和蔬菜提取物越来越多,蔬菜中植物活性物质的开发利用逐渐发展。如:大蒜的大蒜素、辣椒的辣椒红素、紫甘蓝的花青素、番茄的番茄红素、胡萝卜的胡萝卜素、青花菜的萝卜硫素等。充分利用提取物的抑菌、抗炎症、抗氧化、抗辐射、抗癌等生理活性,作为添加剂,应用到生物医药、功能食品、保健食品、畜禽饲料、美容等多个领域,全方位提高蔬菜产品附加值。

9. 尾菜利用 尾菜指蔬菜废弃的根、茎、叶,以及在加工、运输、储存过程中拣出的残次菜。蔬菜产业发展、产量增加,人们对蔬菜品质的要求越来越高,意味着蔬菜废弃物的增加。收获时地头产生的尾菜能够用作饲料的部分大约占尾菜总量的30%,其

余收贮、分选、加工、运输以及销售环节的尾菜大多被直接丢弃。资源利用意识薄弱、尾菜利用技术落后和利用渠道不畅是不能充利用的主要原因。目前，我国尾菜资源化利用方式主要有：基质化利用（栽培基质、养殖基质）、饲料化利用（鲜食饲料、青贮饲料）、原料化利用（加工活性炭、分离提取叶蛋白、纤维素、叶绿素等）、能源化利用（生物质燃料发电、尾菜制沼）、肥料化利用（直接还田、厌氧沤肥、好氧堆肥）等。

三、国内外市场概况

2020 年，由于极端天气和新冠肺炎疫情双重因素影响，我国蔬菜市场呈现整体菜价偏高，价格波幅大且涨势猛，国际贸易波动加剧，蔬菜电商发展迅速的局面。

（一）国内市场

2020 年，我国蔬菜市场价格基本符合常年季节性波动规律，总体高位运行。与往年相比，蔬菜价格波动依然呈现季节性 V 形规律，冬春、夏秋两季菜价明显偏高，波动幅度偏大。菜价偏高除了季节性上涨外，主要是疫情暴发，蔬菜生产、加工、市场调度、运输、销售各个环节人工费用均有所增加。第一季度元旦、春节加之部分地区因疫情居家，耐贮蔬菜需求增大，推动蔬菜价格创历史新高，3 月中旬后，蔬菜进入春季换茬期，早春茬叶菜类蔬菜上市菜价季节性下行。第二季度天气转暖，蔬菜价格季节性下行，并回落至常年水平，但因种植、极端天气和疫情三者影响，"夏淡"提前，6 月就开始由跌转涨。第三季度蔬菜价格持续上行，明显较往年同期偏高，主要是自然灾害多发。6 月暴雨和 7~8 月长江中下游地区持续强降雨造成南方蔬菜减产，随北菜南运推高菜价。第四季度各地秋菜大量上市，本地蔬菜比例增大，10~11 月菜价季节性小幅下行；12 月进入冬春蔬菜供应模式，北方露天菜向大棚菜过渡，生产、运输成本进一步增加，推升菜价转入温和上行。

（二）国际市场

从全球看，我国是蔬菜主要出口国。2020 年受国内疫情暴发和国际疫情蔓延影响，初期蔬菜出口额下降，6 月出口额下降加剧，中国蔬菜进出口交易总体上表现为平稳略降的态势。从交易数量看，出口蔬菜 1 198.53 万 t，较上年增 3.0%，增幅收窄；进口蔬菜 46.64 万 t，较上年减 7.1%，进口量由增转降。从交易额看，蔬菜出口 149.31 亿美元，较上年减 3.7%，由增转降；进口 10.40 亿美元，较上年增

8.6%，增幅收窄。贸易顺差 138.91 亿美元，同比降 4.44%。出口品类主要包括大蒜、蘑菇、番茄、生姜、辣椒、洋葱、胡萝卜及萝卜、木耳、马铃薯和竹笋等，其中大蒜属特色产品，出口额占比较高。进口品类主要包括蔬菜种子、干辣椒、马铃薯（加工）、番茄（加工）、胡椒和豌豆等，对国内蔬菜市场影响不大，进口国主要为印度、美国、越南、日本和泰国等。经过 10 余年的发展，以越南、马来西亚、泰国和印度尼西亚为代表的东盟已成为我国第一大蔬菜贸易伙伴。2019 年我国对东盟出口蔬菜 340 万 t，约占我国对世界出口总量的 29.2%。在东盟总体上升的同时，对越南、泰国的出口贸易增长较快，对印度尼西亚、马来西亚出口有所下降。以新疆为基地的中亚五国蔬菜出口也是值得注意的方向，洋葱、大蒜、番茄、白菜和马铃薯以及干制蔬菜为主要品种。中国鲜蔬菜和冷藏蔬菜 2020 年出口量为 692 万 t，同比增长 6.3%；出口金额为 57.7 亿美元，同比增长 4.1%。中国果蔬汁 2020 年出口数量为 293.1t，同比增长 84.7%；出口金额为 59.2 万美元，同比增长 64.6%；主要出口方向是中国香港、韩国、泰国和越南。进口数量为 4 184.4t，同比增长 118.5%；进口金额为 902.7 万美元，同比增长 98.2%；主要进口国为日本、波兰、美国和土耳其。

四、质量管理与标准化建设

（一）质量管理

2020 年全国蔬菜例行监测合格率达到 97.6%，连续 13 年保持 96% 以上，全年未发生重大质量安全事故，蔬菜质量安全水平保持了总体优良稳定。从监测抽检的蔬菜看，甘蓝类、食用菌和瓜类蔬菜全年总体合格率较高，分别为 99.7%、99.7% 和 99.5%。2019 年 12 月，农业农村部下发《全国试行食用农产品合格证制度实施方案》，蔬菜被列为首批试行产品。要求生产者承诺不使用禁限用农药及非法添加物，销售的食用农产品符合农药残留食品安全国家强制性标准，对产品质量安全以及合格证真实性负责。为加快数字技术与农业农村发展加速融合，农业农村部和中央网信办联合下发《数字农业农村发展规划（2019—2025 年）》，蔬菜列为全产业链大数据建设项目，质量安全追溯、农药使用数据、重点市场信息和蔬菜经营主体信息直报等平台也逐步建成使用。强化网络销售农产品质量安全监管，严格落实农产品生产经营者的质量安全主体责任，督促网络食品交易第三方平台建立实施旨在保证食品安全的一系列规章制度。

随着我国蔬菜市场的健康发展和消费者食品安全

意识的提高，在市场竞争中逐渐发展形成了一些著名的全国性蔬菜品牌，如：山东七彩庄园、山东乐义蔬菜、上海星辉蔬菜、云南昆明晨农、上海多利农庄、北京绿富隆、上海银龙蔬菜、山东燎原农业、广东四季绿等。但总体上品牌建设刚刚起步，存在数量太少且区域不均衡、品牌知名度不高、产业链不完整、品牌特色和差异化塑造不足、缺乏蔬菜品牌管理人才等问题。蔬菜品牌建设与绿色蔬菜、有机蔬菜和无公害蔬菜之间还缺乏有机的、有统一公信力的联系。蔬菜品牌建设将会快速发展。

（二）标准化建设

加快蔬菜全产业链标准体系的构建和产业链各个环节标准的修订与完善，加快特色蔬菜田间管理、采后处理、分等分级、包装储运、产品追溯、信息采集等各环节标准研制，鼓励电商企业、生产加工企业参

与标准制定，形成多层次的标准体系。

全国蔬菜质量标准中心 2018 年在山东寿光成立。该中心由农业农村部和山东省人民政府联合建立，是国内唯一的蔬菜质量标准方面的国家级平台。中心成立了由方智远、李天来、邹学校、赵春江 4 名院士领衔的 67 名专家组成的专家委员会。在相关蔬菜标准起草和制定过程中，中心采取向菜农、种植企业、基层技术人员征求意见，广泛收集数据，统计和修正，再经过专家审核审定的方法，以形成各方认可的行业标准。2020 年该中心已经集成 2 369 条相关标准，形成 14 大类、182 个品类的蔬菜标准数据库，启动国家标准 2 项、行业标准 14 项、地方标准 102 项研制工作。2020 年国家标委会同意第一家国家技术标准创新基地（蔬菜）在山东寿光筹建。表 1 为 2020 年国家有关部门发布的一系列蔬菜方面的标准。

表 1 2020 年有关部门发布的蔬菜相关标准

标准号	标准名称	代替标准
GB/T 38404—2020	果蔬汁（含颗粒）饮料热灌装封盖机　通用技术规范	
GB/T 38572—2020	食用豌豆淀粉	
GB/T 38574—2020	食品追溯二维码通用技术要求	
NY/T 654—2020	绿色食品　白菜类蔬菜	NY/T 654—2012
NY/T 655—2020	绿色食品　茄果类蔬菜	NY/T 655—2012
NY/T 743—2020	绿色食品　绿叶类蔬菜	NY/T 743—2012
NY/T 744—2020	绿色食品　葱蒜类蔬菜	NY/T 744—2012
NY/T 745—2020	绿色食品　根菜类蔬菜	NY/T 745—2012
NY/T 746—2020	绿色食品　甘蓝类蔬菜	NY/T 746—2012
NY/T 747—2020	绿色食品　瓜类蔬菜	NY/T 747—2012
NY/T 748—2020	绿色食品　豆类蔬菜	NY/T 748—2012
NY/T 3486—2020	蔬菜移栽机作业质量	
NY/T 3664—2020	手扶式茎叶类蔬菜收获机质量评价技术规范	
NY/T 3705—2020	鲜食大豆品种品质	
NY/T 3744—2020	日光温室全产业链管理技术规范　番茄	
NY/T 3745—2020	日光温室全产业链管理技术规范　黄瓜	
JB/T 13958—2020	果蔬输送机	
JB/T 13961—2020	链条式菜肴输送机	
GH/T 1191—2020	叶用莴苣（生菜）预冷与冷藏运输技术	GH/T1 191—2017
GH/T 1282—2020	草豆蔻	
GH/T 1284—2020	青花椒	
GH/T 1289—2020	干花椒流通规范	
GH/T 1290—2020	花椒及花椒加工产品花椒酰胺总含量的测定　紫外分光光度法	

（续）

标准号	标准名称	代替标准
GH/T 1291—2020	花椒及花椒加工产品花椒酰胺总含量的测定　高效液相色谱法	
GH/T 1292—2020	冻干水果蔬菜检验规程	
QB/T 5494—2020	淀粉基蔬菜水果托盘	
SN/T 5206—2020	洋葱黄矮病毒的检疫鉴定方法	

五、行业工作

（1）4月20日，第二十一届中国（寿光）国际蔬菜科技博览会暨2020中国（寿光）国际蔬菜种业博览会以"网上＋视频"连线直播方式开幕。主展区面积45万 m^2，设有12个展馆，展示名优稀特蔬菜品种2 000多个，无土栽培模式80多种，都市型设施水培蔬菜工厂化生产、光纤维导光补光、蔬菜种植绿色防控等新技术50多项。在原线下基础上，采用全景VR、数字展厅、媒体直播等技术手段，通过云逛会、媒体同步直播等形式，实现观众线上参会、企业线上展示交易。作为国内唯一的国际性蔬菜产业品牌展会已连续成功举办了21届。

（2）5月20日，2020年中国（广西）-东盟蔬菜新品种博览会在南宁开幕。博览会由广西农业农村厅主办，农业农村部种业司等承办，邀请了越南、缅甸、柬埔寨、泰国、马来西亚、老挝等国驻南宁总领馆官员出席开幕式。展示品种1 010个，其中东盟国家品种34个；参展商79家，评选出了118个优秀品种。

（3）8月22日，第二届果蔬类功能食品开发及产业发展大会在济南召开。会议由中华全国供销合作总社济南果品研究院和中国果蔬贮藏加工技术研究中心主办，大会以"营养健康发展合作"为主题，通过报告、论坛、展览等展示了果蔬产业新技术、新成果。来自全国200家单位300余位专家学者企业家参会。同期还举行了"果蔬功能性食品产业技术创新联盟"成立仪式。

（4）9月22～26日，2020年中国果蔬汁产业峰会在浙江湖州召开。会议由中国饮料工业协会主办。来自科研院所、高校及企业代表200余人参加了此次峰会，国际果蔬汁协会、美国蔓越莓市场协会、巴西柑橘出口协会等通过视频方式参会。

（5）8月14～16日，2020中国（贵阳）国际果蔬产业博览会在贵阳举办。博览会由中国蔬菜协会支持，贵州省果蔬行业协会等联合主办。旨在推动果蔬产业发展，提高果蔬生产与加工技术，打造贵州精品果蔬产业，搭建果蔬企业与商超、新零售、团餐配送、餐饮、批发零售、食品加工及国内外采购贸易商的交流、对接洽谈平台。

（6）11月20日，第十四届中国果蔬加工技术与产业创新研讨会在南京举行。会议由江苏省农业科学院、中国食品科学技术学会果蔬加工技术分会主办，来自中国农业大学、中国农业科学院、国家蔬菜加工工程技术研究中心等高校、科研院所及企业的320多名代表出席会议。会议分果蔬加工新产品、新技术、新装备，果蔬营养品质与安全，果蔬综合利用，果蔬冷链物流技术4个议题。

（7）11月22～26日，第十一届中国·四川（彭州）蔬菜博览会在四川彭州举行。博览会由中国农产品市场协会、中国蔬菜流通协会联合主办，以"擦亮川菜金字招牌建设中国西部菜都"为主题，展示四川蔬菜产业发展成果。博览会签约23个项目，金额超过200亿元，其中蔬菜产销额达85万t，金额12亿元，68万人次线上参与直播带货。

（8）12月17日，2020年第五届京津冀蔬菜食用菌产销对接暨北方秋冬季设施蔬菜大会在河北饶阳召开。会议由中国蔬菜协会与京津冀农业主管部门联合主办，来自企业、市场、大型超市等行业的800余位代表参会，期间共达成产销合作意向45.5万t，金额约12.1亿元。

（9）本年度其他展会。6月6～7日，第一届中国·北方农业（蔬菜）科技创新发展大会在石家庄召开，国家蔬菜工程技术研究中心石家庄创新示范基地同时揭牌。9月6～8日，第二十三届中国农产品加工业投资贸易洽谈会在驻马店举办。9月19日，第十五届全国辣椒产业大会在河南柘城举办。9月22日，第八届兰陵（苍山）蔬菜产业博览会在临沂召开。9月23日，2020中国果汁大会在西安召开。9月24日，2020年晋陕豫黄河金三角（曲沃）国际果蔬博览会在山西曲沃开幕。9月29日，山西省第七届蔬菜产业大会在山西新绛开幕。11月23日，2020上海国际果蔬展览会暨第十三届亚洲果蔬博览会在上海举行。12月28日，2020粤西冬种蔬菜产业大会在广东茂名开幕。

（山东省农业机械科学研究院　李寒松）

蜂 产 品 加 工 业

一、基本情况

我国是世界第一养蜂大国，也是世界第一蜂产品生产和出口大国，历史悠久。养蜂业一直得到党和国家的关怀与重视，改革开放后，特别是21世纪以来，党和国家更加重视养蜂业，并对蜜蜂授粉"月下老人"对生态平衡、生物多样性、农业增产提质的作用做了重要批示，同时将发展养蜂应用于脱贫攻坚，在政策、经费、管理、科研、标准化生产等多方位地给予倾斜和支持，养蜂业突飞猛进，取得了举世瞩目的成就。我国的蜂群数量从清末的20万群发展到1949年的40万群、1999年的820万群、2009年的920万群、2015年的1 100万群，2020年，据中国养蜂学会不完全统计，我国蜜蜂饲养量已达1 400多万群，占世界蜂群总量的15%以上，居世界首位，养蜂业已成为现代农业不可或缺的重要组成部分。2020年，由于疫情的影响，蜂蜜产量有所下降，全国总产量45.81万t，约占世界总产量的1/4（表1）。

表1　2020年我国主要蜂产品进出口情况

品　类	进出口量 (t)	进出口额 (千美元)	单价 (美元/kg)	同比增长（%）		
				出口量	进出口额	单价
蜂蜜出口	132 469.35	254 044.96	1.92	9.68	8.08	−1.15
蜂蜜进口	4 271.63	89 230.56	20.89	−12.07	5.31	19.78
蜂花粉出口	3 173.97	14 746.51	4.65	35.39	27.77	−5.57
鲜王浆出口	765.99	19 695.61	25.71	13.44	7.07	−5.61
王浆干粉出口	288.10	24 098.93	83.65	11.87	7.90	−3.54

2020年，我国蜂蜜出口13.25万t，同比增长9.68%，创汇2.54亿美元，同比增长8.08%；同时，略有部分国外品牌蜂蜜进口，总进口量4 271t，单价20.89美元/kg，约是中国出口单价的10倍。2020年，全国蜂王浆年产量约3 000t，出口约1 300t，出口量占世界总量的90%以上，出口单价却位于全球最低位；蜂花粉年产量约5 000t，出口量约3 174t，也是主要出口国。然而，中国作为世界养蜂大国，如此上好的纯天然蜂产品出口价格却居世界低位，令人深思，亟待出口相关方面思考与拿出策略。

二、生产及出口情况

（一）蜂蜜

2020年，全国蜂蜜总产量45.81万t，约占世界总产量的1/4，同比增长3.17%，居世界首位。2020年，我国蜂蜜生产重点省（前十省）是：河南6.9万t，四川6.3万t，浙江5.0万t，广东2.6万t，广西2.6万t，重庆2.4万t，江西2.3万t，湖北2.0万t，福建1.7万t，安徽1.7万t，新疆1.7万t（表2）。

表2　2020年全国各省蜂蜜产量

单位：万t

省份	北京	天津	河北	山西	内蒙古	辽宁	吉林	黑龙江	上海	江苏	浙江	安徽	福建	江西	山东	河南
产量	0.1	0	1.3	0.9	0.2	0.2	1.2	1.3	0.1	0.6	5.0	1.7	1.7	2.3	0.4	6.9

省份	湖北	湖南	广东	广西	海南	重庆	四川	贵州	云南	西藏	陕西	甘肃	青海	宁夏	新疆	总计
产量	2.0	1.3	2.6	2.6	0.1	2.4	6.3	0.4	1.0	0	0.8	0.5	0	0.1	1.7	45.8

2020 年，我国蜂蜜总出口量 13.25 万 t，同比增长 9.68%，创汇 2.54 亿美元，同比增长 8.08%。主要出口国家：第一出口国仍为英国，出口量 3.71 万 t，约占全年出口总量的 28.0%，同比增长 15.6%；第二出口国仍为日本，出口量 3.35 万 t，约占全年出口总量的 25.3%，同比增长 15.5%；第三为比利时，出口量 1.09 万 t，同比增长 27.8%；波兰降为第四，出口量 9 319t，同比下降 2.9%；第五为西班牙，出口量 5 451t，同比下降 20.55%；第六位沙特阿拉伯，出口量 4 791t，同比增长 55.98%；第七为南非，出口量 4 162t，同比增长 12.50%；第八为澳大利亚，出口量为 3 452t，同比增长 9.36%；第九为德国，出口量 3 090t，同比下降 22.6%；第十为荷兰，出口量 2 263t，同比下降 20.93；第十一为葡萄牙，出口量 2 212t，同比下降 35.5%；第十二为爱尔兰，出口量 1 955t，同比增长 12.71%；第十三为新加坡，出口量 1 745t，同比下降 1.94%；第十四为罗马尼亚，出口量 1 600t，同比增长 425.59%；第十五为意大利，出口量 1 440t，同比下降 36.06%；第十六为马来西亚，出口量 1 060t，同比增长 4.48%。详见表 3。

表 3　2020 年我国蜂蜜出口国家及地区统计

国家或地区	出口数量（t）	出口金额（千美元）	同比增长（%）	
			出口数量	出口金额
英　国	37 151.68	63 108.87	15.69	11.22
日　本	33 551.24	73 609.28	15.50	14.99
比利时	10 926.95	19 366.35	27.18	17.27
波　兰	9 319.76	16 884.69	−2.90	−1.15
西班牙	5 451.76	8 879.93	−20.55	−28.12
沙特阿拉伯	4 791.09	11 950.54	55.98	82.59
南　非	4 162.72	7 082.82	12.50	2.83
澳大利亚	3 452.63	6 575.12	9.36	3.20
德　国	3 090.66	5 735.43	−22.66	−27.90
荷　兰	2 263.26	4 187.06	−20.93	−19.70
葡萄牙	2 212.70	3 862.63	−35.50	−36.11
爱尔兰	1 955.10	3 612.68	12.71	1.97
新加坡	1 745.29	3 947.15	−1.94	−0.99
罗马尼亚	1 600.43	3 122.11	425.59	401.06
意大利	1 440.91	3 083.55	−36.06	−25.77
马来西亚	1 060.62	2 314.28	4.48	7.77

（二）蜂王浆

我国始终是世界蜂王浆生产和出口大国，世界上 90% 蜂王浆来自中国。2020 年，新冠肺炎疫情的暴发严重影响了全球经济，然而疫情却促进了国际免疫产品需求。2020 年，我国蜂王浆总产量约 3 000t，出口量 1 300t 左右，均居世界首位，占全球总量的 90% 以上。

2020 年，我国鲜蜂王浆出口 765.99t，同比增长 15.1%，创汇 1 969.6 万美元，同比增长 13.4%。西班牙是最大的出口国，出口量为 215.9t，占鲜蜂王浆出口总数的 28.2%，创汇 486.0 万美元，除西班牙之外，主要出口国还有：日本、法国、美国、韩国、意大利、沙特阿拉伯、德国、比利时、土耳其等（表 4）。

2020 年，我国出口蜂王浆冻干粉 288.1t，同比增长 11.8%，创汇 2 409.89 万美元，同比增长 7.9%，出口增速由负转正，冻干粉近几年出口稳定，主要出口国或地区是：日本、澳大利亚、美国、西班牙、韩国、埃及、印度尼西亚、中国香港、新西兰、法国等，日本、澳大利亚、美国、西班牙基本已成为蜂王浆冻干粉出口的稳定国家（表 5）。蜂王浆制剂出口量 189.17t，同比下降 4.5%，创汇 177.29 万美元，同比下降 4.6%。

近几年，我国蜂王浆制剂产品出口对新兴市场的开拓效果显著。之前，我国蜂王浆制剂出口对日本市场依存度高，风险过于集中。目前，蜂王浆制剂出口贸易已经覆盖六大洲，尤其对新兴市场非洲的出口高速增长，为产业进一步走向国际市场注入了活力（表6）。

表4　2020年我国鲜蜂王浆出口国家及地区统计

国家或地区	数量（kg）	金额（美元）	国家或地区	数量（kg）	金额（美元）
西班牙	215 943	4 860 184	黎巴嫩	1 550	33 463
日　本	169 429	5 654 978	保加利亚	1 400	46 200
法　国	117 050	2 696 044	阿联酋	1 378	36 512
美　国	42 705	1 047 685	马来西亚	800	16 363
韩　国	30 835	841 567	叙利亚	600	13 243
意大利	26 800	583 157	摩洛哥	400	9 006
德　国	24 010	605 383	突尼斯	350	5 233
沙特阿拉伯	23 903	469 443	科威特	200	6 580
比利时	22 114	664 102	斯洛伐克	200	8 569
土耳其	20 750	447 219	约　旦	100	2 000
乌拉圭	18 610	385 013	玻利维亚	100	3 300
澳大利亚	13 818	419 454	新加坡	60	2 898
中国香港	8 240	195 893	英　国	20	829
伊拉克	8 164	186 001	阿尔巴尼亚	15	90
加拿大	4 640	115 551	哥伦比亚	15	267
希　腊	3 800	114 119	秘　鲁	10	906
泰　国	3 000	75 713	克罗地亚	5	209
利比亚	3 000	69 000	波　兰	0	15
奥地利	1 980	79 414	俄罗斯联邦	0	4

表5　2020年我国蜂王浆冻干粉出口国家及地区统计

国家或地区	数量（kg）	金额（美元）	国家或地区	数量（kg）	金额（美元）
日　本	94 859	9 418 507	加拿大	5 430	402 582
澳大利亚	34 700	2 821 187	德　国	5 340	393 224
美　国	26 895	1 967 063	荷　兰	4 025	316 620
西班牙	21 384	1 489 488	沙特阿拉伯	3 600	246 070
韩　国	19 906	1 581 139	新加坡	2 061	243 124
埃　及	12 321	1 051 624	比利时	1 960	141 122
印度尼西亚	9 853	581 720	土耳其	1 800	107 114
中国香港	9 400	711 025	乌拉圭	1 530	77 776
新西兰	9 066	765 404	泰　国	1 400	115 683
法　国	9 050	670 994	伊　朗	1 200	86 459
意大利	7 600	511 917	英　国	680	43 828

（续）

国家或地区	数量（kg）	金额（美元）	国家或地区	数量（kg）	金额（美元）
越 南	560	35 979	阿联酋	100	10 077
马来西亚	535	47 088	奥地利	100	6 900
克罗地亚	432	43 007	拉脱维亚	100	10 700
摩洛哥	350	22 654	墨西哥	60	6 300
伊拉克	265	21 386	科威特	50	4 523
阿尔及利亚	250	14 750	保加利亚	50	3 906
俄罗斯联邦	170	17 536	白俄罗斯	50	5 047
以色列	155	20 935	马其顿	25	2 363
塞尔维亚	150	22 383	亚美尼亚	20	2 400
波 兰	125	11 045	巴 西	20	2 340
希 腊	120	12 462	智 利	20	1 800
印 度	102	10 368	贝 宁	10	1 400
缅 甸	100	9 004	玻利维亚	10	900
黎巴嫩	100	6 712	秘 鲁	10	1 294

表 6 2020 年我国蜂王浆制剂出口国家及地区统计

国家或地区	数量（kg）	金额（美元）	国家或地区	数量（kg）	金额（美元）
匈牙利	31 346	302 018	英 国	2 436	24 802
美 国	27 438	218 198	荷 兰	2 160	33 125
哥伦比亚	20 570	149 993	斯洛伐克	1 962	21 600
罗马尼亚	18 648	134 245	俄罗斯联邦	1 800	7 195
危地马拉	13 675	123 664	澳大利亚	1 534	19 750
哥斯达黎加	9 932	53 059	瑞 士	1 380	29 751
南 非	9 600	75 000	泰 国	933	101 318
巴拿马	9 283	77 855	多米尼加	810	6 615
厄瓜多尔	7 701	68 500	法 国	600	5 500
洪都拉斯	5 490	46 500	突尼斯	500	37 947
保加利亚	5 046	33 640	葡萄牙	342	4 750
加拿大	4 243	45 233	哈萨克斯坦	220	2 300
德 国	3 144	31 189	新西兰	126	13 703
马来西亚	2 956	38 479	奥地利	105	2 735
印度尼西亚	2 640	32 400	中国香港	52	10 137
萨尔瓦多	2 445	20 708			

（三）蜂花粉

我国蜂花粉生产主要以油菜花粉、茶花粉和杂花粉为主，荷花、玉米、柳树、荞麦、五味子等为辅。油菜花粉主要产自江西、安徽、湖北、四川、辽宁、青海、甘肃、新疆和内蒙古等地；茶花粉主要产自四川、江西、安徽、浙江、江苏等地。2020 年，我国蜂花粉总产量约 5 000t，其中油菜粉和杂油菜粉约占总产量 50%。内销、出口并举，国际市场日益增多，形势良好。据海关统计，2020 年，我国蜂花粉出口 3 174t，同比增长 35.4%；创汇约 1 475 万美元，同比增长 27.8%；主要出口国或地区：韩国、美国、墨西哥、中国香港、日本、沙特阿拉伯、阿曼、阿根廷、乌拉圭、希腊、土耳其等（表 7）。韩国仍为我

国花粉出口主市场，2020 年出口 2 121t，占出口总量的 67%；美国为我国蜂花粉出口第二大市场，2020 年出口 242t；我国蜂花粉出口第三大市场仍是墨西哥，出口 198t。目前，我国蜂花粉制品品种繁多，主要有蜂宝素、花粉蜜、花粉片、花粉晶、花粉冲剂、花粉口服液、破壁花粉及花粉饮品、药品、化妆品等百余种，主市场为国内。

表 7　2020 年我国蜂花粉出口国家及地区统计

国家或地区	数量（kg）	金额（美元）	国家或地区	数量（kg）	金额（美元）
韩　国	2 121 095	9 778 664	澳大利亚	6 150	59 360
美　国	242 455	1 139 937	也　门	5 000	24 600
墨西哥	198 000	723 302	哥斯达黎加	5 000	24 940
中国香港	153 460	765 646	英　国	4 500	44 400
日　本	72 985	384 552	利比亚	3 000	14 250
沙特阿拉伯	66 975	341 347	巴拿马	2 045	15 687
阿　曼	50 760	279 510	巴基斯坦	2 000	9 032
阿根廷	38 000	152 739	阿尔及利亚	2 000	7 200
乌拉圭	30 000	125 406	哥伦比亚	2 000	14 650
希　腊	23 000	74 300	以色列	1 600	9 955
土耳其	22 000	84 089	卡塔尔	1 525	9 888
加拿大	18 815	89 263	印度尼西亚	1 351	7 227
波　兰	16 000	81 520	缅　甸	1 000	6 905
伊拉克	15 200	46 875	约　旦	1 000	2 800
马来西亚	13 301	127 937	贝　宁	1 000	8 080
叙利亚	13 000	44 598	菲律宾	825	9 900
泰　国	12 990	81 624	危地马拉	300	1 800
罗马尼亚	12 000	55 200	新加坡	200	2 006
突尼斯	6 625	33 698	挪　威	60	120
埃　及	6 230	58 923	孟加拉国	50	129

（四）蜂蜡

我国也是蜂蜡生产和出口大国，近年来，国际市场前景看好，进口国需求日益增多。2020 年，全国蜂蜡总产量约 6 000t，多为出口。由于受疫情影响，许多订单未能发货，但仍出口了 85 个国家或地区（表 8），创历史之最；出口总量 9 095t，创汇 4 218 万美元。2020 年，出口德国 2 517t，约占出口总量的 27.7%，创汇 1 306 万美元，约占出口总额的 30.9%；出口美国 953t，创汇 586 万美元；阿尔及利

亚 777t，创汇 166 万美元；德国、美国和阿尔及利亚仍是我国蜂蜡出口的三大主市场。位居前 20 的国家还有：法国、意大利、西班牙、荷兰、英国、希腊、澳大利亚、突尼斯、阿曼、阿尔巴尼亚、叙利亚、塞尔维亚、韩国、日本、乌兹别克斯坦、黎巴嫩、土耳其等（表 8）。

（五）蜂胶

2020 年全国蜂胶产量基本持平略有增长，约 350t，蜂胶价格呈持续上涨的趋势。毛胶价格为

300～680 元/kg，每个含胶点的价格 60～70 元。由于有相当数量质量相对比较好的沙盖胶和块胶，以600 元/kg 以上的价格通过电商、微商平台直接零卖，加大了毛胶的供货缺口，毛胶价格上涨，致使提纯蜂胶的原料成本持续增长，加上加工成本的上涨。我国蜂胶主要用于国内市场，供不应求。

表 8　2020 年我国蜂蜡出口国家及地区统计

国家或地区	数量（kg）	金额（美元）	国家或地区	数量（kg）	金额（美元）
德　国	2 516 734	13 062 592	伊　朗	20 000	129 552
美　国	952 509	5 863 153	克罗地亚	20 000	106 450
阿尔及利亚	777 398	1 655 315	中国香港	19 900	154 643
法　国	626 213	3 260 834	哥伦比亚	17 850	55 369
意大利	421 503	2 209 133	塞浦路斯	17 550	43 425
西班牙	413 380	1 434 379	埃　及	17 000	56 615
荷　兰	390 890	2 169 900	厄瓜多尔	15 750	34 590
英　国	373 016	2 055 294	孟加拉国	14 500	37 220
希　腊	340 336	1 247 835	塔吉克斯坦	14 000	38 220
澳大利亚	276 442	2 008 853	比利时	13 500	90 046
突尼斯	183 150	410 796	哈萨克斯坦	13 000	30 940
阿　曼	164 286	501 795	泰　国	12 402	62 071
阿尔巴尼亚	158 238	343 603	保加利亚	12 000	29 736
叙利亚	117 188	261 865	洪都拉斯	10 308	28 816
塞尔维亚	108 000	390 763	也　门	10 050	40 803
韩　国	101 703	612 369	索马里	9 150	24 008
日　本	101 196	607 641	巴拿马	8 540	31 051
乌兹别克斯坦	73 710	186 371	新西兰	7 600	52 067
黎巴嫩	64 301	172 544	菲律宾	7 050	61 626
土耳其	59 512	195 718	斯里兰卡	7 000	19 330
伊拉克	57 589	155 134	拉脱维亚	7 000	38 475
波　兰	57 000	302 630	斯洛文尼亚	6 250	38 929
阿联酋	56 750	210 134	柬埔寨	6 000	26 500
越　南	54 508	197 251	白俄罗斯	5 201	20 550
以色列	51 800	170 595	沙特阿拉伯	4 502	22 735
厄立特里亚	42 790	110 668	中国台湾	3 600	12 337
墨西哥	41 482	161 435	危地马拉	3 600	26 726
加拿大	39 624	249 338	俄罗斯联邦	3 500	16 275
印度尼西亚	33 001	155 604	多米尼加	2 601	10 963
约　旦	30 750	114 061	肯尼亚	2 340	11 466
巴基斯坦	30 145	91 367	巴布亚新几内亚	2 250	8 692
南　非	26 504	114 253	爱尔兰	2 056	11 142
阿富汗	24 000	55 224	秘　鲁	2 000	9 619

（续）

国家或地区	数量（kg）	金额（美元）	国家或地区	数量（kg）	金额（美元）
立陶宛	1 838	11 166	摩洛哥	1 000	7 457
马来西亚	1 302	8 079	瑞 典	1 000	5 650
玻利维亚	1 110	3 000	萨尔瓦多	1 000	5 600
智 利	1 030	2 743			

三、科技成果

（一）发现西方蜜蜂新亚种

中国农业科学院蜜蜂研究所蜜蜂种质资源团队、中国养蜂学会蜜蜂遗传与育种专业委员会经过几年的研究、探索、挖掘，在我国新疆首次发现西方蜜蜂新亚种"西域黑蜂"，使我国成为世界上蜜蜂属资源最为丰富的国家，从此结束了我国没有原产西方蜜蜂的历史。

（二）我国挖掘出 2 种可人工饲养本土熊蜂

中国农业科学院蜜蜂研究所蜜蜂种质资源与育种团队、中国养蜂学会蜂源与蜜蜂授粉专业委员会最新科技成果：挖掘出 2 种可人工饲养的授粉昆虫——本土熊蜂。探明了我国南方蜂种弗里熊蜂（Bombus friseanus）和短头熊蜂（B. breviceps）的生物学特性，丰富了可以人工饲养的熊蜂素材，为我国本土熊蜂资源的保护和利用奠定了基础。

（三）成果丰硕

中国养蜂学会颁布《成熟蜜》标准修订版，填补了《成熟蜜》标准空白。2020 年，我国蜂业申请发明专利 100 余件（含实审中），获授权发明专利 30 件、实用新型专利 15 件；发表 SCI 论文 100 余篇，出版著作 20 余部。

四、行业活动

（一）全行业携手抗疫，共渡难关

2020 年，新型冠状病毒肺炎疫情发生以来，中国养蜂学会领导高度重视，做出了一系列重要措施，并积极宣贯新型冠状病毒感染肺炎疫情防控的决策精神以及农业农村部、民政部应对新型冠状病毒感染肺炎疫情工作部署要求，及时多次向农业农村部汇报"全国蜂业抗击新型冠状病毒感染肺炎疫情情况及面临的困境"，以及提出"新冠肺炎疫情对养蜂业生产造成严重影响的汇报与建议""关于全力做好蜜蜂春繁转场复产复工的建议"，为政府建言献策，得到了政府的肯定；同时，携手行业、会员自律自强，倡

导、组织捐赠，参与服务，为坚决打赢疫情防控阻击战，承担社会责任和使命，万众一心战疫情，同舟共济渡难关。

（二）养蜂扶贫

2020 年是决胜全面建成小康社会、决战脱贫攻坚之年，中国养蜂学会充分发挥学术优势，倡导发展养蜂脱贫致富，助力脱贫攻坚取得圆满成功。养蜂扶贫成就"养蜂脱贫攻坚，共建甜美家园"被列入"中国慈展会"。以科技创新践行"绿水青山就是金山银山"的理念。

（三）养蜂机具列入《2021—2023 年农机购置补贴实施指导意见》

2020 年，正值全国农业机械分类品目修订，为扶持 30 万蜂农持续养蜂，鼓励山区农民发展养蜂脱贫致富，推进蜂业、农业、生态健康可持续发展，中国养蜂学会向农业农村部相关司局建议增加养蜂机具类（蜂箱、摇蜜机、取浆机、成熟蜜生产线等）补贴，得到农业农村部农机化司的高度重视与支持，将养蜂机具列入《2021—2023 年农机购置补贴实施指导意见》。

（四）共建"中华蜜蜂小镇"

为全面贯彻落实中央和农业农村部脱贫攻坚决策部署、加强脱贫攻坚成果推进乡村振兴、坚决打赢脱贫攻坚战和脱贫成果巩固战，中国养蜂学会携手各省市县共建"蜜蜂小镇"，以巩固养蜂扶贫成果，助力乡村振兴。

（五）斯洛文尼亚馈赠传统"蜂房"

斯洛文尼亚为了答谢中国及中国养蜂学会对该国蜂业及"世界蜜蜂日"的鼎力支持，馈赠中国一个世界闻名的斯洛文尼亚特色"蜂房"，以象征中斯蜂业友谊源远流长。

（六）中国蜜蜂进入 FAO

2020 年 1 月，中国蜜蜂"飞入"罗马，与联合国粮农组织（FAO）开展长期合作。FAO 审阅了中国蜂业概况及举办"世界蜜蜂日"的场景，达成合作：第一项内容是共办"世界蜜蜂日（5·20）"；第二项是共编《养蜂良好规范》；第三项是共建养蜂技术平台（TECA）以服务全世界小农户。中国蜜蜂终

于"飞入"FAO，填补空白。

（七）特色"世界蜜蜂日"

2020年，中国养蜂学会举办的"世界蜜蜂日"最具特色、最有价值、最有意义。一是中国举办届数最多，共四届"世界蜜蜂日"；二是与FAO共办"世界蜜蜂日（5·20）"；三是国内国际同日开幕；四是国内规模空前：1个主会场，7个大区会场，100多个分会场分布于28省、自治区、直辖市；五是领导倍加关注蜜蜂：FAO总干事屈冬玉先生，FAO副总干事 Maria Helena Semedo 女士、国际蜂联 API-MONDIA 主席 Jeff Pettis 先生、斯洛文尼亚共和国农林与粮食部长 Aleksandra Pivec 女士、国际蜜蜂促进乡村发展主席 Nico - laBradbear 女士、中国农业科学院院长唐华俊先生等领导亲临活动并致辞；六是斯洛文尼亚赠送世界闻名的"蜂房"。这是中国蜜蜂首次进入FAO，对中国以及世界来说，都是一个振奋人心的喜讯！通过这次合作创造一个更具有影响力的活动，吸引更多的蜂业界同仁和更多的受众群体。会议围绕"蜜日相关"主题展开，强调蜜蜂作为授粉昆虫对我

们的生活、粮食、安全和环境都发挥着至关重要的作用。如果没有蜜蜂，那么整个地球都会悄无声息、没有生机，我们也就不会拥有现在生机勃勃的地球！会议倡导：保护蜜蜂，保护地球，维护生物多样性。

（八）国际蜂联发出"蜂蜜欺诈"声明

2020年1月19日，国际蜂联向全世界发出"蜂蜜欺诈"声明，将浓缩蜂蜜列入了"欺诈"。1月28日，中国养蜂学会向国家市场监督管理总局、农业农村部汇报《国际蜂联 APIMONDIA 关于"蜂蜜欺诈"的声明》，并为我国蜂蜜产业高质量发展出谋划策，以保护我国蜂业利益与国际接轨。1月30日，中国养蜂学会呈递了《国际蜂联关于"蜂蜜欺诈"的声明》的建议及意见，从中国蜂业现状、如何正确对待浓缩蜜、推广中蜂蜜、发展成熟蜜等全世界共同关注的问题等方面进行了汇报，并提出了9条建议，希望我国蜂业与国际接轨，促进我国养蜂业的转型升级、高质量发展，为打造养蜂强国奠定基础。

（中国农业科学院　陈黎红　徐明）

食用菌加工业

在党中央、国务院的坚强领导下，全国食用菌行业深入学习贯彻习近平总书记系列重要讲话精神，认真贯彻落实中央关于"三农"工作决策部署，大力实施产业扶贫和产业振兴工程，产业规模和综合实力取得历史性突破，谱写了产业发展的新篇章。

一、基本情况

（一）产量产值

1. 产量　对全国28个省、自治区、直辖市（不含宁夏、青海、海南和港澳台）的统计调查，2020年全国食用菌总产量4 061.43万t（鲜品，下同），比2019年增长3.2%。从全国食用菌产量分布情况来看，河南561.85万t，福建452.5万t，山东332.53万t，黑龙江331.77万t，河北326.57万t，吉林237.75万t，四川230.44万t，江苏225.02万t，湖北140.18万t，贵州138.58万t，江西134.10万t，辽宁126.68万t，陕西125.99万t，湖南118.25万t，广西110.26万t，年产量百万吨以上省份同比增加了3个。

2. 产值　2020年总产值3 465.65亿元，比2019年增长10%。从全国食用菌产值分布情况看，产值超过100亿元的省份有：河南401.63亿元，云南281.26亿元，河北244.97亿元，福建229.12亿元，四川226.10亿元，山东204.7亿元，黑龙江202.63亿元，吉林199.83亿元，江苏175.03亿元，贵州174.72亿元，湖北142.98亿元，江西131.02亿元，辽宁122.12亿元，广东121.74亿元，湖南111.05亿元，比上年增加2个。

（二）出口创汇

1. 出口量　海关统计出口数据显示：2020年全国各类食用菌产品出口量为64.72万t，同比减少5%。出口数量超万吨的10个品种依次为：蘑菇菌丝14.68万t，小白蘑菇（洋蘑菇）罐头14.53万t，其他鲜或冷藏的蘑菇6.47万t，其他蘑菇罐头6.33万t，干香菇5.89万t，其他伞菌属蘑菇罐头3.99万t，鲜或冷藏的金针菇3.8万t，干木耳1.92万t，鲜或冷藏的伞菌属蘑菇1.90万t，鲜或冷藏的香菇1.71万t，分别占出口量的23%、22%、10%、10%、9%、6%、6%、3%、3%、3%。

2. 创汇 海关统计出口数据显示：2020 年全国各类食用菌产品出口创汇 27.28 亿美元，同比减少 25%。出口创汇金额前 10 个产品种类依次为：干香菇 9.54 亿美元，其他蘑菇罐头 6.29 亿美元，干木耳 2.88 亿美元，小白蘑菇（洋蘑菇）罐头 1.79 亿美元，其他伞菌属蘑菇罐头 1.27 亿美元，其他鲜或冷藏的蘑菇 0.92 亿美元，蘑菇菌丝 0.83 亿美元，鲜或冷藏的金针菇 0.62 亿美元，干银耳 0.53 亿美元，鲜或冷藏的香菇 0.41 亿美元，分别占总出口额的 35%、23%、11%、7%、5%、3%、3%、2%、2%、2%。

二、科研、新产品、新技术

（1）攀枝花市农林科学研究院食用菌项目组日前在攀枝花干热河谷区域发现牛肝菌新种——玫红网柄牛肝菌，这是继暗褐网柄牛肝菌后，"牛肝菌家族"第二个可以实现人工栽培的新成员。作为"牛肝菌家族"第二个可以实现人工栽培的半腐生型新品种，"玫红网柄牛肝菌"单个子实体最大重 300g 以上，并且营养十分丰富。据营养成分检测报告显示，该品种富含氨基酸、多糖、蛋白质、矿物质、维生素等多种营养物质，其中氨基酸总量高达 18%，硒含量 0.047mg/kg。

（2）云南有丰富的野生食用菌资源，金耳便是其中的一种。金耳气味清香、食味鲜美、营养价值较高，素有"菌中燕窝"的美誉，不仅是一种珍贵稀有的食药用菌，还是轻工、美容化妆品行业的重要材料。但是，传统的金耳种植不仅产量低，品质也参差不齐。云南菌视界生物科技有限公司率先实现了工业化栽培金耳的成功案例，日产量已达 1t 左右。

（3）来自中国科学院昆明植物研究所许建初团队与云南农业大学盛军团队联合英国、巴西、墨西哥、日本、韩国等 25 位研究人员开展了全球野生食用蘑菇科学考证工作。研究团队系统收集了 99 个国家、18 种语言的蘑菇食用性大数据，包含了 2 786 个蘑菇物种的 9 783 条记录；开发了新的循证分类系统，进行食用性分类考证，并最终确定了 2 189 种可食用蘑菇，包括可以安全食用类的 2 006 种，需预处理食用类的 183 种，以及 50 种有毒类的蘑菇。

（4）由中国科学院昆明植物研究所于富强博士及其团队开展的乳菇人工培育（栽培）研究取得系列进展，松乳菇人工培育（栽培）成功。据了解，松乳菇组包括了大部分可食用或药用乳菇，其中以松乳菇最为著名。在我国各地，乳菇常被称为谷熟菌、铜绿菌（云南）、紫花菌、枞树菌（贵州）、寒菌、枞菌（湖南）等。松乳菇组是典型的外生菌根型食用菌，与松树具有专性共生关系，菌根合成是实现人工培育（栽培）的关键环节。自 2015 年开始，研究人员系统进行了乳菇菌种收集、培养基优化、菌根合成和共生机制等研究，并取得多项研究成果。2018 年起，研究团队陆续在云南、贵州、湖南等地先后建立乳菇种植园 16 个，总面积超过 6.67hm²。至 2020 年年底，在贵阳 2 个种植园内，松乳菇和红汁乳菇分别出菇，菌根苗移栽至种植园时间仅为 2 年 6 个月，该结果为 3 年幼龄林下松乳菇、红汁乳菇培育出菇的首次报道。

（5）中美科研学者最近在我国贵州发现了 6.3 亿年前的真菌类生物化石。这是迄今世界上发现的最早陆生真菌类化石，说明在 6 亿多年前，蘑菇、酵母、青霉等真菌生物的祖先已经从海洋"爬"上了陆地。新发现的真菌类化石位于贵州省瓮安县两处白云岩喀斯特洞穴中。研究者共采集 20 块岩石样品，得到上千枚不足头发丝粗细的微小真菌化石丝体。此前，最早的陆生真菌发现于苏格兰，距今约 4.1 亿年历史。新发现的化石将陆生真菌的化石记录前推了 2 亿多年。

（6）近日，安康市农业科学院食用菌研究团队成功驯化秦巴山区野生毛木耳"安耳 1 号"新菌株。"安耳 1 号"新菌株是通过采集野生毛木耳子实体，经分离、纯化、新菌株观察试验和栽培驯化选育出的毛木耳新菌株。在 PDA 培养基中，菌丝呈白色，气生菌丝少，菌落背面色素不明显。新鲜子实体胶质，耳状或盘状，耳片幼时边缘弧形，成熟后边缘波浪形。鲜耳腹面红褐色，背面灰黄色，有短绒毛，耳片平整，抗逆性强，商品性状好。干耳腹面黑褐色，背面灰黄色。该菌株生育期 50～60d，菌丝生长温度为 15～25℃，出耳温度为 15～30℃。

（7）莆田市农业科学研究所承担的福建省科技计划项目《姬松茸低镉栽培关键技术研究及其废菌渣循环利用》（项目编号：2019N0042）通过专家评审。专家组察看了位于莆田市荔城区黄石镇的市农科所姬松茸低镉栽培示范基地，测产结果为：选用低镉型菌株姬松茸 2 号，利用大杯蕈和海鲜菇的废菌渣栽培示范 540m²，其子实体镉金属含量检测结果为 2.1mg/kg，达到低镉含量目标，第一潮菇平均产量为 4.07kg/m²。项目组收集国内姬松茸主产区姬松茸品种，通过品种农艺性状、镉金属富集特性观察，筛选出姬松茸品种 A13。对姬松茸品种 A13 孢子有性复壮，结合木腐菌大杯蕈和海鲜菇等废菌渣进行试种，通过农艺性状观察，镉金属含量测试比较，筛选出低镉型菌株姬松茸 2 号，并总结出一套低镉栽培工艺。

（8）四川省农业科学院、四川省非主要农作物品种认定委员会办公室组织有关专家，在什邡市湔氏镇对四川省农业科学院农业资源与环境研究所食用菌研究中心陈影博士课题选育的皱木耳新菌株"川皱耳1号"进行了田间技术鉴定。该菌株是通过野外采集，经子实体组织分离、纯化和系统驯化选育而成。PDA培养基培养，菌落白色，边缘不整齐，密度中等，后期呈现胶质物。菌棒白色，后期有褐色斑块。成熟子实体为单片簇生型，耳片边缘光滑，鲜耳耳片腹面布满脉状皱褶，呈棕红色，背面为棕灰色。菌丝体生长适宜温度 15～25℃，出耳适宜温度14～30℃。

（9）粉色木耳新品发布会在惠民县举办，来自国家和四川省、山东省食用菌领域的前沿科研院所、协会领导、专家参加活动。四川省农业科学院李小林博士团队成功驯化粉色木耳菌株，丰富了食用菌产品种类，迎合了消费者日渐增长的消费需求。经过试验，粉色木耳首次种植在惠民县取得成功。粉色木耳的试种成功将进一步优化调整当地食用菌产业结构，延长产业价值链条，满足市场多样化需求，提升惠民食用菌产品的知名度和竞争力，促进全县食用菌产业发展和农民增收致富。

（10）据国家林业和草原局、农业农村部消息，经国务院批准，调整后的《国家重点保护野生植物名录》正式向社会发布。新调整的《名录》共列入国家重点保护野生植物455种和40类，包括国家一级保护野生植物54种和4类，国家二级保护野生植物401种和36类。中华夏块菌（夏松露）、冬虫夏草、松茸等被列入国家二级保护野生植物行列。

三、国内外市场概况

（1）在日本，进口松茸价格连续2年走高。以中国产松茸为例，东京市场的批发价截至2020年9月上旬比往年（过去5年平均）高出2成。在新冠肺炎疫情影响下，中国家庭松茸消费增加，对日本出口减少。此外，航班减少导致运输费居高不下。美国产松茸受到森林火灾的影响，无法确定进口的时间表，日本的需求偏重于中国产。贸易统计显示，日本的松茸进口量在疫情前的2019年约为850t，其中6成为中国产，美国和加拿大产分别为2成左右。2020年日本松茸进口约为630t，比2019年减少了近3成。2021年截至7月底仅为9t，比2020年7月底减少6成。

（2）德国食用菌总产量为8.38万t，双孢蘑菇占食用菌产量的97%，其他为平菇、香菇及特色蘑菇。其中，9 100t食用菌（11%）在完全工厂化生产的农场生产。特色蘑菇中有机生产的份额平均为51%

（1 400t），明显高于双孢蘑菇的 9.5%（7 700t）的份额。

（3）湖北随州被誉为"中国香菇之乡"。通过高校专利技术落地企业，加快随州香菇及其加工业的快速发展。据统计，2021年，随州香菇及制品出口达7.5亿美元。

（4）2021年，福建古田县食用菌产量90.64万t（鲜品），全产业链产值220亿元，产业规模位居全国前列。通过积极推动食用菌一二三产业融合发展，全县已开发种植食用菌品种36个，约70%的劳动力从事食用菌产供销活动，其产品畅销海内外，产销率达98%以上。

（5）博闻科技公司2021年食用菌业务分别实现主营业务收入2 625.85万元，占当期营业收入总额的71.07%。2021年，食用菌业务营收首次超过水泥业务营收，使公司的主营业务、产品结构发生了重大变化。2021年，公司旗下香格里拉市博闻食品有限公司加工基地在香格里拉市正式挂牌，木水花分公司和"格里拉"销售实体店在云南木水花花卉野生菌综合批发市场正式开业，博闻食品有限公司直销中心在香格里拉市野生菌（松茸）交易园区内正式挂牌营业，格里拉品牌原料基地在香格里拉市吉迪村正式挂牌营业，公司野生菌产品开始进驻昆明盒马生鲜。

四、质量管理与标准化工作

（1）中国食用菌协会完成《食用菌工厂化生产厂房设计通用技术规范》《食用菌机械瓶栽自动装瓶机》2项团体标准审查。据悉，这是食用菌产业机械装备方面首次制订团体标准，填补了我国菌用机械装备领域空白。

（2）随州市质量协会发布《香菇酱》《香菇浓缩汁》团体标准，该标准将于3月9日起正式实施。本次发布的《香菇酱》《香菇浓缩汁》团体标准不仅符合食品安全国家标准的要求，而且还体现了随州市香菇深加工产品的特色，将全面推动随州香菇酱、香菇浓缩汁品质的检测认定"有标可循，有准可依"，为该市企业出口提供有力的技术支撑。

（3）湖北房县农业农村局制定了《地理标志产品 房县香菇》（CT/CAI 115—2021）、《地理标志产品 房县小花菇》（CT/CAI 116—2021）2个标准，经中国农业国际合作促进会批准发布，并自2021年3月5日起实施。

（4）湖北省襄阳市市场监督管理局发布的襄阳市地方标准《稻作区大球盖菇露地栽培技术规程》

(DB 4206/T 45—2021) 正式实施。本标准规定了襄阳市水稻产区大球盖菇露地栽培技术、生产管理、收获技术要求等技术内容，详细地描述了有关技术的具体操作措施。露地栽培以秋栽为主，10月中下旬播种为宜，次年2月份开始出菇。当温度低于4℃或超过30℃不长菇。在出菇期间，可通过揭盖保温（遮阳）材料、调节喷水时间等措施，使环境温度处于理想的范围。

（5）黑龙江省专家组到穆棱市就"全国绿色食品黑木耳标准化生产基地"续报工作进行验收。穆棱市以全国绿色食品黑木耳标准化生产基地为主线，从建立组织体系入手抓基地建设，强化生产标准，注重过程监管，狠抓市场营销，促进全国绿色食品黑木耳标准化生产基地建设水平不断提高。优质绿色黑木耳生产基地建设，带动了农民持续增收致富、企业持续增效、市域经济持续发展。2020年，穆棱市建有6 670hm² 全国绿色食品黑木耳标准化生产基地，涉及80个村（屯、林场）、5 780户种植户，总产绿色食品黑木耳原料12 696t，总产值88 872万元。对接企业8家，对接面积3 935.3hm²，对接率59%。绿色食品获证产品7个，绿色食品获证产量2 549t。

（6）甘肃省和政县坚持产业融合，全产业链发展，持续加大资金投入力度，坚持种植、加工、销售全产业链推进，建设了食用菌保鲜仓库8座，可储存食用菌鲜品3 000t；配备了烘干设施9台（套），日烘干鲜菇5 000kg以上；购置赤松茸精深加工设备生产线2条，并注册了"松鸣仙姑"商标。同时加大与厦门、济南等东部地区的市场对接，在保持已有销售市场的基础上，县扶贫开发公司通过主打"云上菇"的电商销售模式，使和政食用菌畅销国内多地市场。

五、行业工作

中国食用菌协会通过深入开展调查研究，密切关注行业发展动向，及时反映菇农及企业经营者呼声，形成了有一定质量的系列调研报告。同时，进一步加强协会组织建设，提升为会员的服务与管理水平。制定为会员服务清单，明确责任，规范服务项目，保障服务质量。严格按照法律法规和协会章程开展活动，规范开展理事会、常务理事会。通过中国食用菌协会大数据平台为每个会员建立精准服务档案，定期研究分析会员需求，在工作中予以落实。协会2021年参与并组织了国际蘑菇学会主办的第20届国际食用菌大会，为期4d的盛会共有33个国家的288个代表团组参加，共有56个口头报告，58个墙报报告，打造了疫情期间线上国际交流的平台。

（中国食用菌协会 戚俊）

乳 制 品 制 造 业

一、基本情况

（一）生鲜乳生产

2020年，全国生鲜乳产量持续保持增长，全年奶类产量3 529.6万t，同比增长7.0%。其中，牛奶产量3 440.1万t，同比增长7.5%；其他奶类产量89.5万t，同比增长−7.2%。

牛奶产量前五位省（自治区）为内蒙古、黑龙江、河北、山东和宁夏，合计2 051.8万t，占全国的59.6%。其他奶类生产方面，陕西、新疆、内蒙古、云南、河北、河南、西藏等七省（自治区）产量较高，合计85.8万t，占全国的95.9%，其中陕西产量52.8万t，占全国的59.0%。奶类、牛奶、其他奶类产量前五位省份情况分别见表1、表2、表3。

表1 2020年全国奶类总产量前五位省份情况

单位：万t

地 区	产量	同比增长（%）	占全国比例（%）
全国总计	3 529.6	7.0	100.0
内 蒙 古	617.9	6.0	17.5
黑 龙 江	501.0	7.3	14.2
河 北	488.3	12.6	13.8
山 东	241.6	3.0	6.8
河 南	215.3	17.4	6.1

资料来源：国家统计局。

表2　2020年全国牛奶产量前五位省份情况

单位：万t

地　区	产　量	同比增长 （%）	占全国比例 （%）
全国总计	3 440.1	7.5	100.0
内蒙古	611.5	5.9	17.8
黑龙江	500.2	7.5	14.5
河　北	483.4	12.8	14.1
山　东	241.4	5.9	7.0
宁　夏	215.3	17.4	6.3

资料来源：国家统计局。

表3　2020年全国其他奶类产量前五位省份情况

单位：万t

地　区	产　量	同比增长 （%）	占全国比例 （%）
全国总计	89.5	−7.2	100.0
陕　西	52.8	1.7	59.0
新　疆	6.9	38.0	7.7
内蒙古	6.4	12.3	7.2
云　南	5.8	−14.7	6.5
河　北	4.9	−3.9	5.5

资料来源：国家统计局。

（二）经济运行状况

2020年初，受突发的新型冠状病毒肺炎疫情影响，乳制品行业从原料采购、产品生产和销售都受到不同程度的影响。但在党中央、国务院以及各级政府的关心、支持下，在行业全体人员的共同努力下，二季度行业开始迅速恢复，并取得了较好的增长，国产乳制品产品质量安全状况也保持了较好水平。

据国家统计局数据（月报），2020年1～12月，全国规模以上乳制品企业572家（上年565家），营业收入4 195.58亿元，同比增长6.22%（上年为10.17%）；利润总额394.85亿元，同比增长6.10%（上年为61.40%）；销售收入利润率为9.41%（上年为9.61%）。2020年12月底，全行业产成品存货90.94亿元，同比增长−3.47%（上年为0.06%）；亏损企业亏损总额21.01亿元，同比增长−3.06%（上年为−67.17%）；行业亏损额与利润总额的比值为1∶18.79（去年同期1∶17.47），整个行业的经济效益要好于上年。2020年12月，行业资产总计为4 044.23亿元，同比增长11.23%，增速同比降低

2.29个百分点。全年乳制品生产投资保持增长，更多投资向上游养殖业发展。

2020年，全国规模以上企业乳制品产量2 780.38万t，同比增长2.84%（上年为5.58%）。其中，液体乳产量2 599.43万t，同比增长3.28%（上年为5.81%）；乳粉产量101.23万t，同比增长−9.43%（上年为2.36%）。分地区情况看，乳制品产量居前的省（自治区）与上年一样，为河北、内蒙古、山东、河南和黑龙江，五省（自治区）乳制品总产量为1 254.41万t，占全国的45.12%，占比与上年持平。五省（自治区）中内蒙古、河北处于正增长，河南、山东、黑龙江为负增长。全国31个省（自治区、直辖市）中，乳制品产量处于正增长的有16个（去年26个），负增长的有15个（去年为5个）。全国乳制品产量超过100万t的省（自治区）有11个，其中增长的有6个，增幅最大的为湖北省，同比增长17.49%；下降的有5个，下降幅度最大的为河南省，为−10.84%。液体乳产量居前的省（自治区）为河北、内蒙古、山东、河南和宁夏，五省（自治区）液体乳总产量为1 190.08万t，占全国的45.78%，占比较上年微升0.24个百分点。全国液体乳产量超过100万t的省（自治区）有10个，其中增长的有6个，增幅最大的是湖北省，同比增长20.28%；下降的有4个，降幅最大的是河南省，同比增长−10.86%。乳粉产量前五位的省（自治区）为黑龙江、陕西、河北、内蒙古和江苏，五省（自治区）合计生产乳粉79.32万t，占全国的78.36%，占比较上年提高1.12个百分点。全国有12个省（自治区）乳粉产量超过1万t，其中增长的有6个，山西省同比增长幅度最大，为118.35%，下降的有6个，陕西省下降幅度最大，同比增长为−45.06%。2020年全国规模以上企业乳制品、液体乳、乳粉产量及产量前五位省份情况分别见表4、表5、表6。

表4　2020年1～12月全国乳制品
产量前五位省份情况

单位：万t

地　区	产　量	同比增长 （%）	占全国比例 （%）
全国总计	2 780.38	2.84	100.00
河　北	358.36	2.57	12.89
内蒙古	337.29	16.39	12.13
山　东	216.69	−5.74	7.79
河　南	177.16	−10.84	6.37
黑龙江	164.91	−1.82	5.93

资料来源：国家统计局月度统计。

表5 2020年1～12月全国液体乳产量前五位省份情况

单位：万t

地 区	产量	同比增长（%）	占全国比例（%）
全国总计	2 599.43	3.28	100.00
河 北	347.56	2.32	13.37
内 蒙 古	318.92	17.02	12.27
山 东	204.29	−6.19	7.86
河 南	177.08	−10.86	6.81
宁 夏	142.24	12.46	5.47

资料来源：国家统计局月度统计。

表6 2020年1～12月全国乳粉产量前五位省份情况

单位：万t

地 区	产量	同比增长（%）	占全国比例（%）
全国总计	101.23	−9.43	100.00
黑 龙 江	40.01	3.02	39.52
陕 西	13.70	−45.06	13.53
河 北	10.47	9.67	10.34
内 蒙 古	9.58	14.90	9.46
江 苏	5.57	−9.67	5.50

资料来源：国家统计局月度统计。

（三）产品结构

2020年，据中国乳制品工业协会对97家会员单位（销售收入占全行业的81.1%）的统计，在乳粉类产品中，全脂乳粉占10.9%，全脂加糖乳粉占3.9%，脱脂乳粉占0.9%，婴幼儿配方乳粉占54.2%，中老年乳粉占16.6%，孕产妇乳粉占0.5%，儿童乳粉占6.6%，调味乳粉占2.8%，其他乳粉占3.6%。

2020年，根据中国乳制品工业协会统计数据，全国奶油类产品产量约19.1万t；干酪类产量约7.9万t，其中原干酪约占1.9%，再制干酪约占98.1%；炼乳产量约18.1万t，其中甜炼乳约占78.7%，无糖炼乳约占21.3%。

2020年，根据中国乳制品工业协会统计数据，全国液体乳产品构成为：巴氏杀菌鲜乳约占7.1%，灭菌纯乳约48.9%；调制乳约占12.9%，其中灭菌调制乳约88.5%；发酵乳约占31.1%，其中常温发酵乳约占37.6%。

二、市场状况

（一）生鲜乳收购价格

2020年，国内奶源供应波动较大，受突发的新型冠状病毒肺炎疫情影响，春节期间销售旺季不旺，企业存货快速增长。二季度生产销售恢复后，受库存影响，生乳供应充足，价格从上年底的高位快速恢复到上年同期价格左右。下半年随着乳制品去库存的结束和消费的快速增长，生乳供应紧张状况重新出现，价格一路上行，并创2015年以来新高，直逼2014年的历史高点。据农业农村部对内蒙古、河北等10个奶牛主产省（自治区）生乳平均价格的调查数据，2020年1月生乳平均价格为3.85元/kg，5月为3.57元/kg，12月为4.15元/kg。2020年12月全国主产省（自治区）生乳平均价格环比涨3.0%，同比涨8.1%。

（二）乳制品价格

2020年，乳制品消费价格继续随社会整体消费价格增长而小幅增长，保持了产品价格的相对稳定。根据国家统计局的调查数据，2020年12月，乳制品价格环比涨0.3%，同比涨1.3%；全年乳制品平均价格涨1.0%，继续远低于同期食品全年平均价格10.6%的增长。

（三）乳制品进出口

1. 进口 据海关总署统计数据，2020年1～12月，全国共进口各类乳制品347.83万t，货值125.99亿美元，同比分别增长11.07%和6.22%。进口乳制品总货值占国内乳制品工业销售总收入的24.5%，占比较上年升高了3.5个百分点。其中，液体乳、乳粉、乳清类产品、零售婴幼儿食品、干酪、奶油、乳糖进口量较大，每类产品进口量都超过了10万t。增速上看，液体乳进口量继续快速增长，受国内企业疫情期间增加原料储备的需求，原料类产品除乳粉外，均大幅增长，其中乳清类产品同比增长最大。具体进口情况见表7。

表7 2020年全国乳制品进口情况

商品名称	数量（万t）	同比增长（%）	金额（亿美元）	同比增长（%）
进口合计	347.83	11.07	125.99	6.22
液体乳[1]	103.98	16.75	13.09	18.86
乳 粉[2]	97.93	−3.50	32.91	5.35
炼 乳	2.38	−31.55	0.40	−27.50
发酵乳	3.21	−4.87	0.58	−1.61
乳清类产品	62.60	38.07	8.18	34.82
奶 油	11.56	35.21	5.46	17.10
干 酪	12.92	12.50	5.90	13.09
乳 糖	11.39	22.70	1.37	34.35
零售婴幼儿食品	34.86	−2.18	52.16	−2.15
酪蛋白	2.97	21.43	2.51	37.34
白蛋白	4.02	33.05	3.42	9.98

注：1. 液体乳数据不包括发酵乳。2. 乳粉数据不包括婴幼儿配方乳粉。

数据来源：中国海关。

从进口来源看，新西兰仍然是我国最大的乳制品进口来源地，其次是德国、美国、澳大利亚和荷兰，我国分别从这些国家进口了127.91万t、46.98万t、35.65万t、23.89万t和21.50万t的乳制品，五国合计占到总进口量的73.58%，占比较上年下降0.92个百分点。其中，液体乳主要来源于德国、新西兰、波兰、澳大利亚和法国，进口量分别为33.85万t、30.91万t、10.71万t、10.31万t和5.63万t，五国合计占液体乳总进口量的87.92%，占比较上年下降0.04个百分点。乳粉主要来源于新西兰、澳大利亚、法国、美国和芬兰，进口量分别为69.52万t、7.73万t、2.62万t、2.37万t和2.35万t，五国合计占乳粉总进口量的86.36%，占比较上年下降2.08个百分点。乳清类产品主要来自美国、白俄罗斯、荷兰、波兰和法国，进口量分别为24.63万t、5.94万t、5.72万t、5.46万t和5.28万t，五国合计占乳清类产品总进口量的75.11%，占比较上年升高4.98个百分点。零售婴幼儿食品主要来自荷兰、新西兰、爱尔兰、法国和德国，进口量分别为11.97万t、7.24万t、4.23

万t、3.86万t和2.40万t，五国合计占零售婴幼儿食品进口量的85.20%，占比较上年升高2.71个百分点。干酪主要来源于新西兰、澳大利亚、丹麦、美国和法国，进口量分别为7.28万t、1.80万t、0.73万t、0.72万t和0.43万t，五国合计占干酪总进口量的84.79%，占比较上年下降2.25个百分点。乳糖主要来源于美国、波兰、德国、荷兰和澳大利亚，进口量分别为6.23万t、1.44万t、1.28万t、0.47万t和0.42万t，五国合计占乳糖总进口量的86.35%，占比较上年下降6.81个百分点。奶油主要来源于新西兰、法国、澳大利亚、荷兰和比利时，进口量分别为9.52万t、0.57万t、0.30万t、0.29万t和0.25万t，五国合计占奶油总进口量的94.55%，占比较上年下降1.25个百分点。酪蛋白主要来源于新西兰、荷兰、法国、爱尔兰和丹麦，进口量分别为1.83万t、0.46万t、0.22万t、0.11万t和0.11万t，五国合计占酪蛋白总进口量的91.80%，占比较上年下降3.51个百分点。2020年，具体产品进口价格情况见表8。

表8　2020年乳制品进口价格情况

单位：美元/t

商品名称	12月价格	同比增长（%）	1~12月平均价格	同比增长（%）
液体乳[1]	1 194	0.65	1 259	1.81
乳　粉[2]	3 391	1.46	3 360	9.17
炼　乳	1 623	2.63	1 696	5.92
发酵乳	1 866	12.60	1 802	3.43
乳清粉	1 290	10.44	1 306	−2.36
奶　油	4 407	−16.33	4 724	−13.40
干　酪	4 664	1.94	4 568	0.52
乳　糖	1 415	45.11	1 205	9.50
婴幼儿零售食品	15 090	6.05	14 960	0.02
酪蛋白	7 182	−5.39	8 451	13.10
白蛋白	7 237	−24.12	8 524	−17.34

注：1. 液体乳数据不包括发酵乳。2. 乳粉数据不包括婴幼儿配方乳粉。

数据来源：中国海关。

2. 出口。2020年，我国乳制品出口有所减少。全年乳制品出口4.60万t，货值2.44亿美元，同比分别增长−19.90%和−46.81%。其中，液体乳、婴

幼儿零售食品、发酵乳、炼乳是出口的主要产品。具体出口情况见表9。

表 9　2020 年全国乳制品出口情况

商品名称	数量（万 t）	同比增长（%）	金额（亿美元）	同比增长（%）
出口合计	**4.60**	**－19.90**	**2.44**	**－46.81**
液体乳[1]	2.52	1.82	0.22	3.64
乳　粉[2]	0.16	－8.96	0.07	0.55
炼　乳	0.26	－12.60	0.05	12.43
发酵乳	0.47	22.45	0.11	19.21
乳清粉	0.05	79.21	0.01	19.79
奶　油	0.11	－54.63	0.04	－53.40
干　酪	0.04	206.07	0.02	114.33
乳　糖	0.04	－74.17	0.01	－77.58
婴幼儿零售食品	0.73	－61.37	1.79	－54.36
酪蛋白	0.12	26.10	0.07	37.23
白蛋白	0.10	6 117.62	0.05	0.01

注：1. 液体乳数据不包括发酵乳。2. 乳粉数据不包括婴幼儿配方乳粉。

数据来源：中国海关。

我国乳制品出口主要是为香港和澳门地区提供产品，2020 年共向香港和澳门地区出口乳制品 3.83 万 t，同比增长－20.04%，占总出口量的 83.25%。2020 年，我国乳制品进出口数量逆差 343.23 万 t，同比增长 11.65%，金额逆差 123.55 亿美元，同比增长 8.35%。

三、行业动态

（一）行业集中度

根据中国乳制品工业协会统计，2020 年国内营业收入居前列的乳制品企业有：内蒙古伊利实业集团股份有限公司、蒙牛集团、光明乳业股份有限公司、黑龙江飞鹤乳业有限公司、君乐宝乳业集团、雀巢（中国）有限公司、北京三元食品股份有限公司、美赞臣营养品（中国）有限公司、新希望乳业股份有限公司和北大荒完达山乳业股份有限公司。2020 年，10 家企业营业收入合计 2 593.2 亿元，同比增长 4.9%，10 家企业营业收入占全行业的 61.8%。

（二）产品质量

根据收集到的国家监督抽检结果，2020 年，全国市场监管系统食品安全监督抽检：婴幼儿配方乳粉 15 330 批次，不合格 17 批次，合格率 99.89%；乳制品（不含婴幼儿配方乳粉）89 273 批次，不合格

113 批次，合格率 99.87%。乳制品合格率在抽检的 34 类食品中仅略低于特殊医学用途配方食品，已经多年保持在 99.5% 以上，产品质量稳定可靠。

（三）行业积极支持抗击新冠肺炎疫情

2020 年新型冠状病毒肺炎疫情期间，乳制品企业积极复工复产，并对各地疫情防控进行了积极的捐赠活动，体现了企业的社会责任。据中国乳制品工业协会对行业 39 家企业的不完全统计，截至 2020 年 3 月 15 日，39 家企业捐赠款物折合现金合计达 14.85 亿元。其中，捐赠现金 2.35 亿元；捐赠液体乳、成人配方乳粉、婴幼儿配方乳粉等乳制品产品货值 11.52 亿元（约 6.6 万 t）；捐赠防疫物资（口罩、防护服、医用手套、消杀设备、消毒液等）货值 0.36 亿元，以及 0.62 亿元的其他物资，主要是保健产品及生活物资，包括益生菌、维生素 C 等。捐赠途径，现金捐赠通过红十字会、慈善总会、基金会、地方民政部门等机构，用于如火神山、雷神山等医疗机构的建设，以及统一采买防疫物资用于各地抗击疫情一线单位使用；乳制品产品、防疫物资、其他产品，有的企业捐赠给红十字会、慈善总会、基金会、地方民政部门等机构，用于统一调拨使用，有的企业直接向各地疫情防控医院、疾控中心、各级勤务单位、社区防疫点等进行捐赠，为抗击疫情一线人员提供防疫装备和提供营养支持。

（中国乳制品工业协会　岳增君）

酿 酒 工 业

2020 年是"十三五"的收官之年，一场突如其来的新冠肺炎疫情，按下了酒业生产和消费的"暂停键"。在国家政策、举措组合推动与酿酒行业的共同努力下，广大酒企在做好疫情防控的同时，锐意进取，逐步实现复工复产。重大疫情虽给酒业带来较大不确定影响，但酒业高质量发展的趋势没有改变，随着消费市场有序恢复，酒类产业正信心十足地向着更高目标发展推进。

一、行业概况

根据国家统计局数据，2020 年 1～12 月，全国酿酒行业规模以上企业完成酿酒总产量 5 400.74 万 kL，同比下降 2.21%。其中，饮料酒产量 4 476.49 万 kL，同比下降 6.33%；发酵酒精产量 924.25 万 kL，同比增长 24.26%。全国酿酒行业规模以上企业总计 1 887 家，累计完成产品销售收入 8 353.31 亿元，与上年同期相比增长 1.36%；累计实现利润总额 1 792.00 亿元，与上年同期相比增长 11.71%。

（一）主营业务收入

2020 年，全国酿酒行业累计完成销售收入 8 353.31 亿元，与上年同期相比增长 1.36%。其中，白酒制造业完成销售收入 5 836.39 亿元，同比增长 4.61%；啤酒制造业完成销售收入 1 468.94 亿元，同比下降 6.12%；葡萄酒制造业完成销售收入 100.21 亿元，同比下降 29.82%；黄酒制造业完成销售收入 134.68 亿元，同比下降 20.18%；其他酒制造业完成销售收入 256.83 亿元，同比下降 16.21%；发酵酒精制造业完成销售收入 556.26 亿元，同比增长 16.15%（表 1）。

表 1　2020 年我国酿酒行业销售收入和利润情况

单位：亿元

酿酒行业	销售收入	同比增长（%）	利润总额	同比增长（%）
白酒制造业	5 836.39	4.61	1 585.41	13.35
啤酒制造业	1 468.94	−6.12	133.91	0.47
葡萄酒制造业	100.21	−29.82	2.59	−74.48
黄酒制造业	134.68	−20.18	17.04	−7.86
其他酒制造业	256.83	−16.21	40.42	−16.78
发酵酒精制造业	556.26	16.15	12.63	347.31
合　计	**8 353.31**	**1.36**	**1 792.00**	**11.71**

（二）利润

2020 年，酿酒行业累计实现利润总额 1 792.00 亿元，同比增长 11.71%。分行业看，白酒制造业累计实现利润总额 1 585.41 亿元，同比增长 13.35%；啤酒制造业累计实现利润总额 133.91 亿元，同比增长 0.47%；葡萄酒制造业累计实现利润总额 2.59 亿元，同比下降 74.48%；黄酒制造业累计实现利润总额 17.04 亿元，同比下降 7.86%；其他酒制造业累计实现利润总额 40.42 亿元，同比下降 16.78%；发酵酒精制造业累计实现利润总额 12.63 亿元，同比增长 347.31%。由以上 2020 年酿酒行业经济效益数据

并结合产量情况（表 2）看出，白酒和发酵酒精制造业总体经济效益向好，而其他酒类制造业则出现不同幅度下降。2020 年我国酿酒行业主要经济效益指标同比增速变化情况如表 3 所示。

表 2　2020 年我国酿酒行业分酒种产品产量情况

单位：万 kL

酒　种	总产量	同比增长（%）
发酵酒精（折 96°）	924.25	24.26
饮料酒	4 476.49	−6.33

（续）

酒 种	总产量	同比增长（%）
其中：白酒（折65°）	740.73	−2.46
啤酒	3 411.11	−7.04
葡萄酒	41.33	−6.00
黄酒及其他酒	283.32	−7.35

表3 2020年我国酿酒行业主要经济效益指标同比增速变化情况

单位：%

指 标	1~3月	1~6月	1~9月	1~12月
产品产量	−22.74	−3.29	−2.45	−2.21
产品销售收入	−11.41	−3.37	−0.33	1.36
利润总额	−1.22	0.72	7.09	11.71
亏损额	88.63	2.55	−13.97	−16.01

二、行业发展分析

"十三五"期间，中国酒业转方式、调结构，逐步从以产品为中心转向以市场和消费为中心，适应市场结构的快速转变，在供给侧改革、消费升级、"互联网＋"等新趋势下取得了阶段性的成效。

2020年，全国酿酒产业规模以上企业1 887家，相比"十二五"末减少802家。完成酿酒总产量5 400.74万kL，相比"十二五"末下降24.70%（表4）。其中，饮料酒产量4 476.49kL，相比"十二五"末下降28.08%；发酵酒精产量924.25万kL，相比"十二五"末下降2.52%。累计完成产品销售收入8 353.31亿元，相比"十二五"末下降9.24%；实现利润1 792.00亿元，相比"十二五"末增长75.55%。亏损企业331个，相比"十二五"末增加32个；亏损企业亏损额36.79亿元，相比"十二五"末下降27.06%。饮料酒及发酵酒精制品累计进出口总额46.93亿美元，相比"十二五"末下降6.01%。其中，累计出口额6.00亿美元，相比"十二五"末下降48.53%；累计进口额40.93亿美元，相比"十二五"末增长6.93%。

表4 "十三五"末与"十二五"末我国酿酒行业主要经济指标对比情况

酿酒行业	产量（万 kL）	同比增长（%）	销售收入（亿元）	同比增长（%）	利润总额（亿元）	同比增长（%）	亏损额（亿元）	同比增长（%）	进出口总额（亿美元）	同比增长（%）
白酒制造业	740.73	43.71	5 836.39	4.87	1 585.41	117.25	11.86	−5.46	1.24	−75.01
啤酒制造业	3 411.11	−24.36	1 468.94	−20.89	133.91	−6.11	12.82	−41.45	9.38	23.66
葡萄酒制造业	41.33	−64.40	100.21	−78.50	2.59	−95.02	4.43	130.87	17.80	−25.55
黄酒制造业	283.32	0.29	134.68	−25.97	17.04	−9.77	0.20	71.75	0.20	−19.32
其他酒制造业			256.83	−22.60	40.42	−10.00	1.15	163.45	15.44	63.70
发酵酒精制造业	924.25	−2.52	556.26	−30.61	12.63	−61.08	6.33	−53.24	2.88	−24.72
合 计	**5 400.74**	**−24.70**	**8 353.31**	**−9.24**	**1 792.00**	**75.55**	**36.79**	**−27.06**	**46.93**	**−6.01**

"十三五"是中国酒业经济在经历产业深度调整后，步入稳健发展期的关键五年，中国酒业经济发展的质量和韧性显著增强。通过分析"十三五"期间酿酒行业的各项经济指标数据不难发现，"十三五"期间，中国酿酒行业发展特点鲜明：一是规模以上酒类企业数量逐年减少，酒类产业集中式发展趋势越来越明显；二是产销量基本呈现逐年下降的趋势，体现了市场供需关系和消费需求的变化；三是产品销售收入在"十三五"中期实现V形反转，单位产品销售收入基本呈现逐年增长的趋势，酒类产品的市场议价能

力逐步得到提升；四是利润水平呈现逐年上升趋势，表现出酒业由量变向质变的过程，也体现出消费者追求理性和健康的消费诉求。总而言之，"十三五"期间，酿酒行业通过产品研发、市场开拓、渠道变革、科学管理、技术创新、节能减排等战略措施，实现了经济效益和社会效益的双丰收，为社会经济发展做出了积极贡献。

（一）价格

2020年，白酒、啤酒和发酵酒精制造业的利润总额较上年同期有所上升，葡萄酒、黄酒和其他酒制

造业的利润总额有所下降。从单位产品利润上看，白
酒、啤酒、葡萄酒和发酵酒精制造业均有上升，尤其
是葡萄酒和发酵酒精制造业的单位利润大幅升高
（表5）。

**表5　2020年我国酿酒行业单位
产品销售收入和利润情况**

单位：元/L

酿酒行业	销售收入	同比增长（%）	利润	同比增长（%）
白酒制造业	78.79	5.04	21.40	13.82
啤酒制造业	4.31	31.52	0.39	40.75
葡萄酒制造业	24.24	11.89	0.63	36.88
发酵酒精制造业	6.02	-61.57	0.14	181.83

以经济指标占比最大的白酒为例看价格走势。
2020年全国白酒产量连续第二年负增长，显示近年
来白酒行业消费量已接近饱和，而收入和利润不降反
增，说明白酒价格驱动进一步强化，行业分化必将进
一步加剧。2019年全国白酒批发价格总指数上涨
2.4%，比上年低 4.24 个百分点，2020年上涨
2.29%，涨幅进一步缩小，反映了市场热度开始降
温，市场开始回归理性。

分月看，在 2019 年下半年泸州老窖、剑南春、
水井坊、郎酒等先后调价让白酒市场再次出现较高热
度的背景下，全国白酒批发价格同比总指数有所回
升，到12月上升到103.17，上升趋势延续到2020年
2月。随后由于疫情影响尚未消退叠加进入消费淡
季，全国白酒批发价格同比总指数再度下降，并持续
到11月创下101.39的阶段低点，随后在12月回升
至101.56。从全年来看，2020年全国白酒批发价格
同比总指数上涨2.29%，比2019年同期低0.11个百
分点，比2018年同期低4.35个百分点。全国白酒批
发价格同比总指数虽然仍保持了上涨态势，但增速已
明显回落，显示经历了前期"涨、涨、涨"的冲动
后，市场热度开始降温，而2020年的疫情加剧了这
一趋势，全国白酒批发价格同比总指数变化趋势可能
预示白酒市场有可能进入调整期。

分类看，2020年全国名酒、地方酒、基酒批发
价格同比指数延续了上年的分化走势。名酒作为行业
发展的主引擎，价格走势也更为坚挺。2020年名酒
批发价格同比指数虽然在年初冲高后回落并逐步收
窄，但走势仍明显强于地方酒和基酒。2020年全国
名酒批发价格同比指数上涨3.21%，比地方酒高
2.07个百分点，比基酒高1.90个百分点。相对名
酒，地方酒一方面在疫情冲击下销售困难，另一方面

名酒又率先复苏，更为艰难的处境造成2020年地方
酒价格走势相对疲软，特别是11月份同比指数下降
为100.14，达到16个月以来低点，走势不及同期名
酒和基酒批发价格指数，全年上涨1.14%，涨幅也
比上年缩水0.15个百分点。基酒一方面得益于行业
回暖，市场景气度提升，另一方面受到高粱等原料成
本增加影响，同比指数走势虽然和名酒、地方酒一样
高开低走，但全年上涨1.31%，涨幅较上年扩大
0.17个百分点，可能预示在白酒风口下不仅行业领
先者继续看好，追赶者也纷纷加码。

从判断价格长期运行趋势的定基指数看，进入到
2020年后，虽然疫情对行业有较为明显的冲击，但
对价格影响不显著，尤其是下半年，随着国内经济复
苏，消费恢复性增长，在资本和风口助力下，白酒企
业涨价之声不绝于耳，使得全国白酒批发价格定基指
数稳步向上，开启"慢牛行情"，从2020年2月开始
不断刷新纪录，到12月创下105.86的历史新高。全
国白酒批发价格定基指数不断创新高，反映了疫情影
响的主要是产销量，对价格的影响不明显。

（二）市场

在宏观经济、产业生态、消费升级等不断变化的
大背景下，2020年酒业市场也发生了巨变。目前，酒
类消费已从基本消费逐步转变为个性化、多元化的高
品质消费。再加上追求养生、健康消费等消费特征的
出现，"少喝点、喝好点"逐渐成为一种新的消费理念
与消费趋势，扩充了高品质高端酒的市场容量。同时
随着大众消费逐渐常态化，各种新型消费场景不断涌
现，全方位、多角度满足大众的美酒消费需求成为常
态。从酒业市场运行的角度来看，主要有如下特点。

第一，数字赋能，中国酒类厂商关系开始重构。
在过去的2020年，数字营销成为酒类市场领域最火
的一大关键词，而数字营销的出现对酒类产业的直接
影响就是厂商关系的重构。因为数字营销的出现缩短
了生产厂家与消费者之间的距离，数字营销可以让酒
类厂家、品牌方直接链接消费者和终端，大幅度降低
了人海战术的成本。基于此，酒类厂家、品牌方也展
现出对消费者前所未有的关注，生产厂家也更加关注
终端关系。由此直接导致的就是经销商职责的转变，
经销商的职责更多地被限定在了资金、物流等非技术
性层面。可以说数字化是时代催生的特有产物，这直
接导致传统酒类产业厂商关系的重构。

第二，名优引领，中国酒类市场进入发展新周
期。正如现在社会上倡导的"放水养鱼"一样，品质
竞争时代，加速聚焦放大了名优企业的引领作用，产
业聚集效应不断凸显。如2020年年报显示，白酒龙
头企业茅台、五粮液、洋河、泸州老窖、汾酒、古井

均有着不错表现，啤酒、葡萄酒、黄酒领军企业在2020年也有不错表现，可以说，整个酿酒行业在市场建设上，名优企业引领作用越来越明显。可以肯定地说，这本质上正是助推中国酒业进入了一个新的发展周期。

第三，渠道变革，中国酒商开始走向集中化。纵观整个酒类产业，不仅生产端集中化程度越来越高，流通端的酒商也正在走向集中化。主要体现为：一是连锁新零售，向上整合供应链，向下锁定消费者，如1919、酒便利等就是典型代表；二是品牌运营商，不仅在快速建网络、做陈列，更在积极做陈鉴、做品牌。市场调研显示，中国酒商数量正在逐年减少，正在走向集中，走向规模化发展，大商、超级大商正在成为酒业新风景。

第四，线上线下融合，直播带货成新风。2020年疫情让酒类的消费场景发生颠覆性变化，线上线下融合、多渠道结合的"全域营销"成为酒类产业最靓丽的风景，而且随着疫情防控的常态化，线上线下融合发展已经成为一种常态。数据显示，1919酒类直供网在2020年线上订单量大概占到60%，酒便利的线上订单占70%～80%。更值得一提的是，线上渠道对购酒用户的购买决策影响力也在不断放大。加之消费者对酒类即时性消费需求和保真性消费需求要求较高，包括连锁门店、烟酒店、卖场、社区便利店等在内的线下门店仍为主流购酒渠道，因此，随着线上导流＋线下体验的模式日渐成熟，新技术赋能传统门店零售升级，线上线下一体化正在成为酒类新零售标

配。同时，在2020年，由于数字平台的推广使用，直播带货也在酒类市场风生水起。搭建数字化营销场景，通过直播形式对产品进行营销推广，引发了广大消费者的关注和支持，提升了产品本身的传播影响力，还有力地带动了酒业产区发展，直播带货正在成为酒类销售的又一新生力量。

第五，体验盛行，"跨界"成为酒业营销新模式。"跨界营销"在营销界早已不是什么稀奇的事情，但是近年来，尤其是2020年，跨界营销在酒类产业的应用逐渐成为一种新的营销模式，而且越来越多的著名酒类品牌开始借助"跨界"营销，寻求强强联合的品牌协同效应。正如广大酒类领军企业所表示，在消费者主权时代，跨界是为了更立体化服务消费者，在酒类营销中实施的跨界营销以强化消费者的体验为基础，通过酒类产品的品牌、渠道、客户跨界合作带给消费者不同的体验，从而实现彼此的相互渗透和融合，实现品牌效应叠加，真正让酒类品牌走进消费者心智，打通消费通道。

（三）投资

2020年，酿酒行业总体资产总额同比增长9.86%，除其他酒略有下降外，各子行业资产总额均有所增加，其中白酒制造业同比增长13.25%，增幅最大。全国酿酒行业规模以上企业共亏损331家，亏损面为17.54%；亏损企业累计亏损额36.79亿元，比上年同期下降16.01%（表6）。截至2020年12月底，行业资产负债总额达5 181.40亿元，负债率达39.75%，较上年同期小幅增长2.19%。

表6　2020年我国酿酒行业亏损及其变化情况

酿酒行业	规模以上企业数量（个）	资产总额同比增长（%）	亏损面（%）	亏损额（亿元）	同比增长（%）
白酒制造业	1 040	13.25	14.42	11.86	35.79
啤酒制造业	346	2.97	26.30	12.82	−17.89
葡萄酒制造业	130	0.48	30.77	4.43	176.55
黄酒制造业	102	2.84	7.84	0.20	−31.06
其他酒制造业	183	−3.96	8.74	1.15	−31.54
发酵酒精制造业	86	11.05	30.23	6.33	−60.16
合　计	**1 887**	**9.86**	**17.54**	**36.79**	**−16.01**

（四）区域分布

2020年我国酿酒产量最大的五个地区：四川、山东、河南、广东、黑龙江五省酿酒总产量2 431.82万kL，比上年同期增长3.05%，占全国酿酒总产量的45.03%。其中，河南省酿酒产量增幅明显，比上年同期增长48.59%，达到493.57万kL；

其余四省均为小幅下降，酿酒产量最大的四川省639.74万kL，同比小幅下降0.54%；山东省酿酒产量554.37万kL，同比下降4.35%；广东省酿酒产量392.40万kL，同比下降7.00%；黑龙江省酿酒产量351.74万kL，同比下降8.13%（表7）。

表7 2020年重点省份酿酒产量情况

单位：万kL

地 区	产 量	同比增长（%）
全 国	5 400.74	−2.21
四 川	639.74	−0.54
山 东	554.37	−4.35
河 南	493.57	48.59
广 东	392.40	−7.00
黑龙江	351.74	−8.13

（五）行业集中度

酿酒行业经过深度调整之后，从2015年开始，酒类消费市场持续向好，除"增速快""业绩好"的显著特点出现外，酒类产业集中度一年比一年提高，市场结构升级愈发明显。

以白酒产业为例，时至今日，产业竞争格局已经发生了巨大变化。从2016年下半年开始白酒名酒企业呈现高速发展，量价齐升，效益提升。2017年白酒产业的利润进入千亿时代，2018年持续增长，2020年白酒产业利润已经达到1 585.41亿元。白酒行业排名前50位的企业，占据了产业利润的90%以上。遵义、宜宾、宿迁、泸州、吕梁、亳州六大核心产区的白酒产销量占据了白酒产业的半壁江山，利润达到80%以上，占据绝对优势。

啤酒产业的行业集中度也在稳步提高，雪花、青岛、百威、燕京、嘉士伯五大啤酒企业市场占有率为87%。同样，葡萄酒、黄酒等产业，营收与利润均在向龙头企业大幅倾斜。

（六）进出口

根据海关总署数据（表8），2020年饮料酒及发酵酒精累计进出口总额46.93亿美元，同比下降22.32%。其中，累计出口额6.00亿美元，同比下降45.95%；累计进口额40.93亿美元，同比下降17.00%。发酵酒精2020年出口量达61.68万kL，与上年同期相比显著增长，同比增幅高达2 806.78%。饮料酒进出口则较上年均有下降。出口量方面，白酒和葡萄酒与上年同期相比下降幅度较大，白酒2020年出口量同比下降98.14%，葡萄酒同比下降54.90%；进口量方面，黄酒同比下降幅度较大，2020年黄酒进口量同比下降77.29%。啤酒出口量同比小幅下降7.39%。由进出口数据可以看出，我国酒类商品进出口贸易在2020年总体呈下降趋势。

表8 2020年我国酒类商品进出口贸易情况

商品名称	出口				进口			
	出口量（万kL）	同比增长（%）	出口额（亿美元）	同比增长（%）	进口量（万kL）	同比增长（%）	进口额（亿美元）	同比增长（%）
白 酒	0.03	−98.14	0.09	−98.63	0.28	−28.73	1.14	−16.64
啤 酒	38.67	−7.39	2.43	−4.92	58.42	−20.18	6.95	−15.23
葡萄酒	0.15	−54.90	0.24	−69.54	42.04	−29.24	17.55	−24.86
黄 酒	1.20	−19.00	0.20	−19.26	0.000 7	−77.29	0.001 2	−61.68
其他饮料酒	0.34	−68.02	0.52	−27.46	12.32	−7.87	14.92	−5.82
发酵酒精	61.68	2 806.78	2.52	1 817.95	6.87	−33.93	0.36	−33.04
合 计	102.07	110.88	6.00	−45.95	119.93	−23.50	40.92	−17.00

（七）重点行业

1. 白酒 2020年白酒规模以上企业数量同比减少11.56%，全年总产量已经连续5年呈负增长，但在全球新冠肺炎疫情严峻的情况下，白酒产业的利润总额同比实现2位数的逆势增长（13.35%）。从数据看，白酒产业集中度进一步提升，规模以上白酒企业数量和产量双下降，但产量下降的同时利润增长，说明白酒产业和产品结构都在持续有效调整。

2020年，全国居民人均可支配收入32 189元，大众消费升级，需求侧的变化趋势明显，白酒商品的市场需求结构也朝着高品质产品方向发展。据统计，2019年高端白酒市场份额占比达到23%，中端占比约43%，两者之和接近70%。根据预测，至2029年，高端白酒市场规模将达到1 600亿元。所以，围绕生活品质提高、顺应消费趋势升级的酒类消费正在经历着中高端酒比重逐步上升的阶段。与此同时，消费分级下的白酒基础消费力量仍然不可小觑，普通消费占据着整个白酒产业近30%市场。

限制性产业政策的取消，给白酒产业调整带来机遇。一是白酒项目备案时，新增项目不再受新增产能限制，企业可以自行根据市场预测和自身发展需要新上白酒生产线，扩大生产能力，有利于吸引优质资源、外部资本进入白酒行业，形成新的竞争格局，建立良性竞争机制，扩大重点产区发展优势；二是对行业生产技术、质量安全、标准化体系、诚信体系、溯源体系等各方面都提出更高要求，有力推动了行业落后产能加速淘汰，促进行业产业升级和结构调整；三是从政策层面发挥以轻工食品（酿酒）行业为重点经济支撑的产区优势，对白酒产地供给侧结构性改革产生有利影响，对白酒产区建设产生积极作用。产业政策的放开对产业高质量发展的指导作用愈加凸显，有助于推动酒业建立良性竞争市场化机制，实现由规模发展向特色、品质、效益的高质量发展转变，缓解产业总量过剩与个性化不足之间的矛盾。

2. 啤酒 2020 年 1～12 月，全国规模以上啤酒企业完成酿酒总产量 3 411.11 万 kL，同比下降 7.04％（上年产量调整数：3 669.61 万 kL），产量净下降 258.50 万 kL；人均占有量为 24.4 升，比上年下降 2.5L。如按照消费量计算，2020 年啤酒总消费量为 3 430.86 万 kL，比上年同期下降 9.62％；人均消费量 24.6 升，比上年下降 2.5L。全国规模以上啤酒企业累计完成销售收入 1 468.94 亿元，与上年同期相比下降 6.12％；累计实现利润总额 133.91 亿元，与上年同期相比增长 0.47％；亏损企业累计亏损额 12.82 亿元，比上年同期下降 17.89％。从 2020 年各大啤酒企业的年报可以看出，目前国内啤酒龙头企业发展态势良好，市场总体呈现量跌价升的态势。

面对新冠肺炎疫情给中国啤酒消费市场带来的前所未有的挑战，加之国内对消费等领域的重视和消费升级带来的消费需求的变化，后疫情时期的家庭消费和电商消费方面都呈现了高品质需求趋势。正是这一变化，给予了中国啤酒行业新的增长机会。国内龙头企业发挥高度引领作用，经过及时的调整和积极的探索，迅速抓住了市场转变的机遇，带领行业在不断提高单品质量的同时，加速推动中国啤酒高端化发展进程，持续在产品结构优化升级和营销创新上发力，因此，实现了年度行业利润的逆势增长。即便是不足 1％的增幅，在产量下降 7.04％的前提下，已经实属不易。

进出口方面，2020 年中国累计出口啤酒 38.67 万 kL，同比下降 7.39％；累计进口啤酒 58.42 万 kL，同比下降 20.18％。从近几年的数据可以看出，进口啤酒停止多年连涨，开始逐年减量，主要与进口啤酒品牌的国产化生产以及特色化产品的发展有关。进口啤酒与本地啤酒的竞争也将逐渐趋于弱势。此外，渠道商受阻也是进口啤酒结束多年连涨的主要原因。受

疫情影响，2020 年啤酒出口受到很大的制约，结束了逐年增长的态势。特别是我国主要的出口地区是亚太地区，如我国台湾和韩国、缅甸等，在防疫严峻的形势下，啤酒出口很难在短期内实现快速增长。

3. 葡萄酒 根据国家统计局数据，2020 年 1～12 月，全国规模以上葡萄酒生产企业 130 家，完成酿酒总产量 41.33 万 kL，同比下降 6.00％。完成销售收入 100.21 亿元，与上年同期相比下降 29.82％；实现利润总额 2.59 亿元，与上年同期相比下降 74.48％；亏损企业 40 个，企业亏损面为 30.77％，累计亏损额 4.43 亿元，比上年同期增长 176.55％。受其他酒种的挤压，叠加疫情影响，我国葡萄酒市场表观消费量呈现下降趋势（2020 年国产葡萄酒产量和进口葡萄酒进口量均下降），葡萄酒产量、销售额和利润均大幅下降，整个行业遇到极大的困难。酿酒葡萄基地建设历史欠账多，高质量发展任重道远。一是优质种苗较为缺乏。酿酒葡萄优良品种选育工作投入不足，同时引进国外种苗手续烦琐、要求较高。二是葡萄种植环节机械化程度低。剪枝、采收、植保以及我国特有的越冬埋土等均以手工操作为主，不仅成本高，而且面临劳动力短缺的困境。三是规模化种植比例不高。由于葡萄生长周期较长，10 年左右才进入壮年期，挂果时间可持续 50 年左右，远超目前 30 年的土地承包和流转上限，导致葡萄酒企业土地流转积极性不高，难以形成集中连片种植，造成葡萄原料来源分散、收购成本高、品质得不到保障。四是抗风险能力弱。各大产区基本每年都会发生因台风、霜冻、洪水、干旱、冰雹等各类气象和地质灾害造成葡萄减产的情况，但缺乏保险等有效的风险对冲手段。

国产葡萄酒行业负担过重，受进口葡萄酒冲击严重。葡萄酒在我国作为工业品管理，按 13％征收增值税，另外还有 10％的消费税。据调查，企业综合税负一般为 25％～30％，而国外葡萄酒普遍按农产品征税，综合税负一般低于 10％，澳大利亚、欧盟等国家和地区还在葡萄种植、葡萄酒生产、海外推广等多个环节进行补贴。由于澳大利亚、智利等国葡萄酒综合生产成本较低，大量低价葡萄酒进入我国市场，挤占了国内产品市场份额。甚至有不少国内企业不再自己种植葡萄，而是直接采购进口原酒后在国内装瓶销售导致我国酿酒葡萄种植面积连年萎缩，严重动摇了国内葡萄酒产业根基。

消费者对国产葡萄酒认可度和消费信心不足。受国外葡萄酒文化推广及品牌宣传的影响，部分国内消费者盲目追捧进口葡萄酒，将喝进口酒视为时尚，制约了国产葡萄酒消费。

4. 黄酒 根据国家统计局数据，2020 年 1～12

月，纳入国家统计局范畴的规模以上黄酒生产企业102家，其中亏损企业8家，企业亏损面为7.84%。1～12月，规模以上黄酒企业累计完成销售收入134.68亿元，与上年同期相比下降20.18%；累计实现利润总额17.04亿元，与上年同期相比下降7.86%；亏损企业累计亏损额0.20亿元，比上年同期下降31.06%。

近几年，黄酒行业发展较为稳定，但面临激烈的酒类市场竞争，其产销量仍与白酒、啤酒之间存在较大差距，产业整体规模偏小。黄酒消费一直努力走出传统区域，主要黄酒企业不断加强黄酒文化的传播和推广，消费区域已从江浙沪等传统区域向皖赣闽等周边地区及北方有黄酒消费基础的部分地区扩展，但进程较为缓慢，黄酒在全国的消费有待进一步普及。黄酒消费的产品多集中于中端和普通黄酒产品，主流产品价格相较其他酒类产品偏低，低价同质化竞争明显，产品结构和价格有待提升，以进一步开拓市场并提升黄酒整体价格。

5. 果露酒 近年来，果酒产业呈增长态势。京东发布的数据显示，近5年时间平台果酒销量年复合增长率超过200%，消费者对此类产品的认知度正在不断提升。天猫数据显示，2020年"6·18"期间，果酒销售增长率超120%；天猫"55大促"中，果酒销售增长率超过400%，梅子酒销售增长率超过1000%。同时，果酒产业也存在一定的问题：果酒缺乏全国性知名企业、品牌和产品；因水果原料的地域特色太鲜明，不同地域之间认知差异较大，大多数果酒都是地区性品牌和产品，阻碍了果酒产业的快速发展和果酒的普及；果酒酿造工艺、生产装备针对性不强，创新少，目前果酒生产工艺和生产装备以及辅料等主要借鉴葡萄酒，缺乏专门的生产工艺和生产设备；果酒标准有待健全，果酒行业标准仍不能覆盖所有果酒类产品，存在部分劣币驱逐良币情况。

近年来，露酒行业一直保持较高的增长速度。我国露酒行业年销售额已突破200亿元，目前全国共有1000多家生产露酒的企业，行业的整体向好为产业龙头企业发展带来契机。整体产业结构呈现强者恒强，领头企业比重继续增大，与第二梯队的差距仍然在拉大。劲酒仍然是露酒行业市场份额最高的龙头老大，其市场份额达到1/3。除此之外，椰岛鹿龟酒、张裕三鞭酒、竹叶青、宁夏红、五粮液黄金酒、茅台白金酒等品牌维持在第二集团。大多数中小企业营收维持在千万元左右。大部分露酒产品基本还只有区域性市场，随着行业参与者的增多，露酒市场将向多元化和高端化发展，以满足消费者更广泛的需求。

6. 发酵酒精 2020年，我国发酵酒精总产量同比增长明显，但产业过剩程度有所加剧；产业利润水平同比2019年有所恢复，但仍呈较低水平。突发疫情带来医用消毒酒精国内和出口需求增长，估算2020年全年国内和出口医用消毒用途酒精共约100万t。而传统酒精需求仍显不足，燃料乙醇发展速度不断减缓。由于我国玉米供需形势由严重过剩的去库存阶段，快速变化到现在紧平衡状态下的供给不足阶段，以及疫情以来粮食价格不断上涨，粮食安全问题得到空前关注，2019年以来燃料乙醇发展速度不断减缓。2020年，燃料乙醇消费受原料价格上涨过快和石油价格低迷双重影响，下降明显，总产量304万t，同比下降5.87%。

纵观发酵酒精，全年价格随主要原料价格上涨基本呈直线上升态势，不同原料酒精利润水平分化明显。2020年，全年玉米酒精利润水平基本保持微利水平；木薯酒精全年呈亏损状态，2020年年底恢复至普遍盈利状态，但受原料供给不足影响，开工率仍较低。

从发酵酒精原料来看，在原料消耗方面玉米原料占比约65%，仍是发酵酒精原料的主力。稻谷替代性不断增加，有效减缓了玉米消费量的增长。木薯消费量持续下降，长期看形势不乐观。

三、行业面临的问题

我国酿酒行业经济发展基本平稳，增长方式发生转变，产业结构深度调整，产品结构进一步优化，消费市场回归理性，整个酿酒行业实现了由快速增长向平稳增长的过渡。但是，发展过程中积累的政策、市场和创新等方面的诸多问题和所面临的困难依然严峻，需要继续深入关注和探讨。

（一）政策与市场

1. 立法和标准滞后，企业自律生产经营引导不足 我国法律法规特别是食品安全有关法律进一步完善。2015年新的《中华人民共和国食品安全法》实施，强调充分发挥消费者、行业协会、媒体等的监督作用，形成社会共治格局。然而，随着酒类市场消费形势的不断变化，适应酒类生产流通特点的专门性法律法规仍然十分缺乏，涉及检测、流通等方面的标准仍然较少。立法和标准的滞后，造成对酒类商品的监管困难，需要进一步加快相关工作的进行，并应着力强调行业协会的作用，引导企业自律生产经营。

2. 社会舆论关注提升，预警机制亟待健全 随着人民生活水平的提高，食品质量安全意识不断加强，作为特殊食品的酒类产品备受社会各界的关注。酒类产品的质量安全关系到生产企业的命脉，关系到整个酿酒产业的健康发展。特别是白酒行业，舆论关注度高，影响面大，公众美誉度亟待提高。面对行业热点与社会误读，行业与企业仍欠缺快速应变能力和有效的危机公关能力。尽快建立健全行业预警机制，有效组织与引导企业开展行业自律，加强消费教育，普及酒文化知识，倡导理性饮酒，强化社会责任意识，树立行业正面形象，努力营造行业的社会美誉度，应该作为全行业的一项重要工作。

3. *产业发展不平衡，转型升级刻不容缓* 目前，酿酒产业已走出调整期，但是无个性、同质化、缺乏性价比的产能过剩仍是产业转型发展的绊脚石，产业发展不平衡、不充分，美酒稀缺，供需矛盾长期存在。此外，产业普遍存在重复建设、资源配置不合理、产业规模过于松散的现象，也是酿酒产业转型升级、转变经济增长方式过程中应深刻思考的课题。未来，转型升级、转变经济增长方式是中国酒业未来发展战略的核心之一，是提高综合竞争力的关键。转变经济增长方式一定是从提高供给质量出发，由不可持续性向可持续性转变，加强优质供给，减少无效供给，扩大有效供给。

4. *中小企业经营困难，产业结构亟须优化* 2020年，全国酿酒行业规模以上企业的亏损面为17.54%，亏损企业累计亏损额 36.79 亿元，比上年同期下降 16.01%，呈现出利润继续向少数企业集中的趋势。在特色经济区域建设中，行业企业整体竞争力不强，主要依靠知名企业名酒品牌和少数骨干企业做支撑，大量的中小企业经营处于非常困难的现象普遍。同时，知识产权侵权、产品同质化严重，产品品质良莠不齐、影响整体产区形象的现象也很普遍。产业结构亟须优化，产业集群建设也需要梳理好大、中、小企业的关系，实现大、中、小企业协同发展。

（二）科技创新

酿酒行业的科技创新能力明显不均衡，啤酒、葡萄酒行业通过引进吸收国外技术装备，促进了生产水平的提升，但自主研发和自主创新能力尚有不足；白酒、黄酒行业通过加大机械化生产试点，在一定程度上提高了生产效率，但与机械化、自动化、智能化、信息化先进水平差距仍然较大；发酵酒精行业规模以上企业通过升级改造，技术水平和产品质量逐步提升，但是在全面实现循环经济、资源重复利用，进而提高产出效益方面尚无重大突破。科学建立行业创新机制，加大力度提高自主研发能力，树立传统产业向现代工业迈进的坚定信心，推动酿酒行业现代化工业进程，是我国实现"中国制造2025"的需要，也是整个酿酒行业的重要任务。支持具有一定规模和实力的装备生产企业，培育成为水平较高的龙头骨干企业；支持中小企业走专业化、配套生产之路。同时紧紧抓住"中国制造2025"实施的契机，大力发展具有自主知识产权的酿酒设备，促进行业向集成化、智能化、高端化发展。

四、发展趋势

我国酿酒行业发展呈现新变化和新趋势，产业结构调整将持续纵深推进，行业集中度进一步提高，转型升级也将不断得到强化，产业经济高质量发展，为未来发展提供了新机遇、新引擎、新活力。

1. *酿酒行业长期向好趋势仍会保持* 由于受新冠肺炎疫情重大突发公共卫生事件影响，虽然前期行业受到短暂冲击，但在最短时间内，经过行业企业的共同努力而重回正轨，行业经济企稳和转型升级的趋势进一步明朗，市场驱动的因素没有发生根本性的变化，酿酒行业经济长期向好趋势仍会保持。

2. *产业结构日趋合理* 目前中国酿酒行业在充分市场化驱动下，产业结构变化非常明显，主要体现为两大特点：一是行业集中度达到空前水平；二是市场结构升级明显。白酒产业集中度体现得尤为明显，基本形成了以遵义、宜宾、宿迁、泸州、吕梁、亳州六大核心产区为主的产业结构；啤酒产业集约化水平稳步提高，啤酒消费市场结构迎来变革，从规模主导型向利润主导型转变，高端市场成为发力重点，产品结构趋向于多元化和个性化；葡萄酒产业形成了在产区模式引领下，多产业融合发展的新型发展模式；黄酒、发酵酒精产业也在向着集约化、调结构、增效益方向发展，并且趋势较为明显；其他酒产业则紧跟消费喜好，不断进行产品创新与研发，产业结构更趋合理，为创效益、强发展奠定了良好基础。

3. *消费升级带动品质升级* 当前我国中等收入群体比例为23%～25%，规模约为3亿人，而美国、日本及欧盟等国家和地区的中等收入群体占比大都在70%以上，我国中等收入群体比重严重偏低。受消费升级、国内生产制造体系优化布局以及生产成本变动等因素影响，酒类产品结构在近几年发生了重大变化，围绕生活品质提升的消费比重提高，中高端酒类产品市场份额逐渐增加。消费者消费水平提升，对个性化和中高端产品越来越青睐。为了满足不同消费群体的需求，酒类产品的种类也更加丰富。无论白酒、啤酒、葡萄酒、黄酒，乃至其他酒种，在酒类市场结构布局上都在纷纷加码中高端产品。这折射出消费升级对酒类产品的品质提出了更高要求，也可以说，消费需求的转变推动了酒类产品结构的转型升级。

4. *市场变革催生营销创新* 当前是消费者主权

时代来临的关键时期，消费者在酒类营销渠道价值链中占据了主导地位。为此酒类厂商通过营销模式创新，开启体验营销、线上线下互动营销等新型营销模式，缩短交易空间，拉近与消费者的距离，更好地了解与满足消费需求，从而顺利实现了酒类营销渠道价值链的增值。在酒类营销渠道外部新环境以及内部消费者权力主导地位的推动下，酒类营销渠道模式扁平化应运而生。扁平化结构不仅压缩了酒类的流通环节，更缩短了酒类生产企业与消费者之间的距离，提高了酒类营销渠道链的运行绩效。

五、政策建议

（一）加强酿酒行业政策建设，引导企业自律生产经营

进一步加快加强酿酒行业政策建设，依据酒类市场消费形势的不断变化，制定适应酒类生产流通特点的专门性法律法规，并应着力强调行业协会的作用，引导企业自律生产经营。出台鼓励措施，支持酿酒行业在提高自主创新能力、促进节能减排、提高产品质量、改善安全生产条件、保障酒业食品安全等方面开展技术改造项目。

（二）引导企业践行社会责任，实现行业可持续发展

行业和企业社会责任现已成为行业健康、可持续发展的重要推动力，行业协会及业内企业近年越来越重视社会责任的践行。建议针对酿酒行业企业社会责任报告制定相关发布政策，规定符合相应标准的企业均应每年发布社会责任报告，以推动整个酿酒行业健康发展。

（三）加大酒类知识产权保护力度，支持行业健康发展

通过相关政策扶持，提升酒业知识产权保护能力，建立酒类知识产权保护联合机制。包括强化知识产权风险防范、加强技术秘密保护、加大知识产权保护力度、提升海外知识产权保护能力；促进酒类知识产权高效运用，强化地理标志和证明商标保护作用；加大知识产权实施力度，加强知识产权合规使用，拓宽知识产权价值实现渠道，建立知识产权运营平台。

（四）支持酿酒技艺申请世界非物质文化遗产，推动中国酒文化对外传播

中国白酒、露酒、黄酒酿造是一门涉及广泛的综合技艺，完全可以集中表达中华民族历史、文化、科技、传统习俗等多方面的内容。通过中国白酒、露酒、黄酒申请世界非物质文化遗产，一定能够从技艺到记忆、从内部到外部、从国家到世界，推动中国文化在全世界范围的传播和继承。

（本文为中国酒业协会提供数据，由本编辑部万丽娜编写）

蚕 丝 加 工 业

一、基本情况

（一）蚕桑生产

1. 产量 2020 年，受新冠肺炎疫情影响，中国茧丝绸行业经济运行出现断崖式下跌。至 2020 年年底，随着国内疫情防控得到有效控制，行业营收和利润指标开始出现止跌回升态势。但是由于近年来国际贸易环境恶化，对中国茧丝绸行业带来了不利影响。据商务部国家茧丝绸协调办公室的统计，2020 年全国桑园面积 80.78 万 hm^2，较上年增加 5.26 万 hm^2，同比上升 6.57%；蚕种发种量 1 671.91 万张，同比减少 56.4 万张，减 3.37%。2020 年尽管全国桑园面积增加，但蚕茧产量有所减少，全年蚕茧产量

68.72 万 t，较上年减少 3.19 万 t，同比下降 4.43%；综合均价 35.28 元/kg，同比下降 18.82%。其中春茧收购均价较上年同期下跌 14.5%，较上年秋茧下跌 11.6%；秋茧收购均价较上年同期上涨 4.1%，较春茧上涨 18.4%。2020 年全国蚕农售茧收入 242.44 亿元，较上年减少 49.91 亿元，同比下降 17.1%。

2. 资源分布 2020 年，广西蚕茧产量与 2019 年基本持平，连续多年保持稳步增长；四川、云南、江苏、广东、浙江、山东等省的蚕茧产量同比分别下降 5.68%、12.5%、11.14%、16.67%、11.94% 和 23.2%。与 2016 年相比，2020 年全国五大主产区蚕茧产量，广西增长 25.71%，四川增长 6.41%，云南增长 22.07%，而江苏和广东则分别下降了 1.47% 和 30.14%。由此可见，受国内工业化进程加快、种

养成本攀升、劳动力短缺等因素影响，江苏、浙江、广东等东部沿海地区蚕茧生产萎缩趋势较为明显，安徽、江西、湖北、贵州等中西部地区蚕茧生产量稳升，有效抵消了东部减产影响，全国蚕茧生产规模总体维持稳定。"十三五"以来，随着鲜茧收购资格认定制度取消，茧丝绸产业链各环节已经完全实现市场化，东部、中西部主产省（自治区、直辖市）之间的区域化协作和专业化分工，促进了茧丝绸生产向优势区域不断集中，国内茧丝绸产业已基本形成"东丝西移""东绸西移"的布局，产业的集聚水平和集群效应得到进一步提升。

（二）加工量、产值、利税、固定资产投资

据国家统计局统计，规模以上企业主要产品的产量均有下降。2020 年丝产量 6.08 万 t，其中生丝产量为 5.64 万 t，同比下降 12.25%，绢丝产量为 4 357t，同比下降 3.33%，绸缎产量 38 350 万 m，同比下降 18.29%，较 2016 年下降 42.55%，蚕丝被产量 924 万条，同比下降 20.89%，较 2016 年下降 55.45%。2020 年全国规模以上丝绸企业（不含丝绸服装及制品）实现营业收入 607.9 亿元，同比下降 12.53%，比 2016 年下降 52.28%，利润总额 16.46 亿元，同比下降 37.65%，比 2016 年下降 76.31%。2020 年缫丝加工实现利润 3.39 亿元，同比下降 62.24%，丝织加工实现利润 11.36 亿元，同比下降 24.95%，丝印染加工实现利润 1.7 亿元，同比下降 24.91%。2020 年全行业规模以上亏损企业 235 家，亏损总额 9.25 亿元，同比增长 97.36%，较 2016 年增长 271.00%。亏损面达到 36.66%，高于纺织行业平均水平 13.92 个百分点，比 2019 年扩大 16.36 个百分点，与 2016 年相比扩大 24.36 个百分点。企业存货 128.9 亿元，同比下降 1.71%，企业销售费用 10.66 亿元，同比下降 5.02%，管理费用 21.02 亿元，同比下降 10.34%，财务费用 9.27 亿元，同比增长 5.87%。从行业整体运行情况看，受 2020 年以来国内外疫情的影响，绝大部分茧丝绸企业都不同程度面临着内销不畅、出口受阻、生产订单不足、流动资金短缺等困难，行业经济下行压力不断增大。

二、新技术、新成果

1. 国际首块基于天然生物蛋白的硬盘存储器问世 中国科学院上海微系统与信息技术研究所陶虎课题组联合美国纽约州立大学石溪分校和德州大学奥斯汀分校相关课题组，首次实现了基于蚕丝蛋白的高容量生物存储技术。这种存储技术以生物兼容性良好、易于掺杂功能化、降解速率可控的天然蚕丝蛋白

作为信息存储介质，近场红外纳米光刻技术作为数字信息写入方式。其具体的原理是基于蚕丝蛋白对红外光的选择性吸收，利用近场红外纳米光刻技术，在丝素蛋白膜上加工高密度点阵实现数字信息写入，对点阵成像实现信息读取。到目前为止，团队已用这种技术实现了"家蚕食叶图""空谷鸟鸣曲"等图像和音频文件准确记录、存储和"阅读"的原理验证。基于蚕丝蛋白所具备的自身特性，结合高精度近场快速读写手段，蚕丝蛋白存储器具有诸多优势，它不仅存储容量大、原位可多次重复擦写、同时存储二进制数字信息以及与生命活动直接相关的生物信息、在预设的时间内可控降解，还能在高湿度、高磁场或强辐射等恶劣环境下长期稳定工作。

2. 家蚕基因重组获得人工合成蚕丝蛋白，将为大规模获取生物蛋白提供可能 蚕体约含 16 425 个基因，其中一个基因叫做 $Fib\text{-}H$ 基因，它是丝蛋白的最主要成分，是几千年以来人类驯化和利用家蚕的主要靶标。敲除 $Fib\text{-}H$ 基因获得空丝腺，可使蚕宝宝吐出人工合成蚕丝蛋白。人工合成的蚕丝蛋白（丝素和丝胶）材料在高吸水材料、支架材料、医用生物材料等领域应用广泛，如桑蚕丝面料的衣服，由于桑蚕丝爱泛黄、易皱，衣服款式、花色比较单一，桑蚕丝让人有些爱不起来。通过对蚕丝纤维的人为改良和重新设计，以后桑蚕丝可能会像棉质衣服一样，既保持桑蚕丝的舒适感，又像棉衣一样耐穿、好打理。

3. 湖南省蚕桑科学研究所 2 对家蚕新品种通过国家审定 湖南省蚕桑科学研究所与苏州大学开展产学研合作，融合传统和现代育种技术，先后育成锦绣 1 号（锦·绣×潇·湘）、锦绣 2 号（韶·辉×旭·东）2 对家蚕新品种，此 2 对品种于 2020 年通过国家畜禽遗传资源委员会审定、鉴定。此 2 对品种均在 2020 年被国家蚕桑产业技术体系遴选为"一县一业"蚕桑展示成果之一，分别在四川南充市嘉陵区、广西河池宜州区规模化饲养，反响良好。锦绣 1 号（锦·绣×潇·湘）已在湖南湘西、湘北、湘中东蚕区以及重庆垫江、陕西安康等地规模化应用，表现出了抗血液型脓病 BmNPV 能力强、强健性突出、高产稳产以及丝质优良的特点，适于规模化饲养，适合在长江流域与黄河流域夏秋季推广。其幼虫斑纹全限性与日系蚕蛾为深色花翅特点，利于蚕种轻简化繁育。该品种深受种场、蚕农、丝厂欢迎。锦绣 2 号（韶·辉×旭·东）已在湖南的湘南、湘中东区域以及桂北区域规模化应用，表现出了抗血液型脓病 BmNPV 能力强、强健性突出、丝质优良的特点，利于农村规模化养蚕，适合在珠江流域蚕区以及长江流域夏秋季推广，前景广阔。对蚕种不仅产生了良好的经济效益和

社会效益，更获得了山东、四川、云南、陕西、江苏等全国主要蚕区广大种场和蚕农的广泛好评。

4. 高密度全龄人工饲料工厂化养蚕关键技术发布 本项目是在已有专用蚕品种、低成本人工饲料配方及环境体系、蚕病防控体系建立的基础上，进一步加大专用蚕品种的选育、优化低成本人工饲料配方，实现适于大规模工厂化养蚕的环境控制和机械化饲养技术体系，为全新的家蚕饲养模式提供现实模板，并为该技术的应用和大规模产业化提供技术支撑。项目研究的主要任务是研究并开发高密度全龄人工饲料工厂化养蚕关键技术。其主要内容包括：①选育适应性好的全龄人工饲料蚕品种；②优化全龄人工饲料工厂化养蚕的低成本人工饲料配方；③完善全龄人工饲料工厂化养蚕的环境体系和蚕病防控体系。创新点一：发明了蚕种生产技术体系。运用遗传学的方法对家蚕数量性状的遗传力、基因效应、性状相关及配合力、杂交优势等进行分析研究，以疏毛率、发育整齐度、结茧率、死笼率、茧层率等指标，筛选适合人工饲料饲育的专用蚕品种。创新点二：研制全龄人工饲料工厂化养蚕的低成本人工饲料配方。从饲料配方的组成改良、廉价成型剂和抗生素的筛选、饲料的含水率和酸碱度、饲料加工试制工艺等方面进行广泛的试验，研制出以桑叶粉、玉米粉、豆粕及微量元素为主要成分的适合全龄人工饲料工厂化养蚕的低成本的人工饲料配方。创新点三：开发了智能化自动化机械化饲养专用设备。创新点四：创立了全龄人工饲料工厂化养蚕的环境体系。

5. 家蚕蜘蛛超级仿生丝研制成功 通过家蚕和黑寡妇蜘蛛的基因组合改良家蚕丝的性能，开发蛋白质丝纤维全新材料，目前技术上已取得突破，培育的家蚕丝强度比普通蚕丝强 3.86 倍，达到国际先进水平。家蚕蜘蛛超级仿生丝是一种蛋白质丝纤维材料，具备比钢更强的韧度与强度，同时更轻、更薄、更柔软。嘉欣丝绸在机构调研中介绍，该材料后续可广泛应用于军工产品（防弹衣、降落伞、鱼类拦截网等）和生物医学产品（人造肌腱、韧带、心脏瓣膜、组织修复等），目前先从服装材料应用开始，逐步走向市场。

6. 丝绸口罩将使更有效地抵抗冠状病毒成为可能 美国辛辛那提大学的研究人员收集了常见的家用织物作为口罩材料，发现丝绸口罩可以更有效地对抗主要通过呼吸道飞沫传播的冠状病毒。在对比使用 N95 口罩或一次性医用口罩后，美国加州大学也发现丝绸口罩的优点。真丝口罩舒适、透气、防潮，这是抵抗空中病毒的理想特性，更重要的是，蚕丝含有天然的抗菌和抗病毒特性，可以帮助抵御这种病毒。

7. "节能减排制丝新技术及产业化应用"荣获中国纺织工业联合会科学技术奖一等奖 该成果明确了节能减排缫丝工艺对生丝质量和蚕茧消耗的影响规律，为节能减排技术的开发建立了理论基础。创立了制丝干燥新技术和相应的配套系统，破解了制丝工艺中能耗利用率低的难题；研制了节能减排型缫丝机，减少了茧量消耗，降低了缫丝用水，减少了缫丝废水排放和耗电量，解决了工人眼睛老花而影响制丝的难题。

8. "丝胶蚕品种"育成 蚕茧丝胶主要成分为丝胶球状蛋白，富含人类 18 种必需氨基酸，而且容易被人体吸收。丝胶氨基酸与天然保湿成分极为相似，是化妆品的优良来源。它可以应用在护肤品、食品、医药等方面。在护肤品中，活性胶原蛋白对皮肤的保湿、美白、修复、抗衰老、抗紫外线等多方面都有作用。"丝胶蚕品种"的育成可以无污染、低成本、安全快捷地生产丝胶蛋白质，填补了国内空白。

三、国内市场概况

（一）国内市场

受疫情影响，丝绸商品国内销售额出现大幅减少。据商务部监测，2020 年全国丝绸样本企业销售额为 25.1 亿元，同比下降 27.8%。分品种看，其中：家纺类产品内销额 10.3 亿元，占 41.0%；服饰类内销额 2.1 亿元，占 8.4%；真丝绸缎类内销额 8.4 亿元，占 33.5%；真丝服装类内销额 3.5 亿元，占 13.9%；其他商品类内销额 0.8 亿元，占 3.2%。

（二）国外市场

据中国海关统计，2020 年全国真丝绸商品出口金额 10.72 亿美元，同比下降 50.62%。其中，丝类产品出口金额 2.44 亿美元，同比下降 36.23%；真丝绸缎出口金额 2.71 亿美元，同比下降 54.66%；真丝绸服装及制品出口金额 5.57 亿美元，同比下降 52.46%。从单月出口金额环比情况来看，一季度的真丝绸商品出口快速下滑，在 2 月份降至最低，出口金额为 3 815 万美元；3 月止跌反弹后继续小幅回落，从 6 月开始逐步回升，12 月出口金额 10 315 万美元，出口金额降幅出现企稳回升态势。丝绸服饰类年内销额 3.63 亿元，同比减少 3%，占内销额比重的 15%；其他丝绸制品年内销额 1.13 亿元，同比减少 4.9%，占内销额比重的 1.4%。2020 年全国各省（自治区、直辖市）真丝绸商品的出口金额排名，在出口金额前十的省（自治区、直辖市）中，浙江省仍然稳居首位，出口金额 39 282.04 万美元，同比下降 42.57%；占比 36.67%，同比增长 5 个百分点。江苏省位列第二，出口 18 603.37 万美元，同比下降 29.67%，占比 17.37%。广东省出口金额下降幅度较大，同比下降达 80.7%，占比下降 18 个百分点，退居第三位。整体来看，排名前十的省（自治区、直辖市）只有内蒙古自治区、福建省出现正增长，同比分别增长 97.6% 和 69.18%。近年来国内丝绸地区结构进一步调整，对"一带一路"沿线、非洲等国家和地区贸易成为出口增长点，内蒙古、云南等西部地区真丝绸商品出口正在逐步增长。

四、质量管理与标准化工作

1. 蚕桑丝绸产业高质量发展行动计划（2021—2025 年）发布 2020 年 9 月，工业和信息化部、农业农村部、商务部、文化和旅游部、国家市场监督管理总局、国家知识产权局联合发布《蚕桑丝绸产业高质量发展行动计划（2021—2025 年）》（工信部联消费〔2020〕151 号），提出到 2025 年，实现种桑养蚕规模化、丝绸生产智能化、综合利用产业化。规模化集约化基地蚕茧产量占全国蚕茧产量的 20% 以上，形成一批桑园面积达 0.67 万 hm² 以上的重点蚕桑生产基地。全龄饲料工厂化养蚕的鲜茧产量在我国桑蚕鲜茧总产量中的占比达 10% 左右。形成一批数字化智能化缫丝、织绸工厂和国际化大型骨干企业，缫丝综合能耗降低 50%、劳动生产率提高 30%。种桑养蚕和丝绸工业上下游协同发展，蚕桑茧丝资源综合利用水平不断提高，丝绸文化和品牌影响力持续增强，初步形成高质量发展的产业体系。推进蚕桑生产产业化集约化，着力建设规模化集约化蚕基地。通过产业政策引导，在蚕桑主产区持续推动蚕桑规模化集约化发展。建立适合机械化作业、自动化操作的标准化蚕桑种养新体系，推广水肥一体灌溉、病虫害防控、桑叶选储保鲜、小蚕共育大蚕集中饲养等技术。

2. 做好相关标准立项工作 中国丝绸协会牵头全国丝绸标委会完成了《丝绸书》《丝织企业综合能耗计算方法及分级定额》等国标和行标制修订计划的申报工作，以及《复用式丝绸日常防护口罩》等 4 项中丝协团标的立项。

3. 推进标准计划研制 先后完成了《丝绸术语》国家标准、《丝绒织物》等 3 项行业标准制修订，以及《桑蚕捻线丝》等 3 项国标外文版翻译计划。与防疫相关的《复用式丝绸日常防护口罩》等团体标准制定工作正在有序推进中。

4. 做好标准报批发布工作 先后完成《织锦工艺制品》国家标准，以及《丝绸家居服》《鲜茧缫丝技术规程》《手绘丝绸围巾、披肩》等 3 项团体标准

的报批及发布。这些标准的制定实施，为完善行业标准技术体系，加快行业标准供给，规范企业标准化生产，提供了基础技术保障。

5. 现代丝绸产业体系建设取得成效 一是发展智能绿色制造。推动丝绸企业开展智能缫丝、织绸及智能丝绸印染工厂（车间）建设，培育推广丝绸终端产品个性化定制生产模式。推动丝绸精炼和印染环节智能化、绿色化改造，加快数码喷墨印花、染化料自动配送、在线监控、功能性后整理等先进技术装备推广应用。开展绿色设计产品评价，发布丝绸绿色设计产品名单，发挥丝绸绿色品牌影响力；支持企业建设绿色工厂，打造蚕桑丝绸产业绿色供应链，推动上下游企业共同实现绿色发展。二是推动丝绸企业数字化转型。积极推动大数据、人工智能、工业互联网等新技术在丝绸行业的应用，推动丝绸企业数字化转型，建设面向丝绸行业的工业互联网平台，加速研发设计、生产制造、运维服务、原料采购、产品销售、物流仓储等各环节资源要素的数字化汇聚和网络化配置，培育基于平台的个性化定制、网络化协同、零工经济等新模式新业态。三是促进大中小企业融通发展。充分发挥大型丝绸企业引领作用，形成基于创新链共享、供应链协同、数据链联动、产业链协作的大中小企业融合发展的产业生态；夯实融通载体、完善融通环境，支持丝绸龙头企业农工贸一体化、平台化运营，提高中小企业专业化水平和协作能力。培育一批蚕桑丝绸企业成为专精特新"小巨人"企业和制造业单项冠军；鼓励符合条件的企业和机构创建服务蚕桑丝绸产业的小型微型企业创业创新示范基地。支持丝绸主产区建设国家中小企业公共服务示范平台，鼓励江苏、浙江、广西、四川、云南等地培育一批特色突出的丝绸产业集群。

五、行业管理

1. 积极应对新冠疫情 3 月初至 5 月中下旬，根据中纺联的工作安排，中国丝绸协会连续组织企业填报复工复产调查表，第一时间了解行业疫情受损情况。根据商务部国家茧丝办、工信部消费品工业司的要求，协会认真梳理各地纾困政策措施具体落实情况，结合企业生产订单锐减、产品出口不畅、流动资金短缺、招工困难等问题，专门撰写了《关于全国茧丝绸行业复工复产情况的报告》，提出了相关的意见和建议。

2. 加强茧丝交易市场引导 2 月中旬以来，受新冠疫情蔓延的冲击，加之全球金融市场大幅波动，导致生丝交易价格出现恐慌性下跌，企业库存原料的持

续贬值，对于尚处在复工复产期的缫丝企业而言无疑是雪上加霜。为此，相关行业协会牵头组织中国茧丝绸交易市场及重点缫丝企业研究对策，最终决定通过每天采集 30 多家样本企业的销售数据，及时发布"高品位生丝现货成交价格快报"，倡导优质优价差异化竞争，有效带动了整个茧丝原料价格的企稳回升，逐步赢得了国内外客商的认可。

3. 政策落实和纲要编制 一方面，积极参与国家重大政策的实施，全力配合工信部、商务部等部委，做好《推进蚕桑丝绸产业高质量发展行动计划》（2020—2024 年）后续贯彻落实工作；另一方面，积极配合商务部做好《茧丝绸行业"十四五"发展纲要》的前期研究及编制工作，梳理关键问题，明确发展重点，助推下一个五年行业发展质量迈上新台阶。

4. 促进技术革新 一是继续完善行业标准技术体系。完成《生丝》《生丝试验方法》等 10 余项国标、行标及团标的制修订，做好标准宣贯服务。二是筹备缫丝工职业技能比武活动。中国丝绸协会向中国财贸轻纺烟草工会、中国就业培训技术指导中心、纺织行业职业技能鉴定指导中心等部门，积极申报举办"2021 全国缫丝工职业技能大赛"，组织专家编写操作比赛规程，做好大赛前期各项准备工作。三是开展特色基地复评工作。根据《茧丝绸行业特色基地评定办法》的规定，已组织专家对 2016 年授予的 13 个地区"中国优质茧丝基地"进行复评，总结推广各基地创新发展经验，研究提出下一阶段具体的措施意见。

5. 加强品牌建设 一是加强行业自主品牌建设，继续完善高档丝绸标志管理与服务，筹备举办标志企业专题培训会，拟邀请专家就线上线下营销实战技巧、产品设计等进行培训。二是利用协会网站、微信公众号自媒体平台，探索建立"中国好丝绸网上展示厅"，加大自主品牌企业及产品的宣传力度。三是在3 月中旬上海国际家纺博览会期间举办"2020 中国丝绸主题展"，适度扩大展馆面积，精心策划组织"家纺丝绸专题对接洽谈会"助力企业深度融入与大纺织产业。四是参与支持"丝绸苏州 2020"展会和"第21 届中国国际丝绸博览会"，不断提升办展质量。

6. 交流平台建设 一是会同苏州大学举办"第十届中国国际丝绸会议"，加强国际丝绸学术交流与合作。二是继续组织召开"2020 全国茧丝绸行业产销形势分析会"，做好产供销形势研判和茧丝市场预期引导。三是继续召开各省市丝绸协会秘书长工作座谈会，建立协同工作长效机制。四是筹备举办"2020全国蚕丝被企业工作研讨会"，结合新修订的《蚕丝被》国家标准的宣贯，引导企业规范自律，倡导维护公平竞争的市场秩序。

7. 信息服务 一是继续做好信息化工作，充分利用现有的中国茧丝绸网、今日丝绸头条、《中国丝绸年鉴》等资讯平台，坚守行业舆论阵地。二是继续完善统计监测服务，强化会员企业生产信息采集，每月按时发布统计简报。三是继续支持重点集群地相关政府部门做好产业规划工作，积极建言献策，发挥协会信息资源优势。四是继续配合商务部国家茧丝办、工信部及中纺联等有关部门，积极开展行业工作，当好参谋和助手。

8. 蚕茧收购秩序监督检查 为保持茧丝市场供求总体平衡，维护收购秩序稳定，保护蚕农利益，确保茧丝绸行业平稳有序发展，国家商务部、工商总局印发了《关于做好 2020 年蚕茧生产与收购管理工作的通知》。通知要求各有关部门要高度重视蚕茧收购工作，切实加强蚕茧收购管理，维护正常收购秩序。各级工商行政管理部门加大市场巡查和执法力度，积极配合各级工信、商务等部门维护蚕茧收购市场秩序；建立毗邻市、县工商部门区域监管协作机制，加强协调沟通，严厉查处无照收购、超范围收购蚕茧行为；在蚕茧收购期间，各地、各相关部门开展了联合执法和专项检查，严厉打击无证经营，全国共出动检查车辆 800（车）次，先后对 700多起无证收购蚕茧、压级压价和滥收毛脚茧行为进行了查处，杜绝了大规模的蚕茧大战、短斤少两和给蚕农"打白条"的现象发生，确保了蚕茧收购秩序总体平稳，切实维护了广大蚕农的利益。

9. 搭建丝绸专业展销平台，发掘内外市场商机 一是主办"丝绸苏州 2020"展会。2020 年 7 月 31 日至 8 月 2 日，联合江苏省丝绸协会、苏州丝绸行业协会在苏州市举办了"丝绸苏州 2020"展会。虽然受到疫情等综合因素影响，但行业上下协同办展的信心和热情不减。本次展会展馆面积 10 000m²，设有标准展位 287 个，共有 112 家国内外企业参加了展会，观展人数超过 2.7 万人次。展会期间，先后组织了10 场品牌发布秀，举办了"阿里巴巴＋丝绸行业对接论坛"，邀请天猫淘宝海外、阿里拍卖及速卖通三大商贸平台现场入驻，引进当下流行的直播带货模式，为企业产品销售带来了便捷高效的服务。作为疫情后的首个丝绸专业展会，三天现场销售额达 428 万元，后续成交订单额超过 2 600 万元，取得了较好的办展效果。二是组织"2020 中国丝绸主题展"。8 月24～26 日，为帮助广大丝绸企业渡过疫情难关，积极开拓国内外市场，在 2020 中国国际家用纺织品及辅料（春夏）博览会期间，成功举办了"2020 中国丝绸主题展"。经过广泛宣传发动，有来自四川、江苏、浙江、广西、安徽、辽宁、江西、云南等 8 省（自治区）的 28 家企业参展。三是举办"2020 全国丝绸时尚购物节"。9 月中旬，中国丝绸协会发动吴江鼎盛、苏州太湖雪、南充银海等三家企业积极参与了商务部和央视组织的"全国消费促进月"活动。同时，协会抓住疫情后居民消费潜力集中释放的有利时机，选取"金九银十"和中秋、国庆消费旺季，组织开展了"2020 全国丝绸时尚购物节"活动。通过为期 30d 的线上网店、线下门店联动打折促销活动，有效提升了市场人气，扩大了国内丝绸消费，对促进行业经济的复苏起到了良好的推动作用。

（中国农业科学院蚕业研究所　梁培生）

饲 料 加 工 业

一、基本情况

2020 年，受生猪生产持续恢复、家禽存栏高位、牛羊产品产销两旺等因素影响，全国工业饲料产量实现较快增长，高质量发展取得新成效。

（一）饲料工业总产值

2020 年，全国饲料工业总产值 9 463.3 亿元，同比增长 17.0%；总营业收入 9 072.8 亿元，同比增长 16.6%。其中，饲料产品产值 8 445.9 亿元、营业收入 8 135.1 亿元，同比分别增长 17.3%、16.9%；饲料添加剂产品总产值 932.9 亿元、营业收入 857.7 亿元，同比分别增长 11.2%、12.4%；饲料机械产品产值 84.5 亿元、营业收入 80.0 亿元，同比分别增长 76.8%、32.2%。

（二）工业饲料总产量

2020 年，全国工业饲料总产量 25 276.1 万 t，同比增长 10.4%。其中，配合饲料产量 23 070.5 万 t，同比增长 9.8%；浓缩饲料产量 1 514.8 万 t，同比增长 22.0%；添加剂预混合饲料产量 594.5 万 t，同比增长 9.6%。分品种看，猪饲料产量 8 922.5 万 t，同比增长 16.4%，达到 2018 年历史最高产量的 86%；蛋禽饲料产量 3 351.9 万 t，同比增长 7.5%；肉禽饲料产量 9 175.8 万 t，同比增长 8.4%；反刍动物饲料产量 1 318.8 万 t，同比增长 18.9%，均创历史新高；水产饲料产量 2 123.6 万 t，同比下降 3.6%；宠物饲料产量 96.3 万 t，同比增长 10.6%；其他饲料产量 287.2 万 t，同比增长 18.7%。从销售方式看，散装饲料总量 5 897.6 万 t，同比增长 33.6%，占配合饲料总产量的 25.6%，比上年提高 4.6 个百分点。

（三）饲料添加剂产量

2020 年，全国饲料添加剂产量 1 390.8 万 t，同比增长 16.0%。其中，直接制备饲料添加剂产量 1 296.4万 t，同比增长 14.7%；生产混合型饲料添加剂产量 94.4 万 t，同比增长 36.8%。氨基酸、维生素和矿物元素产量分别为 369.7 万 t、160.3 万 t、692.6 万 t，同比分别增长 12.0%、26.0%、17.3%。酶制剂和微生物制剂等新型饲料添加剂产量保持较快增长，同比增幅分别为 15.1%、22.7%。

（四）集约化经营情况

2020 年，全国 10 万 t 以上规模饲料生产厂 749 家，比上年增加 128 家；饲料产量 13 352 万 t，同比增长 19.8%，占全国饲料总产量的 52.8%，较上年增长 6.2 个百分点。全国有 9 家生产厂年产量超过 50 万 t，比上年增加 2 家，单厂最大产量 122.6 万 t。年产百万吨以上规模饲料企业集团 33 家，占全国饲料总产量的 54.6%，其中有 3 家企业集团年产量超过 1 000 万 t。

（五）饲料添加剂产量稳定增长

2020 年，全国饲料产量超千万吨的省份 10 个，比上年增加 1 个，分别为山东、广东、辽宁、广西、江苏、河北、河南、四川、湖北、湖南。其中，山东省产量达 4 335.8 万 t，同比增长 14.7%；广东省产量 3 010.2 万 t，同比增长 3.0%；山东和广东两省饲料产品总产值继续保持在千亿以上，分别为 1 369 亿元和 1 106 亿元。全国有 26 个省、自治区、直辖市和新疆建设兵团产量同比增长。其中山西、内蒙古、辽宁、吉林、黑龙江、河南、云南、陕西、甘肃、青海、宁夏、新疆等 12 个省、自治区和新疆建设兵团增幅超过 20%。

（六）饲料质量安全向好

2020 年，我国饲料质量总体水平处于较好状态。根据农业农村部《2020 年饲料兽药生鲜乳质量安全监测计划》进行监督抽查，结果显示：总格率 98.6%。其中，浓缩饲料 312 批次，合格率 97.1%；精料补充料 62 批次，合格率 96.8%；宠物饲料 53 批次，合格率 100%；添加剂预混合饲料 332 批次，合格率 97.9%；饲料添加剂 133 批次，合格率

97.7%；混合型饲料添加剂 322 批次，合格率 97.2%；动物源性饲料原料 52 批次，合格率 98.1%；植物源性饲料原料 43 批次，合格率 100%；微生物发酵类单一饲料 19 批次，合格率 100%；矿物质饲料原料 5 批次，合格率 100%。

二、国内外市场概况

（一）工业饲料产量稳步回升

在养殖结构深度调整的背景下，工业饲料产量稳步回升。从统计数据可以看出，各类工业饲料总产量均有所上升，其中浓缩饲料产量增幅远高于配合饲料和添加剂预混合饲料增幅。2020 年浓缩饲料产量占比达到 5.9%，比上年增长 8.7%，配合饲料产量占比为 91.3%，比上年减少 0.6%。主要原因：一是使用浓缩饲料的养殖户多为防疫能力较差的小养殖户，猪肉价格持续上升促使部分中小养殖户回归市场；二是受饲料原料与产品价格持续上升的影响，为降低养殖成本，部分养殖户选择购买浓缩饲料自配。

（二）主要饲料原料进口大幅上升

2020 年，饲用谷物原料（玉米、大麦、高粱和玉米酒糟）累计进口 2 497.6 万 t，比上年增长 109.1%。其中，玉米累计进口 1 129.3 万 t，比上年增长 135.9%；大麦、高粱分别进口 835.1 万 t、514.7 万 t，较上年分别增长 48.5%、268.4%；玉米酒糟（DDGs）累计进口 18.5 万 t，比上年增长 31.9%。蛋白原料大豆、豆粕、菜粕、鱼粉累计进口 10 443.9 万 t，其中大豆累计进口 10 033 万 t、比上年增长 12.9%，豆粕累计进口 5.67 万 t，比上年增长 490.6%，菜粕累计进口 183.5 万 t、比上年增长 16.1%，鱼粉累计进口 249.5 万 t、比上年增长 75.9%。此外，进口来源国集中度有所上升。玉米、高粱、大麦等能量饲料主要进口来源国为乌克兰、美国、澳大利亚、加拿大、法国，分别占进口总量的 33.4%、32.6%、14.1%、11.2% 和 8.6%；2020 年巴西、美国和加拿大大豆、豆粕、菜粕、鱼粉等饲用蛋白原料进口量合计占比为 88.01%，较 2019 年增长 6.8%，其中巴西进口占比为 70.14%，同比增长 11.64%，主要因为大豆进口量大幅提升；美国进口占比为 16.28%，加拿大进口占比为 1.59%。2020 年我国玉米进口规模已经超过 720 万 t 的配额，进口量已经超过日本，成为世界第一大玉米进口国，此外大豆进口量创下 1 亿 t 新高。据联合国发布的研究报告显示，2020 年共有 25 个国家面临严重饥饿风险，世界濒临至少 50 年来最严重的粮食危机，粮源紧张，玉米、大豆等进口难度加大、不确定性增加。

（三）饲料需求持续增长

从饲料需求端来看，生猪产能快速恢复大幅拉动饲料需求增长，猪饲料产量持续增加。2020 年猪饲料产量 8 922.5 万 t，较上年增长 16.4%，达到 2018 年历史最高产量的 86%；2020 年草食畜禽养殖盈利较好，补栏积极性高，存栏量增加，反刍饲料需求保持旺盛，家禽存栏处于高位，蛋禽、肉禽、反刍动物饲料产量均有较大幅度增加。

（四）主要饲料原料价格以涨为主

2020 年，饲用玉米全年均价为 2.30 元/kg，较上年增长 10.3%。其中，1~3 月，受疫情影响玉米区域间流通不畅，产销区价差拉大，带动玉米价格整体上涨；3 月份饲用玉米均价 2.13 元/kg，环比跌 0.5%，同比涨 4.8%，东北产区均价 1.84 元/kg，环比涨 1.1%，同比涨 8.2%；4~8 月，东北产区购销旺盛，收购进度加快，南方销区饲用需求清淡，用粮企业刚性需求强劲，贸易环节余粮不足，玉米供应整体偏紧，临储玉米拍卖溢价成交带动价格小幅上涨，8 月份饲用玉米均价 2.27 元/kg，环比涨 0.2%，同比涨 7.4%；9~12 月临储拍卖玉米陆续出库，国内玉米供应量明显增加，但东北新季玉米因倒伏品质预期下降，加上农户惜售、企业积极采购新粮等行为，推动饲用玉米价格逆市上涨。

2020 年，豆粕全年均价为 3.30 元/kg，比上年增长 2.2%。受生猪产能快速恢复的影响，蛋白饲料需求量持续上升，价格持续上涨，全年市场行情呈现大幅波动走势。其中，1~4 月，受疫情影响国内压榨企业开工不足，蛋白原料供应趋紧，进口量减少，豆粕供应紧张，豆粕价格全面上涨，国内豆粕 4 月均价 3.38 元/kg，环比涨 2.7%，同比涨 10.3%；4~8 月，国内大豆到港增加，压榨企业压榨量逐步回升，生猪养殖好转，豆粕市场成交旺盛，国内豆粕供应整体充足，价格回落，8 月国内豆粕均价 3.02 元/kg，环比跌 6.3%，同比跌 5.5%；9~11 月，美国大豆主产区遭受干旱等不利因素影响，国内压榨企业采购积极，生猪养殖持续恢复，豆粕需求增加，豆粕价格持续上涨。

2020 年，进口鱼粉全年均价为 11.88 元/kg，比上年下降 1.2%。国内鱼粉市场主要依赖进口，其中秘鲁鱼粉占进口量 50% 以上，秘鲁鱼粉厂商报价主导国内市场变化。2020 年秘鲁渔业捕捞资源不佳，鱼粉产量有所下降，全年供应量有所减少，但受多重因素影响，国内鱼粉需求清淡，鱼粉市场呈现波动下行态势。其中，1~4 月，秘鲁渔业捕捞资源不佳，仅完成当季捕捞配额的 35%，鱼粉厂商报价大幅上涨；春节前国内企业有备货需求，鱼粉库存快速下降，截至 4 月进口鱼粉均价为 12.93 元/kg，环比涨4.7%，同比涨 8.0%；5～7 月，受天气因素影响，水产养殖增长放慢，国内鱼粉市场成交清淡，饲料企业采购积极性不强，价格以稳为主，截至 7 月进口鱼粉均价为 12.53 元/kg，同比上涨 3.6%；8～11 月，受疫情影响，部分秘鲁厂商担心出货受阻，挺价意愿有所松动，而在冷空气及雨雪影响下，水产养殖对鱼粉消费进一步减少，导致鱼粉价格下跌。

（五）产业模式变革的助推和前期产能释放性增长

近两年，饲料业、养殖业相互渗透，融合发展，大型企业前期投资布局的产能呈现释放性增长。2017年，年产百万吨以上的 35 家饲料企业（集团）产量达 1.3 亿 t，占全国总产量比重 62%，同比平均增长9.4%。其中，31 家涉及养殖领域。再如，山东省 18家饲料龙头企业 2017 年生猪出栏 971.3 万头，同比增长达 147%，湖北省新增饲料企业产能多且进入释放期，2016 年、2017 年新投产 18 家、33 家，新增产能累计突破 600 万 t。同时，养殖企业也在纷纷自建饲料厂，如河南牧原、雏鹰农牧、广东土猪壹号，广西大型养殖场如农垦、园丰牧业、金陵公司等猪、禽养殖企业。还有，由于人工、物价等生产成本上涨，生猪养殖场自配料设备老旧逐步淘汰，也改为直接购买商品饲料。总之，伴随着畜禽规模养殖场拆迁，标准化养殖大幅度提升，养殖场自配料趋于萎缩，工业饲料生产量、消费量持续增加。此外，产业一体化发展和经营模式的变革不断助推商品饲料的增长。比如全产业链的探索，饲料企业＋养殖场（户）的不断扩展、饲料企业与养殖企业"厂场对接"散装料的推广、代加工和定制、大型企业通过赊销饲料与养殖场（户）进行战略合作等模式推进产业融合发展步伐，加速商品饲料对自配饲料替代。

（六）饲料产品价格稳定上升

2020 年，受饲料原料价格持续上涨的影响，主要饲料产品价格呈现稳步上升的态势，育肥猪、肉鸡、蛋鸡配合饲料全年均价分别为 3.21 元/kg、3.27 元/kg、2.99 元/kg，分别比上年增长 5.9%、4.4%、4.5%。从月度数据来看，2020 年 3 种主要配合饲料价格均呈稳定上升趋势。1～3 月，受疫情影响，饲料加工企业开工不足，企业库存见底，市场购销渠道不畅，加上畜禽养殖逐步恢复，饲料需求回升，主要饲料产品价格小幅上涨，3 月份育肥猪、肉鸡、蛋鸡配合饲料月均价分别为 3.13 元/kg、3.21元/kg、2.93 元/kg；4～6 月，大豆、豆粕等压榨原料到港量增加，库存增加，玉米粮源充足，原料供应有所缓解，企业压榨量逐步回升，饲料需求稳步提

升，市场价格保持高位平稳运行，6 月份育肥猪、肉鸡、蛋鸡配合饲料月均价分别为 3.16 元/kg、3.23元/kg、2.95 元/kg，环比均持平，比上年分别增长5.0%、3.9%、3.9%；7～12 月，国内豆粕市场购销旺盛，饲料企业库存储备增加，进口原料陆续到港，受灾情影响，饲用玉米供给少于预期，加上基层粮源惜售、企业采购积极等行为，带动主要饲料产品价格持续上涨，12 月份育肥猪、肉鸡、蛋鸡配合饲料月均价分别为 3.38 元/kg、3.42 元/kg、3.13元/kg，比上年分别增长 9.7%、7.5%、7.9%。

三、质量管理与标准化工作

（一）饲料"禁抗"、养殖限抗的时代全面来临

自 2020 年 7 月 1 日起，饲料生产企业停止生产含有促生长类药物饲料添加剂（中草药类除外）的商品饲料。饲料"禁抗"、养殖限抗时代全面来临，饲料添加剂产业走向科技创新、转型升级的新阶段，替抗功能性添加剂需求爆发。全面禁抗，一方面有助于提高畜产品质量安全、增加绿色优质畜产品供给、降低养殖生产成本、促进畜产品出口、实现畜牧业可持续发展，使得更多的替抗类型的饲料添加剂产品走向台前，酶制剂、酸化剂、微生态制剂、抗菌肽、寡糖、中草药提取物、植物精油等都能够达到从某一方面替代抗生素的效果和作用；另一方面，也需要从业者更加重视良好的饲养环境、精细的饲料管理等方面配合，而在目前非洲猪瘟疫情未去和饲料原料价格普涨的背景下，对饲料企业、养殖企业而言都是极大的挑战和机遇。在禁抗时代已经开启的当下，短期的冲击和阵痛，将换来整个产业链更健康、高效的发展。

（二）畜牧业高质量发展对饲料行业提出了更高的要求

2020 年 9 月，国务院发布了《关于促进畜牧业高质量发展的意见》，强调要调整优化饲料配方结构，促进玉米、豆粕的减量替代；大力推广猪鸡低磷饲料、青粗饲料资源开发利用等关键技术；大力推广饲料精准配方技术体系，挖掘利用国内饲料资源，促进饲料行业节本增效；深入实施粮改饲政策，以北方农牧交错带为重点扩大粮改饲规模，发展全株青贮玉米、苜蓿、燕麦草等优质饲草。

（三）畜牧业高质量发展对饲料行业提出了更高的要求

为切实强化饲料质量安全监管，提高畜产品质量安全保障水平，促进畜牧业绿色发展，特别是药物饲料添加剂有序退出以来，我国进一步加强饲料和饲料添加剂质量监管工作。以卫生安全为导向，进一步完

善饲料工业标准体系，不断推广宣贯饲料卫生标准等基础强制性标准，用标准引领产业加快转型升级。目前，基本形成了以国家标准、行业标准为主导，以地方标准、企业标准为基础的饲料标准体系，在饲料生产经营、检验检测、监督管理等方面发挥着非常重要的作用。

2020 年度，全国畜牧总站全面梳理了饲料标准体系，启动全国饲料工业标准化技术委员会换届工作，及时修订了《饲料原料目录》《饲料添加剂品种目录》。2020 年 9 月发布了《仔猪、生长育肥猪配合饲料》（GB/T 5915—2020）和《产蛋鸡和肉鸡配合饲料》（GB/T 5916—2020）国家标准，于 2021 年 4 月 1 日开始实施。其中《仔猪、生长育肥猪配合饲料》标准的修订，有利于饲料资源的最大利用化和发挥仔猪、生长育肥猪的最大生产潜力，降低日粮蛋白质含量，节约蛋白质饲料，降低饲料成本，避免饲料资源的浪费和减少畜禽排放污染。《产蛋鸡和肉鸡配合饲料》标准的修订，主要提出的营养成分适龄按需配比、低蛋白日粮、排泄污染物控制等原则。在粗蛋白质和总磷这两个指标，给出了区间指标要求，不仅对最低限做了规定，对其上限给出了参考指标。粗蛋白质和总磷的修改是为了充分发挥饲料利用率、满足鸡生长需求、提高生产性能而做出的规定。

为规范养殖者自行配制饲料的行为，保障动物产品质量安全，农业农村部发布了 307 号公告：《关于养殖者自行配制饲料的规定》，从 2020 年 8 月 1 日开始实施。针对自配料主要规定如下：养殖者自行配制饲料的，应当利用自有设施设备，供自有养殖动物使用；不得对外提供；不得以代加工、租赁设施设备以及其他任何方式对外提供配制服务；应当遵守农业农村部公布的有关饲料原料和饲料添加剂，以及《饲料添加剂安全使用规范》等有关规定，严禁在自配料中添加禁用药物、禁用物质及其他有毒有害物质等，还对其他方面进行了规定。

四、行业运行特点及发展策略

（一）行业运行特点

1. 行业整合步伐加快，产业链贯通与升级提速 自 2018 年以来，面对中美贸易摩擦和非洲猪瘟疫情等多重挑战，我国饲料行业正在进行新一轮适应性调整，企业产业链调整重组步伐加快，生产规模化程度进一步提高，行业规模化程度和集中度进一步提升。尤其是 2020 年受养殖业行情和产业形势变化的影响，饲料企业加快调整产业结构和产业链布局，部分以商品饲料为主的企业加快向下游养殖业发展，

部分产能转为生产自用饲料，未来大规模的纯粹饲料企业的生存空间越来越小，养殖产业链的贯通是发展趋势。随着养殖业产业化、资本化时代的到来和产业链模式的打造，许多养殖企业走向抱团发展或者与饲料企业强强联合的发展模式。

2. 饲用玉米市场结构性短缺，供需紧张 农业农村部信息中心和国家粮油信息中心预计 2020/2021 年度全国玉米产量约为 2.65 亿 t，较上年增加 400 万 t。华北玉米单产增加 10% 左右，但种植品种 90% 以上为胶质玉米，主要用于禽类饲料。东北产区的粉质玉米适用于猪饲料，但 2020 年遭受严重台风天气，玉米霉菌毒素加重，产量和质量双双下降。东北产区饲用玉米减少 500 万～1 000 万 t，降幅 7%～14%。随着 2021 年生猪养殖进一步恢复，猪饲料能量原料需求将达到 1.23 亿 t，猪饲用优质玉米供应紧张，以国内二等以上粉质玉米供给量 8 000 万 t、国内小麦饲用 1 000 万 t、进口替代原料 2 000 万 t 计算，预计猪饲用玉米缺口 1 000 万 t 左右。

3. 产品创新研发能力不强，原料供应链掌控力不足 饲料产业化应用的新技术、新产品以引进和仿制为主，原创性技术和产品缺乏，市场低水平同质化竞争问题突出，具有较强国际影响力的企业和品牌不多。而饲料工业属于微利产业，较低的收益率制约了企业创新研发投入水平，甚至大部分上市饲料企业的研发投入费用占销售收入的比例不足 3%，加上饲料科研的财政投入长期较少，导致饲料行业基础性研究能力较弱，创新动能不足。豆粕是我国最重要的饲料原料之一，使用量占我国植物蛋白饲料原料的 85% 以上，而相较于原料供应商，我国饲料企业多经济实力不强、市场信息掌握程度低、采购模式陈旧，导致原料采购底气不足，常常走在市场后面，较易受市场影响，饲料企业存在的配方技术与原料采购的不平衡情况成为饲料行业的"卡脖子"问题。

（二）发展策略

1. "藏料于技、藏料于企"，强化饲料供应弹性 支持引导饲料企业加强技术研发与升级，提高农产品加工的副产品饲料转化率，将国内饼粕资源充分利用起来；加快苜蓿、构树、桑叶等替代豆粕的技术研发与创新，强化替代豆粕饲料配方技术储备，支持、鼓励开发新型工业饲料蛋白原料，实现饲料原料多元化发展，减少单一原料波动带来的市场冲击；研发多套预案，重大突发事件期间科学指导养殖户合理调整饲料配方；在养殖大县探索试点规模养殖企业，适度提高豆粕等蛋白饲料库存储备机制，担负应急"蓄水池"功能。加大政策支持力度，鼓励引导饲料企业走出去，通过建设海外基

地等方式掌控原料供应链。

2. 加快国内饲料原料产业布局 梳理国内可利用的资源，摸清饲料原料资源底数，增加国内饲料原料供应。加快饲料作物培育，加速饲用油菜等成熟饲料作物的推广种植。拓展新的饲料原料贸易渠道，构建多元化的饲料供应体系，与多个国家建立长效饲料原料贸易合作，特别是发展同"一带一路"沿线国家中大豆、玉米等饲料原料生产潜力较大国家的经贸往来。继续深入推进玉米等三大粮食作物完全成本保险和收入保险试点，提高玉米生产抗风险能力，切实调动农户种植积极性，为下游深加工行业降低生产成本创造空间。

3. 加强饲料原料贸易监测预警，构建多元化饲料供应体系 进一步加强对国际与国内饲料原料市场的监测、评估和预警，尤其加强对玉米、大豆等主要饲料原料生产与贸易政策的监测预警研究，立足国内与国际两个市场，充分利用关税、配额调节机制与生产奖补等政策措施，把握饲料原料生产节奏，确保国内饲料生产和市场的稳定。进一步加强对国际市场的监测、评估和预警，尤其加强对主要玉米生产国生产贸易的监测研究，充分利用关税及配额调节机制把握玉米进口节奏，确保国内种植生产和市场的稳定；制定实施进口来源多元化方案。

4. 加强政策调控与支持，保障国内玉米生产稳定 在国内玉米供求趋紧的形势下，重点调整玉米非优势产区的面积，稳定优势产区玉米播种面积，保障国内玉米稳定供给。产业结构上，合理调整粮经饲结构，建立新型种养业及与之相适应的粮食内部种植结构；产品结构上，顺应高质量发展需要，大力发展高效优质粮食品种，增加青贮及专用玉米种植面积；支持手段上，综合利用补贴、保险、金融等政策工具，保障国内玉米供给稳定，维护农民利益。进一步完善玉米生产者补贴制度，补贴要向优势产区倾斜、向种植大户倾斜，保护优势产区农户生产积极性。

（中国农业科学院饲料研究所 刁其玉 王世琴）

水 产 品 加 工 业

一、基本情况

（一）生产情况

根据《中国渔业统计年鉴》显示，2020 年中国水产品总产量为 6 549.02 万 t，同比增长 1.06%。其中，养殖产量 5 224.20 万 t，占我国水产品总产量的 79.77%；捕捞产量 1 324.82 万 t，占水产品总产量的 20.23%。海水产品产量 3 314.38 万 t，占总产量的 50.61%，同比增长 0.97%；淡水产品产量 3 234.64 万 t，占总产量的 49.39%，同比增长 1.15%。按照产品类别，鱼类产量 3 521.03 万 t，甲壳类产量 800.55 万 t，贝类产量 1 552.04 万 t，藻类产量 264.33 万 t，头足类产量 56.49 万 t，其他产量 122.92 万 t。

（二）水产品加工

1. 生产规模 2020 年，中国水产品加工企业 9 136 个，比 2019 年减少 187 个，同比增长 -2.01%。年加工能力为 2 853.43 万 t，同比增长 -1.20%。水产冷库 8 188 座，同比增长 1.64%，冻结能力为 88.21 万 t/d，同比增长 -5.20%；冷藏能力为 464.38 万 t/次，同比增长 0.50%；制冰能力 21.49 万 t/d，同比增长 3.21%。

2. 加工产量与产值 2020 年，中国水产品加工总量为 2 090.79 万 t，同比增长 -3.71%。其中，淡水加工产品为 411.51 万 t，同比增长 4.09%；海水加工产品为 1 679.27 万 t，同比增长 -5.45%。按照加工方式，冷冻水产品 1 475.91 万 t，同比增长 -3.68%。其中，冷冻品 760.09 万 t，同比增长 -4.25%；冷冻加工品 715.83 万 t，同比增长 -3.06%。鱼糜制品及干腌制品产量为 265.09 万 t，同比增长 -9.07%。其中，鱼糜制品 126.77 万 t，同比增长 -9.06%；干腌制品为 138.32 万 t，同比增长 -9.08%。藻类加工制品为 104.81 万 t，同比增长 -9.00%。罐制品为 32.99 万 t，同比增长 -6.86%。鱼粉产量为 70.76 万 t，同比增长 1.23%。鱼油制品产量为 5.32 万 t，同比增长 8.68%。其他水产加工品 111.60 万 t，同比增长 1.09%。2018 年中国水产品加工总产值 4 354.19 亿元，同比增长 -2.47%。

二、科研、新产品、新技术

据国家水产品加工技术研发体系统计，2020 年体系 41 个研发中心在研项目经费 5.69 亿元，在研项目数 656 项，发表论文 1 251 篇，出版专著 26 部，申请发明专利 528 件，授权发明专利 288 件，参与制修订国际标准 1 个、国家标准 11 个、行业标准 14 个、地方和团体标准 30 个，获得各级奖励 58 项（次）。

1. "海参功效成分解析与精深加工关键技术及应用"荣获 2020 年度国家科学技术进步奖二等奖 针对海参传统加工营养流失严重、干海参复水耗时长、即食海参贮存期短等问题，中国海洋大学薛长湖教授团队联合多家科研机构经过多年系统研究，阐明海参功效成分化学结构与营养功效，攻克了加工过程中胶原蛋白结构控制、水分转移调控、高温明胶化控制等技术瓶颈，发明了基于负压低温熟化、热泵组合干燥、微波辅助杀菌等营养保持与高品质加工技术，创制了海参高效机械化加工技术和专用装备，建成了国际首条机械化海参预处理生产线，并建成海参产品机械化生产线 50 余条，实现了高品质、机械化海参加工生产从 0 到 1 的突破。针对海参功效成分利用率低、副产物利用不足等问题，创建了海参功效成分高效制备技术，开发了 30 多个高附加值新产品，推动了海参产业转型升级。针对海参产品质量标准缺失、掺假制假等问题，构建了海参产品质量标准技术体系，制修订 10 项国家和行业标准，其中《食品安全国家标准干海参》是我国首个海产单品种强制性国家标准。技术成果广泛应用于海参养殖加工主产区。

2.《现代海洋食品产业科技创新战略研究》出版 贾敬敦、朱蓓薇、张辉主编的《现代海洋食品产业科技创新战略研究》由科学出版社出版发行。该书以创新驱动海洋食品产业发展为主线，以科技创新成果、科技创新形势态势与创新发展需求为重点，全面分析创新链与产业链发展的关系。通过专家研讨、实地调研、文献与专利检索等方式，系统阐述了我国海洋食品产业发展存在的问题与挑战，通过借鉴发达国家海洋食品产业发展的历史经验，结合我国国情提出了我国海洋食品产业的战略发展思路、发展目标、保障措施及政策建议，为提高我国海洋食品国际竞争力、讲好海洋食品的"中国故事"提供了有力的路径选择。

3. 突破蕨藻红素、DHA、EPA 分离纯化技术、成功研制出国家标准样品 中国水产科学研究院南海水产研究所藻类产业体系岗位科学家团队以海藻活性物质为研究对象，采用现代层析分离技术和质谱检测手段，创制了蕨藻红素、二十二碳六烯酸（DHA）、二十碳五烯酸（EPA）检测方法，发布了检测方法国家标准《蕨藻红素含量测定 高效液相色谱法》和《DHA、EPA 含量测定 气相色谱法》，成功研制出

浓度为 98.64% 的蕨藻红素、98.95% 的 DHA 和 99.19% 的 EPA 标准样品，并通过结构确认、均匀性和稳定性试验及 8 家认证机构的定值认可，专家论证结果是：研制出的标准样品稳定性、均匀性全国领先，符合国家标准的标准样品，并于 2020 年 11 月获国家标准样品证书，《蕨藻红素标准样品》（GSB11-3779—2020）、《二十二碳六烯酸标准样品》（GSB11-3779—2020）、《二十碳五烯酸标准样品》（GSB11-3778—2020），该项成果使我国摆脱了对相关进口标准品的长期依赖，为加快海藻资源的综合利用、科学研究、检测提供了技术服务，对促进海藻和脂肪酸类物质相关的科学研究与医药产品开发具有重要的意义。是我国首次获得蕨藻红素、DHA、EPA 国家标准。

4. 鱼体形态精准识别技术与智能预处理装备研究取得突破性进展 中国水产科学研究院渔业机械仪器研究所针对鱼体形态识别，研了一种基于机器视觉识别鱼体姿态的方法，即通过预处理获得的鱼体灰度、二值图像与轮廓图像，通过计算椭圆轮廓内图形灰度值大小判定腹背姿态；建立了基于卷积神经网络的鱼体姿态识别技术，采集大量鲐鱼鱼体形态图像，通过旋转、对比度增强等进行图像预处理，构建有效的训练样本，基于 VGGNet 模型，设计四分类卷积神经网络模型，形成了原料形态精准识别技术，建立了基于机器视觉和深度学习的鱼体形态识别系统，识别率达到 99.5%；智能化预处理装备研发方面，研究了射流去鳞设备关键参数的检测技术和去脏轮贯入量的检测方法，进行了参数检测系统原型部件的选型与静态测试；开展了基于机器视觉的鱼体识别与定位方法研究，进行了算法设计与原理测试。通过获取历史鱼体图像数据，对鱼体待切割部分进行标注，并构建深度学习模型，形成了利用深度学习模型规划鱼体切割路径实现鱼体智能切割的技术。设计了一种智能调节的高压水射流去鳞和切割装置，主要包括喷射去鳞和切割技术的研究与智能装备研发，通过建立鱼鳞不同部位的生物结合力与喷射压力、喷射角度、靶距和进给速度之间的数据库，为智能装备的研发提供参考数据；完成了喷射压力、流量可调的高压射流系统设计构建，输送夹持机构图纸设计和切割用三轴系统平台的搭建；完成了射流去鳞、引导去脏、精细切割工艺参数与控制系统的技术方案，初步形成了智能控制系统的设计方案；目前去鳞、切割、去脏三台预处理装备正在制作当中。

5. "冷藏车环境温度的动态预警方法"获国家发明专利授权 由中国水产科学研究院渔业机械仪器研究所发明的"冷藏车环境温度的动态预警方法"已获

国家发明专利授权,专利授权号:ZL 201910194219.2。该发明涉及一种冷藏车环境温度的动态预警方法,包括步骤:S1:设置温度动态预警系统;S2:按照预设时间间隔采集车厢的温度数据并发送给控制中心;S3:控制中心形成环境温度矩阵;S4:计算预测环境温度;S5:计算环境温度改变速率;S6:计算环境温度动态临界点的上限值和下限值;S7:设置专家预警域;S8:动态更新专家预警域;S9:设置低温报警阈、正常阈和高温报警阈;S10:判断是否发出异常温度预警,当需要发出异常温度预警时,控制中心向对应车载端发送报警指令;S11:报警装置报警。该发明实现了对冷藏车环境温度的实时采集和分析、异常温度的动态预警,增强了对冷藏车远程环境信息的感知和监控,实现安全、高效和智能的冷藏物流,在国内冷链物流领域拥有良好的推广前景。

6.“一种微冻啤酒鲈鱼调理食品加工方法”“一种食品微冻保鲜用的冰”分别获国家发明专利授权　由中国水产科学研究院南海水产研究所发明的“一种微冻啤酒鲈鱼调理食品加工方法”“一种食品微冻保鲜用的冰”获得国家发明专利授权,专利号分别为ZL 201610872003.3、ZL 201611108523.3。“一种微冻啤酒鲈鱼调理食品加工方法”包括脱腥杀菌处理、啤酒调味、风干、含气包装、微冻保鲜贮藏等处理步骤。工艺简单,生产成本低,能耗小,对环境无污染,且产品质量稳定。“一种食品微冻保鲜用的冰”以氯化钠、丙二醇和聚丙烯酸钠为基质,制备冰点温度低、融化速度缓慢的适合食品微冻保鲜用的冰,解决了冷链物流中普通冰冰点温度高、融化时间短、不利用于长距离冷链运输的问题,可使食品在长距离冷链运输过程营造冰温贮藏环境,并保持运输过程温度的稳定性。

三、国内外市场情况

(一)国内贸易

全国水产品批发市场价格信息采集系统数据显示,2020年监测的80家水产品批发市场成交量、成交额同比分别下降12.18%和14.92%。水产品综合平均价格同比上涨0.65%。其中,海水产品综合平均价格同比上涨1.1%。海水鱼类价格同比下跌0.69%,海水甲壳类、海水贝类、海水头足类和藻类价格同比分别上涨1.31%、1.67%、0.12%和7.54%。淡水产品价格持平,微涨0.32%。其中,淡水鱼扭转近两年的价格颓势,止跌回升,同比上涨4.75%;水甲壳类和淡水其他类产品价格下跌,同比跌幅分别为7.79%和4.79%。涨幅较大的品种分别

为鲫鱼、海带、牡蛎、鲢鱼、蛙、花蟹、梭子蟹、鳊鲂、草鱼和海鳗,价格同比分别上涨20.14%、12.29%、12.10%、10.37%、9.77%、8.73%、6.75%、6.09%、5.94%和4.69%;跌幅较大的品种有贻贝、克氏原螯虾、鳜鱼、马面鲀、中华绒螯蟹、罗氏沼虾、日本对虾、扇贝、大菱鲆、甲鱼,价格同比分别下跌16.19%、15.20%、13.64%、9.29%、7.21%、7.06%、6.51%、6.41%、6.21%和6%。

(二)进出口贸易

1. 总体情况　据海关统计,2020年我国水产品进出口总量949.04万t,总额346.06亿美元,同比分别下降9.89%和12.07%;贸易顺差34.76亿美元,同比增长78.04%。其中,出口量381.18万t,同比下降10.66%;出口额190.41亿美元,同比下降7.81%;进口量567.86万t,同比下降9.36%;进口额155.65亿美元,同比下降16.77%。

2. 水产品贸易特点

(1)一般贸易出口量额双减　2020年,水产品一般贸易出口量277.44万t,同比下降9.04%;出口额141.62亿美元,同比下降4.81%;一般贸易仍是出口的主要方式,分别占总出口量额的72.78%和74.38%。头足类、对虾、罗非鱼、贝类等是一般贸易的主要出口品种。其中,受成本制约,对虾出口优势进一步下降;罗非鱼、鳗鱼出口优势仍在,但单价下滑,利润下降;金枪鱼是唯一出口量额均实现大幅增长的品种,但仍以原料出口为主,泰国产品和品牌在国际上掌握更多话语权。

(2)来进料加工贸易出口量额双减　2020年,我国来进料加工贸易出口量88.94万t,出口额45.81亿美元,同比分别下降15.16%和16.64%。细分来看,进料加工出口量73.18万t,出口额34.27亿美元,同比分别下降13.22%和16.04%;来料加工出口量15.76万t,出口额11.54亿美元,分别下降23.12%和18.40%,出口额占来进料加工出口总额比例为25.20%。来进料加工主要集中在山东和辽宁,这两个省由于港口均发生过疫情,管理尤为谨慎,当前很多货物滞留港口,原料不足生产停滞。原料问题如果不能尽快得到有效解决,一旦出现大量企业破产,不仅大批工人失业,还将引发大额国际贸易违约,对企业乃至国家国际形象都将产生很大负面影响。

(3)主要市场出口出现不同程度下降　前六大出口市场为日本、东盟、美国、欧盟、韩国和中国香港。受疫情影响,各主要经济体餐饮消费下降,我水产品对日、美、欧出口明显减少,其中对日出口量额

同比分别下降 12.71% 和 11.81%，对美出口量额同比分别下降 6.59% 和 14.88%，对欧出口量额同比分别下降 22.05% 和 24.87%。对东盟出口量减额增，其中对泰国出口量额同比分别增长 13.85% 和 36.71%，增量主要来自金枪鱼原料。对中国香港出口量额同比分别增长 4.02% 和 1.17%。

（4）食用水产品进口大幅缩减，鱼粉进口量增额减　来进料加工进口量 85.92 万 t，进口额 20.31 亿美元，同比分别下降 23.64% 和 26.54%。鱼粉进口量 142.05 万 t，同比增长 0.13%；进口额 19.52 亿美元，同比下降 0.89%。下半年以来我国加强了对进口冻品的防疫监管，加之媒体宣传渲染，消费者对进口水产品产生畏惧心理，食用水产品进口出现下降，全年直接食用水产品进口量 248.37 万 t，进口额 100.67 亿美元，同比分别下降 6.59% 和 15.46%。

（5）主要进口市场普遍下降，自东盟进口量额齐增　东盟首次超过俄罗斯，成为我国主要进口来源地，进口量额分别达到 131.29 万 t 和 30.90 亿美元，同比分别增长 12.08% 和 1.08%。其中，自越南进口量额同比分别增长 9.18% 和 8.29%；自印度尼西亚进口量额同比分别增长 5.14% 和 0.82%。俄罗斯是我国来进料加工原料主要进口国，尤其鳕鱼，据不完全统计，俄罗斯鳕鱼超过 60% 销往中国，主要运输方式为散装船。2020 年 9 月份以来，山东各港口不接受散装冷藏运输船停靠和卸货，之后，大连港也暂停了散装冷藏运输船卸货，导致俄罗斯鳕鱼无法运输至我国。2020 年，我国自俄罗斯进口量额同比分别下降 13.37% 和 14.13%，如果这一管控措施不能尽快解除，2021 年降幅将更大，俄罗斯甚至会考虑取消当前捕捞计划。自秘鲁和印度进口也出现较大降幅，其中自秘鲁进口量额同比分别下降 19.00% 和 25.79%；自印度进口量额同比分别下降 29.63% 和 32.12%。

3. 主要影响因素分析　2020 年，我国水产品进出口量额双降，由于出口额降幅小于进口额降幅，贸易顺差显著增加。主要影响因素如下。

（1）全球经济下行，国际货物流通受阻，消费趋势发生变化　随着疫情的全球蔓延，多国先后多次实行居家隔离等防疫措施，在经济低迷、购买力下降、国际货物流通受阻的同时，与餐饮业相关的水产品消费需求被抑制，只有适宜居家消费和长期储存的产品需求持续旺盛。主要用于制作罐头的金枪鱼是唯一实现出口大幅增长的品种。世贸组织和联合国贸发会议分别预计 2020 年全球商品贸易下降 9.2% 和 7%～9%，我国水产品的出口数据与上述判断基本相符。

（2）媒体舆论导向偏颇，消费者信心严重受损　疫情在俄罗斯、厄瓜多尔、印度、美国等我水产品主要进口来源地持续蔓延。2020 年 6 月起，媒体多次报道与进口水产品相关的核酸检测阳性事件，全国多地相继出现"一刀切"关停日料店、冷库、市场，或者禁售进口水产品的情况。虽然各方专家多次澄清新冠病毒不会通过消化道传播，但大部分消费者已存有恐慌心理，尽量避免购买进口产品。

（3）防疫措施降低进口通关效率，进一步促使进口下降　新冠肺炎疫情的发生导致全球海运效率下降，而 7 月份海关总署公布自厄瓜多尔进口的对虾外包装和集装箱内壁新冠病毒核酸检测呈阳性，根据国务院联防联控机制的统一要求，我国各港口开始对包括水产品在内的进口食品进行更加严格的核酸检测和病毒消杀，进口产品通关时间和费用已显著增加。水产品进口在下半年呈快速下降态势。

（三）展望

2021 年，水产品贸易发展面临的国内外环境仍然复杂多变。出口方面，预计我国在一定时期内将继续在食品不携带新冠病毒等方面保有比较优势，但存在 3 个突出问题：一是来进料加工企业所用原料进口难，特别是大连、青岛等港口暂停了相关原料的卸货，企业自 1 月起已因原料短缺而停止出口。二是货柜滞港存储、消杀、转仓存储消杀等费用大幅增加，同时由于进口运输船持续大量拥堵于港口，空集装箱紧缺，出口运费也大幅上涨，削弱了我出口水产品的国际竞争力。三是人民币大幅升值，企业结汇损失不断扩大。进口数据主要取决于进口通关便利性和消费者信心的恢复情况。

总体看，在疫苗广泛使用、疫情在全球范围内得到有效控制前，水产品贸易随时可能受到疫情和各国防疫措施等影响，不确定性极强。当前困扰我水产品贸易的首要不利因素是进口通关效率低下问题。如果该问题在短期内得到解决，则全年出口和进口可能出现小幅下降；如果该问题长期存在，则全年出口和进口均将大幅下降。

四、质量管理与标准化工作

（一）农业农村部下发 2020 年产地水产品兽药残留监控计划

3 月 11 日，农业农村部下发《关于印发〈2020 年国家产地水产品兽药残留监控计划〉等 3 个计划的通知》（农渔发〔2020〕4 号），按照工作安排，4～9 月，33 个省（自治区、直辖市）和新疆建设兵团农业农村（渔业）主管部门，将随机抽取本辖区养殖水产品样品 4 000 批次以上。有关水产品质检机构将对大宗消费水产品如草鱼、鲤鱼等 28 个种类养殖水产品进行检测，涉及风险较大的硝基呋喃类代谢物、孔雀石、氧氟沙星等 10 种禁用药品及化合物。农业农村部将及时向社会公布国家产地水产品兽药残留监测情况。农业农村部要求各地既要抓"监测"又要抓"管控"，加强对水产养殖中的兽药使用的监管，健全水产品兽药残留管控长效机制，持续开展专项整治行动，加大对违法用药行为的打击力度。同时，农业农村部还将在全国继续开展水产养殖用药减量行动和规范用药科普下乡活动，加强《兽药管理条例》等法规和《水产养殖用药明白纸》的宣传培训，不断提高养殖者规范用药意识。

（二）2020 年批准发布的涉及水产品加工流通相关标准 2020 年批准发布的涉及水产品加工流通的相关标准见表 1。

表 1 2020 年批准发布的涉及水产品加工流通相关标准

序号	标准编号	标准名称	实施日期
1	GB 31605—2020	食品安全国家标准 食品冷链物流卫生规范	2021-03-11
2	GB/T 39058—2020	农产品电子商务供应量质量管理规范	2021-04-01
3	GB/T 39122—2020	养殖暗纹东方鲀鲜、冻品加工操作规范	2021-05-01
4	GB/T 39664—2020	电子商务冷链物流配送服务管理规范	2021-07-01
5	SC/T 3054—2020	冷冻水产品冰衣限量	2021-01-01
6	SC/T 3312—2020	调味鱿鱼制品	2021-01-01
7	SC/T 3506—2020	磷虾油	2021-01-01
8	SC/T 3902—2020	海胆制品	2021-01-01
9	NY/T 840-2020	绿色食品 虾	2021-01-01
10	NY/T 1514—2020	绿色食品 海参及制品	2021-01-01
11	NY/T 1515—2020	绿色食品 海蜇制品	2021-01-01
12	NY/T 1516—2020	绿色食品 蛙类及制品	2021-01-01
13	NY/T 1710—2020	绿色食品 水产调味品	2021-01-01
14	GH/T 1311—2020	鲜（冻）食用农产品社区配送服务规范	2021-03-01
15	QB/T 5499—2020	即食虾	2021-04-01
16	WB/T 1104—2020	食品冷链末端配送作业规范	2020-06-01
17	QB/T 5504—2020	鱼类罐头中金枪鱼品种的鉴别方法 PCR 法	2021-01-01

资料来源：中国标准化管理委员会

（三）水产品危害因子控制技术研究

中国水产科学研究院黄海水产研究所针对水产品中重金属、呋喃西林、生物胺等危害因子超标问题，深入开展水产品危害因子控制技术研究。研究了淡水虾中呋喃西林代谢物氨基脲本底调查与来源探索；研究金枪鱼"储—运—加"全链条关键控制点，并采用微生物群体感应与浸渍冻结联用技术减少金枪鱼中生物胺含量。筛选能够高效脱除重金属镉的微生物，深入研究了菌株的镉抗性和吸收机制，筛选了菌株与镉抗性和吸收相关的关键代谢途径和基因，揭示了细胞内镉吸收、配合和外排以及抗氧化防御系统对酵母镉抗性的作用，为应用活性库德毕赤酵母脱除液态水产制品中的重金属提供重要参考。发表论文 17 篇，其中 SCI 文章 5 篇，申请专利 3 件。"海洋食品重金属残留脱除关键技术及应用示范"获海洋科学技术奖二等奖。

五、行业管理

（一）多措并举做好水产品稳产保供

面对突如其来的新冠肺炎疫情，全国渔业渔政系统按照中央决策部署，坚决把"菜篮子"产品稳产保供作为最紧迫最重要的政治任务抓实落细。一是开展水产品生产、市场、加工、贸易、捕捞业生产等方面的监测调度，及时了解各地渔业生产、市场流通和水产品压塘情况，突出解决压塘问题。二是从全国遴选 120 家水产品加工企业建立了"点对点"联系机制，协同有关行业协会和地方渔业主管部门采取有效措施，全力推动企业复工复产。三是印发《春季水产养殖技术操作指南》《稻渔综合种养技术操作指南》，利用国家产业技术体系等专家力量，指导各地开展水产健康养殖、疫病防控工作。四是推动将水产品纳入疫情防控生活必需品保障范围，14家水产企业纳入国家重点保障企业名单。发挥加工收储的"蓄水池"作用，广东、海南等地出台水产品临时收储政策，通过应急收储奖补政策，有效解决水产品积压滞销问题。五是开通全国水产品产销对接平台，发布全国水产品供需信息，推动产销对接。启动"我为湖北拼大单——湖北水产品直销云购会"公益活动，成交额达7亿多元。

（二）水产生态健康养殖推广取得新突破

启动水产绿色健康养殖"五大行动"，重点围绕推广生态健康养殖模式、水产养殖用药减量、配合饲料替代幼杂鱼、水产种业质量提升、养殖尾水治理模式推广等五方面，全面提升水产养殖业绿色发展水平。全国各省渔业主管部门，高度重视，纷纷积极响应，31个省（自治区、直辖市）均出台了配套实施方案，精心分类指导、组织专题培训、积极筹措资金为行动开展提供保障。经过一年努力，各项行动的推广基地建设总数达926个，远超预期，形成了一批可复制、可推广的绿色发展典范，为探索水产生态健康养殖良方，推进水产养殖业高质量发展发挥了积极作用。

（三）开展疫情对水产品加工影响调研

在全国多个省份开展疫情下水产品稳产保供调研工作。为落实中央"六稳""六保"有关精神，推进做好疫情防控常态化情况下稳产保供工作，由农业农村部渔业渔政管理局带队，协会和科研院所广泛参与，先后赴广西、广东、山东等多个省份开展调研，组织调研近百家水产品加工企业，开展新冠肺炎疫情期间水产品加工企业疫情防控、复工复产及政策需求方面的调研工作，密切监测受疫情冲击的水产行业生产经营现状、存在问题、主要困难及政策需求，监测覆盖水产品养殖、捕捞、加工、流通、消费等渔业全产业链。在生产方面，主要监测疫情对养殖、捕捞的影响；在流通方面，主要监测水产品局部短缺、销售和物流受阻、不合理下架、进出口贸易受限等问题；在消费方面，主要监测消费形式、销售方式等方面的变化。选择74家重点水产品加工企业作为定点监测单位进行重点监测，采取责任到人，点对点联系的方式，每周定期了解企业复产复工进度和存在的主要难题，尽可能地帮助企业解决困难。持续12周每周形成书面调查报告，为主管部门政策制定、应急保障等方面的决策提供参考。部分调研报告内容被《中国渔业经济》《中国食品报》等国内媒体约稿并刊出。

（四）举办专业研讨会，研讨产业热点问题

（1）"十四五"渔业发展集中研讨在上海举行11月6日，农业农村部渔业渔政管理局在上海组织召开"十四五"渔业发展研讨会，听取院士专家对"十四五"渔业发展规划编制和渔业科技创新战略研究的意见建议。唐启升、朱作言、麦康森、焦念志、桂建芳、包振民、刘少军院士和相关产业技术体系首席及有关专家共同为"十四五"渔业发展建言献策。

（2）"2020中国水产品大会"在福建厦门召开大会围绕国家双循环战略，以"创新、合作、共赢"为主题，以大会报告、平行论坛、开放讨论、水产品品牌发布、展览展示等形式，旨在通过充分交流，探讨产业痛点问题，寻求后疫情时代市场新机遇，提振行业信心，促进跨界融合。来自水产行业的专家、学者、企业代表，跨领域嘉宾，媒体代表等近千人参会。11月23日召开了国家水产品加工技术研发体系技术交流会议，会议讨论了疫情影响下水产品加工业发展趋势及研发体系评审工作方案，对研发体系发展历程、体系组成、重大科技成果、企业分中心风采等进行了多维度展示，受到来自国内外多家水产品加工企业的高度关注。会上开展了水产品加工技术成果转化与需求发布、成果对接签约仪式，共征集32项科技成果、23项技术需求，12家科研单位在会上做了技术成果推介。

（3）召开2020年中国小龙虾产业发展直播论坛6月12日，中国水产流通与加工协会小龙虾产业分会和中国水产养殖网联合主办2020年中国小龙虾产业发展直播论坛，论坛就小龙虾产业上半年发展面临的新情况和新局面进行了深入的探讨和热烈的交流，直播期间访问人次达到8.66万人次。论坛以全新线上直播新形式，在云端汇聚小龙虾产业专家学者、政府主管人员、餐饮企业人员、一线技术服务人员，从多角度深入解析疫情之下小龙虾产业所面临的困境，寻求突破之法，得到与会人员的一致好评。

（4）举办2020大水面生态渔业发展高峰论坛为贯彻落实农业农村部、生态环境部、林草局联合印发的《关于推进大水面生态渔业发展的指导意见》，10月，中国水产流通与加工协会联合中国水产科学研究院在甘肃省永靖县举办2020大水面生态渔业发展高峰论坛，探讨大水面产业发展相关问题。本次会议的成功召开，在促进政、产、学、研的合作，实现资源共享和优势互补，优化企业经营等方面具有重要意义。

（5）召开"现代食品加工科技系列学术讲座暨食品营养与健康学术研讨会"11月19～21日，由大

连工业大学主办，国家海洋食品工程技术研究中心、辽宁省食品科学技术学会、大连市科学技术协会、海洋食品精深加工省部共建协同创新中心、中国-加拿大食品营养与健康联合实验室共同承办的"现代食品加工科技系列学术讲座暨食品营养与健康学术研讨会"在大连香洲花园酒店召开。来自加拿大曼尼托巴大学、澳大利亚西澳大学、加拿大阿尔伯塔大学、保加利亚科学院、瑞典乌普萨拉大学、江南大学、南开大学、南京财经大学、吉林农业大学、中粮营养健康研究院、南昌大学、中国农业科学院农产品加工研究所等30余位国内外知名专家学者通过线上线下两种方式，在多时空维度下做了精彩的学术报告。大连工业大学副校长王秀山教授出席系列讲座开幕式并致辞。

（6）青岛海洋食品营养与健康创新研究院揭牌成立　12月30日，青岛海洋食品营养与健康创新研究院举行揭牌仪式。青岛市委常委、副市长薛庆国，中国海洋大学党委书记田辉，中国工程院院士包振民，中国水产有限公司董事长、党委书记伏卫民，城阳区委副书记、区长解宏劲，青岛海洋食品营养与健康创新研究院院长薛长湖出席揭牌仪式。仪式由中国海洋大学副校长闫菊主持。青岛海洋食品营养与健康创新研究院的成立，标志着青岛与中国海洋大学的关系进一步紧密。研究院聚焦的六大"海洋＋"发展方向，高度契合青岛市蓝色经济重点产业领域，希望研究院能充分发挥好科技创新引领作用，有力推动青岛的海洋食品产业跨越式发展。

（中国水产流通与加工协会　朱亚平　陈丽纯）

林产品加工业

一、经济林及花卉产业

2020年，全国经济林面积超过4 000万hm²，全国各类经济林产量为19 970.12万t。其中，水果产量最高，为16 345.95万t，占经济林产量总数的81.85%；板栗225.26万t，油茶籽314.16万t，核桃479.59万t，紫胶（原胶）3 642.00万t。全国花卉种植面积147.24万hm²，花卉销售额2 020.61亿元，出口额3.87亿美元，观赏苗木面积97.61万hm²，切花切枝切叶259.85亿枝，盆栽植物296.46亿盆，花卉市场3 282个，花卉从业人员超过650万人。

二、木材生产及林产工业

1. 商品材持续增加　2020年，全国木材（包括原木和薪材）总产量为10 257.01万m³，比2019年增加211.16万m³，同比增长2.10%。

2. 竹材产量持续增加　2020年，全国竹材产量为32.43亿根，比2019年增加9 785.76万根，同比增长3.12%。竹地板产量为6 783.25万m²，竹胶合板产量1 715.69万m³，竹笋干产量96.73万t。

3. 锯材产品产量有所增加　2020年，全国锯材产量为7 592.57万m³，比2019年增加847.12万m³，同比增长12.56%。

4. 人造板（三板）总产量增加，其他人造板产量减少　2020年，全国人造板总产量为32 544.65万m³，比2019年增加1 685.45万m³，同比增长5.46%。其中，胶合板19 796.49万m³，增加1 790.76万m³，同比增长9.95%；纤维板6 226.33万m³，增加26.72万m³，同比增长0.43%；刨花板产量3 001.65万m³，增加21.92万m³，同比增长0.74%；其他人造板产量3 520.18万m³，减少153.94万m³，同比减少4.19%。

5. 木制家具产量持续增长　2020年，全国木制家具总产量32 157.27万件，比2019年增长1.88%。

6. 纸和纸板产量均有所增长　2020年，全国纸和纸板总产量11 260万t，比2019年增长4.6%；纸浆产量7 378万t，比2019年增长2.37%，其中，木浆产量1 490万t，比2019年增长17.51%。

7. 松香类产品产量有所减少　2020年，全国松香类产品产量103.33万t，比2019年减少40.53万t，同比减少28.17%。

三、木材产品市场供给与消费

（一）木材产品供给

木材产品市场供给由国内供给和进口两部分构成。国内供给包括商品材、木质纤维板和刨花板；进口包括进口原木、锯材、单板、人造板、家具、木浆、纸和纸制品、废纸、木片及其他木质林产品。

2020年木材产品市场总供给为55 493.77万 m³，比2019年增长4.05%。

1. 商品材 2020年，全国商品材产量10 257.01万 m³，比2019年增长2.10%。其中，原木9 182.28万 m³、薪材（不符合原木标准的木材）1 074.73万 m³，分别比2019年增长1.79%和4.86%。

2. 木质纤维板和刨花板 2020年，木质纤维板产量5 935.88万 m³、木质刨花板产量为3 001.65万 m³，分别比2019年增长0.42%和0.74%。木质纤维板和刨花板折合木材供给15 187.06万 m³，扣除与薪材产量的重复计算部分，相当于净折合木材供给14 327.28万 m³。

3. 进口 2020年，我国木质林产品进口折合木材30 909.48万 m³。其中，原木5 970.80万 m³，锯材（含特形材）4 420.29万 m³，单板和人造板663.89万 m³，纸浆及纸类（木浆、纸和纸板、废纸和废纸浆、印刷品）17 140.00万 m³，木片2 434.62万 m³，家具、木制品及木炭279.88万 m³。

（二）木材产品消费

木材产品市场消费由国内消费和出口两部分构成。国内消费包括工业与建筑用材消费；出口包括原木、锯材、单板、人造板、家具、木浆、木片、纸和纸制品、废纸及其他木质林产品。2020年，木材产品市场总消费为55 493.77万 m³，比2019年增长4.05%。

1. 工业与建筑 据国家统计局和有关部门统计，按相关产品木材消耗系数推算，2020年我国工业与建筑用材折合木材消耗量为44 341.27万 m³，比2019年增长5.03%。其中，建筑业用材（包括装修与装饰）16 307.12万 m³，家具用材（指国内家具消费部分，出口家具耗材包括在出口项目中）5 919.06万 m³，煤炭业用材623.94万 m³，包装、车船制造、林化等其他部门用材1 935.99万 m³，分别比2019年下降2.79%、3.36%、1.94%和1.96%；造纸业用材18 253.38万 m³，化纤业用材1 301.78万 m³，分别比2019年增长17.89%和6.27%。

2. 出口 2020年，我国木质林产品出口折合木材10 545.85万 m³。其中，原木2.18万 m³，锯材（含特形材）48.22万 m³，单板和人造板3 126.35万 m³，纸浆及纸类（木浆、纸和纸板、废纸和废纸浆、印刷品）2 799.85万 m³，家具4 252.06万 m³，木片、木制品和木炭317.19万 m³。

3. 其他 2020年，增加库存等形式形成的木材消耗为606.65万 m³。

（三）木材产品市场供需的特点

2020年，我国木材产品市场供需的主要特点表现为：木材产品总供求中低速增长，其中，国内供给小幅扩大，进口较快增长，进口量超过国内供给量；国内需求较快增长、出口和库存小幅增加；原木与锯材产品总体价格水平和进口价格水平环比波动上涨，同比大幅下跌；进口价格水平波幅大于总体价格水平波幅。

1. 木材产品总供给中低速增长，国内供给小幅扩大，进口较快增长，在木材产品总供给中的份额回升 从国内供给看，2020年原木和薪材产量小幅增长；刨花板和木质纤维板产量略有扩大，国内木材产品实际供给增长1.02%；从进口看，木浆、纸和纸产品、木片和刨花板进口量大幅增长，原木进口量略有增加，但锯材和废纸进口量大幅下降，木材产品进口总量增长6.60%，占木材产品总供给的55.70%，提高1.33个百分点。

2. 木材产品实际总消费（国内生产消费与出口）低速增长，国内实际消费明显扩大，出口小幅增加，在总消费中的份额下降，库存增量回落 从国内消费看，2020年，造纸业和化纤业用材消耗大幅增长，家具和建筑业用材消耗小幅下降，木材产品国内消费增长5.03%；同时，木质家具和胶合板的出口量较快增长，但纸和纸板、纤维板出口有所下降，木材产品出口总规模增长3.76%，在木材产品总消费中的份额下降0.19个百分点。由于国内实际消费增速快于供给增速，尽管进口增速高于出口增速，木材产品实际总消费增速仍大于总供给增速，木材产品库存增量回落36.04%。

（四）原木和锯材价格

原木与锯材产品总体价格水平和进口价格水平环比波动上涨，同比大幅下跌，进口价格水平波幅明显大于总体价格水平波幅；从木材总体价格与进口价格的关系看，两者变化趋势高度一致。

根据商务部和中国木材与木制品流通协会发布的木材市场价格综合指数的月度数据，2020年木材（原木和锯材）价格呈现环比"微幅波动上涨"、同比"全面下降，但降幅波动收窄"的变化特征。从环比变化看，大体可分为2个阶段：第一阶段是1～9月的"波动稳定期"，市场价格综合指数在110%上下微幅波动，环比波动幅度在-1.0%～1.0%之间；第二阶段是10～12月的"持续小幅上涨期"，市场价格综合指数由9月的110.8%持续上涨至12月的114.2%。从各月环比变化看，除12月的涨幅为2.15%外，其余月份的涨跌幅度均未超过1.0%。与2019年同比变化看，各月价格全面大幅下降，降幅由1月的11.97%波动收窄至12月的4.75%，降幅范围为4.75%～12.13%，平均降幅为10.38%。其中，1～7 月的降幅为 10.78%～12.13%，8～11 月的降幅为 8.88%～9.98%。

2020 年，进口木材（原木和锯材）价格与国内市场木材价格类似，呈现环比"小幅波动上涨"、同比"全面大幅下降，但降幅波动收窄"的变化特征。从环比变化看，大体可分为 2 个阶段：第一阶段是1～9 月的"波动稳定期"，市场价格综合指数在118% 上下微幅波动，环比波动幅度在 −1.68%～1.77% 之间；第二阶段是 10～12 月的"持续小幅上涨期"，市场价格综合指数由 9 月的 118.80% 持续上涨至 12 月的 122.40%。从各月环比变化看，各月涨跌幅度未超过 1.80%，其中，5～6 月和 9 月的跌幅为 0.09%～1.68%，1～3 月价格持平，其他月份的涨幅为 0.48%～1.67%。与 2019 年同比变化看，各月价格全面下降，降幅由 1 月的 15.27% 波动收窄至 12 月的 9.27%，降幅范围为 9.27%～16.39%，平均降幅为 14.11%。其中，1～6 月的降幅为 15.21%～16.39%，7～11 月的降幅为11.68%～14.68%。

四、主要林产品进出口

（一）基本态势

1. 林产品出口小幅增长、进口略有下降，贸易顺差扩大，在全国商品出口和进口贸易中所占比重基本持平　2020 年，林产品进出口贸易总额为1 507.16亿美元，比 2019 年增长 0.24%。其中，林产品出口 764.70 亿美元，比 2019 年增长 1.43%，低于全国商品出口 3.69% 的平均增速，占全国商品出口额的 2.95%，比 2019 年下降 0.07 个百分点；林产品进口 742.46 亿美元，比 2019 年下降 0.95%，低于全国商品进口 1.02% 的平均降速，占全国商品进口额的 3.61%，与 2019 年持平。林产品贸易顺差为22.24 亿美元，比 2019 年扩大 17.90 亿美元。

2. 林产品进出口贸易中木质林产品仍占绝对比重，但份额下降　2020 年，林产品进出口贸易总额中，木质林产品占 66.78%，比 2019 年下降 1.28 个百分点。其中，出口额中木质林产品占 72.42%，进口额中木质林产品占 60.98%，分别比 2019 年下降0.48 和 2.22 个百分点。

林产品贸易以亚洲、北美洲和欧洲市场为主，且亚洲和欧洲的集中度提高；出口市场中，亚洲集中了近 50% 的份额，北美洲市场份额持续下降；进口市场中，亚洲的份额持续提高，已近 40%。从主要贸易伙伴看，美国是林产品出口的最大贸易伙伴，但所占份额持续下降；进口市场相对分散，市场份额由东南亚国家向俄罗斯、巴西和北美洲国家转移，俄罗斯

取代印度尼西亚成为我国林产品进口的最大贸易伙伴。2020 年，林产品出口总额中各洲所占份额依次为亚洲48.76%，北美洲 21.27%，欧洲 17.58%，非洲 4.45%，大洋洲 4.96%，拉丁美洲 2.98%；与2019 年比，大洋洲和亚洲的份额分别提高了 0.80 和0.63 个百分点，北美洲的份额下降了 1.34 个百分点。林产品进口总额中各洲所占份额分别为亚洲39.49%，欧洲 22.07%，拉丁美洲 14.17%，北美洲12.23%，大洋洲 8.53%，非洲 3.51%；与 2019 年比，亚洲的份额提高了 3.52 个百分点，北美洲和大洋洲的份额分别下降了 1.39 和 1.34 个百分点。从主要贸易伙伴看，前 5 位出口贸易伙伴依次是美国、日本、越南、中国香港和澳大利亚，共占 41.63% 的市场份额，比 2019 年下降 1.99 个百分点。其中，美国、中国香港和日本的份额分别下降 1.43、1.02 和0.67 个百分点，越南和澳大利亚的份额分别提高1.02 和 0.75 个百分点。前 5 位进口贸易伙伴分别为俄罗斯、美国、巴西、印度尼西亚和加拿大，集中了45.30% 的市场份额，比 2019 年提高了 3.19 个百分点，其中，俄罗斯、巴西、美国和加拿大的份额分别提高了 3.60、3.28、1.90 和 1.80 个百分点，泰国和印度尼西亚的份额分别下降了 5.81 和 4.05 个百分点。

（二）木质林产品进出口

木质林产品出口小幅增长、进口较大幅度下降，进口降幅大于出口增幅；出口产品结构基本稳定、进口产品结构变化明显；贸易顺差大幅扩大。2020 年，木质林产品进出口贸易总额为 1 006.52 亿美元，比2019 年下降 1.65%。其中，出口 553.78 亿美元，比2019 年增长 0.76%，进口 452.74 亿美元，比 2019年下降 4.44%；贸易顺差为 101.04 亿美元，比 2019年扩大 33.18%。

从产品结构看，2020 年木质林产品出口额中，木家具、纸及纸浆类产品的份额超过 75%，与 2019年比，木制品、纸及纸浆类产品的份额分别提高了0.5 和 0.24 个百分点，人造板和木家具的份额分别下降了 0.57 和 0.11 个百分点；进口额的近 90% 为纸及纸浆类产品、原木和锯材类产品，与 2019 年比，纸及纸浆类产品和木制品的份额分别提高了 2.04 和0.61 个百分点，原木和锯材类产品的份额分别降低了 1.35 和 1.07 个百分点。

从市场结构看，木质林产品进出口市场结构相对稳定，但美国的市场份额明显缩小，总体市场集中度下降。按贸易额排序，前 5 位出口贸易伙伴依次为美国 22.69%、日本 6.43%、澳大利亚 5.40%、英国5.24%、中国香港 3.99%；与 2019 年相比，前 5 位

出口贸易伙伴的总份额下降了 1.83 个百分点，其中，美国和中国香港的份额分别下降了 2.04 和 0.47 个百分点，澳大利亚的份额提高了 0.98 个百分点。前 5 位进口贸易伙伴分别为俄罗斯 10.79%、美国 9.76%、巴西 9.06%、印度尼西亚 8.13%、加拿大 7.56%；与 2019 年比，前 5 位贸易伙伴的总份额下降了 2.48 个百分点，其中，印度尼西亚和加拿大的份额分别下降了 1.44 和 1.09 个百分点。

（三）非木质林产品进出口

非木质林产品进出口中低速增长，出口增速低于进口增速，贸易逆差扩大，进出口结构变化明显。非木质林产品出口 210.92 亿美元，进口 289.73 亿美元，分别比 2019 年增长 3.23% 和 5.03%；贸易逆差 78.81 亿美元，比 2019 年增加 7.28 亿美元。

从产品结构看，与 2019 年相比，出口额中，森林蔬菜、木薯类，茶、咖啡、可可类，调料、药材、补品类的份额分别下降 5.20、0.91 和 0.60 个百分点，林化产品和果类的份额分别提高 5.06 和 1.25 个百分点。进口额中，森林蔬菜、木薯类，调料、药材、补品类的份额分别提高 4.29 和 1.45 个百分点；

果类和林化产品的份额分别下降 3.33 和 2.18 个百分点；其他产品的份额变化微小。

从市场分布看，出口市场相对分散，市场集中度进一步小幅下降；进口市场比较集中，市场集中度明显提高。按贸易额，前 5 位出口贸易伙伴的份额依次为越南 14.07%，美国 8.27%，中国香港 7.89%，日本 7.74%，泰国 7.14%；与 2019 年比，前 5 位出口贸易伙伴的总份额下降了 2.40 个百分点，其中，中国香港和日本的份额分别下降了 2.36 和 1.61 个百分点，越南的份额提高 1.44 个百分点。前 5 位进口贸易伙伴的份额分别为泰国 23.29%，印度尼西亚 15.03%，马来西亚 9.87%，智利 8.36%，越南 6.81%；与 2019 年比，前 5 位进口贸易伙伴的总份额提高了 4.45 个百分点，其中，泰国、马来西亚和越南的份额分别提高了 3.07、1.72 和 1.61 个百分点，智利的份额下降了 1.30 个百分点。

（国家林业和草原局发展规划与资金管理司　林琳　于百川）

农作物秸秆加工业

一、基本情况

2020 年，全国粮食播种面积 11 677 万 hm²，粮食总产量达到 66 949 万 t，比 2019 年增加 565 万 t，增长 0.9%，创历史最高水平。作为粮食生产附属产物的秸秆，产量也达到历史新高。如何有效地利用秸秆，避免焚烧秸秆造成环境污染，实现秸秆经济效益、社会效益和生态效益，成为农作物秸秆加工业的关键问题。

（一）主要成就

2020 年，在国家及各级政府的共同努力下，各地根据实际需要重点推广了秸秆还田、秸秆养畜、秸秆能源化利用等技术，综合利用效果显著。

1. 秸秆综合利用率稳步提高　近几年，中央财政不断加大对秸秆综合利用的资金投入力度，在全国以县为单元开展整县推进秸秆综合利用工作。2020 年，中央财政安排资金 27 亿元，全面实施秸秆综合利用行动，坚持农用优先、多元利用的原则，以肥料

化、饲料化、燃料化为主要利用方向，支持各地结合实际，突出重点，培育秸秆综合利用市场主体达到 2.9 万家，全国秸秆综合利用率超过 87%。

2. 秸秆综合利用机械持续增加　在农业机械购置补贴的基础上，各级政府加大对秸秆利用机具的补贴力度，秸秆综合利用机械持续增加。2020 年，秸秆粉碎还田机拥有量达到 100.09 万台，比 2019 年增加 3.04 万台，增幅达到 3.13%；秸秆打（压）捆机拥有量达到 13.18 万台，比 2019 年增加 2.38 万台，增幅达到 22.03%；免耕播种机拥有量达到 106.86 万台，比 2019 年增加 3.46 万台，增幅达到 3.34%；青饲料收获机拥有量达到 5.63 万台，比 2019 年增加 0.49 万台，增幅达到 9.61%。

3. 秸秆机械化粉碎还田面积再创新高　秸秆机械化直接粉碎还田，不仅省工节本，而且简便易行，同时有利于改善环境，培肥地力，逐步提高土壤有机质含量，实现农业可持续发展。2020 年机械化秸秆还田面积 5 636.557 万 hm²，比 2019 年增加 203.381 万 hm²，增幅达到 3.74%，成为秸秆综合利用最主要的途径。

4. 秸秆养畜持续发展　2016 年以来，国家在"镰刀弯"地区和黄淮海玉米主产区 17 个省份和黑龙江省农垦总局，启动实施粮改饲政策，累计安排中央财政资金 94 亿元，选择牛羊养殖基础好、玉米种植面积较大的县实施全株青贮玉米等优质饲草料收贮的粮改饲补贴。2020 年，全国完成粮改饲面积 122.267 万 hm²，比 2019 年增加了 22.267 万 hm²，增长 22.27%；秸秆捡拾打捆面积 1 156.853 万 hm²，比 2019 年增长 271.217 万 hm²，增幅 30.62%；机械化青贮秸秆 9 631.07 万 t，比 2019 年增加 553.08 万 t，增幅 6.09%。

5. 秸秆能源化利用技术发展迅速　为了推动秸秆能源化利用技术，中央财政连续安排专项经费支持农村沼气和生物天然气工程建设，鼓励以农作物秸秆、畜禽粪便等多种农业有机废弃物作为发酵原料，支持建设了一批沼气工程和生物天然气工程。截至 2020 年年底，全国沼气工程保有量 9.3 万处，总池容量达到 2 180 万 m³，年处理秸秆、畜禽粪污近 2 亿 t。此外，我国生物质发电装机容量达到 2 952 万 kW，处理了大量农作物秸秆、农林剩余物，对促进生态文明建设、改善乡村环境、增加清洁能源供应、应对大气污染和气候变化、推动农业发展和农民增收具有重要意义。

（二）存在问题

2021 年我国秸秆综合利用在机械化利用设备、粉碎还田、秸秆养畜、能源化利用方面取得了较大的成就，但是由于政策、资金、技术及认识等方面的差距，致使我国秸秆利用仍存在一些问题。

1. 秸秆焚烧现象仍然存在，危害严重　近几年，各级政府加大了对秸秆焚烧的管理力度，出台了一系列政策，秸秆焚烧点的数量不断下降。但是，焚烧现象仍然存在，并且危害严重。2021 年，河北、浙江和山西等省市发生了秸秆焚烧引起的火灾，尤其是发生在黑龙江省焚烧秸秆引起芦苇火灾，导致列车停车 46 分钟，虽然经当地有关部门迅速组织力量扑灭，未造成人员受伤及列车损伤，但是也造成了极大的影响。

2. 科技支撑能力低，积极性不高　秸秆综合利用部分关键技术尚未突破或成熟，如秸秆发电及制作成型生物质颗粒存在锅炉腐蚀、结焦、热值低和机组效率低下等问题，秸秆饲料适口性差、消化率低，秸秆气化存在燃气质量低、二次污染等问题，一定程度上影响了秸秆综合利用的积极性。

3. 秸秆储运难度大，成本较高　秸秆的产生具有季节性，导致秸秆收集时间集中和紧迫。我国秸秆收储运体系建设刚刚开始，相关技术和装备比较缺乏，没有形成规范、高效的收储运模式。随着秸秆原料需求量增加、秸秆竞争性用途增多，农民为追求更大利润会抬高价格，企业为了寻求低成本原料，会扩大收购半径，运输距离过长，造成收集成本过高。此外，秸秆自然堆放体积大，占地广，还极易引发燃烧事故，消防责任重。

（三）成效显著的地区

在各级政府的指导下，全国各地加大了秸秆综合利用工作的力度，秸秆利用普遍取得了良好的效果，江苏、陕西、安徽、河南等地农作物秸秆综合利用效果较为突出。

1. 江苏省　江苏省一号文件提出，要加大秸秆综合利用，提升农业绿色发展水平，按照"疏堵结合、以疏为主"为原则，发挥"铁脚板＋大数据"优势，构建了市、县、乡、村四级网格化全覆盖监管体系，形成联防联控、齐抓共管的工作局面，实现了夏季"零火点"的成绩单。2020 年，江苏省稻麦秸秆机械化还田面积 290 万 hm²，综合利用率超过 95%。

2. 陕西省　陕西省农作物秸秆每年产生量为 1 440.6 万 t，可收集资源量为 1 253.4 万 t，累计推广秸秆还田 163.807 万 hm²。截至 2020 年底，全省秸秆综合利用机械拥有量达到 24 万余台，年加工秸秆饲草能力达到 800 万 t，小麦、玉米、水稻三大农作物秸秆机械化综合利用率达到 93.44%。其中，省政府确定的重点区和禁烧区利用率达 100%。

3. 安徽省　作为农业大省，安徽省全年粮食产量超过 4 000 万 t，每年农作物秸秆可收集量 4 800 万 t 左右。为了有效利用秸秆，2018 年，安徽省出台了秸秆综合利用三年行动计划，明确提出具体目标，出台相关政策措施。经过多年综合施策、强力推动，2020 年，秸秆综合利用规模企业已达 1 860 家，总产值 216.12 亿元，秸秆综合利用率达 91.7% 以上，其中产业化利用量占利用总量的 45.67%，能源化和原料化利用量占利用总量的 29.26%。

4. 河南省　2020 年，河南省各级农业农村部门一手抓秸秆禁烧，一手抓疫情防控，采取技防人防结合，充分发挥"蓝天卫士"监控系统作用，省、市、县、乡四级"蓝天卫士"监控平台值班人员昼夜在岗，4.8 万多支乡村处置队伍排班待命，30 多万网格管理责任人日夜巡查，一旦发现火情，迅速传递信息，快速有效处置，把火情消灭在萌芽阶段。全年各类焚烧火情与上年相比下降 18%，全省秸秆综合利用达到 90% 以上。

二、新产品和新技术

国家以及各级政府为了提高秸秆利用，针对困扰秸秆综合利用发展各种技术开展攻关研究，在秸秆资源化利用、秸秆发酵、秸秆捡拾等方面取得了新的成就，有力地推动了农作物秸秆的综合利用，提高了农作物秸秆的经济价值和社会价值。

1. 秸秆资源化利用关键技术与装备研发　宁夏科学技术厅组织有关专家对宁夏大学、浙江大学等单位承担的宁夏回族自治区重点研发计划项目"秸秆资源化利用关键技术与装备研发"进行了验收。项目研制了全封闭滚动式智能发酵一体机、全封闭生物转化负压脱水一体机、秸秆原位收集—粉碎—混菌补氮—还田一体机等秸秆资源化利用装备7台套；研发了秸秆降解复合酶制剂3种、复合微生物制剂4种；形成秸秆酶解、菌解及菌酶协同技术6套；开发了一系列枸杞、葡萄、玉米秸秆基环保新产品，包括有机肥料6种、栽培基质1种、栽培桶1种、饲料4种，节约成本20%～30%；获授权发明专利8件、实用新型专利10件、受理发明专利8件；编制技术规程6项；获批肥料登记证2个；发表论文23篇；培训农民298人次。建立了秸秆资源化利用示范中心3个，核心示范区的秸秆资源化利用率达95%以上，年处理各类秸秆达18万t，经济、社会、生态效益显著。

2. 单一黄秸秆干式横向塞流生物发酵成套技术装备及应用　中国工业节能与清洁生产协会组织专家对必奥新能源科技有限公司研发的"单一黄秸秆干式横向塞流生物发酵成套技术装备及应用"进行了技术成果鉴定会。项目成功研发了单一黄秸秆干式横向塞流生物发酵成套技术与装备，以黄秸秆为原料，经厌氧发酵生产生物天然气、有机肥料等产品，实现废弃物资源循环利用，解决了针对农作物单一黄秸秆处理这一行业难题，同时通过几年的商业运营，项目具有良好的环境效益、社会效益、经济效益。

3. 自走式稻麦秸秆捡拾—割捆及收获打捆关键技术与装备　江苏大学主持完成的"自走式稻麦秸秆捡拾—割捆及收获打捆关键技术与装备"项目获得"2020—2021年度神农中华农业科技奖三等奖"。该项目解决了稻麦收获时水稻割捆晾晒、秸秆田间捡拾打捆、秸秆不落地打捆等不同收获农艺要求中存在的田间行走、捡拾打捆、稻秆压缩、打捆成形等难点问题。项目突破了茎秆中位捆扎自然落地及穗头自然松散的割捆晾晒技术，研制的履带自走式半喂入收割打捆装备，实现了高价值稻米的割捆晾晒后熟增产、免烘干、丰产增收；突破了稻麦籽粒收获与秸秆不落地打捆技术，研制的稻麦联合收获打捆复式作业装备，实现了稻麦收获打捆一体化作业。

三、行业活动

1. 2021年5月20～21日，以"新视角、新探索、新机遇"为主题的"IBS2021第九届中国国际生物质能源与有机固废资源化利用高峰论坛"在杭州举办。现场汇集了行业内权威专家、政府领导、先进技术和设备提供商、设计院和业内专业高校及研究所负责人等500多位嘉宾莅临现场。会议期间，50位行业大咖就行业焦点话题、热门政策、先进技术展开精彩分享。场外特设精品展台，近70家单位携先进技术和产品，同与会嘉宾及其他单位进行一对一交流。

2. 由农业农村部科技教育司组织的全国"三夏"秸秆综合利用现场会于2021年6月21日在胶州市召开，吸引全国30个省、直辖市、自治区的百余名农业农村部门相关负责人、秸秆综合利用专家参会。现场围绕机械化秸秆综合利用，分6个环节演示了小麦收获、搂草、还田、打捆、深松、免耕、植保等全程机械化作业流程。现场会还展示了平度新河草编、黄岛泊里红席和泊里麦草画，这些精美的秸秆制品是秸秆原料化利用的典型代表，工艺历史悠久、制作精美，被认证为"省级非物质文化遗产"，真正实现了"变废为宝"。此外，现场还展出了秸秆肥料化和基料化利用新技术新模式，向参会代表展示了青岛地区秸秆利用情况。

3. 2021年8月20日，农业农村部发布了"关于开展2021年农业农村部重大引领性技术集成示范工作的通知"，将"秸秆炭化还田固碳减排技术"列为十大技术之一。该技术将秸秆直接还田变为"收储—炭化—产品化—还田"的技术链条，以炭化技术为基础，通过碳基农业投入品的产业化、规模化应用，实现农田土壤碳封存并减少温室气体排放，促进秸秆全量化利用和耕地质量提升。

4. 2021年9月2日，农业农村部科教司会同规划司、计财司、种植业司、畜牧兽医局、农机化司、农田建设司、部生态总站、中国农科院等单位召开农作物秸秆综合利用座谈会。生态总站、中国农科院环发所、作科所、饲料所等专家分别围绕秸秆综合利用总体情况、秸秆还田、能源化利用、燃料化利用作了专题报告。与会人员围绕碳达峰碳中和战略下，如何创新思路打法，采取有效措施，推动秸秆高质高效利用进行了充分交流。

5. 2021年9月23日，由中国再生资源回收利用协会农林废弃物综合利用分会协办的"2021农业固废（生物质）高值化利用论坛"在吉林省长春市成功举办。论坛以"创新资源利用、发展低碳产业"为主题，重点围绕农业废弃物，如秸秆、玉米芯等生物质资源的利用关键技术（生物炼制化学品、生物基材料等）及相关产业化实践进行深入探讨。

6.2021 年 10 月 10～11 日，农业农村部科技教育司、农业生态与资源保护总站在内蒙古自治区莫力达瓦达斡尔族自治旗组织开展了秸秆生态补偿制度创设调研交流活动。来自内蒙古、山西、吉林、湖北、湖南、广西、云南等 7 省（自治区）农业农村厅有关同志，10 个秸秆补偿制度创设样板县农业部门负责同志参加了本次活动，共同交流工作中的好经验好做法，研讨下一步工作思路。活动指出，推进秸秆利用生态补偿制度创设，将秸秆综合利用与耕地地力保护等相关补贴资金挂钩，充分发挥补贴政策的绿色生态导向作用，提高补贴政策的精准性、指向性和实效性，是推动农业农村减污降碳协同增效、促进绿色低碳循环发展的重要举措。

7.2021 年 12 月 3 日，农业农村部科技教育司会同部规划设计研究院联合举办秸秆全量利用县建设进展交流活动。全国各省、自治区、直辖市、有关计划单列市农业农村（农牧）厅（局、委）及北大荒农垦集团负责秸秆综合利用处（办、站），2021 年全国秸秆综合利用重点县农业农村部门，农业农村部秸秆综合利用专家指导组有关专家在"云上"参加本次交流

活动。会议分析了工作推进中的问题困难，提出了下步工作打算。

8.2021 年 12 月 3～4 日，2021 年安徽秸秆暨畜禽养殖废弃物综合利用产业博览会在安徽省合肥市举办。以"资源化利用产业化发展"为主题，总布展面积 3 万 m^2，吸引了省内外 920 家企业参展，其中，489 家企业实体展示，431 家企业线上展览。此次博览会现场签约秸秆综合利用项目 79 个、签约金额 81.1 亿元，覆盖肥料化、饲料化等重点利用领域，以及收储运、机械制造等全产业链关键环节。

9.2021 年 12 月 16 日，农业农村部科技教育司、农业生态与资源保护总站在北京举办秸秆还田生态效应监测年度总结交流活动。会议充分肯定了各地和各团队在推动秸秆科学还田方面取得的成绩，强调秸秆还出是增加土壤固碳潜力的有效途径，是农业农村减排固碳的重要抓手，是夯实国家粮食安全基础的有力支撑，要充分认识秸秆还田的重要意义，站在更高的层次去认识和把握，持续推进高水平秸秆还田工作。要进一步提高认识，客观、科学、有效地开展还田监测工作，组织撰写区域性监测报告，形成一系列政策建议、科学报告、技术规程和产业模式。

（天津市农业机械与农业工程学会　辛永波　宋樱　张全超　胡伟）

食品与包装机械制造业

2020 年上半年，新型冠状病毒肺炎疫情对中国食品装备行业产生了较大的冲击，行业企业最初面临了防护用品欠缺、停工停产、订单骤减、供应链阻断等很多困难。在困难面前，食品装备行业企业积极响应党和政府的号召，共克时艰，复工复产，贯彻落实中央"六稳""六保"决策部署，体现了行业很强的发展韧性。下半年，在疫情常态化阶段，食品装备市场回暖，行业企业快速调整经营战略，积极面对新经济形态、重构产业链供应链、开拓新消费市场、体验新消费理念、学习新商业模式，很快弥补了上半年疫情带来的不利影响。企业在数字化、智能化技术提升方面加大投入，产品结构升级趋势明显，不断创造新的市场增长点。

一、行业概况

（一）"十三五"期间食品装备行业取得的成就

"十三五"期间，食品装备行业总体发展态势良好，行业平均增长率高于全国机械工业的整体增长速度，在行业规模、产业结构、产品水平、国际竞争力等方面都有了较大幅度的提升，行业企业为我国的经济建设和社会发展做出了积极贡献。

1. 行业经济运行态势持续增长　"十三五"期间，上海普丽盛、杭州中亚、江苏新美星、杭州永创智能、乐惠国际等行业骨干企业陆续上市。资本市场为中国食品装备行业发展提供了资金支持。企业资本运作加快了行业的产品结构调整，增强了行业企业的综合竞争能力。中国食品装备行业 2016—2020 年经

济指标见表1。

表 1　中国食品装备行业 2016—2020 年经济指标

单位：亿元

分类名称	2016 年		2017 年		2018 年		2019 年		2020 年	
	营业收入	利润总额	营业收入	利润总额	营业收入	利润总额	营业收入	利润总额	营业收入	利润总额
食品机械行业	1 259.73	89.41	1 217.15	84.19	1 184.94	86.34	824.39	57.13	606.26	39.86
包装机械行业	377.84	20.07	378.74	25.76	310.46	23.54	354.60	42.05	410.08	33.81

2. 自主创新促进行业快速发展　我国食品装备行业企业自主创新能力不断提高，多项制约行业发展的新技术得到突破，产品结构向多元化、优质化、功能化方向发展，在智能化、高速化、绿色化产品研发方面有很大进步。高端的关键装备、成套装备的技术水平与国际先进水平逐步接近；中端产品已基本实现国产化，整机的技术水平和可靠性已逐年提高；低端产品由于存在技术配置低、故障率高、能耗高等缺陷，在结构调整中正逐步改造或淘汰。

3. 产业结构调整取得明显成绩　我国食品工业和食品装备的转型升级过程明显加快，传统酿造、面食、肉类等领域食品生产的自动化、智能化水平不断提升；休闲食品潜力巨大，带动了食品装备行业的蓬勃发展；液态食品领域的技术装备升级不断推进，其白酒和调味品的智能化酿造装备已经开始进入大规模推广阶段，尤其是以小曲清香为主的白酒产品，从智能酿造到智能包装，已经非常成熟；新兴业态产业提速，如标准化、工业化的中央厨房装备进程不断提速。

4. 产学研技术创新模式基本形成　我国食品装备行业已基本形成依托（国家）食品装备产业技术创新战略联盟、以大中型骨干企业为主体、以科研单位和高等院校为支撑、产学研相结合的技术创新模式。在各个细分领域扶持了一批具有较强科技创新能力的食品装备企业。

5. 行业国际竞争力增强，贸易顺差持续扩大　国际贸易方面，我国食品装备行业在 2015 年实现了行业国际贸易顺差，之后逐年扩大，显示出我国食品装备在国际上的竞争力不断提升。中国食品装备行业 2016—2020 年产品出口额见表 2。

表 2　中国食品装备行业 2016—2020 年产品出口额

单位：亿美元

机械类别	2016 年	2017 年	2018 年	2019 年	2020 年
食品和包装机械	39.10	43.60	61.59	68.37	57.01

食品装备行业骨干企业在开展国际市场方面取得了很大进步，部分企业年出口额超过了本企业年销售额的 40%以上，产品出口主要集中在越南、泰国等东南亚国家和地区，以及印度、俄罗斯等国家；精酿啤酒装备出口美国、加拿大、俄罗斯等国家；制糖技术及成套化设备已经出口到东南亚、非洲、南美洲一些国家和糖业相对发达的韩国和澳大利亚。

（二）2020 年食品装备行业概况

2020 年，全国累计 1 097 家规模以上食品装备企业完成主营业务收入 1 194.28 亿元，同比增长 1.30%。其中，包装专用设备制造相较 2019 年有较大增长，同比增长 7.51%；商业、饮食、服务业专用设备制造同比增长 2.87%；农副食品加工专用设备制造大幅下滑，同比增长 −16.97%；食品、酒、饮料及茶生产专用设备制造，同比增长 −3.88%。

全国 1 097 家规模以上企业实现全年利润总额 87.46 亿元，同比增长 −11.82%，行业利润率为 7.32%，比 2019 年利润率的 8.41%降低了 1.09 个百分点，其中农副食品加工专用设备制造的利润下滑幅度较大，拉低了食品装备行业整体效益，但从细分领域来看，包装专用设备制造利润总额 33.81 亿元，同比增长 25.47%，利润率 8.24%；商业、饮食、服务业专用设备制造利润总额 4.30 亿元，同比增长 13.83%，利润率 6.52%。由此说明食品装备行业在 2020 年发展尚不均衡，食品装备行业整体效益受到 2020 年新冠肺炎疫情的影响比较大。

（三）2020 年食品装备行业主要经济指标

2020 年 1~12 月食品装备行业主要经济效益见表 3。

表3 2020年我国食品装备行业主要经济效益数据

分类名称	企业数（个）	营业收入（亿元）		利润总额（亿元）		利润率（%）	
		全年累计	同比增长（%）	全年累计	同比增长（%）	全年累计	上年同期
农副食品加工专用设备制造	295	317.49	−16.97	21.52	−21.56	6.78	7.28
包装专用设备制造	386	410.08	7.51	33.81	25.47	8.24	11.86
食品、酒、饮料及茶生产专用设备制造	292	288.77	−3.88	18.34	−5.63	6.35	6.47
烟草生产专用设备制造	60	112.03	4.31	9.49	21.41	8.47	7.07
商业、饮食、服务业专用设备制造	64	65.91	2.87	4.30	13.83	6.52	6.52
合　计	1 097	1 194.28	1.30	87.46	−11.82	7.32	8.41

二、行业发展分析

（一）食品装备行业产业结构有所调整

2020年上半年，我国食品装备行业整体状况受新型冠状病毒疫情影响，全年经济指标波动较大。食品装备企业在做好疫情防控的同时，积极复工复产、苦练内功，在产品品质提升和技术创新方面下功夫，为下半年企稳回升奠定了基础。下半年，我国食品装备行业累计利润增速继续实现由负转正后的稳步回升，下半年行业效益增长明显。总体看，利润增长呈现以下特点：一是产品生产和销售保持较快增长；二是中高端制造业利润增长加快；三是用于白酒等传统行业的装备盈利状况有所改善。下半年，我国食品装备行业细分领域技术水平都有较大进步。

1. 乳制品装备　常温酸奶产品市场规模及需求增加，低温产品和奶酪制品快速增长，促进了乳制品装备生产企业产品的技术升级，乳制品前处理工艺装备、高速无菌包装等关键设备产品已经在伊利、蒙牛、君乐宝、新希望等头部乳制品生产企业大量投入使用。乳制品后段包装领域，智能化、数字化和机器人技术的应用更为普遍。

2. 中央厨房装备　2020年，国内中央厨房行业市场规模已经达到145亿元，较上年增长5.84%，中央厨房装备迎来了黄金发展期。随着食品安全更加严格，中央厨房装备的自动化、供应链数字化技术应用得到提升，如智能化货架、自动化保鲜设备以及全方位温控系统等。

3. 白酒专用设备　2020年，白酒装备领域加快了智能化发展的步伐，泸州老窖、古井贡、五粮液等龙头企业纷纷也在加大智能化技术革新的力度，新型白酒融合性工艺开始得到应用，浓香、清香和酱香型白酒加速应用智能化酿造工艺，依靠大数据、工业机器人、数字化营销等高科技实现传统白酒企业智能化转型升级，并逐步运用到智能化酿造和高速灌装智能工厂的建设。

（二）头部企业的实力情况

2020年，头部企业保持了企业实力，仍以"创新驱动、智能升级"为发展目标，产品设计研发植入了节能降耗减污的绿色理念，从源头遵循绿色发展。注重研发，提高整体方案设计能力、加大技术创新力度，在中高端产品上取得突破，推出了系列绿色智造产品。在疫情常态化环境下，头部企业在企业管理方面开始实现转型升级，开发工业生产设备联网解决方案，实现大量远程设备的连接管理、数据采集、存储和传送功能，从而实现远程监控、设备管理、数据分析，解决了故障回溯检查中发现的问题；在突破"卡脖子"技术方面，开发高速封盖机摆脱用户对国外设备的依赖；在装备技术升级方面，头部企业突破固有模式，开辟新增长点，创新产品技术，如在食品装备数字化转型方面，头部企业在吹瓶技术、无菌灌装、吹贴灌旋、智能酿造、乳品柔性无菌纸盒灌装、异形瓶机器人装箱、精酿啤酒装备生态链等众多产品技术方面都有突破。

（三）食品装备产品技术升级趋势

2020年，食品企业使用国产装备的数量增加，尤其是中端产品和部分高端产品，国产装备性价比高。技术更新换代优势明显，如光明莫斯利安、伊利安慕希、蒙牛纯甄、三元冰岛、君乐宝开啡尔等常温酸奶的专用包装开始使用国产钻石包；大型乳品、饮料柔性灌装生产线的市场占有率也逐步提高。我国的食品装备技术水平与国际先进水平的差距在不断缩小。

食品装备行业头部企业产品技术水平不断提高，中小企业也在逐步依靠技术和创新开拓市场。在柔性自动化装备、智能酿造、工业机器人技术、视觉伺服技术、智能检测、蒸馏发酵、精密模具、后道包装的智能化升级等方面都在不断提升市场竞争力，扩大市场份额。

（四）标准化工作取得成绩

2020 年，食品装备行业开展了国家标准化管理委员会、工业和信息化部和中国机械工业联合会部署的轻工机械标准化优化工作，对机械工业食品机械标准化技术委员会进行了委员调整优化，对全国轻工机械标准化技术委员会制酒饮料制糖机械分技术委员会进行了机构重设和调整优化。完成 20 项行业标准和 4 项企业标准的制订；完成了 2020 年度全国企业标准"领跑者"评估工作，广东轻工机械二厂智能设备有限公司和合肥中辰轻工机械公司的 4 项企业标准入选"领跑者"名单。制订了团体标准 T/CLIMA 001—2021《工坊啤酒设备售后服务规范》、T/CLIMA 002—2019《无菌吹灌旋一体机验收规范》。中国食品和包装机械工业协会标准技术委员会在 2020 年完成了 11 项行业技术标准的制订和发布，促进行业有序、健康发展。

（五）食品装备产品进出口情况

2020 年，中国食品装备行业全年实现进出口贸易总额 89.46 亿美元，同比增长－19.12%。其中，出口额 57.01 亿美元，同比增长－16.62%；进口额 32.45 亿美元，同比增长－23.18%。由此可见，2020 年进出口额出现大幅下滑（表 4）。

表 4　2020 年中国食品装备行业进出口数据

单位：亿美元

分类名称	出口额		进口额		进出口额总计	
	全年累计	同比增长（%）	全年累计	同比增长（%）	全年累计	同比增长（%）
食品机械行业	27.58	－17.35	18.75	－21.68	46.33	－20.31
包装机械行业	29.43	－15.91	13.70	－21.58	43.13	－17.80
合　计	**57.01**	**－16.62**	**32.45**	**－23.18**	**89.46**	**－19.12**

从细分行业来看，2020 年食品机械实现进出口总额 46.33 亿美元，同比增长－20.31%。其中，出口额 27.58 亿美元，同比增长－17.35%；进口额 18.75 亿美元，同比增长－21.68%。

包装机械 2020 年实现进出口总额 43.13 亿美元，同比增长－17.80%。其中，出口额 29.43 亿美元，同比增长－15.91%；进口额 13.70 亿美元，同比增长－21.58%。

从以上数据可以看出，2020 年全年贸易顺差较 2019 年呈现负增长，食品机械的出口额增长要高于进口增长 4.33 个百分点，包装机械出口额增长要高于进口增长 5.67 个百分点，显示出我国食品和包装机械进出口均受到国际疫情及贸易摩擦的严重影响。

（六）绿色制造、智能制造

2020 年，食品装备行业的智能制造、绿色制造方面进步很大。

1. 传统生产线的改造升级　乳制品、饮料、酒类、方便食品、肉类等自动化、智能化程度较高的细分领域以改造升级为主，普遍以智能化和数字化为目标。其中，方便食品行业在疫情的冲击下，逆势中迸发出无限活力，机械设备的自动化和智能化水平需求已经站在了历史高位，生产线自动化程度越来越高。在装备设计上更加注重节能环保和降低物料损耗，在

提高单机产量，降低方便食品制造企业的生产成本上成效显著。智能应用的细分、定制化的设计、多学科的技术融合成为方便食品行业机械设备的创新亮点。

2. 人工智能设备优化了白酒看花摘酒技术　对酿造中酒花进行视觉采集泡沫的大小、形态、分布状态、持续时间等进行分析，依靠先进的分析仪表对过程中的酒精浓度、密度、温度、流量等参数实时测量，和视觉图片自动匹配形成数据库，通过 5G 网络上传至总部数据中心，其数据经 AI 智能不断训练进化，最终取代人工完成酒品鉴定。

3. 酒精生产装备的智能化、数字化水平得到提升　借助互联网，实现"互联网＋酒精生产过程控制与优化专家系统"，达到现场层和信息层的互联互通，实现酒精生产过程的数字化集成管控，最终建成数字化、自动化、智能化，数据可采集、信息可追溯、管控一体的酒精互联网化的工厂。

4. 中央厨房、果蔬加工、冻干食品加工、传统食品技术装备、自动化酿造、精酿啤酒等领域智能制造水平快速提高　如海底捞、西贝、天府智慧大厨房、首农集团、湘粮集团等企业及多地机场、院校，已建成或成功使用了智能化的中央厨房。中央厨房集中体现了餐饮食材加工的集约化、规模化、标准化。借助现代化信息技术、发挥大数据优势，提高了食材

到菜品的效率，凭借在成本控制、集中采购、标准化作业以及加工配送方面的优势，比传统配送节约近30%左右的成本，同时有效解决了食品安全问题、节能环保问题，是传统食品行业装备智能化转型升级的可借鉴模板。

5. 企业管理数字化开始广泛应用 食品装备行业一部分企业已经实现了生产经营数字化、经营业绩数字化、经营管理数字化等基础设施建设和应用，并能够搭建优质的远程运维服务平台，实现客户现场和装备企业技术支持的远程同步、培训和诊断。不少企业通过合作，搭建面向机械制造、食品等行业"5G＋工业互联网"公共服务平台。

（七）发展亮点与新增长点

1. 方便食品装备领域快速增长 2020 年新冠肺炎疫情，加快了方便食品行业发展的步伐，带动了方便食品装备的增长。2020 年上半年，中国方便食品消费增长了 1.5 倍，疫情最严重的 2 月份的方便食品增幅达到了 21.3 倍的爆发。下半年市场依然有着稳定的增长。由此可见，方便食品企业对装备自动化和智能化有了更高的要求，信息化软件、工业机器人等在食品装备中的应用趋于广泛，主机和生产线的自动化水平越来越高，以无人或者少人操作为特征的智能化装备研发的进程显著提升。

2. 中央厨房装备领域保持高速增长 2020 年，受疫情影响和政府大力倡导，校园对学生饮食格外重视，学生营养餐中央厨房建设需求持续上升，上半年疫情重创了餐饮行业，下半年餐饮业纷纷投资建设中央厨房，主要服务于学校、机关、实体单位等团体用餐需求。中央厨房的建设增长，促进了中央厨房装备的高速发展。中央厨房装备融合食品物理加工技术、传感技术、在线检测技术、物联网技术，实现中式中央厨房标准化与智能化加工；在智能化主食机械设备与仓储物流配送方式方面，实现主食安全化、成品化、方便化、营养化、节约化等；提高净菜整体处理效果，实现蔬菜机械加工设备向智能、节能和环保方面发展。

3. 数字化、智能化水平保持显著上升态势 2020 年，对于食品装备行业，现代化信息技术重构传统制造将带来巨大价值，工业产品正向数字化智能网络产品快速转变。智能化提升方面，无论是中小型单机，还是大型液态包装设备，通过大规模应用芯片、PLC（可编辑逻辑控制器）、伺服零部件、触摸屏等极大提升了产品的硬件智能化水平，标准的工业接口和无线应用设备的嵌入使得设备本身对"5G＋工业互联网"、远程控制、云存储和云计算、虚拟仿真、虚拟调试、能源管理、智能巡航、震动检测等应用提供了

很好的基础。此外，大量软件甚至是基于大数据的自学习型软件系统的嵌入使得装备本身的智能化提升到前所未有的高度。整线数字化和整线智能化方面大幅提升。包括工艺极其复杂的大型智能化酿造产线和系统、大型乳制品生产工艺控制和管理系统，大型制造企业生产过程执行管理（MES）系统与 ERP（企业资源计划系统）、PLM（产品生命周期管理系统）、CPS（信息物理系统）、CAPP（计算机辅助工艺过程设计系统）等进行集成，甚至是基于大数据的辅助决策系统等已经开始陆续在食品制造业投入使用。全面落实两化融合创新发展战略，支撑实体经济数字化转型，实现车间生产制造过程的可视化、透明化、规范化，达到"快速响应、均衡生产、用工具提升效率和品质"的管理目标。陆续建成的智能化工厂大人提高了食品制造企业的生产效率，降低了生产成本，提高了决策的效率和速度。

4. 食品安全可追溯和检测装备发展迅速 2020 年，由于疫情影响，需要大量应用食品安全技术装备。旺盛的市场需求，倒逼食品安全装备的技术升级。从食品制造企业反馈的数据来看，绝大部分食品生产企业已经把食品安全追溯和食品安全检测作为企业生产过程的标准配置。食品安全可追溯方面，随着疫情常态化的当下，食品安全再次推到"风口浪尖"，市场更加注重冷链食品和进口食品的追溯技术和系统。在"云"技术的支持下，标准化的读码、赋码设备和系统，视觉检测设备和系统等，已经成为食品企业数字化建设的重要支撑和延伸，以及对消费者大数据分析的重要保障。食品安全检测装备方面，越来越多的食品生产企业在原材料筛选过程检测和抽样检测、原材料处理过程检测与监控、包装完整性检测、异物检测等各个环节大量应用食品安全检测设备和系统。国家和地方层面纷纷出台政策、采取行动以推行食品安全放心工程建设，我国食品安全整体水平得以提升。但随着"网红食品"的日益火爆，与之相关的食品安全隐患随之暴露。考虑到人们对"健康食品""绿色食品"的需求日益增长，且政策环境利于检测装备行业的发展，未来"网红食品"将为食品安全检测装备行业带来新的增长动力。

三、行业面临的问题

（一）全球疫情对企业产品出口影响依然很大

2020 年，新冠肺炎疫情在全球蔓延，截至 2020 年 11 月 11 日，有 63 个国家（地区）对货物贸易（除医疗物资外）采取措施，有 171 个国家（地区）

对船舶/航班/列车采取措施，有 116 个国家（地区）对边境口岸采取措施，有 188 个国家（地区）对人员入境采取措施。货运塞港、路运不畅等问题经常发生，出口货物运输成本和企业外派员工成本成倍增加。疫情叠加贸易保护主义加剧国际贸易下行压力，特别是中美各领域贸易冲突不断升级，产品关税大幅提高，导致产品盈利空间急剧下降。2020 年上半年，食品装备行业受到了很大影响，国外订单量严重缩水，出口额大幅下降。目前，受疫情全球蔓延及国际政局动荡影响，多国停止发放签证，食品装备企业业务推广及售后服务人员出境受阻，在一定程度上影响了市场开拓力度。现今，市场开拓基本借助境外子公司、分支机构或代理进行。

（二）"卡脖子"现象依然存在

目前，国产食品装备已经达到了满足我国食品工业基本需求的发展水平，但部分中高端产品，在稳定性和可靠性方面与国外一流产品相比还有差距，如高速易拉罐封罐机、60 000 瓶/h 以上饮料无菌灌装生产线等。在食品装备配套的关键零部件方面，如大型 PLC、传感器、伺服控制、气动元器件、关键阀门、管理软件等产品还依赖进口。在食品安全在线检测方面，部分高端精密仪器和在线监测控制装置还需要从国外进口。

（三）食品装备行业标准化工作亟待提高

我国食品装备国家标准、行业标准、团体标准覆盖面还不够广，食品装备标准总量仍需加大，制修订工作力度还要加强，食品装备国际标准还是空白，制订工作迫在眉睫，需要跟上食品装备行业发展。

（四）中小微食品装备企业生存仍很艰难

新冠肺炎疫情和国际关系吃紧等因素，对社会经济秩序造成了很大影响。大多数中小微食品装备企业因自身抗风险能力较低，面临着蜕变或重新洗牌。我国中小微食品装备企业通过银行融资较难，同时因我国银行融资体系和市场融资体系还不完善，针对中小微企业融资途径相对较少，导致通过股权融资等较为困难。在资金链不足的情况下，缺少新产品研发的投入，设备无法更新换代，企业运营停滞不前，导致中小企微企业生存更加困难。

（五）原材料涨价进一步压缩了制造企业的盈利空间

从 2019 年下半年开始，受去产能、国际关系吃紧等因素的影响，原材料的价格一路飙升。2020 年年底，原材料又掀起一波"涨价潮"。食品包装机械行业从订单签约到出货，一般需要 3～4 个月，在订单价格确定的情况下，原材料价格上涨势必压缩整个行业企业的盈利能力。

（六）受中美贸易摩擦及疫情影响，企业运营成本持续增加

因中美经贸摩擦，目前行业企业所有出口美国的产品关税大幅提高，导致产品的盈利空间急剧下降，有些甚至会更低。此外，受到美国国内疫情的影响，货运塞港、路运不畅等问题经常发生，出口货物运输成本增加 1.5 倍，而外派人工成本也因不能直飞、且签证未开放等原因相应增加了 2 倍。

（七）制糖装备市场存在不确定因素

一方面，制糖产业遭受新冠肺炎疫情封闭和原油价格下挫的双重打击，制糖装备行业发展面临严峻挑战。另一方面，国外针对新冠肺炎疫情的不断蔓延实施的封锁措施虽然对食糖的工业消费产生了影响，但民用消费或因居家因素不降反升。制糖装备贸易依然存在较大的不确定性。

四、发展趋势

（一）企业快速提高自身发展实力

未来一段时间，食品装备企业将重点致力于加强科技创新，加快提升装备质量和技术水平，推动产品向中高端迈进，提升中国产品的品牌形象和价值，增强国内产业链、供应链的自主可控，补足发展短板，制订具有先进性的食品装备国际标准，增强参与国际合作和竞争的本领，在全球复杂多变的经济形势下，谋求更大发展。

（二）以"扩内需稳外贸"推进市场稳步增长

在疫情常态化的当下，国外贸易保护主义加剧，特别是中美贸易摩擦不断升级，使食品装备出口下行压力加大。2020 年，党中央根据国内外形势变化，提出了加快构建以国内大循环为主体、国内国际双循环相互促进的新发展格局的重大决策部署，给国内食品装备企业扩大内需市场提供了有利环境。食品装备企业在未来发展中，将着力扩大内贸市场，稳增长、调结构，同时开拓国外市场，保证"引进来"和"走出去"协调发展，在机遇与风险并存的未来，实现贸易增长。

（三）智能化和数字化将是行业科技发展的主线

食品装备智能化、数字化转型升级是目前及未来多数企业主要业务的创新来源。企业需要构建数字化竞争优势为自身创造价值，从数字营销、智能采购、智能制造、安全检测、数字追溯、数据金融、智能财务、数字人力到协同办公等领域的构建，帮助用户企业降低成本、提升效率、管理变革和科学决策。智能化、数字化发展将帮助企业在激烈的市场竞争中脱颖而出。

企业将搭建面向机械制造、食品等行业"5G＋工业互联网"公共服务平台，将在"5G＋工业互联网"内网改造上建立应用示范，同时在"5G＋虚拟仿真""5G＋虚拟调试""5G＋能源管理""5G＋智能巡航""5G＋振动监测"及预警等场景上进行探索，并形成可复制推广的典型成果。

（四）行业将向绿色制造、实现"碳中和""碳达峰"方向发展

目前，二氧化碳排放及与之相关的气候变化问题已经成为迫切需要解决的重大国际问题，食品装备行业将绿色制造、节能减排作为行业发展重点。如在酒精发酵过程中，就会产生大量的二氧化碳。未来将研发二氧化碳的捕集装备和节能减排技术，从源头上减少二氧化碳的排放。同时加强二氧化碳的资源化利用，变废为宝。

五、政策建议

（一）加大对科技创新企业的扶持力度

（1）制定相关政策，对重研发、重技术的科技创新型食品装备企业提供科技资金扶持；

（2）提供技术改造基金；

（3）延续国家对新型轻工机械装备的首台（套）保险补偿政策；

（4）鼓励企业增加绿色产品研发投入，在政府采购等政策中优先选择获得绿色产品认证的装备；

（5）鼓励自动化企业和机械制造企业发挥各自技术优势联合攻关申报科研项目；

（6）针对关键技术进行国家专项科研攻关，研究ERP级、MES级软件对硬件接口实行统一要求的可能性，加强软件之间的互联互通。

（二）增加对外向型企业的扶持

（1）出台针对外向型企业的业务指南、外向型出口企业境外客户访华的指导文件、建立境外投资环境预警分享平台；

（2）通过研究设置出口企业海外员工类似疫情险的政策性险种，降低出口企业海外员工疫情成本，提升海外工作员工的信心；

（3）搭建包括驻外使馆、境外园区、商会及走出去企业组成的涉外事项应对机制平台，使企业通过平台提供的资源，能快速解决有关涉外事项，保障境外投资项目及涉外人员的人身安全；

（4）对海外市场推广（广告、展会、宣传片）给予更多条件更宽松的补贴；

（5）对响应国家"一带一路"倡议，已经"走出去"的企业在"走出去"过程中所遇到的困难给予政策引导和帮助。

（三）加强行业标准化建设

对食品装备行业标准化制修订工作予以支持和鼓励，对达到并超过行业标准的优秀企业给予适当奖励。

（四）对扩大内需给予政策支持

（1）通过如低息贷款、补贴或者保险政策等方式，引导用户企业采购国产设备，进一步扩大内需；

（2）整合资金资源，引导中小企业转产转型发展，支持大中企业不断提高经营效益，带动产业链延伸、产业带扩宽，形成产业集群并提供政策支持。

（五）加大中小微企业人才队伍建设的扶持力度

对中小微装备企业人才引进给予政策支持，加大企业产学研合作、成果转化等方面的支持力度。

（中国食品和包装机械工业协会 崔林）

第三部分

政策法规及
重要文件

关于全面推进乡村振兴加快农业农村现代化的意见

（中共中央　国务院　2021 年 1 月 4 日）

党的十九届五中全会审议通过的《中共中央关于制定国民经济和社会发展第十四个五年规划和二〇三五年远景目标的建议》，对新发展阶段优先发展农业农村、全面推进乡村振兴作出总体部署，为做好当前和今后一个时期"三农"工作指明了方向。

"十三五"时期，现代农业建设取得重大进展，乡村振兴实现良好开局。粮食年产量连续保持在 1.3 万亿斤以上，农民人均收入较 2010 年翻一番多。新时代脱贫攻坚目标任务如期完成，现行标准下农村贫困人口全部脱贫，贫困县全部摘帽，易地扶贫搬迁任务全面完成，消除了绝对贫困和区域性整体贫困，创造了人类减贫史上的奇迹。农村人居环境明显改善，农村改革向纵深推进，农村社会保持和谐稳定，农村即将同步实现全面建成小康社会目标。农业农村发展取得新的历史性成就，为党和国家战胜各种艰难险阻、稳定经济社会发展大局，发挥了"压舱石"作用。实践证明，以习近平同志为核心的党中央驰而不息重农强农的战略决策完全正确，党的"三农"政策得到亿万农民衷心拥护。

"十四五"时期，是乘势而上开启全面建设社会主义现代化国家新征程、向第二个百年奋斗目标进军的第一个五年。民族要复兴，乡村必振兴。全面建设社会主义现代化国家，实现中华民族伟大复兴，最艰巨最繁重的任务依然在农村，最广泛最深厚的基础依然在农村。解决好发展不平衡不充分问题，重点难点在"三农"，迫切需要补齐农业农村短板弱项，推动城乡协调发展；构建新发展格局，潜力后劲在"三农"，迫切需要扩大农村需求，畅通城乡经济循环；应对国内外各种风险挑战，基础支撑在"三农"，迫切需要稳住农业基本盘，守好"三农"基础。党中央认为，新发展阶段"三农"工作依然极端重要，须臾不可放松，务必抓紧抓实。要坚持把解决好"三农"问题作为全党工作重中之重，把全面推进乡村振兴作为实现中华民族伟大复兴的一项重大任务，举全党全社会之力加快农业农村现代化，让广大农民过上更加美好的生活。

一、总体要求

（一）指导思想

以习近平新时代中国特色社会主义思想为指导，全面贯彻党的十九大和十九届二中、三中、四中、五中全会精神，贯彻落实中央经济工作会议精神，统筹推进"五位一体"总体布局，协调推进"四个全面"战略布局，坚定不移贯彻新发展理念，坚持稳中求进工作总基调，坚持加强党对"三农"工作的全面领导，坚持农业农村优先发展，坚持农业现代化与农村现代化一体设计、一并推进，坚持创新驱动发展，以推动高质量发展为主题，统筹发展和安全，落实加快构建新发展格局要求，巩固和完善农村基本经营制度，深入推进农业供给侧结构性改革，把乡村建设摆在社会主义现代化建设的重要位置，全面推进乡村产业、人才、文化、生态、组织振兴，充分发挥农业产品供给、生态屏障、文化传承等功能，走中国特色社会主义乡村振兴道路，加快农业农村现代化，加快形成工农互促、城乡互补、协调发展、共同繁荣的新型工农城乡关系，促进农业高质高效、乡村宜居宜业、农民富裕富足，为全面建设社会主义现代化国家开好局、起好步提供有力支撑。

（二）目标任务

2021 年，农业供给侧结构性改革深入推进，粮食播种面积保持稳定、产量达到 1.3 万亿斤以上，生猪产业平稳发展，农产品质量和食品安全水平进一步提高，农民收入增长继续快于城镇居民，脱贫攻坚成果持续巩固。农业农村现代化规划启动实施，脱贫攻坚政策体系和工作机制同乡村振兴有效衔接、平稳过渡，乡村建设行动全面启动，农村人居环境整治提升，农村改革重点任务深入推进，农村社会保持和谐稳定。

到 2025 年，农业农村现代化取得重要进展，农业基础设施现代化迈上新台阶，农村生活设施便利化初步实现，城乡基本公共服务均等化水平明显提高。

农业基础更加稳固，粮食和重要农产品供应保障更加有力，农业生产结构和区域布局明显优化，农业质量效益和竞争力明显提升，现代乡村产业体系基本形成，有条件的地区率先基本实现农业现代化。脱贫攻坚成果巩固拓展，城乡居民收入差距持续缩小。农村生产生活方式绿色转型取得积极进展，化肥农药使用量持续减少，农村生态环境得到明显改善。乡村建设行动取得明显成效，乡村面貌发生显著变化，乡村发展活力充分激发，乡村文明程度得到新提升，农村发展安全保障更加有力，农民获得感、幸福感、安全感明显提高。

二、实现巩固拓展脱贫攻坚成果同乡村振兴有效衔接

（三）设立衔接过渡期

脱贫攻坚目标任务完成后，对摆脱贫困的县，从脱贫之日起设立 5 年过渡期，做到扶上马送一程。过渡期内保持现有主要帮扶政策总体稳定，并逐项分类优化调整，合理把握节奏、力度和时限，逐步实现由集中资源支持脱贫攻坚向全面推进乡村振兴平稳过渡，推动"三农"工作重心历史性转移。抓紧出台各项政策完善优化的具体实施办法，确保工作不留空当、政策不留空白。

（四）持续巩固拓展脱贫攻坚成果

健全防止返贫动态监测和帮扶机制，对易返贫致贫人口及时发现、及时帮扶，守住防止规模性返贫底线。以大中型集中安置区为重点，扎实做好易地搬迁后续帮扶工作，持续加大就业和产业扶持力度，继续完善安置区配套基础设施、产业园区配套设施、公共服务设施，切实提升社区治理能力。加强扶贫项目资产管理和监督。

（五）接续推进脱贫地区乡村振兴

实施脱贫地区特色种养业提升行动，广泛开展农产品产销对接活动，深化拓展消费帮扶。持续做好有组织劳务输出工作。统筹用好公益岗位，对符合条件的就业困难人员进行就业援助。在农业农村基础设施建设领域推广以工代赈方式，吸纳更多脱贫人口和低收入人口就地就近就业。在脱贫地区重点建设一批区域性和跨区域重大基础设施工程。加大对脱贫县乡村振兴支持力度。在西部地区脱贫县中确定一批国家乡村振兴重点帮扶县集中支持。支持各地自主选择部分脱贫县作为乡村振兴重点帮扶县。坚持和完善东西部协作和对口支援、社会力量参与帮扶等机制。

（六）加强农村低收入人口常态化帮扶

开展农村低收入人口动态监测，实行分层分类帮扶。对有劳动能力的农村低收入人口，坚持开发式帮扶，帮助其提高内生发展能力，发展产业、参与就业，依靠双手勤劳致富。对脱贫人口中丧失劳动能力且无法通过产业就业获得稳定收入的人口，以现有社会保障体系为基础，按规定纳入农村低保或特困人员救助供养范围，并按困难类型及时给予专项救助、临时救助。

三、加快推进农业现代化

（七）提升粮食和重要农产品供给保障能力

地方各级党委和政府要切实扛起粮食安全政治责任，实行粮食安全党政同责。深入实施重要农产品保障战略，完善粮食安全省长责任制和"菜篮子"市长负责制，确保粮、棉、油、糖、肉等供给安全。"十四五"时期各省（自治区、直辖市）要稳定粮食播种面积、提高单产水平。加强粮食生产功能区和重要农产品生产保护区建设。建设国家粮食安全产业带。稳定种粮农民补贴，让种粮有合理收益。坚持并完善稻谷、小麦最低收购价政策，完善玉米、大豆生产者补贴政策。深入推进农业结构调整，推动品种培优、品质提升、品牌打造和标准化生产。鼓励发展青贮玉米等优质饲草饲料，稳定大豆生产，多措并举发展油菜、花生等油料作物。健全产粮大县支持政策体系。扩大稻谷、小麦、玉米三大粮食作物完全成本保险和收入保险试点范围，支持有条件的省份降低产粮大县三大粮食作物农业保险保费县级补贴比例。深入推进优质粮食工程。加快构建现代养殖体系，保护生猪基础产能，健全生猪产业平稳有序发展长效机制，积极发展牛羊产业，继续实施奶业振兴行动，推进水产绿色健康养殖。推进渔港建设和管理改革。促进木本粮油和林下经济发展。优化农产品贸易布局，实施农产品进口多元化战略，支持企业融入全球农产品供应链。保持打击重点农产品走私高压态势。加强口岸检疫和外来入侵物种防控。开展粮食节约行动，减少生产、流通、加工、存储、消费环节粮食损耗浪费。

（八）打好种业翻身仗

农业现代化，种子是基础。加强农业种质资源保护开发利用，加快第三次农作物种质资源、畜禽种质资源调查收集，加强国家作物、畜禽和海洋渔业生物种质资源库建设。对育种基础性研究以及重点育种项目给予长期稳定支持。加快实施农业生物育种重大科技项目。深入实施农作物和畜禽良种联合攻关。实施新一轮畜禽遗传改良计划和现代种业提升工程。尊重科学、严格监管，有序推进生物育种产业化应用。加强育种领域知识产权保护。支持种业龙头企业建立健

全商业化育种体系，加快建设南繁硅谷，加强制种基地和良种繁育体系建设，研究重大品种研发与推广后补助政策，促进育繁推一体化发展。

（九）坚决守住18亿亩耕地红线

统筹布局生态、农业、城镇等功能空间，科学划定各类空间管控边界，严格实行土地用途管制。采取"长牙齿"的措施，落实最严格的耕地保护制度。严禁违规占用耕地和违背自然规律绿化造林、挖湖造景，严格控制非农建设占用耕地，深入推进农村乱占耕地建房专项整治行动，坚决遏制耕地"非农化"、防止"非粮化"。明确耕地利用优先序，永久基本农田重点用于粮食特别是口粮生产，一般耕地主要用于粮食和棉、油、糖、蔬菜等农产品及饲草饲料生产。明确耕地和永久基本农田不同的管制目标和管制强度，严格控制耕地转为林地、园地等其他类型农用地，强化土地流转用途监管，确保耕地数量不减少、质量有提高。实施新一轮高标准农田建设规划，提高建设标准和质量，健全管护机制，多渠道筹集建设资金，中央和地方共同加大粮食主产区高标准农田建设投入，2021年建设1亿亩旱涝保收、高产稳产高标准农田。在高标准农田建设中增加的耕地作为占补平衡补充耕地指标在省域内调剂，所得收益用于高标准农田建设。加强和改进建设占用耕地占补平衡管理，严格新增耕地核实认定和监管。健全耕地数量和质量监测监管机制，加强耕地保护督察和执法监督，开展"十三五"时期省级政府耕地保护责任目标考核。

（十）强化现代农业科技和物质装备支撑

实施大中型灌区续建配套和现代化改造。到2025年全部完成现有病险水库除险加固。坚持农业科技自立自强，完善农业科技领域基础研究稳定支持机制，深化体制改革，布局建设一批创新基地平台。深入开展乡村振兴科技支撑行动。支持高校为乡村振兴提供智力服务。加强农业科技社会化服务体系建设，深入推行科技特派员制度。打造国家热带农业科学中心。提高农机装备自主研制能力，支持高端智能、丘陵山区农机装备研发制造，加大购置补贴力度，开展农机作业补贴。强化动物防疫和农作物病虫害防治体系建设，提升防控能力。

（十一）构建现代乡村产业体系

依托乡村特色优势资源，打造农业全产业链，把产业链主体留在县城，让农民更多分享产业增值收益。加快健全现代农业全产业链标准体系，推动新型农业经营主体按标生产，培育农业龙头企业标准"领跑者"。立足县域布局特色农产品产地初加工和精深加工，建设现代农业产业园、农业产业强镇、优势特色产业集群。推进公益性农产品市场和农产品流通骨干网络建设。开发休闲农业和乡村旅游精品线路，完善配套设施。推进农村一二三产业融合发展示范园和科技示范园区建设。把农业现代化示范区作为推进农业现代化的重要抓手，围绕提高农业产业体系、生产体系、经营体系现代化水平，建立指标体系，加强资源整合、政策集成，以县（市、区）为单位开展创建，到2025年创建500个左右示范区，形成梯次推进农业现代化的格局。创建现代林业产业示范区。组织开展"万企兴万村"行动。稳步推进反映全产业链价值的农业及相关产业统计核算。

（十二）推进农业绿色发展

实施国家黑土地保护工程，推广保护性耕作模式。健全耕地休耕轮作制度。持续推进化肥农药减量增效，推广农作物病虫害绿色防控产品和技术。加强畜禽粪污资源化利用。全面实施秸秆综合利用和农膜、农药包装物回收行动，加强可降解农膜研发推广。在长江经济带、黄河流域建设一批农业面源污染综合治理示范县。支持国家农业绿色发展先行区建设。加强农产品质量和食品安全监管，发展绿色农产品、有机农产品和地理标志农产品，试行食用农产品达标合格证制度，推进国家农产品质量安全县创建。加强水生生物资源养护，推进以长江为重点的渔政执法能力建设，确保十年禁渔令有效落实，做好退捕渔民安置保障工作。发展节水农业和旱作农业。推进荒漠化、石漠化、坡耕地水土流失综合治理和土壤污染防治、重点区域地下水保护与超采治理。实施水系连通及农村水系综合整治，强化河湖长制。巩固退耕还林还草成果，完善政策、有序推进。实行林长制。科学开展大规模国土绿化行动。完善草原生态保护补助奖励政策，全面推进草原禁牧轮牧休牧，加强草原鼠害防治，稳步恢复草原生态环境。

（十三）推进现代农业经营体系建设

突出抓好家庭农场和农民合作社两类经营主体，鼓励发展多种形式适度规模经营。实施家庭农场培育计划，把农业规模经营户培育成有活力的家庭农场。推进农民合作社质量提升，加大对运行规范的农民合作社扶持力度。发展壮大农业专业化社会化服务组织，将先进适用的品种、投入品、技术、装备导入小农户。支持市场主体建设区域性农业全产业链综合服务中心。支持农业产业化龙头企业创新发展、做大做强。深化供销合作社综合改革，开展生产、供销、信用"三位一体"综合合作试点，健全服务农民生产生活综合平台。培育高素质农民，组织参加技能评价、学历教育，设立专门面向农民的技能大赛。吸引城市各方面人才到农村创业创新，参与乡村振兴和现代农业建设。

四、大力实施乡村建设行动

（十四）加快推进村庄规划工作

2021 年基本完成县级国土空间规划编制，明确村庄布局分类。积极有序推进"多规合一"实用性村庄规划编制，对有条件、有需求的村庄尽快实现村庄规划全覆盖。对暂时没有编制规划的村庄，严格按照县乡两级国土空间规划中确定的用途管制和建设管理要求进行建设。编制村庄规划要立足现有基础，保留乡村特色风貌，不搞大拆大建。按照规划有序开展各项建设，严肃查处违规乱建行为。健全农房建设质量安全法律法规和监管体制，3 年内完成安全隐患排查整治。完善建设标准和规范，提高农房设计水平和建设质量。继续实施农村危房改造和地震高烈度设防地区农房抗震改造。加强村庄风貌引导，保护传统村落、传统民居和历史文化名村名镇。加大农村地区文化遗产遗迹保护力度。乡村建设是为农民而建，要因地制宜、稳扎稳打，不刮风搞运动。严格规范村庄撤并，不得违背农民意愿、强迫农民上楼，把好事办好、把实事办实。

（十五）加强乡村公共基础设施建设

继续把公共基础设施建设的重点放在农村，着力推进往村覆盖、往户延伸。实施农村道路畅通工程。有序实施较大人口规模自然村（组）通硬化路。加强农村资源路、产业路、旅游路和村内主干道建设。推进农村公路建设项目更多向进村入户倾斜。继续通过中央车购税补助地方资金、成品油税费改革转移支付、地方政府债券等渠道，按规定支持农村道路发展。继续开展"四好农村路"示范创建。全面实施路长制。开展城乡交通一体化示范创建工作。加强农村道路桥梁安全隐患排查，落实管养主体责任。强化农村道路交通安全监管。实施农村供水保障工程。加强中小型水库等稳定水源工程建设和水源保护，实施规模化供水工程建设和小型工程标准化改造，有条件的地区推进城乡供水一体化，到 2025 年农村自来水普及率达到 88%。完善农村水价水费形成机制和工程长效运营机制。实施乡村清洁能源建设工程。加大农村电网建设力度，全面巩固提升农村电力保障水平。推进燃气下乡，支持建设安全可靠的乡村储气罐站和微管网供气系统。发展农村生物质能源。加强煤炭清洁化利用。实施数字乡村建设发展工程。推动农村千兆光网、第五代移动通信（5G）、移动物联网与城市同步规划建设。完善电信普遍服务补偿机制，支持农村及偏远地区信息通信基础设施建设。加快建设农业农村遥感卫星等天基设施。发展智慧农业，建立农业

农村大数据体系，推动新一代信息技术与农业生产经营深度融合。完善农业气象综合监测网络，提升农业气象灾害防范能力。加强乡村公共服务、社会治理等数字化智能化建设。实施村级综合服务设施提升工程。加强村级客运站点、文化体育、公共照明等服务设施建设。

（十六）实施农村人居环境整治提升五年行动

分类有序推进农村厕所革命，加快研发干旱、寒冷地区卫生厕所适用技术和产品，加强中西部地区农村户用厕所改造。统筹农村改厕和污水、黑臭水体治理，因地制宜建设污水处理设施。健全农村生活垃圾收运处置体系，推进源头分类减量、资源化处理利用，建设一批有机废弃物综合处置利用设施。健全农村人居环境设施管护机制。有条件的地区推广城乡环卫一体化第三方治理。深入推进村庄清洁和绿化行动。开展美丽宜居村庄和美丽庭院示范创建活动。

（十七）提升农村基本公共服务水平

建立城乡公共资源均衡配置机制，强化农村基本公共服务供给县乡村统筹，逐步实现标准统一、制度并轨。提高农村教育质量，多渠道增加农村普惠性学前教育资源供给，继续改善乡镇寄宿制学校办学条件，保留并办好必要的乡村小规模学校，在县城和中心镇新建改扩建一批高中和中等职业学校。完善农村特殊教育保障机制。推进县域内义务教育学校校长教师交流轮岗，支持建设城乡学校共同体。面向农民就业创业需求，发展职业技术教育与技能培训，建设一批产教融合基地。开展耕读教育。加快发展面向乡村的网络教育。加大涉农高校、涉农职业院校、涉农学科专业建设力度。全面推进健康乡村建设，提升村卫生室标准化建设和健康管理水平，推动乡村医生向执业（助理）医师转变，采取派驻、巡诊等方式提高基层卫生服务水平。提升乡镇卫生院医疗服务能力，选建一批中心卫生院。加强县级医院建设，持续提升县级疾控机构应对重大疫情及突发公共卫生事件能力。加强县域紧密型医共体建设，实行医保总额预算管理。加强妇幼、老年人、残疾人等重点人群健康服务。健全统筹城乡的就业政策和服务体系，推动公共就业服务机构向乡村延伸。深入实施新生代农民工职业技能提升计划。完善统一的城乡居民基本医疗保险制度，合理提高政府补助标准和个人缴费标准，健全重大疾病医疗保险和救助制度。落实城乡居民基本养老保险待遇确定和正常调整机制。推进城乡低保制度统筹发展，逐步提高特困人员供养服务质量。加强对农村留守儿童和妇女、老年人以及困境儿童的关爱服务。健全县乡村衔接的三级养老服务网络，推动村级幸福院、日间照料中心等养老服务设施建设，发展农

村普惠型养老服务和互助性养老。推进农村公益性殡葬设施建设。推进城乡公共文化服务体系一体建设，创新实施文化惠民工程。

（十八）全面促进农村消费

加快完善县乡村三级农村物流体系，改造提升农村寄递物流基础设施，深入推进电子商务进农村和农产品出村进城，推动城乡生产与消费有效对接。促进农村居民耐用消费品更新换代。加快实施农产品仓储保鲜冷链物流设施建设工程，推进田头小型仓储保鲜冷链设施、产地低温直销配送中心、国家骨干冷链物流基地建设。完善农村生活性服务业支持政策，发展线上线下相结合的服务网点，推动便利化、精细化、品质化发展，满足农村居民消费升级需要，吸引城市居民下乡消费。

（十九）加快县域内城乡融合发展

推进以人为核心的新型城镇化，促进大中小城市和小城镇协调发展。把县域作为城乡融合发展的重要切入点，强化统筹谋划和顶层设计，破除城乡分割的体制弊端，加快打通城乡要素平等交换、双向流动的制度性通道。统筹县域产业、基础设施、公共服务、基本农田、生态保护、城镇开发、村落分布等空间布局，强化县城综合服务能力，把乡镇建设成为服务农民的区域中心，实现县乡村功能衔接互补。壮大县域经济，承接适宜产业转移，培育支柱产业。加快小城镇发展，完善基础设施和公共服务，发挥小城镇连接城市、服务乡村作用。推进以县城为重要载体的城镇化建设，有条件的地区按照小城市标准建设县城。积极推进扩权强镇，规划建设一批重点镇。开展乡村全域土地综合整治试点。推动在县域就业的农民工就地市民化，增加适应进城农民刚性需求的住房供给。鼓励地方建设返乡入乡创业园和孵化实训基地。

（二十）强化农业农村优先发展投入保障

继续把农业农村作为一般公共预算优先保障领域。中央预算内投资进一步向农业农村倾斜。制定落实提高土地出让收益用于农业农村比例考核办法，确保按规定提高用于农业农村的比例。各地区各部门要进一步完善涉农资金统筹整合长效机制。支持地方政府发行一般债券和专项债券用于现代农业设施建设和乡村建设行动，制定出台操作指引，做好高质量项目储备工作。发挥财政投入引领作用，支持以市场化方式设立乡村振兴基金，撬动金融资本、社会力量参与，重点支持乡村产业发展。坚持为农服务宗旨，持续深化农村金融改革。运用支农支小再贷款、再贴现等政策工具，实施最优惠的存款准备金率，加大对机构法人在县域、业务在县域的金融机构的支持力度，推动农村金融机构回归本源。鼓励银行业金融机构建

立服务乡村振兴的内设机构。明确地方政府监管和风险处置责任，稳妥规范开展农民合作社内部信用合作试点。保持农村信用合作社等县域农村金融机构法人地位和数量总体稳定，做好监督管理、风险化解、深化改革工作。完善涉农金融机构治理结构和内控机制，强化金融监管部门的监管责任。支持市县构建域内共享的涉农信用信息数据库，用3年时间基本建成比较完善的新型农业经营主体信用体系。发展农村数字普惠金融。大力开展农户小额信用贷款、保单质押贷款、农机具和大棚设施抵押贷款业务。鼓励开发专属金融产品支持新型农业经营主体和农村新产业新业态，增加首贷、信用贷。加大对农业农村基础设施投融资的中长期信贷支持。加强对农业信贷担保放大倍数的量化考核，提高农业信贷担保规模。将地方优势特色农产品保险以奖代补做法逐步扩大到全国。健全农业再保险制度。发挥"保险＋期货"在服务乡村产业发展中的作用。

（二十一）深入推进农村改革

完善农村产权制度和要素市场化配置机制，充分激发农村发展内生动力。坚持农村土地农民集体所有制不动摇，坚持家庭承包经营基础性地位不动摇，有序开展第二轮土地承包到期后再延长30年试点，保持农村土地承包关系稳定并长久不变，健全土地经营权流转服务体系。积极探索实施农村集体经营性建设用地入市制度。完善盘活农村存量建设用地政策，实行负面清单管理，优先保障乡村产业发展、乡村建设用地。根据乡村休闲观光等产业分散布局的实际需要，探索灵活多样的供地新方式。加强宅基地管理，稳慎推进农村宅基地制度改革试点，探索宅基地所有权、资格权、使用权分置有效实现形式。规范开展房地一体宅基地日常登记颁证工作。规范开展城乡建设用地增减挂钩，完善审批实施程序、节余指标调剂及收益分配机制。2021年基本完成农村集体产权制度改革阶段性任务，发展壮大新型农村集体经济。保障进城落户农民土地承包权、宅基地使用权、集体收益分配权，研究制定依法自愿有偿转让的具体办法。加强农村产权流转交易和管理信息网络平台建设，提供综合性交易服务。加快农业综合行政执法信息化建设。深入推进农业水价综合改革。继续深化农村集体林权制度改革。

五、加强党对"三农"工作的全面领导

（二十二）强化五级书记抓乡村振兴的工作机制

全面推进乡村振兴的深度、广度、难度都不亚于

脱贫攻坚，必须采取更有力的举措，汇聚更强大的力量。要深入贯彻落实《中国共产党农村工作条例》，健全中央统筹、省负总责、市县乡抓落实的农村工作领导体制，将脱贫攻坚工作中形成的组织推动、要素保障、政策支持、协作帮扶、考核督导等工作机制，根据实际需要运用到推进乡村振兴，建立健全上下贯通、精准施策、一抓到底的乡村振兴工作体系。省、市、县级党委要定期研究乡村振兴工作。县委书记应当把主要精力放在"三农"工作上。建立乡村振兴联系点制度，省、市、县级党委和政府负责同志都要确定联系点。开展县乡村三级党组织书记乡村振兴轮训。加强党对乡村人才工作的领导，将乡村人才振兴纳入党委人才工作总体部署，健全适合乡村特点的人才培养机制，强化人才服务乡村激励约束。加快建设政治过硬、本领过硬、作风过硬的乡村振兴干部队伍，选派优秀干部到乡村振兴一线岗位，把乡村振兴作为培养锻炼干部的广阔舞台，对在艰苦地区、关键岗位工作表现突出的干部优先重用。

（二十三）加强党委农村工作领导小组和工作机构建设

充分发挥各级党委农村工作领导小组牵头抓总、统筹协调作用，成员单位出台重要涉农政策要征求党委农村工作领导小组意见并进行备案。各地要围绕"五大振兴"目标任务，设立由党委和政府负责同志领导的专项小组或工作专班，建立落实台账，压实工作责任。强化党委农村工作领导小组办公室决策参谋、统筹协调、政策指导、推动落实、督促检查等职能，每年分解"三农"工作重点任务，落实到各责任部门，定期调度工作进展。加强党委农村工作领导小组办公室机构设置和人员配置。

（二十四）加强党的农村基层组织建设和乡村治理

充分发挥农村基层党组织领导作用，持续抓党建促乡村振兴。有序开展乡镇、村集中换届，选优配强乡镇领导班子、村"两委"成员特别是村党组织书记。在有条件的地方积极推行村党组织书记通过法定程序担任村民委员会主任，因地制宜、不搞"一刀切"。与换届同步选优配强村务监督委员会成员，基层纪检监察组织加强与村务监督委员会的沟通协作、有效衔接。坚决惩治侵害农民利益的腐败行为。坚持和完善向重点乡村选派驻村第一书记和工作队制度。加大在优秀农村青年中发展党员力度，加强对农村基层干部激励关怀，提高工资补助待遇，改善工作生活条件，切实帮助解决实际困难。推进村委会规范化建

设和村务公开"阳光工程"。开展乡村治理试点示范创建工作。创建民主法治示范村，培育农村学法用法示范户。加强乡村人民调解组织队伍建设，推动就地化解矛盾纠纷。深入推进平安乡村建设。建立健全农村地区扫黑除恶常态化机制。加强县乡村应急管理和消防安全体系建设，做好对自然灾害、公共卫生、安全隐患等重大事件的风险评估、监测预警、应急处置。

（二十五）加强新时代农村精神文明建设

弘扬和践行社会主义核心价值观，以农民群众喜闻乐见的方式，深入开展习近平新时代中国特色社会主义思想学习教育。拓展新时代文明实践中心建设，深化群众性精神文明创建活动。建设用好县级融媒体中心。在乡村深入开展"听党话、感党恩、跟党走"宣讲活动。深入挖掘、继承创新优秀传统乡土文化，把保护传承和开发利用结合起来，赋予中华农耕文明新的时代内涵。持续推进农村移风易俗，推广积分制、道德评议会、红白理事会等做法，加大高价彩礼、人情攀比、厚葬薄养、铺张浪费、封建迷信等不良风气治理，推动形成文明乡风、良好家风、淳朴民风。加大对农村非法宗教活动和境外渗透活动的打击力度，依法制止利用宗教干预农村公共事务。办好中国农民丰收节。

（二十六）健全乡村振兴考核落实机制

各省（自治区、直辖市）党委和政府每年向党中央、国务院报告实施乡村振兴战略进展情况。对市县党政领导班子和领导干部开展乡村振兴实绩考核，纳入党政领导班子和领导干部综合考核评价内容，加强考核结果应用，注重提拔使用乡村振兴实绩突出的市县党政领导干部。对考核排名落后、履职不力的市县党委和政府主要负责同志进行约谈，建立常态化约谈机制。将巩固拓展脱贫攻坚成果纳入乡村振兴考核。强化乡村振兴督查，创新完善督查方式，及时发现和解决存在的问题，推动政策举措落实落地。持续纠治形式主义、官僚主义，将减轻村级组织不合理负担纳入中央基层减负督查重点内容。坚持实事求是、依法行政，把握好农村各项工作的时度效。加强乡村振兴宣传工作，在全社会营造共同推进乡村振兴的浓厚氛围。

让我们紧密团结在以习近平同志为核心的党中央周围，开拓进取，真抓实干，全面推进乡村振兴，加快农业农村现代化，努力开创"三农"工作新局面，为全面建设社会主义现代化国家、实现第二个百年奋斗目标作出新的贡献！

农业农村部关于落实好党中央、国务院2021年农业农村重点工作部署的实施意见

（农发〔2021〕1号　2021年1月8日）

各省、自治区、直辖市农业农村（农牧）、畜牧兽医、农垦、渔业厅（局、委），新疆生产建设兵团农业农村局，部机关各司局、派出机构、各直属单位：

"十三五"以来，农业农村发展取得历史性成就、发生历史性变革。粮食连年丰收、多年保持在1.3万亿斤以上，农民人均收入提前实现比2010年翻一番，脱贫攻坚目标任务如期完成，农业现代化建设迈上新台阶，乡村振兴实现良好开局。"十四五"时期，"三农"工作重心将转向全面推进乡村振兴、加快农业农村现代化。必须深入贯彻落实党中央、国务院关于"三农"工作决策部署，突出保供固安全、振兴畅循环，稳住农业基本盘，确保到2025年农业基础更加稳固，质量效益和竞争力明显提升，乡村面貌发生显著变化，城乡居民收入差距持续缩小，农业农村现代化取得重要进展，为开启全面建设社会主义现代化国家新征程奠定坚实基础。

2021年是"十四五"开局之年，是建党100周年，做好农业农村工作具有特殊重要意义。各级农业农村部门要以习近平新时代中国特色社会主义思想为指导，全面贯彻党的十九大和十九届二中、三中、四中、五中全会精神，认真贯彻落实中央经济工作会议、中央农村工作会议精神和2021年中央一号文件部署，坚持稳中求进工作总基调，立足新发展阶段，贯彻新发展理念，构建新发展格局，坚持创新驱动发展，深化农业供给侧结构性改革，全力保障国家粮食安全和重要农产品有效供给，巩固拓展脱贫攻坚成果，全面推进乡村振兴，加快农业农村现代化，为全面建设社会主义现代化国家开好局、起好步提供有力支撑。

一、全力抓好粮食和农业生产，保障粮食等重要农产品有效供给

（一）奋力夺取全年粮食丰收

守住国家粮食安全底线，落实藏粮于地、藏粮于技战略，加大粮食生产政策扶持力度，确保面积稳定，确保产量保持在1.3万亿斤以上。实行粮食安全

党政同责，完善省长责任制，下达各省粮食面积、产量目标任务。稳定和加强种粮补贴，落实稻谷小麦最低收购价，完善玉米大豆生产者补贴政策。对粮食大省、大县予以奖励，对完成任务较好、增幅增量较大的省份加大倾斜支持和奖励力度。实施稻谷、小麦、玉米、大豆等重要农产品区域布局和生产供给方案，分作物分区域抓好落实。东北和黄淮海等地区增加玉米面积1000万亩以上。继续实施大豆振兴计划，稳定大豆生产。巩固南方双季稻面积，大力发展优质稻、强筋弱筋优质小麦。大规模开展粮食生产高质高效创建示范，集成推广标准化技术模式。选择产粮大县集中、基础条件良好的区域，建设稳产高产、产业集聚、成龙配套、优质高效的国家粮食安全产业带。制止耕地"非农化"，防止耕地"非粮化"，开展全国耕地种粮情况监测评价，建立耕地"非粮化"情况通报机制，制定统筹利用撂荒地指导意见。

（二）促进生猪等畜禽生产平稳发

落实省负总责要求和"菜篮子"市长负责制，确保生猪产能恢复到常年水平。稳定生猪产业发展扶持政策，推动将养殖用地、环评承诺制、抵押贷款等政策制度化。加强生猪生产监测预警和形势研判，建立生猪产能储备机制，稳定猪场、能繁母猪、大省大县和大企业生产。坚持抓大不放小，加强对小养殖场户的指导服务。深入推进养殖、屠宰标准化示范创建，引导生猪屠宰产能向养殖集中区域布局，加快由"运猪"向"运肉"转变。实施牛羊发展五年行动计划，增加基础母畜存栏，因地制宜发展青贮玉米、苜蓿等优质饲草。持续推进奶业振兴，加快奶牛养殖装备改造升级，支持有条件的奶农发展乳制品加工。保持家禽业稳定发展。

（三）推进渔业提质增效

创建水产健康养殖和生态养殖示范区，大力发展循环水、深远海和大水面等生态渔业，推进盐碱水养殖，规范发展稻渔综合种养。推进渔港建设和管理改革，建设渔港经济区。确定新一轮海洋渔业资源总量管理目标，稳步推进限额捕捞和减船转产。建设海洋

牧场,开展增殖放流。鼓励发展水产品加工和休闲渔业,规范有序发展远洋渔业。

(四)统筹抓好棉油糖等生产

鼓励长江流域开发利用冬闲田扩种冬油菜,在黄淮海及东北适宜地区适当扩大花生种植面积。建设优质棉生产基地,稳定新疆棉花种植面积,优化黄河和长江流域棉花种植布局。建设糖料标准化生产基地,在广西、云南优势区推广糖料蔗脱毒种苗,提高机收水平。建设一批果菜茶、中药材绿色标准化生产基地,推进园艺作物提质增效。加强天然橡胶生产基地建设。

(五)科学做好农业防灾减灾

制定发布应对极端天气确保农业丰收预案,加强干旱洪涝台风和农作物病虫害等灾害监测预警,及早做好技术和物资准备。完善草地贪夜蛾阻截带布防,强化统防统治、联防联控。全面推进非洲猪瘟等重大动物疫病分区防控,建设无疫区和无疫小区,加快非洲猪瘟疫苗研发。统筹抓好禽流感、口蹄疫、布病等防控,实施乡镇动物防疫员特聘计划。制定外来入侵物种名录和管理方案,开展普查检测,制定海南自贸港外来生物安全防控方案。建立健全灾害应急机制,保障农业生产安全。

(六)深化农业对外合作

实施农产品进口多元化战略,加快培育国际大粮商和农业企业集团,鼓励企业融入全球农产品供应链。建设农业对外开放合作试验区和国际贸易高质量发展基地,推动果菜茶鱼等优势农产品出口。实施农业服务贸易促进行动,支持我国农业技术、农业机械、农业生产资料等优势服务和产品走出去,加强境外农业合作示范区建设。在华设立全球人道主义应急仓库和枢纽。办好国际粮食减损大会。做好国际组织人才培养工作。

二、提升物质技术装备水平,强化现代农业基础支撑

(七)加强高标准农田建设

实施新一轮高标准农田建设规划,以粮食生产功能区和重要农产品生产保护区为重点,提高投入标准和建设质量,完成1亿亩高标准农田建设任务,统筹发展高效节水灌溉1 500万亩。推动地方将高标准农田建设新增耕地作为占补平衡耕地指标调剂所得收益,优先用于高标准农田建设。建立农田建设监测监管平台,建立有效管护机制,明确管护主体,落实管护责任。加强粮食生产功能区和重要农产品生产保护区建设,开展"两区"划定情况"回头看"。

(八)打好种业翻身仗

实施打好种业翻身仗行动方案。启动重点种源关键核心技术攻关和农业生物育种重大科技项目,实施新一轮畜禽水产遗传改良计划,自主培育突破性优良品种。深入实施现代种业提升工程,提高南繁基地、制种大县和区域性良种繁育基地建设水平,扶持国家畜禽核心育种场(站)发展。尊重科学、严格监管,有序推进生物育种产业化应用工作。推进科企深度融合,支持种业龙头企业健全商业化育种体系,加大制种大县支持力度,积极推动南繁硅谷建设。加快第三次全国农作物种质资源普查与收集,启动全国畜禽水产种质资源调查,开展农业种质资源精准鉴定。建好国家作物种质库和海洋渔业生物种质资源库,启动建设国家畜禽种质资源库。严格品种审定登记,加强种业市场监管整治,严厉查处假冒侵权行为。

(九)大力推进农业机械化

实施新一轮农机购置补贴政策,加大粮食生产薄弱环节、丘陵山区和绿色智能农机等机具补贴力度,推进农机报废更新。发布主要农作物、丘陵山区等技术装备薄弱环节需求目录,引导企业生产农民急用、产业急需的农机产品,加快丘陵山区农田宜机化改造。开展主要农作物生产全程机械化示范创建,推广"全程机械化+综合农事""机械化+数字化"等服务新模式。实施深松整地作业面积1亿亩。扩大薄弱环节农机作业补贴。推进农机作业社会化服务、农机维修与配件供应、农机技能培训等产业发展,做强做大农业机械化产业群和产业链。

(十)强化农业科技支撑服务

实施农业关键核心技术攻关。深化农业科技体制机制改革,布局建设一批创新基地平台,加快建设农业科研领军人才队伍。提升现代农业产业技术体系创新与服务能力,推进农业科技创新联盟实体化运行。推动国家现代农业产业科技创新中心建设,引进优质创新要素资源,打造科企融合创新联合体。建设国家现代农业科技展示基地和国家农业科教云平台。深入开展乡村振兴科技支撑行动,落实国家农技推广机构公益性法定责任,创新农业科技社会化服务新模式。建设100个国家农业科学观测实验站,打造一批农业科技强镇。加快国家热带农业科学中心建设。

(十一)加快发展智慧农业

建设一批国家数字农业农村创新中心和数字农业应用推广基地,推进物联网、人工智能、区块链等信息技术集成应用。开展智慧农(牧、渔)场建设、智慧农机应用示范。建设农业农村大数据中心,完善重要农产品监测预警体系。深入推进"互联网+"农产品出村进城工程,加快110个试点县建设。强化益农

信息社服务功能，发挥电商平台作用，推动绿色优质农产品生产与消费有效对接。加快建设农业农村遥感卫星等天基设施。

三、深入推进农业绿色发展，持续改善农业生态环境

（十二）推行农业绿色生产方式

继续推进化肥农药减量化，优化实施果菜茶有机肥替代化肥试点，研究制定大田作物有机肥施用政策，构建有机肥施用长效机制。扶持发展植保社会化服务组织，推广绿色防控产品和技术，创建 100 个绿色防控示范县。开展科学安全用药技能培训，推广精准高效施药、轮换用药技术，稳妥推进高毒农药淘汰。抓好农业深度节水控水，支持黄河流域等重点区域发展节水农业、旱作农业，分区域分作物推行定额灌溉。实施新一轮草原生态保护奖励补助政策。推进兽用抗菌药使用减量化，推广养殖减抗模式。加强水产养殖用投入品分类监管。支持农业绿色发展先行区建设，构建农业绿色发展支撑体系，推进农业绿色发展综合试点，认定一批国家农业绿色发展长期固定观测试验站。

（十三）全面实施长江"十年禁渔"

开展专项打击整治行动，加强长江渔政执法队伍和装备条件建设，建设部省共建共管渔政基地，确保"禁渔令"有效落实。严格巡查督查，强化绩效考核，完善通报约谈制度，建立网格化执法监管责任制，构建分层分级、全面覆盖、责任到人的管理机制。跟踪监测退捕渔民转产转业情况，指导各地落实养老保障政策，健全就业帮扶台账，开发设置公益性岗位，支持相关产业合作社吸收退捕渔民加入。启动实施长江生物多样性保护工程，深入推进中华鲟、长江江豚等珍稀濒危物种拯救计划，建立健全资源监测网络体系，开展长江水生生物完整性评价和禁捕效果评估。

（十四）切实加强耕地质量建设

实施国家黑土地保护工程，建设一批综合治理示范区。持续推进东北黑土地保护性耕作行动计划，实施面积 6 500 万亩以上。制定实施耕地保护和质量提升行动方案，建设一批国家耕地质量长期定位监测点，开展国家耕地质量等级调查评价。推进退化耕地治理，建设 200 个集中连片示范区。实行污染耕地分类管理，治理面积 5 000 万亩。扩大耕地轮作休耕试点范围，面积达到 4 000 万亩。

（十五）强化农业废弃物资源化利用

制定实施种养结合建设规划，深入推进畜禽粪污资源化利用，指导大型规模养殖场建立粪肥还田计划和粪肥施用台账，培育粪肥施用社会化服务组织。建

设 200 个秸秆综合利用重点县，秸秆综合利用率达到 86％。加快推广应用可降解农膜，建设 100 个农膜回收利用县，开展农膜区域性绿色补偿制度试点，农膜回收率达到 80％以上。推进农药包装物回收利用。在长江、黄河等重点流域建设一批农业面源污染综合治理示范县。统筹抓好农业农村减排固碳。

（十六）强化农产品质量安全

推进品种培优、品质提升、品牌打造和标准化生产，开展现代农业全产业链标准化试点，推动新型农业经营主体按标生产。制修订农兽药残留等食品安全国家标准 1 000 项、营养品质等农业行业标准 200 项。实施农产品质量安全风险监测计划，全面推行食用农产品达标合格证制度，认定一批质量安全追溯标杆企业。创建 100 个国家农产品质量安全县，认定登记 1 万个绿色、有机、地理标志农产品，支持 200 个地理标志农产品发展。加强特色农产品优势区建设，制定农业品牌建设标准，打造一批精品区域公用品牌。开展"治违禁促提升"行动，严厉查处禁限用农兽药使用及超标问题。

四、大力发展乡村富民产业，提升产业链供应链现代化水平

（十七）打造农业全产业链

引导农产品加工企业向县域布局，发展产地初加工、精深加工和副产物综合利用，完善利益联结机制，让农民更多分享产业增值收益。建设一批农产品加工技术集成科研基地和农产品加工园。认定第七批农业产业化国家重点龙头企业，支持有条件的企业牵头组建农业产业化联合体。建设一批休闲农业重点县，推介一批美丽休闲乡村、休闲农业和乡村旅游精品景点路线，认定一批全国"一村一品"示范村镇。统筹推进现代农业产业园、农业产业强镇和优势特色产业集群建设，新创建和认定一批国家现代农业产业园，全面开展省、市、县产业园建设，建设一批农业产业强镇和优势特色产业集群，提升县域农业主导产业全产业链现代化水平。

（十八）加强农产品流通体系建设

制定促进农产品流通业发展的意见。全面实施农产品仓储保鲜冷链物流设施建设工程，加大蔬菜、水果、茶叶、中药材等鲜活农产品仓储保鲜补贴力度，建设一批田头小型仓储保鲜冷链设施，鼓励有条件的地方建设产地低温直销配送中心。选择 50 个特色农产品优势县区开展全程建设试点。建立农产品仓储保鲜冷链物流技术指导和经营服务体系。认定一批国家级专业产地市场，建设一批田头市场。办好中国国际

农产品交易会、中国国际茶叶博览会等农业展会。

(十九) 建设农业现代化示范区

把农业现代化示范区作为推进农业现代化的重要抓手,围绕提高农业产业体系、生产体系和经营体系现代化水平,制定评价指标体系,由各省对涉农县逐县开展评估,确定基本实现农业现代化的时间表,补短板、强弱项,梯次推进。加强资源整合、政策集成,以县为单位创建农业现代化示范区,首批创建 100 个左右。

(二十) 推动脱贫地区特色产业可持续发展

制定推进脱贫地区特色产业可持续发展指导意见,组织脱贫地区编制特色产业发展规划。实施脱贫地区特色种养业提升行动,支持发展农产品加工和生产性服务,农产品仓储保鲜冷链物流设施建设工程向脱贫地区新型经营主体倾斜。引导农产品流通企业、电商平台、批发市场等与脱贫地区生产经营主体精准对接,建立稳定产销对接关系。脱贫地区巩固脱贫攻坚成果项目重点用于特色产业发展,完善小额信贷政策。

五、推进乡村建设行动,
建设美丽宜居乡村

(二十一) 启动实施农村人居环境整治提升五年行动

重点推动中西部地区农村户用厕所改造,引导新改户用厕所入院入室。指导各地科学选择农村改厕技术模式,开展干旱、寒冷地区改厕适用技术试点示范。统筹建设农村厕所粪污和污水处理设施,推进农村生活污水便捷低成本处理。健全农村生活垃圾收运处置体系,推动有条件地方开展农村生活垃圾源头分类减量和处理利用,建设一批有机废弃物综合处置设施。健全农村人居环境设施运行管护机制。持续推进村庄清洁行动,创建一批美丽宜居村庄。

(二十二) 推动乡村基础设施和公共服务建设

协调有关部门加快村庄规划工作,推动各地基本完成县域村庄分类布局,指导有条件的村庄编制"多规合一"的村庄规划。配合有关部门加强农村供水、乡村清洁能源、数字乡村、村级综合服务等公共基础设施建设,推动较大人口规模自然村组、抵边自然村通硬化路。

(二十三) 加强和改进乡村治理

深化全国乡村治理体系建设试点示范,新创建一批全国示范村镇,鼓励各地开展省级示范创建。加强文明乡风建设,持续推进农村移风易俗。进一步总结乡村治理典型范例,推广"积分制""清单制"等做法,推进乡村治理数字化。建立乡村治理统计调查制度。以"庆丰收感党恩"为主题,办好第四个中国农民丰收节。认定第六批中国重要农业文化遗产,推动优秀农耕文化展示区建设,加大优秀乡土文化宣传。

六、推进农村重点领域改革,
增强农业农村发展活力

(二十四) 完善农村土地承包管理制度

将第二轮土地承包到期后再延长 30 年试点范围扩大到乡镇层级,研究制定延包配套政策。修订农村土地经营权流转管理办法,健全土地经营权流转服务体系。制定土地承包经营合同管理办法,建立农村土地承包合同日常服务管理机制。巩固用好承包地确权成果,推进承包土地经营权抵押贷款、入股农业产业化经营。加强农村改革试验区建设,拓展试点试验内容,加强成果转化推广。

(二十五) 稳慎推进农村宅基地制度改革

在 104 个县 (市、区) 和 3 个地级市开展新一轮农村宅基地制度改革试点,探索宅基地所有权、资格权、使用权分置有效实现形式。制定宅基地管理办法,建立健全农民宅基地合理需求保障机制。完善农村宅基地统计调查制度,建设宅基地管理信息平台。积极稳妥开展农村闲置宅基地和闲置住宅盘活利用试点工作。推动各地建立宅基地管理人员队伍。

(二十六) 基本完成农村集体产权制度改革任务

推进经营性资产股份合作制改革,规范集体经济组织登记赋码和成员证书发放,发展壮大新型农村集体经济。修订集体经济组织财务制度和会计制度,建设全国农村集体资产监督管理平台。推动开展农村集体产权制度改革先进地区、集体和优秀个人表彰。

(二十七) 培育壮大家庭农场和农民合作社

深入实施家庭农场培育计划,把符合条件的规模经营户纳入家庭农场名录。创建一批示范家庭农场和家庭农场示范县,引导组建一批家庭农场协会或联盟。开展农民合作社规范提升行动,推进国家、省、市、县示范社四级联创,加大对运行规范的农民合作社扶持力度。鼓励发展多种形式适度规模经营。支持农民合作社由种养业向产加销一体化拓展,引导建立合作社联合社,搭建社企对接服务平台。加强农民合作社服务中心和县乡农民合作社辅导员队伍建设。

(二十八) 大力发展农业专业化社会化服务

制定加快推进农业专业化社会化服务发展的指导意见,培育壮大农业专业化社会化服务组织,创新服务模式,推进资源整合,创建一批农业专业化社会化服务示范基地和示范主体。支持发展面向小农户和粮食等大宗农产品薄弱环节的生产托管,服务面积达到17 亿亩次,建设区域性农业全产业链综合服务中心。

（二十九）深入推进农垦改革发展

深化垦区集团化农场企业化改革，加快解决农垦办社会职能改革遗留问题，培育壮大一批现代农业企业集团。推行稻米、生鲜乳、标杆牧场等农垦团体标准，加强公共品牌建设。加强农垦国有农用地保护和利用管理，创新农垦农业经营体系。巩固提升困难农场、边境农场、生态脆弱区农场基础设施建设水平。

七、强化支撑保障，落实落细各项决策部署

（三十）健全乡村振兴工作推进机制

借鉴脱贫攻坚经验做法，推动构建全面推进乡村振兴的政策体系、工作体系和督导体系。协调推进乡村振兴战略规划实施，发布年度实施报告，开展乡村振兴战略实施情况督查。支持东部沿海发达地区、大中城市郊区和其他有条件的地区建设乡村振兴引领区，探索农业农村现代化的路径模式。研究提出到2035年、本世纪中叶农业农村现代化目标任务。加大对脱贫县乡村振兴支持，巩固拓展脱贫攻坚成果同乡村振兴有效衔接。

（三十一）建立"十四五"农业农村规划落实机制

印发农业农村发展"十四五"规划，出台配套专项规划和建设规划，强化规划衔接协调。建立规划落实机制，制定规划实施年度任务清单和工作台账，跟踪督促规划各项任务落实。加强农业农村统计调查，将农业及相关产业增加值纳入农业现代化评价指标体系，推进省市县开展增加值统计核算工作。

（三十二）加强乡村振兴人才队伍建设

深入实施高素质农民培育计划和学历提升行动，重点培养家庭农场主、农民合作社负责人，推介一批乡村振兴优质院校。加大农村实用人才培养力度，推动设立专门面向农民的技能大赛，选树一批乡村能工巧匠。实施农业企业家、农村创业创新人才培育工程，建设一批农村创业创新园区和孵化实训基地，吸引外出务工的农村青壮年劳动力、大学生、退役军人返乡入乡创业。落实乡村人才振兴政策，吸引城市各类人才服务乡村发展。

（三十三）扩大农业农村有效投资

推动财政支农投入稳定增加，落实土地出让收益提高用于农业农村比例政策要求，集中用于乡村振兴重点任务。推进大幅增加地方政府一般债券、专项债券用于现代农业设施和乡村建设行动的规模与比例。鼓励以市场化方式设立乡村振兴基金，引导社会资本积极投资农业农村。鼓励创新开发金融支农模式，有效支持新型农业经营主体和农村新产业新业态，大力推进畜禽活体、农机具和大棚设施抵押贷款业务，加强农业信贷担保"双控"业务考核，扩大政策性担保业务规模。推动扩大三大粮食作物完全成本保险和收入保险试点，增加中央财政对地方优势特色农产品保险以奖代补试点覆盖范围。加快农业农村现代化重大工程项目库建设。强化农业投资整合，提高地方和农民获得感。

（三十四）强化农业农村法治建设

推动出台乡村振兴促进法和粮食安全保障法，加快农产品质量安全法、动物防疫法、渔业法等制修订。全面完成农业综合行政执法改革，强化执法人员培训和信息化建设，改善执法装备条件，推进执法人员统一着装。加强农资质量、品种权保护、动物防疫、长江禁捕、农产品质量安全、植物检疫等重点领域执法。创建农村法治教育基地，培育农村学法用法示范带头人。编制农业农村部权责清单，全面推行证明事项告知承诺制。

各级农业农村部门要深入学习贯彻习近平总书记关于"三农"工作重要论述，提高政治站位，坚持系统观念，增强能力素质，强化作风建设，勇于担当、真抓实干，扎实做好农业农村各项工作，为全面实施乡村振兴战略，加快推进农业农村现代化，谱写新时代"三农"工作新篇章作出更大贡献！

关于保障和规范农村一二三产业融合发展用地的通知

（自然资发〔2021〕16号　2021年1月28日）

各省、自治区、直辖市自然资源主管部门、发展改革委、农业农村（农牧）厅（局、委），新疆生产建设兵团自然资源局、发展改革委、农业农村局：

为贯彻落实党中央、国务院优先发展农业农村、

全面推进乡村振兴的决策部署，发展县域经济，顺应农村产业发展规律，保障农村一二三产业融合发展合理用地需求，为农村产业发展壮大留出用地空间，现通知如下：

一、明确农村一二三产业融合发展用地范围

农村一二三产业融合发展用地是以农业农村资源为依托，拓展农业农村功能，延伸产业链条，涵盖农产品生产、加工、流通、就地消费等环节，用于农产品加工流通、农村休闲观光旅游、电子商务等混合融合的产业用地，土地用途可确定为工业用地、商业用地、物流仓储用地等。

二、引导农村产业在县域范围内统筹布局

把县域作为城乡融合发展的重要切入点，科学编制国土空间规划，因地制宜合理安排建设用地规模、结构和布局及配套公共服务设施、基础设施，有效保障农村产业融合发展用地需要。规模较大、工业化程度高、分散布局配套设施成本高的产业项目要进产业园区；具有一定规模的农产品加工要向县城或有条件的乡镇城镇开发边界内集聚；直接服务种植养殖业的农产品加工、电子商务、仓储保鲜冷链、产地低温直销配送等产业，原则上应集中在行政村村庄建设边界内；利用农村本地资源开展农产品初加工、发展休闲观光旅游而必需的配套设施建设，可在不占用永久基本农田和生态保护红线、不突破国土空间规划建设用地指标等约束条件、不破坏生态环境和乡村风貌的前提下，在村庄建设边界外安排少量建设用地，实行比例和面积控制，并依法办理农用地转用审批和供地手续。具体用地准入条件、退出条件等由各省（区、市）制定，并可根据休闲观光等产业的业态特点和地方实际探索供地新方式。

三、拓展集体建设用地使用途径

农村集体经济组织兴办企业或者与其他单位、个人以土地使用权入股、联营等形式共同举办企业的，可以依据《土地管理法》第六十条规定使用规划确定的建设用地。单位或者个人也可以按照国家统一部署，通过集体经营性建设用地入市的渠道，以出让、出租等方式使用集体建设用地。

四、大力盘活农村存量建设用地

在充分尊重农民意愿的前提下，可依据国土空间规划，以乡镇或村为单位开展全域土地综合整治，盘活农村存量建设用地，腾挪空间用于支持农村产业融合发展和乡村振兴。探索在农民集体依法妥善处理原有用地相关权利人的利益关系后，将符合规划的存量集体建设用地，按照农村集体经营性建设用地入市。在符合国土空间规划前提下，鼓励对依法登记的宅基地等农村建设用地进行复合利用，发展乡村民宿、农产品初加工、电子商务等农村产业。

五、保障设施农业发展用地

支持现代农业发展，农业生产中直接用于作物种植和畜禽水产养殖的设施用地，可按照《关于设施农业用地管理有关问题的通知》（自然资规〔2019〕4号）要求使用。对于作物种植和畜禽水产养殖设施建设对耕地耕作层造成破坏的，应认定为农业设施建设用地并加强管理。农村产业融合发展所需建设用地不符合设施农业用地要求的，应依法办理农用地转用审批手续。

六、优化用地审批和规划许可流程

在村庄建设边界外，具备必要的基础设施条件、使用规划预留建设用地指标的农村产业融合发展项目，在不占用永久基本农田、严守生态保护红线、不破坏历史风貌和影响自然环境安全的前提下，可暂不做规划调整；市县要优先安排农村产业融合发展新增建设用地计划，不足的由省（区、市）统筹解决；办理用地审批手续时，可不办理用地预审与选址意见书；除依法应当以招标拍卖挂牌等方式公开出让的土地外，可将建设用地批准和规划许可手续合并办理，核发规划许可证书，并申请办理不动产登记。

七、强化用地监管

落实最严格的耕地保护制度，坚决制止耕地行为，严禁违规占用耕地进行农村产业建设，防止耕地，不得造成耕地污染。农村产业融合发展用地不得用于商品住宅、别墅、酒店、公寓等房地产开发，不得擅自改变用途或分割转让转租。各级自然资源主管部门要将农村产业融合发展用地情况纳入国土空间基

础信息平台和国土空间规划进行动态监管，并结合国土变更调查进行年度评估。各地对村庄建设边界外分散布局的用地管理，要与本通知一致。各省（区、市）要结合实际制订实施细则。

2021 年乡村产业工作要点

（农业农村部　2021 年 1 月 29 日）

2020 年，农业农村系统坚决贯彻落实中央部署和农业农村部安排，紧紧围绕乡村产业振兴目标，高起点谋划，大力度推进，逐步拓展、逐项落实，农产品加工业稳中向好，乡村特色产业加快发展，乡村休闲旅游业先抑后扬，农村创业创新持续推进，农村一二三产业融合发展渐成趋势，新产业新业态新模式层出不穷，乡村产业保持发展好势头。

2021 年是"十四五"开局之年，做好乡村产业工作具有特殊重要性。总体思路是：坚持以习近平新时代中国特色社会主义思想为指导，坚持稳中求进工作总基调，立足新发展阶段，贯彻新发展理念，构建新发展格局，以推进高质量发展为主题，以深化农业供给侧结构性改革为主线，以农村一二三产业融合发展为路径，围绕"保供固安全、振兴畅循环"，依托乡村特色优势资源，强化创新引领，聚集资源要素，纵向拓展农业增值增效空间，横向拓展农业功能价值，打造农业全产业链，构建现代乡村产业体系，把产业链主体留在县域，让农民更多分享产业增值收益，为乡村全面振兴和农业农村现代化提供有力支撑。

在目标任务上，要紧紧围绕"国之大者"抓主抓重、紧紧围绕中央部署落细落小，按照《全国乡村产业发展规划（2020—2025 年）》要求，着力构建现代乡村产业体系。在空间布局上，构建县、镇（乡）、村层级分工明显、功能有机衔接的格局，引导乡村产业向主产区、中心镇、中心村、物流节点和聚集区汇聚。在产业结构上，强化"产加销服"贯通、"农文旅教"融通、"科工贸金"联通，构建种养业为基础、农产品加工为重点、商贸物流为引领的乡村产业有机整体。在产业链供应链安全上，强化加工流通延链、科技创新补链、要素聚集壮链和业态创新优链，引导加工产能下沉重心，拉近产地销地距离，打通产业链供应链堵点，确保上中下游顺畅对接、安全对接。在主体培育上，突出龙头企业带动、创业创新驱动、联农带农互动，构建企业和农户优势互补、分工协作、互惠共赢的格局。2021 年，培育一批前延后伸、横向配套、紧密关联、高度依存的农业主导产业全产业链，力争农业全产业链创新"链队"更加有力，全产业链"链主"企业不断涌现，全产业链"链农"参建动力明显增强，为农业高质高效、乡村宜居宜业、农民富裕富足作出贡献，为乡村全面振兴和农业农村现代化提供支撑。

一、发掘特色资源，打造乡村产业发展新高地

依托乡村特色优势资源，拓展乡村特色产业，建设富有特色、规模适中、辐射带动力强的乡村产业集聚区，构建乡村产业"圈"状发展格局。

（一）创建"一村一品"示范村镇

培育一批"产品小而特、业态精而美、布局聚而合"的"一村一品"示范村镇，形成一村带数村、多村连成片的发展格局。2021 年，制定"一村一品"示范村镇规范性指导意见。新认定 400 个全国"一村一品"示范村镇，公布全国乡村特色产业产值 100 亿元县、10 亿元镇、1 亿元村。

（二）建设农业产业强镇

聚焦镇（乡）域 1～2 个主导产业，吸引资本聚镇、能人入镇、技术进镇，建设一批标准原料基地、集约加工转化、区域主导产业、紧密利益联结于一体的农业产业强镇，培育一批产值超 10 亿元的农业产业强镇，打造主业强、百业兴、宜居宜业的农民区域服务中心。2021 年，建设 300 个农业产业强镇。

（三）打造优势特色产业集群

突出产业环节串珠成线、连块成带、集群成链，建设主导产业突出、规模效益显著、产业链条健全、综合竞争力强的产值超 100 亿元优势特色产业集群，建设一批产值超 1 000 亿元的骨干优势特色产业集群，打造乡村产业区域增长极和产业高地。2021 年，支持建设一批优势特色产业集群。

（四）培育知名特色品牌

开展乡村特色产业调查分析，指导乡村手工产业

做精做细，打造"乡字号""土字号"特色产业"金字招牌"。2021年，建立全国乡村特色产品目录，推介一批乡村特色产品和能工巧匠，宣传一批乡村特色产业知名品牌。

（五）推动脱贫地区特色产业可持续发展

组织龙头企业到脱贫地区建设加工车间和原料基地，开展脱贫地区产品宣介和产销对接活动。2021年，开展脱贫地区与发达地区多项对接活动。

二、延伸加工链条，拓展乡村产业增值增效新空间

提升农产品加工业，立足县域布局农产品加工产能，延伸农业生产、加工、流通、服务等增值增效链条，实现循环增值、梯次增值、全链增值。

（六）发展农产品初加工

强化标准引领和技术指南，扶持农民合作社和家庭农场发展保鲜、储藏、分级、包装等延时类初加工，发展粮变粉、豆变芽、肉变肠、奶变酪、菜变肴、果变汁等食品类初加工，培育一批农业食品融合企业。2021年，制定加快发展农产品初加工的意见，制定促进农业与食品产业融合发展的意见。

（七）发展农产品精深加工和综合利用

培育一批生产标准、技术集成、管理科学、品牌知名和产业集聚的农产品加工企业以及综合利用主体，推进多元化开发、多层次利用、多环节增值。2021年，发布农产品加工业分行业10强企业，创建一批全国主食加工业示范企业。

（八）建设农业食品创新平台

依托具备技术研发能力的地区和机构，建设农业食品创新产业园，力争搭建一批平台，形成一套机制，攻克一批技术，转化一批成果，创制一批装备，推广一批先进实用技术。2021年，建设数个中国农业食品创新产业园。建设一批农产品加工技术集成科研基地，完善一批国家农产品加工研发分中心，建立农产品加工业专家指导组等5个乡村产业专家指导组。

（九）提升农产品加工园区

按照"粮头食尾""农头工尾"要求，引导各类龙头企业向园区集中，促进原料生产、精深加工、体验展示、物流配送有机衔接。2021年，发布农产品加工业100强园区以及分行业10强园区，培育一批产值超100亿元的国际农产品加工产业园。联合河南省人民政府举办第24届中国农产品加工业投资贸易洽谈会。

（十）打造农业全产业链

在县域内打造农业全产业链，遴选一批特色鲜明、链条健全、联结紧密、业态丰富、创业活跃的农业全产业链，拓展农业增值增效深度和功能价值开发广度。2021年，公布一批全国农业全产业链典型模式和"链主"企业，组织召开全国乡村产业高质量发展推进会。

三、发掘乡村功能价值，丰富乡村产业发展新业态

优化乡村休闲旅游业，发掘农业"产品供给、文化体验、生态涵养、休闲旅游、健康养生、文创教育、安排就业"等多种功能和乡村生产、生活、生态等多重价值，强化特色化、差异化、多样化，开发形式多样、独具特色、个性突出的业态和产品，促进乡村休闲旅游转型升级。

（十一）打造精品工程

建设一批功能齐全、布局合理、机制完善、带动力强的休闲农业精品园，推介一批区域特色鲜明、文化底蕴厚重、乡土气息浓厚的乡村休闲旅游精品景点线路，遴选一批天蓝、地绿、水净、安居、乐业的中国美丽休闲乡村，建设一批资源优势明显、产业发展领先、示范作用突出的全国休闲农业重点县。2021年，打造150条乡村休闲旅游精品景点线路，建设200个中国美丽休闲乡村。

（十二）提升服务水平

加强水、电、路、讯、网等设施建设，完善餐饮、住宿、休闲、体验、购物、停车、厕所等设施条件。完善公共卫生安全、食品安全、休闲服务等标准，用标准化服务创响知名品牌，用品牌汇聚要素资源。加强从业人员培训，提高从业人员服务意识和服务技能。开展行业发展情况监测，选取重点县和经营主体实行直联直报。

（十三）创新发展业态

发掘地方风味、民族特色、传统工艺等资源，开发乡村休闲旅游"夜经济"、农家宴、乡土菜等新项目。发展研学教育、田园养生、亲子体验、拓展训练等项目，引导有条件的休闲农业园建设中小学生农事研学实践教育基（营）地。2021年，开展线上推介和云端培训，举办美丽乡村休闲旅游行推介活动，融入美食评选、创意发布等元素。

四、培育经营主体，构建乡村产业发展新雁阵

推进农业产业化，壮大龙头企业队伍，提升龙头企业层次水平，发挥龙头企业主力军作用，引领小农

户与现代农业有机衔接。

（十四）壮大龙头企业队伍

将经济实力强、联农带农紧、现代化水平高的龙头企业纳入国家重点龙头企业队伍。强化国家重点龙头企业认定监测，引导各地培育一批省、市、县级龙头企业，形成"四级联动"发展格局。2021年，开展第七批农业产业化国家重点龙头企业认定工作。

（十五）提升龙头企业发展水平

支持龙头企业参与优势特色产业集群、现代农业产业园、农业产业强镇等项目建设。组织龙头企业联农带农、联科带科，培育一批"产学研推用"紧密结合的"产创联合体"。2021年，制定促进龙头企业做大做强的指导意见，指导开展龙头企业100强和专项10强遴选推介活动，树立一批龙头企业标杆。

（十六）弘扬企业家精神

建立乡村企业家库，培育一批具有全球战略眼光、市场开拓精神、管理创新能力的优秀乡村企业家。2021年，宣传推介一批全国优秀乡村企业家典型案例。

五、推进创业创新，培育
乡村产业发展新动能

推进农村创业创新，优化创业环境，激发创业热情，为乡村产业发展增添"源头活水"，形成以创新带创业、以创业带动就业、以就业促增收的格局。

（十七）建立农村创业创新导师队伍

深入实施农村创业创新带头人培育行动，推动建立国家、省、市、县级农村创业创新导师队伍。加大农村创业创新人才培训力度和辅导广度，总结链条创业、融合创业、绿色创业、抱团创业、网络创业等模式，制作创业培训视频。2021年，遴选推介一批国家级农村创业创新导师，推介农村创业创新优秀带头人。

（十八）建设服务平台载体

更新全国农村创业创新园区（基地）目录，指导平台载体与创业导师加强合作，组织开展观摩学习活动。2021年，创建200个全国农村创业创新示范园区（基地），推介一批全国农村创业创新典型县。

（十九）办好展示交流活动

举办农村创业创新带头人交流活动和全国农村创业创新工作现场交流活动，分享创业故事、亲身感悟

和成功经验，评选创意佳、业绩好、带动强的优秀项目与资源对接。2021年，举办第五届全国农村创业创新项目大赛。指导各地开展返乡入乡创业创新政策宣传周活动。

（二十）强化就业创业监测

做好返乡入乡就业创业监测调查分析工作，开展返乡入乡创业创新监测试点调查，开展全国农村创业创新园区（基地）发展情况摸底调查。开展农业及相关产业统计。

六、强化联农带农，形成乡村
产业融合发展新优势

围绕让农民有活干、有钱赚目标，开展主休跨界融合、要素跨界配置、业态跨界创新、利益跨界共享，促进农村一二三产业融合发展。

（二十一）培育多元融合主体

支持发展县域范围内产业关联度高、辐射带动力强、参与主体多的融合模式，扶持一批龙头企业牵头、家庭农场和农民合作社跟进、广大小农户参与的农业产业化联合体，构建分工协作、优势互补、联系紧密的利益共同体，实现抱团发展。促进资源共享、链条共建、品牌共创，形成企业主体、农民参与、科研助力、金融支撑的产业生态。

（二十二）发展多类型融合业态

引导各类经营主体以加工流通带动业态融合，发展中央厨房等业态。以功能拓展带动业态融合，推进农业与文化、旅游、教育、康养等产业融合，发展创意农业、功能农业等。以信息技术带动业态融合，促进农业与信息产业融合，发展农村电商、数字农业、智慧农业等，让农民跨界增收、跨域获利。

（二十三）建立健全融合机制

引导新型农业经营主体与小农户建立多种类型的合作方式，促进利益融合。完善利益分配机制，推广"订单收购＋分红""农民入股＋保底收益＋按股分红"等模式。2021年，开展《全国乡村产业发展规划（2020—2025年）》系列宣传活动。

（二十四）创建融合发展先导区

建设一批体制机制创新、政策落实落细、业态类型丰富、融合主体多元、联农带农紧密地融合发展先导区。2021年，创建一批全国农村一二三产业融合发展先导区，举办农村一二三产业融合发展现场交流活动。围绕解决"用地难、贷款难"问题，制定保障和规范农村一二三产业融合发展用地文件，制定支持龙头企业贷款发展乡村特色产业的意见。

全国农业农村信息化示范基地认定办法
（修订）

（农市发〔2021〕3号　2021年2月5日）

第一章　总　则

第一条　为贯彻新发展理念、构建新发展格局、推动农业高质量发展，鼓励、引导现代信息技术在农业农村生产、经营、管理和服务等各环节各领域的应用创新，推动信息技术与农业农村深度融合，以信息化引领驱动乡村振兴和农业农村现代化，根据《数字乡村发展战略纲要》要求，对《全国农业农村信息化示范基地认定办法（试行）》（农市发〔2013〕1号）进行修订，形成本办法。

第二条　本办法所称全国农业农村信息化示范基地（以下简称示范基地）是指经农业农村部认定的，应用现代信息技术有效提升了农业生产智能化、经营网络化、管理数字化、服务在线化水平，并取得显著经济、社会和生态效益，形成典型示范、可复制推广模式的各类主体。

第三条　坚持"总量控制、优中选优、区域平衡、动态管理"原则组织开展示范基地的申报、认定和监管等工作。

第四条　示范基地认定工作程序分为材料申报、专家评审和认定授牌。

第二章　组织机构及职责

第五条　示范基地认定工作由农业农村部主管，制定出台有关制度要求，推动解决认定工作中的重大问题；市场与信息化司负责认定工作的组织实施。

第六条　各省（区、市）农业农村部门负责本区域示范基地的组织申报、材料审核，并提出推荐意见；配合农业农村部对本区域示范基地建设进行指导、监管。

第三章　示范基地类型及标准

第七条　示范基地按照建设内容和所起作用分为四类：生产型、经营型、管理型、服务型。

第八条　生产型示范基地以种植业、畜牧业、渔业、种业等农业生产过程为对象，按照质量第一、效益优先的要求，应用现代信息技术，在动态感知、监测预警、精准作业、智能控制等方面取得显著成效，探索出了典型应用场景，形成了可持续发展的运作模式，在提高土地产出率、资源利用率、劳动生产率，生态改良、环境优化等方面取得突出成效的各类主体。

第九条　以农产品加工、包装、运输、仓储、交易、溯源等过程为对象，应用现代信息技术，在农产品初加工、分类、分拣、智能分仓、物流配送、仓储管理、电子商务、产品溯源等方面，促进了农产品小生产与大市场有效衔接，为农产品流通提供强有力支撑的各类主体。

第十条　管理型示范基地以优化管理职责履行过程为对象，应用现代信息技术，在提高政府宏观调控、市场监管、社会管理、公共服务等方面取得突出成效的各类主体。

第十一条　服务型示范基地以面向农民和城市消费者提供服务过程为对象，应用现代信息技术，在发展农业生产性服务业、提升农村公共服务水平、提高便民服务能力和农民素质、促进一二三产融合发展等方面取得突出成效，并形成典型服务新模式的各类主体。

第四章　申报管理

第十二条　示范基地认定工作每2年组织一次集中申报、评审和认定，认定有效期为4年，超过有效期需重新申报、评审和认定。

第十三条

（一）生产型示范基地的申报条件如下：

1. 申报主体具有法人资格，成立不少于3年（含3年）；

2. 具有投入使用的规模化生产基地；

3. 现代信息技术在生产活动中广泛应用；

4. 在推进生产信息化方面取得突出成效，并开展了推广应用，社会效益明显；

5. 在提高土地产出率、资源利用率、农业劳动生产率等方面取得突出成效，形成了可持续发展模式，经济效益明显；

6. 在促进农业投入品减量增效、生产废弃物治理、循环利用等方面生态效益明显。

（二）经营型示范基地的申报条件如下：

1. 申报主体具有法人资格，成立不少于 3 年（含 3 年）；

2. 现代信息技术在经营活动中广泛应用；

3. 与合作社或农户、农民等建立了稳定的利益联结机制，有效拓展了周边农民的增收和就业空间，社会效益明显；

4. 连续三年营业额不低于 2 000 万元，近三年营业收入平均增长率达到 5% 以上，并形成了可持续的经营模式，经济效益明显；

5. 在促进农业投入品减量增效等方面生态效益明显。

（三）管理型示范基地的申报条件如下：

1. 申报主体具有法人资格，成立不少于 3 年（含 3 年）；

2. 具有专业化的信息技术团队和先进适用的信息技术工具、产品；

3. 现代信息技术应用覆盖业务范围或所服务管理部门达到 40% 以上，有效提升了行政管理效率、节约了管理成本，并形成了成熟的管理模式；

4. 三年内在管理信息化方面获得有关方面肯定，社会效益明显；

5. 在优化资源配置、改善生态环境等方面生态效益明显。

（四）服务型示范基地的申报条件如下：

1. 申报主体具有法人资格，成立不少于 3 年（含 3 年）；

2. 现代信息技术在农业农村服务中广泛应用；

3. 在发展农业生产性服务业、提升农村公共服务水平、提高便民服务能力等方面取得了突出成效，社会效益明显；

4. 连续三年营业额不低于 1 000 万元且年均服务人数 2 万人以上，形成了典型、可复制推广的服务新模式、新业态，经济效益明显；

5. 在促进农业投入品减量增效、改善生态环境等方面生态效益明显。

第十四条 示范基地申报按照属地管理原则，由各省（区、市）农业农村部门受理各类主体提出的申请，统一组织专家初审后形成省级推荐名单（含推荐排序）及初审意见报农业农村部。

第十五条 申报材料

（一）申报主体提出申请时须提交以下材料：

1.《全国农业农村信息化示范基地申报书》；

2. 按申报条件提供的辅证材料。

（二）各省（区、市）农业农村部门须向农业农村部报送以下材料：

1. 正式上报文件；

2. 经审核的《全国农业农村信息化示范基地申报书》（纸质材料每个申报主体一式三份，电子材料每个申报主体一份）；

3. 按申报条件提供的辅证材料（纸质材料每个申报主体一式三份，电子材料每个申报主体一份）；

4. 初审专家组成员名单及初审意见。

第五章 组织认定

第十六条 示范基地认定总量原则上不超过 200 个。农业农村部综合考虑政策导向、产业发展及区域布局、申报主体类别等因素，研究确定每次示范基地认定数量及各类型比重。

第十七条 农业农村部组织评审专家依据申报条件、评分标准严格审查申报材料，视情况采用现场或线上汇报交流、实地考察等方式开展评审，研究提出拟认定示范基地名单，并出具评审意见。

第十八条 示范基地拟认定名单由农业农村部面向社会公示 5 个工作日。

第十九条 公示无异议，经农业农村部批准发布示范基地名单并授牌"全国农业农村信息化示范基地（类型）"。

第二十条 同等条件下，优先支持以下情况申报：

（一）已获得省级单位授予农业农村信息化相关示范资格的；

（二）已列入粮食生产功能区、重要农产品生产保护区、特色农产品优势区、优势特色产业集群、农业产业强镇、国家农业绿色发展先行区、国家现代农业示范区以及国家现代农业产业园的；

（三）已获得农业农村信息化应用推广等省部级以上奖励，或已获得农业农村信息化领域国家发明专利的。

第二十一条 农业农村部及地方各级农业农村部门将以多种形式指导支持示范基地的发展：

（一）结合全国农业农村信息化发展方向和重点，鼓励申报相关农业农村信息化项目及神农奖、丰收奖等科技奖项；

（二）农业农村部将采用多种形式加大对示范基地的宣传推广，强化正向激励，总结可复制可推广典型模式，开展网上推介、经验交流、现场观摩等，发挥示范基地的引领带动作用；

（三）农业农村部组织行业协会、研究机构、高校等发挥智库作用，针对不同基地类型，不定期组织专家对示范基地发展提供智力支持；

（四）地方各级农业农村部门应重点支持示范基地发展，并积极协调有关部门制定相应扶持政策，建立持续稳定支持长效机制，鼓励示范基地率先承担农业农村改革试点示范任务，并制定相应的示范基地建设和培育计划。

第六章 监督管理

第二十二条 农业农村部对示范基地采用分类抽查、"能进能出"的动态管理机制。

第二十三条 农业农村部每年选取不同类型的示范基地进行抽查：被抽查示范基地应按要求报送有关情况，并对其真实性负责；各级农业农村部门组织当地被抽查示范基地报送情况并进行审核；农业农村部组织专家对被抽查示范基地进行评估，并对示范作用发挥不足的示范基地提出整改要求。

第二十四条 示范基地有义务根据农业农村部及所在省（区、市）农业农村部门工作需要，提交示范基地建设与发展情况报告。

第二十五条 "全国农业农村信息化示范基地"资格仅用于引领和示范农业农村信息化发展。示范基地要爱护"全国农业农村信息化示范基地"称号，不得利用该称号从事任何国家法律、法规所不允许的活动。

第二十六条 出现下列情形之一的，取消其示范基地资格，且在4年内不得再次申报：

（一）在申报评审过程中未如实提供有关材料、弄虚作假、有欺瞒行为的或在经营期间被纳入失信名单的；

（二）利用示范基地资格从事任何国家法律、法规所不允许的或与农业农村信息化发展无关的活动；

（三）不配合示范基地监督管理工作，或经农业农村部抽查不合格的；

（四）发生重大农业环境污染或生态破坏问题、重大农产品质量安全事件，发生侵犯农民合法权益，损害农民经济利益，造成重大不良影响的；

（五）其他违反法律法规或国家政策的。

第七章 附 则

第二十七条 农业农村部根据本办法制定《全国农业农村信息化示范基地专家评审标准》等实施细则。

第二十八条 2013年至2017年依据《全国农业农村信息化示范基地认定办法（试行）》（农市发〔2013〕1号）已通过认定的示范基地，认定有效期满后，可依据本办法重新申请认定。

第二十九条 本办法由农业农村部负责解释。

第三十条 本办法自印发之日起执行。

政府储备粮食质量安全管理办法

（国家粮食和物资储备局 2021年2月6日）

第一章 总 则

第一条 为保障政府储备粮食质量安全，规范质量管理，依据《粮食流通管理条例》《中央储备粮管理条例》《粮食质量安全监管办法》等法规制度和国家关于加强粮食储备安全管理的有关政策规定，制定本办法。

第二条 政府储备粮食入库、储存、出库环节质量安全管控及相关监督检查活动，适用本办法。本办法所称政府储备粮食指中央储备和地方储备，包括原粮、成品粮、油料和食用植物油。

第三条 粮食和物资储备行政管理部门（以下简称粮食和储备部门）在本级政府领导下，负责本级政府储备粮食质量安全管理和监督检查；指导下一级粮食和储备部门开展政府储备粮食质量安全管理和监督检查。国家粮食和储备部门负责对中央储备粮质量安全管理情况依法实施监管和年度考核。国家粮食和储备部门垂直管理局（以下简称垂管局）负责监管辖区内中央储备粮质量安全管理情况。地方粮食和储备部门在本级政府领导下，负责本级地方储备粮质量安全管理。对辖区内收购、储存环节中央储备的食品安全属地管理责任依照现行规定执行。

第四条 中国储备粮管理集团有限公司（以下简称中储粮集团公司）和地方储备运营主体对承储的政府储备粮食质量安全负责。承担政府储备粮食储存任务、具有法人资格的单位（以下简称承储单位）履行粮食质量安全主体责任，依照相关法律法规、标准规范和政策规定从事政府储备粮食活动。

第二章　入库质量管控

第五条 采购的中央储备粮源应为最近粮食生产季生产的新粮，各项常规质量指标符合国家标准中等（含）以上质量标准，储存品质指标符合宜存标准，食品安全指标符合食品安全国家标准限量规定。

采购的中央储备食用植物油应为近期新加工的产品，各项常规质量指标符合相关产品国家标准要求，储存品质指标符合宜存要求，食品安全指标符合食品安全国家标准限量规定。地方储备原粮、油料和食用植物油质量安全要求可参照中央储备执行。采购的地方储备成品粮原则上应为30天内加工的产品，各项常规质量指标及包装标签标识符合国家标准要求，食品安全指标符合食品安全国家标准。地方储备粮的具体质量要求由省级粮食和储备部门牵头确定。

第六条 承储单位应具有能够保障政府储备粮食储存安全和质量安全的仓储设施和设备，并符合国家有关规定。具备与承储任务相适应的等级、水分、杂质等指标检验的仪器设备、检验场地以及相应的专业检验人员。建立健全粮食质量管理制度，明确质量管理岗位和责任人。

第七条 实行粮食收购入库质量安全检验制度。承储单位采购政府储备粮，应当按照相关标准和规定进行质量安全检验。不符合政府储备粮食质量安全要求和有关规定，经整理后仍不达标的，不得入库。入库水分应符合安全水分要求。

第八条 建立政府储备粮食质量安全验收检验制度。粮食入库平仓后应进行验收检验，验收检验应包括常规质量指标、储存品质指标和食品安全指标。验收检验合格的，方可作为政府储备粮食。验收检验应遵循客观、公正、科学、合理原则，委托有资质的粮食检验机构承担。中储粮集团公司统一组织中央储备的验收检验，验收检验结果应及时抄送监管地垂管局以及省级粮食和储备部门备案。地方储备的验收检验

要求由本级粮食和储备部门确定。各级粮食和储备部门依职责对验收检验结果进行抽查。

第三章　储存和出库质量管控

第九条 承储单位应对验收合格确认为政府储备的粮食，实行专仓储存、专人保管，不得将品种、生产年份、等级和粮权不同的粮食混存。严禁虚报、瞒报政府储备质量、品种。按要求严格储粮化学药剂的使用和管理。

第十条 储存期间承储单位应严格执行质量管控相关规定，定期开展常规质量指标和储存品质指标检验，根据实际情况开展食品安全指标检验。政府储备粮食每年开展逐货位检验不少于2次，检验结果于每年6月末、11月末前统一报粮食和储备部门。中央储备检验结果由中储粮集团公司分公司（或分支机构，下同）汇总后报中储粮集团公司，同时抄报监管地垂管局；中储粮集团公司汇总整理后报国家粮食和储备部门。地方储备检验结果按程序报本级和省级粮食和储备部门。

第十一条 对发现的不宜存粮食，应及时结合年度轮换计划报请轮换。对于储存期间发生结露、虫害、发热、霉变等情况，承储单位应立即采取有效措施进行处置，最大限度降低损失。

第十二条 建立政府储备粮食出库检验制度。出库检验应按规定委托有资质的粮食检验机构，检验结果作为出库质量依据。未经质量安全检验的粮食不得销售出库。出库粮食应附检验报告原件或复印件。出库检验项目应包括常规质量指标和食品安全指标。在储存期间使用过储粮药剂且未满安全间隔期的，还应增加储粮药剂残留检验，检验结果超标的应暂缓出库。食品安全指标超标的粮食，不得作为食用用途销售出库。

第十三条 政府储备粮食入库后，应按规定及时建立逐货位质量安全档案。按时间顺序如实准确记录入库检验、自检、出库检验结果及有关问题整改情况，完整保存检验报告、原始记录的原件或复印件，不得伪造、篡改、损毁、丢失。政府储备粮食应加强信息化管理，承储单位应按照要求实行线上动态更新有关质量信息。

第十四条 通过粮食交易平台销售的政府储备粮食，应公告粮食质量安全情况，且与交易粮食实物质量安全相符。

第十五条 鼓励承储单位主动对采购粮源质量安全状况进行提前了解，根据市场需求，选购优质储备粮源；根据不同品种和品质，实施精细化收储，应用

绿色储粮或其他先进适用技术；在出库时可主动提供加工品质、营养品质、食味品质以及储存情况等信息。

第十六条　承储单位应定期对从事质量管理和检验等有关人员进行政策和技术培训，使有关人员及时掌握政府储备粮食质量政策规定、标准和检验技术。对不能履行职责的检验人员应及时调整。承储单位应定期维护、按规定报废和更新检验仪器设备；属于计量器具，应按要求进行检定；快检仪器设备应当定期校验。粮食和储备部门应加强对承储单位质量安全管理工作的指导和服务，适时开展相关政策、技术培训和考核，引导和支持承储单位强化管理意识、健全管理制度，提升管理能力。

第四章　检验机构要求

第十七条　承担政府储备委托检验的各级粮食检验机构应按照国家有关规定取得资质认定，熟悉政府储备粮食质量政策要求。粮食检验实行粮食检验机构与检验人负责制。检验人对出具的检验数据负责，审核签发人承担管理责任，检验机构对出具的检验报告负责。

第十八条　对存在出具虚假检验数据等情况的检验机构，纳入诚信记录，按规定进行处理，并不再委托其承担政府储备粮食的检验任务。

第十九条　政府储备粮食委托检验应现场扦样，不得由承储单位送样检验；扦样方法、程序和扦样人员应符合国家有关规定或标准。扦样采取录像或拍照等有效方式，确保扦样过程规范、公正、真实。扦样机构和扦样人员对扦样合规性、样品真实性、信息准确性负责。承储单位应提供真实货位信息、扦样用具和样品暂存地点等条件，选派辅助人员，配合做好扦样工作，不得弄虚作假，调换样品。

第二十条　扦样过程中，应重点关注是否存在粮食发热、霉变、异味、严重虫粮等异常情况，是否存在仓房底部或其他部位以陈顶新、掺杂使假、以次充好、筛下物堆集等行为，是否存在埋样、换样及调换标的物等舞弊行为。对存在以上情况的，扦样人员应按相关规定采取有针对性的扦样方式，单独扦样、单独评价，如实记录异常粮食数量，告知承储单位及时采取有效措施处理，并报告委托方。属于中央储备的，还应通报监管地垂管局和中储粮集团公司分公司。相关部门和单位应对有关情况进行核查。

第二十一条　检验机构应按委托方要求的报告形式、报送时间和报送渠道，及时将检验结果报送委托方，并对检验结果承担保密责任。检验机构应妥善留

存抽样单、检验原始记录等相关材料，留存时间应不少于 6 年。

第二十二条　承储单位对监督检查中的检验结果存在争议的，应自接到结果反馈起 10 日内，以书面形式提出复检申请，处理原则按照《粮食质量安全监管办法》有关规定执行。

第五章　监督检查

第二十三条　粮食和储备部门依职责对政府储备粮食质量管理、质量安全状况、验收检验结果等情况进行定期或不定期监督检查。年度检查情况应报上一级粮食和储备部门备案。检查内容主要包括粮食质量安全状况，执行出入库检验制度、质量管理制度等情况。根据实际情况，年度检查比例一般不低于辖区内本级政府储备规模的 30，检查覆盖面不低于承储单位数量的 30。年度内已检查过的承储库点或已抽检过的粮食，未发现问题的，原则上不再重复检查或抽检。承储单位应积极配合粮食和储备部门开展监督检查工作，提供检查所需的各类文件、材料、记录凭证，安排必要的辅助人员和相应的仪器设备。

第二十四条　政府储备粮食发生严重霉变、食品安全指标超标等质量安全事故（事件），承储单位应及时报告，并按有关要求及时妥善处置。中央储备承储单位，应第一时间报告监管地垂管局及所在地省级粮食和储备部门。地方储备承储单位，应第一时间报告本级粮食和储备部门。

第二十五条　建立粮食质量安全问题整改机制。对检查发现的质量不达标、储存品质不宜存和食品安全超标等粮食质量安全问题，监督检查部门应及时通报中储粮集团公司或地方储备运营主体，提出整改要求。

中储粮集团公司和地方储备运营主体应及时反馈承储单位，并督促指导所属承储单位制定整改方案，明确整改措施、时限、责任人，并对整改工作跟踪督办。

第二十六条　承储单位应严格按照法律法规和政策规定以及监督检查部门的整改要求，采取有效措施及时进行整改。对水分、杂质、不完善粒含量等质量不达标的粮食，及时采取烘干、清杂、整理等措施，加强粮情监测、注意通风，确保储存安全和质量安全；对储存品质不宜存粮食要按照相关规定进行妥善处置；对检出的食品安全指标不符合国家标准的粮食，及时结合年度轮换计划报请轮换。超标粮食按照推进无害化处理和资源合理化利用的原则，根据当地省级政府或有关部门的相关规定进行处置，严禁不符

合食品安全标准的粮食流入口粮市场和食品生产企业。有关整改情况按时报送监督检查部门。

第二十七条　承储单位存在以陈顶新、掺杂使假、以次充好、筛下物堆集，以及埋样、换样及调换标的物等舞弊行为，或在监督检查中发现违纪违法违规问题和未按要求及时整改的，依据核查结果和管理权限，对承储单位和有关责任人员依纪依法依规处理。承担委托检验的粮食检验机构和人员，违反相关规定，不规范扦样、未采用规定的检验方法、未按规范的检验程序检验、出具虚假检验数据等违纪违法违规行为，依照有关法律法规处理。

第二十八条　任何组织和个人有权通过 12325 粮食和物资储备监管热线等方式，举报政府储备粮食活动中存在的质量安全违纪违法违规行为。

第六章　附　则

第二十九条　进口粮食转为中央储备的质量安全管理要求，由国家粮食和物资储备局会同相关部门另行制定。

第三十条　本办法由国家粮食和物资储备局负责解释。

第三十一条　本办法自 2021 年 4 月 1 日起实施，有效期至 2024 年 3 月 31 日。

粮食流通管理条例

（中华人民共和国国务院令 第 740 号　2021 年 2 月 15 日）

第一章　总　则

第一条　为了保护粮食生产者的积极性，促进粮食生产，维护经营者、消费者的合法权益，保障国家粮食安全，维护粮食流通秩序，根据有关法律，制定本条例。

第二条　在中华人民共和国境内从事粮食的收购、销售、储存、运输、加工、进出口等经营活动（以下统称粮食经营活动），应当遵守本条例。

前款所称粮食，是指小麦、稻谷、玉米、杂粮及其成品粮。

第三条　国家鼓励多种所有制市场主体从事粮食经营活动，促进公平竞争。依法从事的粮食经营活动受国家法律保护。严禁以非法手段阻碍粮食自由流通。

国有粮食企业应当转变经营机制，提高市场竞争能力，在粮食流通中发挥主渠道作用，带头执行国家粮食政策。

第四条　粮食价格主要由市场供求形成。

国家加强粮食流通管理，增强对粮食市场的调控能力。

第五条　粮食经营活动应当遵循自愿、公平、诚信的原则，不得损害粮食生产者、消费者的合法权益，不得损害国家利益和社会公共利益，并采取有效措施，防止和减少粮食损失浪费。

第六条　国务院发展改革部门及国家粮食和储备行政管理部门负责全国粮食的总量平衡、宏观调控和重要粮食品种的结构调整以及粮食流通的中长期规划。国家粮食和储备行政管理部门负责粮食流通的行政管理、行业指导，监督有关粮食流通的法律、法规、政策及各项规章制度的执行。

国务院市场监督管理、卫生健康等部门在各自的职责范围内负责与粮食流通有关的工作。

第七条　省、自治区、直辖市应当落实粮食安全党政同责，完善粮食安全省长责任制，承担保障本行政区域粮食安全的主体责任，在国家宏观调控下，负责本行政区域粮食的总量平衡和地方储备粮等的管理。

县级以上地方人民政府粮食和储备行政管理部门负责本行政区域粮食流通的行政管理、行业指导；县级以上地方人民政府市场监督管理、卫生健康等部门在各自的职责范围内负责与粮食流通有关的工作。

第二章　粮食经营

第八条　粮食经营者，是指从事粮食收购、销售、储存、运输、加工、进出口等经营活动的自然人、法人和非法人组织。

第九条　从事粮食收购的经营者（以下简称粮食收购者），应当具备与其收购粮食品种、数量相适应的能力。

从事粮食收购的企业（以下简称粮食收购企业），应当向收购地的县级人民政府粮食和储备行政管理部门备案企业名称、地址、负责人以及仓储设施等信息，备案内容发生变化的，应当及时变更备案。

县级以上地方人民政府粮食和储备行政管理部门应当加强粮食收购管理和服务，规范粮食收购活动。具体管理办法由省、自治区、直辖市人民政府制定。

第十条 粮食收购者收购粮食，应当告知售粮者或者在收购场所公示粮食的品种、质量标准和收购价格。

第十一条 粮食收购者收购粮食，应当执行国家粮食质量标准，按质论价，不得损害农民和其他粮食生产者的利益；应当及时向售粮者支付售粮款，不得拖欠；不得接受任何组织或者个人的委托代扣、代缴任何税、费和其他款项。

粮食收购者收购粮食，应当按照国家有关规定进行质量安全检验，确保粮食质量安全。对不符合食品安全标准的粮食，应当作为非食用用途单独储存。

第十二条 粮食收购企业应当向收购地的县级人民政府粮食和储备行政管理部门定期报告粮食收购数量等有关情况。

跨省收购粮食，应当向收购地和粮食收购企业所在地的县级人民政府粮食和储备行政管理部门定期报告粮食收购数量等有关情况。

第十三条 粮食收购者、从事粮食储存的企业（以下简称粮食储存企业）使用的仓储设施，应当符合粮食储存有关标准和技术规范以及安全生产法律、法规的要求，具有与储存品种、规模、周期等相适应的仓储条件，减少粮食储存损耗。

粮食不得与可能对粮食产生污染的有毒有害物质混存，储存粮食不得使用国家禁止使用的化学药剂或者超量使用化学药剂。

第十四条 运输粮食应当严格执行国家粮食运输的技术规范，减少粮食运输损耗。不得使用被污染的运输工具或者包装材料运输粮食，不得与有毒有害物质混装运输。

第十五条 从事粮食的食品生产，应当符合食品安全法律、法规和标准规定的条件和要求，对其生产食品的安全负责。

国家鼓励粮食经营者提高成品粮出品率和副产物综合利用率。

第十六条 销售粮食应当严格执行国家粮食质量等有关标准，不得短斤少两、掺杂使假、以次充好，不得囤积居奇、垄断或者操纵粮食价格、欺行霸市。

第十七条 粮食储存期间，应当定期进行粮食品质检验，粮食品质达到轻度不宜存时应当及时出库。

建立粮食销售出库质量安全检验制度。正常储存年限内的粮食，在出库前应当由粮食储存企业自行或者委托粮食质量安全检验机构进行质量安全检验；超过正常储存年限的粮食，储存期间使用储粮药剂未满安全间隔期的粮食，以及色泽、气味异常的粮食，在出库前应当由粮食质量安全检验机构进行质量安全检验。未经质量安全检验的粮食不得销售出库。

第十八条 粮食收购者、粮食储存企业不得将下列粮食作为食用用途销售出库：

（一）真菌毒素、农药残留、重金属等污染物质以及其他危害人体健康的物质含量超过食品安全标准限量的；

（二）霉变或者色泽、气味异常的；

（三）储存期间使用储粮药剂未满安全间隔期的；

（四）被包装材料、容器、运输工具等污染的；

（五）其他法律、法规或者国家有关规定明确不得作为食用用途销售的。

第十九条 从事粮食收购、加工、销售的规模以上经营者，应当按照所在地省、自治区、直辖市人民政府的规定，执行特定情况下的粮食库存量。

第二十条 粮食经营者从事政策性粮食经营活动，应当严格遵守国家有关规定，不得有下列行为：

（一）虚报粮食收储数量；

（二）通过以陈顶新、以次充好、低收高转、虚假购销、虚假轮换、违规倒卖等方式，套取粮食价差和财政补贴，骗取信贷资金；

（三）挤占、挪用、克扣财政补贴、信贷资金；

（四）以政策性粮食为债务作担保或者清偿债务；

（五）利用政策性粮食进行除政府委托的政策性任务以外的其他商业经营；

（六）在政策性粮食出库时掺杂使假、以次充好、调换标的物，拒不执行出库指令或者阻挠出库；

（七）购买国家限定用途的政策性粮食，违规倒卖或者不按照规定用途处置；

（八）擅自动用政策性粮食；

（九）其他违反国家政策性粮食经营管理规定的行为。

第二十一条 国有粮食企业应当积极收购粮食，并做好政策性粮食购销工作，服从和服务于国家宏观调控。

第二十二条 对符合贷款条件的粮食收购者，银行应当按照国家有关规定及时提供收购贷款。

中国农业发展银行应当保证中央和地方储备粮以及其他政策性粮食的信贷资金需要，对国有粮食企业、大型粮食产业化龙头企业和其他粮食企业，按企业的风险承受能力提供信贷资金支持。

政策性粮食收购资金应当专款专用，封闭运行。

第二十三条　所有从事粮食收购、销售、储存、加工的经营者以及饲料、工业用粮企业，应当建立粮食经营台账，并向所在地的县级人民政府粮食和储备行政管理部门报送粮食购进、销售、储存等基本数据和有关情况。粮食经营台账的保存期限不得少于3年。粮食经营者报送的基本数据和有关情况涉及商业秘密的，粮食和储备行政管理部门负有保密义务。

国家粮食流通统计依照《中华人民共和国统计法》的有关规定执行。

第二十四条　县级以上人民政府粮食和储备行政管理部门应当建立粮食经营者信用档案，记录日常监督检查结果、违法行为查处情况，并依法向社会公示。

粮食行业协会以及中介组织应当加强行业自律，在维护粮食市场秩序方面发挥监督和协调作用。

第二十五条　国家鼓励和支持开发、推广应用先进的粮食储存、运输、加工和信息化技术，开展珍惜和节约粮食宣传教育。

县级以上人民政府粮食和储备行政管理部门应当加强对粮食经营者的指导和服务，引导粮食经营者节约粮食、降低粮食损失损耗。

第三章　宏观调控

第二十六条　国家采取政策性粮食购销、粮食进出口等多种经济手段和必要的行政手段，加强对粮食市场的调控，保持全国粮食供求总量基本平衡和市场基本稳定。

第二十七条　国家实行中央和地方分级粮食储备制度。粮食储备用于调节粮食供求、稳定粮食市场，以及应对重大自然灾害或者其他突发事件等情况。

政策性粮食的采购和销售，原则上通过规范的粮食交易中心公开进行，也可以通过国家规定的其他方式进行。

第二十八条　国务院和地方人民政府建立健全粮食风险基金制度。粮食风险基金主要用于支持粮食储备、稳定粮食市场等。

国务院和地方人民政府财政部门负责粮食风险基金的监督管理，确保专款专用。

第二十九条　为保障市场供应、保护种粮农民利益，必要时可由国务院根据粮食安全形势，结合财政状况，决定对重点粮食品种在粮食主产区实行政策性收储。

当粮食价格显著上涨或者有可能显著上涨时，国务院和省、自治区、直辖市人民政府可以按照《中华人民共和国价格法》的规定，采取价格干预措施。

第三十条　国务院发展改革部门及国家粮食和储备行政管理部门会同国务院农业农村、统计、市场监督管理等部门负责粮食市场供求形势的监测和预警分析，健全监测和预警体系，完善粮食供需抽查制度，发布粮食生产、消费、价格、质量等信息。

第三十一条　国家鼓励粮食主产区和主销区以多种形式建立稳定的产销关系，鼓励培育生产、收购、储存、加工、销售一体化的粮食企业，支持建设粮食生产、加工、物流基地或者园区，加强对政府储备粮油仓储物流设施的保护，鼓励发展订单农业。在执行政策性收储时国家给予必要的经济优惠，并在粮食运输方面给予优先安排。

第三十二条　在重大自然灾害、重大疫情或者其他突发事件引起粮食市场供求异常波动时，国家实施粮食应急机制。

第三十三条　国家建立突发事件的粮食应急体系。国务院发展改革部门及国家粮食和储备行政管理部门会同国务院有关部门制定全国的粮食应急预案，报请国务院批准。省、自治区、直辖市人民政府根据本地区的实际情况，制定本行政区域的粮食应急预案。

第三十四条　启动全国的粮食应急预案，由国务院发展改革部门及国家粮食和储备行政管理部门提出建议，报国务院批准后实施。

启动省、自治区、直辖市的粮食应急预案，由省、自治区、直辖市发展改革部门及粮食和储备行政管理部门提出建议，报本级人民政府决定，并向国务院报告。

设区的市级、县级人民政府粮食应急预案的制定和启动，由省、自治区、直辖市人民政府决定。

第三十五条　粮食应急预案启动后，粮食经营者必须按照国家要求承担应急任务，服从国家的统一安排和调度，保证应急的需要。

第三十六条　国家鼓励发展粮食产业经济，提高优质粮食供给水平，鼓励粮食产业化龙头企业提供安全优质的粮食产品。

第四章　监督检查

第三十七条　国家建立健全粮食流通质量安全风险监测体系。国务院卫生健康、市场监督管理以及国家粮食和储备行政管理等部门，分别按照职责组织实施全国粮食流通质量安全风险监测；省、自治区、直辖市人民政府卫生健康、市场监督管理、粮食和储备行政管理等部门，分别按照职责组织实施本行政区域的粮食流通质量安全风险监测。

第三十八条 粮食和储备行政管理部门依照本条例对粮食经营者从事粮食收购、储存、运输活动和政策性粮食的购销活动，以及执行国家粮食流通统计制度的情况进行监督检查。

粮食和储备行政管理部门在监督检查过程中，可以进入粮食经营者经营场所，查阅有关资料、凭证；检查粮食数量、质量和储存安全情况；检查粮食仓储设施、设备是否符合有关标准和技术规范；向有关单位和人员调查了解相关情况；查封、扣押非法收购或者不符合国家粮食质量安全标准的粮食，用于违法经营或者被污染的工具、设备以及有关账簿资料；查封违法从事粮食经营活动的场所。

第三十九条 市场监督管理部门依照有关法律、法规的规定，对粮食经营活动中的扰乱市场秩序行为、违法交易行为以及价格违法行为进行监督检查。

第四十条 县级以上地方人民政府应当加强本行政区域粮食污染监控，建立健全被污染粮食收购处置长效机制，发现区域性粮食污染的，应当及时采取处置措施。

被污染粮食处置办法由国家粮食和储备行政管理部门会同国务院有关部门制定。

第四十一条 任何单位和个人有权对违反本条例规定的行为向有关部门检举。有关部门应当为检举人保密，并依法及时处理。

第五章　法律责任

第四十二条 违反本条例规定，粮食和储备行政管理部门和其他有关部门不依法履行粮食流通管理和监督职责的，对负有责任的领导人员和直接责任人员依法给予处分。

第四十三条 粮食收购企业未按照规定备案或者提供虚假备案信息的，由粮食和储备行政管理部门责令改正，给予警告；拒不改正的，处2万元以上5万元以下罚款。

第四十四条 粮食收购者有未按照规定告知、公示粮食收购价格或者收购粮食压级压价，垄断或者操纵价格等价格违法行为的，由市场监督管理部门依照《中华人民共和国价格法》《中华人民共和国反垄断法》的有关规定予以处罚。

第四十五条 有下列情形之一的，由粮食和储备行政管理部门责令改正，给予警告，可以并处20万元以下罚款；情节严重的，并处20万元以上50万元以下罚款：

（一）粮食收购者未执行国家粮食质量标准；

（二）粮食收购者未及时向售粮者支付售粮款；

（三）粮食收购者违反本条例规定代扣、代缴税、费和其他款项；

（四）粮食收购者收购粮食，未按照国家有关规定进行质量安全检验，或者对不符合食品安全标准的粮食未作为非食用用途单独储存；

（五）从事粮食收购、销售、储存、加工的粮食经营者以及饲料、工业用粮企业未建立粮食经营台账，或者未按照规定报送粮食基本数据和有关情况；

（六）粮食储存企业未按照规定进行粮食销售出库质量安全检验。

第四十六条 粮食收购者、粮食储存企业未按照本条例规定使用仓储设施、运输工具的，由粮食和储备行政管理等部门按照职责责令改正，给予警告；被污染的粮食不得非法销售、加工。

第四十七条 粮食收购者、粮食储存企业将下列粮食作为食用用途销售出库的，由粮食和储备行政管理部门没收违法所得；违法销售出库的粮食货值金额不足1万元的，并处1万元以上5万元以下罚款，货值金额1万元以上的，并处货值金额1倍以上5倍以下罚款：

（一）真菌毒素、农药残留、重金属等污染物质以及其他危害人体健康的物质含量超过食品安全标准限量的；

（二）霉变或者色泽、气味异常的；

（三）储存期间使用储粮药剂未满安全间隔期的；

（四）被包装材料、容器、运输工具等污染的；

（五）其他法律、法规或者国家有关规定明确不得作为食用用途销售的。

第四十八条 从事粮食的食品生产，不符合食品安全法律、法规和标准规定的条件和要求的，由市场监督管理部门依照《中华人民共和国食品安全法》《中华人民共和国食品安全法实施条例》等有关规定予以处罚。

第四十九条 从事政策性粮食经营活动，有下列情形之一的，由粮食和储备行政管理部门责令改正，给予警告，没收违法所得，并处50万元以上200万元以下罚款；情节严重的，并处200万元以上500万元以下罚款：

（一）虚报粮食收储数量；

（二）通过以陈顶新、以次充好、低收高转、虚假购销、虚假轮换、违规倒卖等方式，套取粮食价差和财政补贴，骗取信贷资金；

（三）挤占、挪用、克扣财政补贴、信贷资金；

（四）以政策性粮食为债务作担保或者清偿债务；

（五）利用政策性粮食进行除政府委托的政策性任务以外的其他商业经营；

（六）在政策性粮食出库时掺杂使假、以次充好、调换标的物，拒不执行出库指令或者阻挠出库；

（七）购买国家限定用途的政策性粮食，违规倒卖或者不按照规定用途处置；

（八）擅自动用政策性粮食；

（九）其他违反国家政策性粮食经营管理规定的行为。

粮食应急预案启动后，不按照国家要求承担应急任务，不服从国家的统一安排和调度的，依照前款规定予以处罚。

第五十条　对粮食经营活动中的扰乱市场秩序、违法交易等行为，由市场监督管理部门依照有关法律、法规的规定予以处罚。

第五十一条　从事粮食经营活动的企业有违反本条例规定的违法情形且情节严重的，对其法定代表人、主要负责人、直接负责的主管人员和其他直接责任人员处以其上一年度从本企业取得收入的1倍以上10倍以下罚款。

第五十二条　违反本条例规定，阻碍粮食自由流通的，依照《国务院关于禁止在市场经济活动中实行地区封锁的规定》给予处罚。

第五十三条　违反本条例规定，构成违反治安管理行为的，由公安机关依法给予治安管理处罚；构成

犯罪的，依法追究刑事责任。

第六章　附　则

第五十四条　本条例下列用语的含义是：

粮食收购，是指向种粮农民、其他粮食生产者或者粮食经纪人、农民专业合作社等批量购买粮食的活动。

粮食加工，是指通过处理将原粮转化成半成品粮、成品粮以及其他食用或者非食用产品的活动。

政策性粮食，是指政府指定或者委托粮食经营者购买、储存、加工、销售，并给予财政、金融等方面政策性支持的粮食，包括但不限于政府储备粮。

粮食经纪人，是指以个人或者家庭为经营主体，直接向种粮农民、其他粮食生产者、农民专业合作社批量购买粮食的经营者。

技术规范，是指尚未制定国家标准、行业标准，国家粮食和储备行政管理部门根据监督管理工作需要制定的补充技术要求。

第五十五条　大豆、油料和食用植物油的收购、销售、储存、运输、加工、进出口等经营活动，适用本条例除第九条第二款以外的规定。

粮食进出口的管理，依照有关法律、法规的规定执行。

第五十六条　本条例自2021年4月15日起施行。

农业生产"三品一标"提升行动实施方案

（农办规〔2021〕1号　2021年3月15日）

推进农业绿色发展是农业发展观的一场深刻革命。近年来，绿色发展理念逐步深入人心，农业绿色发展加快推进，绿色优质农产品供给能力不断提升。但农业发展方式仍然粗放、农产品供给还不完全适应消费升级需求，需要加强引导、加大投入，提高农业供给的适应性，促进农业高质量发展。为贯彻落实中央农村工作会议和中央一号文件精神，从2021年开始，启动实施农业生产"三品一标"（品种培优、品质提升、品牌打造和标准化生产）提升行动，更高层次、更深领域推进农业绿色发展，特制定如下实施方案。

一、重要意义

保障粮食等重要农产品有效供给，既要保数量，也要保多样、保质量。推进品种培优、品质提升、品牌打造和标准化生产，是重要途径，也是重要任务。

深入推进农业绿色发展的需要。总体看，当前我国农业资源利用强度依然较高，农业投入品利用率偏低，农业面源污染仍然突出。实施农业生产"三品一标"提升行动，可以推动农业绿色发展向全要素保护、全区域修复、全链条供给、全方位支撑转变，实

现农业投入品减量化、生产清洁化、废弃物资源化、产业模式生态化。

提高农业质量效益和竞争力的需要。当前，我国农业规模小、产业链条短，质量效益仍然偏低，市场竞争力不强。实施农业生产"三品一标"提升行动，可以加快选育推广高产优质多抗新品种，提高农产品品质，创建农业品牌，全产业链拓展增值空间，提升农业质量效益和竞争力。

适应消费结构不断升级的需要。经济快速发展，城乡居民收入大幅增加，消费结构加快升级，农产品消费需求呈现个性化、多样化特点。实施农业生产"三品一标"提升行动，可以优化农业生产结构和产品结构，提升农产品绿色化、优质化、特色化、品牌化水平。

二、总体要求

（一）指导思想

以习近平新时代中国特色社会主义思想为指导，深入贯彻党的十九大和十九届二中、三中、四中、五中全会精神，全面落实中央经济工作会议、中央农村工作会议精神，立足新发展阶段、贯彻新发展理念、构建新发展格局，以高质量发展为主题，以农业供给侧结构性改革为主线，坚持质量兴农、绿色兴农、品牌强农，强化标准引领，推进科技创新，突出品牌打造，选育一批突破性农作物品种和畜禽水产良种，建设一批绿色标准化农产品生产基地，培育一批带动性强的农业企业集团，打造一批有影响力的农业知名品牌，加快推进农业转型升级，更好满足消费者需求，为全面推进乡村振兴、加快农业农村现代化提供有力支撑。

（二）基本原则

坚持质量第一。落实"产出来"与"管出来"要求，推进标准化生产，实施全过程质量监管，提高农产品品质和效益。

坚持绿色发展。践行"绿水青山就是金山银山"理念，推行绿色生产方式，推进投入品减量增效，净化农业产地环境，把绿色发展导向贯穿农业生产全过程。

坚持创新驱动。把科技创新作为第一动力，推进育种创新，加强投入品使用、产品生产、加工储运等全产业链技术创新和标准制修订。

坚持市场主导。充分发挥市场在资源配置中的决定性作用，激活要素、激活市场、激活主体，引导资源要素向品种选优、品质提升、品牌打造集聚。

（三）目标任务

到2025年，育种创新取得重要进展，农产品品质明显提升，农业品牌建设取得较大突破，农业质量效益和竞争力持续提高。培育一批有自主知识产权的核心种源和节水高抗新品种，建设绿色标准化农产品生产基地800个、畜禽养殖标准化示范场500个，打造国家级农产品区域公用品牌300个、企业品牌500个、农产品品牌1 000个，绿色食品、有机农产品、地理标志农产品数量达到6万个以上，食用农产品达标合格证制度试行取得积极成效。

三、重点任务

（一）加快推进品种培优

实施打好种业翻身仗行动方案，加快选育一批新品种。重点是"四个一批"：发掘一批优异种质资源，开展全国农业种质资源调查，抢救性收集一批珍稀、濒危、特有资源和特色地方品种，对现有农作物种质资源、畜禽水产种质资源开展鉴定评价，遴选优异育种材料。加强农业种质资源库（场、区、圃）建设。提纯复壮一批地方特色品种，针对当前地方正在推广应用的大豆、小麦、生猪等农作物与畜禽良种，采取品种选择、比较试验、原种繁殖等技术措施，加快提纯复壮一批品种。选育一批高产优质突破性品种，启动重点种源关键核心技术攻关和农业生物育种重大科技项目，实施新一轮畜禽水产遗传改良计划，自主培育一批突破性品种。加强育种领域知识产权保护。建设一批良种繁育基地，推进西北国家杂交玉米种子生产基地和西南国家杂交水稻种子生产基地建设，在适宜地区建设一批区域性果菜茶等园艺作物良种苗木和畜禽水产良种繁育基地。

（二）加快推进品质提升

推广优良品种，推广一批强筋弱筋优质小麦、高蛋白高油玉米、优质粳稻籼稻、高油高蛋白大豆等品种，推广一批优质晚熟柑橘、特色茶叶、优质蔬菜、道地药材等品种，推广一批禽类、生猪、奶牛、水产等良种。集成推广技术模式，研发创制高端农机装备和适宜丘陵山区、果菜茶生产、畜禽水产养殖的农机装备，集成创新一批土壤改良培肥、节水灌溉、精准施肥用药、废弃物循环利用、农产品收储运和加工等绿色生产技术模式。净化农业产地环境，针对不同区域土壤退化或污染现状，制定完善南方土壤酸化、北方土壤盐渍化、东北黑土退化、耕地土壤重金属污染治理方案，加快治理修复，提高土壤地力，以清洁的产地环境生产优质的农产品。推广绿色投入品，加快推广生物有机肥、缓释肥料、水溶性肥料、高效叶面肥、高效低毒低残留农药、生物农药等绿色投入品，推广粘虫板、杀虫灯、性诱剂等病虫绿色防控技术产品。推广安全绿色兽药，规范使用饲料添加剂。构建农产品品质核心指标体系，分行业、分品种筛选农产品品质核心指标，建立品质评价方法标准，推动农产品分等分级和包装标识。

（三）加快推进标准化生产

推动现代农业全产业链标准化，按照"有标采标、无标创标、全程贯标"的要求，加快产地环境、投入品管控、农兽药残留、产品加工、储运保鲜、品牌打造、分等分级关键环节标准的制修订，推动建立现代农业全产业链标准体系，开展30个产品全产业链标准化试点，建设300个现代农业全产业链标准集成应用基地，培育一批农业企业标准"领跑者"。培育新型农业经营主体带动，培育一批家庭农场和农民合作社，扩大农民合作社质量提升整县推进试点，推进农业生产规模化、标准化。加快培育农业产业化龙头企业，扶持一批农业产业化龙头企业牵头、家庭农场和农民合作社跟进、广大小农户参与的农业产业化联合体，带动大规模标准化生产。健全社会化服务体系推动，培育一批多元化专业化农业社会化服务组织，开展物资配送、代耕代种、统防统治、烘干收储等生产托管服务，推动农业生产专业化、标准化、集约化。提升农产品加工业拉动，拓展农产品初加工，建设产地仓储保鲜冷链物流设施，延长供应时间，保证产品质量。发展农产品精深加工，推进农产品标准化、清洁化、智能化生产。重点区域先行示范促动，在农业现代化示范区、农业绿色发展先行区、农产品质量安全县，以及国家现代农业产业园、优势特色产业集群、农业产业强镇、"一村一品"示范村镇等，全域推行农业生产"三品一标"，打造一批示范典型。

（四）加快推进农业品牌建设

培育知名品牌，建立农业品牌标准，鼓励地方政府、行业协会等，打造一批地域特色突出、产品特性鲜明的区域公用品牌。结合粮食生产功能区、重要农产品生产保护区和特色农产品优势区建设，培育一批"大而优""小而美"、有影响力的农产品品牌，鼓励龙头企业加强自主创新、打造一批竞争力强的企业品牌。加强品牌管理，制定农业品牌工作管理办法，深入推进中国农业品牌目录制度建设，发布品牌目录与消费索引。建立农业品牌评价体系，发布公益性农业品牌评价与发展指数，完善评价和退出机制。强化农业品牌监管，实行农业品牌动态管理，加大对冒牌、套牌和滥用品牌的惩处力度。促进品牌营销，挖掘和丰富品牌内涵，培育品牌文化，利用农业展会、产销对接会、电商等平台促进品牌营销，引导1 000个国

内优秀农业品牌参加国际知名展会，支持建立境外展示展销中心，提升品牌影响力。

（五）持续强化农产品质量监管

严格农业投入品使用，依法实施农业投入品登记许可，加强生产经营管理和使用指导，建立农药、兽用处方药等农业投入品生产经营购销台账。推进兽用抗菌药使用减量，严格执行兽用处方药制度和休药期制度。推行农产品质量全程可追溯管理，实施农产品质量安全保障工程，强化农产品质量安全风险监测预警，深化国家农产品质量安全县创建。建设农产品质量全程追溯体系，加强信息技术应用，探索"阳光农安"智慧监管模式，推进生产标准化、监管智慧化、特征标识化、产品身份化。强化质量安全监管执法，开展"治违禁促提升"行动，严厉查处禁限用农药、食品动物禁止使用的药品和其他化合物使用及超标问题。完善生产主体名录，强化日常巡查检查，增加重点监管对象检查频次，严格落实"双随机"要求，扎实开展监督抽查、飞行检查。

（六）深入推进安全绿色优质农产品发展

积极发展绿色食品、有机农产品、地理标志农产品生产，推行食用农产品达标合格证制度。强化农产品认证和监管，完善绿色食品、有机农产品、地理标志农产品认证审核流程和技术规范，规范标志使用，加强相关风险监测和证后监管，稳步扩大认证规模，严格淘汰退出机制。打造一批绿色食品原料标准化生产基地和有机农产品生产基地。深入实施地理标志农产品保护工程，建设一批特色品种繁育基地和核心生产基地，挖掘保护传统农耕文化，推动地理标志农产品生产标准化、产品特色化、身份标识化、全程数字化发展。推行食用农产品达标合格证制度，推动有条件的地方实施信息化管理。指导生产者在自控自检的基础上规范开具合格证，提升合格证含金量，提高带证农产品的市场认可度。实现合格证制度与已有监管措施的融合推进，探索开证主体信用评价机制。

四、保障措施

（一）加强组织领导

强化统筹协调，构建上下联动、多方协同的工作格局。农业农村部成立农业生产"三品一标"提升行动推进指导组，加强统筹协调，强化指导服务，推动措施落实。省级农业农村部门应成立相应的协调指导组，细化实施方案，统筹项目资金，强化责任落实，有力推进工作。重点区域先行示范地所在县（市）应成立由政府主要负责同志任组长的推进小组，加强协调，聚合力量，推进落实。

（二）创新推进机制

制定任务清单，按照"三品一标"的要求和重点任务，细化到相关司局，落实到重点区域，逐项逐区落实。发挥主体作用，引导和支持家庭农场、农民合作社、农业产业化龙头企业等新型农业经营主体，主动推行农业生产"三品一标"。完善考核制度，将农业生产"三品一标"纳入实施乡村振兴战略实绩考核范围。

（三）强化政策支持

完善财政扶持政策，农业绿色发展、乡村产业发展、新型农业经营主体培育、种养业良种繁育、农产品质量安全监管等方面的项目资金，可结合实际向农业生产"三品一标"的实施区域倾斜。强化金融扶持政策，引导金融机构支持农业生产"三品一标"，扩大信贷规模。发挥融资担保体系作用，强化担保融资功能。

（四）强化科技支撑

支持科研单位开展育种联合攻关，加快选育一批突破性品种，提升种业核心竞争力。推进科企深度融合，支持种业龙头企业进入商业化育种体系。指导县（市）成立农业生产"三品一标"专家顾问团，加强技术指导，开展技术培训。

（五）强化法治保障

在标准化生产、产地环境保护、质量安全监管、农业品牌建设等方面，加快推动相关法律法规制修订。联合市场监管、生态环境等部门，加大执法监管力度，依法打击使用禁用投入品、生产销售不合格农产品、破坏农业资源环境等违法违规行为。

（六）强化宣传引导

运用广播电视、报纸、网站、新媒体等各类媒体媒介，广泛开展宣传引导。利用中国国际农产品交易会等平台，扩大展示推介，提升农产品知名度。各地及时总结、发现典型，加大宣传，营造良好氛围。

关于推动脱贫地区特色产业可持续发展的指导意见

（农规发〔2021〕3 号　2021 年 4 月 7 日）

各省、自治区、直辖市农业农村（农牧）、发展改革、财政、商务、文化和旅游、林业和草原、扶贫（乡村振兴）厅（局、委），供销合作社；人民银行上海总部，各分行、营业管理部，各省会（首府）城市中心支行、副省级城市中心支行，各银保监局；新疆生产建设兵团农业、发展改革、财政、商务、扶贫（乡村振兴）局（委、办）：

发展产业是实现脱贫的根本之策，产业兴旺是乡村振兴的物质基础。实现巩固拓展脱贫攻坚成果同乡村振兴有效衔接，发展壮大特色产业至关重要。为贯彻落实党中央、国务院决策部署，培育壮大脱贫地区特色产业，让脱贫基础更加稳固、成效更可持续，提出如下意见。

一、总体要求

（一）指导思想

以习近平新时代中国特色社会主义思想为指导，深入贯彻党的十九大和十九届二中、三中、四中、五中全会精神，全面落实习近平总书记在全国脱贫攻坚总结表彰大会上的重要讲话精神，坚定不移贯彻新发展理念，落实高质量发展要求，坚持共同富裕方向，顺应产业发展规律，强化创新驱动，加大政策扶持，健全产业链条，补齐要素短板，长期培育和支持脱贫地区特色产业，拓展产业增值增效空间，创造更多就业增收机会，促进内生可持续发展，为实现巩固拓展脱贫攻坚成果同乡村振兴有效衔接提供有力支撑。

（二）基本原则

——坚持立农为农。开发乡村资源优势，培育特色主导产业，健全联农带农机制，把就业岗位和产业增值收益更多留在县域、留给农民。

——坚持政策稳定。保持产业帮扶政策总体稳定，由重点支持贫困村贫困户向支持产业集中连片发展、农户普遍受益转变，由主要支持种养环节向全产业链拓展转变。

——坚持市场导向。增强供给适应性，推进品种培优、品质提升、品牌打造和标准化生产，提高产业质量效益和竞争力。

——坚持久久为功。注重产业后续长期培育，科学规划，持续用力、稳扎稳打，推动产业持续健康发展。

（三）目标任务

到2025年，脱贫地区特色产业发展基础更加稳固，产业布局更加优化，产业体系更加完善，产销衔接更加顺畅，农民增收渠道持续拓宽，发展活力持续增强。壮大一批有地域特色的主导产业，建成一批绿色标准化生产基地，培育一批带动力强的农业企业集团，打造一批影响力大的特色品牌。

二、实施特色种养业提升行动

（四）加强规划引领

指导脱贫地区依托资源优势和产业发展基础，编制"十四五"特色产业发展规划，引导资金、技术、人才、信息向脱贫地区聚集，发展"一县一业"，培育壮大主导产业。优化产业布局，推动形成县城、中心乡（镇）、中心村层级分明、功能有效衔接的结构布局，促进产镇融合、产村一体。坚持脱贫村和非贫困村、脱贫户和非贫困户一体规划、协同推进，将易地扶贫搬迁安置区产业发展纳入规划。强化省级统筹，促进县际间协同发展，打造集中连片的特色产业集群。

（五）建设标准化生产基地

按照产业布局和产业链建设要求，发展地域特色鲜明、乡土气息浓厚的特色种养业，建成一批绿色标准化基地。推进品种培优，发掘一批优异种质资源，提纯复壮一批地方特色品种，自主培育一批高产优质多抗的突破性品种，以特色赢得市场。推进品质提升，集成组装一批绿色生产技术模式，加快推广运用。推广绿色投入品，重点推广有机和微生物肥料、高效低毒低风险农药兽药渔药和生物农药等绿色投入品，规范使用饲料添加剂，推广病虫绿色防控技术和产品。净化农业产地环境，加强污染土壤治理和修复，以清洁的产地环境生产优质农产品，以品质赢得市场。推进标准化生产，按照"有标采标、无标创标、全程贯标"的要求，建立健全标准体系，加快标准应用。引导家庭农（林）场、农民合作社和农（林）业产业化龙头企业按标生产，带动大规模标准化生产。创建特色农产品优势区、农业绿色发展先行区、农产品质量安全县，培育一批林下经济和经济林示范基地。

（六）提升农产品加工业

统筹发展农产品初加工、精深加工和综合利用加工，推动脱贫地区由卖原字号向卖制成品转变，把增值收益更多留在县域。积极发展农产品初加工，扶持农民合作社和家庭农场建设保鲜、贮藏、分级、包装等产地初加工设施设备，减少产后损失，延长供应时间。大力发展农产品精深加工，引导农业企业到脱贫地区建设农产品加工基地和标准化、清洁化、智能化加工厂，支持大型农（林）业企业发展特色农产品精深加工，提升产品附加值。推进加工产能集聚发展，引导加工产能重心下沉，向重点乡镇、易地扶贫搬迁安置区集聚，建设一批县域农产品加工园。组织科研院所、大专院校与脱贫地区联合开展加工技术攻关。因地制宜发展特色食品、制造、手工业等乡土产业，延续支持扶贫车间的优惠政策，建设一批规范化乡村工厂、生产车间。引导国家级林业产业化龙头企业到脱贫地区开展特色加工。

（七）加强农产品流通设施建设

推进脱贫地区农产品流通骨干网络建设，优化县域批发市场、商品集散中心、物流基地布局，引导供销、邮政及各类企业把服务网点延伸到脱贫村。支持脱贫地区建设田头市场、仓储保鲜冷链物流设施，布局一批区域性冷链物流骨干节点。农产品仓储保鲜冷链物流设施建设工程加大对脱贫地区支持力度。深入发展农村电子商务，加强电商主体培育和电商人才培训，提升特色产业电子商务支撑服务水平。实施"数商兴农"，统筹市场力量参与农村电商基础设施建设，培育发展农产品网络品牌。

（八）拓展农业功能价值

依托田园风光、绿水青山、村落建筑、乡土文化、民俗风情等特色资源，发展乡村旅游、休闲农业、文化体验、健康养老等新产业新业态，突出特色化、差异化、多元化，既要有速度，更要高质量，实现健康可持续。在脱贫地区建设一批功能齐全、布局合理、机制完善、带动力强的休闲农业精品园区，推介一批视觉美丽、体验美妙、内涵美好的乡村休闲旅游精品景点线路，打造一批全国乡村旅游重点村镇和中国美丽休闲乡村。在脱贫地区遴选认定一批国家森林康养基地和精品生态旅游地。支持脱贫地区挖掘农村非物质文化遗产资源，设立非遗工坊。规范村级光伏电站资产管理和运行维护，持续发挥带农增收作用。

（九）打造知名产品品牌

指导脱贫地区通过建设粮食生产功能区、重要农产品生产保护区和特色农产品优势区，培育一批"大而优""小而美"、有影响力的区域公用品牌。引导农业产业化龙头企业等新型经营主体通过建设标准化原料基地、清洁化加工车间，注入企业文化和价值理念，培育一批特色突出、特性鲜明的企业品牌。支持脱贫地区开展绿色、有机、地理标志农产品认证，积极推行食用农产品达标合格证制度。支持符合条件的脱贫地区区域公用品牌、产品品牌优先纳入中国农业品牌目录。加大脱贫地区农业品牌公益宣传，利用农（林）业博览会、产销对接活动等广泛开展品牌营销。

（十）推动产业园区化发展

按照政策集成、要素积聚、企业集中的要求，每个脱贫县选择1~2个主导产业，建设农产品加工园区和农业产业园区，推动科技研发、加工物流、营销服务等主体加快向园区集中，引导资金、技术、人才等要素向园区集聚，促进特色产业全产业链发展，形成"一业一园"格局。现代农业产业园、科技园、产业融合发展示范园优先支持有条件的脱贫县。国家林业产业示范园认定向有条件的脱贫地区倾斜。加快推进脱贫县农业产业强镇、"一村一品"示范村镇建设，促进产村、产镇深度融合。

三、稳定并加强产业扶持政策

（十一）强化财政支持

中央财政衔接推进乡村振兴补助资金重点支持培育和壮大欠发达地区特色优势产业，并逐年提高资金占比。脱贫县统筹整合使用财政涉农资金优先支持特色产业发展，壮大脱贫地区优势特色产业（含必要的产业配套基础设施），促进产业提质增效。农业生产发展资金、农业资源及生态保护补助资金等中央财政相关转移支付继续倾斜支持脱贫地区产业发展，东西部协作、对口支援、定点帮扶等资金重点用于产业发展，并进一步向乡村振兴重点帮扶县倾斜。将脱贫地区符合条件的乡村振兴项目纳入地方政府债券支持范围。有条件的地区设立的乡村振兴基金，重点支持乡村产业发展，并向脱贫地区倾斜。

（十二）创新金融服务

调整完善针对脱贫人口的小额信贷政策，对有较大贷款资金需求、符合贷款条件的对象，鼓励申请创业担保贷款发展特色产业。创新金融产品和服务，充分发挥农业信贷担保体系作用，鼓励和引导金融机构为脱贫地区新型农业经营主体发展产业提供信贷支持。现有再贷款政策在展期期间保持不变，引导地方法人金融机构将再贷款资金重点用于支持发展特色产业。在不新增地方政府隐性债务的前提下，鼓励金融机构开发符合乡村一二三产业融合发展需求的信贷产品。扩大中央财政对地方优势特色农产品保险以奖代补试点范围，鼓励脱贫地区开发特色产业险种，增加特色产业保险品类，提升保险风险保障水平。

（十三）完善用地政策

过渡期内专项安排脱贫县的年度新增建设用地计划指标，优先保障特色产业用地需要。结合脱贫县特色产业发展需要，统筹安排用地规模和计划指标，优

化用地审批和规划许可流程，提高审批效率，支持一二三产业融合发展。在脱贫地区落实好产业发展附属设施用地纳入农用地管理、设施农业可以使用一般耕地、村庄整治和宅基地整理的建设用地指标重点支持新产业新业态发展等政策。

（十四）加强项目管理

建立脱贫地区特色产业发展项目库，与巩固拓展脱贫攻坚成果和乡村振兴项目库实现共建、共享、共用。入库项目由支持种养环节向支持全产业链开发转变。每个脱贫县重点选择2~3个特色主导产业，突出基地建设、良种繁育、病虫害防控、精深加工、科技服务、人才培训、品牌打造、市场销售等全产业链发展关键环节，谋划储备一批重点工程项目并纳入项目库。脱贫县财政涉农整合资金和其他各级各类财政资金支持产业发展，原则上从项目库中选择项目。优化产业项目管理，建立健全农业农村部门牵头、相关部门参与的特色产业发展项目管理机制。

四、强化产业发展服务支撑

（十五）健全产销衔接机制

开展农产品产销对接活动，支持脱贫地区经营主体参加各类展示展销活动，推动农产品流通企业、电商、批发市场与脱贫地区特色产业精准对接。通过股权投资、订单采购等方式引导流通主体与生产主体建立稳定利益联结关系，打造产销共同体，优化提升特色产业链供应链。大力实施消费帮扶，继续开展脱贫地区帮扶产品认定，做大做实农产品销售专区专柜专馆和定向直供直销渠道，优化实施政府采购脱贫地区农副产品政策。依托全国公路、铁路、港口客运场站和高速公路服务区，开展脱贫地区特色农产品展示展销共同行动。实施"互联网＋"农产品出村进城工程，完善农产品产销对接公益服务平台。

（十六）健全技术服务机制

组织农业科研教育单位、产业技术体系专家等开展产业帮扶，继续在脱贫县设立产业技术专家组，积极推动乡村振兴重点帮扶县建立产业技术顾问制度。全面实施农技推广特聘计划，在乡村振兴重点帮扶县探索实行农技推广人员"县管乡用、下沉到村"新机制。支持供销、邮政、农业服务公司、农民合作社等开展农机作业、农资供应、产品营销等农业生产性服务，引导各类服务网点延伸到乡村。将贫困户产业发展指导员逐步调整转化为乡村振兴指导员。健全脱贫县农民教育培训体系，加快创业致富带头人、现代农民和农村实用人才培育，加强脱贫户和小农户技术培训，提升各类主体产业发展能力和生产经营水平。

（十七）健全联农带农机制

对带动脱贫人口稳定增收的龙头企业继续给予认定与扶持，在项目安排、示范评定、融资贷款、保险保费、用地用电等方面倾斜支持。继续实施脱贫地区企业上市"绿色通道"政策。优化东西部协作、对口支援帮扶方式，引导东部地区企业到脱贫地区投资兴业，鼓励东西部共建产业园区。深化脱贫地区农村集体产权制度改革，推动村集体经济做大做强。返乡创业扶持政策向脱贫地区延伸覆盖，引导农民工、大中专毕业生、科技人员、乡土人才在农村创新创业。将新型经营主体扶持与联农带农效果紧密挂钩，形成企业、合作社和脱贫户、小农户在产业链上优势互补、分工合作的格局。

（十八）健全风险防范机制

把产业发展作为防止返贫动态监测的重要内容，对因自然灾害、病虫害、价格波动、产品滞销等出现产业发展困难的脱贫户、边缘户，及时开展有针对性帮扶。脱贫县定期开展特色产业发展风险评估，将龙头企业、农民合作社等新型经营主体作为主要评估对象，聚焦生产、经营、联农带农和政策措施落实等重点，系统评估产业发展面临的主要风险。从技术援助、市场服务、保险减损、金融风险化解、绿色发展等方面，完善防范和处置风险的具体措施。

五、强化组织保障

（十九）压实工作责任

落实中央统筹、省负总责、市县乡抓落实的工作机制，相关部门加强工作指导和政策支持，强化部门间政策和工作协同，督促工作落实。各省（区、市）要把脱贫地区特色产业发展摆在突出位置，制定出台推进特色产业可持续发展的文件，明确目标任务和政策举措，强化工作部署和资金项目支持。脱贫县要落实主体责任，加强工作统筹，强化措施落实，有力推进特色产业发展。要保持工作队伍稳定，对产业发展落后、集体经济薄弱的村，优先选派驻村第一书记和工作队，明确产业发展帮扶职责。

（二十）强化考核调度

把脱贫地区特色产业可持续发展作为市县党政领导班子和领导干部推进乡村振兴实绩考核的重要内容，科学设置考核指标，重点考核政策措施落实、特色产业覆盖、新型经营主体带动、服务体系建设等情况。完善脱贫地区特色产业发展信息系统，及时调度政策措施落实、产业发展规模、产品市场销售、品牌建设、主体培育、带农增收等信息，为开展精准评估和调整完善产业帮扶政策措施提供基础支撑。

（二十一）营造良好氛围

加强脱贫地区特色产业发展支持政策解读和业务培训，提高基层干部群众产业发展能力。总结推广脱贫地区特色产业发展经验做法和典型范例，广泛宣传社会各方帮扶产业发展的生动事迹，营造良好舆论氛围。持续开展产业发展领域形式主义、官僚主义问题治理，进一步解决责任落实不到位、工作措施不精准、工作作风不扎实等问题，构建产业帮扶作风建设长效机制。

关于开展现代农业全产业链
标准化试点工作的通知

（农质发〔2021〕4号　2021年4月19日）

各省、自治区、直辖市及计划单列市农业农村（农牧）、畜牧兽医、渔业厅（局、委），新疆生产建设兵团农业农村局，有关单位：

为深入贯彻2021年中央一号文件精神，落实2021年农业农村部一号文件和《农业生产"三品一标"提升行动实施方案》部署要求，我部决定开展现代农业全产业链标准化试点工作。现将有关事项通知如下。

一、总体要求

（一）指导思想

以习近平新时代中国特色社会主义思想为指引，深入贯彻党的十九大、十九届二中、三中、四中、五中全会和中央农村工作会议精神，全面落实习近平总书记关于"四个最严""产出来""管出来"重要指示精神，立足新发展阶段，贯彻新发展理念，构建新发展格局，以高质量发展为主题，以提升农业质量效益和竞争力为主攻方向，突出品种培优、品质提升、品牌打造和标准化生产，构建以产品为主线、全程质量控制为核心的现代农业全产业链标准体系，试点打造一批全产业链标准化基地，培育一批高标准引领的绿色优质农产品精品，选树一批标准化带动特色农产品产业发展和质量提升的示范典型，为保障农产品质量安全、增加绿色优质农产品供给和推动农业高质量发展提供有力支撑。

（二）总体目标

"十四五"期间，试点构建 30 个农产品全产业链标准体系及相关标准综合体，制修订相关标准 200 项，遴选命名现代农业全产业链标准化基地 300 个，按标生产培训 5 万人次，培育一批全国知名的绿色、有机和地理标志农产品，全产业链标准化协同推进机制基本形成。

二、实施重点

（一）构建以产品为主线的全产业链标准体系

按照《现代农业全产业链标准化工作指南（试行）》（附件 1），选择一批影响力大、带动力强、产业基础好的农产品，以产品为主线，以强化全程质量控制、提升全要素生产率、促进产业融合发展为导向，开展全产业链标准体系梳理、比对分析和跟踪评价。按照"有标贯标、缺标补标、低标提标"的原则，编制全产业链标准体系表，加快产地环境、品种种质、投入品管控、产品加工、储运保鲜、包装标识、分等分级等关键环节标准的制修订，逐步建成布局合理、指标科学、协调配套的全产业链标准体系。

（二）集成与各地生产模式相配套的标准综合体

结合各地优势产区的种养品种和生产模式，以全产业链标准体系表为指引，按照国家标准《农业综合标准化工作指南》（GB/T 31600—2015）及有关要求，因地制宜集成一批特色鲜明、先进适用、操作性强的标准综合体。支持各地以地方、团体或企业标准等适当形式发布标准综合体。指导推动各地将标准综合体转化为简便易懂的生产模式图、操作明白纸和风险管控手册，确保生产经营和管理者识标、懂标、用标。

（三）打造以质量提升为导向的全产业链标准化基地

聚焦优势产业产区，充分发挥农业技术优势单位的技术支撑和各级农业农村部门的组织协调作用，遴选命名一批基础好、技术水平高、产业带动力强的全产业链标准化基地。严格落实农业绿色发展、全程质量控制等相关标准，强化生产档案记录和质量追溯管理，推行食用农产品达标合格证制度，加强绿色、有机和地理标志农产品认证，培育一批质量过得硬、品牌叫得响、带动能力强的绿色优质农产品精品。

（四）构建以基地为载体的全产业链标准实施机制

以标准化基地为主体依托，组织开展"四个一"贯标活动，即编制一套简明适用的标准宣贯材料，组建一支根植基层的标准专家服务队伍，组织一批有影响力的观摩培训活动，培育一批绿色优质农产品精品。充分发挥基地示范带动作用，提升新型农业经营主体标准化生产能力，带动小农户按标生产。组织开展全产业链标准体系及相关标准综合体的实施应用跟踪评价，不断优化标准体系，提升标准实施水平。

三、实施方式

（一）方案确定

我部农产品质量安全监管司会同有关司局分批确定发布试点产品目录及相关牵头单位。各省份根据试点产品目录，结合实际推荐参与单位和备选集成应用基地。本着自愿参与、优势互补的原则，我部组织各产品牵头单位、有关省农业农村部门制定试点产品实施方案，报我部农产品质量安全监管司备案后组织实施。优先支持现代农业产业技术体系相关单位和试验示范基地参与试点。

（二）组织实施

按照备案的实施方案，各产品牵头单位联合有关参与单位编制标准体系表和相关标准综合体，做好试点工作的技术指导。试点所在地省级农业农村部门会同相关市县打造全产业链标准化基地，开展"四个一"贯标活动。原则上每个试点产品实施周期 3 年，主要步骤：第 1 年度梳理标准体系，制修订相关标准、编制标准综合体；第 2 年度跟踪评价相关标准，完善标准体系，开展贯标活动；第 3 年度继续开展贯标活动和总结验收。我部做好试点工作的组织协调和现代农业全产业链标准化基地命名等工作。

（三）总结验收

我部农产品质量安全监管司会同有关司局做好试点工作的总结验收。每年 12 月 10 日前，各产品牵头单位将产品试点工作总结、各省农业农村部门将本省试点工作总结报送我部农产品质量安全监管司。

四、工作要求

（一）加强组织管理

各试点省份农业农村部门要高度重视，将试点工作作为推动农业高质量发展的一项重要举措，积极参与试点实施。各试点产品牵头单位要切实加强与相关省份农业农村部门沟通协调，高质量编制试点产品实施方案。我部将加强试点工作的实施督导，建立健全标准化协同推进机制。2021年试点产品目录及产品牵头单位见附件2。

（二）加强技术支撑

农业农村部农产品质量标准研究中心要加强试点工作的技术统筹和指导。相关标委会要加强标准体系建设和标准制修订的指导和协调。中国绿色食品发展中心要加强绿色、有机、地理标志农产品认证的指导。地方农业农村部门要组织有关技术单位加强标准综合体应用指导和相关标准跟踪的评价，推动政、产、学、研、推、用一体的标准化推广服务体系。

（三）强化工作保障

试点省份农业农村部门要积极统筹相关涉农资金，强化试点经费配套，鼓励将地理标志农产品保护工程与试点工作统筹实施。试点产品牵头及参与单位，要加强试点工作与相关科研、推广、产业等项目结合，提高实施成效。我部将支持相关标准立项及绿色、有机、地理标志农产品认证，支持有条件的地区创建相关标准化示范区和培育企业标准"领跑者"。

（四）强化总结宣传

各试点省份农业农村部门和试点产品牵头单位要组织做好试点工作总结，加大对试点的经验做法、典型模式、技术成果和工作成效的宣传力度，及时报送工作简报、实施动态等信息材料，为试点工作开展营造良好氛围。

附件（略）。

关于全面推进农产品产地冷藏保鲜设施建设的通知

（农业农村部办公厅、财政部办公厅　2021年4月19日）

各省、自治区、直辖市及计划单列市农业农村（农牧）厅（局、委）、财政厅（局），新疆生产建设兵团农业农村局、财政局，北大荒农垦集团有限公司、广东省农垦总局：

加强农产品产地冷藏保鲜设施建设，是加快形成"双循环"新发展格局下的有效举措，是现代农业重大牵引性工程和促进产业消费"双升级"的重要内容，对提高重要农副产品供给保障能力、巩固拓展脱贫攻坚成果同乡村振兴有效衔接、提升乡村产业链供应链现代化水平具有重要意义。根据中央经济工作会议、中央农村工作会议和2021年中央一号文件精神，现就全面推进农产品产地冷藏保鲜设施建设工作有关事宜通知如下。

一、主要目标

以习近平新时代中国特色社会主义思想为指导，坚持供给侧结构性改革和注重需求侧管理，充分发挥市场在资源配置中的决定性作用，坚持"农有、农用、农享"的原则，围绕鲜活产品，聚焦新型主体，相对集中布局，标准规范引领，农民自愿自建，政府以奖代补，助力降损增效，推动产地冷藏保鲜能力、商品化处理能力和服务带动能力显著提升，促进"互联网＋"农产品出村进城加快实施、农产品产销对接更加顺畅、小农户与大市场有效衔接，更好满足城乡居民需求。

二、建设重点

（一）实施区域

实行扩面推广与典型示范相结合，中央财政支持将农产品产地冷藏保鲜设施建设区域扩大至全国31个省（自治区、直辖市）及新疆生产建设兵团、北大荒农垦集团有限公司、广东省农垦总局、中国融通农业发展集团有限公司（以下简称"各省"），聚焦鲜活农产品主产区、特色农产品优势区和832个脱贫县，选择产业重点县（市、区）（以下简称"县"），重点围绕蔬菜、水果，兼顾地方优势特色品种开展设施建设，鼓励向832个脱贫县倾斜。在此基础上，择优选择100个产业基础好、主体积极性高、政策支持力度大的蔬菜、水果等产业重点县，中央财政支持开展农产品产地冷藏保鲜整县推进试点，同时支持北大荒农垦集团有限公司、广东省农垦总局、中国融通农业发展集团有限公司推进试点，推动形成绿色、高效、全链条的农产品产地冷藏保鲜服务网络。

（二）建设内容

1. 通风贮藏库。在马铃薯、甘薯、山药、大白菜、胡萝卜、生姜等耐贮型农产品主产区，充分利用自然冷源，因制地宜建设地下、半地下贮藏窖或地上通风贮藏库，采用自然通风和机械通风相结合的方式保持适宜贮藏温度。

2. 机械冷库。在果蔬及其他种植类农产品主产区，根据贮藏规模、自然气候和地质条件等，采用土建式或组装式建筑结构，配备机械制冷设备，新建保温隔热性能良好、低温环境适宜的冷库和果蔬速冻库；也可对闲置的房屋、厂房、窑洞等进行保温隔热改造，安装制冷设备，改建为机械冷库。

3. 气调贮藏库。在苹果、梨、香蕉等呼吸跃变型农产品主产区，建设气密性较高、可调节气体浓度和组分的气调贮藏库，配备有关专用气调设备，对商品附加值较高的产品进行气调贮藏。

4. 预冷及配套设施设备。根据产品特性、市场发展和储运加工的实际需要，规模较大的设施，可配套建设强制通风预冷、差压预冷或真空预冷等预冷库或预冷设施，配备必要的称量、清洗、分级、检测、信息采集等设备以及新建贮藏设施专用的供配电设备。

（三）支持对象

依托县级以上示范家庭农场和农民合作社示范社（832个脱贫县可不受示范等级限制）、已登记的农村集体经济组织，以及北大荒农垦集团有限公司、广东省农垦总局下属农场，中国融通农业发展集团有限公司（以下简称"建设主体"）实施。试点县可因地制宜鼓励引导农业龙头企业、农业产业化联合体，以及可有效实现联农带农、"农超对接"的相关市场主体，积极参与农产品产地冷藏保鲜设施建设。

（四）补助标准

根据农业生产发展资金有关要求，采取"双限"适当支持。按照不超过建设设施总造价的30%进行补贴，832个脱贫县不高于40%，单个主体（不含农垦农场和中国融通农业发展集团有限公司）补贴规模最高不超过100万元，具体补贴标准由地方制定。对每个农产品产地冷藏保鲜整县推进试点县（以下简称"试点县"）给予重点补奖，原则上第一年安排补助资金2 000万元，具体由各地结合实际并根据规定的支持对象和补助标准确定，下一年重点根据试点县农产品产地冷藏保鲜服务网络绩效评价结果，再适当安排奖励资金继续支持。对农民合作社获得的财政直接补

助形成的资产要量化到全体成员并记载在成员账户中；对农村集体经济组织获得的财政直接补助形成的资产要量化为集体成员持有的股份。

三、组织实施

按照自愿申报、自主建设、定额补助、先建后补的程序，支持建设主体新建或改扩建设施。各地要准确把握政策，完善工作流程，实行申请、审核、公示到补助发放全过程线上管理，确保公开公平公正。

（一）编报实施方案

省级农业农村部门要摸清底数，会同财政部门编制省级整体实施方案，明确基本情况、思路目标、空间布局、建设内容和任务、资金支持和进度安排等，于4月30日前报农业农村部、财政部备案。要按照《农产品产地冷藏保鲜整县推进试点县工作方案》（附后）的要求，认真开展遴选并组织试点县编制实施方案，于4月30日前汇总后上报农业农村部、财政部进行审核，对未通过审核的直接取消试点资格，项目不再递补，资金予以抵扣。

（二）组织立项申报

省级农业农村部门、财政部门应及时发布实施方案、补助控制标准等重点信息，县级农业农村部门、财政部门应在申报工作启动前10个工作日向社会公布相关事宜，指导相关主体下载农业农村部新型农业经营主体信息直报系统APP或农业农村部重点农产品市场信息平台农产品仓储保鲜冷链物流信息系统APP，开展申报工作。坚持建设主体自愿申报，按规定提交申请资料，对真实性、完整性和有效性负责，并承担相关法律责任。

（三）自主开展建设

建设主体要按照本地技术方案要求，自主选择具有专业资质和良好信誉的施工单位开展建设、采购符合标准的设施设备。建设主体对建设和采购的设施设备拥有所有权，同时承担安全建设运营的主要责任。

（四）及时组织核验

建设主体提出验收申请后，县级农业农村部门、财政部门应会同相关部门，对设施建设的规范性、申报内容的一致性、技术方案的符合性等开展核验，有条件的县可委托第三方评估机构验收。鼓励各地探索将合法收据、普通发票和完整建设记录等纳入核验凭据范围。

（五）兑付补助资金

县级农业农村部门、财政部门应按照职责分工和时限要求，及时向验收通过的建设主体发放补助资

金，并公示补助发放情况。对享受补助的冷藏保鲜设施，应设立专门的标识和编号。

北大荒农垦集团有限公司、广东省农垦总局、中国融通农业发展集团有限公司参照上述要求做好相关工作，实施方案按规定报农业农村部、财政部进行审核。

四、工作要求

（一）强化组织领导

省级农业农村部门、财政部门要高度重视，明确职责分工，密切沟通配合，形成工作合力；要科学确定实施区域，强化信息手段运用，加强全过程管理。任务实施县、农垦农场等要切实落实主体责任，主要负责同志要牵头抓总，建立健全联合工作机制，成立工作专班，切实做好各项建设工作。鼓励开展"一站式"服务，保证工作方向不偏，资金规范使用，建设取得实效。

（二）加大政策支持

各地要统筹用好中央和地方财政资金支持开展设施建设。要主动协调金融机构加大信贷支持，充分发挥全国农业信贷担保体系作用，鼓励创设冷藏保鲜设施建设专属信贷产品。切实落实农业设施用地政策，鼓励通过入股、租用等方式将村集体闲置房屋、废弃厂房或经营性建设用地等用于设施建设。在明确设施产权归建设主体所有、合理确定合作方式和收益分配的基础上，鼓励与批发市场、邮政快递、电商平台等企业开展合作，试点示范支持一批田头公益市场。

（三）高效使用资金

省级财政部门要会同农业农村部门切实加强资金监管，定期调度和报送资金使用进度。对于资金结转量大、工作推进慢的地区将调减或不再安排下一年任务资金；对于绩效考核结果较差或出现严重负面影响的试点县将采取通报整改、扣减资金或终止试点资格等措施进行处理。加强与中央财政衔接推进乡村振兴补助资金管理支持项目的衔接，区分重点、统筹安排，避免交叉重复。

（四）严格风险防控

各地要建立设施建设内部控制规程，规范业务流程，强化监督制约，开展廉政教育。任务实施县要压实建设主体责任，严格核验程序，确保设施质量。对倒卖补助指标、套取补助资金、搭车收费等严重违规行为，要坚决查处。省级农业农村部门要对 2020 年度设施建设情况进行全面自查，逐项梳理查找风险点和不足，制定防控举措和解决办法，并于 2021 年 6 月 30 日前将自查情况报农业农村部市场与信息化司。

（五）加强宣传示范

各地要通过发放明白纸、张贴宣传画、现场教学和建设样板库等方式，开展专业化、全程化、实用化培训，提升政策实施效果。鼓励各地结合实际开展农产品产地市场信息数据采集，加强与邮政、快递、电商等企业合作，促进区域内设施资源整合，实现上游产品和下游服务高效对接，拓展延伸产业链供应链。要及时总结先进经验，综合运用报纸杂志、广播电视、互联网等渠道强化宣传，指导试点县做好总结评估，推出一批机制创新、政策创新、模式创新的典型案例，切实发挥试点示范带动作用。

关于印发《推进肉牛肉羊生产发展五年行动方案》的通知

（农牧发〔2021〕10 号　2021 年 4 月 20 日）

牛羊生产是畜牧业的重要组成部分，牛羊肉是百姓"菜篮子"的重要品种。发展肉牛肉羊生产，对于增强牛羊肉供给保障能力，巩固脱贫攻坚成果，全面推进乡村振兴，促进经济社会稳定发展具有十分重要的意义。近年来，我国牛羊生产总体保持增长态势，规模化比重不断提高，生产水平逐步提升。但由于肉牛肉羊产业基础差、生产周期长、养殖方式落后，生产发展不能满足消费快速增长的需要，牛羊肉供给面临一定压力。为促进肉牛肉羊生产高质高效发展，增强牛羊肉供给保障能力，制定本方案。

一、总体思路与行动目标

（一）总体思路

以党的十九届五中全会精神为指导，贯彻落实中央经济工作会议、中央农村工作会议、中央一号文件部署和要求，以牛羊肉增产保供为目标，统筹牧区、农区、南方草山草坡地区牛羊生产，加快转变肉牛肉羊生产方式，围绕增加基础母畜产能、推进品种改良、扩大饲草料供给、发展适度规模养殖、加强重大动物疫病防控、强化质量安全等关键环节，压实地方责任，加大政策支持，强化科技支撑，不断提升牛羊肉综合生产能力、供应保障能力和市场竞争力。

（二）行动目标

坚持数量和质量并重，在巩固提升传统主产区的基础上，挖掘潜力发展区，拓展增产空间，多渠道增加牛羊肉供给。牧区要结合草畜平衡，以稳量提质为重点，增加基础母畜数量，提高生产效率；农区要围绕适度规模发展，以增产增效为重点，提升发展水平；南方地区要科学利用草山草坡和农闲田资源，发展肉牛肉羊生产。到 2025 年，牛羊肉自给率保持在85％左右；牛羊肉产量分别稳定在 680 万吨、500 万吨左右；牛羊规模养殖比重分别达到 30％、50％。

二、重点任务

（一）推进良种繁育体系建设

深入实施肉牛肉羊遗传改良计划，遴选一批国家肉牛、肉羊核心育种场，完善生产性能测定配套设施设备，持续推进引进品种本土化，培育专门化肉用新品种。加强地方品种保护、选育和利用，建设一批国家级和省级保种场、保护区。实施牧区畜牧良种补贴项目，对农牧民购买优良肉牛冻精、良种公羊和公牦牛给予适当补贴，加快牛羊品种改良进程。

（二）发展适度规模标准化养殖

建立健全肉牛肉羊标准化生产体系，推动相关标准制修订。在畜禽养殖标准化示范创建中，加大牛羊养殖标准化示范力度，建设 100 个示范场。支持部省联创，发挥示范带动效应。总结不同区域肉牛肉羊适度规模养殖典型模式，指导地方推广应用。

（三）扩大基础母畜产能

在北方农牧交错带推进基础母牛扩群提质，支持地方扩大基础母牛饲养量，引导社会资本开展肉牛养殖。发挥新型经营主体引领带动作用，鼓励通过"公司（农民合作社）＋农户（家庭农场）"等方式，带动养殖户适度规模饲养基础母畜，探索"母畜分户饲养、仔畜集中育肥"的产业发展模式，推动企业与农户形成稳定的产业联合体。总结推广农牧交错带牧繁农育集成技术。

（四）增加优质饲草供给

每年落实"粮改饲"面积 1 500 万亩，补助收储优质饲草 4 500 万吨，增加青贮玉米、苜蓿、燕麦、黑麦草等优质饲草料供给。总结推广优质青粗饲料资源开发利用实验示范技术。因地制宜推广农闲田种草和草田轮作，开发利用新饲草资源。积极推动农作物秸秆饲料化利用。加强高效牧草机械试验示范和技术推广，提高牧草生产机械化水平。

（五）加强重大动物疫病防控

支持开展口蹄疫、小反刍兽疫、布鲁氏菌病、结核病、结节性皮肤病等危害牛羊健康的动物疫病和人畜共患病防控。加大监测和流行病学调查力度，强化产地检疫和调运监管，落实和完善免疫、扑杀及无害化处理机制。鼓励开展疫苗研发。建设一批动物疫病净化场、无规定动物疫病区和无疫小区。

（六）逐步完善屠宰加工流通体系

推动地方出台法规规章，加强肉牛肉羊屠宰管理。指导地方根据养殖情况，合理设定牛羊屠宰场数量及规模，提高牛羊屠宰加工能力和水平。鼓励屠宰加工企业建设冷藏加工设施，推动物流配送企业完善冷链配送体系，促进"运活畜"向"运肉"转变。倡导健康消费，逐步提高冷鲜肉品消费比重。

（七）加快牧区生产方式转变

落实草原生态保护补助奖励政策，引导农牧民科学利用草原，发展肉牛肉羊舍饲半舍饲养殖。强化宣传引导和技术服务，加快肉牛肉羊出栏周转。提升草原牧区防灾减灾能力，支持牧区因灾受损养殖设施修复和牲畜越冬所需棚（圈）等生产设施建设，对牧区冬季调运储备饲草料给予补助，改善牲畜越冬条件，提高牧区防灾减灾应急保障能力。

（八）挖掘南方省区牛羊肉增产潜力

指导南方省份调整优化畜牧业结构，加强地方牛羊品种资源开发，大力发展牛羊生产。支持南方重点省份草食畜牧业提质增量，合理利用草山草坡和农闲田资源，种植优质饲草。大力培育新型经营主体，发挥"大带小"作用，促进中小养殖场（户）向标准化、规模化转变，发展适度规模经营，把牛羊产业培育成为巩固南方省份脱贫攻坚成果和助力乡村振兴新的增长点。

（九）加快提升牛羊产业化水平

支持以肉牛肉羊为主导产业创建国家、省、市、县现代农业产业园，支持培育壮大肉牛肉羊产业集群，建设一批以肉牛肉羊为主导产业的强镇。2021年政策适当倾斜，重点支持河北、内蒙古、吉林、黑龙江、山东、河南、四川、云南、甘肃等省份创建肉牛产业园或肉牛产业集群。在西部地区脱贫县集中选择一批有牛羊产业发展基础的重点帮扶县，支持种养加销全链条发展，增强内生发展能力。

（十）加强技术指导与服务

集聚现代农业产业技术体系、科研院所和创新型企业力量，围绕优质饲草生产加工、母畜高效养殖、重大动物疫病防控等关键环节，创新集成一批高效实用新技术、新产品。发挥畜牧兽医技术推广机构、行业协会优势，深入基层、深入养殖场户，开展节本增效实用技术培训与现场指导，提高农牧户饲养管理技术水平。

（十一）加强品牌建设

推进牛羊肉品牌建设，建立完善品牌管理和评价标准体系。加快推进商标注册，加强牛羊肉品牌知识产权保护。积极创建区域公用品牌，强化授权管理，引领带动企业品牌和产品品牌协同发展。加大品牌营销推介，积极利用农业展会、产销对接等平台，加强与电商、商超等主体合作，线上线下融合，不断提升我国牛羊肉品牌知名度、美誉度和影响力。

（十二）持续强化质量安全监管

完善养殖主体名录，强化日常巡查检查，开展监督抽查、飞行检查。试行食用农产品达标合格证制度，推进全程可追溯管理，加强养殖过程质量管控，推进兽用抗菌药减量使用，指导养殖户科学合理用药，落实兽药休药期规定。严厉打击养殖、收购、屠宰环节"瘦肉精"等禁用药物及非法添加物使用行为，加强牛羊肉质量安全监测预警和风险评估，确保牛羊肉质量安全。

三、保障措施

（一）压实地方稳产保供责任

督促地方严格落实省负总责和"菜篮子"市长负责制，制定细化落实方案，明确目标任务和职责分工，强化政策措施，组织抓好工作落实。农业农村部将定期开展情况调度，并在全系统进行通报。

（二）完善政策支持保障体系

会同相关部门落实好养殖用地、牛羊调出大县奖励、活畜抵押和保单抵押贷款试点等政策，推动扩大牛羊政策性保险覆盖范围。各地特别是牛羊生产大省和草原牧区要结合本地实际，积极出台地方支持政策，推广成熟的经验做法。

（三）强化市场调控

推进"互联网＋"经营主体，将大数据、云计算、区块链等数字技术应用到牛羊全产业链管理，进一步加强产销衔接。加强肉牛肉羊产销监测预警，定期发布市场监测信息，引导生产预期。

关于印发《社会资本投资农业农村指引（2021年）》的通知

（农办计财〔2021〕15号　2021年4月22日）

各省、自治区、直辖市及计划单列市农业农村（农牧、畜牧兽医、海洋渔业）厅（局、委）、乡村振兴（扶贫）部门，新疆生产建设兵团农业农村局、扶贫办，北大荒农垦集团有限公司，广东省农垦总局：

全面实施乡村振兴战略的深度、广度、难度都不亚于脱贫攻坚，必须加强顶层设计，以更有力的举措、汇聚更强大的力量来推进。社会资本是全面推进乡村振兴、加快农业农村现代化的重要支撑力量，需要加大政策引导撬动力度，扩大农业农村有效投资。根据十九届五中全会、中央一号文件、第十四个五年规划和2035年远景目标纲要等明确的农业农村发展目标和重大任务，我们对2020年4月制定的《社会资本投资农业农村指引》进行了修订，形成《社会资本投资农业农村指引（2021年）》，现印发给你们。请结合本地实际，充分发挥财政政策、产业政策引导撬动作用，引导好、保护好、发挥好社会资本投资农业农村的积极性、主动性，切实发挥社会资本投资农业农村、服务乡村全面振兴的作用。

一、总体要求

（一）指导思想

以习近平新时代中国特色社会主义思想为指导，按照新发展阶段优先发展农业农村、全面推进乡村振兴的总体部署，坚持创新驱动发展，深入推进农业供给侧结构性改革，把乡村建设摆在社会主义现代化建设的重要位置，突出"保供固安全、振兴畅循环"，聚焦乡村振兴重点领域，创新投融资机制，营造良好营商环境，激发社会资本投资活力，更好满足全面推进乡村振兴多样化投融资需求，为粮食、生猪等重要农产品稳产保供、解决好种子与耕地两个要害问题、巩固拓展脱贫攻坚成果同乡村振兴有效衔接、大力实施乡村建设行动提供有力支撑。

（二）基本原则

尊重农民主体地位。充分尊重农民意愿，切实发挥农民在乡村振兴中的主体作用，引导社会资本与农民建立紧密利益联结机制，不断提升人民群众获得感。支持社会资本依法依规拓展业务，注重合作共赢，多办农民"办不了、办不好、办了不合算"的产业，把收益更多留在乡村；多办链条长、农民参与度高、受益面广的产业，把就业岗位更多留给农民；多办巩固拓展脱贫攻坚成果、帮农带农的产业，带动农村同步发展、农民同步进步。

遵循市场规律。充分发挥市场在资源配置中的决定性作用，更好发挥政府作用，引导社会资本将人才、技术、管理等现代生产要素注入农业农村，加快建成现代农业产业体系、生产体系和经营体系。坚持"放管服"改革方向，建立健全监管和风险防范机制，营造公平竞争的市场环境、政策环境、法治环境，降低制度性交易成本，创造良好稳定的市场预期，吸引社会资本进入农业农村重点领域。

坚持开拓创新。鼓励社会资本与政府、金融机构开展合作，充分发挥社会资本市场化、专业化等优势，加快投融资模式创新应用，为社会资本投资农业农村开辟更多有效路径，探索更多典型模式。有效挖掘乡村服务领域投资潜力，拓宽社会资本投资渠道，保持农业农村投资稳定增长，培育经济发展新动能，增强经济增长内生动力。

二、鼓励投资的重点产业和领域

对标全面推进乡村振兴、加快农业农村现代化目标任务，立足当前农业农村新形势新要求，聚焦农业供给侧结构性改革和乡村建设的重点领域、关键环节，促进农业农村经济转型升级。

（一）现代种养业

支持社会资本发展规模化、标准化、品牌化和绿色化种养业，推动品种培优、品质提升、品牌打造和标准化生产，助力提升粮食和重要农产品供给保障能力。巩固主产区粮棉油糖胶生产，大力发展设施农业，延伸拓展产业链，增加绿色优质产品供给。鼓励社会资本大力发展青贮玉米、高产优质苜蓿等饲草料生产，发展草食畜牧业。支持社会资本加快构建现代养殖体系，合理布局规模化养殖场，稳定生猪基础产

能，加大生猪深加工投资，加快形成养殖与屠宰加工相匹配的产业布局，健全生猪产业平稳有序发展长效机制；积极发展牛羊产业，增加基础母畜存栏；稳步推进禽肉等产业发展，增加肉类市场总体供应。鼓励社会资本建设优质奶源基地，升级改造中小奶牛养殖场，做大做强民族奶业。鼓励社会资本发展水产绿色健康养殖，开展集约化、工厂化循环水养殖、稻渔综合种养、大水面生态养殖、盐碱水养殖和深远海智能网箱养殖，推进海洋牧场和深远海大型智能化养殖渔场建设，加大对远洋渔业的投资力度。

（二）现代种业

鼓励社会资本投资创新型种业企业，推进科企深度融合，支持种业龙头企业健全商业化育种体系，提升商业化育种创新能力，提升我国种业国际竞争力。引导社会资本参与现代种业自主创新能力提升，加强种质资源保存与利用、育种创新、品种检测测试与展示示范、良种繁育等能力建设，促进育繁推一体化发展，建立现代种业体系。在尊重科学、严格监管的基础上，鼓励社会资本积极参与生物育种产业化应用。创新推广"龙头企业＋优势基地"模式，支持社会资本参与国家南繁育种基地建设，推进甘肃、四川国家级制种基地建设与提档升级，加快制种大县和区域性良繁基地建设。鼓励社会资本投资畜禽水产保种场（保护区）、国家育种场、品种测定站、种畜禽场站建设，提升畜禽水产种业发展水平。

（三）乡村富民产业

鼓励社会资本开发特色农业农村资源，积极参与建设现代农业产业园、农业产业强镇、优势特色产业集群，发展特色农产品优势区，发展绿色农产品、有机农产品和地理标志农产品。发展"一村一品""一镇一特""一县一业"，建设标准化生产基地、集约化加工基地、仓储物流基地，完善科技支撑体系、生产服务体系、品牌与市场营销体系、质量控制体系，建立利益联结紧密的建设运行机制。因地制宜发展具有民族、文化与地域特色的乡村手工业，发展一批家庭工厂、手工作坊、乡村车间。加快农业品牌培育，加强品牌营销推介，鼓励社会资本支持区域公用品牌建设，打造一批"土字号""乡字号"特色产品品牌和具有市场竞争力的农业企业品牌。支持社会资本投资建设规范化乡村工厂、生产车间，发展特色食品、制造、手工业和绿色建筑建材等乡村产业。

（四）农产品加工流通业

鼓励社会资本参与粮食主产区和特色农产品优势区发展农产品加工业，推动初加工、精深加工和副产物综合利用加工协调发展，提升行业机械化、标准化水平，助力建设一批农产品精深加工基地和加工强

县。统筹农产品产地、集散地、销地批发市场建设，鼓励社会资本参与建设国家级农产品产地专业市场和田头市场。鼓励社会资本联合家庭农场、农民合作社共同开展农产品仓储保鲜冷链物流体系建设，建设一批贮藏保鲜、分级包装、冷链配送等设施设备和田头小型仓储保鲜冷链设施，鼓励有条件的地方建设产地低温直销配送中心，提高冷链物流服务效率和质量，打造农产品物流节点，发展农超、农社、农企、农校等产销对接的新型流通业态。

（五）乡村新型服务业

鼓励社会资本发展休闲农业、乡村旅游、餐饮民宿、创意农业、农耕体验、康养基地等产业，充分发掘农业农村生态、文化等各类资源优势，打造一批设施完备、功能多样、服务规范的乡村休闲旅游目的地。引导社会资本发展乡村特色文化产业，推动农商文旅体融合发展，挖掘和利用农耕文化遗产资源，建设农耕主题博物馆、村史馆，传承农耕手工艺、曲艺、民俗节庆。支持社会资本发展农业生产托管服务，提供市场信息、农技推广、农资供应、统防统治、深松整地、农产品营销等社会化服务，建设一批农业科技服务企业、服务型农民合作社，推动将先进适用的品种、投入品、技术、装备导入小农户。鼓励社会资本改造传统小商业、小门店、小集市等商业网点，满足农村居民消费升级需要，积极发展批发零售、养老托幼、文化教育、环境卫生等生活性服务业，发展线上线下相结合的服务网点，推动便利化、精细化、品质化发展，为乡村居民提供便捷周到的服务。

（六）生态循环农业

鼓励社会资本积极参与农业农村减排固碳。支持社会资本参与绿色种养循环农业试点、畜禽粪污资源化利用、秸秆综合利用、农膜农药包装物回收行动、病死畜禽无害化处理、废弃渔网具回收再利用，加大对收储运和处理体系等方面的投入力度。鼓励社会资本投资农村可再生能源开发利用，加大对农村能源综合建设投入力度，推广农村可再生能源利用技术，探索秸秆打捆直燃和成型燃料供暖供热，沼气生物天然气供气供热新模式。支持社会资本参与长江黄河等流域生态保护、东北黑土地保护、农业面源污染治理、重金属污染耕地治理修复。

（七）农业科技创新

鼓励社会资本创办农业科技创新型企业，参与农业关键核心技术攻关，开展生物育种、高端智能和丘陵山区农机、渔业装备、绿色投入品、环保渔具和玻璃钢等新材料渔船等领域的研发创新、成果转化与技术服务。鼓励社会资本牵头建设农业领域国家重点实验室等科技创新平台基地，参与农业科技创新联盟、国家现代农业产业科技创新中心等建设，推动产学研用深度融合，打造科企融合创新联合体。引导社会资本发展技术交易市场和科技服务机构，提供科技成果转化服务，加快先进实用技术集成创新与推广应用。

（八）农业农村人才培养

支持社会资本参与农业生产经营人才、农村二三产业发展人才、乡村公共服务人才、乡村治理人才、农业农村科技人才、乡村基础设施建设和管护人才等培养。鼓励社会资本依托原料基地、产业园区等建设实训基地，依托信息、科技、品牌、资金等优势打造乡村人才孵化基地。鼓励社会资本为优秀农业农村人才提供奖励资助、技术支持、管理服务，促进农业农村人才脱颖而出。

（九）农业农村基础设施建设

支持社会资本参与高标准农田建设、农田水利建设，农村资源路、产业路、旅游路和村内主干道建设，丘陵山区农田宜机化改造，规模化供水工程建设和小型工程标准化改造，以及建设乡村储气罐站和微管网供气系统，推动实施区域化整体建设，推进田水林路电综合配套，同步发展高效节水灌溉。鼓励参与渔港和避风锚地建设。

（十）智慧农业建设

鼓励社会资本参与建设智慧农业，推进农业遥感、物联网、5G、人工智能、区块链等应用，推动新一代信息技术与农业生产经营、质量安全管控深度融合，提高农业生产智能化、经营网络化水平。鼓励参与农业农村大数据建设，基础数据资源体系和重要农产品全产业链大数据中心建设。为新型农业经营主体、小农户提供信息服务。鼓励参与农村地区信息基础设施建设，提高乡村治理、社会文化服务等信息化水平。鼓励参与"互联网+"农产品出村进城工程建设，推进优质特色农产品网络销售，促进农产品产销对接。

（十一）农村创业创新

鼓励社会资本投资建设返乡入乡创业园、农村创业创新园区和孵化实训基地等平台载体，加强各类平台载体的基础设施、服务体系建设，推动产学研用合作，激发农村创业创新活力。鼓励社会资本联合普通高校、职业院校、优质教育培训机构等开展面向农村创业创新带头人的创业能力、产业技术、经营管理培训，建设产学研用协同创新基地。

（十二）农村人居环境整治

支持社会资本参与农村人居环境整治提升五年行动。鼓励社会资本参与农村厕所革命、农村生活垃圾治理、农村生活污水治理等项目建设运营，健全农村生活垃圾收运处置体系，建设一批有机废弃物综合处置利用设施。鼓励社会资本参与村庄清洁和绿化行动。推进农村人居环境整治与发展乡村休闲旅游等有机结合。

（十三）农业对外合作

鼓励社会资本参与海外农业投资合作，在"一带一路"共建国家投资经营粮、棉、油、糖、胶、畜、渔等生产加工、仓储物流项目，建设境外农业合作园区，与国内农业生产形成有益补充；参与农业服务出口，集成有关农业生产要素，提供面向问题的一体化解决方案，带动农资、农机、农产品加工等领域产能走出去；参与农业国际贸易高质量发展基地、农业对外开放合作试验区等建设，创新农业经贸合作模式、对接有关规则标准、培育出口农产品品牌、建设国际营销促销网络，培育农业国际竞争新优势。

三、创新投入方式

根据各地农业农村实际发展情况，因地制宜创新投融资模式，通过独资、合资、合作、联营、租赁等途径，采取特许经营、公建民营、民办公助等方式，健全联农带农有效激励机制，稳妥有序投入乡村振兴。

（一）完善全产业链开发模式

支持农业产业化龙头企业联合家庭农场、农民合作社等新型经营主体、小农户，加快全产业链开发和一体化经营、标准化生产，开展规模化种养，发展加工和流通，开创品牌、注重营销，推进产业链生产、加工、销售各环节有机衔接，推进种养业与农产品加工、流通和服务业等渗透交叉，强化农村一二三产业融合发展，提升产业链供应链现代化水平。鼓励社会资本聚焦比较优势突出的产业链条，补齐产业链条中的发展短板。支持社会资本参与农机生产、销售、应用等产业发展，壮大农业机械化产业群和产业链。支持龙头企业下乡进村，建分支机构、生产加工基地等，发挥农业产业化龙头企业的示范带动作用。

（二）探索区域整体开发模式

支持有实力的社会资本在符合法律法规和相关规划、尊重农民意愿的前提下，因地制宜探索区域整体开发模式，统筹乡村基础设施和公共服务建设、高标准农田建设、集中连片水产健康养殖示范建设、产业融合发展等进行整体化投资，建立完善合理的利益分配机制，为当地农业农村发展提供区域性、系统性解决方案，促进农业提质增效，带动农村人居环境显著改善、农民收入持续提升，实现社会资本与农户互惠共赢。

（三）创新政府和社会资本合作模式

鼓励信贷、保险机构加大金融产品和服务创新力度，配合财政支持农业农村重大项目实施，加大投贷联动、投贷保贴一体化等投融资模式探索力度。积极探索农业农村领域有稳定收益的公益性项目，推广政府和社会资本合作（PPP）模式的实施路径和机制，让社会资本投资可预期、有回报、能持续，依法合规、有序推进政府和社会资本合作。鼓励各级农业农村部门按照农业领域政府和社会资本合作相关文件要求，对本地区农业投资项目进行系统性梳理，筛选并培育适于采取PPP模式的乡村振兴项目，优先支持农业农村基础设施建设等有一定收益的公益性项目。鼓励社会资本探索通过资产证券化、股权转让等方式，盘活项目存量资产，丰富资本进入退出渠道。

（四）探索设立乡村振兴投资基金

各地要结合当地发展实际，推动设立政府资金引导、金融机构大力支持、社会资本广泛参与、市场化运作的乡村振兴基金。鼓励有实力的社会资本结合地方农业产业发展和投资情况规范有序设立产业投资基金。充分发挥农业农村部门的行业优势，积极稳妥推进基金项目储备、项目推介等工作，鼓励相关基金通过直接股权投资和设立子基金等方式，充分发挥在乡村振兴产业发展、基础设施建设等方面的引导和资金撬动作用。

（五）建立紧密合作的利益共赢机制

强化社会资本责任意识，让农民更多分享产业增值收益。鼓励农民以土地经营权、水域滩涂、劳动、技术等入股，支持农村集体经济组织通过股份合作、租赁等形式，参与村庄基础设施建设、农村人居环境整治和产业融合发展。创新村企合作模式，充分发挥产业化联合体等联农带农作用，激发和调动农民参与乡村振兴的积极性、主动性。鼓励社会资本采用"农民＋合作社＋龙头企业""土地流转＋优先雇用＋社会保障""农民入股＋保底收益＋按股分红"等利益联结方式，与农民建立稳定合作关系、形成稳定利益共同体，做大做强新型农业经营主体，健全农业专业化社会化服务体系，提升小农户生产经营能力和组织化程度，让社会资本和农民共享发展成果。

四、打造合作平台

打造一批社会资本投资农业农村的合作平台，为社会资本投向"三农"提供规划、项目信息、融资、土地、建设运营等一揽子、全方位投资服务，促进要素集聚、产业集中、企业集群，实现控风险、降成本、提效率。

（一）完善规划体系平台

统筹做好发展引导规划、专项规划、区域规划、建设规划等的管理制定、信息发布等工作，充分发挥以《乡村振兴战略规划（2018—2022年）》、农业农村发展"十四五"规划等为总纲，以种植业、渔业、畜牧业、种业、乡村产业、农垦和农业科技、农业机械化、农田建设和农业国际合作等相关规划为指导，以地方农业农村发展有关规划为补充的农业农村规划体系作用，引导社会资本突出重点、科学决策，有序投向补短板、强弱项的重点领域和关键环节。

（二）构建现代农业园区平台

围绕农业现代化示范区、粮食生产功能区、重要农产品生产保护区、特色农产品优势区和农业绿色发展试点先行区为核心，以及国家现代农业产业园、农业产业强镇、优势特色产业集群、全国"一村一品"示范村镇、农村产业融合发展示范园、农村创业创新园区和孵化实训基地、精深加工基地、南繁硅谷、农业对外开放合作试验区等重大农业园区，建立社会资本投资指导服务机构，发挥园区平台的信息汇集、投资对接作用。健全完善政策支持体系，加快园区公共服务设施和能力水平建设，增强各类园区对社会资本的引导和聚集功能，不断提升农业绿色化、优质化、特色化、品牌化水平。

（三）建设重大工程项目平台

依托高标准农田建设、优质粮食工程、大豆振兴计划、农业生产"三品一标"提升行动、奶业振兴行动、畜禽种业振兴行动，农产品产地冷藏保鲜设施建设工程，以及畜禽粪污资源化利用整县推进、农村人居环境整治、新一轮畜禽水产遗传改良计划和现代种业提升工程等，建立项目征集和发布机制，引导各类资源要素互相融合。加强宣传和解读，提高重大工程项目参与方式、运营方式、盈利模式、投资回报等相关信息透明度和可获得性；充分发挥政府投资"四两拨千斤"的引导带动作用，稳定市场收益预期，调动社会投资积极性。

（四）推进项目数据信息共享

汇集农业领域基建项目、财政项目，以及各行各业重大项目，形成重点项目数据库，通过统一的信息共享平台集中向社会资本公开发布，发挥信息汇集、交流、对接等服务作用，引导各环节市场主体自主调节生产经营决策。推广大数据应用，引导整合线上线下企业的资源要素，推动业态创新、模式变革和效能提高。鼓励行业协会商会主动完善和提升行业服务标准，发布高标准的服务信息指引，发挥行业协会、开发区、孵化器的沟通桥梁作用，加强与资本市场对接。

五、营造良好环境

（一）加强组织领导

各级农业农村部门要把引导社会资本投资农业农村作为重要任务，加强与财政、发改、金融、自然资源等部门的沟通，推进信息互通共享，协调各有关部门立足职能、密切配合，形成合力。要建立规范的合作机制，引导社会资本积极参与相关规划编制、项目梳理，严格遵循乡村规划"三区三线"的空间管制，准确把握投资方向，积极探索具体方式，提高各类项目落地效率，充分发挥政府、市场和社会资本的合力作用。加强对外资的管理，推动外资依照《外商投资法》相关规定和要求，投资农业农村。

（二）强化政策激励

积极协调各部门完善激励引导政策，完善盘活农村存量建设用地政策，实行负面清单管理，优先保障乡村产业发展、乡村建设用地。根据乡村休闲观光等产业分散布局的实际需要，探索灵活多样的供地新方式。

规范开展城乡建设用地增减挂钩，完善审批实施程序、节余指标调剂及收益分配机制。加快健全以农村产权交易政策、农村人才队伍建设等为重要内容的政策保障体系；加快推进以深化"放管服"改革、优化项目审批程序和招投标程序、建立政企常态化沟通机制和投资需求信息发布机制、健全社会资本进入退出渠道等为主要内容的配套服务体系；加快构建以农村土地流转风险防范制度、农村社会信用评价制度，以及农业保险"扩面、增品、提标"和农产品期货价格发现机制等为重要内容的风险防范体系。落实提高土地出让收入用于农业农村比例政策要求，集中用于乡村振兴重点任务。推进增加地方政府一般债券、专项债券用于现代农业设施和乡村建设行动的规模与比例，鼓励符合条件的主体发行乡村振兴票据。加快健全商业性、合作性和政策性、开发性金融，以及信贷担保等为重要内容的多层次农村金融服务体系，发展供应链金融，不断加大对社会资本投资农业农村的支持力度。

（三）广泛宣传引导

大力宣传社会资本投资农业农村的重大意义，做好政策解读，回应社会关切，稳定市场预期，培育合作理念，正确引导社会资本有序进入农业农村经济领域。各地要加强社会资本投资农业农村的成功经验和案例的总结，推介一批典型模式。充分利用报刊、广播、电视、互联网等媒体，全方位、多角度、立体式宣传社会资本投资建设成果，营造社会资本投资农业农村的良好氛围。

中共中央 国务院关于新时代推动
中部地区高质量发展的意见

(2021 年 4 月 23 日)

促进中部地区崛起战略实施以来,特别是党的十八大以来,在以习近平同志为核心的党中央坚强领导下,中部地区经济社会发展取得重大成就,粮食生产基地、能源原材料基地、现代装备制造及高技术产业基地和综合交通运输枢纽地位更加巩固,经济总量占全国的比重进一步提高,科教实力显著增强,基础设施明显改善,社会事业全面发展,在国家经济社会发展中发挥了重要支撑作用。同时,中部地区发展不平衡不充分问题依然突出,内陆开放水平有待提高,制造业创新能力有待增强,生态绿色发展格局有待巩固,公共服务保障特别是应对公共卫生等重大突发事件能力有待提升。受新冠肺炎疫情等影响,中部地区特别是湖北省经济高质量发展和民生改善需要作出更大努力。顺应新时代新要求,为推动中部地区高质量发展,现提出如下意见。

一、总体要求

(一) 指导思想

以习近平新时代中国特色社会主义思想为指导,全面贯彻党的十九大和十九届二中、三中、四中、五中全会精神,坚持稳中求进工作总基调,立足新发展阶段,贯彻新发展理念,构建新发展格局,坚持统筹发展和安全,以推动高质量发展为主题,以深化供给侧结构性改革为主线,以改革创新为根本动力,以满足人民日益增长的美好生活需要为根本目的,充分发挥中部地区承东启西、连南接北的区位优势和资源要素丰富、市场潜力巨大、文化底蕴深厚等比较优势,着力构建以先进制造业为支撑的现代产业体系,着力增强城乡区域发展协调性,着力建设绿色发展的美丽中部,着力推动内陆高水平开放,着力提升基本公共服务保障水平,着力改革完善体制机制,推动中部地区加快崛起,在全面建设社会主义现代化国家新征程中作出更大贡献。

(二) 主要目标

到 2025 年,中部地区质量变革、效率变革、动力变革取得突破性进展,投入产出效益大幅提高,综合实力、内生动力和竞争力进一步增强。创新能力建设取得明显成效,科创产业融合发展体系基本建立,全社会研发经费投入占地区生产总值比重达到全国平均水平。常住人口城镇化率年均提高 1 个百分点以上,分工合理、优势互补、各具特色的协调发展格局基本形成,城乡区域发展协调性进一步增强。绿色发展深入推进,单位地区生产总值能耗降幅达到全国平均水平,单位地区生产总值二氧化碳排放进一步降低,资源节约型、环境友好型发展方式普遍建立。开放水平再上新台阶,内陆开放型经济新体制基本形成。共享发展达到新水平,居民人均可支配收入与经济增长基本同步,统筹应对公共卫生等重大突发事件能力显著提高,人民群众获得感、幸福感、安全感明显增强。

到 2035 年,中部地区现代化经济体系基本建成,产业整体迈向中高端,城乡区域协调发展达到较高水平,绿色低碳生产生活方式基本形成,开放型经济体制机制更加完善,人民生活更加幸福安康,基本实现社会主义现代化,共同富裕取得更为明显的实质性进展。

二、坚持创新发展,构建以先进制造业为支撑的现代产业体系

(三) 做大做强先进制造业

统筹规划引导中部地区产业集群(基地)发展,在长江沿线建设中国(武汉)光谷、中国(合肥)声谷,在京广沿线建设郑州电子信息、长株潭装备制造产业集群,在京九沿线建设南昌、吉安电子信息产业集群,在大湛沿线建设太原新材料、洛阳装备制造产业集群。建设智能制造、新材料、新能源汽车、电子信息等产业基地。打造集研究开发、检验检测、成果推广等功能于一体的产业集群(基地)服务平台。深入实施制造业重大技术改造升级工程,重点促进河南食品轻纺、山西煤炭、江西有色金属、湖南冶金、湖

北化工建材、安徽钢铁有色等传统产业向智能化、绿色化、服务化发展。加快推进山西国家资源型经济转型综合配套改革试验区建设和能源革命综合改革试点。

（四）积极承接制造业转移

推进皖江城市带、晋陕豫黄河金三角、湖北荆州、赣南、湘南湘西承接产业转移示范区和皖北承接产业转移集聚区建设，积极承接新兴产业转移，重点承接产业链关键环节。创新园区建设运营方式，支持与其他地区共建产业转移合作园区。依托园区搭建产业转移服务平台，加强信息沟通及区域产业合作，推动产业转移精准对接。加大中央预算内投资对产业转移合作园区基础设施建设支持力度。在坚持节约集约用地前提下，适当增加中部地区承接制造业转移项目新增建设用地计划指标。创新跨区域制造业转移利益分享机制，建立跨区域经济统计分成制度。

（五）提高关键领域自主创新能力

主动融入新一轮科技和产业革命，提高关键领域自主创新能力，以科技创新引领产业发展，将长板进一步拉长，不断缩小与东部地区尖端技术差距，加快数字化、网络化、智能化技术在各领域的应用。加快合肥综合性国家科学中心建设，探索国家实验室建设运行模式，推动重大科技基础设施集群化发展，开展关键共性技术、前沿引领技术攻关。选择武汉等有条件城市布局一批重大科技基础设施。加快武汉信息光电子、株洲先进轨道交通装备、洛阳农机装备等国家制造业创新中心建设，新培育一批产业创新中心和制造业创新中心。支持建设一批众创空间、孵化器、加速器等创新创业孵化平台和双创示范基地，鼓励发展创业投资。联合区域创新资源，实施一批重要领域关键核心技术攻关。发挥企业在科技创新中的主体作用，支持领军企业组建创新联合体，带动中小企业创新活动。促进产学研融通创新，布局建设一批综合性中试基地，依托龙头企业建设一批专业中试基地。加强知识产权保护，更多鼓励原创技术创新，依托现有国家和省级技术转移中心、知识产权交易中心等，建设中部地区技术交易市场联盟，推动技术交易市场互联互通。完善科技成果转移转化机制，支持有条件地区创建国家科技成果转移转化示范区。

（六）推动先进制造业和现代服务业深度融合

依托产业集群（基地）建设一批工业设计中心和工业互联网平台，推动大数据、物联网、人工智能等新一代信息技术在制造业领域的应用创新，大力发展研发设计、金融服务、检验检测等现代服务业，积极发展服务型制造业，打造数字经济新优势。加强新型基础设施建设，发展新一代信息网络，拓展第五代移动通信应用。积极发展电商网购、在线服务等新业态，推动生活服务业线上线下融合，支持电商、快递进农村。加快郑州、长沙、太原、宜昌、赣州国家物流枢纽建设，支持建设一批生产服务型物流枢纽。增加郑州商品交易所上市产品，支持山西与现有期货交易所合作开展能源商品期现结合交易。推进江西省赣江新区绿色金融改革创新试验区建设。

三、坚持协调发展，增强城乡区域发展协同性

（七）主动融入区域重大战略

加强与京津冀协同发展、长江经济带发展、粤港澳大湾区建设、长三角一体化发展、黄河流域生态保护和高质量发展等区域重大战略互促共进，促进区域间融合互动、融通补充。支持安徽积极融入长三角一体化发展，打造具有重要影响力的科技创新策源地、新兴产业聚集地和绿色发展样板区。支持河南、山西深度参加黄河流域生态保护和高质量发展战略实施，共同抓好大保护，协同推进大治理。支持湖北、湖南、江西加强生态保护、推动绿色发展，在长江经济带建设中发挥更大作用。

（八）促进城乡融合发展

以基础设施互联互通、公共服务共建共享为重点，加强长江中游城市群、中原城市群内城市间合作。支持武汉、长株潭、郑州、合肥等都市圈及山西中部城市群建设，培育发展南昌都市圈。加快武汉、郑州国家中心城市建设，增强长沙、合肥、南昌、太原等区域中心城市辐射带动能力，促进洛阳、襄阳、阜阳、赣州、衡阳、大同等区域重点城市经济发展和人口集聚。推进以县城为重要载体的城镇化建设，以县域为单元统筹城乡发展。发展一批特色小镇，补齐县城和小城镇基础设施与公共服务短板。有条件地区推进城乡供水一体化、农村供水规模化建设和水利设施改造升级，加快推进引江济淮、长江和淮河干流治理、鄂北水资源配置、江西花桥水库、湖南椒花水库等重大水利工程建设。

（九）推进城市品质提升

实施城市更新行动，推进城市生态修复、功能完善工程，合理确定城市规模、人口密度，优化城市布局，推动城市基础设施体系化网络化建设，推进基于数字化的新型基础设施建设。加快补齐市政

基础设施和公共服务设施短板，系统化全域化推进海绵城市建设，增强城市防洪排涝功能。推动地级及以上城市加快建立生活垃圾分类投放、分类收集、分类运输、分类处理系统。建设完整居住社区，开展城市居住社区建设补短板行动。加强建筑设计管理，优化城市空间和建筑布局，塑造城市时代特色风貌。

（十）加快农业农村现代化

大力发展粮食生产，支持河南等主产区建设粮食生产核心区，确保粮食种植面积和产量保持稳定，巩固提升全国粮食生产基地地位。实施大中型灌区续建配套节水改造和现代化建设，大力推进高标准农田建设，推广先进适用的农机化技术和装备，加强种质资源保护和利用，支持发展高效旱作农业。高质量推进粮食生产功能区、重要农产品生产保护区和特色农产品优势区建设，大力发展油料、生猪、水产品等优势农产品生产，打造一批绿色农产品生产加工供应基地。支持农产品加工业发展，加快农村产业融合发展示范园建设，推动农村一二三产业融合发展。加快培育农民合作社、家庭农场等新兴农业经营主体，大力培育高素质农民，健全农业社会化服务体系。加快农村公共基础设施建设，因地制宜推进农村改厕、生活垃圾处理和污水治理，改善农村人居环境，建设生态宜居的美丽乡村。

（十一）推动省际协作和交界地区协同发展

围绕对话交流、重大事项协商、规划衔接，建立健全中部地区省际合作机制。加快落实支持赣南等原中央苏区、大别山等革命老区振兴发展的政策措施。推动中部六省省际交界地区以及与东部、西部其他省份交界地区合作，务实推进晋陕豫黄河金三角区域合作，深化大别山、武陵山等区域旅游与经济协作。加强流域上下游产业园区合作共建，充分发挥长江流域园区合作联盟作用，建立淮河、汉江流域园区合作联盟，促进产业协同创新、有序转移、优化升级。加快重要流域上下游、左右岸地区融合发展，推动长株潭跨湘江、南昌跨赣江、太原跨汾河、荆州和芜湖等跨长江发展。

四、坚持绿色发展，打造人与 自然和谐共生的美丽中部

（十二）共同构筑生态安全屏障

牢固树立绿水青山就是金山银山理念，统筹推进山水林田湖草沙系统治理。将生态保护红线、环境质量底线、资源利用上线的硬约束落实到环境管控单元，建立全覆盖的生态环境分区管控体系。坚持以水

而定、量水而行，把水资源作为最大刚性约束，严格取用水管理。继续深化做实河长制湖长制。强化长江岸线分区管理与用途管制，保护自然岸线和水域生态环境，加强鄱阳湖、洞庭湖等湖泊保护和治理，实施好长江十年禁渔，保护长江珍稀濒危水生生物。加强黄河流域水土保持和生态修复，实施河道和滩区综合提升治理工程。加快解决中小河流、病险水库、重要蓄滞洪区和山洪灾害等防汛薄弱环节，增强城乡防洪能力。以河道生态整治和河道外两岸造林绿化为重点，建设淮河、汉江、湘江、赣江、汾河等河流生态廊道。构建以国家公园为主体的自然保护地体系，科学推进长江中下游、华北平原国土绿化行动，积极开展国家森林城市建设，推行林长制，大力推进森林质量精准提升工程，加强生物多样性系统保护，加大地下水超采治理力度。

（十三）加强生态环境共保联治

深入打好污染防治攻坚战，强化全民共治、源头防治，落实生态保护补偿和生态环境损害赔偿制度，共同解决区域环境突出问题。以城市群、都市圈为重点，协同开展大气污染联防联控，推进重点行业大气污染深度治理。强化移动源污染防治，全面治理面源扬尘污染。以长江、黄河等流域为重点，推动建立横向生态保护补偿机制，逐步完善流域生态保护补偿等标准体系，建立跨界断面水质目标责任体系，推动恢复水域生态环境。加快推进城镇污水收集处理设施建设和改造，推广污水资源化利用。推进土壤污染综合防治先行区建设。实施粮食主产区永久基本农田面源污染专项治理工程，加强畜禽养殖污染综合治理和资源化利用。加快实施矿山修复重点工程、尾矿库污染治理工程，推动矿业绿色发展。严格防控港口船舶污染。加强白色污染治理。强化噪声源头防控和监督管理，提高声环境功能区达标率。

（十四）加快形成绿色生产生活方式

加大园区循环化改造力度，推进资源循环利用基地建设，支持新建一批循环经济示范城市、示范园区。支持开展低碳城市试点，积极推进近零碳排放示范工程，开展节约型机关和绿色家庭、绿色学校、绿色社区、绿色建筑等创建行动，鼓励绿色消费和绿色出行，促进产业绿色转型发展，提升生态碳汇能力。因地制宜发展绿色小水电、分布式光伏发电，支持山西煤层气、鄂西页岩气开发转化，加快农村能源服务体系建设。进一步完善和落实资源有偿使用制度，依托规范的公共资源和产权交易平台开展排污权、用能权、用水权、碳排放权市场化交易。按照国家统一部署，扎实做好碳达峰、碳中和各项工作。健全有利于

节约用水的价格机制，完善促进节能环保的电价机制。支持许昌、铜陵、瑞金等地深入推进"无废城市"建设试点。

五、坚持开放发展，形成内陆高水平开放新体制

（十五）加快内陆开放通道建设

全面开工呼南纵向高速铁路通道中部段，加快沿江、厦渝横向高速铁路通道中部段建设。实施汉江、湘江、赣江、淮河航道整治工程，研究推进水系沟通工程，形成水运大通道。加快推进长江干线过江通道建设，继续实施省际高速公路连通工程。加强武汉长江中游航运中心建设，发展沿江港口铁水联运功能，优化中转设施和集疏运网络。加快推进郑州国际物流中心、湖北鄂州货运枢纽机场和合肥国际航空货运集散中心建设，提升郑州、武汉区域航空枢纽功能，积极推动长沙、合肥、南昌、太原形成各具特色的区域枢纽，提高支线机场服务能力。完善国际航线网络，发展全货机航班，增强中部地区机场连接国际枢纽机场能力。发挥长江黄金水道和京广、京九、浩吉、沪昆、陇海—兰新交通干线作用，加强与长三角、粤港澳大湾区、海峡西岸等沿海地区及内蒙古、广西、云南、新疆等边境口岸合作，对接新亚欧大陆桥、中国—中南半岛、中国—中亚—西亚经济走廊、中蒙俄经济走廊及西部陆海新通道，全面融入共建"一带一路"。

（十六）打造内陆高水平开放平台

高标准建设安徽、河南、湖北、湖南自由贸易试验区，支持先行先试，形成可复制可推广的制度创新成果，进一步发挥辐射带动作用。支持湖南湘江新区、江西赣江新区建成对外开放重要平台。充分发挥郑州航空港经济综合实验区、长沙临空经济示范区在对外开放中的重要作用，鼓励武汉、南昌、合肥、太原等地建设临空经济区。加快郑州—卢森堡"空中丝绸之路"建设，推动江西内陆开放型经济试验区建设。支持建设服务外包示范城市。加快跨境电子商务综合试验区建设，构建区域性电子商务枢纽。支持有条件地区设立综合保税区、创建国家级开放口岸，深化与长江经济带其他地区、京津冀、长三角、粤港澳大湾区等地区通关合作，提升与"一带一路"沿线国家主要口岸互联互通水平。支持有条件地区加快建设具有国际先进水平的国际贸易"单一窗口"。

（十七）持续优化市场化法治化国际化营商环境

深化简政放权、放管结合、优化服务改革，全面推行政务服务"一网通办"，推进"一次办好"改革，做到企业开办全程网上办理。推进与企业发展、群众生活密切相关的高频事项"跨省通办"，实现更多事项异地办理。对标国际一流水平，建设与国际通行规则接轨的市场体系，促进国际国内要素有序自由流动、资源高效配置。加强事前事中事后全链条监管，加大反垄断和反不正当竞争执法司法力度，为各类所有制企业发展创造公平竞争环境。改善中小微企业发展生态，放宽小微企业、个体工商户登记经营场所限制，便利各类创业者注册经营、及时享受扶持政策，支持大中小企业融通发展。

六、坚持共享发展，提升公共服务保障水平

（十八）提高基本公共服务保障能力

认真总结新冠肺炎疫情防控经验模式，加强公共卫生体系建设，完善公共卫生服务项目，建立公共卫生事业稳定投入机制，完善突发公共卫生事件监测预警处置机制，防范化解重大疫情和突发公共卫生风险，着力补齐公共卫生风险防控和应急管理短板，重点支持早期监测预警能力、应急医疗救治体系、医疗物资储备设施及隔离设施等传染病防治项目建设，加快实施传染病医院、疾控中心标准化建设，提高城乡社区医疗服务能力。推动基本医疗保险信息互联共享，完善住院费用异地直接结算。建立统一的公共就业信息服务平台，加强对重点行业、重点群体就业支持，引导重点就业群体跨地区就业，促进多渠道灵活就业。支持农民工、高校毕业生和退役军人等人员返乡入乡就业创业。合理提高孤儿基本生活费、事实无人抚养儿童基本生活补贴标准，推动儿童福利机构优化提质和转型发展。完善农村留守老人关爱服务工作体系，健全农村养老服务设施。建立健全基本公共服务标准体系并适时进行动态调整。推动居住证制度覆盖全部未落户城镇常住人口，完善以居住证为载体的随迁子女就学、住房保障等公共服务政策。

（十九）增加高品质公共服务供给

加快推进世界一流大学和一流学科建设，支持国内一流科研机构在中部地区设立分支机构，鼓励国外著名高校在中部地区开展合作办学。大力开展职业技能培训，加快高水平高职学校和专业建设，打造一批示范性职业教育集团（联盟），支持中部省份共建共享一批产教融合实训基地。支持建设若干区域医疗中心，鼓励国内外大型综合性医疗机构依法依规在中部地区设立分支机构。支持县级医院与

乡镇（社区）医疗机构建立医疗联合体，提升基层医疗机构服务水平。条件成熟时在中部地区设立药品、医疗器械审评分中心，加快创新药品、医疗器械审评审批进程。深入挖掘和利用地方特色文化资源，打响中原文化、楚文化、三晋文化品牌。传承和弘扬赣南等原中央苏区、井冈山、大别山等革命老区红色文化，打造爱国主义教育基地和红色旅游目的地。积极发展文化创意、广播影视、动漫游戏、数字出版等产业，推进国家文化与科技融合示范基地、国家级文化产业示范园区建设，加快建设景德镇国家陶瓷文化传承创新试验区。加大对足球场地等体育设施建设支持力度。

（二十）加强和创新社会治理

完善突发事件监测预警、应急响应平台和决策指挥系统，建设区域应急救援平台和区域保障中心，提高应急物资生产、储备和调配能力。依托社会管理信息化平台，推动政府部门业务数据互联共享，打造智慧城市、智慧社区。推进城市社区网格化管理，推动治理重心下移，实现社区服务规范化、全覆盖。完善村党组织领导乡村治理的体制机制，强化村级组织自治功能，全面实施村级事务阳光工程。全面推进"一区一警、一村一辅警"建设，打造平安社区、平安乡村。加强农村道路交通安全监督管理。加强农村普法教育和法律援助，依法解决农村社会矛盾。

（二十一）实现巩固拓展脱贫攻坚成果同乡村振兴有效衔接

聚焦赣南等原中央苏区、大别山区、太行山区、吕梁山区、罗霄山区、武陵山区等地区，健全防止返贫监测和帮扶机制，保持主要帮扶政策总体稳定，实施帮扶对象动态管理，防止已脱贫人口返贫。进一步改善基础设施和市场环境，因地制宜推动特色产业可持续发展。

七、完善促进中部地区高质量发展政策措施

（二十二）建立健全支持政策体系

确保支持湖北省经济社会发展的一揽子政策尽快落实到位，支持保就业、保民生、保运转，促进湖北经济社会秩序全面恢复。中部地区欠发达县（市、区）继续比照实施西部大开发有关政策，老工业基地

城市继续比照实施振兴东北地区等老工业基地有关政策，并结合实际调整优化实施范围和有关政策内容。对重要改革开放平台建设用地实行计划指标倾斜，按照国家统筹、地方分担原则，优先保障先进制造业、跨区域基础设施等重大项目新增建设用地指标。鼓励人才自由流动，实行双向挂职、短期工作、项目合作等灵活多样的人才柔性流动政策，推进人力资源信息共享和服务政策有机衔接，吸引各类专业人才到中部地区就业创业。允许中央企事业单位专业技术人员和管理人才按有关规定在中部地区兼职并取得合法报酬，鼓励地方政府设立人才引进专项资金，实行专业技术人才落户"零门槛"。

（二十三）加大财税金融支持力

中央财政继续加大对中部地区转移支付力度，支持中部地区提高基本公共服务保障水平，在风险可控前提下适当增加省级政府地方政府债券分配额度。全面实施工业企业技术改造综合奖补政策，对在投资总额内进口的自用设备按现行规定免征关税。积极培育区域性股权交易市场，支持鼓励类产业企业上市融资，支持符合条件的企业通过债券市场直接融资，引导各类金融机构加强对中部地区的支持，加大对重点领域和薄弱环节信贷支持力度，提升金融服务质效，增强金融普惠性。

八、认真抓好组织实施

（二十四）加强组织领导

坚持和加强党的全面领导，把党的领导贯穿推动中部地区加快崛起的全过程。山西、安徽、江西、河南、湖北、湖南等中部六省要增强"四个意识"、坚定"四个自信"、做到"两个维护"，落实主体责任，完善推进机制，加强工作协同，深化相互合作，确保党中央、国务院决策部署落地见效。

（二十五）强化协调指导

中央有关部门要按照职责分工，密切与中部六省沟通衔接，在规划编制和重大政策制定、项目安排、改革创新等方面予以积极支持。国家促进中部地区崛起工作办公室要加强统筹指导，协调解决本意见实施中面临的突出问题，强化督促和实施效果评估。本意见实施涉及的重要规划、重点政策、重大项目要按规定程序报批。重大事项及时向党中央、国务院请示报告。

中华人民共和国乡村振兴促进法

（第十三届全国人民代表大会常务委员会第二十八次会议通过　2021 年 4 月 29 日）

第一章　总　则

第一条　为了全面实施乡村振兴战略，促进农业全面升级、农村全面进步、农民全面发展，加快农业农村现代化，全面建设社会主义现代化国家，制定本法。

第二条　全面实施乡村振兴战略，开展促进乡村产业振兴、人才振兴、文化振兴、生态振兴、组织振兴，推进城乡融合发展等活动，适用本法。

本法所称乡村，是指城市建成区以外具有自然、社会、经济特征和生产、生活、生态、文化等多重功能的地域综合体，包括乡镇和村庄等。

第三条　促进乡村振兴应当按照产业兴旺、生态宜居、乡风文明、治理有效、生活富裕的总要求，统筹推进农村经济建设、政治建设、文化建设、社会建设、生态文明建设和党的建设，充分发挥乡村在保障农产品供给和粮食安全、保护生态环境、传承发展中华民族优秀传统文化等方面的特有功能。

第四条　全面实施乡村振兴战略，应当坚持中国共产党的领导，贯彻创新、协调、绿色、开放、共享的新发展理念，走中国特色社会主义乡村振兴道路，促进共同富裕，遵循以下原则：

（一）坚持农业农村优先发展，在干部配备上优先考虑，在要素配置上优先满足，在资金投入上优先保障，在公共服务上优先安排；

（二）坚持农民主体地位，充分尊重农民意愿，保障农民民主权利和其他合法权益，调动农民的积极性、主动性、创造性，维护农民根本利益；

（三）坚持人与自然和谐共生，统筹山水林田湖草沙系统治理，推动绿色发展，推进生态文明建设；

（四）坚持改革创新，充分发挥市场在资源配置中的决定性作用，更好发挥政府作用，推进农业供给侧结构性改革和高质量发展，不断解放和发展乡村社会生产力，激发农村发展活力；

（五）坚持因地制宜、规划先行、循序渐进，顺应村庄发展规律，根据乡村的历史文化、发展现状、区位条件、资源禀赋、产业基础分类推进。

第五条　国家巩固和完善以家庭承包经营为基础、统分结合的双层经营体制，发展壮大农村集体所有制经济。

第六条　国家建立健全城乡融合发展的体制机制和政策体系，推动城乡要素有序流动、平等交换和公共资源均衡配置，坚持以工补农、以城带乡，推动形成工农互促、城乡互补、协调发展、共同繁荣的新型工农城乡关系。

第七条　国家坚持以社会主义核心价值观为引领，大力弘扬民族精神和时代精神，加强乡村优秀传统文化保护和公共文化服务体系建设，繁荣发展乡村文化。

每年农历秋分日为中国农民丰收节。

第八条　国家实施以我为主、立足国内、确保产能、适度进口、科技支撑的粮食安全战略，坚持藏粮于地、藏粮于技，采取措施不断提高粮食综合生产能力，建设国家粮食安全产业带，完善粮食加工、流通、储备体系，确保谷物基本自给、口粮绝对安全，保障国家粮食安全。

国家完善粮食加工、储存、运输标准，提高粮食加工出品率和利用率，推动节粮减损。

第九条　国家建立健全中央统筹、省负总责、市县乡抓落实的乡村振兴工作机制。

各级人民政府应当将乡村振兴促进工作纳入国民经济和社会发展规划，并建立乡村振兴考核评价制度、工作年度报告制度和监督检查制度。

第十条　国务院农业农村主管部门负责全国乡村振兴促进工作的统筹协调、宏观指导和监督检查；国务院其他有关部门在各自职责范围内负责有关的乡村振兴促进工作。

县级以上地方人民政府农业农村主管部门负责本行政区域内乡村振兴促进工作的统筹协调、指导和监督检查；县级以上地方人民政府其他有关部门在各自职责范围内负责有关的乡村振兴促进工作。

第十一条　各级人民政府及其有关部门应当采取多种形式，广泛宣传乡村振兴促进相关法律法规和政策，鼓励、支持人民团体、社会组织、企事业单位等社会各方面参与乡村振兴促进相关活动。

对在乡村振兴促进工作中作出显著成绩的单位和个人，按照国家有关规定给予表彰和奖励。

第二章 产业发展

第十二条 国家完善农村集体产权制度，增强农村集体所有制经济发展活力，促进集体资产保值增值，确保农民受益。

各级人民政府应当坚持以农民为主体，以乡村优势特色资源为依托，支持、促进农村一二三产业融合发展，推动建立现代农业产业体系、生产体系和经营体系，推进数字乡村建设，培育新产业、新业态、新模式和新型农业经营主体，促进小农户和现代农业发展有机衔接。

第十三条 国家采取措施优化农业生产力布局，推进农业结构调整，发展优势特色产业，保障粮食和重要农产品有效供给和质量安全，推动品种培优、品质提升、品牌打造和标准化生产，推动农业对外开放，提高农业质量、效益和竞争力。

国家实行重要农产品保障战略，分品种明确保障目标，构建科学合理、安全高效的重要农产品供给保障体系。

第十四条 国家建立农用地分类管理制度，严格保护耕地，严格控制农用地转为建设用地，严格控制耕地转为林地、园地等其他类型农用地。省、自治区、直辖市人民政府应当采取措施确保耕地总量不减少、质量有提高。

国家实行永久基本农田保护制度，建设粮食生产功能区、重要农产品生产保护区，建设并保护高标准农田。

地方各级人民政府应当推进农村土地整理和农用地科学安全利用，加强农田水利等基础设施建设，改善农业生产条件。

第十五条 国家加强农业种质资源保护利用和种质资源库建设，支持育种基础性、前沿性和应用技术研究，实施农作物和畜禽等良种培育、育种关键技术攻关，鼓励种业科技成果转化和优良品种推广，建立并实施种业国家安全审查机制，促进种业高质量发展。

第十六条 国家采取措施加强农业科技创新，培育创新主体，构建以企业为主体、产学研协同的创新机制，强化高等学校、科研机构、农业企业创新能力，建立创新平台，加强新品种、新技术、新装备、新产品研发，加强农业知识产权保护，推进生物种业、智慧农业、设施农业、农产品加工、绿色农业投入品等领域创新，建设现代农业产业技术体系，推动农业农村创新驱动发展。

国家健全农业科研项目评审、人才评价、成果产权保护制度，保障对农业科技基础性、公益性研究的投入，激发农业科技人员创新积极性。

第十七条 国家加强农业技术推广体系建设，促进建立有利于农业科技成果转化推广的激励机制和利益分享机制，鼓励企业、高等学校、职业学校、科研机构、科学技术社会团体、农民专业合作社、农业专业化社会化服务组织、农业科技人员等创新推广方式，开展农业技术推广服务。

第十八条 国家鼓励农业机械生产研发和推广应用，推进主要农作物生产全程机械化，提高设施农业、林草业、畜牧业、渔业和农产品初加工的装备水平，推动农机农艺融合、机械化信息化融合，促进机械化生产与农田建设相适应、服务模式与农业适度规模经营相适应。

国家鼓励农业信息化建设，加强农业信息监测预警和综合服务，推进农业生产经营信息化。

第十九条 各级人民政府应当发挥农村资源和生态优势，支持特色农业、休闲农业、现代农产品加工业、乡村手工业、绿色建材、红色旅游、乡村旅游、康养和乡村物流、电子商务等乡村产业的发展；引导新型经营主体通过特色化、专业化经营，合理配置生产要素，促进乡村产业深度融合；支持特色农产品优势区、现代农业产业园、农业科技园、农村创业园、休闲农业和乡村旅游重点村镇等的建设；统筹农产品生产地、集散地、销售地市场建设，加强农产品流通骨干网络和冷链物流体系建设；鼓励企业获得国际通行的农产品认证，增强乡村产业竞争力。

发展乡村产业应当符合国土空间规划和产业政策、环境保护的要求。

第二十条 各级人民政府应当完善扶持政策，加强指导服务，支持农民、返乡入乡人员在乡村创业创新，促进乡村产业发展和农民就业。

第二十一条 各级人民政府应当建立健全有利于农民收入稳定增长的机制，鼓励支持农民拓宽增收渠道，促进农民增加收入。

国家采取措施支持农村集体经济组织发展，为本集体成员提供生产生活服务，保障成员从集体经营收入中获得收益分配的权利。

国家支持农民专业合作社、家庭农场和涉农企业、电子商务企业、农业专业化社会化服务组织等以多种方式与农民建立紧密型利益联结机制，让农民共享全产业链增值收益。

第二十二条 各级人民政府应当加强国有农

（林、牧、渔）场规划建设，推进国有农（林、牧、渔）场现代农业发展，鼓励国有农（林、牧、渔）场在农业农村现代化建设中发挥示范引领作用。

第二十三条 各级人民政府应当深化供销合作社综合改革，鼓励供销合作社加强与农民利益联结，完善市场运作机制，强化为农服务功能，发挥其为农服务综合性合作经济组织的作用。

第三章 人才支撑

第二十四条 国家健全乡村人才工作体制机制，采取措施鼓励和支持社会各方面提供教育培训、技术支持、创业指导等服务，培养本土人才，引导城市人才下乡，推动专业人才服务乡村，促进农业农村人才队伍建设。

第二十五条 各级人民政府应当加强农村教育工作统筹，持续改善农村学校办学条件，支持开展网络远程教育，提高农村基础教育质量，加大乡村教师培养力度，采取公费师范教育等方式吸引高等学校毕业生到乡村任教，对长期在乡村任教的教师在职称评定等方面给予优待，保障和改善乡村教师待遇，提高乡村教师学历水平、整体素质和乡村教育现代化水平。

各级人民政府应当采取措施加强乡村医疗卫生队伍建设，支持县乡村医疗卫生人员参加培训、进修，建立县乡村上下贯通的职业发展机制，对在乡村工作的医疗卫生人员实行优惠待遇，鼓励医学院校毕业生到乡村工作，支持医师到乡村医疗卫生机构执业、开办乡村诊所、普及医疗卫生知识，提高乡村医疗卫生服务能力。

各级人民政府应当采取措施培育农业科技人才、经营管理人才、法律服务人才、社会工作人才，加强乡村文化人才队伍建设，培育乡村文化骨干力量。

第二十六条 各级人民政府应当采取措施，加强职业教育和继续教育，组织开展农业技能培训、返乡创业就业培训和职业技能培训，培养有文化、懂技术、善经营、会管理的高素质农民和农村实用人才、创新创业带头人。

第二十七条 县级以上人民政府及其教育行政部门应当指导、支持高等学校、职业学校设置涉农相关专业，加大农村专业人才培养力度，鼓励高等学校、职业学校毕业生到农村就业创业。

第二十八条 国家鼓励城市人才向乡村流动，建立健全城乡、区域、校地之间人才培养合作与交流机制。

县级以上人民政府应当建立鼓励各类人才参与乡村建设的激励机制，搭建社会工作和乡村建设志愿服务平台，支持和引导各类人才通过多种方式服务乡村振兴。

乡镇人民政府和村民委员会、农村集体经济组织应当为返乡入乡人员和各类人才提供必要的生产生活服务。农村集体经济组织可以根据实际情况提供相关的福利待遇。

第四章 文化繁荣

第二十九条 各级人民政府应当组织开展新时代文明实践活动，加强农村精神文明建设，不断提高乡村社会文明程度。

第三十条 各级人民政府应当采取措施丰富农民文化体育生活，倡导科学健康的生产生活方式，发挥村规民约积极作用，普及科学知识，推进移风易俗，破除大操大办、铺张浪费等陈规陋习，提倡孝老爱亲、勤俭节约、诚实守信，促进男女平等，创建文明村镇、文明家庭，培育文明乡风、良好家风、淳朴民风，建设文明乡村。

第三十一条 各级人民政府应当健全完善乡村公共文化体育设施网络和服务运行机制，鼓励开展形式多样的农民群众性文化体育、节日民俗等活动，充分利用广播电视、视听网络和书籍报刊，拓展乡村文化服务渠道，提供便利可及的公共文化服务。

各级人民政府应当支持农业农村农民题材文艺创作，鼓励制作反映农民生产生活和乡村振兴实践的优秀文艺作品。

第三十二条 各级人民政府应当采取措施保护农业文化遗产和非物质文化遗产，挖掘优秀农业文化深厚内涵，弘扬红色文化，传承和发展优秀传统文化。

县级以上地方人民政府应当加强对历史文化名镇名村、传统村落和乡村风貌、少数民族特色村寨的保护，开展保护状况监测和评估，采取措施防御和减轻火灾、洪水、地震等灾害。

第三十三条 县级以上地方人民政府应当坚持规划引导、典型示范，有计划地建设特色鲜明、优势突出的农业文化展示区、文化产业特色村落，发展乡村特色文化体育产业，推动乡村地区传统工艺振兴，积极推动智慧广电乡村建设，活跃繁荣农村文化市场。

第五章 生态保护

第三十四条 国家健全重要生态系统保护制度和生态保护补偿机制，实施重要生态系统保护和修复工程，加强乡村生态保护和环境治理，绿化美化乡村环境，建设美丽乡村。

第三十五条 国家鼓励和支持农业生产者采用节

水、节肥、节药、节能等先进的种植养殖技术，推动种养结合、农业资源综合开发，优先发展生态循环农业。

各级人民政府应当采取措施加强农业面源污染防治，推进农业投入品减量化、生产清洁化、废弃物资源化、产业模式生态化，引导全社会形成节约适度、绿色低碳、文明健康的生产生活和消费方式。

第三十六条 各级人民政府应当实施国土综合整治和生态修复，加强森林、草原、湿地等保护修复，开展荒漠化、石漠化、水土流失综合治理，改善乡村生态环境。

第三十七条 各级人民政府应当建立政府、村级组织、企业、农民等各方面参与的共建共管共享机制，综合整治农村水系，因地制宜推广卫生厕所和简便易行的垃圾分类，治理农村垃圾和污水，加强乡村无障碍设施建设，鼓励和支持使用清洁能源、可再生能源，持续改善农村人居环境。

第三十八条 国家建立健全农村住房建设质量安全管理制度和相关技术标准体系，建立农村低收入群体安全住房保障机制。建设农村住房应当避让灾害易发区域，符合抗震、防洪等基本安全要求。

县级以上地方人民政府应当加强农村住房建设管理和服务，强化新建农村住房规划管控，严格禁止违法占用耕地建房；鼓励农村住房设计体现地域、民族和乡土特色，鼓励农村住房建设采用新型建造技术和绿色建材，引导农民建设功能现代、结构安全、成本经济、绿色环保、与乡村环境相协调的宜居住房。

第三十九条 国家对农业投入品实行严格管理，对剧毒、高毒、高残留的农药、兽药采取禁用限用措施。农产品生产经营者不得使用国家禁用的农药、兽药或者其他有毒有害物质，不得违反农产品质量安全标准和国家有关规定超剂量、超范围使用农药、兽药、肥料、饲料添加剂等农业投入品。

第四十条 国家实行耕地养护、修复、休耕和草原森林河流湖泊休养生息制度。县级以上人民政府及其有关部门依法划定江河湖海限捕、禁捕的时间和区域，并可以根据地下水超采情况，划定禁止、限制开采地下水区域。

禁止违法将污染环境、破坏生态的产业、企业向农村转移。禁止违法将城镇垃圾、工业固体废物、未经达标处理的城镇污水等向农业农村转移。禁止向农用地排放重金属或者其他有毒有害物质含量超标的污水、污泥，以及可能造成土壤污染的清淤底泥、尾矿、矿渣等；禁止将有毒有害废物用作肥料或者用于造田和土地复垦。

地方各级人民政府及其有关部门应当采取措施，推进废旧农膜和农药等农业投入品包装废弃物回收处理，推进农作物秸秆、畜禽粪污的资源化利用，严格控制河流湖库、近岸海域投饵网箱养殖。

第六章 组织建设

第四十一条 建立健全党委领导、政府负责、民主协商、社会协同、公众参与、法治保障、科技支撑的现代乡村社会治理体制和自治、法治、德治相结合的乡村社会治理体系，建设充满活力、和谐有序的善治乡村。

地方各级人民政府应当加强乡镇人民政府社会管理和服务能力建设，把乡镇建成乡村治理中心、农村服务中心、乡村经济中心。

第四十二条 中国共产党农村基层组织，按照中国共产党章程和有关规定发挥全面领导作用。村民委员会、农村集体经济组织等应当在乡镇党委和村党组织的领导下，实行村民自治，发展集体所有制经济，维护农民合法权益，并应当接受村民监督。

第四十三条 国家建立健全农业农村工作干部队伍的培养、配备、使用、管理机制，选拔优秀干部充实到农业农村工作干部队伍，采取措施提高农业农村工作干部队伍的能力和水平，落实农村基层干部相关待遇保障，建设懂农业、爱农村、爱农民的农业农村工作干部队伍。

第四十四条 地方各级人民政府应当构建简约高效的基层管理体制，科学设置乡镇机构，加强乡村干部培训，健全农村基层服务体系，夯实乡村治理基础。

第四十五条 乡镇人民政府应当指导和支持农村基层群众性自治组织规范化、制度化建设，健全村民委员会民主决策机制和村务公开制度，增强村民自我管理、自我教育、自我服务、自我监督能力。

第四十六条 各级人民政府应当引导和支持农村集体经济组织发挥依法管理集体资产、合理开发集体资源、服务集体成员等方面的作用，保障农村集体经济组织的独立运营。

县级以上地方人民政府应当支持发展农民专业合作社、家庭农场、农业企业等多种经营主体，健全农业农村社会化服务体系。

第四十七条 县级以上地方人民政府应当采取措施加强基层群团组织建设，支持、规范和引导农村社会组织发展，发挥基层群团组织、农村社会组织团结群众、联系群众、服务群众等方面的作用。

第四十八条 地方各级人民政府应当加强基层执

法队伍建设，鼓励乡镇人民政府根据需要设立法律顾问和公职律师，鼓励有条件的地方在村民委员会建立公共法律服务工作室，深入开展法治宣传教育和人民调解工作，健全乡村矛盾纠纷调处化解机制，推进法治乡村建设。

第四十九条　地方各级人民政府应当健全农村社会治安防控体系，加强农村警务工作，推动平安乡村建设；健全农村公共安全体系，强化农村公共卫生、安全生产、防灾减灾救灾、应急救援、应急广播、食品、药品、交通、消防等安全管理责任。

第七章　城乡融合

第五十条　各级人民政府应当协同推进乡村振兴战略和新型城镇化战略的实施，整体筹划城镇和乡村发展，科学有序统筹安排生态、农业、城镇等功能空间，优化城乡产业发展、基础设施、公共服务设施等布局，逐步健全全民覆盖、普惠共享、城乡一体的基本公共服务体系，加快县域城乡融合发展，促进农业高质高效、乡村宜居宜业、农民富裕富足。

第五十一条　县级人民政府和乡镇人民政府应当优化本行政区域内乡村发展布局，按照尊重农民意愿、方便群众生产生活、保持乡村功能和特色的原则，因地制宜安排村庄布局，依法编制村庄规划，分类有序推进村庄建设，严格规范村庄撤并，严禁违背农民意愿、违反法定程序撤并村庄。

第五十二条　县级以上地方人民政府应当统筹规划、建设、管护城乡道路以及垃圾污水处理、供水供电供气、物流、客运、信息通信、广播电视、消防、防灾减灾等公共基础设施和新型基础设施，推动城乡基础设施互联互通，保障乡村发展能源需求，保障农村饮用水安全，满足农民生产生活需要。

第五十三条　国家发展农村社会事业，促进公共教育、医疗卫生、社会保障等资源向农村倾斜，提升乡村基本公共服务水平，推进城乡基本公共服务均等化。

国家健全乡村便民服务体系，提升乡村公共服务数字化智能化水平，支持完善村级综合服务设施和综合信息平台，培育服务机构和服务类社会组织，完善服务运行机制，促进公共服务与自我服务有效衔接，增强生产生活服务功能。

第五十四条　国家完善城乡统筹的社会保障制度，建立健全保障机制，支持乡村提高社会保障管理服务水平；建立健全城乡居民基本养老保险待遇确定和基础养老金标准正常调整机制，确保城乡居民基本养老保险待遇随经济社会发展逐步提高。

国家支持农民按照规定参加城乡居民基本养老保险、基本医疗保险，鼓励具备条件的灵活就业人员和农业产业化从业人员参加职工基本养老保险、职工基本医疗保险等社会保险。

国家推进城乡最低生活保障制度统筹发展，提高农村特困人员供养等社会救助水平，加强对农村留守儿童、妇女和老年人以及残疾人、困境儿童的关爱服务，支持发展农村普惠型养老服务和互助性养老。

第五十五条　国家推动形成平等竞争、规范有序、城乡统一的人力资源市场，健全城乡均等的公共就业创业服务制度。

县级以上地方人民政府应当采取措施促进在城镇稳定就业和生活的农民自愿有序进城落户，不得以退出土地承包经营权、宅基地使用权、集体收益分配权等作为农民进城落户的条件；推进取得居住证的农民及其随迁家属享受城镇基本公共服务。

国家鼓励社会资本到乡村发展与农民利益联结型项目，鼓励城市居民到乡村旅游、休闲度假、养生养老等，但不得破坏乡村生态环境，不得损害农村集体经济组织及其成员的合法权益。

第五十六条　县级以上人民政府应当采取措施促进城乡产业协同发展，在保障农民主体地位的基础上健全联农带农激励机制，实现乡村经济多元化和农业全产业链发展。

第五十七条　各级人民政府及其有关部门应当采取措施鼓励农民进城务工，全面落实城乡劳动者平等就业、同工同酬，依法保障农民工工资支付和社会保障权益。

第八章　扶持措施

第五十八条　国家建立健全农业支持保护体系和实施乡村振兴战略财政投入保障制度。县级以上人民政府应当优先保障用于乡村振兴的财政投入，确保投入力度不断增强、总量持续增加、与乡村振兴目标任务相适应。

省、自治区、直辖市人民政府可以依法发行政府债券，用于现代农业设施建设和乡村建设。

各级人民政府应当完善涉农资金统筹整合长效机制，强化财政资金监督管理，全面实施预算绩效管理，提高财政资金使用效益。

第五十九条　各级人民政府应当采取措施增强脱贫地区内生发展能力，建立农村低收入人口、欠发达地区帮扶长效机制，持续推进脱贫地区发展；建立健全易返贫致贫人口动态监测预警和帮扶机制，实现巩固拓展脱贫攻坚成果同乡村振兴有效衔接。

国家加大对革命老区、民族地区、边疆地区实施乡村振兴战略的支持力度。

第六十条 国家按照增加总量、优化存量、提高效能的原则，构建以高质量绿色发展为导向的新型农业补贴政策体系。

第六十一条 各级人民政府应当坚持取之于农、主要用之于农的原则，按照国家有关规定调整完善土地使用权出让收入使用范围，提高农业农村投入比例，重点用于高标准农田建设、农田水利建设、现代种业提升、农村供水保障、农村人居环境整治、农村土地综合整治、耕地及永久基本农田保护、村庄公共设施建设和管护、农村教育、农村文化和精神文明建设支出，以及与农业农村直接相关的山水林田湖草沙生态保护修复、以工代赈工程建设等。

第六十二条 县级以上人民政府设立的相关专项资金、基金应当按照规定加强对乡村振兴的支持。

国家支持以市场化方式设立乡村振兴基金，重点支持乡村产业发展和公共基础设施建设。

县级以上地方人民政府应当优化乡村营商环境，鼓励创新投融资方式，引导社会资本投向乡村。

第六十三条 国家综合运用财政、金融等政策措施，完善政府性融资担保机制，依法完善乡村资产抵押担保权能，改进、加强乡村振兴的金融支持和服务。

财政出资设立的农业信贷担保机构应当主要为从事农业生产和与农业生产直接相关的经营主体服务。

第六十四条 国家健全多层次资本市场，多渠道推动涉农企业股权融资，发展并规范债券市场，促进涉农企业利用多种方式融资；丰富农产品期货品种，发挥期货市场价格发现和风险分散功能。

第六十五条 国家建立健全多层次、广覆盖、可持续的农村金融服务体系，完善金融支持乡村振兴考核评估机制，促进农村普惠金融发展，鼓励金融机构依法将更多资源配置到乡村发展的重点领域和薄弱环节。

政策性金融机构应当在业务范围内为乡村振兴提供信贷支持和其他金融服务，加大对乡村振兴的支持力度。

商业银行应当结合自身职能定位和业务优势，创新金融产品和服务模式，扩大基础金融服务覆盖面，增加对农民和农业经营主体的信贷规模，为乡村振兴提供金融服务。

农村商业银行、农村合作银行、农村信用社等农村中小金融机构应当主要为本地农业农村农民服务，当年新增可贷资金主要用于当地农业农村发展。

第六十六条 国家建立健全多层次农业保险体系，完善政策性农业保险制度，鼓励商业性保险公司开展农业保险业务，支持农民和农业经营主体依法开展互助合作保险。

县级以上人民政府应当采取保费补贴等措施，支持保险机构适当增加保险品种，扩大农业保险覆盖面，促进农业保险发展。

第六十七条 县级以上地方人民政府应当推进节约集约用地，提高土地使用效率，依法采取措施盘活农村存量建设用地，激活农村土地资源，完善农村新增建设用地保障机制，满足乡村产业、公共服务设施和农民住宅用地合理需求。

县级以上地方人民政府应当保障乡村产业用地，建设用地指标应当向乡村发展倾斜，县域内新增耕地指标应当优先用于折抵乡村产业发展所需建设用地指标，探索灵活多样的供地新方式。

经国土空间规划确定为工业、商业等经营性用途并依法登记的集体经营性建设用地，土地所有权人可以依法通过出让、出租等方式交由单位或者个人使用，优先用于发展集体所有制经济和乡村产业。

第九章 监督检查

第六十八条 国家实行乡村振兴战略实施目标责任制和考核评价制度。上级人民政府应当对下级人民政府实施乡村振兴战略的目标完成情况等进行考核，考核结果作为地方人民政府及其负责人综合考核评价的重要内容。

第六十九条 国务院和省、自治区、直辖市人民政府有关部门建立客观反映乡村振兴进展的指标和统计体系。县级以上地方人民政府应当对本行政区域内乡村振兴战略实施情况进行评估。

第七十条 县级以上各级人民政府应当向本级人民代表大会或者其常务委员会报告乡村振兴促进工作情况。乡镇人民政府应当向本级人民代表大会报告乡村振兴促进工作情况。

第七十一条 地方各级人民政府应当每年向上一级人民政府报告乡村振兴促进工作情况。

县级以上人民政府定期对下一级人民政府乡村振兴促进工作情况开展监督检查。

第七十二条 县级以上人民政府发展改革、财政、农业农村、审计等部门按照各自职责对农业农村投入优先保障机制落实情况、乡村振兴资金使用情况和绩效等实施监督。

第七十三条 各级人民政府及其有关部门在乡村振兴促进工作中不履行或者不正确履行职责的，

依照法律法规和国家有关规定追究责任，对直接负责的主管人员和其他直接责任人员依法给予处分。

违反有关农产品质量安全、生态环境保护、土地管理等法律法规的，由有关主管部门依法予以处罚；构成犯罪的，依法追究刑事责任。

第十章　附　则

第七十四条　本法自 2021 年 6 月 1 日起施行。

关于进一步加强农产品
供应链体系建设的通知

（财办建〔2021〕37 号　2021 年 5 月 10 日）

各省、自治区、直辖市财政厅（局）、商务主管部门：

为深入贯彻党的十九届五中全会精神，切实落实《中共中央国务院关于全面推进乡村振兴加快农业农村现代化的意见》要求和中央农村工作会议部署，加快构建农产品现代流通体系，提升农产品流通效率，保障市场供应，助力乡村振兴，促进消费升级，为构建新发展格局提供有力支撑，财政部、商务部决定进一步加强农产品供应链体系建设。现将有关事项通知如下：

一、总体要求

（一）工作思路

深入贯彻习近平新时代中国特色社会主义思想，坚持以人民为中心的发展思想，坚持新发展理念，紧紧围绕畅通国内大循环、助力构建新发展格局，遵循"强节点、建链条、优网络"工作思路，以省（自治区、直辖市）为实施主体开展农产品供应链体系建设，着力完善农产品流通骨干网络，强化长期稳定的产销对接机制，加快建设畅通高效、贯通城乡、安全规范的农产品现代流通体系。重点抓住跨区域农产品批发市场和干线冷链物流，补齐农产品流通设施短板，打通农产品流通"大动脉"；完善产区"最初一公里"初加工设施设备，提升农贸市场、菜市场"最后一公里"惠民功能，畅通农产品流通"微循环"。

（二）工作目标

通过 2 年时间，加快形成农商联系更为紧密、产销衔接更为畅通的农产品供应链体系，具体绩效指标如下：

1. 推进农产品市场尤其是公益性农产品市场建设，提升公益性农产品市场地市级覆盖率。

2. 加快补齐冷链设施短板，提高本地区农产品冷链流通率。

3. 完善农产品零售网络，提升农产品零售网点覆盖率。

4. 加强产地商品化处理设施建设，增强农产品产地预冷能力。

5. 强化农产品产销对接机制，增加面向乡村振兴重点帮扶县的农产品销售专档、专区、专柜数量。

6. 完善农产品流通骨干网，提高中央财政支持的农产品批发市场在本地区农产品流通规模中的占比。

二、工作内容

（一）升级改造公益性农产品批发市场

支持公益性农产品批发市场改造交易区和内部道路等公共设施，满足分区、分类经营和批零分离、人车分流要求。完善通风、排水和垃圾处理等设施，改善环境卫生。加快完善检验检测、产品溯源等设施设备，严把农产品入市质量安全关。开展信息化和智能化改造，推动实施电子结算，加强买卖双方经营和交易信息登记管理，促进人、车、货可视化、数字化管理。

（二）发展农产品冷链物流

支持农产品流通企业建设规模适度的预冷、贮藏保鲜等设施，加快节能型冷藏设施应用。鼓励农产品批发市场建设冷链加工配送中心和中央厨房等，增强流通主渠道冷链服务能力。推动农产品冷链技术装备标准化，推广可循环标准化周转箱，促进农产品冷链各环节间有序衔接。

（三）加强产地流通基础设施建设

支持在产地就近建设改造集配中心、冷库、产地仓等设施，配备清洗、分拣、烘干、分级、包装等设备，增强产地商品化处理和错峰销售能力，提高产地移动型、共享型商品化处理设施利用率。

（四）完善农产品零售网点

支持农贸市场、菜市场、社区菜店等农产品零售市场实施环境改造，完善分区布局，进一步增强检验检测、冷藏保鲜、产品追溯等便民惠民服务能力，完善供应链末端公益功能。发展智慧农贸市场，支持市场配置智能电子秤、信息化管理等设备设施，对品种、价格、销售量等交易信息统一管理。鼓励有条件的市场进行超市化改造。

（五）强化产销对接长效机制

重点面向乡村振兴重点帮扶县，支持农产品批发市场、连锁超市、生鲜电商等各类农产品流通企业，进一步做大做实农产品销售专柜、专区、专档，拓宽农产品营销渠道。

三、中央财政支持政策

（一）支持原则

中央财政资金主要立足于弥补市场失灵，做好基础性、公共性工作，发挥其对社会资本的引导作用，提高农产品供应链上下游协同性和运行效率，加快完善全国农产品流通骨干网。确定支持省份可根据支持内容清单，结合本地实际选择支持方向，应至少支持1家公益性农产品批发市场建设（政府支持并拥有较强控制力，具有保障市场供应、稳定市场价格、促进食品安全、推动绿色环保等公益功能的农产品市场），并避免支持项目与发展改革委安排的中央基建投资项目重复。

（二）支持对象

确定支持省份可统筹安排使用资金，加强农产品供应链体系建设，支持对象近3年内未发生安全生产事故。纳入支持范围的农产品批发市场应符合以下标准：位于全国农产品流通骨干网的重要节点，东部地区年交易额不低于150亿元、年交易量不低于100万吨、至少辐射周边5个省份；中西部省份年交易额不低于80亿元、年交易量不低于50万吨、至少辐射周边3个省份。

（三）支持标准

对确定支持的省份，按照东、中、西部确定不同的支持标准，资金分两年安排，2021年先行拨付部分资金，2022年根据工作开展情况，通过绩效评价后再拨付剩余资金。

（四）支持方式

各地可采用《中央财政服务业发展资金管理办法》（财建〔2019〕50号）规定的方式对符合要求的主体予以支持，鼓励按照"菜单式、全公开、可追溯、问绩效"方式管理，强化绩效评价结果运用，采用以事后绩效评价结果为依据的"以奖代补"方式。鼓励创新财政政策，支持跨区域联动项目，对在外地注册法人但在本地有实体的非法人机构，及在本地注册法人但在周边地区建设实体的机构，可在本地申报项目。省级财政、商务主管部门要加强项目管理，杜绝同一项目重复申报、重复支持。

四、工作程序

（一）提前下达资金

为增强预算编制的完整性，加快转移支付资金预算支出进度，中央财政于2020年四季度通过农产品供应链体系建设资金提前下达了部分预算。商务部、财政部采取因素法，综合考虑工作基础、既有工作开展情况等因素初步选择支持省份，安排资金。

（二）组织地方申报

有意愿省份（包括收到提前下达资金的省份）根据本通知要求，结合本地实际情况，制定实施方案，于5月20日前报商务部、财政部，申请中央财政资金支持。实施方案应按照2年工作周期进行编制，要思路清晰、重点突出、目标明确、措施有效、责任明晰、数字翔实，具体包括以下内容：一是本地区农产品供应链发展现状，重点结合拟支持方向，提出需要着力补齐的短板和弱项。二是提出任务内容、资金支持方式和重点、资金管理、工作机构及保障措施等内容。三是按支持年度明确提出中央财政资金绩效指标（参照附件1），根据支持内容，分类确定不同支持领域可量化的考核评价指标。四是其他需要上报符合实际需要的事项。

（三）开展竞争性评审

在地方报送实施方案的基础上，商务部、财政部组织开展评审，以竞争性择优方式确定最终支持省份。此前收到提前下达预算但本次未申报的省份，以及未通过评审进入最终支持范围的省份，将予以清算，收回此前已下达预算。

五、有关工作要求

（一）切实加强组织领导

省级财政、商务主管部门要充分认识农产品供应链建设工作的重要意义，切实加强组织领导和顶层设计，建立各相关部门参与的工作协调机制，结合地方实际细化目标任务，明确责任分工，制定详细的实施步骤和时间进度安排，加强统筹协调，确保工作顺利推进。

（二）完善工作推进机制

自2014年起，各地以各种形式接受过中央财政资金补助的农产品流通企业，原则上都应纳入本地区农产品流通骨干队伍。2021—2022年度中央财政资金的使用要更加注重队伍和机制建设，接受中央财政资金支持的公益性农产品批发市场和当地政府签订协议，明确应急保供、稳定价格、安全环保等公益性职责，增强民生保障能力。同时，各地要按照商务部等有关部门要求，积极报送农产品供应链体系相关数据，发挥数据资源在农产品供应链体系建设中决策参考作用。

（三）严格项目资金监管

各级商务、财政主管部门要按照全面实施预算绩效管理的要求，做好事前绩效评估、绩效目标管理和绩效监控、绩效评价等全过程绩效管理工作。省级商务、财政主管部门是农产品供应链建设工作的责任主体，要严格落实主体责任，认真履行本地区有关项目申报、评审、执行、验收、评价等职能，

建立健全资金及项目管理制度，完善事前、事中和事后全过程预算绩效管理体系，保障财政资金的安全和效率。

（四）切实做好绩效评价

省级商务、财政主管部门要及时上报工作进展情况，于每个季度首月10个工作日前将上季度资金拨付及项目进展情况表（见附件2）报商务部、财政部，于2022年3月31日前将工作中期进展情况进行自评，形成自评报告报商务部、财政部。省级商务、财政主管部门应在工作结束后进行综合绩效自评，并于3个月内形成绩效自评报告报商务部、财政部。商务部、财政部将适时委托第三方机构对工作开展情况和成果进行绩效评价（绩效评价指标体系见附件3）。

（五）做好宣传总结推广

省级商务、财政主管部门要及时跟进工作进展情况，总结发现工作推进过程中出现的先进经验和典型案例，重点总结机制创新、政策创新、模式创新等经验成果，加大典型案例宣传和推广力度，扩大政策效果，推动工作成效由点到面拓展。

附件（略）。

农业农村部关于加快农业全产业链培育发展的指导意见

（农产发〔2021〕2号　2021年5月26日）

各省、自治区、直辖市及计划单列市农业农村（农牧）厅（局、委），新疆生产建设兵团农业农村局：

农业全产业链是农业研发、生产、加工、储运、销售、品牌、体验、消费、服务等环节和主体紧密关联、有效衔接、耦合配套、协同发展的有机整体。近年来，我国农业全产业链发展加快，但仍存在不少短板和薄弱环节。为贯彻落实2021年中央一号文件精神和《国务院关于促进乡村产业振兴的指导意见》（国发〔2019〕12号）要求，加快培育发展农业全产业链，现提出如下意见。

一、总体要求

（一）指导思想

以习近平新时代中国特色社会主义思想为指导，

全面贯彻党的十九大和十九届二中、三中、四中、五中全会精神，深入贯彻新发展理念，紧紧围绕"保供固安全、振兴畅循环"，以完善利益联结机制为纽带，推进延链、补链、壮链、优链，从抓生产到抓链条、从抓产品到抓产业、从抓环节到抓体系转变，贯通产加销、融合农文旅，拓展乡村多种功能，拓展产业增值增效空间，打造一批创新能力强、产业链条全、绿色底色足、安全可控、联农带农紧的农业全产业链，为乡村全面振兴和农业农村现代化提供支撑。

（二）基本原则

——坚持统筹谋划。聚焦产业基础高级化、产业链现代化，推动一产往后延、二产两头连、三产走高端，补齐产业链短板，锻造产业链长板，促进全环节提升、全链条增值、全产业融合。

——坚持协同推进。促进多主体分工协作、多要

素投入保障、多层次利益协调、多政策配套服务，形成政府引导、农户参与、企业带动、科技支撑、金融助力的良好产业生态。

——坚持创新驱动。围绕产业链部署创新链，围绕创新链配置资金链、资源链，引进培育核心关键人才，建立"产学研用"创新机制，促进技术创新、产品创新、模式创新和管理创新。

——坚持联农带农。挖掘农业食品保障、生态涵养、休闲体验、文化传承等多种功能，提升生产、生活、生态等多元价值，推动农业价值链向中高端跃升。完善利益联结机制，让农民更多分享产业增值收益。

（三）总体目标

到2025年，农业全产业链标准体系更加健全，农业全产业链价值占县域生产总值的比重实现较大幅度提高，乡村产业链供应链现代化水平明显提升，现代农业产业体系基本形成。粮棉油糖、肉禽蛋奶等重要农产品全产业链基本建成，国内生产供应体系安全可控。果菜菌茶、水产品、特色农产品全产业链不断健全。培育一批年产值超百亿的农业"链主"企业，打造一批全产业链价值超百亿的典型县，发展一批省域全产业链价值超千亿的重点链。

二、延伸产业链条，构建完整完备的农业全产业链

（四）聚焦规模化主导产业

选准聚集度较高、影响国计民生的粮食和重要农产品，以及满足人民多样需要的特色农产品，促进产业形态更高级、优势更明显、特色更突出。找准高成长性、高关联性、高盈利性、多层次性、多业态类型的产业，建设标准化原料基地、集约化加工链条、网络化服务体系、品牌化营销渠道。引导龙头企业牵头，农民合作社、家庭农场和广大农民跟进，科研、金融、互联网、品牌创意机构参与，形成广泛的利益联合体。

（五）建设标准化原料基地

以产品为主线、全程质量控制为核心，加快构建现代农业全产业链标准体系及相关标准综合体，提升按标生产水平。建设标准化原料和生产基地，按照"专种专收专储专加专用、优产优购优储优加优价"要求，建设标准化、规模化、机械化、优质化原料基地。全面试行食用农产品达标合格证制度，建设一批现代农业全产业链标准化基地、果菜菌茶标准园、畜禽养殖标准化示范场、国家级水产健康养殖和生态养殖示范区以及国家海洋渔业基地建设，打造标准化

"第一车间""原料车间"。提升基地设施装备数字化水平，加强田间路渠管网建设，配套高效机械设施和智能化生产，有效运用物联网、大数据、节水灌溉、测土配方、生物防治等新技术。

（六）发展精细化综合加工

拓展农产品初加工，支持新型经营主体发展清洗分拣、烘干储藏、杀菌消毒、预冷保鲜、净菜鲜切、分级分割、产品包装等，开展干制、腌制、熟制等初加工，实现减损增效。提升农产品精深加工，引导大型农业企业开发营养均衡、养生保健、食药同源的加工食品和质优价廉、物美实用的非食用加工产品，提升农产品加工转化增值空间。推进综合利用加工，推进加工副产物循环、全值、梯次利用，实现变废为宝、化害为利。

（七）搭建体系化物流网络

鼓励龙头企业、新型经营主体和农户建设通风贮藏库、机械冷库、超低温贮运、气调贮藏库等设施，提高农产品商品化处理和错峰销售能力。鼓励建设农产品产地市场、骨干冷链物流基地、区域物流中心、直销配送中心、电商交易中心，提升农产品产地集散分销能力。创新发展农商直供、预制菜肴、餐饮外卖、冷链配送、自营门店、商超专柜、团餐服务、在线销售、场景销售等业态，开发推广"原料基地＋中央厨房＋物流配送"、"中央厨房＋餐饮门店"等模式。

（八）开展品牌化市场营销

深入推进农业品牌目录制度建设，推进品种培优、品质提升、品牌打造和标准化生产，塑强一批品质优良、特色鲜明的精品区域公用品牌。引进和培育一批有自主知识产权和品牌效应的骨干企业，引导企业与农户等共创企业品牌。培育一批"土字号""乡字号"产品品牌。创新品牌营销推介，通过博览会、交易会、展销会等平台，以及网络视频、直播带货等形式，讲好品牌故事，提升品牌溢价能力。

（九）推进社会化全程服务

支持市场主体建设区域性农业全产业链综合服务中心，整合农资、农机、农艺、技术、信息、人才等各类生产要素和服务主体，以科技创新为主动力、原料基地为主阵地、产业园区为主战场，提供全程专业社会化服务，提升农业生产经营规模化、集约化、专业化、标准化、信息化水平。开展社会化服务规范化创新试点，规范服务标准化建设、服务价格指导、服务合同监管，建立社会化、专业化、市场化服务体系。

（十）推广绿色化发展模式

集成推广适应性广、实用性强的绿色技术模式，

促进种养循环、产加一体、粮饲兼顾、农牧结合、草畜配套，实现产业链全程绿色化发展。支持国家农业绿色发展先行区建设，建设绿色产品集聚区，引导农产品加工企业建设清洁化、智能化综合利用生产线。推动农业生态价值转化，做精乡村休闲旅游，培育发展创意农业、休闲农业、教育农园、康养农业、体验农业等。鼓励打造聚合生产、加工、冷链、营销、品牌和资源养护的绿色远洋渔业全产业链经营形态。

（十一）促进数字化转型升级

建设全产业链大数据中心，构建全过程管理数据和分析服务模型，健全市场和产业损害监测预警体系，开发提供产品生产情况、行情资讯、供需平衡等服务。加强农村电商主体培训培育，引导农业生产基地、农产品加工企业、农资配送企业、物流企业应用电子商务。实施"互联网＋"农产品出村进城工程，充分发挥品牌农产品综合服务平台和益农信息社作用，加强与大型知名电子商务平台合作，开设地方特色馆，发展直播带货、直供直销等新业态。

三、完善支撑体系，提升全产业链稳定性和竞争力

（十二）融合创新链

推动产业链创新链紧密融合，打造共性技术研发平台和创新联合体。依托国家农产品加工研发中心及其分中心，以企业为主体组织开展联合攻关，着力攻克食品预处理、分离提取、混合均质、灌装、包装等重点关键技术。开展品种创新，保护利用特色种质资源，选育高产、优质、多抗的新品种，推广具有自主知识产权的优良品种。组织装备创制，建设一批农产品加工技术集成科研基地，培育一批中国农业食品创新产业园区，发展一批农业高新技术产业，集成创制先进适用的加工新技术新装备。支持生态节能远洋渔船渔具开发与专业智能装备设施研制应用。

（十三）优化供应链

鼓励各类农业经营主体合作建立农业供应链体系，发展种养加、产供销、内外贸一体化的现代农业。推动大型龙头企业应用精益供应链等管理技术，完善从产品研发、生产加工到营销服务的全链条供应链体系。健全绿色智能农产品供应链，鼓励构建采购、仓储、配送供应链协同平台，培育农商直供、直供直销、会员制、个人定制等模式，推进农商互联、产销衔接，再造业务流程，降低交易成本，提高供给质量和效率。

（十四）提升价值链

以拓展产业增值空间为重点，开发特色化、多样化产品，提升产业附加值。对接终端市场需求，促进农户生产、企业加工、客户营销和终端消费连成一体、协同运作，实现上下游企业协同采购、协同生产、协同物流，促进大中小企业专业化分工协作，快速响应市场需求，缩短生产周期和新品上市时间。

（十五）畅通资金链

建立农业全产业链项目库，统筹利用财政涉农资金、地方专项债券等资金渠道，发挥社会资本投资作用，加大对农业全产业链优品品种、专用农资和基地建设的支持。鼓励开发农业全产业链保险险种，发挥农业信贷担保体系作用，引导金融机构提供产业链信贷服务。依托新型农业经营主体信息直报系统平台，运用农业全产业链政务信息，开展专项金融服务，进一步推动"银税互动"工作。支持开展供应链金融，引导龙头企业为全产业链上的小农户和新型经营主体提供担保和增信服务。

四、强化保障措施，促进全产业链素质整体跃升

（十六）找准抓手，形成合力

省级农业农村部门要把培育发展农业全产业链作为重要任务，制定并实施农业全产业链培育发展实施方案，精心组织、精密谋划、精细指导。开展农业全产业链"链长"制试点，建立统筹推进、分工协作的工作机制，组织梳理农业全产业链图谱，围绕"补短板、强弱项"，建立基础能力改造升级甚至换代清单、延链补链清单，提出产业链技术路线、应用领域、区域分布等，出台相应配套支持政策。支持农业产业化龙头企业担任"链主"，组织育种育苗、生产基地、仓储设施、科研院所、加工流通、产业协会、服务机构、电商平台、融资机构等经营主体，一体打造农业全产业链。农业农村部将组织遴选一批科技驱动、基地推动、企业带动、品牌拉动的全国农业全产业链，开展全国农业全产业链重点链和全国农业全产业链典型县认定。

（十七）搭建平台，聚合要素

建设农产品加工园区平台，强化科技研发、融资担保、检验检测等服务，完善仓储物流、供能供热、废污处理等设施，力争在每个农牧渔业大县（市）建设一个农产品加工园，同时建设一批全国一流、世界领先的中国国际农产品加工产业园。搭建信息交流平台，将原料商、加工商、采购商、投资商、营销商吸引到平台上，为其提供全方位市场服务。搭建企科对接平台，梳理关键核心技术断点，按照"揭榜挂帅"

要求，组织联合攻关。面向科研院所、企业征集优秀创新成果，健全成果转移转化直通机制。支持科技人员以科技成果入股农业企业，建立健全科研人员校企、院企共建双聘机制，组建产业专家团队或专家顾问组。搭建土地要素对接平台，按照《自然资源部国家发展改革委农业农村部关于保障和规范农村一二三产业融合发展用地的通知》精神，通过产业科学规划安排一批、园区整合供应一批、增减挂钩支持一批、存量用地挖潜一批、设施农用地保障一批，解决好农业全产业链用地问题。

（十八）建设载体，筑牢支撑

将现有农业产业融合项目和农产品仓储保鲜冷链设施建设与农业全产业链有机衔接，打造"一村一品"示范村，建设一批农业产业强镇、现代农业产业园、优势特色产业集群。建设返乡入乡创业园和孵化实训基地，支持"链主"企业家担任创业导师，引导返乡入乡人员围绕农业全产业链开展创业创新。创新项目运营管理模式，强化行政引导、政策支持和差异化发展，建立人地钱物信息直通车机制，构建农业全产业链"龙头企业驱动、配套企业带动、产业集群联动、服务部门推动"的发展模式。

（十九）创新机制，注入活力

创新主体联合机制，组织龙头企业与种业公司、收储企业、种植大户、家庭农场、小农户和社会化服务组织，组建农业产业化联合体，签订"多级订单"。探索双向入股、按股分红与二次利润返还等模式，支持小农户以土地、劳动力、资金、设备等入股农民合作社和龙头企业。强化要素整合机制，按照农业产业化联合体内部"资源要素畅通、利益联结紧密、服务购销最惠"要求，创新利益联合机制，有条件的向实体化、集团化方向发展。

财政部 国家粮食和物资储备局
关于深入推进优质粮食工程的意见

（财建〔2021〕177 号　2021 年 6 月 18 日）

各省、自治区、直辖市财政厅（局）、粮食和物资储备局（粮食局），新疆生产建设兵团财政局、粮食和物资储备局，有关中央企业：

党中央、国务院高度重视优质粮食工程建设。习近平总书记对深入推进优质粮食工程，做好粮食市场和流通的文章作出重要指示，党的十九届五中全会、《中华人民共和国国民经济和社会发展第十四个五年规划和 2035 年远景目标纲要》、《中共中央 国务院关于全面推进乡村振兴加快农业农村现代化的意见》对深入推进优质粮食工程作出部署。为深入贯彻落实习近平总书记重要指示精神和党中央、国务院有关决策部署，现就指导各地"十四五"时期深入推进优质粮食工程提出以下意见：

一、充分认识深入推进优质粮食工程的重大意义

（一）深入推进优质粮食工程，是全面落实国家粮食安全战略，牢牢把住粮食安全主动权的内在要求

有利于深入实施优粮优产、优粮优购、优粮优储、优粮优加、优粮优销"五优联动"，推进优质优价，实现稳产增产和提质增收，提升粮食供给安全保障能力。

（二）深入推进优质粮食工程，是构建新发展格局，加快粮食产业高质量发展的迫切需要

有利于大力推动延伸产业链、提升价值链、打造供应链"三链协同"，发展粮食全产业链经营模式，提高粮食产业质量效益和竞争力，更好满足人民群众粮油消费升级需要。

（三）深入推进优质粮食工程，是全面实施乡村振兴战略，推动乡村产业发展的有效载体

有利于优化农业结构，强化产业集聚，促进乡村一二三产业融合发展，让农民更多分享产业增值收益，形成粮食兴、产业旺、经济强的良性循环，推进巩固拓展脱贫攻坚成果同乡村振兴有效衔接。

二、以"六大提升行动"为重点深入推进优质粮食工程

充分运用 2017 年以来实施优质粮食工程既有成

效,大力推进"三链协同",深入实施"五优联动",做实粮食绿色仓储、品种品质品牌、质量追溯、机械装备、应急保障能力、节约减损健康消费提升等"六大提升行动",打造"十四五"时期优质粮食工程升级版,加快粮食产业高质量发展。

(一)粮食绿色仓储提升行动

依托现有粮食仓储资源,鼓励因地制宜升级改造仓储设施,提升仓房的气密和保温隔热性能,推动粮仓分类分级管理和使用,满足"优粮优储"需要;推广应用气调、机械或热泵制冷控温、内环流控温等绿色储粮技术,完善粮情在线监测和智能化控制功能,提高收储环节粮食品质保障能力。

(二)粮食品种品质品牌提升行动

强化流通反馈激励机制,推进优质优价市场化订单收购,优化粮食供给结构。强化标准和质量导向,鼓励结合实际组织制定、发布地方特色粮油产品团体质量标准和评价体系,鼓励企业推行更高质量标准,加强营养健康粮油产品研发;持续开展"中国好粮油"产品分级遴选;"中国好粮油"区域公共品牌和优质粮油产品推广;搭建国家"中国好粮油"电子交易平台、进驻电商平台,依托好粮油门店、军粮供应和应急网点、主食厨房等,开展产销对接,完善优质粮食线上线下销售网络。

(三)粮食质量追溯提升行动

完善粮食质量安全监测平台功能和检验监测体系,加强粮油标准体系建设,优化粮食质检培训体系。建立健全粮食质量检测系统,开展粮食质量调查、品质测报和安全风险监测服务。制定"好粮油"产品追溯规范,依托企业建立"好粮油"产品追溯平台。

(四)粮食机械装备提升行动

加大关键粮食机械装备自主研发和推广应用力度,在粮食清理、干燥、仓储、装卸、运输、加工等环节,推广应用粮食机械装备自主创新成果,升级配置粮食收储机械化、自动化、智能化、环保型装备和"四散化"运输、集装箱运输、成品粮冷链运输装备等,改造升级粮食加工生产线,促进粮机装备企业应用数字化、自动化、智能化生产装备,提升装备生产技术,提升行业节粮减损装备的制造水平,促进国产化加工装备使用率。

(五)粮食应急保障能力提升行动

发展壮大"中国好粮油"示范企业,提升粮食应急生产、加工、物流和储存能力,拓展"好粮油"门店应急功能,增强粮食保供能力,健全地方粮食应急保障网络,加强粮情监测预警和应急指挥,健全平时服务、急时保供、战时应急的供应体系,充分发挥粮食产业优势,确保市场粮油供应充足、价格稳定、响应迅速。

(六)粮食节约减损健康消费提升行动

倡导营养、均衡、健康消费理念。开展全社会爱粮节粮宣传教育,深入开展"爱粮节粮"进社区、进家庭、进学校、进军营、进食堂等行动,培养节约习惯,营造浪费可耻、节约为荣的氛围。推进农户科学储粮项目,推广粮油适度加工技术成果。

三、切实抓好优质粮食工程组织实施

(一)加强组织领导

各省(区、市)要坚持系统观念,制定本省(区、市)"十四五"深入推进优质粮食工程实施方案,科学确定"十四五"主要目标指标,明确年度重点任务和实施内容。创新完善优质粮食产购储加销体系,充分发挥大型龙头企业的示范带动作用。中央企业要与各省(区、市)做好衔接,一并纳入省级方案统筹考虑、整体推进。

(二)统筹政策支持

地方要综合考虑本地区优质粮食工程实施方案、财政收支情况等因素,加强资金统筹,包括中央财政安排的产粮大县奖励资金、粮食风险基金等,积极支持优质粮食工程开展。要不断完善财政资金使用方式,包括先建后补、贷款贴息等,并做好同其他政策的协调配合,有效带动社会资本加大投入,形成共同参与深入推进优质粮食工程的合力。要加强财政资金监管,确保资金安全、规范使用,不断提高使用效益。

(三)强化考核监督

深入推进优质粮食工程,纳入强化落实粮食安全省长责任制考核的重要内容。各地要强化责任落实,加强项目审核、调度和督导,及时掌握项目执行和资金使用情况。各省(区、市)在编制实施方案时,要加强与国家粮食和物资储备局沟通,并将实施方案报国家粮食和物资储备局备案,将项目建设内容和资金安排情况同步上传国家粮食和物资储备局优质粮食工程项目库管理系统,每月通过项目库上报资金执行和项目进展情况。各省(区、市)要确保各项数据的真实性、准确性和完整性。

生猪屠宰管理条例

（中华人民共和国国务院令 第 742 号　2021 年 6 月 25 日）

第一章　总　则

第一条　为了加强生猪屠宰管理，保证生猪产品质量安全，保障人民身体健康，制定本条例。

第二条　国家实行生猪定点屠宰、集中检疫制度。

除农村地区个人自宰自食的不实行定点屠宰外，任何单位和个人未经定点不得从事生猪屠宰活动。

在边远和交通不便的农村地区，可以设置仅限于向本地市场供应生猪产品的小型生猪屠宰场点，具体管理办法由省、自治区、直辖市制定。

第三条　国务院农业农村主管部门负责全国生猪屠宰的行业管理工作。县级以上地方人民政府农业农村主管部门负责本行政区域内生猪屠宰活动的监督管理。

县级以上人民政府有关部门在各自职责范围内负责生猪屠宰活动的相关管理工作。

第四条　县级以上地方人民政府应当加强对生猪屠宰监督管理工作的领导，及时协调、解决生猪屠宰监督管理工作中的重大问题。

乡镇人民政府、街道办事处应当加强生猪定点屠宰的宣传教育，协助做好生猪屠宰监督管理工作。

第五条　国家鼓励生猪养殖、屠宰、加工、配送、销售一体化发展，推行标准化屠宰，支持建设冷链流通和配送体系。

第六条　国家根据生猪定点屠宰厂（场）的规模、生产和技术条件以及质量安全管理状况，推行生猪定点屠宰厂（场）分级管理制度，鼓励、引导、扶持生猪定点屠宰厂（场）改善生产和技术条件，加强质量安全管理，提高生猪产品质量安全水平。生猪定点屠宰厂（场）分级管理的具体办法由国务院农业农村主管部门制定。

第七条　县级以上人民政府农业农村主管部门应当建立生猪定点屠宰厂（场）信用档案，记录日常监督检查结果、违法行为查处等情况，并依法向社会公示。

第二章　生猪定点屠宰

第八条　省、自治区、直辖市人民政府农业农村主管部门会同生态环境主管部门以及其他有关部门，按照科学布局、集中屠宰、有利流通、方便群众的原则，结合生猪养殖、动物疫病防控和生猪产品消费实际情况制订生猪屠宰行业发展规划，报本级人民政府批准后实施。

生猪屠宰行业发展规划应当包括发展目标、屠宰厂（场）设置、政策措施等内容。

第九条　生猪定点屠宰厂（场）由设区的市级人民政府根据生猪屠宰行业发展规划，组织农业农村、生态环境主管部门以及其他有关部门，依照本条例规定的条件进行审查，经征求省、自治区、直辖市人民政府农业农村主管部门的意见确定，并颁发生猪定点屠宰证书和生猪定点屠宰标志牌。

生猪定点屠宰证书应当载明屠宰厂（场）名称、生产地址和法定代表人（负责人）等事项。

生猪定点屠宰厂（场）变更生产地址的，应当依照本条例的规定，重新申请生猪定点屠宰证书；变更屠宰厂（场）名称、法定代表人（负责人）的，应当在市场监督管理部门办理变更登记手续后 15 个工作日内，向原发证机关办理变更生猪定点屠宰证书。

设区的市级人民政府应当将其确定的生猪定点屠宰厂（场）名单及时向社会公布，并报省、自治区、直辖市人民政府备案。

第十条　生猪定点屠宰厂（场）应当将生猪定点屠宰标志牌悬挂于厂（场）区的显著位置。

生猪定点屠宰证书和生猪定点屠宰标志牌不得出借、转让。任何单位和个人不得冒用或者使用伪造的生猪定点屠宰证书和生猪定点屠宰标志牌。

第十一条　生猪定点屠宰厂（场）应当具备下列条件：

（一）有与屠宰规模相适应、水质符合国家规定标准的水源条件；

（二）有符合国家规定要求的待宰间、屠宰间、急宰间、检验室以及生猪屠宰设备和运载工具；

（三）有依法取得健康证明的屠宰技术人员；

（四）有经考核合格的兽医卫生检验人员；

（五）有符合国家规定要求的检验设备、消毒设施以及符合环境保护要求的污染防治设施；

（六）有病害生猪及生猪产品无害化处理设施或者无害化处理委托协议；

（七）依法取得动物防疫条件合格证。

第十二条　生猪定点屠宰厂（场）屠宰的生猪，应当依法经动物卫生监督机构检疫合格，并附有检疫证明。

第十三条　生猪定点屠宰厂（场）应当建立生猪进厂（场）查验登记制度。

生猪定点屠宰厂（场）应当依法查验检疫证明等文件，利用信息化手段核实相关信息，如实记录屠宰生猪的来源、数量、检疫证明号和供货者名称、地址、联系方式等内容，并保存相关凭证。发现伪造、变造检疫证明的，应当及时报告农业农村主管部门。发生动物疫情时，还应当查验、记录运输车辆基本情况。记录、凭证保存期限不得少于 2 年。

生猪定点屠宰厂（场）接受委托屠宰的，应当与委托人签订委托屠宰协议，明确生猪产品质量安全责任。委托屠宰协议自协议期满后保存期限不得少于 2 年。

第十四条　生猪定点屠宰厂（场）屠宰生猪，应当遵守国家规定的操作规程、技术要求和生猪屠宰质量管理规范，并严格执行消毒技术规范。发生动物疫情时，应当按照国务院农业农村主管部门的规定，开展动物疫病检测，做好动物疫情排查和报告。

第十五条　生猪定点屠宰厂（场）应当建立严格的肉品品质检验管理制度。肉品品质检验应当遵守生猪屠宰肉品品质检验规程，与生猪屠宰同步进行，并如实记录检验结果。检验结果记录保存期限不得少于 2 年。

经肉品品质检验合格的生猪产品，生猪定点屠宰厂（场）应当加盖肉品品质检验合格验讫印章，附具肉品品质检验合格证。未经肉品品质检验或者经肉品品质检验不合格的生猪产品，不得出厂（场）。经检验不合格的生猪产品，应当在兽医卫生检验人员的监督下，按照国家有关规定处理，并如实记录处理情况；处理情况记录保存期限不得少于 2 年。

生猪屠宰肉品品质检验规程由国务院农业农村主管部门制定。

第十六条　生猪屠宰的检疫及其监督，依照动物防疫法和国务院的有关规定执行。县级以上地方人民政府按照本级政府职责，将生猪、生猪产品的检疫和监督管理所需经费纳入本级预算。

县级以上地方人民政府农业农村主管部门应当按照规定足额配备农业农村主管部门任命的兽医，由其监督生猪定点屠宰厂（场）依法查验检疫证明等文件。

农业农村主管部门任命的兽医对屠宰的生猪实施检疫。检疫合格的，出具检疫证明、加施检疫标志，并在检疫证明、检疫标志上签字或者盖章，对检疫结论负责。未经检疫或者经检疫不合格的生猪产品，不得出厂（场）。经检疫不合格的生猪及生猪产品，应当在农业农村主管部门的监督下，按照国家有关规定处理。

第十七条　生猪定点屠宰厂（场）应当建立生猪产品出厂（场）记录制度，如实记录出厂（场）生猪产品的名称、规格、数量、检疫证明号、肉品品质检验合格证号、屠宰日期、出厂（场）日期以及购货者名称、地址、联系方式等内容，并保存相关凭证。记录、凭证保存期限不得少于 2 年。

第十八条　生猪定点屠宰厂（场）对其生产的生猪产品质量安全负责，发现其生产的生猪产品不符合食品安全标准、有证据证明可能危害人体健康、染疫或者疑似染疫的，应当立即停止屠宰，报告农业农村主管部门，通知销售者或者委托人，召回已经销售的生猪产品，并记录通知和召回情况。

生猪定点屠宰厂（场）应当对召回的生猪产品采取无害化处理等措施，防止其再次流入市场。

第十九条　生猪定点屠宰厂（场）对病害生猪及生猪产品进行无害化处理的费用和损失，由地方各级人民政府结合本地实际予以适当补贴。

第二十条　严禁生猪定点屠宰厂（场）以及其他任何单位和个人对生猪、生猪产品注水或者注入其他物质。

严禁生猪定点屠宰厂（场）屠宰注水或者注入其他物质的生猪。

第二十一条　生猪定点屠宰厂（场）对未能及时出厂（场）的生猪产品，应当采取冷冻或者冷藏等必要措施予以储存。

第二十二条　严禁任何单位和个人为未经定点违法从事生猪屠宰活动的单位和个人提供生猪屠宰场所或者生猪产品储存设施，严禁为对生猪、生猪产品注水或者注入其他物质的单位和个人提供场所。

第二十三条　从事生猪产品销售、肉食品生产加工的单位和个人以及餐饮服务经营者、集中用餐单位生产经营的生猪产品，必须是生猪定点屠宰厂（场）经检疫和肉品品质检验合格的生猪产品。

第二十四条 地方人民政府及其有关部门不得限制外地生猪定点屠宰厂（场）经检疫和肉品品质检验合格的生猪产品进入本地市场。

第三章 监督管理

第二十五条 国家实行生猪屠宰质量安全风险监测制度。国务院农业农村主管部门负责组织制定国家生猪屠宰质量安全风险监测计划，对生猪屠宰环节的风险因素进行监测。

省、自治区、直辖市人民政府农业农村主管部门根据国家生猪屠宰质量安全风险监测计划，结合本行政区域实际情况，制定本行政区域生猪屠宰质量安全风险监测方案并组织实施，同时报国务院农业农村主管部门备案。

第二十六条 县级以上地方人民政府农业农村主管部门应当根据生猪屠宰质量安全风险监测结果和国务院农业农村主管部门的规定，加强对生猪定点屠宰厂（场）质量安全管理状况的监督检查。

第二十七条 农业农村主管部门应当依照本条例的规定严格履行职责，加强对生猪屠宰活动的日常监督检查，建立健全随机抽查机制。

农业农村主管部门依法进行监督检查，可以采取下列措施：

（一）进入生猪屠宰等有关场所实施现场检查；

（二）向有关单位和个人了解情况；

（三）查阅、复制有关记录、票据以及其他资料；

（四）查封与违法生猪屠宰活动有关的场所、设施，扣押与违法生猪屠宰活动有关的生猪、生猪产品以及屠宰工具和设备。

农业农村主管部门进行监督检查时，监督检查人员不得少于2人，并应当出示执法证件。

对农业农村主管部门依法进行的监督检查，有关单位和个人应当予以配合，不得拒绝、阻挠。

第二十八条 农业农村主管部门应当建立举报制度，公布举报电话、信箱或者电子邮箱，受理对违反本条例规定行为的举报，并及时依法处理。

第二十九条 农业农村主管部门发现生猪屠宰涉嫌犯罪的，应当按照有关规定及时将案件移送同级公安机关。

公安机关在生猪屠宰相关犯罪案件侦查过程中认为没有犯罪事实或者犯罪事实显著轻微，不需要追究刑事责任的，应当及时将案件移送同级农业农村主管部门。公安机关在侦查过程中，需要农业农村主管部门给予检验、认定等协助的，农业农村主管部门应当给予协助。

第四章 法律责任

第三十条 农业农村主管部门在监督检查中发现生猪定点屠宰厂（场）不再具备本条例规定条件的，应当责令停业整顿，并限期整改；逾期仍达不到本条例规定条件的，由设区的市级人民政府吊销生猪定点屠宰证书，收回生猪定点屠宰标志牌。

第三十一条 违反本条例规定，未经定点从事生猪屠宰活动的，由农业农村主管部门责令关闭，没收生猪、生猪产品、屠宰工具和设备以及违法所得；货值金额不足1万元的，并处5万元以上10万元以下的罚款；货值金额1万元以上的，并处货值金额10倍以上20倍以下的罚款。

冒用或者使用伪造的生猪定点屠宰证书或者生猪定点屠宰标志牌的，依照前款的规定处罚。

生猪定点屠宰厂（场）出借、转让生猪定点屠宰证书或者生猪定点屠宰标志牌的，由设区的市级人民政府吊销生猪定点屠宰证书，收回生猪定点屠宰标志牌；有违法所得的，由农业农村主管部门没收违法所得，并处5万元以上10万元以下的罚款。

第三十二条 违反本条例规定，生猪定点屠宰厂（场）有下列情形之一的，由农业农村主管部门责令改正，给予警告；拒不改正的，责令停业整顿，处5 000元以上5万元以下的罚款，对其直接负责的主管人员和其他直接责任人员处2万元以上5万元以下的罚款；情节严重的，由设区的市级人民政府吊销生猪定点屠宰证书，收回生猪定点屠宰标志牌：

（一）未按照规定建立并遵守生猪进厂（场）查验登记制度、生猪产品出厂（场）记录制度的；

（二）未按照规定签订、保存委托屠宰协议的；

（三）屠宰生猪不遵守国家规定的操作规程、技术要求和生猪屠宰质量管理规范以及消毒技术规范的；

（四）未按照规定建立并遵守肉品品质检验制度的；

（五）对经肉品品质检验不合格的生猪产品未按照国家有关规定处理并如实记录处理情况的。

发生动物疫情时，生猪定点屠宰厂（场）未按照规定开展动物疫病检测的，由农业农村主管部门责令停业整顿，并处5 000元以上5万元以下的罚款，对其直接负责的主管人员和其他直接责任人员处2万元以上5万元以下的罚款；情节严重的，由设区的市级人民政府吊销生猪定点屠宰证书，收回生猪定点屠宰标志牌。

第三十三条 违反本条例规定，生猪定点屠宰厂

（场）出厂（场）未经肉品品质检验或者经肉品品质检验不合格的生猪产品的，由农业农村主管部门责令停业整顿，没收生猪产品和违法所得；货值金额不足1万元的，并处10万元以上15万元以下的罚款；货值金额1万元以上的，并处货值金额15倍以上30倍以下的罚款；对其直接负责的主管人员和其他直接责任人员处5万元以上10万元以下的罚款；情节严重的，由设区的市级人民政府吊销生猪定点屠宰证书，收回生猪定点屠宰标志牌，并可以由公安机关依照《中华人民共和国食品安全法》的规定，对其直接负责的主管人员和其他直接责任人员处5日以上15日以下拘留。

第三十四条　生猪定点屠宰厂（场）依照本条例规定应当召回生猪产品而不召回的，由农业农村主管部门责令召回，停止屠宰；拒不召回或者拒不停止屠宰的，责令停业整顿，没收生猪产品和违法所得；货值金额不足1万元的，并处5万元以上10万元以下的罚款；货值金额1万元以上的，并处货值金额10倍以上20倍以下的罚款；对其直接负责的主管人员和其他直接责任人员处5万元以上10万元以下的罚款；情节严重的，由设区的市级人民政府吊销生猪定点屠宰证书，收回生猪定点屠宰标志牌。

委托人拒不执行召回规定的，依照前款规定处罚。

第三十五条　违反本条例规定，生猪定点屠宰厂（场）、其他单位和个人对生猪、生猪产品注水或者注入其他物质的，由农业农村主管部门没收注水或者注入其他物质的生猪、生猪产品、注水工具和设备以及违法所得；货值金额不足1万元的，并处5万元以上10万元以下的罚款；货值金额1万元以上的，并处货值金额10倍以上20倍以下的罚款；对生猪定点屠宰厂（场）或者其他单位的直接负责的主管人员和其他直接责任人员处5万元以上10万元以下的罚款。注入其他物质的，还可以由公安机关依照《中华人民共和国食品安全法》的规定，对其直接负责的主管人员和其他直接责任人员处5日以上15日以下拘留。

生猪定点屠宰厂（场）对生猪、生猪产品注水或者注入其他物质的，除依照前款规定处罚外，还应当由农业农村主管部门责令停业整顿；情节严重的，由设区的市级人民政府吊销生猪定点屠宰证书，收回生猪定点屠宰标志牌。

第三十六条　违反本条例规定，生猪定点屠宰厂（场）屠宰注水或者注入其他物质的生猪的，由农业农村主管部门责令停业整顿，没收注水或者注入其他物质的生猪、生猪产品和违法所得；货值金额不足1万元的，并处5万元以上10万元以下的罚款；货值金额1万元以上的，并处货值金额10倍以上20倍以下的罚款；对其直接负责的主管人员和其他直接责任人员处5万元以上10万元以下的罚款；情节严重的，由设区的市级人民政府吊销生猪定点屠宰证书，收回生猪定点屠宰标志牌。

第三十七条　违反本条例规定，为未经定点违法从事生猪屠宰活动的单位和个人提供生猪屠宰场所或者生猪产品储存设施，或者为对生猪、生猪产品注水或者注入其他物质的单位和个人提供场所的，由农业农村主管部门责令改正，没收违法所得，并处5万元以上10万以下的罚款。

第三十八条　违反本条例规定，生猪定点屠宰厂（场）被吊销生猪定点屠宰证书的，其法定代表人（负责人）、直接负责的主管人员和其他直接责任人员自处罚决定作出之日起5年内不得申请生猪定点屠宰证书或者从事生猪屠宰管理活动；因食品安全犯罪被判处有期徒刑以上刑罚的，终身不得从事生猪屠宰管理活动。

第三十九条　农业农村主管部门和其他有关部门的工作人员在生猪屠宰监督管理工作中滥用职权、玩忽职守、徇私舞弊，尚不构成犯罪的，依法给予处分。

第四十条　本条例规定的货值金额按照同类检疫合格及肉品品质检验合格的生猪、生猪产品的市场价格计算。

第四十一条　违反本条例规定，构成犯罪的，依法追究刑事责任。

第五章　附　则

第四十二条　省、自治区、直辖市人民政府确定实行定点屠宰的其他动物的屠宰管理办法，由省、自治区、直辖市根据本地区的实际情况，参照本条例制定。

第四十三条　本条例所称生猪产品，是指生猪屠宰后未经加工的胴体、肉、脂、脏器、血液、骨、头、蹄、皮。

第四十四条　生猪定点屠宰证书、生猪定点屠宰标志牌以及肉品品质检验合格验讫印章和肉品品质检验合格证的式样，由国务院农业农村主管部门统一规定。

第四十五条　本条例自2021年8月1日起施行。

关于促进生猪产业持续健康发展的意见

（农牧发〔2021〕24 号　2021 年 8 月 5 日）

各省、自治区、直辖市人民政府，新疆生产建设兵团，国务院各部委、各直属机构：

2019 年以来，针对生猪产能严重下滑、猪肉价格大幅上涨等严峻形势，各地区各有关部门认真贯彻落实党中央、国务院决策部署，出台了一系列稳定生猪生产、保障市场供应的政策措施，逐步将生猪生产恢复到常年水平。但长期困扰生猪产业发展的产能大幅波动问题尚未根本破解，产能恢复后市场价格再度陷入低迷，部分生猪养殖场（户）亏损，一些地方政策出现反复，生猪稳产保供的基础仍不牢固。为巩固生猪产能恢复成果，防止产能大幅波动，促进生猪产业持续健康发展，经国务院同意，现提出如下意见。

一、总体要求

（一）指导思想

以习近平新时代中国特色社会主义思想为指导，全面贯彻党的十九大和十九届二中、三中、四中、五中全会精神，按照党中央、国务院决策部署，以保障猪肉基本自给为目标，建立预警及时、措施精准、响应高效的生猪生产逆周期调控机制，激发市场主体发展活力，不断提升生猪产业质量、效益和竞争力，形成长期稳定的猪肉供应安全保障能力，更好满足人民群众消费需求。

（二）工作原则

精准调控，稳定发展。总结生猪稳产保供工作经验，强化监测预警，完善调控机制，注重预调早调微调，保持合理生猪产能水平，有效调控产销异常变化，确保生产和市场供应基本稳定。

市场导向，有序发展。充分发挥市场决定性作用，更好发挥政府作用。落实生猪稳产保供省负总责，稳定长效性支持政策，更多用市场化方式缓解"猪周期"波动，努力保持猪肉价格在合理范围。

重点突破，转型发展。以疫病防控、标准化养殖、屠宰加工、养殖废弃物资源化利用为突破口，加快补齐生猪产业发展的短板和弱项，不断推进节本提质增效。

（三）发展目标

用 5—10 年时间，基本形成产出高效、产品安全、资源节约、环境友好、调控有效的生猪产业高质量发展新格局，产业竞争力大幅提升，疫病防控能力明显增强，政策保障体系基本完善，市场周期性波动得到有效缓解，猪肉供应安全保障能力持续增强，自给率保持在 95％左右。

二、稳定生猪生产长效性支持政策

（四）稳定生猪贷款政策

银行业金融机构要及时总结各地试点经验，加快推广土地经营权、养殖圈舍、大型养殖机械和生猪活体抵押贷款。对符合授信条件但暂时经营困难的生猪养殖场（户）和屠宰加工企业，不得随意限贷、抽贷、断贷。支持将符合农业发展银行职能定位和政策性业务标准的生猪养殖相关贷款按程序纳入政策性业务范围。（人民银行、财政部、银保监会等按职责分工负责）

（五）完善生猪政策性保险

深入推进生猪养殖保险，稳定能繁母猪、育肥猪保险保额，根据生产成本变动对保额进行动态调整，增强保险产品吸引力，实现养殖场（户）愿保尽保。鼓励和支持有条件的地方开展并扩大生猪收入保险，进一步提升保障水平、降低经营风险。开展病死猪无害化处理与保险联动机制建设试点，建立健全有关部门和保险机构的信息共享机制。（财政部、农业农村部、银保监会等按职责分工负责）

（六）持续优化环境管理服务

加强对畜禽养殖禁养区的动态监测，各地不得超越法律法规规定随意扩大禁养区范围，不得以行政手段对养殖场（户）实施强行清退，切实保障养殖场（户）合法权益。深入推进生猪规模养殖项目环评"放管服"改革，继续对年出栏 5 000 头以下的生猪养殖项目实行备案管理、对年出栏 5 000 头及以上和涉及环境敏感区的生猪养殖项目按规定实行审批。（生态环境部、农业农村部等按职责分工负责）

三、建立生猪生产逆周期调控机制

（七）保持能繁母猪合理存栏水平

"十四五"期间，全国能繁母猪存栏量稳定在4 300万头左右、最低保有量不少于4 000万头，后续根据猪肉消费和母猪繁殖率等变化动态调整。以能繁母猪存栏量变化率为核心调控指标，建立异常变化自动触发调控机制，当月度同比变化率超过5％时，采取预警引导、鼓励生猪养殖场（户）加快补栏二元母猪或淘汰低产母猪等措施，促使能繁母猪存栏量回归合理区间。（农业农村部、财政部等按职责分工负责）

（八）稳定规模猪场存量

将年出栏500头以上的规模养殖场（户）纳入全国生猪养殖场系统备案，动态监测其生产经营情况，保持规模养殖场（户）数量总体稳定。不得违法拆除规模养殖场（户），确需拆除的，各地要安排养殖用地支持其异地重建，并给予合理经济补偿。对年出栏1万头以上的规模养殖场，挂牌建立国家级生猪产能调控基地，各地可结合本地区实际建立相应层级的生猪产能调控基地。（农业农村部负责）

（九）建立生猪产能分级调控责任制

严格落实生猪稳产保供省负总责和"菜篮子"市长负责制，将能繁母猪存栏量和规模养殖场（户）保有量等指标任务下达到各省（自治区、直辖市），各省（自治区、直辖市）要制定本行政区域的生猪产能调控实施方案。定期组织对各省（自治区、直辖市）生猪产能调控政策落实情况进行考核，强化考核结果运用。继续执行生猪调出大县奖励政策，支持地方发展生猪生产。（农业农村部、财政部等按职责分工负责）

（十）强化政策调控保障

当本省（自治区、直辖市）能繁母猪存栏量月度同比减少10％或生猪养殖连续严重亏损3个月以上时，各地可按规定统筹相关资金对规模养殖场（户）给予一次性临时救助补贴。人民银行要发挥支农、支小再贷款引导作用，支持地方法人金融机构扩大对符合条件的生猪养殖场（户）信贷投放，地方可按规定统筹资金给予贴息补助。能繁母猪存栏量在合理区间波动，但种猪生产供应、新生仔猪数量或生猪存栏量出现异常减少等情况时，要及时研究并采取针对性政策措施，防范生产大幅下降。中央财政将结合各省（自治区、直辖市）全年落实稳定生猪产能和资金投入情况，在安排下一年度相关转移支付资金时予以适当倾斜。（农业农村部、财政部、人民银行等按职责分工负责）

四、完善生猪稳产保供综合应急体系

（十一）强化全产业链监测预警

建立生猪产业综合信息平台，定期发布全产业链重要信息数据。加强数据的采集分析预警，建立完善信息会商和发布机制，及时回应产业热点和突发性问题，加强宣传解读，合理引导市场预期。（农业农村部、国家发展改革委、商务部、海关总署、国家统计局、银保监会、证监会等按职责分工负责）

（十二）抓好生猪疫病防控

落实动物防疫地方政府属地管理、行业部门监管和生产经营者主体等三方责任。强化非洲猪瘟常态化防控，实行闭环管理，及时堵塞漏洞。分类推进口蹄疫、高致病性猪蓝耳病、猪瘟等重点猪病防控，做好仔猪腹泻等常见病防控。以种猪场为重点，深入推进伪狂犬病等垂直传播疫病净化。加强部门协作，联合开展案件查处、溯源追踪等工作。推进非洲猪瘟等疫病疫苗和诊断试剂科研攻关。建立基于防疫水平的养殖场（户）分级管理制度，鼓励和支持具备条件的地区和养殖场创建重点猪病无疫区、无疫小区。加快推进非洲猪瘟等重大动物疫病分区防控。（农业农村部、国家发展改革委、公安部、财政部、交通运输部等按职责分工负责）

（十三）加强猪肉储备调节

实施《完善政府猪肉储备调节机制做好猪肉市场保供稳价工作预案》，保有一定数量的政府猪肉常规储备，保持必要调节能力。根据不同预警情形，分国家和地方层面及时启动储备肉投放或增加临时收储等响应措施，有效调控市场异常变化。根据国内生猪产能和市场需求情况，科学引导进口节奏。（国家发展改革委、财政部、农业农村部、商务部、海关总署等按职责分工负责）

五、持续推进生猪产业现代化

（十四）协同推进规模养殖场和中小养殖场（户）发展

继续实施农机购置补贴政策，对生猪养殖场（户）购置自动饲喂、环境控制、疫病防控、废弃物处理等农机装备给予积极支持。以标准化生产、精细化管理为重点，持续开展生猪养殖标准化示范创建，发挥标杆示范场的引领带动作用。支持龙头企业与中小养殖场（户）建立稳定的利益联结机制，加强技术指导与服务，帮扶带动中小养殖场（户）改变传统养殖方式，实现增产增收。（农业农村部、财政部等按

职责分工负责）

（十五）建设现代生猪种业

全面开展猪遗传资源普查，加强国家级保种场、保护区和基因库建设，提高优良品种资源保护水平。深入实施全国生猪遗传改良计划，坚持产学研相结合，支持国家生猪核心育种场开展商业化联合育种，持续提高生产性能水平。实施生猪良种补贴项目，加快品种改良进程。（农业农村部、国家发展改革委、财政部等按职责分工负责）

（十六）优化生猪屠宰加工布局

结合生猪生产发展规划，科学设置屠宰产能，调整屠宰加工布局，化解结构性产能过剩。继续开展生猪屠宰标准化创建，鼓励和支持主产区生猪屠宰加工

企业改造屠宰加工、冷链储藏和运输设施，推动主销区城市屠宰加工企业改造提升低温加工处理中心、冷链集配中心、冷鲜肉配送点，促进产销衔接。（农业农村部、国家发展改革委、商务部等按职责分工负责）

（十七）加快养殖废弃物资源化利用

以还田利用为重点，支持整县实施粪污资源化利用项目，推进绿色种养循环农业试点。推行养殖粪污养分平衡管理制度。鼓励在规模种植基地周边建设与消纳能力相配套的养殖场（户），促进种养良性循环。加快培育社会化服务组织，推动养殖粪污就近就地利用，促进绿色循环发展。（农业农村部、国家发展改革委、生态环境部等按职责分工负责）

农业农村部 国家市场监督管理总局 中华全国供销合作总社 关于促进茶产业健康发展的指导意见

（农产发〔2021〕3号 2021年9月7日）

各省、自治区、直辖市农业农村（农牧）厅（局、委）、市场监管局（厅、委）、供销合作社，新疆生产建设兵团农业农村局、市场监管局、供销合作社：

茶产业是关乎人民美好生活的重要民生产业，对巩固和拓展脱贫攻坚成果、推动乡村产业振兴、弘扬中华优秀传统文化具有重要意义。近年来，我国茶产业快速发展，产量和消费总量居世界首位，但存在部分地区无序扩张、茶产品开发利用不够、科技创新能力不强、文化内涵挖掘不深等突出问题，亟须加强引导、加大扶持，促进茶产业健康发展。现提出如下意见。

一、总体要求

（一）指导思想

以习近平新时代中国特色社会主义思想为指导，全面贯彻党的十九大和十九届二中、三中、四中、五中全会精神，立足新发展阶段，贯彻新发展理念，构建新发展格局，围绕推动茶产业健康发展，统筹茶文化、茶产业、茶科技，贯通产加销、融合农文旅，加快品种培优、品质提升、品牌打造和标准化生产，提

高茶产业链供应链现代化水平，打造茶产业全产业链，拓展茶产业多种功能，提高茶产业质量效益、竞争力和可持续发展能力，为全面推进乡村振兴、加快农业农村现代化提供有力支撑。

（二）基本原则

——创新驱动、提升质量。推动政产学研用协同创新，促进技术创新、装备创制、文化创意，为茶产业发展提供新动能。强化茶农、茶企、茶商质量安全主体责任，健全质量安全检验检测体系、产品追溯体系和监管制度，提升质量安全水平。

生态优先、绿色发展。树牢绿水青山就是金山银山理念，建设绿色生态茶园，推广绿色生产加工技术，生产绿色有机产品，引导绿色消费。

——融合发展、联农带农。推动茶产业与文化、旅游、教育、康养等产业渗透融合，培育新产业新业态新模式。完善利益联结机制，把全产业链增值收益、就业岗位更多留给茶农。

——政府引导、市场主导。发挥政府规划引领和资源统筹作用，引导资金、技术、人才等要素向优势区集中。发挥市场在资源配置中的决定作用，推动产业效益最大化和效率最优化。

（三）总体目标

到2025年，茶园面积稳定在现有水平，茶产业科技贡献率达65%；干毛茶总产值达到3 500亿元，茶叶出口额达到25亿美元，培育若干个年销售额超20亿元的大型现代茶产业企业集团；茶科技水平大幅提升，茶文化大力弘扬，一二三产业深度融合，茶产业高质量发展格局基本形成。

二、建设绿色生态茶园

（四）优化生产区域布局

坚持适区适种、适品适种，引导各茶区调整优化产业布局，科学划定绿茶、红茶、乌龙茶、黑茶、白茶等主要茶品生产优势区。在长江流域优势区，特别是南岭以北、长江以南，重点发展绿茶，兼顾发展黑茶；在浙南、闽南、闽北及粤东等优势区，重点发展乌龙茶、白茶；在滇西滇南、黔中黔东南及桂西南等优势区，重点发展红茶、特种茶和绿茶。引导高纬度、高坡度非适种区逐步退出茶叶种植。禁止在生态脆弱地区发展茶产业，严禁违规占用永久基本农田建设茶园。

（五）提升茶园生产能力

推广优良无性系良种和加工专用品种，提高茶园良种率和专用化水平。推进老茶园淘汰、低产茶园改造和新建茶园提质，完善田间道路、蓄排设施、电力设备等配套设施设备。促进农机农艺深度融合，提高茶园管理智能化和采摘机械化水平。支持并规范社会化服务企业、农民合作社开展统一农资供应、统一病虫害防控、统一施肥修剪等专业服务。

（六）推广绿色技术模式

深入开展化肥、农药使用量零增长行动，加强茶园土壤治理，在优势区选择一批重点县开展茶园有机肥替代化肥试点，推广应用配方施肥、肥水一体化等关键技术。建设一批统防统治与绿色防控融合示范茶园，推广生物防治、物理防治等绿色防控技术，减少使用化学农药。

三、打造现代加工体系

（七）提升初加工水平

科学布局茶叶初加工中心，加强初制茶厂改造与加工环境整治。加大茶叶初加工机械购置补贴力度，将茶叶初加工成套设备纳入农机新产品补贴试点范围，推进茶叶初加工设施装备更新升级，引导家庭农场、农民合作社、茶企、社会化服务组织等购置杀青机、揉捻机、理条机、色选机、炒（烘）干机等初茶叶加工机械。改善茶叶仓储保鲜设施条件，提高分等分级、产品包装等商品化处理能力。

（八）开发精深加工产品

支持加工企业新建或改造茶叶精深加工生产线，提高加工品质和生产效率。引导加工企业开发抹茶、茶菜肴、新式茶饮、含茶食品、调味茶、保健品、化妆品等精深加工产品，满足多样化消费需求。研发推广夏秋茶高效加工技术，提取茶多酚、茶多糖、茶色素等功能成分，推进茶产品深度开发，拓展茶产品功能用途。

（九）发展综合利用加工

推进茶枝、茶花、茶籽、茶渣等副产物回收利用，利用超微粉碎、超临界萃取、生物发酵等技术，开发茶花粉、茶籽油等食品（含保健食品），以及基料、肥料、新型材料、清洁燃料等新产品，变废为宝、化害为利。

四、构建商贸流通网络

（十）培育创响知名品牌

各茶区要整合现有品牌，打造地域特色鲜明、产品特性突出的区域公用品牌，完善授权、监管、保护等品牌管理制度，加大历史名茶品牌保护力度，扩大市场影响力。创响企业品牌和产品品牌，支持茶企找准产品定位，优化包装设计，丰富品牌内涵，加大营销推介，提升市场知名度和社会影响力。

（十一）积极拓展营销渠道

引导各茶区与大型批发市场、零售市场、专卖店、物流配送中心对接，创新发展线下销售渠道。结合实施"互联网＋"农产品出村进城工程，利用网络、数据、技术等现代要素，建立新型线上销售体系，推动营销渠道网络化。鼓励发展直供销售、会员定制、门店体验、直播带货等新业态，推进消费模式转变。

（十二）建设区域交易中心

依托大型茶叶交易市场，完善展示展销、仓储物流、电子结算等设施，实现物流集散、价格形成、科技交流、会展贸易等多种功能，打造基础设施完善、信息功能齐全、交易方式多样的区域交易中心。引导各茶区针对特色品种和稀缺产品，探索建立产地市场价格监测体系，及时发布监测信息，正确引导生产、流通和消费。

五、提高要素支撑能力

（十三）强化科学技术支撑

鼓励科研机构和企业联合开展茶树种质资源保护和新品种培育，建设一批区域性无性系良种苗木繁育基地。促进科研单位、推广机构和龙头企业合作，集中攻关高效栽培、品质识别、绿色防治、灾害防控等关键技术，研发推广茶园整理、茶树修剪、高效植保、机械采摘、精深加工等先进装备，集成推广一批先进适用的技术模式。

（十四）健全产业标准体系

按照"有标贯标、缺标补标、低标提标"的原则，完善产地环境、品种种苗、投入品管控、产品加工、分等分级、储运保鲜、包装标识、物流运输等关键环节标准的制修订，加强产业计量测试体系建设，推进建设布局合理、指标科学、协调配套的全产业链茶产业标准体系。

（十五）加强人才队伍建设

指导各茶区成立专家顾问团，为茶产业发展提供智力支持。支持科研人员以科技成果入股茶企，建立健全科研人员校企、院企共建双聘机制。加强茶产业推广技术人才培养，举办茶加工职业技能大赛，建设一批应用技术实训基地。引导各类主体在茶产业全链条创业创新，引入现代管理、经营理念、业态模式，培育一批茶产业领军人才、技术团队和企业家。

六、促进产业深度融合

（十六）培育壮大融合主体

支持茶企同业整合、兼并重组，推动股份制改造、建立现代企业制度和上市融资，打造一批竞争力强、市场占有率高的茶产业领军企业。鼓励发展大型茶企牵头，合作社、家庭农场跟进，茶农积极参与的茶产业化联合体，加强产销衔接和利益联结。

（十七）促进全链条融合

引导各茶区统筹协调茶产业各环节各主体建设茶全产业链重点链和典型县。推广"龙头企业＋合作社＋生产基地"等经营模式，完善产业链上中下游联结机制，形成"链主"企业带动，育种育苗、生产基地、仓储设施、加工流通等各环节经营主体有机衔接、分工协作、协调配合的全产业链发展格局。

（十八）推动茶文旅融合

开发"茶旅＋民宿""茶旅＋研学""茶旅＋康养"等茶文旅融合新业态，打造茶旅精品线路、精品园区和特色小镇。深入挖掘中国茶文化丰富内涵和深刻精髓，办好"国际茶日"等主题活动，传承好茶艺、茶理、茶道等非物质文化遗产，讲好中国茶文化故事，展示中国茶文化的独特魅力，促进茶文化传播和走出去。

七、强化引导监管服务

（十九）加强组织领导

茶叶主产省（自治区、直辖市）要制定促进茶产业健康发展的总体规划或指导意见，推动建立省级领导担任茶全产业链"链长"的推进机制，优化区域和结构布局，延长产业链，打造供应链，提升价值链，促进茶产业健康、有序发展。农业农村部门要会同市场监管、供销合作等部门，建立协调推进机制，加强业务指导、政策扶持、市场监管、示范带动和宣传推介等工作，促进茶产业科学规范发展。

（二十）加强政策支持

统筹优势特色产业集群、现代农业产业园、农业产业强镇和农产品产地冷藏保鲜设施建设等项目资金，积极支持茶产业发展。支持茶企优先申报国家和省级农业产业化重点龙头企业。鼓励银行业金融机构创新"茶叶贷""茶叶保""茶叶担"等金融产品，对符合条件的茶产业经营主体予以必要的信贷保险支持。按照保障和规范农村一二三产业融合发展用地政策要求，满足茶区加工仓储、展示销售、文化体验等主体用地需求。

（二十一）加强市场监管

严格落实食品生产经营许可和备案制度，严格市场准入。规范生产经营主体的市场行为，加强产品包装标识管理，完善鲜叶产地来源等标识内容。依法打击非法生产、不符合食品安全标准、假冒伪劣、虚假违法广告等违法行为，依法查处不按规定明码标价、串通涨价、哄抬价格、价格欺诈等违法行为。加强市场秩序维护，排查"山头茶""年份茶""特效茶""特种茶""非卖品""品鉴品""办事茶""送礼茶"等非法营销和炒作乱象，以组织约谈、书面警告、限期整改、行政处罚等措施予以整治。对涉及反映党员干部和公职人员问题的，及时移交纪检监察机关处理。

（二十二）加强行业自律

发挥茶叶科研、流通、文化等行业协会作用，定期发布市场交易指导价格，促进市场合理定价，不组织、不参与虚假炒作和高价炒作。引导会员单位履行社会责任，诚实守信经营，自觉抵制过度包装、恶意炒作，理性开展市场宣传和营销。支持茶叶行业协会建立统一的茶叶产品追溯系统，将生产、加工、流通信息全部纳入追溯管理，实现全程监管，阳光消费。

（二十三）推动脱贫地区茶产业提档升级

以茶产业为主导产业的脱贫地区，要结合实际编制本地区"十四五"茶产业高质量发展规划，引导茶产业健康有序发展。中央财政衔接推进乡村振兴补助资金和脱贫县财政涉农整合资金，要加大对茶产业的支持力度，推动茶产业转型升级。建立茶产业技术顾问制度，实施脱贫地区农技推广特聘计划。引导大型茶企到脱贫地区建设生产基地和加工车间，与茶农建立股权式、分红式、契约式利益联结机制。

（二十四）营造良好氛围

充分运用传统媒体和微信、微博、客户端等新媒体，向大众科学普及茶的营养、储藏等知识，推动茶产品进学校、进社区、进家庭，引导理性绿色消费。多角度、全方位、立体式宣传茶产业发展成效，推介一批诚实守信守法的茶产业经营主体，推广一批先进的茶产业发展典型模式，引导形成茶产业健康发展的良好氛围。

关于促进农业产业化龙头企业做大做强的意见

（农产发〔2021〕5 号　2021 年 10 月 22 日）

农业产业化龙头企业（以下简称"龙头企业"）是引领带动乡村全面振兴和农业农村现代化的生力军，是打造农业全产业链、构建现代乡村产业体系的中坚力量，是带动农民就业增收的重要主体，在加快推进乡村全面振兴中具有不可替代的重要作用。为贯彻落实 2021 年中央一号文件精神和《国务院关于促进乡村产业振兴的指导意见》要求，支持龙头企业创新发展、做大做强，现提出以下意见。

一、总体要求

（一）指导思想

以习近平新时代中国特色社会主义思想为指导，全面贯彻党的十九大和十九届二中、三中、四中、五中全会精神，立足新发展阶段，贯彻新发展理念，融入新发展格局，以保障国家粮食安全和重要农产品有效供给为根本目标，以打造农业全产业链为重点任务，以建立联农带农利益联结机制为纽带，促进小农户和现代农业发展有机衔接，构建农民主体、企业带动、科技支撑、金融助力的现代乡村产业体系，为全面推进乡村振兴和农业农村现代化夯实产业根基。

（二）基本原则

——坚持市场导向。发挥市场在资源配置中的决定性作用，尊重龙头企业主导作用和农民主体地位，满足消费者绿色、安全、多样的需求，实现可持续发展。更好发挥政府作用，完善支持政策，优化龙头企业发展环境。

——坚持创新驱动。围绕产业链部署创新链，加大研发投入力度，引进培育科技领军人才，形成市场出题、科企协同攻关的创新机制，推动新技术研发、新装备创制、新产品开发和新模式应用，引领带动产品转化增值、产业提档升级。

——坚持全链打造。发挥龙头企业的链主作用，不断拓展农业的食品保障、休闲体验、生态涵养和文化传承等多种功能，延长产业链、优化供应链、提升价值链，推动产加销服贯通、农食文旅教融合，构建高质高效的现代乡村产业体系。

——坚持联农带农。增强龙头企业社会责任意识，发展多样化的联合与合作，完善与各类经营主体的联结机制，积极投身乡村振兴"万企兴万村"活动，把产业链实体更多留在县域，把就业岗位和产业链增值收益更多留给农民，促进共同富裕。

（三）总体目标

到 2025 年，龙头企业队伍不断壮大，规模实力持续提升，科技创新能力明显增强，质量安全水平显著提高，品牌影响力不断扩大，新产业新业态蓬勃发展，全产业链建设加快推进，产业集聚度进一步提升，联农带农机制更加健全，保障国家粮食安全和重要农产品供给的作用更加突出。到 2025 年末，培育农业产业化国家重点龙头企业超过 2 000 家、国家级农业产业化重点联合体超过 500 个，引领乡村产业高质量发展。

二、明确方向，实现龙头企业高质量发展

（四）提高龙头企业创新发展能力

以国家农业科技创新联盟、国家现代农业产业科技创新中心、国家现代农业产业技术体系、国家农产品加工技术研发体系等为抓手，打造"政产学研用"优势资源集聚融合的平台载体，为龙头企业创新发展提供技术支撑。支持构建龙头企业牵头、高校院所支撑、各创新主体相互协同的体系化、组织化、任务型的创新联合体。支持科技领军型龙头企业参与关键核

心技术攻关，承担国家重大科技项目，参与跨领域、大协作、高强度的创新基地与平台建设。支持龙头企业会同科研机构、装备制造企业，开展共性技术和工艺设备联合攻关，提高乡村产业发展技术水平和物质装备条件。引导种业龙头企业加大种质资源保护和开发利用，强化重点种源关键核心技术和农业生物育种技术研发能力，建立健全商业化育种体系，培育新品种、新品系。

（五）提高龙头企业数字化发展能力

鼓励龙头企业应用数字技术，整合产业链上中下游的信息资源，打造产业互联网等生产性服务共享平台，带动上中下游各类主体协同发展，实现产业链整体转型提升。引导有条件的龙头企业建设乡村产业数字中心，加强对生产、加工、流通和服务等全链条的数字化改造，提高乡村产业全链条信息化、智能化水平。鼓励龙头企业应用区块链技术，加强产品溯源体系建设；采用大数据、云计算等技术，发展智慧农业，建立健全智能化、网络化的农业生产经营服务体系，为银行、保险等金融机构服务乡村产业提供信用支撑。

（六）提高龙头企业绿色发展能力

引导龙头企业围绕碳达峰、碳中和目标，研究应用减排减损技术和节能装备，开展减排、减损、固碳、能源替代等示范，打造一批零碳示范样板。畜禽粪污资源化利用整县推进、农村沼气工程、生态循环农业等项目，要将龙头企业作为重要实施主体，实现大型养殖龙头企业畜禽粪污处理支持全覆盖。引导龙头企业强化生物、信息等技术集成应用，发展精细加工，推进深度开发，提升加工副产物综合利用水平。鼓励龙头企业开展农业自愿减排减损。

（七）提高龙头企业品牌发展能力

引导龙头企业立足地方优势，发展特色产业，推动区域公用品牌建设。鼓励龙头企业将特色产业与生态涵养、文化传承相结合，发扬"工匠精神"，打造企业知名品牌。支持龙头企业按照高标准高质量要求，加强顶层设计，提高产品附加值和综合效益，打造一批具有国内、国际影响力的产品品牌。发挥产业联盟、相关行业协会作用，鼓励开展行业规范、技术服务、市场推广、品牌培训等服务。

（八）提高龙头企业融合发展能力

鼓励龙头企业发挥自身优势，推动各类资源要素跨界融合、集成集约，形成特色鲜明、丰富多样、一二三产业融合发展的农业全产业链。引导龙头企业立足资源特色，因地制宜发展乡村新型服务业、乡村制造业、乡村休闲旅游业等，贯通产加销服，融合农食文旅教，拓展农业多种功能，提高产业增值增效空间。鼓励龙头企业完善配送及综合服务网络，在大中城市郊区发展工厂化、立体化、园艺化农业，推广"生鲜电商＋冷链宅配""中央厨房＋食材冷链配送"等新模式，提高鲜活农产品供应保障能力。

三、探索模式，提升龙头企业联农带农水平

（九）打造农民紧密参与的农业产业化联合体

发挥龙头企业在产业链中的引领带动作用，联合农民合作社、家庭农场、农户以及从事农业技术研发、储运销售、品牌流通、综合服务等全产业链各类主体，共同开发优势特色资源、优化配置创新要素，建设一批国家、省、市、县级农业产业化重点联合体。引导农业产业化联合体成员间紧密合作，开展技术共享、信息共享、品牌共享、渠道共享、利益共享等，提高资源要素的利用和产出效率，提升产业综合效益和竞争力。引导农业产业化联合体健全章程，完善契约合同，规范理事会等议事决策制度，建立更加稳定、更加有效、更加长效的利益联结机制，让农民合理分享全产业链增值收益。

（十）探索农民共享收益的生产要素入股模式

引导农户以土地经营权、劳动力、资金、设施等要素，直接或间接入股龙头企业，在保障农户基本权益基础上，建立精准评估、风险共担、利益共享的合作机制。探索"拨改投""拨改股"，将财政补助资金形成的资产量化到小农户，作为小农户入股龙头企业的股份。支持龙头企业出资领办创办农民合作社，鼓励农民合作社、家庭农场参股龙头企业，形成融合发展、共建共享的产业发展共同体。

（十一）推广农民广泛受益的农业社会化服务机制

支持龙头企业制定农业生产规程和操作规范，采取"公司＋农户""公司＋农民合作社＋农户"等组织形式，为农户提供农资供应、技术集成、培训指导、农机作业、冷链物流、市场营销等全方位社会化服务，促进小农户和现代农业发展有机衔接。发挥好龙头企业在农业生产"三品一标"（品种培优、品质提升、品牌打造和标准化生产）提升行动中的示范带动作用，引领农业全产业链标准化生产。

（十二）拓宽农民多元发展的创业就业渠道

引导龙头企业发展劳动密集型产业，把产业链实体留在县域，将更多就业岗位留在乡村，吸纳农民就地就近就业，进一步拓宽农民收入来源。支持龙头企业依托乡村优势特色资源，延伸产业链，开发生产性服务业和生活性服务业，在乡村创造更多就业空间，进一步提高农户的工资性收入。鼓励龙头企业通过提

供技术指导、创业孵化、信息服务，带动小农户围绕产业链发展初加工、库房租赁、物流运输、门店加盟、直播销售等，以创业带就业，加快农民致富步伐。

四、精准定位，构建龙头企业发展梯队

（十三）做强一批具有国际影响力的头部龙头企业

围绕"国之大者"，在粮棉油糖、肉蛋奶、种业等关系国计民生的重要行业，引导一批经济规模大、市场竞争力强的大型龙头企业，采取兼并重组、股份合作、资产转让等方式，组建大型企业集团，培育一批头部企业，在引领农业农村现代化发展方向、保障国家粮食安全和重要农产品有效供给中发挥关键作用。引导头部龙头企业统筹利用国内国际两个市场、两种资源，在全球农业重要领域布局育种研发、加工转化、仓储物流、港口码头等设施，融入全球农产品供应链，提高对关键行业的产能、技术掌控能力。引导头部龙头企业发挥人才优势、技术优势和创新优势，引领行业发展方向，解决关键共性问题，培育全产业链优势。

（十四）做优一批引领行业发展的"链主"龙头企业

在肉蛋奶、果蔬茶以及满足消费者多样需求的特色农产品领域，引导一批产业链条长、行业影响力大的龙头企业，顺应产业发展规律，发挥"链主"型龙头企业引领行业集聚发展、带动产业转型升级的作用，立足当地特色，整合行业资源，制定行业标准，打造具有区域特色、适应新型消费的乡村产业集群。支持"链主"龙头企业整合创新链、优化供应链、提升价值链、畅通资金链，提高行业全产业链组织化水平、供应链现代化水平。

（十五）做强一批具有自主创新能力的科技领军型龙头企业

围绕打造国家战略科技力量，在制约国家粮食安全、重要农产品有效供给和农业农村现代化发展的"卡脖子"技术或短板领域，引导一批集成创新实力强、行业带动能力强、市场开拓力强的农业科技领军型龙头企业，发挥在满足市场需求、集成创新、组织平台方面的优势，开展农业产业共性关键技术研发、科技成果转化及产业化、科技资源共享服务等，增强龙头企业创新动力。发挥企业在联合攻关中的出题者作用，加大龙头企业对技术研发方向、路线选择、要素价格、各类创新要素配置的导向作用，鼓励和引导龙头企业加大自有资金投资研发力度，推动企业成为技术创新决策、研发投入、科研组织和成果转化的主体，提升龙头企业创新主体地位。

（十六）做大一批联农带农紧密的区域型龙头企业

在粮食生产功能区、重要农产品生产保护区、特色农产品优势区和脱贫地区，引导一批与农户、家庭农场、农民合作社、农村集体经济组织联结紧密、带动辐射效果好的龙头企业，根据行业特性和产品特点，探索建立农业产业化联合体等带动农户发展的不同联结模式，形成机制灵活、形式多样、各具特色的联农带农典型。发挥区域型龙头企业带动农民增收致富、带动乡村经济发展的作用，成为"万企兴万村"的标兵和表率。支持区域型龙头企业与脱贫地区特别是国家乡村振兴重点帮扶县、西藏和新疆地区广泛开展对接合作，在巩固拓展脱贫攻坚成果与乡村振兴有效衔接中发挥积极作用。

五、强化保障，优化龙头企业发展环境

（十七）加大政策支持

支持龙头企业参与优势特色产业集群、现代农业产业园、农业产业强镇等农业产业融合项目建设，相关项目资金向联农带农效果明显的龙头企业倾斜。鼓励有条件的地方按市场化方式设立乡村产业发展基金，加大对创新实力较强的龙头企业支持力度。推动地方按规定对吸纳脱贫人口、农村残疾人等就业的龙头企业给予补贴。强化进出口及投资政策引导，支持龙头企业熟悉国际商贸和投资规则，推动产品、装备、技术、标准、服务"走出去"，提高我国农业国际竞争力和影响力。支持龙头企业参与农业全产业链标准制定，培育一批农业企业标准"领跑者"。落实《自然资源部、国家发展改革委、农业农村部关于保障和规范农村一二三产业融合发展用地的通知》精神，进一步加强对龙头企业发展乡村产业的用地保障。

（十八）创新金融服务

各级农业农村部门要与相关金融机构深化交流合作、加强信息资源共享，建立多级联动的工作机制，加大对联农带农效果明显的龙头企业金融支持力度，确保优质金融服务全覆盖，形成金融支持龙头企业的合力。要引导和协调各类金融机构创新供应链信贷产品，加大信用贷款投放力度，加大对龙头企业及全产业链主体的金融支持。创新抵押担保物范围和产权流转机制。

（十九）强化人才培养

支持科研院所、高等院校等机构的科研人员到龙头企业开展科技创业，完善知识产权入股、参与分红

等激励机制。支持龙头企业积极开展校企合作协同育人，与涉农高校和职业院校合作共建实践实训基地、耕读教育基地，依托生产基地、产业园区等加强农村实用人才培训，加大对高素质农民、返乡入乡创业人员、新型农业经营主体带头人的培养力度。通过专题培训、实践锻炼、学习交流等方式，完善乡村企业家培养机制，加强对乡村企业家合法权益的保护。大力弘扬企业家精神，为企业家谋事创业营造良好舆论氛围。

（二十）完善指导服务

持续改善营商环境，深化放管服改革，构建亲清政商关系，切实为企业解决产业发展中遇到的问题。建立企业家智库，坚持问题导向、畅通沟通渠道，通过线上线下多种途径听取企业意见建议。引导各类互联网企业、平台型企业发挥自身优势，为龙头企业提供资金技术、高素质人才、营销渠道、运营管理等服务，促进观念更新、理念革新，加快补齐乡村产业发展短板，为农业农村发展注入新动能。

（二十一）加强典型宣传推介

围绕龙头企业创新发展、绿色发展、联农带农机制建设、促进农民就业增收、带动脱贫地区发展等方面，充分挖掘典型模式和成功做法，组织开展系列宣传报道，形成全社会关注乡村产业、支持龙头企业发展的良好氛围。利用线上渠道和新媒体资源，创新宣传推介手段，开展系列宣传推介活动。发挥行业协会作用，加强重点龙头企业推介。

粮食节约行动方案

（中共中央办公厅 国务院办公厅　2021 年 10 月 31 日）

党的十八大以来，以习近平同志为核心的党中央高度重视节粮减损工作，强调要采取综合措施降低粮食损耗浪费，坚决刹住浪费粮食的不良风气。近年来，各地区各部门认真贯彻落实党中央有关决策部署，不断加大厉行节约、反对食品浪费工作力度，取得积极成效，但浪费问题仍不容忽视，加强粮食全产业链各环节节约减损的任务繁重。为贯彻落实党的十九届五中全会关于"开展粮食节约行动"的部署要求，推动实施《中华人民共和国反食品浪费法》，制定本方案。

一、总体要求

以习近平新时代中国特色社会主义思想为指导，坚持系统治理、依法治理、长效治理，坚持党委领导、政府主导、行业引导、公众参与，突出重点领域和关键环节，强化刚性制度约束，推动粮食全产业链各环节节约减损取得实效，为加快构建更高层次、更高质量、更有效率、更可持续的国家粮食安全保障体系奠定坚实基础。

到 2025 年，粮食全产业链各环节节粮减损举措更加硬化实化细化，推动节粮减损取得更加明显成效，节粮减损制度体系、标准体系和监测体系基本建立，常态长效治理机制基本健全，"光盘行动"深入开展，食品浪费问题得到有效遏制，节约粮食、反对浪费在全社会蔚然成风。

二、强化农业生产环节节约减损

（一）推进农业节约用种

完善主要粮食作物品种审定标准，突出高产高效、多抗广适、低损收获的品种特性，加快选育节种宜机品种。编制推进种减损机械研发导向目录，加大先进适用精量播种机等研发推广力度。集成推广水稻工厂化集中育秧、玉米单粒精播、小麦精量半精量播种，以及种肥同播等关键技术。

（二）减少田间地头收获损耗

着力推进粮食精细收获，强化农机、农艺、品种集成配套，提高关键技术到位率和覆盖率。制定修订水稻、玉米、小麦、大豆机收减损技术指导规范，引导农户适时择机收获。鼓励地方提升应急抢种抢收装备和应急服务供给能力。加快推广应用智能绿色高效收获机械。将农机手培训纳入高素质农民培育工程，提高机手规范操作能力。

三、加强粮食储存环节减损

（三）改善粮食产后烘干条件

将粮食烘干成套设施装备纳入农机新产品补贴试点范围，提升烘干能力。鼓励产粮大县推进环保烘干设施应用，加大绿色热源烘干设备推广力度。鼓励新型农业经营主体、粮食企业、粮食产后服务中心等为农户提供粮食烘干服务，烘干用地用电统一按农用标准管理。

（四）支持引导农户科学储粮

加强农户科学储粮技术培训和服务。开展不同规模农户储粮装具选型及示范应用。在东北地区推广农户节约简捷高效储粮装具，逐步解决"地趴粮"问题。

（五）推进仓储设施节约减损

鼓励开展绿色仓储提升行动和绿色储粮标准化试点。升级修缮老旧仓房，推进粮食仓储信息化。推动粮仓设施分类分级和规范管理，提高用仓质量和效能。

四、加强粮食运输环节减损保障

（六）完善运输基础设施和装备

建设铁路专用线、专用码头、散粮中转及配套设施，减少运输环节粮食损耗。推广粮食专用散装运输车、铁路散粮车、散装运输船、敞顶集装箱、港口专用装卸机械和回收设备。加强港口集疏运体系建设，发展粮食集装箱公铁水多式联运。

（七）健全农村粮食物流服务网络

结合"四好农村路"建设，完善农村交通运输网络，提升粮食运输服务水平。

（八）开展物流标准化示范

发展规范化、标准化、信息化散粮运输服务体系，探索应用粮食高效减损物流模式，推动散粮运输设备无缝对接。在"北粮南运"重点线路、关键节点，开展多式联运高效物流衔接技术示范。

五、加快推进粮食加工环节节粮减损

（九）提高粮油加工转化率

制定修订小麦粉等口粮、食用油加工标准，完善适度加工标准，合理确定加工精度等指标，引导消费者逐步走出过度追求"精米白面"的饮食误区，提高粮油出品率。提升粮食加工行业数字化管理水平。推进面粉加工设备智能化改造，推广低温升碳米设备，鼓励应用柔性大米加工设备，引导油料油脂适度加工。发展全谷物产业，启动"国家全谷物行动计划"。创新食品加工配送模式，支持餐饮单位充分利用中央厨房，加快主食配送中心和冷链配套体系建设。

（十）加强饲料粮减量替代

推广猪鸡饲料中玉米、豆粕减量替代技术，充分挖掘利用杂粮、杂粕、粮食加工副产物等替代资源。改进制油工艺，提高杂粕质量。完善国家饲料原料营养价值数据库，引导饲料企业建立多元化饲料配方结构，推广饲料精准配方技术和精准配制工艺。加快推广低蛋白日粮技术，提高蛋白饲料利用效率，降低豆粕添加比例。增加优质饲草供应，降低牛羊养殖中精饲料用量。

（十一）加强粮食资源综合利用

有效利用米糠、麸皮、胚芽、油料粕、薯渣薯液等粮油加工副产物，生产食用产品、功能物质及工业制品。对以粮食为原料的生物质能源加工业发展进行调控。

六、坚决遏制餐饮消费环节浪费

（十二）加强餐饮行业经营行为管理

完善餐饮行业反食品浪费制度，健全行业标准、服务规范。鼓励引导餐饮服务经营者主动提示消费者适量点餐，主动提供"小份菜""小份饭"等服务，在菜单或网络餐饮服务平台的展示页面上向消费者提供食品分量、规格或者建议消费人数等信息。充分发挥媒体、消费者等社会监督作用，鼓励通过服务热线反映举报餐饮服务经营者浪费行为。对餐饮服务经营者食品浪费违法行为，依法严肃查处。

（十三）落实单位食堂反食品浪费管理责任

单位食堂要加强食品采购、储存、加工动态管理，推行荤素搭配、少油少盐等健康饮食方式，制定实施防止食品浪费措施。鼓励采取预约用餐、按量配餐、小份供餐、按需补餐等方式，科学采购和使用食材。抓好机关食堂用餐节约，实施机关食堂反食品浪费工作成效评估和通报制度。开展单位食堂检查，纠正浪费行为。

（十四）加强公务活动用餐节约

各级党政机关、国有企事业单位要落实中央八项规定及其实施细则精神，切实加强公务接待、会议、培训等公务活动用餐管理。按照健康、节约要求，科学合理安排饭菜数量，原则上实行自助餐。严禁以会议、培训等名义组织宴请或大吃大喝。

（十五）建立健全学校餐饮节约管理长效机制

强化学校就餐现场管理，加大就餐检查力度，落实中小学、幼儿园集中用餐配餐制度。加强家校合作，强化家庭教育，培养学生勤俭节约、杜绝浪费的良好饮食习惯。广泛开展劳动教育，积极组织多种形式的粮食节约实践教育活动。

（十六）减少家庭和个人食品浪费

加强公众营养膳食科普知识宣传，倡导营养均衡、科学文明的饮食习惯，鼓励家庭科学制定膳食计划，按需采买食品，充分利用食材。提倡采用小分量、多样化、营养搭配的烹饪方式。

（十七）推进厨余垃圾资源化利用

指导地方建立厨余垃圾收集、投放、运输、处理体系，推动源头减量。通过中央预算内投资、企业发行绿色债券等方式，支持厨余垃圾资源化利用和无害化处理，引导社会资本积极参与。做好厨余垃圾分类收集。探索推进餐桌剩余食物饲料化利用。

七、大力推进节粮减损科技创新

（十八）强化粮食生产技术支撑

推动气吸排种、低损喂入、高效清选、作业监测等播种收获环节关键共性技术研发。突破地形匹配技术，研发与丘陵山区农业生产模式配套的先进适用技术装备，抓好关键零部件精密制造，减少丘陵山区粮食机械收获损耗。加强对倒伏等受灾作物收获机械的研发。引导企业开展粮食高效低损收获机械攻关，优化割台、脱粒、分离、清选能力。

（十九）推进储运减损关键技术提质升级

发展安全低温高效节能储粮智能化技术。提升仓储虫霉防控水平，研制新药剂。推广粮食安全储藏新仓型，推进横向通风储粮技术等应用。研发移动式烘干设备，加快试验验证。研究运输工具标准化技术，开发散粮多式联运衔接和接卸技术装备、粮食防分级防破碎入仓装置和设备。

（二十）提升粮食加工技术与装备研发水平

发展全谷物原料质量稳定控制、食用品质改良、活性保持等技术，开发营养保全型全谷物食品。研究原粮增值加工等关键技术，发展杂粮食品生产品质控制、营养均衡调配、生物加工等关键技术。布局以粮食加工为主导产业的国家农业高新技术产业示范区，推动产业向高端化、智能化、绿色化转变，提升副产物利用技术水平。

八、加强节粮减损宣传教育引导

（二十一）开展节粮减损文明创建

把节粮减损要求融入市民公约、村规民约、行业规范等，推进粮食节约宣传教育进机关、进学校、进企业、进社区、进农村、进家庭、进军营。将文明餐桌、"光盘行动"等要求纳入文明城市、文明村镇、文明单位、文明家庭、文明校园创建内容，切实发挥各类创建的导向和示范作用。

（二十二）强化节粮舆论宣传

深入宣传阐释节粮减损法律法规、政策措施，普及节粮减损技术和相关知识。深化公益宣传，精心制作播出节约粮食、反对浪费公益广告。在用餐场所明显位置张贴宣传标语或宣传画，增强反食品浪费意识。充分利用世界粮食日和全国粮食安全宣传周等重要时间节点，广泛宣传报道节粮减损经验做法和典型事例。加强粮食安全舆情监测，主动回应社会关切。做好舆论监督，对粮食浪费行为进行曝光。禁止制作、发布、传播宣扬暴饮暴食等浪费行为的节目或者音视频信息。

（二十三）持续推进移风易俗

倡导文明节俭办婚丧，鼓励城乡居民"婚事新办、丧事简办、余事不办"，严格控制酒席规模和标准，遏制大操大办、铺张浪费。

（二十四）开展国际节粮减损合作

积极参加联合国粮食系统峰会、减少食物浪费全球行动等活动，向国际社会分享粮食减损经验。推动多双边渠道开展节粮减损的联合研究、技术示范和人员培训等合作交流。推动国际粮食减损大会机制化。

九、强化保障措施

（二十五）加强组织领导

各地区各部门要站在保障国家粮食安全的高度，切实增强做好节粮减损工作的责任感和紧迫感，将节粮减损工作纳入粮食安全责任制考核，坚持党政同责，压实工作责任。各牵头部门要结合自身职责，紧盯粮食全产业链各环节，提出年度节粮减损目标任务和落实措施。各有关部门要结合自身职责，密切配合、主动作为、形成合力，确保节粮减损工作取得扎实成效。

（二十六）完善制度标准

强化依法管粮节粮，全面落实《中华人民共和国反食品浪费法》，制定粮食安全保障法。完善相关配套制度，加快建立符合节粮减损要求的粮食全产业链标准，制定促进粮食节约的国家标准和行业标准。行业协会要制定发布全链条减损降耗的团体标准，对不执行团体标准、造成粮食过度损耗的企业和行为按规定进行严格约束。

（二十七）建立调查评估机制

探索粮食损失浪费调查评估方法，建立粮食损失浪费评价标准。研究建立全链条粮食损失浪费评估指标体系，定期开展数据汇总和分析评估。开展食品浪费统计研究。

（二十八）加强监督管理

研究建立减少粮食损耗浪费的成效评估、通报、奖惩制度。建立部门监管、行业自律、社会监督等相结合的监管体系，综合运用自查、抽查、核查等方式，持续开展常态化监管。

粮食机械装备提升行动方案（试行）

（国家粮食和物资储备局　2021 年 11 月 13 日）

为深入贯彻习近平总书记关于深入推进优质粮食工程、做好粮食市场和流通文章的重要指示精神，认真落实党中央、国务院有关决策部署，抓好财政部、国家粮食和物资储备局《关于深入推进优质粮食工程的意见》（财建〔2021〕177 号，以下简称《意见》）落地见效，现制定粮食机械装备提升行动方案。

一、总体要求

以习近平新时代中国特色社会主义思想为指导，深入实施粮食安全战略、创新驱动发展战略、制造强国战略，大力推动粮油加工先进装备研发和产业化，大力推广应用具有自主知识产权和核心技术的粮油加工成套装备、粮食清理烘干装备、粮食仓储物流机械、粮食检测仪器等，促进粮机装备制造技术与数字化、智能化等技术深度融合，推动粮机装备产业转型升级，增强粮机装备制造业竞争优势，更好地服务粮食产业高质量发展。

（一）坚持市场主导、政府引导

以产业需求为导向，突出市场主体地位，激发市场活力和企业创新动力，强化规划引领、政策扶持、监管服务等作用，着力营造粮机装备产业发展良好环境。

（二）坚持创新驱动、做强做优

发挥行业科技创新的支撑引领作用，加快粮机装备制造企业体制机制、经营方式和商业模式创新。整合资源，培育壮大粮机装备制造企业规模，扩大自主品牌影响力，提升粮机装备核心竞争力。

（三）坚持研用结合、双轮驱动

加强现代粮机装备产业战略性、前沿性、颠覆性技术研发和设备生产，根据不同区域、不同领域、不同主体的实际情况，鼓励粮食企业选用具有自主知识产权的现代粮机装备。

到 2025 年，我国粮机装备制造业技术水平整体提升，生产数字化、智能化和企业现代化管理水平明显提高，粮机装备及配件设计、加工、制造工艺水平进一步提升。粮机装备创新体系更加完善，基础研究、应用研究取得重大进展，解决一批在绿色仓储、粮油加工、环保烘干、物流接卸、节粮减损、检验监测等领域制约粮机装备产业发展的关键问题。科技成果加快转化，拥有自主知识产权的先进粮机装备推广使用范围不断扩大，产学研用深度融合，技术转移和应用成效不断提升，粮机装备科技人才队伍结构更加合理。

二、主要任务

（四）提高优质粮油加工装备自主化水平

强化粮机装备关键基础材料自主研制能力，加强粮机装备关键核心技术自主研发，提升粮机装备自主设计能力，推进粮机装备制造智能、使用稳定。鼓励稻谷加工装备科研机构研究创新砻谷等工艺原理，引导新装备技术转化。优化磨粉机磨辊材质，利用高精度加工母机提高装备加工精度。鼓励油脂装备企业开展 3 000t/d 以上规模浸出器、3 000t/d 以上规模蒸脱机、200t/d 以上规模蝶式分离机研发，以及规模化混合器、脱臭塔、真空设备等研发。引导粮食深加工成套装备自主研发，促进米蛋白、小麦糊粉层、专用油脂等高附加值产品产出。鼓励粮机装备企业与仪表、阀门、电机、减速器、自控仪表等生产企业跨行业联合自主创新，构建粮机装备产业自主化生态。

（五）夯实粮机装备产业研发技术基础

组织粮机装备科研机构和企业联合开展绿色加工装备技术基础研究，优化装备结构设计，探索应用新材料，降低传统物料消耗，提高机械加工精度。开展粮机装备先进传感器应用研究，提高粮机装备作业环境现场感知、实时监测、自动导航、按需精准变量作业和远程运维等能力。开展基于工业互联网的粮仓机械数据通讯和存储标准研究，高起点研发智能化新型粮仓机械设备。引导开展基于虚拟样机技术粮机装备研发，充分运用人工智能技术促进粮机装备设计生产制造流程自动化。梳理粮机装备标准，研提标准制修订计划，健全粮机装备标准体系。

（六）支持粮机装备制造企业技术升级改造

鼓励拥有自主知识产权的粮机装备制造企业开展全链条生产装备标准化应用，运用新工艺、新设备改造传统生产线，提升智能化水平，淘汰落后产能，促进粮机装备产品质量提升，增强市场竞争力。支持粮机装备制造企业改造升级数字化制造技术装备，建设智能化与柔性化生产线，提高核心零部件的精度和稳定性。建设智能检验检测系统，提高产品在线监测、在线控制和全生命周期质量追溯能力。鼓励粮机装备制造企业提升设计水平和研发能力，促进产品更新换代。

（七）提升粮机装备绿色环保节能制造水平

引导粮机装备制造企业清洁生产技术改造，升级改造金属表面前处理、喷涂生产、车间烟尘处理等工艺，采用先进环保喷涂生产、车间烟尘处理等系统，全面提升行业加工制造绿色环保水平。推广应用能够改善工作环境、降低劳动强度、保障员工健康的工艺装备，满足国家环保要求。推动环保烘干机械的研制及推广应用，加强热泵烘干机械研发，促进节能减排。

（八）强化粮机装备制造信息化应用能力

促进粮机装备企业应用数字化、自动化、智能化生产装备，提升装备生产技术。建设智能车间、智能工厂，探索人机一体、集约高效的新型制造模式。建设工业 4.0 粮机装备示范生产企业，鼓励应用虚拟技术、数字模拟技术，提高一体化设计施工能力和产品装配准确度。开展工业云服务平台示范建设，开发配套专用化软件，构建信息服务体系，制定行业互联网相关标准。开展行业大数据平台建设及示范应用，加强企业内部与外部数据整合共享。加快粮机装备互联网平台数据标准体系建设，推广示范应用，满足现代粮机装备产业发展的需要。

（九）建设粮机装备研发测试平台体系

建设粮机装备关键系统及部件试验检测平台，提升进出仓、散料输送、安全清仓等关键装备系统试验检测能力。建设储备库原粮仓储装备系统试验检测平台，提高多品种、多制式装备试验检测能力，满足新产品开发及认证需要。支持具有较强技术研发、试验、检测及技术扩散和服务能力的国内骨干粮机装备制造企业、科研院所建设面向行业服务的重点产品开发检验测试平台。支持产品检验检测平台和第三方认证机构建设，完善粮机装备质量监督

监测机制。

（十）鼓励粮食企业应用自主研发的先进适用粮机装备

鼓励企业采购自主研发的先进粮机装备，以应用引导粮机装备制造企业提升研发水平，扩大高端自主化粮机装备产品市场占有率，提高粮机装备产业整体竞争力。在稻谷加工方面，引导应用柔性碾米装备；在小麦加工方面，鼓励使用先进的数字化磨粉机；在油脂加工方面，推广应用先进性、稳定性和可靠性强的大型成套油脂加工装备。

（十一）促进自主研发关键装备示范应用

推广应用自主研发的先进绿色生态储粮、现代物流、环保烘干、加工减损等技术及相关装备。应用依托 RFID 技术的粮食"一卡通"，以及气体传感器、高清摄像设备和算法、专用害虫传感器等，促进物联网技术与粮仓管理深度融合。利用仓储保管技术数字化、信息化手段，提高粮食减损管理水平。加强新型专用散粮、成品粮集装运输装备及配套装卸设备的研制与应用，降低流通转运过程粮食破损率。探索推广使用热泵、生物质等新型热源技术方案，在满足环保要求的同时，提高粮食烘干后品质。推进适度加工技术研发和应用，完善适度加工标准体系，加强行业急需的质量安全快速检测设备研发，减少不必要的粮食损失和能源消耗。

（十二）建设高水平粮机装备技术创新联盟和创新中心

在现有技术平台基础上，支持国家、省（区、市）技术创新中心及制造业创新中心等高水平平台建设，优化粮机装备行业布局，积极融入国家、区域创新体系。鼓励以行业创新型龙头企业、科研院所、高等院校为依托，在粮机装备相关领域建立创新联盟等联合体，开展行业关键技术攻关，打通基础研究—应用研究—工程化产业化创新链条，形成较强的自主创新能力。搭建粮机装备产业生态联盟，促进粮机装备制造产业健康发展。围绕行业关键技术难题，强化服务指导。完善创新中心等平台评估评价体系，促进高质量发展。

三、保障措施

（十三）加强组织领导

各地要落实《意见》要求，加强中央财政产粮大县奖励资金、粮食风险基金等资金统筹，积极支持开展粮机装备提升行动。加强统筹协调，因地制宜优化完善本地区粮机装备产业研发、应用布局。完善财政资金使用方式，包括先建后补、贷款贴息等，并做好

同其他政策的协调配合，有效带动社会资本加大粮机产业投入。发挥好粮食相关行业协会、学会、商会在标准、信息、人才、机制、管理等方面的作用，合力推进粮机装备产业转型升级。

（十四）强化科技和人才支撑

促进创新要素向企业集聚，加快培育一批具有市场竞争力的创新型粮机装备领军企业，引导企业加大研发投入和开展创新活动。鼓励科研机构、高校与企业通过共同设立研发基金、实验室、成果推广工作站等方式，开展现代粮机装备研发和应用。凝聚高水平领军人才和创新团队为粮机装备产业服务，发展粮机装备领域高等教育和职业教育，开设粮机装备相关专业和课程，加快培养行业短缺的实用型人才。

（十五）抓好经验总结推广

加大试点示范工作力度，积极推广生产制造先进模式，促进生产制造全过程优化管理。加强对试点示范工作的指导，学习借鉴国内外先进经验，合理确定试点示范领域，认真做好评估和绩效评价工作，及时总结成功经验并推广复制。

（十六）加强横向纵向协作配合

各级粮食和物资储备部门要强化系统上下联动机制，及时沟通、反馈有关问题和情况，通过建立工作联系点、持续跟踪分析等方式，加强对粮机装备产业发展重大问题的分析研判。强化与发展改革、工信等部门的协调配合，主动沟通信息和会商情况，形成工作合力。与研究机构加强交流合作，及时掌握行业发展前沿动态，提高决策科学性，

粮食节约减损健康消费提升行动方案（试行）

（国家粮食和物资储备局　2021 年 11 月 13 日）

为深入贯彻习近平总书记关于深入推进优质粮食工程、做好粮食市场和流通文章的重要指示精神，认真落实中共中央办公厅、国务院办公厅印发的《粮食节约行动方案》等决策部署，抓好财政部、国家粮食和物资储备局《关于深入推进优质粮食工程的意见》（财建〔2021〕177 号，以下简称《意见》）落地见效，现制定粮食节约减损健康消费提升行动方案。

一、总体要求

以习近平新时代中国特色社会主义思想为指导，立足新发展阶段，贯彻新发展理念，构建新发展格局，推动高质量发展，全面实施国家粮食安全战略、创新驱动发展战略和健康中国战略，强化粮食产后各环节损失控制，推动粮食科学减损和营养健康消费，提升粮食供给品质，为保障国家粮食安全、促进粮食产业高质量发展提供有力支撑。

（一）突出全链条减损

聚焦粮食收购、清理烘干、仓储物流、加工利用、销售和消费等环节，全面推进粮食产后各环节减损。加强指导农户科学储粮。

（二）突出多措并举

采取科研攻关、成果推广、标准制修订、管理提升、强化宣传等多种措施，系统促进减少粮食损失浪费。

（三）突出创新引领

加大科技创新力度，加强节粮减损技术和装备研发，促进资源节约和高效利用。

（四）突出高质量减损

构建节粮减损与提质增效融合促进、节粮减损与营养健康协同发展、节粮减损与产业升级同步推进的良好局面。

"十四五"期间，积极推进粮食产后减损技术应用，促进产后各环节减损降耗，进一步制定完善节粮减损相关法律和标准体系，强化科技创新，深入开展爱粮节粮、科学减损宣传教育，使节粮减损和健康消费成效更加显著。在粮食收购环节，充分发挥粮食产后服务体系作用；在粮食储藏环节，着力降低农户储粮损失，积极推进绿色仓储技术应用；在粮食物流环节，着力强化多式联运技术等推广应用；在粮食加工环节，大力推广适度加工技术装备，推动粮油副产物"吃干榨净"；在粮食消费环节，持续加强营养健康粮油产品供给，倡导营养、均衡、

健康消费理念。

二、主要任务

（五）强化粮食收获后减损

充分发挥粮食产后服务体系作用，引导粮食产后服务中心及时为农民提供收储、清理、烘干、加工、销售等服务，降低收获后损失。推广使用新型绿色烘干热源技术，鼓励各类主体为农民提供粮食烘干服务，提高粮食烘干能力。探索建设粮食清理中心，促进粮食清理环保设备推广应用。联合供销社为农服务中心、中化现代农技服务中心等新型农业经营主体，提升综合服务效能，加强农户粮食整理晾晒指导，通过提供信息服务、科技特派员等方式，指导农户做好庭院保粮。

（六）强化粮食储藏减损

推广节粮减损提质增效新技术、现代粮仓构建技术和现代物流配套技术，推进横向通风等储粮"四合一"升级新技术广泛应用，助力老旧仓房升级改造。深入研究粮堆温、湿、热迁移规律，推进低温低能耗成套储粮技术集成创新。开展低温储粮技术筛选，推广低成本、高效率储粮减损技术应用，推进绿色储粮。推广使用储粮新仓型，促进粮食仓储信息化。积极指导农户科学储粮，为农户提供科学储粮技术培训和服务，推广经济适用的钢板仓、钢网仓等储粮新装具，有效减少"地趴粮"和粮食霉变。研发生物、植物源新型储粮药剂，推广使用多杀菌素、川楝子素等储粮生物药剂，以及防霉抑菌技术应用。

（七）强化粮油加工减损

推广稻谷、小麦、玉米、大豆等粮油适度加工和粮油副产物综合利用成果，用市场化手段推进低温升、高效柔性等碾米设备在粮油加工企业应用。促进智能化小麦磨粉新装备应用，提高出粉率，引导适度加工小麦粉产品销售。鼓励使用拥有自主知识产权的高效成套油脂加工设备，对油脂加工生产线开展技术改造。改进制油工艺，提高杂粮质量。提高粮油加工行业数字化管理水平，促进减损增效。开发全谷物原料质量稳定控制、食用品质改良、活性保持等技术，推进全谷物粮油加工技术开发和应用。开发杂粮食品生产品质控制技术。通过节约型粮油加工示范等，引导淘汰高耗水、高耗能、高污染的落后产能和工艺设备。制修订粮油加工标准，确定合理加工精度，引导适度加工。

（八）强化粮食物流减损

加强原粮转运、卸载设备开发和应用。开发粮食接卸、粮食防分级防破碎入仓装置和设备，推广新型专用散粮、成品粮集装运输装备及配套装卸设备，应用集装箱散粮运输、公铁水多式联运技术，推动粮食减损物流装备升级，降低粮食流通转运破碎率，探索短途粮食物流减损技术，推进粮食物流标准化。推广应用物联网、大数据、云计算、5G等信息技术，优化物流线路，降低运输周期。探索粮食物流商业新模式，加强成品粮物流管理，避免成品粮运输压货滞期等问题。开发粮食产业链溯源技术。开发农村粮食物流技术装备。

（九）强化消费环节减损

大力倡导科学消费、文明消费，树立节俭风尚，鼓励提供"小份菜""小份饭"，严禁铺张浪费。严格落实中央八项规定及其实施细则精神，加强接待、会议、培训等公务活动用餐管理，科学安排饭菜数量，推行简餐和标准化饮食，杜绝公务活动用餐浪费行为。合理安排原料采购，从源头减少餐厨垃圾。粮食和物资储备部门要当好表率，以良好的作风引领社会风尚，并积极配合有关部门落实餐饮环节减少食物浪费的要求。

（十）强化粮油循环利用和综合利用

推进粮油组分分析开发，促进我国油脂加工产业中豆粕、花生粕、菜籽粕、葵花籽粕、亚麻籽粕等副产物的增值利用，研制多样化健康产品。研发应用米糠、麸皮、玉米皮、玉米芯、饼粕等粮油加工副产物高效转化生产蛋白质、活性多糖、膳食纤维、功能活性物质等新技术。探索以粮油加工副产物为原料的生物质材料高效生产技术。推动粮油加工副产物循环利用、高值利用和梯次利用，提高粮食加工副产物综合利用水平，实现转化增值。鼓励粮食企业应用绿色、低碳、环保设备和技术，构建循环经济系统，降低单位产品能耗和物耗水平。

（十一）强化粮食减损法规体系和标准体系构建

全面推进节粮减损相关法律立法进程，加强《中华人民共和国反食品浪费法》《粮食流通管理条例》宣贯。指导地方开展粮食立法修规，强化依法管粮，促进节粮减损。坚持制度管粮和技术管粮相结合，严格执行《粮油仓储管理办法》和《粮油储藏技术规范》，以及《粮油储存安全责任暂行规定》《粮油安全储存守则》《粮库安全生产守则》等制度标准，深入落实储粮质量安全责任制和各项管理措施，确保储存粮食数量、质量和卫生安全。加强储存、物流、加工等环节节粮减损相关标准研究和制订，强化标准引领，促进节粮减损。研究设置粮食产后损失观察点，了解粮食产后有关损失情况。

（十二）强化粮油营养健康技术创新和应用

构建粮油营养成分及公众营养健康数据平台，系统研究粮食加工储运过程中食物营养组分的变化规律与人体健康的关系。研究膳食模式与糖脂代谢、肠道菌群等之间的关系，开发适合不同人群的营养健康食品，引导健康消费。构建粮油品质综合评价方法与标准体系，引导粮油及其制品品质升级。开发基于微量营养素保留的粮油精准加工技术和生物加工技术，升级小麦原料清理技术，重点突破小麦和稻谷碾磨与分级及油脂精炼环节技术。开发营养食品靶向设计与制造技术，科学提高生物利用率。研究以粮油食品为核心的健康膳食解决方案并开展示范。

（十三）强化营养健康粮油产品生产和消费

鼓励企业研发生产并推广营养健康粮油产品。支持粮油加工企业开展高品质健康粮油电子商务，推广"线上粮油商店""健康厨房"等新型粮油零售业态，实现高品质营养健康粮油产品从农场到餐桌的"一站式"服务。推进"特色粮油生产＋研发基地"示范工程，建立产学研用融合的主粮、杂粮和粮油制品研发基地，促进营养学科研究成果在大中型粮油企业转化。开发并推广全谷物粮油食品，系统推进全谷物科技行动和全谷物多场景示范行动。探索实施融合精准营养食品智能制造体系的"精准营养食品＋智能制造"工程。推进粮油加工为主导产业的国家农业高新技术产业示范区建设。推广新技术成果，助力饲料粮减量替代。

（十四）强化节粮减损国内国际合作

积极探索制定粮食产后减损工作方案，系统指导粮食仓储、运输、加工、消费等环节减损工作。围绕《联合国2030年可持续发展议程》减损任务，积极推进节粮减损国际合作，在政策对话、技术推广、科技创新、标准制定、能力构建、项目示范、人员培训、装备设施展示等方面与联合国粮食及农业组织（FAO）、世界粮食计划署（WFP）等国际组织及有关国家和地区开展务实合作。与"一带一路"国家和地区、非洲联盟等国际组织开展粮食产后科技合作。推动国际粮食减损大会机制化，加强粮食产后减损对外交流。

（十五）强化人才培养推进减损工作可持续发展

推进科技与人才深度融合，推动产学研协同发展。加强职业技能教育培训，开展岗位练兵，大力培树典型，加强高技能人才培养工作，发挥人才对节粮减损的有效支撑作用。完善有关减损数量调查核算方法，强化粮食产后损失评估监控。结合科普宣传和教育培训，加强节粮减损宣传教育。通过科技创新和成果推广，为节粮减损工作提供可持续的发展动力。

（十六）强化宣传营造爱粮节粮良好氛围

组织开展世界粮食日和全国粮食安全宣传周、全国粮食和物资储备科技活动周、粮食质量安全宣传日等主题活动。创新宣传形式，积极开展爱粮节粮宣传教育，加强节粮减损技术和粮油营养健康知识宣传和普及，宣传科学消费知识。发挥"国家爱粮节粮科普平台"作用，继续深入打造"节约一粒粮"宣传教育活动品牌。推进粮食节约宣传教育进机关、进学校、进企业、进社区、进农村、进家庭、进军营。继续创建全国粮食安全宣传教育基地，发挥已认定宣传教育基地作用。开展"节粮减损"志愿者活动。深入推进单位食堂节粮，倡导按需取用，自觉践行"光盘行动"，切实防止"舌尖上的浪费"。大力宣传节约光荣、浪费可耻的观念，努力营造厉行节约、反对浪费的社会风气。

三、保障措施

（十七）加强政策指导

系统推进节粮减损工作，积极促进各项节粮减损和营养健康相关工作取得实效。各地各单位要强化政策引领和路径设计，因地制宜做好粮食减损管理和产业发展的衔接，细化粮食减损行动的具体举措，积极培育项目，提升粮食产业节粮减损水平。

（十八）加大支持力度

发挥创新第一动力、人才第一资源的积极作用，为科学高效节粮减损提供智力支持。各地要落实《意见》要求，加强中央财政安排的产粮大县奖励资金、粮食风险基金等资金统筹，积极支持开展粮食节约减损健康消费提升行动。创新投融资方式，不断完善财政资金使用方式，包括先建后补、贷款贴息等，并做好同其他政策的协调配合，有效带动社会资本加大节粮减损领域投入，提高节粮减损装备和技术水平。

（十九）推进交流协作

充分调动多元市场主体和协会、学会等社会组织的积极性，共同推进节粮减损工作。及时总结节粮减损行动典型经验，选树推广先进典型，促进相互学习借鉴。大力弘扬工匠精神，传承"四无粮仓"精神，营造各方共同关注、支持节粮减损工作的良好氛围。

粮食绿色仓储提升行动方案（试行）

（国家粮食和物资储备局　2021年11月13日）

为深入贯彻习近平总书记关于深入推进优质粮食工程、做好粮食市场和流通文章的重要指示精神，认真落实党中央、国务院有关决策部署，抓好财政部、国家粮食和物资储备局《关于深入推进优质粮食工程的意见》（财建〔2021〕177号，以下简称《意见》）落地见效，现制定粮食绿色仓储提升行动方案。

一、总体要求

以习近平新时代中国特色社会主义思想为指导，深入落实保障国家粮食安全战略，紧扣绿色、生态、环保、节能要求，聚焦国家粮食储备安全核心职能，以绿色仓储为抓手，深入推进优质粮食工程，持续提高科学储粮水平和品质保障能力，切实提升储备粮质量，增加绿色优质粮油产品有效供给，着力推动粮食储备高质量发展，更好保障国家粮食安全。

（一）突出质效、功用适配

推广应用绿色储粮技术，全面提升仓储设施的储藏功效性能，加强储备环节精细化管理。根据储备、收纳、中转、备料等不同用途，合理选择仓房及工艺配置，优化仓型构成和仓廪设置，提高粮食整体存储质量，利于"长储长新"。

（二）绿色环保、综合防治

实施有害生物综合防治，综合运用粮堆生态温湿度控制、气调等技术手段，积极使用国家批准的绿色安全储粮药剂，加强整仓防护和局部除治，探索应用物理、生物等防治方法，实现绿色储粮。

（三）储产联动、协同发展

发挥绿色仓储传导作用，推进储备和产业衔接，在"产购储加销"体系中凸显仓储特别是政府储备仓储的核心竞争力，发挥好粮食仓储支点作用，推动仓储向两端延伸，促进"五优联动"。

（四）分类施措、因地制宜

针对南北方气候差异，兼顾先进性和适用性及节能和环保要求，科学合理选配应用仓储设施设备和绿色储粮技术工艺，不惟尖惟全，不照搬照抄，着力补短板、强弱项、促升级，注重系统增效。

"十四五"期间，重点升级改造条件较好的现有储备类仓房，结合仓储设施布局和结构优化，加强高标准粮仓建设，配备先进适用技术条件，完善绿色储粮功能；优化仓储作业流程，减少库区扬尘、噪音。到2025年，力争政府储备基本实现控温储藏保质保鲜、药剂使用减量增效、仓储作业环境友好。

二、重点任务

（五）建设一批高标准粮仓

改造和新建一批高标准粮仓，强化粮仓的气密和保温隔热等关键性能。新建仓房屋面宜优先采用整体现浇工艺，对围护结构综合运用动静态结合方式提升保温隔热能力，有条件的可引入仓顶太阳能光伏板、新型辐射制冷材料等。落实碳达峰、碳中和要求，升级改造和技术应用要注重节能减排，降低能耗、提高效能。

（六）改造提升仓房的气密和保温隔热性能

加强对粮仓相关性能衰减变化情况的监测，对不适应绿色储粮需求的，针对仓顶、墙体、门窗、地面、孔洞以及接缝处和向阳面等不同部位具体情况，实施气密和保温隔热升级改造。按绿色储粮要求，提升粮食企业现有仓储设施性能，升级改造控温成品粮仓。

（七）推广应用绿色储粮技术

我国地域广阔，总体上北方气温低、干燥，南方气温高、湿润，自然条件差异对粮食储藏影响较大。因地制宜选配适用绿色储粮技术，既要考虑不同储粮生态区的因素，也要兼顾大生态区中小生态区的特点，根据当地和企业情况及实际需要，充分利用自然条件，合理选择应用制冷控温、内环流控温、气调储粮和平房仓横向通风集成等技术，注重成本效益，优化"四合一"储粮技术应用，实现政府储备粮食绿色仓储全覆盖。充分发挥政策引导和市场机制作用，加强储粮新技术、新工艺、新材料、新仓型的研发试验、开展适用性研究和推广应用。

（八）发展多参数多功能粮情测控系统

积极应用传感器技术，从原来单一的粮温检测向温度、湿度、水分、害虫、霉菌、气体等多参数多功能在线粮情测控转变，加强粮情数据的多样化、自动化采集和中长期积累。鼓励粮食企业应用基于粮堆货位的粮情监测预警模型，完善动态实时智能监测功能，探索建立平台型远程粮情诊断系统。

（九）提升清理净粮能力

针对粮库仓储作业扬尘、噪音等问题，对装卸、输送、清理等采取防尘和降噪措施，优化接发和清理工艺，提升设备性能和效率，推动环保高效作业。鼓励粮食产后服务中心拓宽产后服务范围，提供深度清理净粮服务，探索开展烘干、清杂、除尘、杀虫一站式社会化专业化服务，做到粮食充分除尘清杂后再入仓，更好满足粮库收储需要。

（十）推动粮仓分类分级

顺应粮食仓储专业化和精细化管理的新要求，服务粮食储备安全和产业发展，避免仓型错配错用造成资源浪费或危及储存安全。制订粮仓分类分级标准，推动低温准低温储藏、参数控制自动通风、气调储粮、人工制冷控制粮温等技术应用，促进绿色仓储规范化管理。根据仓储设施结构、材料及性能和配备的粮情测控、通风、杀虫、制冷等储粮工艺技术级差，开展粮仓科学评价，提高储粮效能。

三、保障措施

（十一）突出政策引领

依托粮食等重要农产品仓储物流设施建设专项，支持建设高标准粮仓和开展粮食绿色仓储提升行动。各地各单位要因地制宜，细化落实绿色仓储提升重点举措，推动粮食"产购储加销"协同联动，促进粮食产业高质量发展。

（十二）强化科技支撑

建立绿色仓储与"人才兴粮""科技兴粮"协同推进机制，打造"产学研用"深度融合互动平台。加强粮食仓储人才队伍培养，发挥好专业技能人才和科研力量作用。加大绿色储粮领域重点科研攻关力度，加快科技成果转化，推广应用绿色仓储技术。

（十三）落实资金保障

各地要认真落实《意见》要求，统筹用好中央财政安排的产粮大县奖励资金、粮食风险基金等，谋划实施一批绿色仓储项目。积极协调农业发展银行等金融机构，加大对粮食仓储企业尤其是政府储备承储企业绿色仓储信贷支持力度。鼓励企业拓宽融资渠道，吸引社会资本，加大资金投入，提高资金使用效益，不断提升绿色储粮水平。

（十四）完善标准体系

在执行现行粮食仓储技术标准的基础上，鼓励创新探索，推动绿色储粮企业标准、团体标准、地方标准和行业标准、国家标准等制修订，健全点面结合、兼容并蓄、各有侧重的绿色储粮标准体系。

（十五）典型示范带动

总结推广绿色仓储先进经验，培树创新实践示范典型，促进交流互鉴。大力弘扬"大国粮仓"工匠精神，营造各方共同关注、支持绿色仓储的良好氛围。对于积极探索并取得良好成效的，在政策和资金支持上予以优先考虑。

（十六）提升智能化水平

结合粮食绿色仓储提升行动，加快仓储管理信息化、智能化，推动粮库信息系统接入国家及省级粮食和物资储备管理平台，实现互联互通、数据自动采集与共享。运用大数据、云计算、区块链、人工智能等技术，使粮情感知、分析预测、远程监控、专家诊断及相关业务数据协同处理更加系统高效，不断提升粮食储备管理水平。

关于拓展农业多种功能促进乡村产业高质量发展的指导意见

（农产发〔2021〕7号　2021年11月17日）

各省、自治区、直辖市及计划单列市农业农村（农牧）厅（局、委），新疆生产建设兵团农业农村局：

产业振兴是乡村振兴的重中之重。近年来，我国乡村产业有了长足发展，强化了农业食品保障功能，拓展了生态涵养、休闲体验、文化传承功能，凸显了乡村的经济、生态、社会和文化价值，但仍然存在产业链条短、融合层次低和技术水平不高等问题。为顺应全面推进乡村振兴新要求，拓展农业多种功能，促进乡村产业高质量发展，现提出如下指导意见。

一、总体要求

（一）指导思想

以习近平新时代中国特色社会主义思想为指导，全面贯彻党的十九大和十九届二中、三中、四中、五中、六中全会精神，立足新发展阶段，贯彻新发展理念，构建新发展格局，落实高质量发展要求，在确保粮食安全和保障重要农产品有效供给的基础上，以生态农业为基、田园风光为韵、村落民宅为形、农耕文化为魂，贯通产加销、融合农文旅，促进食品保障功能坚实稳固、生态涵养功能加快转化、休闲体验功能高端拓展、文化传承功能有形延伸，打造美丽宜人、业兴人和的社会主义新乡村，推动农业高质高效、乡村宜居宜业、农民富裕富足，为全面推进乡村振兴、加快农业农村现代化提供有力支撑。

（二）基本原则

——立足特色、市场导向。立足乡村特色资源，面向市场需求，挖掘特色产品，以特色产业培育优质企业，以优质企业带动产业提升，更好发挥政府政策配套和公共服务作用，推动乡村特色资源加快转化增值。

——立农为农、链条延伸。紧扣"粮头食尾""农头工尾"，以农产品加工业为重点打造农业全产业链，推动种养业前后端延伸、上下游拓展，由卖原字号更多向卖制成品转变，推动产品增值、产业增效，促进联农带农和共同富裕。

——绿色引领、功能拓展。践行"绿水青山就是金山银山"理念，以乡村休闲旅游业为重点拓展农业多种功能，培育生态环保产业，开发可再生能源，做到保护与开发并重、传统与现代融合，推动乡村农文旅一体化发展。

——科技赋能、平台支撑。坚持科技兴农，以发展农村电商为重点拓宽商贸流通渠道，促进产业、科技交互联动，引导农业全产业链上中下游各类主体，共建共享大数据平台信息，实现产业数字化、数字产业化。

（三）发展目标

到2025年，农业多种功能充分发掘，乡村多元价值多向彰显，粮食等重要农产品供给有效保障，农业质量效益和竞争力明显提高，优质绿色农产品、优美生态环境、优秀传统文化产品供给能力显著增强，形成以农产品加工业为"干"贯通产加销、以乡村休闲旅游业为"径"融合农文旅、以新农村电商为"网"对接科工贸的现代乡村产业体系，实现产业增值收益更多更好惠及农村农民，共同富裕取得实质性进展。

——农产品保障功能持续增强。粮食综合生产能力稳步提升，粮食产量保持在1.3万亿斤以上，重要农产品供给能力稳步提升，农产品加工业与农业总产值比达到2.8∶1，加工转化率达到80%，保数量、保质量、保多样有效实现。

——乡村休闲旅游业融合发展。生态涵养、休闲体验和文化传承等农业特有功能持续拓展，绿色生产生活方式广泛推行，文明乡风繁荣兴盛，乡村休闲旅游年接待游客人数40亿人次，年营业收入1.2万亿元。

——农村电商业态类型不断丰富。数字乡村加快建设，农民生产经营能力普遍增强，农产品网络零售额达到1万亿元，农林牧渔专业及辅助性活动产值达到1万亿元，新增乡村创业带头人100万人，带动一批农民直播销售员。

二、做大做强农产品加工业

发挥县域农产品加工业在纵向贯通产加销中的中心点作用，打造创新能力强、产业链条全、绿色底色足、安全可控、联农带农紧的农业全产业链，促进一产往后延、二产两头连、三产走高端，引导农产品加工重心下沉县城、中心镇和物流节点，推动生产与加工、产品与市场、企业与农户协同发展，实现农产品多元化开发、多层次利用、多环节增值。

（四）建设标准原料基地

鼓励农产品加工企业特别是食品加工企业与种业企业、农民合作社、家庭农场、种养大户等协调合作，围绕市场需求，按照适区适种、适品适种、适时采收要求，加大农作物、畜禽和水产种质资源保护开发力度，培育推广适合加工的专用品种，引导各类市场主体按照品种培优、品质提升、品牌打造和标准化生产要求合理安排生产经营，打造优质绿色安全农产品生产基地。

（五）构建高效加工体系

扶持农民合作社和家庭农场发展冷藏保鲜、原料处理、杀菌、储藏、分级、包装等延时类初加工，以及干制、腌制、熟制、分级分割、速冻等食品类初加工。引导大型农业企业、食品企业开发类别多样、营养均衡、养生保健、方便快捷的系列化产品，发展食材预处理、面制、米制、带馅、调理等主食加工，培育原料基地＋中央厨房＋物流配送（餐饮门店、商超销售）以及中央厨房＋餐饮门店（连锁店、社区网点、终端客户）等模式，进一步延长加工链条。推进农产品加工循环、高值、梯次利用和减损增效取得实质性进展。

（六）集成加工技术成果

围绕产业链部署创新链、围绕创新链部署资金链和资源链，引导农产品加工企业牵头开展"产学研用"联合攻关，攻克食品预处理、分离提取、混合均质、灌装包装、减损增效等技术瓶颈。组织加工企业、研发团队和装备企业，打造共性技术研发平台和创新联合体，创制信息化、智能化、工程化加工装备，建设一批集成度高、系统性强、能应用、可复制的农产品加工技术集成基地，打造一批中国农业食品创新产业园。

（七）打造农业全产业链

围绕县域农业主导产业，引导县域农业产业化龙头企业牵头组建农业产业化联合体，前端联结农业研发、育种、生产等环节，后端延展加工、储运、销售、品牌、体验、消费、服务等环节，优化提升产业链供应链水平，实现全环节提升、全链条增值、全产业融合。引导有条件的头部企业，搭建全产业链数字平台，将上中下游经营主体纳入平台，打通全产业链上中下游环节，实现信息共享、品牌共创、渠道共建和质量安全可追溯。

（八）创响知名农业品牌

按照"有标采标、低标提标、无标创标"要求，培育标准"领跑者"。塑强区域公用品牌，加强农产品地理标志管理和品牌保护，深入实施地理标志农产品保护工程，推进现代农业全产业链标准化试点。引育一批有自主知识产权和品牌效应的龙头企业，引导企业与农户等共创企业品牌。培育一批"独一份、特别特、好中优"的"土字号""乡字号"产品品牌。加大品牌推介力度，讲好品牌故事，提升品牌公信力和品牌溢价能力。

三、做精做优乡村休闲旅游业

发挥乡村休闲旅游业在横向融合农文旅中的连接点作用，以农民和农村集体经济组织为主体，联合大型农业企业、文旅企业等经营主体，大力推进"休闲农业＋"，突出绿水青山特色、做亮生态田园底色、守住乡土文化本色，彰显农村的"土气"、巧用乡村的"老气"、焕发农民的"生气"、融入时代的"朝气"，推动乡村休闲旅游业高质量发展。

（九）保护生态资源和乡土文化

坚持生态优先、绿色发展，实现保护与开发并举、生产与生态并重。保护好森林、山丘、湖泊、溪流、草原、湿地等自然资源，利用好稻田、茶园、花海、牧场、养殖池塘、湖泊水库等田园风光，发挥好农业的涵养水源、保持水土、防风固沙、调节气候、净化空气、消除污染等重要作用；保护好传统村落、民族村寨、传统建筑、文物古迹、农业遗迹、灌溉工程等农业物质遗产，传承好民族民俗文化、传统手工艺、戏曲曲艺、渔歌、渔港文化等非物质遗产，形成以资源可持续利用、文化可接续传承为基础的乡村休闲旅游发展模式。

（十）发掘生态涵养产品

注重人与自然和谐共生，依托山水林田湖草沙等自然资源，结合农业资源保护利用、农村生态文明建设、农耕文化传承和节能减排降碳，发展生态观光、农事体验、户外拓展、自驾旅居等业态，开发森林人家、林间步道、健康氧吧、温泉水疗、水上漂流、滑草滑沙、星空露营等产品，打造一批循环农业、生态农牧、稻渔共生等生态样板，建设一批学农劳动、研学实践、科普教育等实训基地，创设一批农事生产、节气物候、自然课堂、健康养生等科普教程。

（十一）培育乡村文化产品

将乡村民俗文化、人文精神与现代要素、时尚元素和美学艺术相结合，深入发掘民间艺术、戏曲曲艺、手工技艺、民族服饰、民俗活动等活态文化，打造具有农耕特质、民族特色、地域特点的乡村文化项目，发展历史赋能、独具特色、还原传统的乡村民宿经济，制作乡村戏剧曲艺、杂技杂耍等文创产品，创响"珍稀牌""工艺牌""文化牌"的乡土品牌。大力弘扬以爱国主义为核心的民族精神和以改革创新为核心的时代精神，打造文化乡村，培育文明乡风，弘扬革命文化，赓续红色血脉。

（十二）打造乡村休闲体验产品

依托乡村资源，围绕多功能拓展、多业态聚集、多场景应用，开发乡宿、乡游、乡食、乡购、乡娱等综合体验项目。开发"看乡景"产品，建设采摘园、垂钓园、风情街、民俗村、农业主题公园等景点，发展景观农业、观光采摘、休闲垂钓、特色动植物观赏等业态，打造一批田园康养基地和田园式花园式乡景基地。开发"品乡味"产品，鼓励优质特色农产品实现地产地销、就地加工，发展乡味食堂、风味小吃、特色食品，培育精品农家菜和厨艺达人，举办乡土菜、农家宴推介和大赛。开发"享乡俗"产品，发展民族风情游、民俗体验游、村落风光游等业态，创设村歌、村晚、旅游演艺、节庆展会等节目，开发传统工艺、民族服饰等民族民俗特色产品。开发"忆乡愁"产品，发展文化体验、教育农园、亲子体验、研学示范等业态，开展"体验乡村休闲、感悟乡土文化""乡味从未散去、回首已是千年"等活动，讲好乡村故事，吸引居民望山见水忆乡愁。

（十三）提升乡村休闲旅游水平

以"绣花"功夫抓好乡村环境治理，以"标兵"姿态抓实乡村生活垃圾分类，以"园丁"精神抓好美丽庭院、美丽田园、美丽山水建设，改善餐饮、住宿、停车、厕所等设施条件，因地制宜加快推进农村生活污水治理。将先进的管理模式和理念引入乡村，制修订乡村休闲旅游服务规程和标准，用标准创响品牌，用品牌汇聚资源，让消费者体验乡村品质。

（十四）实施乡村休闲旅游精品工程

推动资源适度集聚，强化典型引领带动，构建"点线面"结合的乡村休闲旅游发展格局。培育1500个美丽宜人、业兴人和的美丽休闲乡村，推动产村融合发展，带动乡村生产生活生态价值提升。推介1000条运营成熟、体验美好的乡村休闲旅游精品景点线路，促进产业提质增效，打造一批乡村休闲旅游优势品牌和城乡居民休闲旅游"打卡地"。建设300个资源独特、设施完备、业态丰富、创新活跃的休闲农业重点县，推动县域统筹规划、整体推进、集成创新，打造一批乡村休闲旅游先行区。

四、做活做新农村电商

发挥农村电商在对接科工贸的结合点作用，实施"互联网＋"农产品出村进城工程，利用5G、云计算、物联网、区块链等技术，加快网络体系、前端仓库和物流设施建设，把现代信息技术引入农业产加销各个环节，建立县域农产品大数据，培育农村电商实体及网络直播等业态。

（十五）培育农村电商主体

引导平台企业、物流、商贸、金融、供销、邮政、快递等各类主体到乡村布局，完善农村商贸服务体系。坚持共建共享、互联互通原则，在促进工业品下乡的同时更加聚焦服务农产品上行，依托益农信息社、农村综合服务社、村邮站、快递网点、农产品购销代办站、农家店等经营主体发展电商末端服务网点。依托信息进村入户运营商、优质电商直播平台、直播机构和经纪公司，发展直播卖货、助农直播间、移动菜篮子等，培育农民直播销售员。

（十六）打造农产品供应链

建设产地仓储保鲜冷链基础设施，集中打造农产品生产供应基地，配备智能化设施设备和质量追溯设备，鼓励使用"一品一码""一捆一码""一筐一码"等追溯技术设备。提升农产品产地流通效率，创新农产品产地市场建设模式和运营机制，鼓励电商企业在产地建设一批头市场，推动国家级、区域性农产品产地市场开展农产品线上批发、零售和产销对接等活动，进一步拓宽农产品流通渠道。建设农产品县级集散配送中心，打造出村进城枢纽，提升集中采购和跨区域配送能力，完善网销农产品商品化处理、品控分拣、打包配送、统配统送等功能。建设产地初加工服务站，开展农产品分等分级、预冷仓储、包装等服务，整合快递物流等现有条件，完善县乡村三级物流体系。构建农产品供应链体系，实施"数商兴农"，打造农产品网络品牌，支持运营主体带动农户统一标准、统一生产、统一采购、统一品牌、统一销售，构建基于互联网的供应链管理模式，形成协同高效、利益共享的优质特色农产品供应链体系。

（十七）建立运营服务体系

提升电商服务功能，充分利用乡村网络站点优势，以低成本、简便易行的方式，与县级仓储物流节点有效衔接，构建网销服务体系。培育网络新零售，在大型电商平台开设旗舰店，培育零售电商、批发电商、分销电商以及社交电商、直播电商等新模式，形成多样化多层次的全网营销体系。注重线下渠道维护，与休闲体验相结合，建设优质特色农产品直营店、体验区，用网络营销带来的知名度促进线下销售。

（十八）强化农产品质量监管

强化农产品质量安全监测预警，稳定和加强基层农产品质量安全检验检测体系。加强乡镇农产品质量安全网格化管理，严查种植养殖屠宰环节使用禁限用药物行为，管控上市农产品常规农兽药残留超标问题，让生产者牢固树立"不合格不上市"的意识。推行食用农产品达标合格证制度，规范生产主体开具、使用合格证。积极探索利用现代信息技术的"阳光农安"智慧管理模式。支持产业化运营主体加强自我检测、全过程追溯。加快农产品田间管理、采后处理、分等分级、包装储运、产品追溯、信息采集等各环节标准研制。

五、创造良好发展环境

（十九）加强组织领导

各省（自治区、直辖市）要将拓展农业多种功能、促进乡村产业高质量发展作为全面推进乡村振兴的重点任务，按照"一个产业、一套班子、一套政策、一个团队"要求，建立统筹协调、多方参与、分工协作的推进机制，聚焦主导产业、聚集资源要素、聚合服务功能，促进规划、政策、标准等有效衔接，加强业务指导、项目扶持、示范带动，形成高效指导和促进体系。

（二十）搭建平台载体

将优势特色产业集群、现代农业产业园、农业产业强镇等农业产业融合发展项目、"互联网＋"农产品出村进城工程和农产品仓储保鲜冷链设施建设与拓展农业多种功能有机衔接,以项目建设带动农业多种功能拓展。提升农产品加工园区建设水平,配齐原料生产、精深加工、体验展示、物流配送等设施,打造一批国际农产品加工产业园。建设拓展农业多种功能先行区,开展拓展农业多种功能量化评估,探索建立乡村多元价值实现机制。培育一批农村电商产业园,引导各类人才入园创办网店、开办直播间。

(二十一)培育壮大龙头企业

扩大龙头企业认定范围,将乡村休闲旅游、乡土文化开发、农耕文化传播、农村电子商务等领域的龙头企业纳入农业产业化龙头企业认定范围。围绕制约农业农村现代化发展的"卡脖子"技术或短板领域,做强一批具有自主创新能力的科技领军型龙头企业。围绕粮棉油糖、肉蛋奶、种业等关系国计民生的重要行业,做强一批具有国际影响力的头部龙头企业。围绕果蔬茶等满足消费者多样需求的特色农产品领域,做优一批引领行业发展的骨干企业。围绕粮食生产功能区、重要农产品生产保护区、特色农产品优势区和脱贫地区,做大一批联农带农紧密的区域型龙头企业。

(二十二)完善配套政策

落实财税政策,鼓励有条件的地方按市场化方式设立乡村产业发展基金,执行好中小微企业税费优惠政策,落细农产品初加工企业所得税优惠政策,支持将烘干机配套设施、果菜茶初加工成套设备、蜜蜂养殖及蜂产品初加工成套设施装备等纳入农机新产品购置补贴试点范围。强化扶持政策,用好"银税互动""银信互动""银单互动"贷款机制,开发"专项贷、订单贷、链条贷"等金融产品,发挥农业信贷担保体系作用,支持产品有市场、项目有前景、技术有竞争力的乡村企业。鼓励社会资本到乡村投资兴业。落实农村一二三产业融合用地政策,推动各地制定乡村产业发展用地实施细则,保障农村一二三产业融合发展合理用地需求。

(二十三)强化指导服务

持续改善营商环境,加强乡村基础设施建设,畅通现代要素向乡村流动的渠道。建立乡村企业家智库,通过线上线下多种途径听取乡村企业家意见建议。引导各类互联网企业、平台型企业发挥自身优势,建立乡村企业"人地钱货"直通车服务平台,为企业提供资金技术、用地用电、高素质人才、营销渠道、运营管理等服务。

(二十四)筑牢科技和人才支撑

引进科技人才,重点引进科技领军人才、青年科技人才和高水平创新团队到乡村开展智力服务。培育企业家人才,重点培育现代乡村企业家、"小巨人"企业家和经营管理人才,扎根乡村、兴办乡产、带富乡亲。扶持创业人,支持返乡农民工、大学生、退役军人以及离退休人员、专业人员等返乡入乡创业,鼓励"田秀才""土专家""乡创客"和能工巧匠在乡创业。

(二十五)加强宣传引导推介

开展农业多种功能科普宣传,促进"山水乡愁"进学校、进社区、进家庭。总结凝练乡村产业高质量发展模式,通过中国国际农产品交易会、中国农产品加工业投资贸易洽谈会等农业展会以及农业展馆、地方特色馆等场所宣传推介。利用传统媒体和新媒体,多角度、全方位、立体式解读产业政策、宣传经验做法、推广典型模式,引导全社会共同关注、协力支持,营造良好舆论氛围。

"十四五"冷链物流发展规划

(国办发〔2021〕46号 2021年11月26日)

冷链物流是利用温控、保鲜等技术工艺和冷库、冷藏车、冷藏箱等设施设备,确保冷链产品在初加工、储存、运输、流通加工、销售、配送等全过程始终处于规定温度环境下的专业物流。推动冷链物流高质量发展,是减少农产品产后损失和食品流通浪费、扩大高品质市场供给,更好满足人民日益增长美好生活需要的重要手段;是支撑农业规模化产业化发展、促进农业转型和农民增收,助力乡村振兴的重要基础;是满足城乡居民个性化、品质化、差异化消费需求,推动消费升级和培育新增长点,深入实施扩大内需战略和促进形成强大国内市场的重要途径;是健全"从农田到餐桌、从枝头到舌尖"的生鲜农产品质量安全体系,提高医药产品物流全过程品质管控能力,支撑实施食品安全战略和建设健康中国的重要保障。

按照党中央、国务院决策部署，根据《中华人民共和国国民经济和社会发展第十四个五年规划和 2035 年远景目标纲要》，制定本规划。

一、现状形势

近年来，我国肉类、水果、蔬菜、水产品、乳品、速冻食品以及疫苗、生物制剂、药品等冷链产品市场需求快速增长，营商环境持续改善，推动冷链物流较快发展，但仍面临不少突出瓶颈和痛点难点卡点问题，难以有效满足市场需求。我国进入新发展阶段，人民群众对高品质消费品和市场主体对高质量物流服务的需求快速增长，新冠肺炎疫情防控常态化对冷链物流提出新的更高要求，冷链物流发展面临新的机遇和挑战。

（一）发展基础

行业规模显著扩大。近年来，我国冷链物流市场规模快速增长，国家骨干冷链物流基地、产地销地冷链设施建设稳步推进，冷链装备水平显著提升。2020年，冷链物流市场规模超过 3 800 亿元，冷库库容近1.8 亿立方米，冷藏车保有量约 28.7 万辆，分别是"十二五"期末的 2.4 倍、2 倍和 2.6 倍左右。

发展质量不断提升。初步形成产地与销地衔接、运输与仓配一体、物流与产业融合的冷链物流服务体系。冷链物流设施服务功能不断拓展，全链条温控、全流程追溯能力持续提升。冷链甩挂运输、多式联运加快发展。冷链物流口岸通关效率大幅提高，国际冷链物流组织能力显著增强。

创新步伐明显加快。数字化、标准化、绿色化冷链物流设施装备研发应用加快推进，新型保鲜制冷、节能环保等技术加速应用。冷链物流追溯监管平台功能持续完善。冷链快递、冷链共同配送、"生鲜电商＋冷链宅配"、"中央厨房＋食材冷链配送"等新业态新模式日益普及，冷链物流跨界融合、集成创新能力显著提升。

市场主体不断壮大。冷链物流企业加速成长，网络化发展趋势明显，行业发展生态不断完善。市场集中度日益提高，冷链仓储、运输、配送、装备制造等领域形成一批龙头企业，不断延伸采购、分销、信息等供应链服务功能，资源整合能力和市场竞争力显著提升。

基础作用日益凸显。冷链物流衔接生产消费、服务社会民生、保障消费安全能力不断增强，在调节农产品跨季节供需、稳定市场供应、平抑价格波动、减少流通损耗中发挥了重要作用。特别是在抗击新冠肺炎疫情中，冷链物流对保障疫苗等医药产品运输、储存、配送全过程安全作出重要贡献。

但同时，我国冷链物流发展不平衡不充分问题突出，跨季节、跨区域调节农产品供需的能力不足，农产品产后损失和食品流通浪费较多，与发达国家相比还有较大差距。从政策环境看，缺少统筹规划，东中西部、南北方和城乡间冷链物流基础设施分布不均，存在结构性失衡矛盾；冷链物流企业用地难、融资难、车辆通行难问题较为突出；冷链物流监管制度不全、有效监管不足，全链条监管体系有待完善。从行业链条看，产地预冷、冷藏和配套分拣加工等设施建设滞后；冷链运输设施设备和作业专业化水平有待提升，新能源冷藏车发展相对滞后；大中城市冷链物流体系不健全，传统农产品批发市场冷链设施短板突出。从运行体系看，缺少集约化、规模化运作的冷链物流枢纽设施，存量资源整合和综合利用率不高，行业运行网络化、组织化程度不够，覆盖全国的骨干冷链物流网络尚未形成，与"通道＋枢纽＋网络"的现代物流运行体系融合不足。从发展基础看，冷链物流企业专业化、规模化、网络化发展程度不高，国际竞争力不强；信息化、自动化技术应用不够广泛；冷链物流标准体系有待完善，强制性标准少，推荐性标准多，标准间衔接不够紧密，部分领域标准缺失，标准统筹协调和实施力度有待加强；冷链专业人才培养不足，制约行业发展。

（二）面临形势

产业升级和扩大内需开拓冷链物流发展新空间。我国已转向高质量发展阶段，产业加快迈向全球价值链中高端，现代农业、食品工业、医药产业、服务业全面升级，对高品质、精细化、个性化的冷链物流服务需求日益增长。"十四五"时期随着城乡居民消费结构不断升级，超大规模市场潜力将加速释放，为冷链物流提高供给水平、适配新型消费、加快规模扩张奠定坚实基础，创造广阔空间。

冷链产品安全和疫情防控强化冷链物流新要求。冷链产品安全关系人民群众身体健康和生命安全。当前，我国冷链物流"断链"、"伪冷链"等问题突出，与此相关的产品质量安全隐患较多，特别是新冠肺炎疫情发生以来，冷链物流承担着保障疫苗安全配送和食品稳定供应的艰巨任务，要求提高冷链物流专业服务和应急处置能力，规范市场运行秩序，完善全程追溯体系，更好满足城乡居民消费安全需要。

科技创新和数字转型激发冷链物流发展新动力。伴随新一轮科技革命和产业变革，大数据、物联网、第五代移动通信（5G）、云计算等新技术快速推广，有效赋能冷链物流各领域、各环节，加快设施装备数字化转型和智慧化升级步伐，提高信息实时采集、动态监测效率，为实现冷链物流全链条温度可控、过程可视、源头可溯，提升仓储、运输、配送等环节一体化运作和精准管控能力提供了有力支撑，有效促进冷链物流业态模式创新和行业治理能力现代化。

实行高水平对外开放创造冷链物流发展新机遇。坚持实施更大范围、更宽领域、更深层次对外开放，特别是深入推进共建"一带一路"和推动构建面向全球的高标准自由贸易区网络将进一步优化区域供应链环境，有效发挥我国超大规模市场优势，深化与相关国家贸易往来，扩大食品进出口规模，推动国内国际冷链物流标准接轨，借鉴推广先进冷链物流技术和管理经验，促进冷链物流高质量发展。

碳达峰碳中和对冷链物流低碳化发展提出新任务。冷链物流仓储、运输等环节能耗水平较高，在实现碳达峰、碳中和目标背景下，面临规模扩张和碳排放控制的突出矛盾，迫切需要优化用能结构，加强绿色节能设施设备、技术工艺研发和推广应用，推动包装减量化和循环使用，提高运行组织效率和集约化发展水平，加快减排降耗和低碳转型步伐，推进冷链物流运输结构调整，实现健康可持续发展。

二、总体要求

（一）指导思想

以习近平新时代中国特色社会主义思想为指导，深入贯彻党的十九大和十九届二中、三中、四中、五中、六中全会精神，增强"四个意识"、坚定"四个自信"、做到"两个维护"，立足新发展阶段，完整、准确、全面贯彻新发展理念，以推动高质量发展为主题，以深化供给侧结构性改革为主线，以改革创新为根本动力，以满足人民日益增长的美好生活需要为根本目的，统筹发展和安全，结合我国国情和冷链产品生产、流通、消费实际，聚焦制约冷链物流发展的突出瓶颈和痛点难点卡点，补齐基础设施短板，畅通通道运行网络，提升技术装备水平，健全监管保障机制，加快建立畅通高效、安全绿色、智慧便捷、保障有力的现代冷链物流体系，提高冷链物流服务质量效率，有效减少农产品产后损失和食品流通浪费，扩大高品质市场供给，保障食品和医药产品安全，改善城乡居民生活质量，为构建以国内大循环为主体、国内国际双循环相互促进的新发展格局提供有力支撑。

（二）基本原则

市场驱动，政府引导。充分发挥市场在资源配置中的决定性作用，强化企业的市场主体地位，激发市场竞争活力；更好发挥政府作用，到位不缺位，有为不越位，在规范行业运行秩序、营造良好营商环境等方面重点发力。引导资金、人才、技术等要素更多向冷链物流基础薄弱环节配置，集中力量补短板、强弱项，夯实行业发展基础。

统筹推进，分类指导。坚持系统观念，加强前瞻性思考、全局性谋划、战略性布局、整体性推进，统筹冷链物流运行、服务、监管、支撑体系建设，优化冷链物流设施布局与运行网络结构。针对产运销各主要环节、冷链产品重点品类冷链物流运作特点，因势利导，精准施策，系统推动不同地区、不同品类冷链物流高质量发展。

创新引领，提质增效。坚持创新发展，注重科技赋能，促进各类创新要素向企业集聚，着力推动冷链物流系统优化与集成创新，激发内生发展动力。推进冷链物流技术工艺、业态模式、经营管理、监管方式创新，提高服务品质和价值创造能力，提升行业运行效率和发展效能。

区域协同，联动融合。统筹东中西部、南北方和城乡协调发展，密切农产品优势产区和大中消费市场联系，促进城市群、都市圈冷链物流资源优化整合和一体化运作。加强冷链物流与现代农业、冷链产品加工、商贸流通等产业融合发展，有效扩大中高端冷链物流服务供给，支撑带动相关产业做大做强做优。

绿色智慧，安全可靠。顺应绿色生产生活方式发展趋势和推进碳达峰、碳中和需要，把绿色发展理念贯穿到冷链物流全链条、各领域，以数字化转型整体驱动冷链物流运行管理和治理方式变革，提升行业绿色智慧发展水平。坚守安全底线，压实各方责任，强化行业监管，加强冷链风险预警防控机制和应急处置能力建设，提高冷链产品安全保障水平。

（三）发展目标

到2025年，初步形成衔接产地销地、覆盖城市乡村、联通国内国际的冷链物流网络，基本建成符合我国国情和产业结构特点、适应经济社会发展需要的冷链物流体系，调节农产品跨季节供需、支撑冷链产品跨区域流通的能力和效率显著提高，对国民经济和社会发展的支撑保障作用显著增强。

——基础设施更加完善。依托农产品优势产区、重要集散地和主销区，布局建设100个左右国家骨干冷链物流基地；围绕服务农产品产地集散、优化冷链产品销地网络，建设一批产销冷链集配中心；聚焦产地"最先一公里"和城市"最后一公里"，补齐两端冷链物流设施短板，基本建成以国家骨干冷链物流基地为核心、产销冷链集配中心和两端冷链物流设施为支撑的三级冷链物流节点设施网络，支撑冷链物流深度融入"通道＋枢纽＋网络"现代物流运行体系，与国家物流网络实现协同建设、融合发展。

——发展质量显著提高。冷链物流规模化组织效率大幅提升，成本水平显著降低。精细化、多元化、品质化冷链物流服务能力显著增强，形成一批具有较强国际竞争力的综合性龙头企业。冷链物流技术装备水平显著提升，冷库、冷藏车总量保持合理稳定增长，区域分布更加优化、功能类型更加完善。冷链物流标准化、智慧化、绿色化水平明显提高。冷链物流温度达标率全面提高，国家骨干冷链物流基地冷库设施温度达标率达到国际一流水平。肉类、果蔬、水产品产地低温处理率分别达到 85%、30%、85%，农产品产后损失和食品流通浪费显著减少。

——监管水平明显提升。冷链物流监管法律法规进一步完善，"政府监管、企业自管、行业自律、社会监督"的监管机制基本建立，贯穿冷链物流全流程的监测监管体系初步形成。冷藏车、冷藏箱、重点冷链产品全程监控基本实现全覆盖。医药产品冷链追溯体系进一步完善，广覆盖、高效率、低成本、安全可靠的医药产品冷链物流网络基本形成。

展望 2035 年，全面建成现代冷链物流体系，设施网络、技术装备、服务质量达到世界先进水平，行业监管和治理能力基本实现现代化，有力支撑现代化经济体系建设，有效满足人民日益增长的美好生活需要。

三、现代冷链物流体系总体布局

(一) 打造"321"冷链物流运行体系

完善国家骨干冷链物流基地布局，加强产销冷链集配中心建设，补齐两端冷链物流设施短板，夯实冷链物流运行体系基础，加快形成高效衔接的三级冷链物流节点；依托国家综合立体交通网，结合冷链产品国内国际流向流量，构建服务国内产销、国际进出口的两大冷链物流系统；推进干支线物流和两端配送协同运作，建设设施集约、运输高效、服务优质、安全可靠的国内国际一体化冷链物流网络。"三级节点、两大系统、一体化网络"融合联动，形成"321"冷链物流运行体系。

专栏1 三级冷链物流节点建设工程

国家骨干冷链物流基地建设工程。综合考虑冷链产品生产、流通、消费空间格局，稳步推进国家骨干冷链物流基地建设，加强与国家物流枢纽联动对接，串联整合存量冷链物流设施资源，加强功能性设施建设，突出产业引领、产地服务、城市服务、中转集散、生产加工、口岸贸易等需求特点，打造冷链物流集群。引导国家骨干

冷链物流基地间、国家骨干冷链物流基地与产销冷链集配中心间加强功能与业务对联，支撑构建冷链物流骨干通道。

产销冷链集配中心建设工程。建设一批集货、预冷、分选、加工、冷藏、发货、检测、收储、信息等功能于一体的产地冷链集配中心，提高农产品产后集散和商品化处理效率。建设一批集仓储、分拣、包装、配送、半成品加工等功能于一体的销地冷链集配中心，完善销地城市冷链物流系统，提高区域分拨配送效率。

两端冷链物流设施补短板工程。聚焦农产品产地"最先一公里"冷链物流设施短板，结合实际需要在田间地头建设一批具备保鲜、预冷等功能的小型、移动仓储设施。面向城市"最后一公里"消费需求，引导农贸市场、商超、便利店、药店、生鲜电商、快递企业等完善城市末端冷链物流设施。

(二) 构建冷链物流骨干通道

结合我国冷链产品流通和进出口主方向，串接京津冀、长三角、珠三角、成渝、长江中游等城市群与西北、西南、东南沿海、中部、华东、华北、东北等农产品主产区，建设北部、鲁陕藏、长江、南部等"四横"冷链物流大通道，以及西部、二广、京鄂闽、东部沿海等"四纵"冷链物流大通道，形成内外联通的"四横四纵"国家冷链物流骨干通道网络（见附件），发挥通道沿线国家骨干冷链物流基地、产销冷链集配中心基础支撑作用，提升相关口岸国内外冷链通道衔接和组织能力。提高国家骨干冷链物流基地间供应链协同运行水平，推动基地间冷链物流规模化、通道化、网络化运行。引导冷链物流要素和上下游产业沿通道集聚发展，加强设施联动、信息联通、标准衔接，推动形成冷链物流产业走廊。

(三) 健全冷链物流服务体系

聚焦"6+1"重点品类（肉类、水果、蔬菜、水产品、乳品、速冻食品等主要生鲜食品以及疫苗等医药产品），分类优化冷链服务流程与规范，提升专业化冷链物流服务能力。完善仓储、运输、流通加工、分拨配送、寄递、信息等冷链服务功能，强化一体化服务能力，打造运转顺畅的供应链，支撑冷链产品产销精准高效对接。丰富数字化、智慧化技术应用场景，深化冷链物流与相关产业融合发展，推动冷链物流业态、模式、组织与技术创新，提升协同化、平台化服务水平，拓展上下游产业价值空间。

(四) 完善冷链物流监管体系

加快建设全国性冷链物流追溯监管平台，完善全

链条监管机制，针对冷链物流环境、主要作业环节、设施设备管理等重点，规范实时监测、及时处置、评估反馈等监管过程，逐步分类实现全程可视可控、可溯源、可追查。创新监管手段，加大现代信息技术和设施设备应用力度，强化现场和非现场监管方式有机结合。借鉴新冠肺炎疫情防控期间进口冷链食品检验检测检疫经验做法，优化完善工作机制，建立科学、可靠、高效的冷链物流检验检测检疫体系。

（五）强化冷链物流支撑体系

推动第三方冷链物流企业专业化发展、规模化经营和数字化转型，着力培育具有较强国际竞争力的龙头企业。加大冷链物流关键技术和先进装备研发力度，鼓励节能环保技术应用。推动建立冷链物流统计评价体系，准确掌握冷链物流基础要素底数，及时客观反映行业发展情况。完善冷链物流标准体系，强化国内国际标准对接。加大复合型冷链物流专业人才培养力度，壮大多层次冷链物流人才队伍。

四、夯实农产品产地冷链物流基础

（一）完善产地冷链物流设施布局

完善冷链源头基点网络。适应不同农产品冷链物流要求，引导家庭农场、农民合作社、农村集体经济组织等在重点镇和中心村，结合实际需要分区分片合理集中建设产地冷藏保鲜设施。发展产地冷链物流设施设备租赁等社会化服务，探索发展共享式"田头小站"等移动冷库，提高产地源头冷链物流设施综合利用效率。

建设产地冷链集配中心。结合新型城镇化建设，依托县城、重点镇布局建设一批产地冷链集配中心，改善产地公共冷库设施条件，强化产地预冷、仓储保鲜、分级分拣、初加工、产地直销等能力，提高农产品商品化处理水平，减少产后损失，实现优质优价。服务本地消费市场，拓展产地冷链集配中心中转集散、分拨配送功能，优化完善县乡村冷链物流服务。

（二）构建产地冷链物流服务网络

优化农产品田头集货组织。鼓励各类农业经营主体和冷链物流企业加强合作，提高"最先一公里"冷链物流服务能力，满足源头基点网络储运需求。培育一批产地移动冷库和冷藏车社会化服务主体，发展设施巡回租赁、"移动冷库＋集配中心（物流园区）"等模式，构建产地移动冷链物流设施运营网络，提高从田间地头向产地冷藏保鲜设施、移动冷库等的集货效率，缩短农产品采后进入冷链物流环节的时间。

提高农产品出村进城效率。引导专业冷链物流企业适应农产品产地多点布局和小批量、多批次运输需

求特点，开展从冷链源头基点到冷链集配中心、国家骨干冷链物流基地的干支衔接运输组织，构建稳定、高效、低成本运行的农产品出村进城冷链物流网络。鼓励电商、快递企业利用既有物流网络，整合产地冷链物流资源，拓展农产品出村进城冷链物流服务渠道，提高网络利用效率。

（三）创新产地冷链物流组织模式

促进农产品产地直供发展。加强产地到销地直达冷链物流服务能力建设，支撑农产品流通模式创新，推动新型农业经营主体发展农超对接、农批对接、农企对接、农社对接等农产品流通模式。鼓励产地冷链集配中心开展净菜、半成品加工，为餐饮企业、学校、机关团体等终端大客户提供直供直配服务。

助力打造产地农产品品牌。围绕特色农产品优势产区，拓展产地冷链集配中心、国家骨干冷链物流基地的交易展示、安全检测、溯源查询、统仓统配等功能，增强农产品品控能力，完善绿色食品、有机农产品、地理标志农产品等认证配套，着力打造特色鲜明、品质一流的农产品品牌。

专栏 2　农产品产地冷链物流设施补短板工程

> 产地保鲜设施建设工程。支持各类农业生产经营主体和企业结合实际需要，在农产品主产区和特色农产品优势产区建设田头小型冷藏保鲜设施，健全农产品生产区村级物流（寄递）服务点、农村电商服务站点、益农信息社配套冷链物流设施。
>
> 移动冷库推广应用工程。研究制定移动冷库建设标准。选择部分农产品主产区开展试点示范，推广一批适应产地需求、通用性强、标准化程度高的移动冷库。

五、提高冷链运输服务质量

（一）强化冷链运输一体化运作

推动干线运输规模化发展。充分发挥国家骨干冷链物流基地等大型冷链物流设施资源集聚优势，开展规模化冷链物流干线运输，提高冷链物流去程回程均衡发展水平。大力发展公路冷链专线、铁路冷链班列等干线运输模式，进一步提高铁路、水运、航空在中长距离冷链物流干线运输中的比重。规范平台型企业发展，提高冷链物流信息共享水平，集聚整合货源、运力、仓储等冷链资源，提高冷链物流干线运输组织化、规模化水平。

促进干线支线有机衔接。完善国家骨干冷链物流

基地等的集疏运体系，发展中转换装、区域分拨，推动冷链物流干线运输与区域分拨配送业务高效协同。以产销冷链集配中心为支撑，高效衔接国家骨干冷链物流基地和两端冷链物流设施，构建干支线运输和两端集配一体化运作的区域冷链物流服务网络。鼓励物流企业延伸业务链条，强化综合服务能力，提供"干线运输＋区域分拨＋城市配送"冷链物流服务。

（二）推动冷链运输设施设备升级

提高冷藏车发展水平。严格冷藏车市场准入条件，加大标准化车型推广力度，统一车辆等级标识、配置要求，推动在车辆出厂前安装符合标准要求的温度监测设备等，加快形成适应干线运输、支线转运、城市配送等不同需求的冷藏车车型和规格体系。研究制定标准化冷藏车配置方案，引导和规范不同容积车辆选型。有计划、分步骤淘汰非标准化冷藏车。加强冷藏车生产、改装监管，严厉打击非法改装。加快推进轻型、微型新能源冷藏车和冷藏箱研发制造，积极推广新型冷藏车、铁路冷藏车、冷藏集装箱。

促进运输载器具单元化。鼓励批发、零售、电商等企业将标准化托盘、周转箱（筐）作为采购订货、收验货的计量单元，引导冷链运输企业使用标准化托盘、周转箱（筐）、笼车等运载单元以及蓄冷箱、保温箱等单元化冷链载器具，提高带板运输比例。加强标准化冷链载器具循环共用体系建设，完善器具租赁、维修、保养、调度等公共运营服务。鼓励企业研发应用适合果蔬等农产品的单元化包装，推动冷链运输全程"不倒托"、"不倒箱"，减少流通环节损耗。

（三）发展冷链多式联运

完善冷链多式联运设施。鼓励国家骨干冷链物流基地等完善吊装、平移等换装转运专用设施设备，加强自动化、专业化、智慧化冷链多式联运设施建设。因地制宜增强国家物流枢纽、综合货运枢纽冷链物流服务功能，推进港口、铁路场站冷藏集装箱堆场建设和升级改造，配套完善充电桩等设施设备。

优化冷链多式联运组织。培育冷链多式联运经营人，统筹公路、铁路、水运、航空等多种运输方式和邮政快递，开展全程冷链运输组织，积极发展全程冷链集装箱运输。依托具备条件的国家骨干冷链物流基地等开展中长距离铁路冷链运输，串接主要冷链产品产地和销地，发展集装箱公铁水联运。依托主要航空枢纽、港口，加强冷链卡车航班、专线网络建设，提高多式联运一体化组织能力。大力发展冷链甩挂运输，鼓励企业建立"冷藏挂车池"，有机融入公路甩挂运输体系，完善冷藏车和冷链设施设备共享共用机制，提高冷链甩挂运输网络化发展水平。鼓励现有多式联运公共信息平台集聚整合运输企业、中介等的冷链物流相关信息，拓展完善冷链物流服务功能，提高货源、运力、仓储等冷链资源供需匹配效率。

增强冷链国际联运能力。提升中欧班列冷链物流服务水平，强化多式联运组织能力，畅通亚欧陆路冷链物流通道。依托中国—东盟多式联运联盟基地，拓展西部陆海新通道海铁联运、国际铁路联运、跨境公路班车国际冷链物流业务。鼓励具备实力的企业布局建设冷链海外仓，提升跨境冷链物流全程组织能力。大力发展面向高端生鲜食品、医药产品的航空冷链物流，提高公空、空空联运效率。鼓励主要农产品进出口口岸城市积极发展国际冷链物流多式联运，打造一批国际冷链物流门户枢纽。

专栏3　冷链运输提质增效降本工程

冷链干线运输规模提升工程。在具备条件的国家骨干冷链物流基地间试点开行小编组直达冷链班列和公路冷链专线。在高附加值特色农产品集中上市季节，开通连接优势产区与主要消费市场的冷链航空货运临时加班绿色通道和铁路冷链快运。

冷链物流多式联运示范工程。以西部陆海新通道海铁联运班列等为重点，在冷链物流领域积极探索建设多式联运示范工程，打造精品联运线路，开展品牌化运营，加强不同运输方式规则、单据对接，探索应用"一单制"。

冷链标准化载器具推广应用工程。依托国家骨干冷链物流基地、产销冷链集配中心等，围绕产地集货、干线运输、城市配送等冷链物流重点环节，扩大标准化托盘、周转箱（筐）、周转袋、冷藏集装箱等应用范围。依托各类物流标准化冷链载器具循环共用平台，引导冷链物流、设备生产、设备租赁等企业加强协作，提高标准化冷链载器具共享利用水平。

六、完善销地冷链物流网络

（一）加快城市冷链物流设施建设

推进销地冷链集配中心建设。在消费规模和物流中转规模较大的城市新建和改扩建一批销地冷链集配中心，集成整合流通加工、区域分拨、城市配送等功能。在符合规划的前提下，研究利用绕城高速公路沿线可开发地块等建设"近城而不进城"的销地冷链集配中心，提高冷链干线与支线衔接效率。密切销地冷链集配中心与存量冷链设施业务联系，引导冷库等设施向销地冷链集配中心集中，推进城市冷链设施布局优化。

加快商贸冷链设施改造升级。推动农产品批发市场冷库改造，配套建设封闭式装卸站台等设施，完善流通加工、分拨配送、质量安全控制等功能。鼓励商超、生鲜连锁店加大零售端冷链设施改造升级力度，提高冷链物流服务能力。引导城市商业街区、商圈、农贸市场共建共享小型公共冷库。淘汰关停不合规不合法冷库。

完善末端冷链设施功能。加大城市冷链前置仓等"最后一公里"设施建设力度，鼓励移动冷库、智慧冷链自动售卖机、冷链自提柜等在城市末端配送领域广泛应用。推动末端冷链配送服务站点建设改造，完善新能源冷藏车充电设施布局，扩大城市冷链网络覆盖范围。

（二）健全销地冷链分拨配送体系

强化区域分拨功能。扩大国家骨干冷链物流基地分拨服务范围，重点完善面向区域内销地冷链集配中心、冷链配送网点的区域分拨服务网络，以及销地冷链集配中心面向大型商超、农贸市场等的分拨服务网络。推动城市群、都市圈销地冷链集配中心共用共营，构建高效分拨服务圈。

提升末端配送效能。鼓励销地冷链集配中心、中央厨房等整合"最后一公里"配送资源，面向商超、生鲜连锁店、酒店餐饮、学校、机关团体等开展农产品集中采购、流通加工、多温共配。鼓励城市群、都市圈建立统一规划、统一平台、统一标准、统一管理的同城化冷链配送体系，补齐停靠接卸设施短板，加强城市通行政策协同，便利冷藏车装卸通行。

（三）创新面向消费的冷链物流模式

培育冷链物流配送新方式。依托国家骨干冷链物流基地和销地冷链集配中心搭建城市冷链智慧公共配送平台，整合冷链运力资源，动态优化城市配送路径，提升城市配送效率。鼓励物流企业规模化集并城市冷链和常温货物配送，加大多温区配送车、蓄冷保温箱和保温柜等推广应用力度，推动多种形式多温共配发展。积极推广"分时段配送"、"无接触配送"、"夜间配送"，发展与新消费方式融合的冷链配送新业态、新模式。鼓励物业服务企业开展冷链末端配送业务。深化城乡冷链配送网络协同发展，共享共用末端设施网点和配送冷藏车，提高存量网络资源利用率。

鼓励发展生鲜农产品新零售。支持快递企业加强冷链物流服务能力建设，支持农产品流通企业、连锁商业、电商企业等拓展生鲜农产品销售渠道，扩大辐射范围和消费规模。加强城市冷链即时配送体系建设，支持生鲜零售、餐饮、体验式消费融合创新发

展，满足城市居民个性化、品质化消费需求。

专栏4　销地冷链物流提升工程

> 城市冷链物流设施升级工程。支持农产品批发市场老旧冷库改造升级，使用环境友好型制冷剂，降低能耗水平，减少温室气体排放，鼓励建设公共冷库、净菜加工车间等设施。支持国家骨干冷链物流基地和销地冷链集配中心建设流通型冷库、中央厨房等设施。
>
> 城市冷链末端配送提效工程。引导冷链物流企业建立城市群、都市圈共同配送联盟，组建冷链运输车队，搭建公共配送平台，开展多温共配，培育一批冷链配送品牌。鼓励冷链物流企业以人口规模较大和密度较高的大型社区为重点，与商超、社区菜店等合作开展"一周一配"、"一周多配"、"一日一配"、"一日多配"等定时冷链配送服务，实现冷链到家。

七、优化冷链物流全品类服务

（一）肉类冷链物流

加快建立冷鲜肉物流体系。顺应畜禽屠宰加工向养殖集中区域转移需要，适应消费升级新趋势，加快构建"集中屠宰、品牌经营、冷链流通、冷鲜上市"的肉类供应链体系。完善规模屠宰、预冷排酸、低温分割、保鲜包装、冷链储运链条，加强全程温控和监管追溯。鼓励冷鲜肉生产、流通企业对接农贸市场、连锁超市、社区生鲜店铺、生鲜电商等流通渠道，拓展直营零售网点，健全冷鲜肉生产、流通和配送体系，提高冷鲜肉在肉类消费中的比重。促进肉类冷链物流与上下游深度融合创新，推动发展"牧场＋超市"、"养殖基地＋肉制品精深加工＋超市"等新模式。

升级肉类冷链物流设施。加强生猪、肉羊、肉牛、肉禽优势产区冷链物流设施建设，构建畜禽主产区和主销区有效对接的冷链物流基础设施网络。鼓励屠宰企业建设标准化预冷和低温分割加工车间、配套冷库等设施。支持肉类公共冷库改扩建、智慧化改造及配套设施建设。适应减少畜禽活体跨区域运输要求，积极推广应用挂肉冷藏车等专用设施设备。

（二）果蔬冷链物流

完善果蔬冷链物流设施设备配套条件。结合我国果蔬优势产区分布以及南菜北运、西果东输、果蔬进出口等流向特征，因地制宜建设经济适用、节能环保、绿色高效的仓储保鲜设施，延长销售周期，提高

反季节销售水平。加强配套冷链设施建设，推动构建反季节蔬菜、高原夏菜、热带水果等从优势产区到主销区的全流程果蔬冷链物流体系。推广移动冷库、预冷设施应用，合理配套布局插电装置，加强移动冷链设施设备与产地冷链集配中心高效联动，合理设置田头停车、换装场地，完善果蔬"最先一公里"冷链配套设施。支持适合果蔬特点的可循环利用包装、载器具以及零售末端保鲜柜等设备使用。

提升农产品产地商品化处理水平。新建或改造产地预冷设施，配备果蔬清洗、分级、分拣、切割、包装等设施设备。鼓励广泛使用冷链设施开展果蔬保鲜，大幅减少保鲜药物使用。推进商品化包装与冷链包装一体化，完善脱水干制、称量包装、检验检测、低损输送、质量管控等配套功能，提高果蔬产地商品化处理能力，减少流通损耗。

（三）水产品冷链物流

强化水产品产地保鲜加工设施建设。完善鱼塘、渔船、渔港预冷保鲜设施装备，建设速冻、冷藏、低温暂养等配套设施。推动建设一批冷藏加工一体化的水产品产地冷链集配中心，引导水产品就近加工。完善覆盖养殖捕捞、到岸装卸、加工包装、仓储运输、质量管控等环节的冷链物流设施装备，支持冷链全链条无缝对接和安全温控数据共享。

健全支撑水产品消费的冷链物流体系。加强水产品产地销地冷链物流对接，加快提升销地冷链分拨配送能力，推动沿海、重要江河流域等优势产区构建辐射全国的冷链物流网络。鼓励活鱼纯氧高密度冷链等鲜活水产品冷链配送技术创新，适应和满足持续扩大的高品质水产品消费需求。完善水产品进口相关冷链配套设施，提高进口水产品冷链物流服务与快速检验检测检疫能力。支持口岸机场建设具有国际货运、冷链仓储、报关、检验检测检疫等功能的水产品航空货运冷链物流服务通道。

（四）乳品冷链物流

推进奶业主产区冷链物流设施建设。重点支持东北、华北、中原、西北等奶业主产区冷链物流设施建设。鼓励规模化奶业企业升级冷链物流设备，支持牧场、奶农合作社、养殖小区、生鲜乳收购站等建设生乳冷却设施，配备生乳专用恒温运输槽车，提高生乳冷却、储存、运输一体化运作效率和温度质量管控水平。

加强低温液态奶冷链配送体系建设。发挥龙头乳品企业以及电商、连锁超市等流通渠道作用，完善从生产厂商至消费者的低温液态奶全程冷链物流系统，规范销售终端温度控制管理。推动传统奶站改造升级，加强服务社区的低温液态奶宅配仓建设，推广新型末端配送冷藏车等设施设备，发展网格化、高频率

配送到家服务，提高低温液态奶末端配送时效性。

（五）速冻食品冷链物流

推动冷链物流与速冻食品产业联动发展。在吉林、黑龙江、河南、山东等速冻食品生产大省，引导速冻食品产业集聚区、龙头生产企业对接国家骨干冷链物流基地和产销冷链集配中心，打通原材料采购、产品销售的全流程冷链服务链条，促进速冻食品产业规模化、集约化发展。构建速冻食品冷链过程质量快速检测体系，完善冷链物流服务追溯体系。

提升冷链物流对速冻食品消费保障能力。顺应城市快节奏生活方式和城乡居民对速冻食品日益增长的消费需求，加强冷链物流服务保障，提升末端配送服务品质，支撑速冻食品流通渠道由线下为主向线上线下多渠道拓展。适应连锁餐饮、团餐等标准化、流程化经营要求，依托产销冷链集配中心、中央厨房等设施，加快发展速冻类标准食材、食材半成品供应链，提高品控能力。

（六）医药产品冷链物流

完善医药产品冷链物流设施网络。鼓励医药流通企业、药品现代物流企业建设医药物流中心，完善医药冷库网络化布局及配套冷链设施设备功能，提升医药产品冷链全程无缝衔接的信息化管理水平。推动医药流通企业按《药品经营质量管理规范》要求配备冷藏冷冻设施设备，支持疾控中心、医院、乡镇卫生院（室）等医疗网点提高医药产品冷链物流和使用环节的质量保障水平。加强医药物流中心与冷链末端的无缝衔接，鼓励发展多温共配、接力配送等模式，探索发展超低温配送，构建广覆盖、高效率、低成本、安全可靠的医药产品冷链物流网络。

提升医药产品冷链物流应急保障水平。研究将医药产品冷链物流纳入国家应急物资保障平台，整合行业医药冷库、车辆、标准化载器具等资源，健全应急联动服务及统一调度机制，提高医药产品冷链应急保障能力。完善全国统一的医药产品冷链物流特别管理机制，保障紧急状态下疫苗及其他医药产品冷链运输畅通和物流过程质量安全。

专栏5 医药产品冷链物流提质工程

医药产品冷链物流集配中心建设工程。依托医药物流中心建设集约化医药产品冷链物流集配中心，集聚疫苗、生物制剂等医药产品生产企业、药品现代物流企业等冷链物流资源，整合疾控中心、医院、血站、药店等的冷链物流需求，提升医药产品冷链物流供需精准对接水平和规模化发展能力。

医药产品冷链物流追溯体系建设工程。加强疫苗、生物制剂等医药产品生产企业、医药产品批发零售企业、药品现代物流企业、医药物流中心及疾控中心、医院、乡镇卫生院（室）冷链物流追溯管理系统建设和应用，配套完善设施设备。规范医药产品生产、运输、分销、终端使用各环节温湿度等监控信息上传管理，加强部门协同，建立健全医药产品冷链物流追溯体系。

八、推进冷链物流全流程创新

（一）加快数字化发展步伐

推进冷链设施数字化改造。推动冷链物流全流程、全要素数字化，鼓励冷链物流企业加入温度传感器、温度记录仪、无线射频识别（RFID）电子标签及自动识别终端、监控设备、电子围栏等设备的安装与应用力度，推动冷链货物、场站设施、载运装备等要素数据化、信息化、可视化，实现对到货检验、入库、出库、调拨、移库移位、库存盘点等各作业环节数据自动化采集与传输。构建全国性、多层级数字冷链仓库网络。开展数字化冷库试点工作，推动形成一批可复制可推广的经验。

完善专业冷链物流信息平台。支持国家骨干冷链物流基地建设运营主体搭建专业冷链物流信息平台，广泛集成区域冷链货源、运力、库存等市场信息，通过数字化方式强化信息采集、交互服务功能，为冷链干线运输、分拨配送、仓储服务、冷藏加工等业务一体化运作提供平台组织支撑。鼓励商会协会、骨干企业等搭建市场化运作的冷链物流信息交易平台，整合市场供需信息，提供冷链车货匹配、仓货匹配等信息撮合服务，提高物流资源配置效率。推动专业冷链物流信息平台间数据互联共享，打通各类平台间数据交换渠道，更大范围提高冷链物流信息对接效率。

（二）提高智能化发展水平

推动冷链基础设施智慧化升级。围绕国家骨干冷链物流基地、产销冷链集配中心等建设，加快停车、调度、装卸、保鲜催熟、质量管控等设施设备智慧化改造升级。鼓励企业加快传统冷库等设施智慧化改造升级，推广自动立体货架、智能分拣、物流机器人、温度监控等设备应用，打造自动化无人冷链仓。

加强冷链智能技术装备应用。推动大数据、物联网、5G、区块链、人工智能等技术在冷链物流领域广泛应用。鼓励冷链物流企业加快运输装备更新换代，加强车载智能温控、监控技术装备应用。推动冷库"上云用数赋智"，加强冷链智慧仓储管理、运输

调度管理等信息系统开发应用，优化冷链运输配送路径，提高冷库、冷藏车利用效率。推动自动消杀、蓄冷周转箱、末端冷链无人配送装备等研发应用。

（三）加速绿色化发展进程

提高冷链物流设施节能水平。鼓励企业对在用冷库以及冻结间、速冻装备、冷却设备等低温加工装备设施开展节能改造，推广合同能源管理、节能诊断等模式。研究制定冷库、冷藏车等能效标准，完善绿色冷链物流技术装备认证及标识体系，逐步淘汰老旧高能耗冷库和制冷设施设备。支持国家骨干冷链物流基地、产销冷链集配中心等加强公共充电桩、加气站建设。新建冷库等设施严格执行国家节能标准要求，鼓励利用自然冷能、太阳能等清洁能源。提高冷库、冷藏车等的保温材料保温和阻燃性能。

加大绿色冷链装备研发应用。研究制定绿色冷链技术及节能设施设备推广目录，鼓励使用绿色、安全、节能、环保冷藏车及配套装备设施。加快淘汰高排放冷藏车，适应城市绿色配送发展需要，鼓励新增或更新的冷藏车采用新能源车型。研发应用符合冷链物流特点的蓄冷周转箱、保温包装、保温罩等。研究加强冷链物流全流程、全生命周期碳排放管理，加强低温加工、冷冻冷藏、冷藏销售等环节绿色冷链装备研究应用，鼓励使用绿色低碳高效制冷剂和保温耗材，提高制冷设备规范安装操作和检修水平，最大限度减少制冷剂泄漏，推动制冷剂、保温耗材等回收和无害化处理。

专栏6　冷链物流创新低碳发展工程

冷链物流数字化发展工程。支持具备条件的物流企业开展数字化改造建设试点，推进数字化技术装备应用、数字化管理模式创新、数字化网络协同。建立深度感知智能仓储系统，实现冷库存、取、管全程智慧化，提高作业效率和仓储管理水平。

冷链物流设施绿色改造工程。支持冷链物流企业、农产品批发市场、生产加工企业等对冷库、中央厨房、低温车间等建筑物围护结构、制冷系统、照明设备等实施节能改造，支持具备条件的建筑物屋顶安装太阳能光伏发电设施，推动新型节电、节水设施设备应用。

新能源城市配送冷藏车更新工程。结合城市绿色货运配送示范工程，完善城市配送车辆选型指南，加强城市配送冷藏车车型、安全、环保等方面技术管理，健全完善相关配套设施，大力推广应用新能源冷藏车。

（四）提升技术装备创新水平

加强冷链物流技术基础研究和装备研发。聚焦冷链物流相关领域关键和共性技术问题，部署国家级技术攻关，加强冷链产品品质劣变腐损的生物学原理及其与物流环境之间耦合效应、高品质低温加工、高效节能与可再生能源利用、环保制冷剂及安全应用、冷链安全消杀等基础性研究，夯实冷链物流发展基础。在"十四五"国家重点研发计划中支持冷链物流相关技术研发，从源头提升我国冷链技术装备现代化水平。

完善冷链技术创新应用机制。强化企业创新主体地位，打造以企业为主体、市场为导向、产学研用深度融合的冷链物流技术装备创新应用体系。支持企业与高等院校、科研机构、行业协会等共建冷链技术装备创新应用平台，结合市场需求，聚焦果蔬预冷、速冻、冷冻冷藏、冷藏运输与宅配、冷链信息化智慧化等应用场景，集中优势力量，开展冷链装备研发和产业化应用。

专栏7 冷链物流设备更新工程

引导国家骨干冷链物流基地、产销冷链集配中心等优先推广应用新型分级预冷装置、大容量冷却冷冻机械。鼓励冷链物流企业使用节能环保多温区冷藏车，推广新型保鲜减震包装材料、多温区陈列销售设备，提高冷链物流技术装备现代化水平。

（五）打造消费品双向冷链物流新通道

畅通高品质农产品上行通道。在现有农产品出村进城通道基础上，适应现代农业规模化、产业化发展趋势，发挥冷链物流对高品质农产品生产、流通、减损的支撑保障作用，按照"一村一品"、"一县一品"、"多品聚集"，发展"平台企业＋农业基地"、"生鲜电商＋产地直发"等新业态新模式，推动形成产销密切衔接、成本低、效率高的农产品出村进城新通道，促进冷链惠农、品牌兴农、特色富农。

完善高品质生鲜消费品下行通道。结合新型城镇化建设，促进消费品下乡进村通道升级，推动冷链物流服务网络向中小城镇和具备条件的农村地区下沉，加快推进"快递进村"工程，鼓励供销、邮政快递、交通运输、电商等企业共建共用冷链物流设施，打通高品质生鲜消费品下乡进村新通道，扩大生鲜等高品质消费品供给。

推动城乡冷链网络双向融合。鼓励大型生鲜电商、连锁商超等企业统筹建设城乡一体冷链物流网络，加大对中小城镇和农村冷链物流设施建设投入力度，加强城乡冷链设施对接，打造"上行下行一张网"，提高设施利用效率，促进城乡冷链物流双向均

衡发展。建立城乡冷链网络协同机制，提高资源共享与优化配置效率。

专栏8 供销系统农产品冷链物流体系建设工程

聚焦农产品优势产区，依托供销系统县域城乡融合综合服务平台，按照"1个中心＋N个田头保鲜仓"模式，建设600个县域产地冷链物流中心，建设200个以中央厨房、生鲜电商等业务为重点的城市销地冷链物流中心，全面对接国家骨干冷链物流基地、产销冷链集配中心等，建立供销系统公共农产品冷链物流服务网络。

（六）构建产业融合发展新生态

培育冷链物流产业生态。以国家骨干冷链物流基地、产销冷链集配中心为核心，吸引商贸流通、农产品加工产业集聚发展，深化产业链上下游联动整合，强化农产品全产业链组织功能，打造冷链物流与产业融合发展生态圈。推进冷链物流计量测试中心建设。优化"冷链物流＋"产业培育和发展环境，创新"冷链物流＋种养殖"、"冷链物流＋农产品加工"、"冷链物流＋新零售"等新生态、新场景。

构建生鲜食品供应链生态。鼓励龙头冷链物流企业、生鲜食品商贸流通企业加强战略合作，推动业务领域相互渗透，对接上游生产和终端消费，为客户提供集中采购、流通加工、共同配送全链条一站式服务。推动企业利用大数据发掘消费潜力、赋能上游生产，开展精准营销和个性化供应链服务，辅助生鲜食品生产加工企业和农产品生产主体合理安排计划、精准组织生产，推动生产、流通和冷链物流企业在融合发展中同步升级、同步增值、同步受益。

九、强化冷链物流全方位支撑

（一）培育骨干企业

支持冷链物流企业做大做强。积极培育发展第三方冷链物流企业，开展品牌创建工作，打造一批知名冷链物流服务品牌。鼓励冷链物流企业通过兼并重组、战略合作等方式优化整合资源，拓展服务网络，培育龙头冷链物流企业，提升市场集中度。鼓励大型生产、流通企业整合开放内部冷链物流资源，开展社会化服务。依法合规推动冷链物流平台企业发展，扩大冷链资源要素组织规模和范围，提升冷链物流组织化、规模化运营能力。

促进冷链物流企业网络化专业化发展。支持企业构建干支仓配一体的冷链物流服务网络，扩大业务覆盖范围，提升运行效率。鼓励大型综合物流企业发挥

网络运营优势，对标国际先进水平，提升冷藏运输、冷藏保鲜、冷冻储存等基础服务专业化水准。围绕冷链细分领域、特定场景培育专业化冷链物流企业，提高精益化管理、精细化服务能力，满足不同冷链产品个性化、多元化冷链物流需求。

提升冷链物流企业国际竞争力。推动龙头冷链物流企业深度参与全球冷链产品生产和贸易组织，强化境内外冷链物流、采购分销等网络协同，延伸跨境电商、交易结算等服务，提升国际供应链管理能力和国际竞争力。鼓励冷链物流企业与贸易企业等协同"出海"，围绕全球肉类、水果、水产品等优势产区，积极布局境外冷链物流设施，依托远洋海运、国际铁路联运班列、国际货运航空等开展国际冷链物流运作，构建国内外衔接的物流通道网络，提升冷链物流企业国际化发展水平。

专栏9　骨干冷链物流企业培育工程

研究制定支持冷链物流企业发展的政策措施，支持符合条件的大型冷链物流企业开展国内国际资源整合、全链条冷链物流运作，培育一批具有较强国际竞争力的冷链物流企业集团。围绕冷链运输、仓储、配送等主要环节，以及肉类、水产品、乳品、医药产品等细分领域，培育一批专业化运作能力强的领军企业。鼓励冷链产品生产、流通和物流企业跨界融合，创新业态模式，优化供应链，延伸产业链，提升价值链，培育一批特色鲜明、创新发展的标杆企业。

（二）健全标准体系

加强冷链物流标准制修订。加强冷链基础通用标准和冷链基础设施、技术装备、作业流程、信息追溯等重点环节以及冷链物流绿色化、智慧化等重点领域标准制修订，加快填补标准空白。制定一批强制性国家标准，守好冷链产品安全底线。加强冷链物流推荐性国家标准、行业标准推陈出新，支持地方因地制宜制定符合发展需要的地方标准，鼓励高起点制定团体标准和企业标准。积极参与冷链物流国际标准化活动，推动国内国际标准接轨。

加强标准评估和执行力度。系统梳理现行冷链物流标准体系，加强评估和复审，及时修订或废止不适应经济社会发展需要、行业发展要求、技术进步趋势的标准，推动解决标准不统一、不衔接等问题。严格落实冷链物流强制性国家标准，强化推荐性国家标准、行业标准支撑与引导作用。充分发挥有关标准化技术委员会、行业协会、龙头企业作用，加强冷链物流标准宣贯，推动协同应用，提高推荐性标准采用水

平。开展冷链物流标准监督检查和实施效果评价，充分发挥标准支撑冷链物流高质量发展作用。

专栏10　冷链物流标准体系建设工程

研究建立冷链物流标准制修订工作机制，加强部门协调和政企沟通，2022年底前完成现行冷链物流国家标准、行业标准、地方标准集中梳理工作，提出废止或制修订建议。结合标准梳理工作，在冷链物流设施、装备、载器具、标识、流程、管理与服务等领域，补充完善一批企业和行业急需的标准，形成全链条有机衔接的冷链物流标准体系。

（三）完善统计体系

加强行业统计监测。开展冷链物流行业调查，全面掌握市场规模、行业结构、人员设施设备等情况。研究建立冷链物流行业统计制度，科学制定统计分类标准和指标体系，根据实际需要开展冷链物流统计试点。探索开展冷链物流行业普查调查。依托国家骨干冷链物流基地、产销冷链集配中心、龙头冷链物流企业、冷链物流平台企业等，加强行业日常运行监测和分析研判。研究编制冷链物流发展综合性指数，科学、及时、全面反映行业发展现状和趋势，为政府部门政策制定和企业经营管理提供参考。

（四）加强人才培养

完善专业人才培养体系。支持有条件的普通本科院校和职业院校开设冷链物流相关专业或课程，重点培养冷链产品供应链管理、冷链物流系统规划、冷链物流技术和企业运营等方面的专业人才。鼓励高等院校深入对接行业需求，以应用为导向发展冷链物流继续教育。完善政产学研相结合的多层次冷链物流人才培养体系。开展多层次、宽领域国际交流合作，培养具有全球视野和国际供应链运作经验的高层次冷链物流人才。

健全专业技能培养培训模式。鼓励职业院校加强与冷链物流相关企业、行业协会合作，通过实训基地、订单班、新型学徒制培养、顶岗实习及建立产业学院等方式，强化冷链物流人才实践能力及创新创业能力培养。鼓励高等院校、行业协会分级分类开设冷链物流培训课程，促进从业人员知识更新与技能提升。

十、加强冷链物流全链条监管

（一）健全监管制度

加强法律制度建设。完善冷链物流监管法律法规，从准入要求、技术条件、设施设备、经营行为、人员管理、监督执法等方面明确各类市场主体权利、义务及相关管理部门职责要求，确保冷链物流各领

域、各环节有法可依、有法必依。按照食品安全法、药品管理法、疫苗管理法等相关法律法规要求，细化配套规章和规范性文件，落实冷链物流全链条保温、冷藏或冷冻设施设备使用和运行要求。

健全政府监管机制。建立统一领导、分工负责、分级管理的冷链物流监管机制，发挥政府监管的主体作用，进一步明确各有关部门监管职责，强化跨部门沟通协调，加大督促检查力度，确保各项监管制度严格执行到位。推动冷链产品检验检测检疫在生产、流通、消费全过程及跨区域信息互通、监管互认、执法互助。完善主管部门行政监管制度，分品类建立完善日常巡查、专项检查、飞行检查、重点检查、专家审查等相结合的检查制度，依法规范冷链物流各类市场主体经营活动。严格执行农产品、食品入市查验溯源凭证制度，不得收储无合法来源的农产品、食品。

（二）创新行业监管手段

推进冷链物流智慧监管。引导企业按照规范化、标准化要求配备冷藏车定位跟踪以及全程温度自动监测、记录设备，在冷库、冷藏集装箱等设施中安装温湿度传感器、记录仪等监测设备，完善冷链物流温湿度监测和定位管控系统。研究建立冷链道路运输电子运单管理制度。加强冷链物流食品品质监测、仓储运输过程温湿度智能感知、卫星定位技术的应用，形成冷链物流智慧监测追溯系统，实现各环节数据实时监控和动态更新。加快区块链技术在冷链物流智慧监测追溯系统建设中的应用，提高追溯信息的真实性、及时性和可信度。逐步完善冷链追溯、运输监管等重要领域信息资源体系，基本掌握食品药品生产经营企业、冷库企业、运输企业、食用农产品批发市场、商场超市、生鲜电商等市场主体及资源底数。推动海关、市场监管、交通运输等跨部门协同监管和数据融合，依托全国进口冷链食品追溯监管平台形成全链条追溯体系，提升冷链监管效能。

建立以信用为基础的新型监管机制。发挥行业协会、第三方征信机构和各类信息平台作用，完善冷链物流企业服务评价体系。以冷链食品追溯为突破，形成以责任主体为核心的追溯闭环，对跨部门、跨地域的全链条追溯数据进行大数据分析，为信用评价提供数据支撑。依托全国信用信息共享平台，加强冷链物流企业信用信息归集和共享，通过"信用中国"网站和国家企业信用信息公示系统依法向社会公开。加大公共信用综合评价、行业信用评价、市场化信用评价结果应用力度，推广信用承诺制，推进以信用风险为导向的分级分类监管，依法依规实施联合惩戒。

强化冷链物流社会监督。发挥社会媒体舆论监督作用，加大对冷链物流领域违规违法典型案件的曝光力度，强化警示作用。支持行业协会建立行业自律规范，引导企业共同打造和维护诚信合规的市场环境，推动行业规范有序发展。畅通消费者投诉举报渠道，建立举报人奖励机制，引导和鼓励群众参与冷链物流监督，营造社会共治氛围。

专栏11　全国冷链食品追溯监管体系建设工程

依托现有全国进口冷链食品追溯管理平台，逐步将内贸冷链食品流通纳入追溯管理范围，同步完善地方进口冷链食品追溯管理平台功能，推动国家级、省级平台以及各类市场化平台间数据交换和信息共享，到2025年建成覆盖冷链产品重点品类、流通全链条、内外贸一体化的全国冷链食品追溯管理平台，形成各有关部门业务联动、协同处置和共治共享的冷链物流监管体系，实现多层次、多系统、跨区域冷链物流追溯闭环。

（三）强化检验检测检疫

健全检验检测检疫体系。适应不同农产品检验检测检疫要求，完善覆盖从种养殖、加工到销售终端全链条以及冷链物流包装、运载工具、作业环境等全要素的检验检测检疫体系。加强检验检测检疫设施建设和设备配置，完善应急检验检测检疫预案，实行闭环式疫情防控管理，防范非洲猪瘟、新冠肺炎、禽流感等疫情扩散风险，提高重大公共卫生事件等应急处置能力。

提升检验检测检疫能力。围绕主要农产品产销区、集散地、口岸等，优化检验检测检疫站点布局，提高装备配备水平，增强冷链检验检测检疫能力。依托各地食品安全重点实验室，加强国家级、地区级食品安全专业技术机构冷链物流检验检测检疫能力建设。严格检验机构资质认定管理、跟踪评价和能力验证，强化冷链检验检测检疫专业技能培训。深化国际技术交流合作。

优化检验检测检疫流程。围绕农产品进出口，优化提升口岸/属地检查、检疫处理、实验室检验等流程，鼓励企业提前申报，依托国际贸易"单一窗口"，推行检疫处理、检测结果无纸化传递。按照分类监管原则，针对不同监管对象和产品特点，优化放行模式，提高查验效率。支持农产品批发市场、冷链物流企业、屠宰加工企业等建设快检实验室，提升就近快速检测水平。推动各地冷链产品检验检测检疫信息共享、结果互认。

筑牢疫情外防输入防线。完善口岸城市防控措施，建立多点触发的监测预警机制，严格执行高风险岗位人员核酸检测等规定，切实做到闭环管理。针对冷链等可能引发的输入性疫情，排查入境、仓储、加工、运输、销售等环节，建立健全进口冻品集中监管制度，压实行业主管部门责任，健全进口冷链食品检验检疫制度，加强检验检疫结果、货物来源去向等关键数据共享，做到批批检测、件件消杀，全程可追溯、全链条监管，堵住疫情防控漏洞。

专栏 12　进口冷链食品预防性消毒优化工程

> 按照"安全、有效、快速、经济"原则开展口岸查验、交通运输、掏箱入库、批发零售等环节预防性全面消毒工作，推进全流程闭环管控可追溯。优化口岸冷链资源配置，依据冷链物流特点，在进口冷链食品首次与我境内人员接触前实施预防性全面消毒处理。加强部门协同配合，全力保障口岸通关效率，对进口冷链食品装载运输工具和包装原则上只进行一次预防性全面消毒，避免重复消毒，避免专为消毒作业实施掏箱、装箱，避免增加不必要的作业环节和成本，避免货物积压滞港影响物流和市场供应。推动冷链物流自动消杀设施设备、冷链安全消毒剂等研发和应用，创新消毒方式方法，优化消毒流程，提高消杀效率，保证受检进口冷链食品品质。

十一、实施保障

（一）加强组织协调

国家发展改革委要会同有关部门建立冷链物流发展协调推进工作机制，统筹推进重点工程落地，完善支撑政策，强化评估督导，协调解决跨部门、跨区域问题，保障规划有序实施。各省级人民政府要按照本规划确定的主要目标和重点任务，结合发展实际，统筹制定本地区冷链物流发展规划或实施方案。规划实施中涉及的重要政策、重大工程、重点项目要按程序报批。重大问题及时向国务院报告。

（二）强化政策支持

通过现有资金支持渠道，加强国家骨干冷链物流基地、产销冷链集配中心等大型冷链物流设施建设。物流企业冷库仓储用地符合条件的，按规定享受城镇土地使用税优惠政策。拓展冷链物流企业投融资渠道，鼓励银行业金融机构等对符合条件的冷链物流企业加大融资支持力度，完善配套金融服务。在严格落实永久基本农田、生态保护红线、城镇开发边界三条控制线基础上，大中城市要统筹做好冷链物流设施布局建设与国土空间等相关规划衔接，保障合理用地需求。严格落实鲜活农产品运输"绿色通道"政策。落实农村建设的保鲜仓储设施用电价格支持政策，鼓励各地因地制宜出台支持城市配送冷藏车便利通行的政策。

（三）优化营商环境

各地区、各有关部门要按照"放管服"改革要求，在确保行业有序发展、市场规范运行基础上，深化体制机制改革，简化涉企事项审批流程，进一步简并资质证照，全面推广资质证照电子化，完善便利服务。在冷链物流领域探索推行"一照多址"，支持冷链物流企业网络化发展。

（四）发挥协会作用

鼓励冷链物流相关行业协会发挥桥梁纽带作用，开展冷链物流发展调查研究和政策宣贯，及时向有关政府部门反馈行业发展共性问题。支持行业协会统筹冷链物流不同领域、不同环节市场主体需求，开展业务技能培训，提高行业发展质量。鼓励行业协会深入开展冷链物流行业自律建设，倡导诚信规范经营，树立良好行业风气。

（五）营造舆论环境

加强冷链物流理念宣传和冷链知识科普教育，提高公众认知度、认可度，培养良好消费习惯和健康生活方式。提高冷链企业和从业人员产品质量安全意识，严格遵守冷链物流相关法律法规和操作规范，筑牢冷链产品质量安全防线。宣传推介一批冷链物流企业诚信经营、优质服务典型案例，营造行业发展良好环境。

反食品浪费工作方案

（发改办环资〔2021〕949 号　2021 年 11 月 30 日）

为贯彻落实习近平总书记关于坚决制止餐饮浪费行为重要指示精神，深入实施《中华人民共和国反食品浪费法》，推动完成《中共中央办公厅 国务院办公厅关于印发〈粮食节约行动方案〉的通知》（厅字

〔2021〕40号）部署的工作任务，制定反食品浪费工作方案如下：

一、推进粮食节约减损

（一）推进粮食消费前各环节减损

在粮食仓储环节，指导配置农户科学储粮装具，持续发挥粮食产后服务中心功能。建设绿色低温仓储设施，提高仓房的气密性、隔热性，分类、分品种、分仓储藏。在粮食物流环节，推广散粮运输专用工具，发展规范化、标准化、信息化散粮运输服务体系。在粮食加工环节，推动提高粮油产品出品率，推进粮食无害化处理和资源合理化利用，提升粮食加工业数字化管理水平，促进淘汰落后产能。（粮食和储备局、国家发展改革委等部门按职责分工负责）

（二）完善粮食节约减损标准体系

加快构建符合节粮减损要求的粮食全产业链标准体系，鼓励有关行业协会、企业制定相关团体标准、企业标准。在仓储环节着重加强仓储设备建设、虫霉防治和减损降耗等相关标准研制；在运输环节着重于降低包装、装卸抛洒、散漏损失率等相关标准研制；在加工环节着重于限制产品过度加工、科学界定产品加工等级以及副产物综合利用率等相关标准研制。（粮食和储备局、市场监管总局等部门按职责分工负责）

（三）开展粮食仓储环节浪费调查评估

探索粮食仓储环节损失浪费调查评估方法，研究制定粮食仓储环节损失浪费评价方法和评估指标体系，开展数据汇总和分析评估。（粮食和储备局、统计局、国家发展改革委等部门按职责分工负责）

二、遏制餐饮行业食品浪费

（四）加强餐饮行业管理

各级商务部门采取措施鼓励餐饮服务经营者提供分餐服务、向社会公开其反食品浪费情况。督促餐饮外卖平台、餐饮服务经营者以显著方式提醒消费者按需适量点餐。支持自助餐服务单位实施对消费者浪费行为适当加收费用的措施。建立健全餐饮行业反食品浪费的制度规范。加强对旅行社管理人员和导游人员培训，引导游客文明用餐，合理安排团队用餐。（商务部、文化和旅游部和各地方有关部门负责）

（五）完善餐饮行业标准与规范

推动餐饮行业出台反食品浪费的团体标准和行业自律规范。宣贯落实《绿色餐饮经营与管理》《宴席节约服务规范》，制修订《餐饮企业节约管理规范》、

《餐饮服务企业打包服务管理要求》。加大中央厨房、智慧餐饮等领域标准研制力度。将反食品浪费作为重要内容列入正在制修订的旅游餐饮业、住宿业和景区标准中。（商务部、文化和旅游部、市场监管总局等部门按职责分工负责）

（六）大力推动餐饮行业自律

指导餐饮等行业协会发出制止餐饮浪费的倡议，支持餐饮行业协会对有浪费行为的会员采取必要的自律措施，引导会员自觉开展反食品浪费活动。（商务部等部门按职责分工负责）

（七）开展反餐饮浪费政策效果评估

指导餐饮行业协会对餐饮浪费情况进行监测，加强分析评估。督促餐饮行业协会每年向社会公布有关反餐饮浪费情况及监测评估结果。（商务部等部门按职责分工负责）

三、加强公共机构餐饮节约

（八）推进机关单位食堂反食品浪费

推动落实《"十四五"公共机构节约能源资源工作规划》，大力开展反食品浪费行动。建立机关食堂反食品浪费工作成效评估和通报制度，将反食品浪费纳入公共机构节约能源资源考核和节约型机关创建活动内容。加强公务接待、会议、培训等公务活动用餐管理。曝光餐饮浪费典型案例及推动工作不力的单位。鼓励有条件的公共机构使用餐厨垃圾就地资源化处理设备。（国管局负责）

（九）开展学校食堂餐饮节约行动

推动落实《教育系统"制止餐饮浪费培养节约习惯"行动方案》中明确的五项具体行动。组织编写《高校食堂反食品浪费工作指南》，提出学校食堂食品原材料采购、储藏、加工、制作和销售等环节节约减损工作方案。研究制定《高校智慧食堂建设规范》，开展全流程智慧食堂试点建设工作。（教育部、国管局负责）

四、促进食品合理利用

（十）建立食品捐赠需求对接机制

引导食品生产经营者等在保证食品安全的前提下向有关社会组织、福利机构、救助机构等组织或者个人捐赠食品。有关组织根据需要，及时接收、分发食品。指导有关慈善行业组织依法研究制定食品捐赠需求对接相关团体标准和行业自律规范。（民政部、市场监管总局负责）

（十一）健全临期食品销售体系

优化食品标识制度，鼓励食品生产者在食品包装上明确标识"最佳食用日期"和"保质日期"，支持食品生产经营者以优惠价格销售临近"最佳食用日期"的食品。指导超市、商场等食品经营者加强日常检查，对临近保质期的食品分类管理，作特别标识或者集中陈列出售。（商务部、市场监管总局等部门按职责分工负责）

（十二）推进厨余垃圾资源化利用

指导地方建立厨余垃圾收集、投放、运输、处理体系。加大对厨余垃圾资源化利用企业的支持，加强厨余垃圾资源化利用产品的市场推广，推动堆肥、沼液、沼渣等产品在农林业生产中应用。（住房和城乡建设部等部门负责）

五、严格执法监督

（十三）加强反食品浪费日常监督检查

加强对食品生产经营者反食品浪费情况的监督，督促落实反食品浪费措施。鼓励单位和个人举报食品生产经营者食品浪费行为。开通举报热线，收集问题线索，加强执法监督。（各级市场监管部门负责）

（十四）加强反食品浪费执法

各地市场监督管理部门开展反食品浪费日常监管和执法，加强执法稽查培训，依法依职责执行《反食品浪费法》有关规定。各地市场监督管理部门或地方政府指定的部门对未主动向消费者进行防止食品浪费提示提醒的餐饮服务经营者，给予警告；对诱导、误导消费者超量点餐造成明显浪费的餐饮服务经营者，给予警告或处以罚款；对生产经营过程中发生严重浪费食品的食品生产经营者，进行约谈、责令改正或处以罚款。文化和旅游部门将反食品浪费作为重点列入星级饭店、A级景区和旅行社的明查暗访检查项目，加强重大典型案件的督察督办。（市场监管总局、商务部、文化和旅游部和各地方有关部门按职责分工负责）

（十五）严格食品浪费相关信息监管

禁止广播电台、电视台、网络音视频服务提供者制作、发布、传播宣扬量大多吃、暴饮暴食等浪费食品的节目或者音视频信息，对拒不改正或情节严重的，处以罚款、通报批评或节目停播整顿，对直接负责的主管人员和其他直接责任人员依法依规追究责任。（广电总局、网信办等部门按职责分工负责）

六、强化组织实施

（十六）加强组织领导

国家发展改革委加强对全国反食品浪费工作的组织协调，会同有关部门完善工作机制，加强工作调度，分析评估总结食品浪费情况，开展粮食节约和反食品浪费综合性示范。各地要加强对反食品浪费工作的组织领导，按照法律要求，明确反食品浪费目标任务，建立健全反食品浪费工作机制和监督检查机制，对食品浪费情况进行监测、调查、分析和评估。各专项工作牵头部门要提出年度目标任务和落实措施，评估本领域食品浪费情况，及时总结工作进展和成效。（国家发展改革委牵头，各有关部门按职责分工负责）

（十七）宣传推广典型经验做法

以世界粮食日和全国粮食安全宣传周活动等为契机，对各地区、各部门、各行业反食品浪费的经验做法进行集中报道。以餐饮环节反浪费和促节约为切入点，推出一批互动性强的融媒体作品。聚焦《反食品浪费法》实施，加强政策解读和法律宣传。开展反食品浪费相关标准、技术和知识的宣传普及。（广电总局、网信办等部门按职责分工负责）

（十八）营造勤俭节约社会氛围

旗帜鲜明反对铺张浪费不良风气，引导公众树立正确饮食消费观念。曝光浪费现象，对食品浪费行为进行舆论监督。深化反食品浪费公益宣传，精心制作播出节约粮食公益广告，努力营造勤俭节约、浪费可耻的浓厚氛围。（广电总局、网信办等部门按职责分工负责）

粮食产后服务中心运营指南

（国粮办仓〔2021〕338号　2021年12月2日）

粮食产后服务中心是对收获后的粮食进行清理、烘干、收储、加工、销售等提供有偿服务的新型社会化服务组织。粮食产后服务中心依托现有业态和资源，为种粮农民等生产经营主体提供优质服务，促进粮食提质进等、推动节粮减损、提高议价能力，有利于农民增收。

粮食产后服务中心运营要坚持政府引导与市场运作相结合，牢牢把握为农服务的方向，发挥市场在资源配置中的决定性作用；坚持需求对接和供给提升相结合，在聚焦主业的基础上，提供个性化服务，创新运营模式，补齐服务短板，着力提高粮食产后服务中心运行效率和经营效益，增强经济实力、市场竞争力和抗风险能力。

一、夯实基础服务主业

粮食产后服务中心要聚焦并夯实基础服务主业，为种粮农民提供粮食收获后急需的各项服务，不断提高服务效率，改善服务体验，保障种粮农民收益，有效降低产后损失。

（一）清理烘干

粮食产后服务中心通过提供清理、烘干服务，使收获后的粮食能够得到及时有效清理和保质烘干，减少粮食霉变等造成的损失浪费，满足安全储粮和加工要求。鼓励有条件的粮食产后服务中心建立集烘干、清杂、除尘、杀虫于一体的粮食整理中心，推动环保高效作业。

（二）应急保粮

粮食产后服务中心在汛期或极端天气等条件下，应服务大局，全力开展潮粮烘干，减少产后粮食损失。

（三）储粮保管

粮食产后服务中心依托现有仓储设施资源，通过维修改造提升仓储保管、接收发放等硬件设施水平，为粮食储存安全提供保障。鼓励升级改造满足优质粮食储存的仓房，开展精细化储存等，为实现优粮优储提供支撑。

（四）加工转化

具备粮食加工能力的粮食产后服务中心，应发挥连接种粮农民和市场的纽带作用，引导种粮农民按市场需求种植生产；通过加工转化实现粮食产品增值，并将增值收益部分返给种粮农民，促进农民增收；采用适度加工技术，减少粮食加工环节损失浪费。

（五）市场销售

贸易型或具备加工能力的粮食产后服务中心，可依托现有营销网络开展原粮、成品粮销售，延长产业链；其他粮食产后服务中心应主动开拓市场渠道，实现粮食品种、质量和数量信息上网，搭建产销衔接的平台。

二、拓宽增值服务业务

鼓励粮食产后服务中心在有效开展基础性服务以外，以种粮农民的实际需求为导向，着力补齐粮食产后服务链条中的短板。推动服务覆盖产业链全过程，拓展服务的广度和深度。从供给侧发力，使服务可持续，让收益能共享。

（六）交售运输

鼓励粮食产后服务中心拓展预约售粮、代收代运等服务功能，既方便农民售粮，提高服务的精准性和效率，又通过集约化管理，降低运输成本。同时减少传统收获运输环节粮食频繁落地、装卸运输等造成的损失浪费。

（七）种植服务

鼓励有条件的特别是以农民专业合作社等为主体的粮食产后服务中心，发挥自身优势，开展订单粮食收购，为农民提供种子、化肥等农资，以及植保、收获等技术服务。提升粮食生产现代化水平，从源头上实现优质粮食种植，更好掌握粮源。

（八）信息服务

鼓励具有一定规模的粮食产后服务中心参考国家粮油信息中心、国家粮食交易中心和省级粮食交易平台等发布的信息，结合购销需求，对接粮油市场，拓宽服务受众面；同时为种粮农民提供及时的购销信息，方便农民择机售粮。鼓励粮食产后服务中心贴近种粮农民，宣传国家粮食生产和收购政策，提供市场价格信息，发布粮油质量信息等。

（九）粮食兑换

具备规模、运营稳定、信誉良好的粮食产后服务中心，可在经营许可范围内探索为种粮农民提供成品粮和农资兑换等灵活服务业务。

（十）公益服务

鼓励有条件的粮食产后服务中心通过减免服务费用、开辟绿色通道等方式，对特殊群体开展优惠服务，与乡村振兴有效衔接，巩固拓展脱贫攻坚成果。

（十一）技术服务

鼓励粮食产后服务中心对种粮农民大力宣传家庭储粮装具使用技术和常规保管粮食常识。对种粮大户等规模化经营主体开展科学储粮技术指导，为粮食减损增效提供技术支持。

三、创新运营模式

鼓励粮食产后服务中心打破地域壁垒和企业所有制限制，积极探索新型合作模式。通过开展合作，补齐建设主体自身业务、体制机制不完善的短板，发挥各自优势。推进粮食产后服务中心经营服务市场化，按照市场规律创新发展战略，实施有效的经营服务策略，建立可持续的运行机制。

（十二）合作运营

可由两个或两个以上的粮食产后服务中心开展合作运营，实现优势互补，并根据合作机制，确定各方承担的责任义务、经营分工和利益分配方式。

（十三）业务委托

鼓励粮食产后服务中心与其他主体开展委托业务合作，开展委托业务的费用可由粮食产后服务中心直接与合作方按照事前约定进行结算。

（十四）产销衔接

鼓励主产区粮食产后服务中心与销区开展跨区域合作，提供代收代烘代储等服务，促进粮食产销衔接。

（十五）委托运营

探索委托有一定市场服务能力和专业技能的第三方，对粮食产后服务中心开展委托运营管理，履行粮食产后服务中心主体职责，提高服务水平和设施利用率。

（十六）共享服务

粮食产后服务中心除烘干粮食外，还可烘干其他经济作物，提高设施设备利用率。鼓励通过建立动态信息网、开发手机 APP、成立粮食产后服务中心协会、烘干联合会（体）等方式，科学合理利用当地烘干资源，充分发挥粮食产后服务体系协同效应。

四、加强制度规范约束

（十七）粮食产后服务中心要严格遵守国家法律法规，坚持、平等、自愿、诚信、互利原则，以合同形式明确与农户双方的权利和义务，维护双方合法权益。合理收取费用，严禁利用各种方式变相扩大收费范围或提高收费标准。

（十八）粮食产后服务中心应规范服务经营，主动公开服务范围、服务流程、收费标准、收费依据等，自觉接受社会监督；应制定设备操作、维护保养、安全管理等制度。

（十九）粮食产后服务中心清理、烘干、加工等作业，应符合环保部门有关要求，推广使用节能环保设备和清洁能源。加大绿色热源烘干设备推广力度。

（二十）粮食产后服务中心应加强财政资金投资建设的设施设备等资产的管理，做好产权登记、资产评估和统计等工作，确保资产安全、完整，避免造成资产流失。

五、做好政策服务保障

（二十一）省级粮食和储备行政管理部门要会同相关部门，认真落实中共中央办公厅、国务院办公厅印发的《粮食节约行动方案》关于"烘干用地用电统一按农用标准管理"的相关要求。

（二十二）各级粮食和储备行政管理部门要积极协调农业发展银行等金融机构，加大对粮食产后服务中心的金融支持力度，争取降低融资成本。

（二十三）地方粮食和储备行政管理部门牵头，通过网络平台等方式对粮食产后服务中心人员定期组织专业培训，提高技术水平和操作技能，提升服务效率和劳动生产率。

（二十四）地方粮食和储备行政管理部门要指导粮食产后服务中心主动与高等院校、科研院所等开展合作，优化设备技术参数，改造升级仓储设施功效性能，选配绿色储粮技术，提升粮食烘后和储存品质等，发挥科技对运营的支撑作用。

（二十五）鼓励具有一定规模和服务能力的粮食产后服务中心牵头成立区域性粮食产后公益性服务组织，规范运营行为，加强行业自律，实现资源、服务共享，发挥协同效应。

六、强化组织领导和统筹协调

（二十六）县（市）级粮食和储备行政管理部门具体指导辖区内粮食产后服务中心开展对农服务，规范服务行为，提高经营管理水平；定期采集粮食产后服务中心清理烘干或收储粮食的数量、品质信息，以及服务收益情况等；组织开展绩效评价，对粮食产后服务中心运营情况进行总结等，为进一步改善服务质量提供指导；对于受到群众投诉的粮食产后服务中心，应切实履行管理职责，限期督促整改。

（二十七）有条件的县（市）级粮食和储备行政管理部门要探索建立基层粮食科技特派员队伍，加强对粮食产后服务中心粮食烘干、储存、加工等环节的技术指导，支持引导农户科学储粮，减少粮食流通环节损失浪费。

（二十八）各级粮食和储备行政管理部门要加强对粮食产后服务中心运营典型案例的挖掘总结、培育扶持、宣传推广，充分发挥示范单位的引领带动作用。

（二十九）各级粮食和储备行政管理部门要指导粮食产后服务中心运营主体做好对农宣传，鼓励建立统一标识，提升粮食产后服务中心信誉度和影响力。

"十四五"全国农业机械化发展规划

(农机发〔2021〕2号 2021年12月27日)

各省、自治区、直辖市及计划单列市农业农村（农牧）厅（局、委），新疆生产建设兵团农业农村局，北大荒农垦集团有限公司，广东省农垦总局：

为贯彻落实《中华人民共和国国民经济和社会发展第十四个五年规划和2035年远景目标纲要》《"十四五"推进农业农村现代化规划》的有关部署，我部编制了《"十四五"全国农业机械化发展规划》。现印发给你们，请结合实际贯彻执行。

引 言

农业机械化是加快推进农业农村现代化的关键抓手和基础支撑。"十三五"以来，我国农业机械化取得了长足发展，形成了向全程全面高质高效转型升级的良好态势，为保障粮食等重要农产品供给安全、打赢脱贫攻坚战、全面建成小康社会提供了强有力支撑。

"十四五"时期，三农工作进入全面推进乡村振兴、加快农业农村现代化的新阶段，对农业机械化全程全面和高质量发展提出了新的更高的要求。为贯彻落实《中华人民共和国国民经济和社会发展第十四个五年规划和2035年远景目标纲要》《"十四五"推进农业农村现代化规划》和《国务院关于加快推进农业机械化和农机装备产业转型升级的指导意见》有关部署，特制定《"十四五"全国农业机械化发展规划》，作为指导各地大力推进农业机械化的重要依据。

第一章 规划背景

一、发展成效

"十三五"时期，我国农业机械化迈入了向全程全面高质高效转型升级的发展时期，农业生产从主要依靠人力畜力转向主要依靠机械动力新的阶段。党中央国务院高度重视农业机械化发展。习近平总书记强调要大力推进农业机械化、智能化，给农业现代化插上科技的翅膀。全国人大常委会首次开展农业机械化促进法执法检查，强化推动农业机械化高质量发展的

法治保障。国务院常务会议专题研究农业机械化工作，出台了《国务院关于加快推进农业机械化和农机装备产业转型升级的指导意见》。各地认真贯彻党中央国务院决策部署，推出了一系列加快农业机械化发展的政策举措。农业机械化管理体制机制持续优化。农业机械化管理"放管服"改革加快推进，实施农机安全监理免费政策和便民举措，取消农业机械维修技术合格证核发行政许可，开展农机驾驶培训机构"证照分离"改革试点，改革农机试验鉴定制度，推进农业机械化管理信息化。部省农业农村部门联合工业和信息化部门牵头成立了国家和省级农业机械化发展协调推进机制，统筹协调农机装备产业和农业机械化发展，国家有关部门和各地在财政补贴、装备创新、税费减免、设施用地、信贷担保、融资租赁、跨区作业、农机保险、人才培养等方面采取了系列政策支持举措。农业机械化转型升级取得明显成效。全国农机总动力达到10.56亿千瓦，比"十二五"期末增长17%。农作物耕种收综合机械化率达到71.25%，比"十二五"期末提高7.4个百分点，其中小麦、玉米、水稻三大粮食作物耕种收综合机械化率分别达到97%、90%和84%，分别比"十二五"期末提高3.5个、8.6个和6.2个百分点，创建614个主要农作物生产全程机械化示范县，畜牧水产养殖、设施农业、农产品初加工、果菜茶机械化稳步发展。基于北斗、5G的无人驾驶农机、植保无人飞机等智能农机进军生产一线。新创建310个"平安农机"示范县（市），深入开展农机安全隐患风险排查整治，农机安全生产形势持续稳定向好。农业机械化产业群产业链蓬勃发展，新增农机合作社1.9万个，农机服务组织达到19.5万个，"机械化部队"不断壮大，作业量和服务收入持续增长，2020年农机作业总面积达到70亿亩次、作业服务收入达到3615亿元，为保障粮食等重要农产品供给、促进农民增收、打赢脱贫攻坚战提供了强有力支撑。

二、面临挑战

随着农业生产进入机械化为主导的新阶段，广大

农民群众和农业生产经营组织、服务组织对机械化生产的需求越来越广泛、越来越迫切，农业生产各领域对农业机械化的需求结构发生深刻变化，农业机械化在区域、产业、品种、环节上发展不平衡不充分的矛盾凸显。从区域上看，北方平原地区机械化发展较快，南方地区特别是西南丘陵山区发展较慢，典型丘陵山区县农作物耕种收综合机械化率低于50%。从产业、品种和环节上看，主要粮食作物生产机械化水平较高，棉油糖果菜茶等经济作物生产关键环节以及畜牧业、渔业、农产品初加工、设施农业等领域机械化水平较低。推进农业机械化全程全面和高质量发展，还有许多制约因素需要攻克。一是农机产品研发制造亟待加强。部分关键核心技术、重要零部件、材料受制于人，制造工艺、重大装备等与发达国家还有较大差距，研发能力和产品性能还不能很好满足农民的需要，农机装备产业水平还不高，部分高端机具主要依赖进口，国产机具多为中低端产品，产能过剩、同质化严重，可靠性适应性亟待提升，部分领域或环节"无机可用""无好机用"问题依然明显。二是农机农艺农田协同配套亟待加强。一些产业品种、农艺制度、种养方式及产后加工等与机械化生产不协调等问题较为明显，农机农艺融合不够紧密，影响制约农机研发、推广应用效果及作业质量与效益，集成配套的机械化生产体系和系统解决方案还不够多，尚不能充分满足农业高质量发展需要。农机作业、存放等基础设施建设依然滞后，"下田难""作业难""存放难"等问题还比较突出，一定程度上影响着农机装备的使用效率与寿命。三是农业机械化政策支持和管理服务有待提升。支持农机研发创新、丘陵山区农业机械化发展等方面的政策举措不够丰富。农业机械化公共服务能力仍有不足，管理服务信息化水平亟待提升，农机安全监管能力需要进一步提高。农业机械化人才总量不足、结构不优，管理人员机构改革后调整较大，专业技能亟须提升。农机维修难、维修贵等问题有待改善，不少高能耗老旧农机需要及时淘汰更新等。

三、发展需求

"十四五"时期是我国全面建成小康社会、实现第一个百年奋斗目标之后，乘势而上开启全面建设社会主义现代化国家新征程、向第二个百年奋斗目标进军的第一个五年，三农工作进入全面推进乡村振兴、加快农业农村现代化的新阶段，对农业机械化提出了新的更为迫切的要求，也为农业机械化带来了新的发展机遇。从农业农村现代化发展进程看，没有农业机械化，就没有农业农村现代化。农业农村现代化的重要标志是农业机械作业服务基本替代人力畜力作业，我国农业农村正处于机械化对人力畜力加速替代的历史进程中。随着我国城镇化、现代化持续推进，新一代农村人口加速向城镇流动，农村劳动力老龄化态势明显，青壮年劳动力短缺成为常态，农业生产人力成本逐年攀升，高素质农业从业人员短缺，解决好"谁来种地、怎样种地"的需求日益迫切，只有加快推进农业机械化，才能为农业产业安全和发展提供坚强保障，为乡村全面振兴、农业农村现代化提供坚实支撑，这同时也为农业机械化的全面发挥作用提供了广阔空间。从党中央国务院部署要求看，"十四五"全面推进乡村振兴，保障粮食和重要农产品供给，必须加快补上农业机械化短板弱项，强化农业装备的支撑保障。党的十九届五中全会审议通过的《中共中央关于制定国民经济和社会发展第十四个五年规划和二〇三五年远景目标的建议》明确提出优先发展农业农村，全面推进乡村振兴，强调深入实施藏粮于地、藏粮于技战略，强化农业科技和装备支撑。《中共中央国务院关于全面推进乡村振兴加快农业农村现代化的意见》提出"提高农机装备自主研制能力，支持高端智能、丘陵山区农机装备研发制造，加大购置补贴力度"等要求。国家"十四五"规划纲要将"农业机械化"列入现代农业农村建设工程，明确了一系列推进举措。《"十四五"推进农业农村现代化规划》部署推进农业机械化全程全面发展。这些决策部署充分肯定了农业机械化在全面推进乡村振兴、加快农业农村现代化中的重要作用，明确了"十四五"农业机械化发展的方向、重点任务和要求。从农机工业支撑能力看，农机装备产业正在向高质量发展迈进，科技创新能力持续提升，新技术、新产品、新服务、新模式、新业态不断涌现，信息化、智能化、数字化技术加快普及应用，产业链供应链自主可控能力稳步提升，为充分满足农业生产各领域对机械化的需求创造了良好条件，加快推进农业机械化将为农机装备产业做大做强注入持久的动力。

综合判断，"十四五"乃至更长时期，是我国农业机械化发展的重大战略机遇期，必须立足于全面推进乡村振兴、加快农业农村现代化的战略部署，准确把握新阶段农业机械化的历史方位，积极应对面临的挑战，加快推进农业机械化全程全面和高质量发展。

第二章　总体要求

一、指导思想

以习近平新时代中国特色社会主义思想为指导，

全面贯彻落实党的十九大和十九届历次全会精神，统筹推进"五位一体"总体布局、协调推进"四个全面"战略布局，立足新发展阶段、贯彻新发展理念、构建新发展格局、推动高质量发展；在工作层面，按照保供固安全、振兴畅循环的工作定位，持续抓好保供、衔接、禁渔、建设、要害、改革重点任务，深入推进农业机械化供给侧结构性改革，着力补短板、强弱项、促协调，大力推动机械化与农艺制度、智能信息技术、农业经营方式、农田建设相融合相适应，引领推动农机装备创新发展，做大做强农业机械化产业群产业链，加快推进农业机械化向全程全面高质高效发展，为保障粮食等重要农产品有效供给、巩固拓展脱贫攻坚成果、全面推进乡村振兴、加快农业农村现代化提供有力支撑。

二、基本原则

——坚持围绕中心、服务大局。发挥机械化增产减损作用，为国家粮食安全和重要农产品有效供给提供有力支撑；发挥机械化节本增效作用，推动提高农业质量效益和竞争力；发挥机械化引领作用，促进小农户和现代农业发展有机衔接；发挥机械化驱动作用，拓宽农民就业增收空间。

——坚持政策扶持、市场主导。尊重农民主体地位和首创精神，充分发挥市场在资源配置中的决定性作用和更好发挥政府作用，持续完善农业机械化扶持政策体系，优化管理体制机制，增强公共服务供给，激发市场主体活力，充分调动企业研发生产高端先进机具和农民购机用机的积极性。

——坚持创新驱动、协调发展。持续推进农机研发制造与技术推广机制创新、服务组织形式与社会化服务机制创新、管理制度与扶持政策创新，推动创制运用新型农机装备，提升农机研发制造水平和推广应用效率效益，加快补上农业机械研发制造短板、粮食

等重要农产品生产全程机械化短板和丘陵山区机械化发展短板。

——坚持系统谋划、协同推进。着眼于主要作物、重要养殖品种生产全程机械化，推进农机、农艺、农田、农业经营方式协同协调，因地制宜推动品种、种养方式、土地、机具集成，产前产中产后机具配套，技术、主体、规模、机制统筹，构建高质高效全程机械化技术体系，推进各产业、各地区机械化高质量发展。

三、发展目标

到 2025 年，全国农机总动力稳定在 11 亿千瓦左右，农机具配置结构趋于合理，农机作业条件显著改善，覆盖农业产前产中产后的农机社会化服务体系基本建立，农机装备节能减排取得明显效果，农机对农业绿色发展支撑明显增强，机械化与信息化、智能化进一步融合，农业机械化防灾减灾能力显著增强，农机数据安全和农机安全生产进一步强化。具体指标为：全国农作物耕种收综合机械化率达到 75%，粮棉油糖主产县（市、区）基本实现农业机械化，丘陵山区县（市、区）农作物耕种收综合机械化率达到55%，设施农业、畜牧养殖、水产养殖和农产品初加工机械化率总体达到 50% 以上。农业机械化产业群产业链更加稳固，农机服务总收入持续增长，农业机械化进入全程全面和高质量发展时期。

展望 2035 年，我国农业机械化取得决定性进展，主要农作物生产实现全过程机械化，畜禽养殖、水产养殖机械化水平大幅跃升，设施种植、农产品初加工机械化促进农产品增值能力显著增强，"机械化＋"信息化、智能化全面应用于农业机械化管理、作业监测与服务，农业生产基本实现机械化全覆盖，机械化全程全面和高质量支撑农业农村现代化的格局基本形成。

专栏1 "十四五"农业机械化主要指标

序号	指标	单位	2020 年基期值	2025 年目标值	指标属性
1	农机总动力	亿千瓦	10.6	11	预期性
2	农作物耕种收综合机械化率	%	71	75	预期性
3	丘陵山区县（市、区）农作物耕种综合机械化率	%	49	≥55	预期性
4	设施农业机械化率	%	41	≥50	预期性
5	畜牧养殖机械化率	%	36	≥50	预期性
6	水产养殖机械化率	%	32	≥50	预期性
7	农产品初加工机械化率	%	39	≥50	预期性

第三章 着力提升粮食作物生产全程机械化水平

一、补齐粮食生产全程机械化短板

围绕双季水稻机械化育秧移栽、南方丘陵山区玉米机种机收、冬小麦节水灌溉、马铃薯机种机收、夏大豆免耕播种、玉米大豆带状复合种植等薄弱环节以及适宜稻区再生稻、西南丘陵山区玉米和马铃薯、南方大豆、高原青稞等生产机械化，推进适用机具研发，提高机具适应性、可靠性，强化机械、栽培、品种集成配套，加强试验示范，总结推广适宜技术路线和解决方案。到2025年，水稻种植机械化率达到65%，马铃薯种植、收获机械化率均达到45%，南方玉米、大豆机种机收等水平显著提升。

二、推进粮食机械化生产关键环节减损提质

牢固树立"减损就是增产"意识，切实将减少粮食作物机收损耗浪费工作常态化，推动降低粮食生产各环节损耗浪费。完善粮食作物精量播种、机收减损作业标准和操作规范，加强粮食作物在用播种机、收获机质量调查和作业机具田间测评选型，引领企业改进播种、收获机械产品性能。多形式开展机播机收操作技能大赛、作业能手评选，提高机手规范化操作、标准化作业的意识、能力和水平。精心组织重要农时机械化生产，注重提高机具技术状态，促进作业有序高效，最大程度减少损失。

三、构建粮食全程机械化高效生产体系

大力推进保护性耕作，促进粮食生产机械化与耕地保护相得益彰。加快选育宜机化粮食品种，提升育种机械化水平，推进良种良机协同。深入推进主要粮食作物生产全程机械化，探索适合不同作物、不同区域、不同规模的全程机械化生产模式，形成高效机械化技术路线和解决方案。加快种子处理、高效植保、产地烘干、秸秆综合利用等环节与耕种收环节机械化集成配套，推动建立健全区域化、标准化的高质量粮食机械化生产体系。

第四章 大力发展经济作物生产机械化

一、提升大宗经济作物全程机械化生产水平

紧盯主要区域、重点作物机械化生产薄弱环节，加快补齐机具短板，推进农机农艺融合，着力完善生产模式、细化技术路线，推进全程机械化生产。重点在黄河流域、长江流域棉区推广棉花标准化种植与机械化采摘技术，在新疆棉花优势区推进适宜机采的长绒棉机械化收获技术，在长江流域冬油菜产区推广高效种植与低损收获机械化技术，在花生优势产区推广夏花生免膜种植与果秧兼收机械化技术，在南方甘蔗优势区推广糖料蔗联合收获机械化技术，在甜菜优势产区推广高效种植与快速收获机械化技术。到2025年，棉花、甘蔗收获机械化率分别达到65%和30%，花生种植、收获机械化率分别达到65%和55%，油菜种植、收获机械化率分别达到50%和65%。

二、突破特色经济作物生产关键环节机械化

加快特色经济作物生产关键环节机械化技术创新与集成应用。推进露地规模种植基地蔬菜精密播种、标准化育苗、高效移栽等机械化技术示范推广，发展叶类和根茎类作物收获机械化，推广花类、茄果类蔬菜采摘辅助平台。推动标准化果园茶园建设，加快适用装备研发推广，为实现开沟施肥、除草打药、节水灌溉、修剪采摘等生产环节机械化创造条件。因地制宜推进中药材、热带作物等区域特色特产作物生产机械化，着力突破机收环节瓶颈。

三、加快推进设施种植机械化

围绕设施种植产业优势区域，积极推进设施布局标准化、建造宜机化、作业机械化、装备智能化、服务社会化。制修订适宜不同地区的温室设施结构与建造标准，推广节能型设施建造材料和低能耗电动设施装备，加快补上精量播种、育苗嫁接、移栽和收获、废弃物处理等环节技术装备短板，普及土地耕整、灌溉施肥、电动运输、水肥一体化设施以及多功能作业平台等技术装备，推广环境自动调控、水肥一体化和作物生长信息监测等机械化信息化技术，探索开展嫁接、授粉、巡检、采收等农业机器人示范应用。到

2025 年，塑料大棚、日光温室和连栋温室为主的种植设施总面积稳定在 200 万公顷左右。

专栏 2　农作物机械化生产重点工作和重要项目

> 01 农作物生产全程机械化示范县创建
>
> 　　以粮食作物为重点，以补短板、强全程、提水平为核心，创建 300 个农作物生产全程机械化示范县。
>
> 02 东北黑土地保护性耕作行动计划
>
> 　　在辽宁省、吉林省、黑龙江省和内蒙古自治区赤峰市、通辽市、兴安盟、呼伦贝尔市等适宜区域全面推广保护性耕作，实施面积达到 1.4 亿亩。
>
> 03 农机深松整地
>
> 　　以打破犁底层、提高土壤蓄水保墒能力为目标，在适宜地区推动开展农机深松深耕整地作业，促进耕地质量改善和农业可持续发展，每年完成作业面积不少于 1 亿亩。
>
> 04 特色经济作物适宜品种生产全程机械化典型案例遴选发布
>
> 　　依托典型甘蓝类、小叶类、根茎类蔬菜生产基地和标准果园茶园，以及中药材、热作、杂粮规模种植基地，开展全程机械化技术试验示范，遴选适宜机具，总结技术路线，提炼生产模式，发布 100 个全程机械化典型案例。
>
> 05 设施农业全程机械化示范县创建
>
> 　　以优势区域为重点，推动蔬菜、花卉、果树、食用菌、中药材等设施种植主要品种生产全程机械化技术装备体系和社会化服务体系建设，创建 150 个左右设施农业全程机械化示范县。

第五章　加快发展畜禽水产养殖机械化

一、推进主要畜禽规模化养殖全程机械化

　　健全完善畜牧业机械化技术标准体系，制定生猪、蛋鸡、肉鸡、奶牛、肉牛、肉羊等主要畜种规模化养殖设施装备配套技术规范。加强畜禽品种、养殖工艺、设施装备集成配套，着力改善中小规模养殖场（户）设施装备条件，巩固提高饲草料生产与加工、饲草料投喂、环境控制等环节机械化水平，推动构建区域化、规模化、标准化、信息化的畜禽养殖全程机械化生产模式。加快解决疫病防控、畜产品采集加工、粪污收集处理与利用等薄弱环节机械装备应用难题，推广应用先进适用畜禽养殖机械装备技术。到 2025 年，生猪、蛋鸡、肉鸡规模化养殖机械化率达到 70％以上，奶牛、肉牛、肉羊规模化养殖机械化率分别达到 80％、50％、50％以上。

二、构建水产绿色养殖全程机械化体系

　　推动设施装备运用与绿色养殖方式发展相适应，促进养殖品种、工艺、设施与机械装备协同联动，健全水产养殖机械化标准体系，加快水产养殖全程机械化及水质监控、水草管护、尾水处理等设施装备的集成配套。完善池塘标准化建设规范，建立健全养殖池塘维护修缮及设施装备管护长效机制，推进养殖池塘标准化宜机化建设。围绕发展生态健康养殖，开展养殖模式试验优化，总结推广绿色养殖全程机械化解决方案。到 2025 年，工厂化、集装箱式和池塘工程化等循环水养殖基本实现机械化。

三、推广绿色高效养殖装备技术

　　加快优质饲草青贮、农作物秸秆饲料制备、畜禽粪污肥料化利用等机械化技术推广应用，推动构建农牧配套、种养结合的生态循环模式。遴选推广畜牧水产绿色高效养殖机械化新技术、新装备、新工艺、新模式，示范推广精准饲喂、智能环控、疫病防控、高效粪污资源化利用、病死畜禽无害化处理、水质净化处理等高效专用技术装备。

第六章　积极推进农产品初加工机械化

一、推进绿色高效农产品初加工机械装备研发应用

　　加快推进利用太阳能、空气能等清洁能源的绿色高效农产品初加工技术装备研发和推广应用。以农产品初加工重要环节和空白领域为重点，推动快速预冷、节能干燥、绿色储藏、低温压榨、高效去皮脱壳、清洁分等分级及畜禽屠宰、冷链物流等关键技术与装备研发制造。围绕果蔬、畜禽、水产品等鲜活农产品保质增值，发展预冷、保鲜、冷冻、清洗、分级、分割、包装等初加工机械。围绕粮食、油料、棉花等耐储农产品减损增效，发展脱壳、清选、烘干、储藏和膨化保鲜等初加工机械。围绕杂

粮、茶叶、中药材等特色农产品开发做强，发展碾磨粉碎、混合调制、切分干制、理条成型、精选分级等初加工机械。

二、加强农产品初加工机械化体系建设

加强农机装备与农产品初加工工艺融合研究，总结推出一批农产品初加工全程机械化解决方案和高水平示范应用场景。推进粮食减损等农产品初加工机械装备成套化，探索示范成套装备与配套设施集成一体化发展，提升农产品初加工工程化水平。探索发展"互联网＋初加工机械化"，推动农产品初加工重点环节装备应用实时信息采集和智能管控系统，鼓励生产主体进行设施与装备物联化、智能化升级改造，推进农产品初加工机械化与信息化、智能化融合发展。制定健全农产品初加工机械与成套装备技术标准，加强技术设施设备筛选评价，提升试验鉴定能力，加快推广应用。大力推进农产品初加工机械社会化服务，积极探索发展农产品初加工生产托管、订单作业、承包服务等新模式、新业态。紧盯脱贫地区特色农产品提质减损增效，突出就地就近，推动建立分区域、分产业、分规模的农产品初加工适配装备体系和技术服务模式，助力巩固拓展脱贫攻坚成果。

专栏 3　畜禽水产养殖和农产品初加工机械化重点工作

01 规模养殖全程机械化示范县创建

突破重要养殖产品重点环节的机械化生产，推进畜禽水产养殖机械装备与养殖工艺融合，创建 150 个左右规模养殖全程机械化示范县。

02 机械化助力畜禽水产育制种和工程防疫机具遴选推荐

加快畜禽水产育种机械装备和清洗消毒、病媒防控、隔离转运、空气净化、病死无害化处理等疫病防控机械装备技术的示范推广，总结形成不同品种选育、制种和工程防疫的机械化解决方案，遴选推介一批先进适宜机具。

03 绿色高效农产品初加工机械化典型案例遴选发布

围绕推进技术工艺、装备集成配套，提高烘干清理、储藏保鲜、磨制压榨、切分粉碎、分级包装等重要环节机械化、智能化水平，建设粮食烘储中心、果蔬加工中心等，遴选发布 50 个以上典型案例。

第七章　加快补齐丘陵山区农业机械化短板

一、推进适宜装备研发推广

积极发展丘陵山区农业生产高效专用农机，推动丘陵山区通用动力机械装备及特色作物生产、特种养殖需要的高效专用农机研发，增加装备供给。强化需求引领，推进协同合作，积极创设项目，推动产学研推用紧密结合，加快丘陵山区适用农机装备创新和机械化技术的推广应用。大力推进丘陵山区适用农机专项鉴定，落实农机新产品购置补贴试点政策，加快适宜当地产业需求的农机具研发成果转化应用。

二、推进农田宜机化改造

深入开展丘陵山区农田宜机化改造需求摸底，根据丘陵山区地形、地貌特点以及不同作物生产需求，因地制宜明确田间道路、田块长度宽度与平整度等宜机化要求，提出适宜不同地形特点的改造技术方案。完善丘陵山区农田宜机化改造技术标准和评价规范，构建农田宜机化改造标准体系。强化投入成本与收益分析的测算分析，推动各方面资金投入开展宜机化改造，持续改善农机通行和作业条件。

三、推进作业服务模式创新

积极发展"新型农业经营主体＋全程机械化＋综合农事服务中心""新型农业经营主体＋适度规模＋全程机械化""新型农业经营主体＋规模化＋特色优势产业＋全程机械化"等机械化生产、社会化服务多样化模式，引领丘陵山区农业机械化发展。加快推动种养品种、栽培制度、养殖模式、生产规模及产后加工等全方位"宜机化"，大力推动良种良法良田良机良制相配套。加快提升丘陵山区农业机械化技术推广服务能力，通过政府购买服务等方式，引导多元社会力量积极参与公益性技术推广。

专栏 4　丘陵山区机械化发展重点工作和重要项目

01 丘陵山区高效专用农机研制与应用

制定发布丘陵山区机械化生产技术装备需求目录及补短板优先顺序，引导科研院所和农机生产企业等向短板弱项机具研发聚焦用力，加快适宜丘陵山区产业需求的农机具成果转化和推广应用。

02 丘陵山区农田宜机化改造

因地制宜推进丘陵山区农田以地宜机，鼓励新型经营主体开展农田宜机化改造，持续改善农机作业条件，扩展大中型农机运用空间，力争改造面积达到 200 万亩以上。

第八章 加快推动农业机械化智能化、绿色化

一、推动智能农机装备技术创新

推动农机导航、农机作业管理和远程数据通信管理等技术系统集成，加快农机装备作业传感器、智能网联终端等关键技术攻关，推进农机作业监测数字化进程。围绕农田精细平整、精准播种、精准施肥、精准施药，创制智能化机具装备，提升精准作业技术水平。推进北斗自动导航、ISOBUS（农机总线）、高压共轨、动力换挡、无级变速、新能源动力、机电液一体化等技术在农机装备上的集成应用，加快创新发展大型高端智能农机装备，推进畜禽水产养殖装备信息化、智能化，促进智慧农业示范应用。

二、示范运用智能化技术

积极引导高端智能农机装备投入农业生产，加快提升农机装备"耕、种、管、收"全程作业质量与作业效率。大力推广基于北斗、5G 的自动驾驶、远程监控、智能控制等技术在大型拖拉机、联合收割机、水稻插秧机等机具上的应用，引导高端智能农机装备加快发展。加快播种、施肥施药、收获等环节智能装备的广泛应用，推动设施园艺、畜禽水产养殖、农产品初加工的机械化、自动化、智能化装备应用。

三、推进机械化生产数字化管理

专栏5 农业机械化智能化应用重点工作和重要项目

01 农机智能物联水平提升

综合运用北斗、5G、物联网、大数据等技术，推进农机物联网管理平台建设，提升农业机械化生产状况动态监测、农机作业指挥远程调度和应急处理水平。

02 农机作业北斗监测推广

大力推进农用北斗终端产品在农机上的应用，推广应用加装北斗终端的农业机械不少于 50 万台。

03 农机精准作业技术装备应用

加大农田精细平整、精准播种、变量施肥、精准喷洒、智能收获和自动驾驶等精准农业技术应用，建立典型区域、大宗作物的智慧生产技术体系，推进智慧农场、智慧牧场、智慧渔场建设。

四、推进农机节能减排

加快绿色智能农机装备和节本增效农业机械化技术推广应用，推进农机节能减排，助力实施农业碳达峰、碳中和。支持推动非道路移动机械排放标准由国三升级国四，实施更为严格的农机排放标准，因地制宜发展复式、高效农机和电动农机装备，减少废气排放。大力示范推广节种节水节能节肥节药农业机械化技术，加快侧深施肥、精准施药、节水灌溉、高性能免耕播种机等机械装备推广应用，减少种子、化肥、农药、水资源用量。加大粪肥还田、秸秆还田离田、残膜捡拾回收等农业废弃物回收及资源化利用适用高效机械装备的研发推广力度，支撑循环利用农业废弃物。培育壮大新型农机服务组织，提供高效便捷农机作业服务，提升作业效率，降低能源消耗。全面实施农机报废更新补贴政策，加快淘汰能耗高、作业损失大、安全性能低的老旧农机，促进农机安全生产、节能减排和结构调整。

第九章 做大做强农业机械化产业群产业链

一、壮大农机作业社会化服务

培育壮大农机作业服务公司、农机合作社、农机服务专业户等农机社会化服务主体，鼓励农机服务主体创新服务方式，推进农机社会化服务向农业生产全过程、全产业延伸，推动农业适度规模经营，促进小农户和现代农业发展有机衔接。支持农机社会化服务区域中心建设，推广"全程机械化＋综合农事"服务模式，广泛开展农业生产托管。加强救灾防灾专用农机装备储备建设，提升农机应急抢收抢种抢烘及排涝抗旱服务能力。鼓励大中专毕业生、退伍军人、科技人员等创办领办新型农机服务组织，引导鼓励农机服务主体与家庭农场、种植养殖大户、农民合作社及农

业企业等规模生产主体构建农业生产服务联合体，探索实现农机互助、设备共享、互利共赢的有效方式，提高农机使用效率。

二、推动农机销售、维修及零配件供应产业发展

引导农机流通体系，完善农机售后服务功能，提升售后服务水平，便利农民购买、维修、使用农机。深入贯彻落实国务院关于取消农业机械维修技术合格证核发的决定，制定农业机械维修服务规范，推动农机维修服务方式创新，激发农机维修市场活力，为农机手提供便捷高效的维修服务。积极推动运用大数据平台技术建设便捷高效的农机销售、维修及零配件供应网络，提升农机流通信息化、规模化水平。

三、推进农机技能培训和职业教育发展

推动农机职业技能开发体系建设，强化大纲制定、教材编写、课件选推等基础工作，有效利用企业现场设备和场所开展培训服务，充分发挥农机培训机构、生产企业、农机合作组织等社会力量的主体作用，壮大农机实用技能培训规模，提高农机技能培训质量。引导相关高校面向农业机械化转型升级开展新工科研究与实践，构建产学合作协同育人项目实施体系。推动实施产教融合、校企合作，支持优势农机企业与学校共建共享工程创新基地、实践基地、实训基地，加快农机职业技能教育发展。

专栏6　农业机械化产业群产业链重点工作和重要项目

01 农机作业服务新模式新业态培育

大力发展农业生产托管和"智能化＋农机作业""全程机械化＋综合农事服务中心"等农机服务新模式新业态，支持引导农机服务主体通过跨区作业、订单作业、农业生产托管、数字化应用等多种形式，开展高效便捷的农机作业服务。

02 专业农机手培训行动

以粮食作物机收减损、水稻机械化栽植、东北黑土地保护性耕作、主要农作物全程机械化生产等内容为重点，大力开展基层一线专业农机手培训，加快农业机械化主推技术到位率，切实提升农机手关键环节操作水平和作业质量。

03 机械化防灾减灾能力提升

加强农机服务组织防灾减灾能力建设指导，认真分析总结各地自然灾害发生规律和特点，指导农机服务组织科学合理配置作业机具，加强农机手应急救灾防灾技能培训，促使农机保有量和类型结构满足救灾防灾需要，灾害发生时适用农机装备供得上、用得好。

第十章　切实加强农机安全管理

一、严格落实安全监管责任

深入学习贯彻习近平总书记关于安全生产重要论述，树牢安全发展理念，统筹发展和安全，坚持管行业必须管安全、管业务必须管安全、管生产经营必须管安全，建立健全农业农村部门牵头，农机安全监理机构、农业综合执法机构和行政审批机构分工负责的农机安全生产监管责任制。严格履行安全监管职责，依法核发拖拉机和联合收割机牌证，做好驾驶人培训和考试管理，严格农机安全技术检验。强化安全检查和隐患排查，加强重要节假日、重要农时和重要活动等关键时点的安全生产督导检查，严查严处违法违规行为。建立手扶变型运输机等只有运输功能、无农田作业功能的变型拖拉机退出机制，加快清零。切实加强安全生产监管执法，有效遏制农机发生较大以上安全事故。

二、不断提升安全监管能力

深化"平安农机"创建活动，将创建工作纳入政府安全生产考核内容，优化创建方案，完善选拔推荐机制，每年推出一批全国"平安农机"示范市和示范县。深入开展全国"安全生产月""安全宣传咨询日"和安全宣传"五进"活动，创新宣传形式、丰富宣传内容，提升安全宣传效果。常态化组织农机事故应急演练，加强事故原因分析，完善预防措施，规范农机事故处理认定。加强农机安全监管和应急救援，更新升级基层农机安全监管装备，推进农机安全监管信息化建设，推进农机安全监管数据全国系统内实时共享。加强农机安全监管队伍建设，组织开展岗位知识和技能培训，实现岗位练兵常态化，推行专业岗位持证上岗，培养造就高素质农机安全监管队伍。突出加强乡村农机安全监管力量建设，推进农机安全"网格化"管理。

三、推进驾驶培训制度改革

贯彻国务院"放管服"改革要求，落实全国人大常委会关于修改《中华人民共和国道路交通安全法》的决定，做好农机驾驶培训机构由"资格管理"向"监督管理"的转换。进一步拓宽培训渠道，鼓励农机教学、生产、推广、社会化服务等机构发挥优势开展驾驶培训业务，解决农民学机难、学机不方便的问题。完善拖拉机和联合收割机相关培训制度规范，优化培训内容，创新培训方式，强化驾驶培训工作事中事后监管，提高培训质量，严把考试关口，确保农机手全面掌握安全生产知识和驾驶操作技能。

专栏 7　农机安全生产重点工作和重大行动

01"平安农机"示范创建

会同应急管理部门组织新一轮"平安农机"创建活动，创新工作形式，每年推出一批全国"平安农机"示范市和示范县，充分发挥典型引领作用。

02 拖拉机"亮尾工程"

强化注册登记、安全检验和安全检查，推进拖拉机运输机组灯光齐全并粘贴反光标识，未粘贴反光标识的不予注册登记、不予通过检验；鼓励其他上道路行驶的农业机械粘贴反光标识、悬挂反光警示牌或插挂反光警示旗。

03 变型拖拉机"清零工程"

持续开展变型拖拉机专项整治，按照严于低速载货汽车的强制报废年限规定，制定各地存量变型拖拉机清零进度表，多方争取政策加大报废力度，严格做到期满报废，2025年前全部清零。

04 老旧农机报废更新

推进老旧拖拉机、联合收割机、水稻插秧机、机动喷雾（粉）机、机动脱粒机、饲料（草）粉碎机、铡草机等农机淘汰更新，推广新能源技术，加快绿色、智能、复式、高效农业机械化技术装备普及应用。

第十一章　强化支持发展政策举措

一、编制并实施农机装备补短板行动计划

紧盯农业产业发展需求，分区域、分产业、分品种、分环节全面摸清农业机械短板，组织制定农机短板技术装备需求目录，引导科研院所和农机企业等向农业机械补短板聚焦用力。联合有关部门、有关地区和优势领军企业，聚焦解决"一大一小"问题，开展大型大马力高端智能农机装备和丘陵山区适用小型机械推广应用先导区建设，谋划农机装备研发创新重点项目。科学布局和建设"现代农业装备""设施农业工程"学科群重点实验室、全程机械化科研基地，为农机农艺融合研究创造条件。推动产学研深度融合，支持开展智能农机装备、农业机器人等重点项目研究。推动智能农机装备技术重点实验室和协同创新中心建设，支持地方打造农机产业链发展高地和农机装备创新联盟、基地，主动服务研制造需求，拓展农机应用场景，培育壮大应用主体，加大政策牵引推动，持续优化市场环境。健全完善农机试验鉴定大纲和农业机械化标准体系，促进科技成果转化应用。

二、强化政策支持投入

稳定实施农机购置与应用补贴政策，充分发挥政策实施的导向作用，着力稳重点、扩范围、优服务、强监管、提效能，突出优机优补、奖优罚劣，加大对智能、高端安全农机装备支撑力度，持续提升政策实施精准化、规范化、便利化水平。开展农机购置综合补贴试点，选择部分有条件、有意愿的省份和中央直属垦区探索创新补贴资金使用与管理方式，实施购置补贴与作业补助、贷款贴息、融资租赁承租补助等相结合的补贴方式。加大农机报废更新补贴力度。支持农机服务主体开展深松深耕、机播机收和生产托管服务，落实好东北黑土地保护性耕作行动计划免（少）耕播种作业补助政策。推动设施农业用地、新型农业经营主体建设用地、农业生产用电、税费减免等相关政策落实落地，鼓励集体经济组织、农机社会化服务组织等主体以各种形式开展机库棚、机耕道、烘干机塔等基础条件建设，加强农机抢种抢收抢烘服务能力建设。结合高标准农田建设等工作，积极推进地方政府债券和有关资金支持开展丘陵山区农田宜机化改造。推动创新农机金融保险服务，探索将权属清晰的大型农机装备纳入农村资产抵押担保融资范围，鼓励开展农机保险。创新国际交流模式，以农业服务贸易为抓手，带动农机优势产能走出去，服务"一带一路"建设，推动先进农机技术及产品"走出去"。

三、加强人才队伍支撑

把"人才强机"作为农业机械化全程全面和高质量发展的重大战略，坚持"服务发展、人才优先、以

用为本、创新机制、高端引领、整体开发"的方针，推进农业机械化人才队伍建设。围绕提升科技创新能力，增强农机装备研发制造供应链产业链自主可控水平，引导和推动高等院校、科研院所、优势领军企业以及行业协会、学会等各相关方发挥自身优势，全方位培养、发现、引进创新型、应用型、复合型及领军型农机科研人才。围绕提升公益服务能力，大力开展技术推广、试验鉴定专业技术人员的培训和再教育，建设素质过硬、作风扎实、结构合理、充满活力、开拓创新的农业机械化公益服务人才队伍。围绕提升执法监管能力，加强农机安全监管执法人员教育培训，积极发展乡村安全监理管理员或协管员队伍，切实筑牢农机安全生产监管防线。鼓励支持乡村农机人员参加高素质农民培育计划和学历提升行动，大力开展农机作业服务人员技能培训等职业教育，遴选培养农机使用一线"土专家"，不断壮大基层农机实用人才队伍。

四、提升法治保障能力

推动各级农业机械化管理干部和技术服务人员深入学习贯彻习近平法治思想，积极学习宣传农业农村和农业机械化法律法规，不断提升自觉运用法治思维、法治方式推动发展、化解矛盾、解决问题的能力。全面贯彻落实全国人大常委会农业机械化促进法执法检查要求，加强推动农业机械化高质量发展的法治保障。落实国务院"放管服"改革的部署要求，做好农机维修管理规定、拖拉机驾驶培训管理办法等规章制度的修订，持续推进依法行政建设。强化农业机械化法律法规普法宣传，创新宣传教育方式，推动法律法规进村进户，将普法融入日常管理服务工作中，切实提高农民机手、农机企业、农机服务组织自觉守法意识和依法维权能力，营造良好法治氛围。

专栏8 农业机械化行业发展和监管能力建设重点工作和重要项目

01 农业机械化科技创新能力条件建设
围绕加快补上农业机械短板，加大农业机械重要装备研发与试验集成力度，增强农业机械化产业链供应链自主可控能力，新建设10个左右农业机械化领域重点实验室和20个以上全程机械化科研基地，巩固完善已建成实验室和科研基地。
02 农机试验鉴定能力提升
布局建设国家农机试验鉴定中心、区域站及专业站，统筹推进推广鉴定、专项鉴定及农机产品质量认证协调实施，有效满足农业各产业所需农机产品的鉴定认证需求，有力支撑农机科技创新和农机购置与应用补贴等重大政策实施。
03 农业机械化标准体系建设和质量监督
完善农机试验鉴定大纲和农业机械化标准技术体系，推进农业机械化管理服务标准化、规范化发展，制修订农业机械化标准100项、农机鉴定大纲200项；开展在用农业机械质量调查，充分反映产品质量状况，促进企业加快技术进步。
04 农业机械化管理及技术人员培训
围绕提升组织管理能力，推动各地利用2～3年左右的时间完成各级农业机械化行政管理人员轮训；组织开展农机推广、鉴定、安全监理等专业技术人员培训，拓展培训渠道，创新培训方式，加快农机技术人员知识更新、专业技能提升，培训补充专业人才。

第十二章 强化规划实施保障

一、加强组织领导

各级农业农村部门要把规划实施列入重要议事日程，做好各省农业机械化发展规划与本规划的衔接，制定具体措施，明确实施要求，组织调动全系统力量，确保规划任务落到实处。充分发挥国家和省级农业机械化发展协调推进机制的作用，加强统筹协调，合力推进"十四五"农业机械化发展。积极争取各级党委政府的重视支持，推动将农业机械化发展列入粮食安全党政同责考核、乡村振兴考核内容，加快农业机械化向全程全面和高质量发展升级。

二、加强督促指导

组织各地开展以基本实现农业现代化为目标的农业机械化发展目标任务研究，以规划为指引，分区域、分产业、分品种、分环节明确各地"十四五"农业机械化发展的目标任务、存在的短板弱项及相应的政策举措，并定期评估工作进展落实情况，推进规划落细落小。研究制定基本实现农业机械化评价指标和监测办法，开展农业机械化全程全面高质量发展情况监测，构建全面统计、区域评价、定向监测相结合的农业机械化发展动态监测体系，及时发布监测结果，指导规划实施。适时委托第三方机构开展规划实施情况评估，及时发现解决规划实施过程中的问题，推动完成好规划目标任务。

三、动员社会参与

充分调动社会各界支持农业机械化、关心农业机械化发展的积极性和主动性，搭建社会广泛参与平台，构建政府、社会、市场协同推进的工作格局。因地制宜、分类指导，及时总结推广各地推动农业机械化转型升级的好经验、好做法，发挥好典型引领作用。主动加强与新闻媒体的沟通合作，多渠道、多形式开展宣传报道活动，切实加大对农业机械化宣传的力度、广度和深度，讲好农业机械化故事，营造全社会广泛关注和支持的良好氛围。

4 第四部分

国内综合统计资料

国内综合统计资料
简 要 说 明

1. 本部分统计资料主要包括农林牧渔业主要产品产量、农产品加工机械拥有量及农产品加工行业固定资产投资情况、按国民经济行业分类统计有关农产品加工业现状、农产品加工业主要产品产量、农产品加工业主要产品出口创汇情况、农产品加工业部分行业与企业排序，以及我国西部地区综合统计等 7 部分统计数据。

2. 香港和澳门特别行政区的统计是构成国家统计总体的一部分，但根据中华人民共和国"香港特别行政区基本法"和"澳门特别行政区基本法"的有关原则，香港、澳门与内地是相对独立的统计区域。根据各自不同的统计制度和法律规定，独立进行统计工作。本部分中所涉及的统计数据均未包括香港、澳门特别行政区和台湾省。这三部分相关统计数据，另在本年鉴附录中列出。

3. 本部分统计资料数据，除已注明"资料来源"之外，其余均采用国家统计局公布的数据。

4. 本部分采用的统计数据，基本上以 2020 年数据为主，为了保持与上卷年鉴提供数据的连续性，有一部分统计数据是在上卷基础上，延续列出。

5. 本部分有关表中所示"规模以上企业"是指年产品销售收入 2 000 万元以上的企业。

6. 本部分有关表中所示工业产值、工业增加值、工业产品销售产值、利税总额等数据未单独标注者，均按当年价格计算（当年价格即为现行价格）。

7. 本部分统计资料数据所使用的计量单位，均采用国际统一标准计量单位。对有关行业未按国际统一标准计量单位提供的数据，编辑部均按国际统一标准计量单位进行了相应换算。

8. 本部分中同一类、同一行业统计数据，由于管理渠道、统计范围、数据采集方法、时间等略有不同，加之有些行业与相关管理部门交叉较多，因此数据也略有不同。但来自同一系统的数据基本上还是一致的。

9. 本部分统计资料中，依据国家统计局、农业农村部、国家林业和草原局、中国食品工业协会、中国轻工业联合会、中国纺织工业联合会等部门、行业提供的相关数据，开辟了"我国西部地区综合统计"专栏。

10. 本部分统计资料中符号使用说明："空格"表示该项统计指标数据不详或无该项数据；"＊"或"①"表示本表下有注解。

11. 由于时间短促，难免有误，请给予批评指正。

农林牧渔业主要产品产量统计

表1　我国主要农产品产量（2016—2020年）

单位：万 t

年份	粮　　　　　食						
	合　计	谷　　　物				豆　类	薯　类*
		小　计	稻　谷	小　麦	玉　米		
2016	66 043.5	61 666.5	21 109.4	13 318.8	26 361.3	1 650.7	2 726.3
2017	66 160.7	61 520.5	21 267.6	13 424.1	25 907.1	1 841.6	2 798.6
2018	65 789.2	61 003.6	21 212.9	13 144.0	25 717.4	1 920.3	2 865.4
2019	66 384.3	61 369.7	20 961.4	13 359.6	26 077.9	2 131.9	2 882.7
2020	66 949.2	61 674.3	21 186.0	13 425.4	26 066.5	2 287.5	2 987.4

年份	棉花	油　　　料				麻　类	
		小　计	花　生	油菜籽	芝　麻	小　计	黄红麻
2016	534.3	3 400.0	1 636.1	1 312.8	35.2	18.1	3.4
2017	565.3	3 475.2	1 709.2	1 327.4	36.6	21.8	2.9
2018	610.3	3 433.4	1 733.2	1 328.1	43.1	20.3	2.9
2019	588.9	3 493.0	1 752.0	1 348.5	46.7	23.4	2.9
2020	591.0	3 586.4	1 799.3	1 404.9	45.7	24.9	1.9

年份	糖　　　料			茶　叶	烟　　　叶	
	小　计	甘　蔗	甜　菜		小　计	烤　烟
2016	11 176.0	10 321.5	854.5	231.3	257.4	244.5
2017	11 378.8	10 440.4	938.4	246.0	239.1	227.9
2018	11 937.4	10 809.7	1 127.7	261.0	224.1	211.0
2019	12 166.1	10 938.8	1 227.3	277.7	215.3	202.1
2020	12 010.5	10 812.1	1 198.4	293.2	213.4	202.2

年份	水　　　果					
	小　计	苹　果	柑　橘	梨	葡　萄	香　蕉
2016	24 405.2	4 039.3	3 591.5	1 596.3	1 262.9	1 094.0
2017	25 241.9	4 139.0	3 816.8	1 641.0	1 308.3	1 117.0
2018	25 688.4	3 923.3	4 138.1	1 607.8	1 366.7	1 122.2
2019	27 400.8	4 242.5	4 584.5	1 731.4	1 419.5	1 165.6
2020	28 692.4	4 406.6	5 121.9	1 781.5	1 431.4	1 151.3

* 薯类产量按5∶1折粮计算。

表 2　各地区主要农产品产量（2020 年）

单位：万 t

地区	一、粮食					
	总　产	1. 谷　物				2. 豆类
		总　产	稻　谷	小　麦	玉　米	总　产
全国总计	66 949.2	61 674.3	21 186.0	13 425.4	26 066.5	2 287.5
北　京	30.5	29.4	0.1	4.6	24.2	0.3
天　津	228.2	226.3	50.2	62.9	109.7	0.9
河　北	3 795.9	3 617.7	48.9	1 439.3	2 051.8	29.4
山　西	1 424.3	1 331.2	1.7	236.5	979.9	30.7
内　蒙　古	3 664.1	3 281.6	123.1	170.8	2 742.7	256.4
辽　宁	2 338.8	2 283.5	446.5	1.7	1 793.9	25.6
吉　林	3 803.2	3 698.6	665.4	1.7	2 973.4	72.8
黑　龙　江	7 540.8	6 576.9	2 896.2	18.7	3 646.6	932.0
上　海	91.4	91.1	84.7	5.3	0.9	0.1
江　苏	3 729.1	3 631.6	1 965.7	1 333.9	308.3	71.6
浙　江	605.7	536.0	465.1	40.8	25.9	30.8
安　徽	4 019.2	3 901.9	1 560.5	1 671.7	663.2	98.1
福　建	502.3	408.2	391.7	0.0	14.8	12.0
江　西	2 163.9	2 076.3	2 051.2	3.3	20.7	32.0
山　东	5 446.8	5 276.1	98.8	2 568.9	2 595.4	56.7
河　南	6 825.8	6 631.8	513.7	3 753.1	2 342.4	97.9
湖　北	2 727.4	2 581.4	1 864.3	400.7	311.5	39.7
湖　南	3 015.1	2 876.9	2 638.9	7.8	223.2	40.0
广　东	1 267.6	1 158.5	1 099.6	0.1	58.2	11.8
广　西	1 370.0	1 290.8	1 013.7	0.6	273.3	26.6
海　南	145.5	126.3	126.3			1.8
重　庆	1 081.4	753.7	489.2	6.1	251.1	41.5
四　川	3 527.4	2 836.9	1 475.3	246.7	1 065.0	138.8
贵　州	1 057.6	704.5	416.0	33.4	220.3	33.7
云　南	1 895.9	1 587.5	524.9	69.7	938.0	123.3
西　藏	102.9	100.7	0.5	17.6	2.8	1.9
陕　西	1 274.8	1 150.0	80.5	413.2	620.2	28.3
甘　肃	1 202.2	942.2	1.7	268.9	616.8	37.2
青　海	107.4	72.1		37.6	14.8	3.5
宁　夏	380.5	337.3	49.4	27.8	249.1	1.7
新　疆	1 583.4	1 557.4	41.9	582.1	928.4	10.2

(续)

地区	一、粮食	二、油料				三、棉花
	3. 薯类*	总 产	1. 花生	2. 油菜籽	3. 芝麻	总 产
	总 产					
全国总计	2 987.4	3 586.4	1 799.3	1 404.9	45.7	591.0
北 京	0.8	0.3	0.3	0.0	0.0	0.0
天 津	1.0	0.3	0.3	0.0	0.0	1.0
河 北	148.8	119.5	96.8	5.6	0.3	20.9
山 西	62.3	14.3	1.3	2.1	0.2	0.2
内 蒙 古	126.1	217.3	15.9	28.3	0.1	0.0
辽 宁	29.7	99.7	98.7	0.1	0.0	0.0
吉 林	31.8	81.4	78.3	0.0	0.2	
黑 龙 江	31.9	12.3	8.7	0.0	0.0	
上 海	0.2	0.7	0.1	0.6	0.0	0.0
江 苏	25.8	93.0	40.6	51.2	1.1	1.1
浙 江	38.8	32.1	5.2	25.8	0.9	0.7
安 徽	19.2	162.5	72.3	85.3	2.0	4.1
福 建	82.2	22.7	21.7	1.0	0.0	0.0
江 西	55.6	122.7	50.9	67.8	3.9	5.3
山 东	114.1	290.9	286.6	2.2	0.1	18.3
河 南	96.2	672.6	594.9	45.9	18.4	1.8
湖 北	106.3	344.5	87.1	241.1	13.1	10.8
湖 南	98.2	260.7	29.9	228.7	1.6	7.4
广 东	97.3	113.5	112.1	0.8	0.6	
广 西	52.6	73.9	69.2	3.1	1.1	0.1
海 南	17.4	7.7	7.6		0.1	
重 庆	286.2	67.1	14.1	51.4	0.5	
四 川	551.8	392.9	73.8	317.2	0.3	0.2
贵 州	319.4	103.4	11.7	76.2	0.1	0.0
云 南	185.0	63.1	7.6	54.2	0.0	0.0
西 藏	0.3	5.1	0.0	5.1		
陕 西	96.5	59.1	12.4	37.5	1.1	0.1
甘 肃	222.8	61.4	0.2	33.9	0.0	3.0
青 海	31.8	30.2		30.1		
宁 夏	41.5	6.7	0.0	0.9		
新 疆	15.8	54.9	0.9	8.6	0.0	516.1

(续)

| 地区 | 四、麻　类 | | 五、糖　料 | | 六、烟　叶 | |
	总　产	其中：黄红麻	1. 甘蔗	2. 甜菜	总　产	其中：烤烟
全国总计	**24.9**	**1.9**	**10 812.1**	**1 198.4**	**213.4**	**202.2**
北　京					0.0	
天　津				0.0		
河　北	0.0			63.7	0.2	0.1
山　西	0.6	0.2	0.0	0.2	0.4	0.4
内　蒙　古	0.3	0.0		620.2	0.5	0.4
辽　宁				9.1	1.6	1.3
吉　林	0.1			4.2	2.3	0.9
黑　龙　江	11.6			14.1	2.9	2.7
上　海				0.2		
江　苏	0.1	0.0	5.2	1.9		
浙　江	0.0	0.0	46.4	0.0	0.1	0.0
安　徽	1.0	0.3	8.0		2.0	2.0
福　建	0.0	0.0	27.0		10.0	10.0
江　西	0.6	0.0	61.2		2.7	2.6
山　东	0.0			0.0	4.7	4.7
河　南	0.7	0.7	10.7		21.0	20.8
湖　北	0.8	0.0	28.2		6.3	5.3
湖　南	0.5	0.0	34.9		18.5	18.3
广　东	0.0	0.0	1 366.8		4.1	3.6
广　西	0.8	0.7	7 412.5		1.9	1.5
海　南			105.8		0.1	0.0
重　庆	0.4	0.0	8.2		5.3	4.0
四　川	3.1	0.0	37.8	0.1	16.2	14.6
贵　州	0.1	0.1	61.3	0.3	22.5	21.1
云　南	0.8		1 597.2		84.3	81.6
西　藏					0.0	0.0
陕　西	0.1	0.0	0.7	0.0	5.3	5.3
甘　肃	0.3			22.4	0.5	0.5
青　海					0.0	
宁　夏				0.0	0.1	0.1
新　疆	3.3			462.2		

*　薯类产量按 5：1 折粮计算。

表3　我国玉米主产区生产情况（2019—2020 年）

单位：万 t

地　　区	2019 年	2020 年	同比增长（％）
河　　北	1 986.6	2 051.8	3.3
山　　西	939.4	979.9	4.3
内　蒙　古	2 722.3	2 742.7	0.7
辽　　宁	1 884.4	1 793.9	−4.8
吉　　林	3 045.3	2 973.4	−2.4
黑　龙　江	3 939.8	3 646.6	−7.4
山　　东	2 536.5	2 595.4	2.3
河　　南	2 247.4	2 342.4	4.2
四　　川	1 062.1	1 065.0	0.3
其　　他	5 714.1	5 875.4	2.8
总　　计	**26 077.9**	**26 066.5**	**0.0**

表4　各地区水果产量（2020 年）

单位：万 t

地　　区	水　果	其　　　　中				
		苹　果	梨	西　瓜	甜　瓜	葡　萄
全国总计	**28 692.4**	**4 406.6**	**1 781.5**	**6 234.4**	**1 380.8**	**1 431.4**
北　　京	53.8	4.3	5.9	11.9	0.2	1.9
天　　津	56.4	2.8	5.0	21.9	2.1	8.8
河　　北	1 424.4	239.7	350.2	251.8	98.8	124.6
山　　西	909.8	436.6	97.7	42.5	6.9	34.5
内　蒙　古	238.7	25.8	5.1	111.6	77.2	5.0
辽　　宁	851.3	267.3	133.0	134.7	37.4	79.8
吉　　林	146.6	5.6	7.3	93.2	25.3	8.8
黑　龙　江	170.1	14.4	5.0	77.4	45.9	5.6
上　　海	43.9		3.4	13.2	2.8	4.9
江　　苏	974.2	56.6	78.4	489.0	82.2	61.1
浙　　江	755.3	0.0	35.2	202.1	49.1	76.2
安　　徽	741.5	37.6	127.5	306.9	13.8	53.4
福　　建	764.6	0.0	19.5	39.7	3.7	22.9
江　　西	712.8		16.5	194.8	15.4	9.9
山　　东	2 938.9	953.6	111.1	761.4	223.8	116.1
河　　南	2 563.4	407.6	138.2	1 348.8	178.7	88.1
湖　　北	1 066.8	0.7	41.5	288.9	46.4	31.3
湖　　南	1 150.8		20.1	352.7	46.1	24.4
广　　东	1 882.6		12.3	95.4	13.1	1.9
广　　西	2 785.7		47.1	286.5	31.0	62.6
海　　南	495.6			49.3	2.6	
重　　庆	514.8	0.6	32.0	57.9	0.8	12.7
四　　川	1 221.3	80.8	95.6	113.1	2.0	41.6
贵　　州	548.1	34.5	44.8	44.3	3.0	33.7
云　　南	961.6	60.6	65.4	48.1	3.3	97.5
西　　藏	2.2	0.8	0.1	0.4	0.0	0.1
陕　　西	2 070.6	1 185.2	104.3	173.8	71.4	80.7
甘　　肃	779.0	386.0	23.9	218.8	68.2	27.1
青　　海	2.9	0.4	0.5	0.8	0.0	0.0
宁　　夏	204.5	21.1	0.5	148.4	7.9	10.8
新　　疆	1 660.4	184.0	154.5	255.1	221.7	305.6

（续）

地 区	其 中				
	红 枣	柿 子	香 蕉	菠 萝	柑 橘
全国总计	**773.1**	**347.1**	**1 151.3**	**184.8**	**5 121.9**
北 京	0.7	1.7			
天 津	3.4	1.0			
河 北	81.5	30.3			
山 西	72.1	25.0			
内 蒙 古	0.7				0.0
辽 宁	12.3				
吉 林					
黑 龙 江					
上 海	0.0	0.0			11.7
江 苏	0.3	7.5			3.4
浙 江	0.1	5.6	0.0	0.0	191.8
安 徽	2.4	10.2			3.3
福 建		12.7	45.2	1.7	386.1
江 西	0.1	2.7			425.6
山 东	59.3	10.8			
河 南	16.3	43.7			4.7
湖 北	2.7	5.0			510.0
湖 南	3.2	2.3			626.7
广 东		13.8	478.7	121.0	497.7
广 西	3.1	121.1	303.7	3.7	1 382.1
海 南			112.9	46.7	14.4
重 庆	1.1	1.5	0.1		319.9
四 川	1.8	5.5	5.1	0.1	489.0
贵 州	0.6	1.5	7.8		67.8
云 南	2.7	11.4	197.6	11.6	135.9
西 藏			0.1		0.0
陕 西	109.9	31.3			51.9
甘 肃	9.4	2.5			0.1
青 海					
宁 夏	8.2				
新 疆	381.2				

表5　各地区茶叶产量（2020年）

单位：t

地 区	茶 叶	其 中						
		绿茶	青茶	红茶	黑茶	黄茶	白茶	其他茶叶
全国总计	2 931 836	1 976 291	312 714	288 148	195 955	8 826	59 295	90 607
北　京								
天　津								
河　北	1	1						
山　西	905	1		35	3			867
内　蒙　古								
辽　宁								
吉　林								
黑　龙　江								
上　海	70	55		15				
江　苏	11 227	8 920	7	2 293		6	0	1
浙　江	177 154	164 638	655	7 804	479	1 158	2 213	207
安　徽	128 603	113 547	42	7 208	182	4 814	1 408	1 402
福　建	461 371	129 290	237 976	55 433			38 225	447
江　西	71 602	53 661	863	11 474	58	254	1 829	3 464
山　东	25 948	25 486		344				119
河　南	71 029	67 638		3 126	48		216	
湖　北	360 805	255 677	1 270	42 280	53 879	545	1 947	5 207
湖　南	250 080	114 516	888	24 422	102 647	771	1 157	5 679
广　东	128 213	51 955	55 935	12 238		783		7 302
广　西	88 403	58 919	566	20 701	2 789		669	4 759
海　南	1 323	672		75				576
重　庆	48 052	42 172	72	4 198			220	1 390
四　川	344 152	284 773	4 289	11 555	25 083	374	638	17 440
贵　州	211 004	163 310	1 678	22 441	6 770	121	10 082	6 603
云　南	463 168	362 710	8 474	56 753		0	147	35 085
西　藏	152	88	0	4				60
陕　西	86 965	76 655		5 749	4 017		544	
甘　肃	1 608	1 608						
青　海								
宁　夏								
新　疆								

表 6 我国农垦系统国有农场主要农产品产量（2019—2020 年）

项　目	产量（万 t）		
	2019 年	2020 年	同比增长（%）
一、粮食	3 441	3 563	3.5
谷物	3 154	3 242	2.8
稻谷	1 831	1 857	1.4
小麦	242	251	3.4
玉米	1 044	1 101	5.5
豆类	216	247	14.1
大豆	210	241	14.6
薯类（折粮）	67	74	11.3
二、棉花	2 447 487	2 618 386	7.0
三、油料	756 835	735 432	−2.8
四、糖料	7 465 001	7 125 078	−4.6
五、麻类	101 623	31 996	−68.5
六、烟叶			
七、药材			
八、蔬菜、瓜类			

表7　各地区农垦系统主要农产品产量（2020年）

单位：万 t

地　区	粮　食	棉　花	油　料	糖　料	麻　类
全国总计	**3 562.7**	**261.8**	**73.5**	**712.5**	**3.2**
北　京			0.0		
天　津	1.9				
河　北	64.4	0.2	0.4	2.4	
山　西	3.9		0.0		
内　蒙　古	227.7		18.0	79.5	
辽　宁	130.1		1.9	2.0	
吉　林	69.2		0.7		
黑　龙　江	2 134.0		0.1	0.1	1.4
上　海	22.2		0.5		
江　苏	124.1		0.0		
浙　江	0.6	0.0	0.0		
安　徽	32.6	0.0	0.2	0.0	
福　建	4.0		0.3	0.3	
江　西	69.9	0.3	3.0	0.9	
山　东	4.7	0.0	0.0		
河　南	26.7	0.0	1.7		
湖　北	86.5	0.7	9.4	0.4	0.0
湖　南	69.3	5.4	5.0	0.4	0.0
广　东	7.7		0.5	175.3	0.4
广　西	1.4		0.2	220.2	
海　南	9.0		0.4	13.0	
重　庆					
四　川			0.0		
贵　州			0.0	0.0	
云　南	5.5		0.0	45.5	
陕　西	11.9		0.1		
甘　肃	26.1	0.5	1.1	3.5	0.0
青　海	5.0		1.6	0.3	
宁　夏	38.2		0.0		
新　疆	385.5	254.7	28.5	168.5	1.3

表 8　我国农垦系统茶、桑、果、林生产情况（2019—2020 年）

指　标	单位	2019 年	2020 年	同比增长（%）
一、年末实有茶园面积	khm²	31.9	29.8	−6.6
茶叶总产量	万 t	5.3	4.3	−19.0
二、年末实有桑园面积	khm²	1.3	0.8	−37.7
三、年末实有果园面积	khm²	404.2	403.3	−0.2
水果总产量	万 t	784.2	817.0	4.2
其中：苹果	万 t	112.5	112.0	−0.4
梨	万 t	72.5	86.2	18.9
柑橘	万 t	45.7	50.4	10.5
四、年末实有橡胶园面积	khm²	425.4	407.3	−4.3
当年橡胶开割面积	khm²		261.9	
每公顷产干胶	kg	930.0	978.0	5.2
全年干胶总产量	万 t	28.5	25.6	−10.2
五、当年造林面积	khm²	108.1	105.9	−2.0
用材林	khm²	8.6	10.6	23.5
经济林	khm²	26.7	24.0	−10.3
防护林	khm²	69.6	70.5	1.2
薪炭林	khm²	2.7	0.2	−91.4
特种用材林	khm²	0.5	0.6	27.4

表 9　我国部分热带水果产量情况（2019—2020 年）

单位：万 t

项　目	2019 年	2020 年	同比增长（%）
荔　枝	184.9		
龙　眼			
柑　橘	4 584.5	5 121.9	
香　蕉	1 165.6	1 151.3	
芒　果	245.5		
菠　萝	173.3	184.8	

表 10　我国棉花主产区生产情况（2019—2020 年）

单位：万 hm²、万 t

地　区	面　积			产　量		
	2019 年	2020 年	同比增长（%）	2019 年	2020 年	同比增长（%）
新　疆	254.1	250.2	−0.02	500.2	516.1	0.03
山　东	16.9	14.3	−0.16	19.6	18.3	−0.07
河　南	3.4	1.6	−0.52	2.7	1.8	−0.34
河　北	20.4	18.9	−0.07	22.7	20.9	−0.08
湖　北	16.3	13.0	−0.20	14.4	10.8	−0.25
江　苏	1.2	0.8	−0.28	1.6	1.1	−0.32
安　徽	6.0	5.1	−0.15	5.6	4.1	−0.26
湖　南	6.3	6.0	−0.06	8.2	7.4	−0.09
主产区总计	324.5	309.9	−0.05	574.9	580.4	0.01
全国总计	**333.9**	**316.9**	**−0.05**	**588.9**	**591.0**	**0.00**
主产区占全国比重（%）	97.2	97.8	0.01	97.6	98.2	0.01

表 11 各地区蔬菜产量增减情况（2019—2020 年）

单位：万 t

地 区	2019 年	2020 年	同比增长（%）
全国总计	**72 102.6**	**74 912.9**	**0.04**
北 京	111.5	137.9	0.24
天 津	242.8	266.5	0.10
河 北	5 093.1	5 198.2	0.02
山 西	827.8	861.2	0.04
内 蒙 古	1 090.8	1 075.1	−0.01
辽 宁	1 885.4	1 960.0	0.04
吉 林	445.4	464.9	0.04
黑 龙 江	655.4	674.3	0.03
上 海	268.1	252.9	−0.06
江 苏	5 643.7	5 728.1	0.01
浙 江	1 903.1	1 945.5	0.02
安 徽	2 213.6	2 330.9	0.05
福 建	1 570.7	1 630.2	0.04
江 西	1 581.8	1 642.7	0.04
山 东	8 181.1	8 434.7	0.03
河 南	7 368.7	7 612.4	0.03
湖 北	4 086.7	4 119.4	0.01
湖 南	3 969.4	4 110.1	0.04
广 东	3 528.0	3 706.8	0.05
广 西	3 636.4	3 830.8	0.05
海 南	572.0	572.8	0.00
重 庆	2 008.8	2 092.6	0.04
四 川	4 639.1	4 813.4	0.04
贵 州	2 734.8	2 990.9	0.09
云 南	2 304.1	2 507.9	0.09
西 藏	77.5	84.3	0.09
陕 西	1 897.4	1 957.7	0.03
甘 肃	1 388.8	1 478.5	0.06
青 海	151.9	151.4	0.00
宁 夏	565.9	566.4	0.00
新 疆	1 458.8	1 714.9	0.18

表 12 我国主要经济林产品产量（2016—2020 年）

单位：万 t

年 份	木材（万 m³）	松 脂	生 漆	油桐籽	油茶籽
2016	7 775.8	132.89	2.19	40.85	216.44
2017	8 398.2	144.39	1.81	37.01	243.16
2018	8 810.9	137.54	1.89	34.82	262.98
2019	10 045.9				267.93
2020	10 257.0				314.16

表 13 各地区主要林产品产量（2019 年）

单位：t

地 区	木材（万 m³）	橡 胶	松 脂	生 漆	油桐籽	油茶籽
全国总计	10 257.0	826 348				3 141 620
北 京	23.1					
天 津	25.3					
河 北	114.9					
山 西	27.8					
内 蒙 古	88.1					
辽 宁	118.0					
吉 林	228.3					
黑 龙 江	124.3					
上 海						
江 苏	213.9					150
浙 江	102.1					81 759
安 徽	536.2					110 180
福 建	576.4					151 962
江 西	301.6					482 520
山 东	506.9					
河 南	267.4					53 736
湖 北	231.6					221 790
湖 南	377.0					1 373 445
广 东	1 017.3	17 604				201 423
广 西	3 600.4					298 693
海 南	234.4	336 634				11 316
重 庆	50.5					14 639
四 川	222.9					25 059
贵 州	318.9					77 788
云 南	845.7	472 110				25 060
西 藏	2.3					1
陕 西	26.4					12 099
甘 肃	8.8					
青 海	1.6					
宁 夏						
新 疆	64.8					

注：2020 年国家林业和草原局制度修订，取消松脂、生漆、油桐籽等指标。

表 14　我国主要牲畜饲养情况（2016—2020 年）

单位：万头（只）

年 份	合 计	大 牲 畜 年 底 存 栏 头 数				
		牛	马	驴	骡	骆 驼
2016	9 559.9	8 834.5	351.2	259.3	84.5	30.5
2017	9 763.6	9 038.7	343.6	267.8	81.1	32.3
2018	9 625.5	8 915.3	347.3	253.3	75.8	33.8
2019	9 877.4	9 138.3	367.1	260.1	71.4	40.5
2020	10 265.1	9 562.1	367.2	232.4	62.3	41.1

年 份	肉猪出栏头数	猪年底存栏头数	羊年底存栏只数		
			合 计	山 羊	绵 羊
2016	70 073.9	44 209.2	29 930.5	13 691.8	16 238.8
2017	70 202.1	44 158.9	30 231.7	13 823.8	16 407.9
2018	69 382.4	42 817.1	29 713.5	13 574.7	16 138.8
2019	54 419.2	31 040.7	30 072.1	13 723.2	16 349.0
2020	52 704.1	40 650.4	30 654.8	13 345.2	17 309.5

表 15　我国主要畜产品产量（2016—2020 年）

年 份	总产量（万 t）	肉 类 产 量（万 t）				奶类产量（万 t）		禽蛋产量（万 t）
		猪 牛 羊 肉				总 产 量	其中:牛奶	
		小 计	猪 肉	牛 肉	羊 肉			
2016	8 628.3	6 502.6	5 425.5	616.9	460.3	3 173.9	3 064.0	3 160.5
2017	8 654.4	6 557.5	5 451.8	634.6	471.1	3 148.6	3 038.6	3 096.3
2018	8 624.6	6 522.9	5 403.7	644.1	475.1	3 176.8	3 074.6	3 128.3
2019	7 758.8	5 410.1	4 255.3	667.3	487.5	3 297.6	3 201.2	3 309.0
2020	7 748.4	5 278.1	4 113.3	672.4	492.3	3 529.6	3 440.1	3 467.8

年 份	蜂蜜（万 t）	蚕 茧（万 t）		绵羊毛（万 t）			山羊毛总产量（t）	羊绒总产量（t）
		总 产	其中:桑蚕茧	总 产	细羊毛	半细羊毛		
2016	55.5	80.3	73.8	411 642.4	129 164.2	137 972.7	35 785.3	18 844.2
2017	54.3	81.7	75.1	410 522.5	127 920.7	133 458.5	32 862.7	17 852.3
2018	44.7	83.1	76.4	356 607.6	117 891.3	120 429.9	26 965.0	15 437.8
2019	44.4	83.3	77.2	341 120.2	108 972.8	113 283.8	24 875.3	14 964.4
2020	45.8	78.8	73.5	333 624.7	106 109.3	116 848.5	24 033.6	15 243.6

表 16　各地区奶类产量（2019—2020 年）

单位：万 t

地　区	2019 年		2020 年	
	奶类产量	其中：牛奶	奶类产量	其中：牛奶
全国总计	**3 297.6**	**3 201.2**	**3 529.6**	**3 440.1**
北　京	26.4	26.4	24.2	24.2
天　津	47.4	47.4	50.1	50.1
河　北	433.8	428.7	488.3	483.4
山　西	92.3	91.8	117.4	117.0
内　蒙古	582.9	577.2	617.9	611.5
辽　宁	134.7	133.9	137.1	136.7
吉　林	40.0	39.9	39.3	39.3
黑　龙江	467.0	465.2	501.0	500.2
上　海	29.7	29.7	29.1	29.1
江　苏	62.4	62.4	63.0	63.0
浙　江	15.5	15.5	18.4	18.3
安　徽	33.8	33.8	37.6	37.6
福　建	15.0	14.5	17.5	16.9
江　西	7.3	7.3	9.1	9.1
山　东	234.5	228.0	241.6	241.4
河　南	208.5	204.1	214.7	210.0
湖　北	13.4	13.4	13.4	13.4
湖　南	6.3	6.3	5.6	5.6
广　东	13.9	13.9	15.2	15.1
广　西	8.7	8.7	11.2	11.2
海　南	0.2	0.2	0.3	0.3
重　庆	4.2	4.2	3.2	3.2
四　川	66.8	66.7	68.0	68.0
贵　州	5.3	5.3	5.3	5.3
云　南	66.7	59.9	73.1	67.3
西　藏	48.2	42.4	49.2	44.9
陕　西	159.7	107.8	161.5	108.7
甘　肃	44.7	44.1	58.4	57.5
青　海	35.5	34.9	36.9	36.6
宁　夏	183.4	183.4	215.3	215.3
新　疆	209.4	204.4	206.9	200.0

表 17　我国农垦系统主要畜产品产量（2019—2020 年）

单位：万 t

项　　目	2019 年	2020 年	同比增长（%）
1. 肉类总产量	139.0	129.0	−7.2
其中：猪肉	102.1	92.5	−9.4
2. 牛奶	418.2	435.2	4.1
3. 羊毛（t）	31 797.0	30 866.8	−2.9
4. 禽蛋	48.1	48.8	1.6

表 18　我国水产品产量（2016—2020 年）

单位：万 t

年　份	总产量	1. 海水产品	其　中		2. 淡水产品	其　中	
			捕　捞	养　殖		捕　捞	养　殖
2016	6 901.2	3 490.1	1 328.2	1 963.1	3 411.1	231.8	3 179.2
2017	6 445.3	3 321.7	1 321.0	2 000.7	3 123.6	218.3	2 905.3
2018	6 457.7	3 301.4	1 270.2	2 031.2	3 156.2	196.4	2 959.8
2019	6 480.4	3 282.5	1 217.2	2 065.4	3 197.9	184.1	3 013.7
2020	6 549.0	3 314.4	1 179.1	2 135.3	3 234.6	145.8	3 088.9

表 19　各地区水产品产量（2020 年）

单位：万 t

地　区	总产量	1. 养殖小计	其　中		2. 捕捞小计	其　中		
			海水养殖	淡水养殖		海洋捕捞	远洋渔业	淡水捕捞
全国总计	65 490 169	52 241 988	21 353 076	30 888 912	13 248 181	9 474 104	2 316 574	1 457 503
北　京	22 888	14 790		14 790	8 098		5 548	2 550
天　津	284 769	247 062	9 739	237 323	37 707	26 952	6 093	4 662
河　北	1 003 418	747 753	488 132	259 621	255 665	171 612	50 469	33 584
山　西	46 799	45 167		45 167	1 632			1 632
内 蒙 古	117 565	106 607		106 607	10 958			10 958
辽　宁	4 623 030	3 865 586	3 064 802	800 784	757 444	463 847	249 843	43 754
吉　林	244 788	225 963		225 963	18 825			18 825
黑 龙 江	674 141	631 727		631 727	42 414			42 414
上　海	244 103	82 625	257	82 368	161 478	10 840	149 635	1 003
江　苏	4 901 846	4 215 347	922 756	3 292 591	686 499	417 719	9 421	259 359
浙　江	5 895 538	2 588 743	1 372 396	1 216 347	3 306 795	2 568 624	568 376	169 795
安　徽	2 324 054	2 180 103		2 180 103	143 951			143 951
福　建	8 329 804	6 122 683	5 268 029	854 654	2 207 121	1 528 951	607 935	70 235
江　西	2 626 904	2 554 738		2 554 738	72 166			72 166
山　东	8 286 092	6 150 915	5 141 394	1 009 521	2 135 177	1 655 165	384 378	95 634
河　南	980 594	869 129		869 129	111 465			111 465
湖　北	4 679 284	4 604 012		4 604 012	75 272			75 272
湖　南	2 589 158	2 564 638		2 564 638	24 520			24 520
广　东	8 758 058	7 466 461	3 312 352	4 154 109	1 291 597	1 131 722	61 193	98 682
广　西	3 458 010	2 867 825	1 506 672	1 361 153	590 185	484 058	18 450	87 677
海　南	1 646 448	617 476	266 547	350 929	1 028 972	1 014 614		14 358
重　庆	523 976	518 836		518 836	5 140			5 140
四　川	1 604 097	1 598 994		1 598 994	5 103			5 103
贵　州	248 718	241 607		241 607	7 111			7 111
云　南	643 990	614 542		614 542	29 448			29 448
西　藏	933	180		180	753			753
陕　西	168 999	164 220		164 220	4 779			4 779
甘　肃	14 028	14 028		14 028				
青　海	18 257	18 257		18 257				
宁　夏	161 625	152 769		152 769	8 856			8 856
新　疆	163 022	149 205		149 205	13 817			13 817

表 20　我国沿海地区海洋捕捞水产品产量（按品种分）（2020 年）

单位：kt

地　　区	海洋捕捞产量	按 水 产 品 种 类 分					
		1. 鱼类	海鳗	鳓鱼	鳀鱼	沙丁鱼	鲱鱼
全国总计	**9 474.1**	**6 487.8**	**309.1**	**59.6**	**609.9**	**95.5**	**11.2**
天　津	27.0	23.7			17.3		
河　北	171.6	87.6			33.8		
辽　宁	463.8	265.4	0.3	0.4	27.3	0.6	0.0
上　海	10.8	4.0	0.1	0.0			
江　苏	417.7	232.4	6.8	1.8	1.8	0.4	0.1
浙　江	2 568.6	1 715.9	84.6	9.2	44.9	11.2	1.4
福　建	1 529.0	1 084.3	55.9	10.7	60.0	7.0	4.8
山　东	1 655.2	1 179.6	10.7		395.3	3.7	1.0
广　东	1 131.7	814.0	69.6	22.1	26.6	50.1	2.8
广　西	484.1	268.2	11.3	14.3		10.5	0.8
海　南	1 014.6	812.7	69.8	1.1	2.9	12.0	0.3

地　　区	按 水 产 品 种 类 分							
	石斑鱼	鲷鱼	蓝圆鲹	白姑鱼	黄姑鱼	鲅鱼	大黄鱼	小黄鱼
全国总计	**91.9**	**123.0**	**414.3**	**82.8**	**58.6**	**57.6**	**46.0**	**292.3**
天　津								1.7
河　北	0.0				0.2			5.9
辽　宁		0.1		0.3	0.8	0.1	5.0	54.9
上　海					0.0	0.0	0.0	0.0
江　苏	0.0	0.2	0.0	2.9	4.9	1.7	0.5	24.7
浙　江	1.2	6.5	44.6	42.6	30.8	41.0	1.0	126.1
福　建	15.8	43.7	197.3	8.2	8.1	10.1	2.4	8.9
山　东		0.0		9.5	6.8		2.1	41.9
广　东	35.2	33.9	79.4	14.5	3.4	3.7	23.3	16.8
广　西	4.7	20.6	51.9	1.2	0.1	0.7		
海　南	35.0	17.9	41.1	3.6	3.6	0.3	11.7	11.3

（续）

地 区	按 水 产 品 种 类 分							
	梅童鱼	方头鱼	玉筋鱼	带鱼	金钱鱼	梭鱼	鲐鱼	鲅鱼
全国总计	196.9	39.0	90.6	903.4	319.7	109.4	392.6	355.1
天 津				0.2		0.4	1.2	1.5
河 北	0.2		0.1	1.5		7.7	5.9	7.6
辽 宁	3.8	0.2	2.4	7.0		10.8	27.0	35.8
上 海	0.0			0.1				0.0
江 苏	52.7	0.2	0.4	44.5	0.0	6.7	3.7	6.3
浙 江	118.4	14.7	26.5	365.0	1.4	6.8	167.5	78.3
福 建	16.9	5.3	10.5	128.8	8.4	14.0	111.9	39.9
山 东			36.6	87.8		29.3	31.4	158.5
广 东	2.7	6.6	2.3	114.6	69.9	22.9	28.0	23.8
广 西		0.0		22.6	26.6	7.4	9.1	1.8
海 南	2.3	12.0	11.8	131.4	213.3	3.4	7.0	1.6

地 区	按 水 产 品 种 类 分							
	金枪鱼	鲳鱼	马面鲀	竹荚鱼	鲹鱼	2.甲壳类	虾	毛虾
全国总计	32.4	331.4	122.3	39.1	73.3	1 810.8	1 206.3	367.4
天 津		0.1				1.3	0.8	0.1
河 北		2.1	0.4		2.4	42.4	29.2	4.4
辽 宁	0.1	2.1	0.3		1.6	90.2	64.4	21.7
上 海	0.0	0.1		0.0		6.7	0.7	
江 苏		29.0	0.7	0.0	9.7	125.1	45.7	26.0
浙 江	2.8	101.7	21.2	4.1	7.9	688.1	504.6	151.5
福 建	1.9	53.9	30.2	8.7	19.3	272.7	160.1	48.2
山 东		34.7	1.5	0.0	0.0	202.5	165.3	50.7
广 东	10.4	61.0	35.1	4.2	15.0	204.8	138.0	32.1
广 西		8.5	19.4	0.2	7.4	112.3	59.8	24.1
海 南	17.2	38.1	13.6	21.9	10.0	64.8	37.9	8.6

（续）

地 区	按水产品种类分							
	对虾	鹰爪虾	虾蛄	蟹	梭子蟹	青蟹	鲟	3.贝类
全国总计	**192.9**	**231.7**	**206.0**	**604.5**	**424.6**	**71.1**	**22.5**	**361.9**
天 津	0.0		0.4	0.5	0.2			1.3
河 北	1.2	1.4	18.6	13.2	8.4	0.0	1.3	15.9
辽 宁	4.1	3.8	26.8	25.8	12.1	4.0	4.0	48.0
上 海	0.0	0.6		6.0	4.6			0.0
江 苏	1.7	7.3	7.1	79.5	72.1	2.0	1.0	27.8
浙 江	57.0	139.2	48.9	183.5	152.0	2.8	5.1	20.5
福 建	23.7	37.5	30.6	112.6	76.0	14.5	4.2	30.9
山 东	14.8	19.2	43.6	37.3	24.6	0.3	1.8	119.0
广 东	59.4	12.9	22.8	66.9	38.3	24.3	2.6	33.6
广 西	14.6	7.2	4.4	52.5	26.8	8.7	2.1	46.3
海 南	16.2	2.6	2.8	26.9	9.5	14.5	0.4	18.7

地 区	按水产品种类分						
	4.藻类	5.头足类	乌贼	鱿鱼	章鱼	6.其他类	海蜇
全国总计	**21.8**	**564.9**	**119.1**	**295.7**	**104.9**	**227.0**	**128.6**
天 津		0.7	0.0	0.6	0.1		
河 北		13.0	1.0	1.4	9.4	12.7	9.0
辽 宁	0.4	21.6	3.1	11.7	3.6	38.3	9.7
上 海		0.1	0.0	0.0	0.1	0.0	
江 苏	0.9	12.0	2.0	6.3	3.1	19.5	12.3
浙 江	1.3	124.9	34.0	66.7	22.5	18.1	3.3
福 建	1.8	125.7	29.9	73.0	17.0	13.7	11.4
山 东	1.6	87.4	7.2	34.0	29.3	65.1	46.7
广 东	5.1	52.7	13.8	21.4	10.6	21.5	10.6
广 西		31.9	11.3	15.8	4.5	25.4	24.1
海 南	10.7	95.1	16.9	64.7	4.9	12.7	1.5

表 21 我国沿海地区海水养殖水产品产量（按品种分）（2020 年）

单位：kt

地 区	海水养殖产量	1. 鱼类	1. 鱼 类					
			鲈鱼	鲆鱼	大黄鱼	军曹鱼	鲕鱼	鲷鱼
全国总计	21 353.1	1 749.8	195.2	110.9	254.1	33.7	21.0	122.5
天　津	9.7	1.0		0.1				
河　北	488.1	14.1		6.7				
辽　宁	3 064.8	69.5	8.1	52.0				0.0
上　海	0.3							
江　苏	922.8	72.0	0.3	5.4	0.0			
浙　江	1 372.4	70.4	11.9	0.1	32.4		0.1	5.0
福　建	5 268.0	465.0	38.7	4.8	204.6	0.1	4.0	42.6
山　东	5 141.4	95.5	15.8	40.3	0.2			0.1
广　东	3 312.4	742.8	108.8	1.5	16.9	25.6	16.8	69.1
广　西	1 506.7	97.5	9.8			0.0		4.4
海　南	266.5	122.0	1.9			8.0	0.1	1.3

地区	1. 鱼 类				2. 甲壳类	2. 甲壳类		
	美国红鱼	河鲀	石斑鱼	鲽鱼	(1) 虾	(1) 虾		
							南美白对虾	斑节对虾
全国总计	77.4	15.9	192.2	7.5	1 775.0	1 487.5	1 197.7	84.5
天　津		0.0	0.1		8.7	8.7	8.7	
河　北		2.2	0.8	2.5	30.2	28.7	18.6	0.1
辽　宁		1.8			29.7	27.7	12.0	
上　海					0.3	0.3	0.1	0.1
江　苏		0.2		1.1	106.9	79.5	19.2	7.4
浙　江	8.5		0.4	0.0	105.9	62.0	36.8	0.7
福　建	15.8	10.2	35.2	0.0	217.1	139.4	115.6	5.8
山　东	1.4	1.1	0.4	3.7	176.6	160.1	114.9	1.2
广　东	42.6	0.4	89.4	0.2	629.6	542.4	448.5	63.7
广　西	6.3		3.3		351.2	332.8	331.4	1.0
海　南	2.8	0.0	62.6		118.8	105.9	91.9	4.5

（续）

地　区	2. 甲壳类					3. 贝　类		
	（1）虾		（2）蟹			总产	牡　蛎	鲍
	中国对虾	日本对虾	总产	梭子蟹	青蟹			
全国总计	**31.1**	**42.3**	**287.5**	**100.9**	**159.4**	**14 800.8**	**5 424.6**	**203.5**
天　津								
河　北	5.1	4.7	1.5	1.5		385.0	2.4	
辽　宁	11.6	2.1	2.0	1.0		2 333.3	311.7	2.6
上　海								
江　苏	3.3	0.6	27.4	24.0	2.0	688.6	37.8	
浙　江	0.4	1.4	43.9	17.1	26.1	1 071.6	244.1	0.4
福　建	5.3	7.6	77.7	32.3	37.5	3 308.9	2 068.6	155.0
山　东	4.9	17.2	16.5	13.3	0.6	4 077.3	971.5	34.0
广　东	0.5	8.7	87.2	11.6	62.4	1 862.1	1 125.2	11.5
广　西		0.1	18.4		18.4	1 053.1	662.1	
海　南		12.9	0.0	12.5	21.0	1.2		

地　区	3. 贝　类						
	螺	蚶	贻贝	江珧	扇贝	蛤	蛏
全国总计	**261.7**	**385.1**	**886.9**	**12.6**	**1 746.2**	**4 217.6**	**860.3**
天　津							
河　北	5.5	9.1			319.2	48.4	0.2
辽　宁		69.8	27.9		341.8	1 353.0	38.4
上　海							
江　苏	74.1	31.5	42.6			388.8	56.0
浙　江	17.1	147.4	231.6		0.6	94.0	315.5
福　建	7.4	63.5	112.3		10.0	467.8	305.8
山　东	16.1	7.7	384.5	0.4	959.0	1 313.9	140.2
广　东	76.3	51.6	74.2	12.2	111.5	269.1	2.7
广　西	52.7	4.0	13.8		2.8	279.9	1.6
海　南	12.5	0.5			1.2	2.7	

（续）

地　区	4. 藻　类						
	总计	海带	裙带菜	紫菜	江蓠	麒麟菜	石花菜
全国总计	**2 615.1**	**1 651.7**	**225.7**	**222.0**	**369.0**	**3.9**	
天　津							
河　北	0.6	0.6					
辽　宁	470.9	289.8	178.8				
上　海							
江　苏	47.0			46.9			
浙　江	119.0	21.0		74.9			
福　建	1 236.0	827.9		72.9	277.9		
山　东	669.2	509.2	46.0	12.5	45.2		
广　东	67.7	3.2	0.9	14.8	45.1		
广　西							
海　南	4.7				0.8	3.9	

地　区	4. 藻类		5. 其他类	海参	海胆（kg）	海水珍珠（kg）	海蜇
	羊栖菜	苔　菜					
全国总计	**26.5**	**0.0**	**412.4**	**196.6**	**7 952.5**	**2.1**	**90.4**
天　津							
河　北			58.2	13.0			6.9
辽　宁			161.4	56.4	2 362.3		76.0
上　海							
江　苏			8.2	0.1			3.8
浙　江	19.9	0.0	5.5	0.1			0.8
福　建	6.6		41.0	28.1			2.5
山　东			122.8	98.9	5 473.0		0.2
广　东			10.2	0.0	117.2	1.4	0.2
广　西			5.0			0.7	
海　南			0.1	0.0			

表 22　各地区农垦系统畜牧业生产情况（2020 年）

单位：万头、万只

地　　区	大牲畜年末头数	牛年末头数	猪年末头数	羊年末只数	家禽年末只数
全国总计	309.8	262.9	881.7	1 083.0	9 882.1
北　　京	9.7	9.7	23.6	0.1	645.0
天　　津	3.7	3.7	0.9	10.5	102.1
河　　北	18.2	17.7	25.5	6.3	314.5
山　　西	1.2	1.2	0.9	1.5	12.3
内 蒙 古	50.7	40.4	13.5	273.0	104.0
辽　　宁	6.9	5.6	48.5	13.0	1 040.1
吉　　林	3.6	3.2	3.0	18.9	68.2
黑 龙 江	20.2	18.4	60.6	19.4	769.5
上　　海	8.1	8.1	57.0		63.7
江　　苏	1.0	1.0	7.1	1.5	343.5
浙　　江			17.0	0.1	13.1
安　　徽	0.3	0.2	2.8	1.0	153.0
福　　建	0.6	0.6	14.0	1.7	231.5
江　　西	4.0	2.9	37.8	1.9	296.4
山　　东	0.3		0.3		
河　　南	1.4	0.5	8.8	0.6	36.0
湖　　北	3.2	3.8	69.8	5.9	817.0
湖　　南	5.0	4.6	57.5	3.0	411.4
广　　东	5.2	5.2	56.5	0.8	490.1
广　　西	0.5	0.5	72.9		237.1
海　　南	4.1	4.1	40.0	9.0	1 713.1
重　　庆	3.2	3.2	11.1		120.9
四　　川	5.3	4.2	0.6	1.4	5.1
贵　　州	0.5	0.5	2.0	0.1	5.0
云　　南	0.7	0.7	5.8	0.5	211.1
陕　　西	0.7	0.7	0.5	1.8	3.9
甘　　肃	3.6	3.5	1.0	16.8	18.5
青　　海	4.7	2.3	0.4	23.3	
宁　　夏	9.5	9.5	2.0	8.6	50.7
新　　疆	133.7	106.9	244.3	662.3	1 605.2

资料来源：表中数据出自 2021 年版《中国农村统计年鉴》。

表 23　我国按人口平均的主要农畜产品产量（2016—2020 年）

单位：kg/人

年　份	粮　食	棉　花	油　料	猪牛羊肉	牛　奶	水产品
2016	479	3.8	26.3	47.2	22.2	46.3
2017	477	4.1	25.1	47.3	21.9	46.5
2018	472	4.4	24.7	46.8	22.1	46.4
2019	475	4.2	25.0	38.7	22.9	46.4
2020	474	4.2	25.4	37.4	24.4	46.4

表 24 我国城乡居民家庭人均食品消费量比较（2016—2020 年）

单位：kg/人

年份	粮食 农村	粮食 城市	蔬菜 农村	蔬菜 城市	食用油(植物油) 农村	食用油(植物油) 城市	猪牛羊肉 农村	猪牛羊肉 城市	家禽 农村	家禽 城市	水产品 农村	水产品 城市
2016	157.2	111.9	89.7	103.2	9.3	10.6	22.7	29.0	7.9	10.2	7.5	14.8
2017	154.6	109.7	88.5	102.5	9.2	10.3	23.6	29.2	7.9	9.7	7.4	14.8
2018	148.5	110.0	87.5	103.1	9.0	8.9	27.5	31.2	8.0	9.8	7.8	14.3
2019	154.8	110.6	89.5	105.8	9.8	9.2	24.7	28.7	10.0	11.4	9.6	16.7
2020	168.4	120.2	95.8	109.8	10.2	9.5	21.4	27.4	12.4	13.0	10.3	16.6

资料来源：表中数据出自 2021 年版《中国统计年鉴》。

表 25 我国城镇和农村人口人均食品消费支出情况（2016—2020 年）

单位：元/人

项 目	2016 年	2017 年	2018 年	2019 年	2020 年
全国人均	5 151.0	5 373.6	5 631.1	6 084.2	6 397.3
城镇居民	6 762.4	7 001.0	7 239.0	7 732.6	7 880.5
农村居民	3 266.1	3 415.4	3 645.6	3 998.2	4 479.4
人均增长	337.0	222.6	257.5	453.1	313.1
城镇居民增长	402.8	238.6	238.0	493.6	147.9
农村居民增长	218.0	149.3	230.2	352.6	481.2

资料来源：表中数据出自 2021 年版《中国统计年鉴》。

表 26 我国人口增长情况（2016—2020 年）

单位：万人

项 目	2016 年	2017 年	2018 年	2019 年	2020 年
人口数	138 271	139 008	139 538	140 005	141 212
其中：城镇人口	79 298	81 347	83 137	84 843	90 220
农村人口	58 973	57 661	56 401	55 162	50 992
增长人数	809	737	530	467	1 207

农产品加工机械拥有量及农产品加工行业固定资产投资情况

表 27　农产品加工业按建设性质和构成分固定资产投资（2020 年）

单位：亿元

行　　业	新　建	扩　建	改建和技术改造
合　计	**24 778.3**	**9 277.6**	**17 327.3**
农副食品加工业	5 630.0	1 693.0	3 328.3
食品制造业	2 771.3	835.1	1 968.6
酒、饮料和精制茶制造业	1 670.3	538.4	1 227.5
烟草制品业	39.1	3.5	104.9
纺织业	2 592.4	1 143.8	2 156.8
纺织服装、服饰业	1 901.7	466.3	956.8
皮革、毛皮、羽毛及其制品业和制鞋业	1 136.1	927.0	473.4
木材加工及木、竹、藤、棕、草制品业	2 158.5	470.0	1 836.3
家具制造业	1 864.9	1 077.8	979.7
造纸及纸制品业	1 122.4	682.6	1 049.5
印刷业和记录媒介复制业	569.4	400.8	768.4
橡胶和塑料制品业	3 322.2	1 039.3	2 477.1

表 28　我国农产品加工业按控股情况分固定资产投资比上年增长情况（2020 年）

单位：%

行　　业	全部投资	国有控股	集体控股	私人控股
农副食品加工业	−0.4	10.6	51.4	−4.2
食品制造业	−1.8	−5.6	−26.1	−2.9
酒、饮料和精制茶制造业	−7.8	22.5	−29.7	−10.1
烟草制品业	−18.8	−22.9	−11.9	141.2
纺织业	−6.9	−3.3	8.2	−2.9
纺织服装、服饰业	−31.9	11.6	−1.9	−37.0
皮革、毛皮、羽毛及其制品业和制鞋业	−15.8	47.9	19.7	−19.1
木材加工及木、竹、藤、棕、草制品业	−18.0	8.2	−38.8	−18.7
家具制造业	−15.8	−19.6	38.0	−16.4
造纸及纸制品业	−5.1	−45.5	−35.8	−8.3
印刷业和记录媒介复制业	−20.5	11.4	−21.4	−22.5
橡胶和塑料制品业	−1.2	41.2	−42.5	−2.9

表 29　我国农产品加工行业新增固定资产后主要产品新增生产能力（2019—2020 年）

产品名称	单位	2019 年	2020 年
轮胎外胎	万条		
轮胎内胎	万条		
化学纤维	万 t	6 923	7 469
棉纺锭	锭		
啤酒	万 t		
白酒	万 t		
其他酒	万 t		
卷烟	亿支	38 603	30 763
机制纸	万 t		

表 30　我国农产品加工行业实际到位资金比上年增长情况（2020 年）

单位：%

行业	本年实际到位资金	国家预算	国内贷款	利用外资	自筹资金	其他资金
农副食品加工业	7.9	174.9	−15.4	54.1	5.2	64.6
食品制造业	8.4	189.3	−4.4	103.6	5.9	41.4
酒、饮料和精制茶制造业	−1.3	19.6	−7.9	−57.3	−1.8	22.9
烟草制品业	−22.9	−43.8			−22.7	−19.7
纺织业	6.8	265.0	−11.8	8.7	5.5	66.1
纺织服装、服饰业	−10.7	69.0	−24.5	70.8	−11.8	−3.4
皮革、毛皮、羽毛及其制品业和制鞋业	0.3		−46.2	52.3	5.1	−56.9
木材加工及木、竹、藤、棕、草制品业	−2.3	−76.1	14.9	13.8	−1.7	−9.4
家具制造业	−8.5	−18.8	17.3	−6.7	−10.4	12.1
造纸及纸制品业	−1.1	−89.7	44.4	−89.8	0.6	15.3
印刷业和记录媒介复制业	−7.6	−89.5	−12.7	−50.7	−5.9	−11.8
橡胶及塑料制品业	11.8	97.7	−7.7	27.6	12.4	13.7

表 31　林业系统森工固定资产投资完成情况（2019—2020 年）

单位：万元

项目	2019 年	2020 年	同比增长（%）
一、森工固定资产投资完成额（按构成划分）	9 576 262	8 698 908	−0.09
1. 建筑工程	3 873 267	3 046 427	−0.21
2. 安装工程	452 788	414 923	−0.08
3. 其他投资	5 250 207	5 237 558	0.00
二、当年新增固定资产	3 794 280	4 234 705	0.12

表 32　林业系统各地区森工固定资产投资完成情况（2020 年）

单位：万元

地　区	合　计	建筑工程	安装工程	其他投资
全国总计	8 698 908	3 046 427	414 923	5 237 558
北　京	1 522 367	830 141	4 370	687 856
天　津	126 046	20 024	979	105 043
河　北	677	612		65
山　西	55 747	28 225		27 522
内　蒙　古	203 159	132 833	705	69 621
辽　宁	30 735	50		30 685
吉　林	41 740	12 929	2 067	26 744
黑　龙　江	129 648	53 959	7 254	68 435
上　海	147 155	26 600		120 555
江　苏	229 437	200	9	229 228
浙　江	2 100	2 100		
安　徽	186 266	240		186 026
福　建	35 397	21 066	84	14 247
江　西				
山　东	43 794	402	3 960	39 432
河　南	15 400	826	1 150	13 424
湖　北	109 534	3 058		106 476
湖　南	186 488	82 916	20 394	83 178
广　东	15 426	12 793	50	2 583
广　西	4 304 461	1 534 086	313 338	2 457 037
海　南	66			66
重　庆	203 426	14 253	510	188 663
四　川	206 297	79 450	3 043	123 804
贵　州	75 749	44 082	60	31 607
云　南	134 974	49 626	5 808	79 540
西　藏	45 927	1 400	39 547	4 980
陕　西	196 241	11 598	102	184 541
甘　肃	191 116	40 305	1 400	149 411
青　海	165 099	5 800	5 040	154 259
宁　夏	12 950	2 575	550	9 825
新　疆	6 698	3 362		3 336
局直属单位	74 788	30 916	4 503	39 369
大兴安岭	38 607	18 999	53	19 555

表 33　我国农村住户固定资产投资完成情况（2019—2020 年）

单位：亿元

项　目	2019 年	2020 年	同比增长（%）
固定资产投资总额	9 396.2	8 363.3	−0.11
农林牧渔业	2 286.9	2 577.6	0.13

资料来源：表中数据出自 2021 年版《中国农村统计年鉴》。

表 34　我国水产行业固定资产投资完成情况（2019—2020 年）

单位：亿元

项　　目	2019 年	2020 年	同比增长（%）
一、投资总额	1 665.2	1 367.1	−17.90
二、本年新增固定资产	226	−298	−231.89
三、固定资产交付使用率（%）			

资料来源：表中数据出自 2021 年版《中国统计年鉴》。

按国民经济行业分类统计
农产品加工业现状

表 35　我国农产品加工业规模以上工业企业主要指标（2020 年）

行　　业	单位数（个）	营业收入（亿元）	利润总额（亿元）	资产总计（亿元）	负债合计（亿元）
合　　计	124 683	202 874.0	14 140.8	173 918.4	87 140.0
农副食品加工业	21 881	48 806.8	2 244.1	31 462.0	18 091.6
食品制造业	8 267	19 311.9	1 710.0	17 291.1	8 468.9
酒、饮料和精制茶制造业	5 530	14 790.5	2 465.7	18 983.2	7 943.3
烟草制品业	105	11 380.6	1 143.4	11 052.4	2 322.7
纺织业	18 510	23 473.8	1 237.7	20 350.0	11 360.3
纺织服装、服饰造业	12 706	13 868.6	721.8	11 234.2	5 640.8
皮革、毛皮、羽毛及其制品和制鞋业	7 942	10 129.0	639.6	6 613.8	3 097.1
木材加工及竹、藤、棕、草制品业	9 887	8 668.7	395.5	5 158.3	2 857.5
家具制造业	6 531	7 069.8	467.5	6 320.7	3 576.7
造纸及纸制品业	6 656	13 155.7	876.8	15 107.4	8 769.8
印刷业和记录媒介复制业	5 887	6 638.3	452.4	6 381.2	2 924.3
橡胶制品业	20 781	25 580.3	1 786.4	23 964.3	12 087.0

表36 我国农产品加工业规模以上工业企业主要成本性指标（2020年）

行 业	营业成本（亿元）	销售费用（亿元）	管理费用（亿元）	财务费用（亿元）	平均用工人数（万人）
合 计	163 892.3	7 106.0	9 934.5	1 537.9	1 987.6
农副食品加工业	43 766.6	1 056.7	1 457.3	355.0	279.2
食品制造业	14 935.9	1 705.1	1 018.5	99.9	174.3
酒、饮料和精制茶制造业	9 640.8	1 180.3	794.4	62.6	113.5
烟草制品业	3 554.6	144.4	648.4	−59.2	16.6
纺织业	20 411.8	441.3	1 131.4	283.9	286.1
纺织服装、服饰造业	11 711.2	495.6	797.0	121.4	263.9
皮革、毛皮、羽毛及其制品和制鞋业	8 635.6	247.3	522.8	76.3	180.8
木材加工及竹、藤、棕、草制品业	7 678.6	180.6	320.8	63.8	90.0
家具制造业	5 822.5	285.3	473.6	61.9	111.5
造纸及纸制品业	11 103.6	418.5	672.0	174.1	98.8
印刷业和记录媒介复制业	5 488.9	184.1	472.1	53.4	91.7
橡胶制品业	21 142.2	766.8	1 626.2	244.8	281.3

表37 我国农产品加工业国有及国有控股工业企业主要指标（2020年）

行 业	单位数（个）	主营业务（亿元）	利润总额（亿元）	资产总计（亿元）	负债合计（亿元）
合 计	2 490	23 639.3	2 856.0	28 389.1	10 293.2
农副食品加工业	720	3 516.7	83.1	2 371.4	1 624.9
食品制造业	330	1 252.5	64.2	1 580.2	795.7
酒、饮料和精制茶制造业和精制茶制造业	280	4 143.6	1 374.6	7 525.0	2 478.5
烟草制品业	85	11 332.6	1 137.3	10 971.6	2 274.3
纺织业	148	684.1	24.4	996.6	532.6
纺织服装、服饰造业	205	213.5	4.0	388.4	159.9
皮革、毛皮、羽毛及其制品和制鞋业	22	72.4	4.1	105.5	44.3
木材加工及竹、藤、棕、草制品业	64	151.4	0.9	260.7	170.8
家具制造业	18	48.5	2.8	59.5	40.5
造纸及纸制品业	98	636.1	40.0	1 482.0	938.7
印刷业和记录媒介复制业	276	572.6	51.7	939.9	268.4
橡胶制品业	244	1 015.4	68.8	1 708.2	964.8

表 38 我国农产品加工业国有及国有控股工业企业主要成本性指标（2020 年）

行 业	营业成本（亿元）	销售费用（亿元）	管理费用（亿元）	财务费用（亿元）	平均用工人数（万人）
合 计	12 440.2	767.9	1 300.5	20.8	115.8
农副食品加工业	3 231.9	81.1	85.5	34.8	14.5
食品制造业	986.1	125.9	68.9	11.8	12.4
酒、饮料和精制茶制造业和精制茶制造业	1 877.9	328.7	217.8	−16.5	24.9
烟草制品业	3 518.5	143.3	642.9	−59.5	15.4
纺织业	612.0	10.1	32.3	13.7	8.8
纺织服装、服饰造业	160.9	4.7	50.0	−0.5	7.9
皮革、毛皮、羽毛及其制品业	60.0	1.7	6.5	0.4	1.4
皮革、毛皮、羽毛及其制品和制鞋业	138.1	4.1	8.5	3.6	1.4
家具制造业	43.5	1.5	1.8	0.0	6.5
造纸及纸制品业	528.1	21.0	48.2	17.5	4.9
印刷业和记录媒介复制业	447.7	10.8	68.8	−0.3	7.4
橡胶制品业	835.6	35.0	69.4	15.8	10.4

表 39 我国农产品加工业外商投资和港澳台商投资工业企业主要指标（2020 年）

行 业	单位数（个）	营业收入（亿元）	利润总额（亿元）	资产总计（亿元）	负债合计（亿元）
合 计	12 592	40 176.8	3 099.1	38 598.9	18 612.9
农副食品加工业	1 303	8 603.4	395.1	5 715.2	3 112.2
食品制造业	1 069	6 250.3	697.8	5 752.1	2 734.2
酒、饮料和精制茶制造业	624	3 011.0	321.3	3 153.9	1 504.8
纺织业	1 661	3 639.7	230.4	3 943.5	1 791.2
纺织服装、服饰业	1 955	3 421.4	154.0	3 219.5	1 586.2
皮革、毛皮、羽毛及其制品和制鞋业	1 034	2 979.9	237.8	2 115.6	986.9
木材加工及竹、藤、棕、草制品业	254	363.1	20.3	448.9	227.4
家具制造业	629	1 313.8	106.0	1 392.9	814.1
造纸及纸制品业	746	3 991.9	397.7	5 606.8	2 800.5
印刷业和记录媒介复制业	535	1 021.0	78.1	1 376.8	535.3
橡胶制品业	2 782	5 581.5	460.6	5 873.8	2 520.0

表 40　我国农产品加工业外商投资和港澳台商投资工业企业主要成本性指标（2020 年）

行　业	营业成本 （亿元）	销售费用 （亿元）	管理费用 （亿元）	财务费用 （亿元）	平均用工人数 （万人）
合　计	32 489.1	2 324.7	2 118.6	240.2	411.2
农副食品加工业	7 761.6	210.3	203.2	31.7	35.1
食品制造业	4 348.2	938.8	339.0	—5.7	42.2
酒、饮料和精制茶制造业	2 118.5	386.7	133.2	3.4	22.2
纺织业	3 084.2	82.9	219.4	42.0	47.2
纺织服装、服饰业	2 884.2	137.7	208.4	33.9	71.5
皮革、毛皮、羽毛及其制品和制鞋业	2 465.4	96.3	178.1	21.0	58.2
木材加工及竹、藤、棕、草制品业	304.6	14.0	21.5	4.4	4.7
家具制造业	1 083.1	47.7	105.9	10.6	20.3
造纸及纸制品业	3 186.8	172.4	213.8	48.3	20.9
印刷业和记录媒介复制业	812.7	37.2	87.1	7.8	16.7
橡胶制品业	4 440.0	200.7	409.0	42.8	72.1

表 41　我国农产品加工业私有工业企业主要指标（2020 年）

行　业	企业数 （个）	营业收入 （亿元）	利润总额 （亿元）	资产总计 （亿元）	负债合计 （亿元）
合　计	97 589	110 962.3	6 143.8	74 523.5	40 946.2
农副食品加工业	16 592	27 322.5	1 283.8	15 614.3	8 738.3
食品制造业	5 687	8 572.4	635.2	6 309.9	3 010.7
酒、饮料和精制茶制造业	3 866	5 221.6	467.7	4 425.0	2 002.4
烟草制品业	13	31.3	5.1	53.4	36.7
纺织业	15 553	16 322.5	829.9	12 132.9	7 270.9
纺织服装、服饰业	9 597	8 490.6	449.0	5 499.8	2 956.4
皮革、毛皮、羽毛及其制品和制鞋业	6 449	6 515.2	365.6	3 605.9	1 793.8
木材加工及竹、藤、棕、草制品业	9 037	7 494.7	337.3	3 681.9	2 057.2
家具制造业	5 383	4 928.1	291.9	3 847.6	2 167.4
造纸及纸制品业	5 139	6 367.3	288.9	4 475.5	2 771.9
印刷业和记录媒介复制业	4 453	4 232.7	255.3	3 005.4	1 626.2
橡胶制品业	15 820	15 463.5	934.1	11 871.9	6 514.5

表 42　我国农产品加工业私有工业企业主要成本性指标（2020 年）

行　　业	营业成本（亿元）	销售费用（亿元）	管理费用（亿元）	财务费用（亿元）	平均用工人数（万人）
合　　计	**5 194.7**	**95 471.4**	**2 965.2**	**5 146.3**	**970.7**
农副食品加工业	1 201.0	24 385.8	575.5	874.6	210.3
食品制造业	357.3	7 020.7	424.0	455.3	68.7
酒、饮料和精制茶制造业	361.6	4 030.6	263.8	294.4	49.7
烟草制品业	4.3	23.2	0.8	3.3	0.1
纺织业	975.0	14 243.4	288.2	748.5	187.4
纺织服装，服饰业	462.7	7 235.8	266.8	439.4	67.5
皮革、毛皮、羽毛及其制品和制鞋业	243.5	5 627.4	136.5	304.7	52.4
木材加工及竹、藤、棕、草制品业	282.9	6 679.5	139.7	254.3	47.5
家具制造业	213.2	4 072.8	193.1	306.7	44.5
造纸及纸制品业	247.6	5 554.3	162.5	300.2	61.3
印刷业和记录媒介复制业	136.9	3 572.1	107.6	251.0	36.9
橡胶制品业	708.8	13 025.9	406.8	913.8	144.6

表 43　我国农产品加工业大中型工业企业主要指标（2020 年）

行　　业	企业数（个）	营业收入（亿元）	利润总额（亿元）	资产总计（亿元）	负债合计（亿元）
合　　计	**12 859**	**99 316.1**	**9 206.8**	**99 493.6**	**46 051.8**
农副食品加工业	1 820	18 710.7	1 098.9	14 225.1	8 105.0
食品制造业	1 305	12 007.9	1 226.6	10 748.7	5 281.2
酒、饮料和精制茶制造业	682	9 472.4	2 035.0	13 223.5	5 112.2
烟草制品业	68	11 279.1	1 121.3	10 846.0	2 269.8
纺织业	1 994	10 751.8	662.2	10 450.7	5 354.9
纺织服装、服饰业	1 939	7 057.4	431.8	6 728.2	3 130.7
皮革、毛皮、羽毛及其制品和制鞋业	1 114	5 028.5	372.6	3 419.5	1 478.4
木材加工及竹、藤、棕、草制品业	334	1 386.8	94.7	1 192.3	620.2
家具制造业	739	3 342.9	286.3	3 540.7	1 993.4
造纸及纸制品业	666	7 371.9	663.2	10 568.9	6 026.3
印刷业和记录媒介复制业	532	2 442.5	223.6	2 826.7	1 078.8
橡胶制品业	1 666	10 464.3	990.7	11 723.2	5 601.0

表 44 我国农产品加工业大中型工业企业主要成本性指标（2020 年）

行　　业	营业成本 （亿元）	销售费用 （亿元）	管理费用 （亿元）	财务费用 （亿元）	平均用工人数 （万人）
合　　计	**73 933.3**	**4 490.6**	**5 021.9**	**679.2**	**974.5**
农副食品加工业	16 643.5	424.3	518.8	143.1	126.1
食品制造业	8 948.2	1 371.5	580.9	39.5	103.6
酒、饮料和精制茶制造业	5 464.4	941.4	496.4	9.4	69.6
烟草制品业	3 489.2	142.6	635.5	−57.8	15.8
纺织业	9 229.3	220.2	535.0	144.5	141.1
纺织服装、服饰业	5 796.1	332.3	417.5	67.7	143.0
皮革、毛皮、羽毛及其制品和制鞋业	4 219.1	141.6	274.1	34.5	102.8
木材加工及竹、藤、棕、草制品业	1 157.6	48.2	69.5	15.8	17.4
家具制造业	2 684.5	155.5	239.8	28.2	52.0
造纸及纸制品业	6 015.4	270.6	381.9	124.5	46.3
印刷业和记录媒介复制业	1 935.0	80.0	200.8	19.0	33.7
橡胶制品业	8 350.9	362.3	671.8	110.9	123.3

表 45 我国乳制品行业主要经济指标（2016—2020 年）

年份	企业数量（个）	营业收入（亿元）	利润总额（亿元）	消费量（万 t）
2016	627	3 503.89		3 204.7
2017	611	3 590.41	244.87	3 259.3
2018	587	3 582.60	220.60	2 681.5
2019	565	3 946.99	379.35	3 026.8
2020	572	4 195.60	394.85	3 123.6

资料来源：表中数据出自中国食品工业协会。

表 46 林业系统农产品加工业总产值（2019—2020 年）

行　　业	工业总产值（万元）		
	2019 年	2020 年	同比增长（％）
总　　计	**487 988 208**	**492 496 132**	**0.92**
1. 非木质林产品加工制造业	58 676 597	58 599 717	−0.13
2. 木材加工及竹、藤、棕、草制品业	133 988 804	136 023 710	1.52
木材加工	26 170 659	27 523 746	5.17
人造板制造业	68 017 090	70 657 714	3.88
木制品制造业	28 107 173	26 347 924	−6.26
竹、藤、棕、草制品制造业	11 693 882	11 494 326	−1.71
3. 木、竹、藤家具制造业	66 177 562	65 600 196	−0.87
4. 木、竹、苇浆造纸和纸制品业	69 610 978	69 824 380	0.31
5. 林产化学产品制造业	5 704 470	5 713 592	0.16
6. 木质工艺品和木质文教体育用品制造	8 752 313	10 577 048	20.85
7. 其　他	11 088 680	10 133 779	−8.61

表 47 林业系统各地区农产品加工业总产值（2020 年）

单位：万元

地 区	总 计	非木质林产品加工制造业	木材加工和木、竹、藤、棕、苇制品制造				
			合 计	木材加工	人造板制造业	木制品制造业	竹、藤、棕、苇制品制造
全国总计	**194 623 427**	**58 599 717**	**136 023 710**	**27 523 746**	**70 657 714**	**26 347 924**	**11 494 326**
北 京							
天 津							
河 北	5 441 654	1 847 855	3 593 799	475 716	3 096 608	21 475	
山 西	402 900	369 419	33 481	23 545	9 438	498	
内 蒙 古	873 351	54 616	818 735	778 404	40 031		300
辽 宁	1 415 772	468 414	947 358	334 722	170 006	408 330	34 300
吉 林	3 150 071	1 873 056	1 277 015	182 370	678 735	415 910	
黑 龙 江	1 556 846	578 481	978 365	653 879	107 595	211 044	5 847
上 海	417 600		417 600		417 600		
江 苏	21 359 085	1 912 008	19 447 077	1 807 177	13 280 576	3 918 060	441 264
浙 江	9 288 427	2 365 005	6 923 422	800 031	1 480 557	3 544 538	1 098 296
安 徽	16 385 854	4 100 343	12 285 511	2 151 845	7 438 764	1 491 406	1 203 496
福 建	22 207 489	7 492 044	14 715 445	1 771 455	2 684 461	5 457 317	4 802 212
江 西	6 028 474	2 057 544	3 970 930	861 537	1 298 210	1 468 670	342 513
山 东	26 471 309	4 272 738	22 198 571	3 345 140	17 800 360	933 472	119 599
河 南	4 966 202	1 595 925	3 370 277	924 244	2 055 758	336 024	54 251
湖 北	6 274 412	3 064 721	3 209 691	584 811	1 519 552	963 464	141 864
湖 南	10 414 803	4 433 493	5 981 310	1 422 233	1 150 544	1 503 410	1 905 123
广 东	11 264 344	5 346 692	5 917 652	915 394	2 120 039	2 448 441	433 778
广 西	26 845 743	3 508 237	23 337 506	8 233 904	12 811 165	1 891 206	401 231
海 南	485 039	245 029	240 010	126 831	99 591	13 588	
重 庆	1 522 611	578 074	944 537	283 710	388 864	211 247	60 716
四 川	4 917 313	2 334 382	2 582 931	764 116	1 142 395	362 356	314 064
贵 州	4 099 821	3 154 334	945 487	369 926	280 748	205 649	89 164
云 南	6 019 879	4 369 263	1 650 616	638 598	486 302	490 828	34 888
西 藏	1 304	4	1 300	1 300			
陕 西	1 337 976	1 150 953	187 023	58 987	74 567	42 429	11 040
甘 肃	261 255	252 266	8 989	1 064	7 535	10	380
青 海	63 890	59 551	4 339	624	3 715		
宁 夏	338 780	336 710	2 070		2 070		
新 疆	788 539	763 756	24 783	12 183	11 928	672	
大兴安岭	22 684	14 804	7 880			7 880	

（续）

地 区	木质、竹、藤 家具制造业	林产化学产品 制造业	木、竹、苇浆造纸 及纸制品业	木质工艺品和木质 文教体育用品制造	其 他
全国总计	**65 600 196**	**5 713 592**	**69 824 380**	**10 577 048**	**17 992 951**
北 京					—
天 津					—
河 北	716 430	2 392	34 606	8 822	64 705
山 西	26 933	220	655	6 939	80 075
内 蒙 古	2 161		29 064	40	175 847
辽 宁	611 009		268 369	6 725	74 298
吉 林	194 147	2 047	332 767	27 582	227 550
黑 龙 江	301 347	7 770	236 890	76 692	1 145 832
上 海	830 760		1 160 000		—
江 苏	2 467 982	1 206 489	4 762 874	250 393	2 241 747
浙 江	5 086 274	141 678	9 544 227	2 096 185	180 895
安 徽	2 451 341	150 353	788 467	560 660	816 893
福 建	5 874 386	1 336 201	10 175 700	3 767 820	2 888 488
江 西	15 405 635	644 610	479 498	403 340	1 205 749
山 东	2 319 776		4 537 822	1 722 024	245 853
河 南	1 308 319	24 132	902 920	172 028	384 828
湖 北	2 053 272	16 908	2 214 853	94 313	1 330 071
湖 南	2 028 261	192 984	2 361 211	418 007	1 847 061
广 东	16 947 190	296 760	22 293 816	256 088	712 025
广 西	2 391 793	922 093	3 158 208	264 750	2 063 907
海 南	28 635	3 003	2 540 150	362	384
重 庆	1 076 838	5 595	1 291 548	139 710	332 544
四 川	2 924 499	180 550	1 918 158	59 341	942 696
贵 州	250 485	79 418	421 127	193 065	341 338
云 南	229 443	495 595	343 365	49 383	357 639
西 藏	800		45		—
陕 西	67 691		26 022	2 669	171 282
甘 肃	4 739			110	19 443
青 海					100
宁 夏					546
新 疆	50		2 018		1 424
大兴安岭		4 794			139 731

表 48 我国水产品加工业发展情况（2019—2020 年）

项　目	单　位	2019 年	2020 年	同比增长（%）
一、水产加工企业	个	9 323	9 136	−2.01
水产品加工能力	t/年	28 882 019	28 534 343	−1.20
其中：规模以上加工企业	个	2 570	2 513	−2.22
二、水产冷库	座	8 056	8 188	1.64
冻结能力	t/d	930 543	882 134	−5.20
冷藏能力	t/次	4 620 653	4 643 754	0.50
制冰能力	t/d	208 177	214 863	3.21
三、水产加工品总量	t	21 714 136	20 907 861	−3.71
淡水加工产品	t	3 953 244	4 115 121	4.09
海水加工产品	t	17 760 892	16 792 740	−5.45
（一）水产冷冻品	t	15 322 657	14 759 139	−3.68
其中：冷冻品	t	7 938 585	7 600 877	−4.25
冷冻加工品	t	7 384 072	7 158 262	−3.06
（二）鱼糜制品及干腌制品	t	2 915 215	2 650 891	−9.07
其中：鱼糜制品	t	1 393 957	1 267 727	−9.06
干腌制品	t	1 521 258	1 383 164	−9.08
（三）藻类加工品	t	1 151 716	1 048 090	−9.00
（四）罐制品	t	354 145	329 857	−6.86
（五）水产饲料（鱼粉）	t	699 008	707 638	1.23
（六）鱼油制品	t	48 991	53 243	8.68
（七）其他水产加工品	t	1 103 978	1 116 003	1.09
其中：助剂和添加剂	t	67 845	40 848	−39.79
珍珠	kg	166 710	27 943	−83.24
四、用于加工的水产品总量	t	26 499 616	24 771 592	−6.52
其中：淡水产品	t	5 581 716	5 241 770	−6.09
海水产品	t	20 917 900	19 529 822	−6.64
五、部分水产品年加工量	t	1 728 887	1 782 023	3.07
其中：对虾	t	487 141	490 773	0.75
克氏原螯虾	t	509 938	566 102	11.01
罗非鱼	t	559 876	549 463	−1.86
鳗鱼	t	122 454	129 160	5.48

资料来源：表中数据出自 2021 年版《中国渔业统计年鉴》。

表 49　我国水产品加工业加工能力、产量及产值（2016—2020 年）

年　份	加工企业数（个）	加工能力（万 t/年）	水产品加工总产量		折合水产品原料（万 t）	总产值（亿元）	占水产品总产值比率（%）
			总产量（万 t）	同比增长（%）			
2016	9 694	2 849.1	2 165.4	3.50		4 090.2	
2017	9 674	2 926.2	2 196.3	1.43		4 305.1	
2018	9 336	2 892.2	2 156.9	−1.79			
2019	9 323	2 888.2	2 171.4	0.68			
2020	9 136	2 853.4	2 090.7	−3.71			

表 50　我国沿海省、自治区、直辖市水产品加工业生产情况（2019—2020 年）

单位：万 t

地　区	2019 年	2020 年	同比增长（%）
全国总计	2 171.41	2 090.79	−3.71
天　津	0.18	0.14	−23.16
河　北	8.41	9.85	17.12
辽　宁	239.10	233.38	−2.39
上　海	1.32	0.24	−81.57
江　苏	128.71	128.68	−0.02
浙　江	198.82	185.71	−6.59
福　建	429.71	370.41	−13.8
山　东	668.43	646.48	−3.28
广　东	135.01	145.46	7.74
广　西	74.18	74.51	0.45
海　南	39.86	25.78	−35.32
11 省份小计	1 923.72	1 820.63	−5.36
占全国比率（%）	88.59	87.08	−1.71

资料来源：表中数据出自 2021 年版《中国渔业统计年鉴》。

表 51　我国农业系统农产品加工企业主要经济指标（2020 年）

项　目	单　位	2020 年
企业个数	万个	
营业收入	万亿元	14.46
同比增长	%	−1.7
利润总额	万亿元	1.04
同比增长	%	6.9
税金总额	亿元	
同比增长	%	

资料来源：表中数据出自中华人民共和国农业农村部。

表52　我国渔业经济总产值（2019—2020年）

单位：万元

指　标	2019年	2020年	同比增长（%）
渔业经济总产值	264 064 971.47	275 434 669.36	4.31
1. 渔业	129 344 905.31	135 172 365.47	4.51
其中：海水养殖	35 752 877.65	38 361 985.60	7.30
淡水养殖	61 865 997.32	63 871 516.20	3.24
海洋捕捞	21 160 229.84	21 971 998.25	3.84
淡水捕捞	3 980 895.96	4 039 442.71	1.47
水产苗种	6 584 904.54	6 927 422.71	5.20
2. 渔业工业和建筑业	58 991 718.57	59 350 774.44	0.61
其中：水产品加工	44 646 079.21	43 541 924.34	−2.47
渔用机具制造	3 792 916.75	3 950 351.14	4.15
其中：渔船渔机修造	2 337 259.60	2 414 257.41	3.29
渔用绳网制造	1 282 381.00	1 334 170.74	4.04
渔用饲料	7 378 617.49	8 335 029.59	12.96
渔用药物	211 431.69	279 149.20	32.03
建筑业	2 087 174.64	2 272 674.92	8.89
其他	875 498.79	971 645.25	10.98
3. 渔业流通和服务业	75 728 347.59	80 911 529.45	6.84
其中：水产流通	59 741 538.89	65 589 018.81	9.79
水产（仓储）运输	4 241 603.22	4 710 666.33	11.06
休闲渔业	9 636 785.82	8 257 151.15	−14.32
其他	2 108 419.66	2 354 693.16	11.68

表53 全国主要经济林产品生产情况（2020年）

单位：t

指　　标	产　　量
各类经济林产品总量	199 701 233
一、水果	163 459 469
二、干果	12 534 889
其中：板栗	2 252 578
枣（干重）	5 169 741
榛子	147 741
松子	149 433
三、林产饮料产品（干重）	2 476 506
四、林产调料产品（干重）	807 919
五、森林食品	4 694 238
其中：竹笋干	967 320
六、森林药材	3 954 431
其中：杜仲	237 087
七、木本油料	8 521 903
1. 油茶籽	3 141 620
2. 核桃（干重）	4 795 939
3. 油橄榄	58 420
4. 油用牡丹籽	44 947
5. 其他木本油料	480 977
八、林产工业原料	3 251 878
其中：紫胶（原胶）	3 642

资料来源：表中数据出自2020年版《中国林业和草原统计年鉴》。

表 54　各地区主要经济林产品生产情况（2020 年）

单位：t

地　区	各类经济林产品总量						
	合计	水果	干　果				
			小计	板栗	枣（干重）	榛子	松子
全国总计	**199 701 233**	**163 459 469**	**12 534 889**	**2 252 578**	**5 169 741**	**147 741**	**149 433**
北　京	543 725	495 468	37 764	22 985	1 407		
天　津	271 416	265 336	1 977	1 977			
河　北	10 377 469	9 250 786	863 401	374 113	329 494	12 593	27
山　西	6 203 526	4 482 946	1 338 184	2 753	838 088	25	680
内　蒙　古	992 675	582 080	123 246		1 116	11 704	
辽　宁	6 106 246	5 389 000	523 281	171 868	137 900	97 973	41 347
吉　林	584 195	360 787	42 604	479		9 089	23 399
黑　龙　江	800 774	279 135	32 987			7 996	23 242
上　海	253 260	253 260					
江　苏	3 380 059	3 208 674	42 296	10 082	2 156	9	
浙　江	5 424 108	4 760 997	86 192	61 267	1 586		
安　徽	4 938 065	4 149 682	140 891	99 645	13 439	198	
福　建	8 108 821	6 161 495	341 135	91 200	3 518	1 601	
江　西	6 173 017	4 796 760	25 911	21 090	942	60	122
山　东	20 083 033	18 857 182	808 154	256 595	162 400	3 936	
河　南	7 732 315	6 692 404	321 114	108 235	88 330	18	155
湖　北	8 469 725	6 784 899	419 149	380 797	11 745		288
湖　南	8 632 054	6 245 112	150 675	103 515	27 875		72
广　东	12 404 111	11 466 068	91 387	46 006	80		
广　西	21 400 652	19 697 989	129 357	97 090	4 986		
海　南	5 468 320	2 842 884	2 491 203				
重　庆	5 082 869	4 483 374	35 639	18 234	3 414		660
四　川	10 300 065	8 597 537	98 701	55 709	12 505	29	10 005
贵　州	5 112 449	3 526 387	121 435	87 036	193		10 255
云　南	11 854 005	7 546 725	252 287	157 018	4 043		23 536
西　藏	11 774	10 058					
陕　西	12 525 066	10 758 753	811 759	84 318	522 636	2 235	3 905
甘　肃	4 478 431	3 609 022	502 553	566	468 092	15	8 637
青　海	136 932	29 080					
宁　夏	400 289	261 886	46 845		12 968	169	
新　疆	11 443 381	7 613 703	2 651 571		2 520 828	3	
大兴安岭	8 406		3 191			88	3 103

（续）

地　　区	各类经济林产品总量					
	林产饮料产品 （干重）	林产调料产品 （干重）	森林食品		森林药材	
			小计	其中：竹笋干	小计	其中：杜仲
全国总计	2 476 506	807 919	4 694 238	967 320	3 954 431	237 087
北　京			20			
天　津						
河　北	234	3 252	25 603		72 487	51
山　西	130	19 787	49 615		152 962	10
内蒙古	6 250		26 479		14 465	
辽　宁	9 500		104 385		36 645	2
吉　林	1 384		72 273	289	100 049	
黑龙江	1 466		358 954		127 700	
上　海						
江　苏	9 161	80	48 779	850	60 171	65
浙　江	182 037		249 136	195 355	18 111	137
安　徽	129 740	952	130 050	43 010	194 482	1 212
福　建	287 748		811 067	232 479	105 321	76
江　西	48 217	325	458 090	44 161	178 155	6 374
山　东	148 639	30 986	59 235		15 858	23
河　南	18 632	29 985	165 351	1 162	234 877	17 105
湖　北	326 222	2 982	286 485	19 896	272 947	14 241
湖　南	131 860	4 435	161 394	72 347	435 971	137 815
广　东	63 346	67 747	88 013	55 591	117 600	
广　西	79 313	169 962	102 655	44 184	245 755	3 677
海　南	1 011	4 535	337	337	5 905	
重　庆	32 594	125 164	91 544	31 910	253 278	8 524
四　川	248 684	91 226	262 089	107 357	316 284	30 259
贵　州	220 157	22 827	802 197	7 846	214 358	6 351
云　南	427 410	128 146	261 981	105 950	271 659	1 172
西　藏		7	56		23	
陕　西	81 811	50 358	72 488	4 592	174 197	9 993
甘　肃	2 465	54 957	1 295	4	133 495	
青　海	38	6	4		106 484	
宁　夏	14 907	200			74 372	
新　疆	3 550				20 268	
大兴安岭			4 663		552	

（续）

地　区	各类经济林产品总量							
	木本油料						林产工业原料	
	小计	油茶籽	核桃（干重）	油橄榄	油用牡丹籽	其他木本油料	小计	其中：紫胶（原胶）
全国总计	8 521 903	3 141 620	4 795 939	58 420	44 947	480 977	3 251 878	3 642
北　京	10 473		10 447		26			
天　津	4 103		4 103					
河　北	160 510		159 673		239	598	1 196	
山　西	159 902		158 311		1 330	261		
内　蒙　古	155					155	240 000	
辽　宁	43 435		11 710		1 500	30 225		
吉　林	7 098		7 068			30		
黑　龙　江	532		532					
上　海	1 898	150	1 120		417	211	9 000	
江　苏	109 041	81 759	27 221			61	18 594	
浙　江	147 338	110 180	27 561		8 333	1 264	44 930	
安　徽	157 833	151 962		55		5 816	244 222	
福　建	488 094	482 520	159			5 415	177 465	
江　西	162 979		149 786		10 504	2 689		
山　东	229 488	53 736	164 077		4 977	6 698	40 464	
河　南	330 977	221 790	104 242	144	2 448	2 353	46 064	
湖　北	1 419 322	1 373 445	7 398	5	248	38 226	83 285	
湖　南	206 291	201 423				4 868	303 659	636
广　东	340 921	298 693	4 295			37 933	634 700	
广　西	14 200	11 316				2 884	108 245	
海　南	54 638	14 639	30 883	1 818	490	6 808	6 638	
重　庆	681 198	25 059	605 797	26 220	223	23 899	4 346	
四　川	174 732	77 788	87 892	35	240	8 777	30 356	
贵　州	1 711 912	25 060	1 502 706	723	4	183 419	1 253 885	3 006
云　南	1 630	1	1 629					
西　藏	571 123	12 099	443 457	40	13 745	101 782	4 577	
陕　西	174 392		128 433	29 380	79	16 500	252	
甘　肃	1 320		1 300			20		
青　海	2 079		2 025		54			
宁　夏	1 154 289		1 154 114		90	85		
新　疆	44 330		44 160		90	80		
大兴安岭								

资料来源：表中数据出自 2020 年版《中国林业和草原统计年鉴》。

表 55　我国饮料行业主要经济指标（2019—2020 年）

指　　标	单　位	2019 年	2020 年	同比增长（%）
企业单位数	个	6 805	5 530	−0.19
总产量	万 t	15 679.2		
营业收入	亿元	15 534.9	14 790.5	−0.05
利润总额	亿元	2 094.3	2 465.7	0.18
职工人数	万人	129.6	113.5	−0.12
资产总计	亿元	17 688.7	18 983.2	0.07
负债合计	亿元	7 438.5	7 943.3	0.07

资料来源：表中数据出自 2021 年版《中国统计年鉴》，以上数据为规模以上工业企业的经济指标。

表 56　我国酿酒行业主要酒种销售收入增长情况（2020 年）

单位：%

指　标	产销量增长	销售收入增长	利润总额增长
白　酒	−2.5	4.6	13.4
啤　酒	−7.0	−6.1	0.5
葡萄酒	−6.0	−29.8	−74.5
发酵酒精	24.3	16.2	73.6

资料来源：表中数据出自中国酒业协会。

表 57　我国酿酒行业主要经济指标（2019—2020 年）

指　　标	单　位	2019 年	2020 年	同比增长（%）
企业单位数	个	2 129	1 887	−11.37
产品产量	万 kL	5 590.1	5 400.7	−3.39
营业收入	亿元	8 350.7	8 353.3	0.03
利润总额	亿元	1 611.7	1 792.0	11.19

资料来源：表中数据出自中国酒业协会。

表 58　我国乳制品行业主要经济指标（2019—2020 年）

指　　标	单　位	2019 年	2020 年	同比增长（%）
年末奶牛存栏	万头	1 044.7	1 043.3	−0.13
全年奶类总产量	万 t	3 297.6	3 529.6	7.03
其中：牛奶产量	万 t	3 201.2	3 440.1	7.46
全国乳制品产量	万 t	2 719.4	2 780.4	2.24

（续）

指　　标	单　位	2019 年	2020 年	同比增长（%）
其中：液态乳	万 t	2 537.7	2 599.4	2.43
乳粉	万 t	105.2	101.2	−3.77
乳制品工业总产值	亿元			
营业收入	亿元	3 947.0	4 195.6	6.30
乳制品加工利润总额	亿元	379.4	394.9	4.09
城镇居民人均消费	kg	16.7	17.3	3.59
乳制品进口量	万 t	313.2	347.8	11.07
乳制品进口额	亿美元	118.6	126.0	6.22
乳制品出口量	万 t	5.8	4.6	−20.00
乳制品出口额	亿美元	4.6	2.4	−46.72

表 59　我国烟草工业主要经济指标（2019—2020 年）

指　　标	单　位	2019 年	2020 年	同比增长（%）
企业数	个	116	105	−1.87
工业总产值	亿元			
营业收入	亿元	10 465.4	11 380.6	2.21
利润总额	亿元	923.5	1 143.4	22.53
平均用工人数	万人	16.2	16.6	2.28
资产总计	亿元	10 881.1	11 052.4	6.49
负债合计	亿元	2 619.6	2 322.7	−0.43

表 60　我国纺织工业主要经济指标（2019—2020 年）

指　　标	单　位	2019 年	2020 年	同比增长（%）
企业数	个	18 018	18 510	2.73
工业总产值	亿元			
营业收入	亿元	24 665.8	23 473.8	−4.83
利润总额	亿元	1 132.5	1 237.7	9.28
平均用工人数	万人	348.0	286.1	−17.79
资产总计	亿元	19 927.1	20 350.0	2.12
负债合计	亿元	11 128.8	11 360.3	2.08

表 61　我国纺织服装、服饰业主要经济指标（2019—2020 年）

指　标	单　位	2019 年	2020 年	同比增长（%）
企业数	个	13 353	12 706	−4.85
工业总产值	亿元			
营业收入	亿元	15 617.8	13 868.6	−11.20
利润总额	亿元	877.6	721.8	−17.75
平均用工人数	万人	301.7	263.9	−12.54
资产总计	亿元	11 627.9	11 234.2	−3.39
负债合计	亿元	5 730.7	5 640.8	−1.57

表 62　我国皮革、皮毛、羽毛及其制品和制鞋业经济运行情况（2019—2020 年）

指　标	单　位	2019 年	2020 年	同比增长（%）
企业数	个	8 319	7 942	−4.53
工业总产值	亿元			
营业收入	亿元	11 861.5	10 129.0	−14.61
利润总额	亿元	800.7	639.6	−20.12
平均用工人数	万人	211.5	180.8	−14.50
资产总计	亿元	6 717.4	6 613.8	−1.54
负债合计	亿元	3 238.4	3 097.1	−4.36

资料来源：表中数据出自 2021 年版《中国统计年鉴》。

表 63　我国家具制造业经济运行情况（2019—2020 年）

指　标	单　位	2019 年	2020 年	同比增长（%）
企业数	个	6 300	6 531	3.67
工业总产值	亿元			
营业收入	亿元	7 081.7	7 069.8	−0.17
利润总额	亿元	425.9	467.5	9.77
平均用工人数	亿元	110.4	111.5	0.97
资产总计	亿元	5 624.1	6 320.7	12.39
负债合计	亿元	2 900.0	3 576.7	23.33

资料来源：表中数据出自 2021 年版《中国统计年鉴》。

表 64　我国造纸和纸制品业经济运行情况（2019—2020 年）

指　标	单　位	2019 年	2020 年	同比增长（%）
企业数	个	6 579	6 656	1.17
营业收入	亿元	13 335.1	13 155.7	−1.35
利润总额	亿元	732.3	876.8	19.73
平均用工人数	万人	115.9	98.8	−14.79
资产总计	亿元	14 935.1	15 107.4	1.15
负债合计	亿元	8 664.3	8 769.8	1.22

资料来源：数据出自 2021 年版《中国统计年鉴》。

表 65　我国新闻出版产业基本情况（2019—2020 年）

<table>
<tr><th colspan="2">类　别</th><th>单　位</th><th>2019 年</th><th>2020 年</th><th>同比增长（％）</th></tr>
<tr><td rowspan="7">总
计</td><td>图书、期刊、报纸总印张</td><td>亿印张</td><td>1 855.82</td><td>1 690.00</td><td>−8.94</td></tr>
<tr><td>折合用纸量</td><td>万 t</td><td></td><td></td><td></td></tr>
<tr><td>　其中：书籍用纸量</td><td>万 t</td><td></td><td></td><td></td></tr>
<tr><td>　　　课本用纸量</td><td>万 t</td><td></td><td></td><td></td></tr>
<tr><td>　　　期刊用纸量</td><td>万 t</td><td></td><td></td><td></td></tr>
<tr><td>　　　报纸用纸量</td><td>万 t</td><td></td><td></td><td></td></tr>
<tr><td>　　　图片用纸量</td><td>万 t</td><td></td><td></td><td></td></tr>
<tr><td rowspan="8">图
书</td><td>图书出版总量</td><td>种</td><td>505 979</td><td>489 051</td><td>−3.35</td></tr>
<tr><td>　其中：初版图书</td><td>种</td><td>224 762</td><td>213 636</td><td>−4.95</td></tr>
<tr><td>　　　重版重印图书</td><td>种</td><td>281 217</td><td>275 415</td><td>−2.06</td></tr>
<tr><td>总印数</td><td>亿册</td><td>105.97</td><td>103.74</td><td>−2.10</td></tr>
<tr><td>总印张</td><td>亿印张</td><td>938.04</td><td>918.90</td><td>−2.04</td></tr>
<tr><td>折合用纸量</td><td>万 t</td><td></td><td></td><td></td></tr>
<tr><td>定价金额</td><td>亿元</td><td>2 178.96</td><td>2 185.33</td><td>0.29</td></tr>
<tr><td></td><td></td><td></td><td></td><td></td></tr>
<tr><td rowspan="6">期
刊</td><td>出版总数</td><td>种</td><td>10 171</td><td>10 192</td><td>0.21</td></tr>
<tr><td>平均期印数</td><td>万册</td><td>11 957</td><td>11 133</td><td>−6.89</td></tr>
<tr><td>总印数</td><td>亿册</td><td>21.89</td><td>20.35</td><td>−7.04</td></tr>
<tr><td>总印张</td><td>亿印张</td><td>121.27</td><td>116.40</td><td>−4.02</td></tr>
<tr><td>折合用纸量</td><td>万 t</td><td></td><td></td><td></td></tr>
<tr><td>定价金额</td><td>亿元</td><td>219.83</td><td>211.92</td><td>−3.60</td></tr>
<tr><td rowspan="6">报
纸</td><td>出版种数</td><td>种</td><td>1 851</td><td>1 810</td><td>−2.22</td></tr>
<tr><td>平均期印数</td><td>万份</td><td>17 303.34</td><td>15 692.99</td><td>−9.31</td></tr>
<tr><td>总印数</td><td>亿份</td><td>317.59</td><td>289.14</td><td>−8.96</td></tr>
<tr><td>总印张</td><td>亿印张</td><td>796.51</td><td>654.69</td><td>−17.81</td></tr>
<tr><td>折合用纸量</td><td>万 t</td><td></td><td></td><td></td></tr>
<tr><td>定价金额</td><td>亿元</td><td>392.39</td><td>366.43</td><td>−6.62</td></tr>
<tr><td rowspan="4">电子出版物及音像制品</td><td>出版种数</td><td>种</td><td>19 782</td><td>16 436</td><td>−16.91</td></tr>
<tr><td>出版数量</td><td>万盒（张）</td><td>52 433.24</td><td>42 785.75</td><td>−18.40</td></tr>
<tr><td>发行数量</td><td>亿盒（张）</td><td></td><td></td><td></td></tr>
<tr><td>发行金额</td><td>亿元</td><td></td><td></td><td></td></tr>
<tr><td rowspan="6">出版物进出口</td><td rowspan="3">出
口</td><td>图书、期刊、报纸</td><td></td><td></td><td></td><td></td></tr>
<tr><td>出口数量</td><td>万册</td><td>1 653.43</td><td>1 146.42</td><td>−30.66</td></tr>
<tr><td>出口金额</td><td>万美元</td><td>7 483.15</td><td>4 719.50</td><td>−36.93</td></tr>
<tr><td rowspan="3">进
口</td><td>图书、期刊、报纸</td><td></td><td></td><td></td><td></td></tr>
<tr><td>进口数量</td><td>万册</td><td>4 206.50</td><td>3 974.18</td><td>−5.52</td></tr>
<tr><td>进口金额</td><td>万美元</td><td>38 560.51</td><td>36 216.29</td><td>−6.08</td></tr>
</table>

资料来源：表中数据出自国家新闻出版署。

表 66　我国印刷和记录媒介复制业主要经济指标（2019—2020 年）

指　标	单　位	2019 年	2020 年	同比增长（%）
企业数	个	5 673	5 887	3.77
营业收入	亿元	6 794.0	6 638.3	−2.29
利润总额	亿元	469.0	452.4	−3.54
资产总计	亿元	5 906.9	6 381.2	8.03
负债合计	亿元	2 717.9	2 924.3	7.59
平均用工人数	万人	85.0	91.7	7.89

资料来源：表中数据出自 2021 年版《中国统计年鉴》。

表 67　我国农产品加工业能源消费总量和主要能源品种消费量（2019 年）

行　业	能源消费总量（万 t 标准煤）	煤炭消费量（万 t）	焦炭消费量（万 t）	原油消费量（万 t）	汽油消费量（万 t）	煤油消费量（万 t）	柴油消费量（万 t）	燃料油消费量（万 t）	天然气消费量（亿 m³）	电力消费量（亿 kW·h）
合　计	27 127	9 342	133	—	47	—	89	18	182	6 171
农副食品加工业	4 126	1 720	125		7		22	2	32	797
食品制造业	2 042	1 642	2		4		8	1	24	302
酒、饮料和精制茶制造业	1 283	619			3		5		17	174
烟草加工业	192	7					1		1	53
纺织业	7 398	790	3		6		6	3	45	1 760
纺织服装、服饰业	905	45			5		5		11	232
皮革、毛皮、羽毛及其制品和制鞋业	539	22			3		2		2	157
木材加工及竹、藤、棕草制品业	1 036	90	2		2		5		3	279
家具制造业	383	2	1		2		3		2	115
造纸及纸制品业	3 847	3 942			3		15	8	23	745
印刷业和记录媒介复制	508	62			4		4		5	131
橡胶制品业	4 868	401			9		12	3	18	1 426

农产品加工业主要产品产量

表68 我国农产品加工业主要产品产量（2019—2020年）

产 品 名 称	单 位	2019年	2020年	同比增长（%）
原盐	万t	6 701.44	5 852.68	−12.67
精制食用植物油	万t	5 421.76	5 476.22	1.00
成品糖	万t	1 389.39	1 431.30	3.02
罐头	亿t	1 034.63	939.21	−9.22
啤酒	万kL	3 765.29	3 411.11	−9.41
卷烟	亿支	23 642.49	23 863.73	0.94
纱	万t	2 827.16	2 618.28	−7.39
布	亿m	555.19	459.19	−17.29
机制纸及纸板	万t	12 515.30	12 700.63	1.48
中成药	万t	282.36	244.88	−13.27
合成橡胶	万t	743.96	751.32	0.99
橡胶轮胎外胎	万条	84 445.28	80 747.48	−4.38
化学纤维	万t	5 883.37	6 124.68	4.10

表69 我国淀粉产量及品种情况（2019—2020年）

单位：万t

品 种	2019年	2020年	同比增长（%）	占总淀粉（%）
合 计	3 182.35	3 344.78	5.10	100
玉米淀粉	3 097.00	3 233.00	4.39	96.66
木薯淀粉	17.01	20.46	20.28	0.61
马铃薯淀粉	45.49	66.14	45.39	1.98
甘薯淀粉	22.85	25.18	10.20	0.75

资料来源：表中数据出自中国淀粉工业协会。

表70 我国淀粉深加工品产量（2019—2020年）

单位：万t

主要品种	2019年	2020年	同比增长（%）	占深加工品（%）
合 计	1 737.80	1 873.57	7.81	100
变性淀粉	175.78	175.11	−0.38	9.35
固体淀粉糖	451	536	18.85	28.61
液体淀粉糖	985	1 025	4.06	54.71
糖醇	126.02	137.46	9.08	7.34

资料来源：表中数据出自中国淀粉工业协会。

表71 我国变性淀粉主要品种产量（2019—2020年）

单位：万 t

主要品种	2019年	2020年	同比增长（%）	占比（%）
合　计	**97.13**	**137.77**	**19.67**	**77.57**
复合变性淀粉	19.88	36.02	12.82	21.02
氧化淀粉	29.15	32.06	14.68	18.71
阳离子淀粉	21.99	22.81	3.73	13.31
醋酸酯淀粉	21.61	19.71	−8.79	11.51
磷酸酯淀粉	15.59	15.59	−25.75	6.76
预糊化淀粉	11.91	11.58	−2.77	6.26

资料来源：表中数据出自中国淀粉工业协会。

表72 我国玉米淀粉生产规模情况（2019—2020年）

项　目	单位	2019年	2020年	同比增长（%）
年产100万t以上的企业	个	9	10	11.11
年产100万t以上的企业总产量	万t	1 672.4	1 972.1	17.92
占全国玉米淀粉总产量	%	54	61	12.96
年产40万t以上的企业	个	27	24	−11.11
年产40万t以上的企业总产量	万t	2 756.3	2 812.7	2.05
占全国玉米淀粉总产量	%	89	87	−2.25

资料来源：表中数据出自中国淀粉工业协会。

表73 我国部分淀粉深加工品生产规模情况（2019—2020年）

	项　目	2019年	2020年	同比增长（%）
变性淀粉	年产10万t以上企业（个）	4	5	25.00
	年产10万t以上企业总产量（万t）	72.00	82.46	14.53
	占全国总产量（%）	41.00	47.09	14.85
	年产2万t以上企业（个）	24	23	−4.17
	年产2万t以上企业总产量（万t）	156.50	157.04	0.34
	占全国总产量（%）	89.00	89.68	0.76
	前十家企业总产量（万t）	114.18	114.36	0.16
	占全国总产量（%）	60.50	65.31	7.95
固体淀粉糖	年产100万t以上企业（个）	1	1	0.00
	年产100万t以上企业总产量（万t）	122.10	123.40	1.06
	占全国总产量（%）	27.10	23.01	−15.09
	年产20万t以上企业（个）	6	7	16.67
	年产20万t以上企业总产量（万t）	320.20	389.18	21.54
	占全国总产量（%）	71.06	72.58	2.14
	前十家企业总产量（万t）	383.99	440.56	14.73
	占全国总产量（%）	85.20	82.16	−3.57

（续）

项　目		2019 年	2020 年	同比增长（%）
液体淀粉糖	年产 50 万 t 以上企业（个）	7	7	0.00
	年产 50 万 t 以上企业总产量（万 t）	588.34	668.09	13.55
	占全国总产量（%）	59.74	65.16	9.07
	前十家企业总产量（万 t）	710.44	797.07	12.19
	占全国总产量（%）	72.14	77.74	7.76

资料来源：表中数据出自中国淀粉工业协会。

表 74　我国各地区罐头产量（2019—2020 年）

单位：t

地　区	2019 年	2020 年	同比增长（%）
全　国	**919.1**	**863.5**	**−6.0**
福　建	298.0	281.8	−5.4
湖　南		90.4	
山　东	60.2	56.9	−5.5
湖　北	74.0	59.0	−20.3
新　疆		71.8	
安　徽	47.7	45.4	−4.8
广　西			
浙　江	45.9		
广　东			
河　北			
河　南			
四　川			
海　南			
陕　西			
江　苏			
江　西			
辽　宁			
重　庆			
黑龙江			
甘　肃			
天　津			
上　海			
云　南			
贵　州			
吉　林			
山　西			
宁　夏			
内蒙古			

表75 我国各地区饮料产量（2019—2020年）

单位：万t

地 区	2019年	2020年	同比增长（%）
全国总计	17 769.66	16 347.32	−8.00
北 京	430.69	464.07	7.75
天 津	256.51	248.90	−2.97
河 北	577.03	514.04	−10.92
山 西	119.47	111.30	−6.84
内 蒙 古	61.13	74.17	21.33
辽 宁	282.87	283.98	0.39
吉 林	569.13	443.72	−22.04
黑 龙 江	346.29	212.48	−38.64
上 海	276.89	271.79	−1.84
江 苏	367.43	350.07	−4.72
浙 江	897.77	898.93	0.13
安 徽	466.44	416.88	−10.63
福 建	809.20	834.43	3.12
江 西	458.55	432.23	−5.74
山 东	372.77	397.20	6.55
河 南	819.62	643.53	−21.48
湖 北	1 252.13	996.27	−20.43
湖 南	753.69	778.31	3.27
广 东	3 264.44	3 108.56	−4.78
广 西	280.07	336.09	20.00
海 南	83.66	76.19	−8.93
重 庆	270.80	229.32	−15.32
四 川	1 952.58	2 002.18	2.54
贵 州	572.75	526.85	−8.01
云 南	451.59	477.36	5.71
西 藏	58.58	48.08	−17.92
陕 西	1 386.82	843.10	−39.21
甘 肃	134.58	137.06	1.84
青 海	12.30	11.17	−9.19
宁 夏	31.33	45.74	45.99
新 疆	152.55	133.32	−12.61

资料来源：表中数据出自中国食品工业协会。

表76　我国粮油加工业年生产能力汇总情况（2017—2019 年）

单位：万 t、万台（套）

年份	处理稻谷	处理小麦	处理油料	其中		油脂精炼	处理玉米	处理杂粮	加工饲料	粮机制造
				大豆	菜籽					
2017	36 397	10 181	16 928	11 408	3 633				22 161	82.2
2018	36 898	19 663	17 275	11 843	3 508	6 762				66.5
2019	37 401	19 983	16 863	11 587	3 288	6 515				68.1

表77　我国各地区白酒产量（2019—2020 年）

单位：万 kL

地　区	2019 年	2020 年	同比增长（%）
全国总计	**697.97**	**740.73**	**6.13**
北　　京	31.71	34.13	7.63
天　　津	2.34	2.67	14.10
河　　北	12.46	19.89	59.63
山　　西	19.91	17.93	−9.94
内　蒙　古	3.42	2.58	−24.56
辽　　宁	1.37	1.42	3.65
吉　　林	2.06	1.15	−44.17
黑　龙　江	12.37	11.47	−7.28
上　　海			
江　　苏	18.52	18.25	−1.46
浙　　江	0.96	0.99	3.13
安　　徽	28.97	28.21	−2.62
福　　建	6.78	7.35	8.41
江　　西	10.98	8.34	−24.04
山　　东	39.75	20.87	−47.50
河　　南	26.81	66.38	147.59
湖　　北	56.92	35.87	−36.98
湖　　南	12.83	13.31	3.74
广　　东	13.00	10.10	−22.31
广　　西	1.84	1.61	−12.50
海　　南			
重　　庆	11.60	10.47	−9.74
四　　川	325.99	367.58	12.76
贵　　州	24.11	26.62	10.41
云　　南	8.59	9.11	6.05
西　　藏	0.01	0.01	—
陕　　西	16.07	16.54	2.92
甘　　肃	2.50	2.91	16.40
青　　海	1.81	1.33	−26.52
宁　　夏			
新　　疆	4.27	3.62	−15.22

表78 我国粮油加工业主要产品产量（2017—2019年）

单位：万t、万台（套）

年份	大米	小麦粉	食用植物油	玉米加工产品	粮食食品	其中：大豆食品	杂粮及薯类	饲料	粮机设备
2017	21 268	13 801	6 071	4 100	2 232	223	536	20 009	35.1
2018	21 213	7 304	6 762						66.5
2019	20 961	7 249	1 872						68.1

表79 我国乳制品产量情况（规模以上企业）（2016—2020年）

单位：万t

指 标	2016年	2017年	2018年	2019年	2020年
乳制品	2 993.2	2 935.0	2 687.1	2 719.4	2 780.4
其中：液体乳	2 831.2	2 814.3	2 505.6	2 537.7	2 599.4
乳 粉	139.0	120.7	97.0	105.2	101.2

资料来源：表中数据出自中国乳制品工业协会。

表80 我国乳制品产量前五位省、自治区情况（2020年）

地 区	产量（万t）	同比增长（%）	占全国比例（%）
全国总计	**2 780.38**	**2.8**	**100.0**
河 北	358.36	2.6	12.9
内 蒙 古	337.29	16.4	12.1
山 东	216.69	−5.7	7.8
河 南	177.16	−10.8	6.4
黑 龙 江	164.91	−1.82	5.9

资料来源：表中数据出自中国乳制品工业协会。

表81 我国烟草工业主要产品产量（2019—2020年）

年 份	烟叶（万t）	烤烟（万t）	卷烟（亿支）
2019	215.3	202.1	23 863.7
2020	213.4	202.2	23 642.5
同比增长（%）	−0.88	0.05	−0.93

资料来源：表中数据出自2021年版《中国统计年鉴》。

表82 我国发酵酒精产量（2019—2020年）

单位：万kL

项 目	2019年	2020年	同比增长（%）
产 量	691.6	924.3	24.26

资料来源：表中数据出自中国酒业协会。

表 83 我国各地区啤酒产量（2019—2020 年）

单位：万 kL

地 区	2019 年	2020 年	同比增长（%）
全国总计	**3 754.8**	**3 411.1**	**−9.15**
天 津	91.4	79.3	−13.24
河 北	26.8	16.4	−38.81
山 西	180.6	178.2	−1.33
内 蒙 古	18.1	17.8	−1.66
辽 宁	64.3	58.5	−9.02
吉 林	207.0	171.4	−17.20
黑 龙 江	90.6	72.4	−20.09
上 海	201.6	128.5	−36.26
江 苏	44.2	28.9	−34.62
浙 江	181.5	173.8	−4.24
安 徽	226.8	259.6	14.46
福 建	79.1	76.0	−3.92
江 西	158.1	156.9	−0.76
山 东	71.3	70.0	−1.82
河 南	484.3	458.0	−5.43
湖 北	253.2	192.9	−23.82
湖 南	128.2	97.5	−23.95
广 东	62.3	66.6	6.90
广 西	384.9	357.5	−7.12
海 南	117.8	111.8	−5.09
重 庆	2.1	3.4	61.90
四 川	67.2	65.5	−2.53
贵 州	229.0	218.0	−4.80
云 南	111.1	100.5	−9.54
西 藏	71.3	69.6	−2.38
陕 西	13.2	12.5	−5.30
甘 肃	70.8	67.1	−5.23
青 海	41.9	34.9	−16.71
宁 夏	2.0	1.3	−35.00
新 疆	21.1	20.0	−5.21
北 京	53.0	46.2	−12.83

资料来源：表中数据出自中国轻工业联合会。

表84 我国饲料工业产品产量（2017—2020 年）

单位：万 t

年　份	饲料产量	其中：1. 配（混）合饲料	2. 浓缩饲料	3. 预混合饲料
2017	22 162	19 619	1 854	689
2018	22 788	20 529	1 606	653
2019	22 885	21 014	1 242	543
2020	25 276	23 071	1 515	595

资料来源：表中数据出自中国饲料工业协会。

表85 我国部分省份饲料产量（2019—2020 年）

单位：万 t

地　区	2019 年	2020 年	同比增长（%）
全国总计	22 885	25 276	10.45
山　东	3 779	4 336	14.74
广　东	2 924	3 010	2.94
广　西	1 509	1 535	1.72
河　北	1 231	1 360	10.48
湖　南	1 034	1 010	−2.32
江　苏	1 276	1 361	6.66
辽　宁	1 319	1 603	21.53
四　川	1 037	1 148	10.70
河　南	930	1 180	26.88
湖　北	1 091	1 054	−3.39
10 省小计	16 130	17 597	9.09
10 省占全国比重（%）	70.48	69.62	−1.22

资料来源：表中数据出自中国饲料工业协会。

表86 我国鱼油、鱼粉产量（2016—2020 年）

单位：kt

产　品	2016 年	2017 年	2018 年	2019 年	2020 年
鱼　粉	460.0	375.0	649.9	699.0	707.6
鱼　油	65.7	50.0	72.6	49.0	53.2

表87　我国各地区水产品加工总量（2019—2020 年）

单位：t

地　区	2019 年		2020 年	
	水产加工品总量	其中：淡水加工产品	水产加工品总量	其中：淡水加工产品
全国总计	**21 714 136**	**3 953 244**	**20 907 861**	**4 115 121**
北　京	2 312	1 670	2 425	1 642
天　津	1 822	1 312	1 400	1 400
河　北	84 057	12 633	98 451	13 985
山　西	1 050	350	785	295
内　蒙　古	5 581	5 581	3 366	3 366
辽　宁	2 390 997	36 150	2 333 821	27 844
吉　林	261 593	1 491	254 549	1 474
黑　龙　江	12 199	12 199	10 442	10 442
上　海	13 183	9 748	2 430	338
江　苏	1 287 053	641 343	1 286 801	645 015
浙　江	1 988 206	81 617	1 857 099	68 785
安　徽	202 278	197 486	209 008	204 177
福　建	4 297 124	189 286	3 704 087	192 471
江　西	364 888	364 888	371 737	371 737
山　东	6 684 339	103 995	6 464 797	118 904
河　南	19 905	19 905	19 831	19 831
湖　北	1 311 295	1 311 295	1 538 116	1 538 116
湖　南	219 485	219 485	218 561	218 561
广　东	1 350 100	330 257	1 454 584	396 997
广　西	741 751	124 017	745 052	123 930
海　南	398 598	212 207	257 802	83 094
重　庆	543	543	584	584
四　川	4 688	4 688	3 921	3 921
贵　州	1 802	1 802	4 929	4 929
云　南	31 395	31 395	32 068	32 068
西　藏				
陕　西	1 100	1 100	1 150	1 150
甘　肃				
青　海	28 000	28 000	28 000	28 000
宁　夏				
新　疆	8 801	8 801	2 065	2 065

资料来源：表中数据来自 2021 年版《中国渔业统计年鉴》。

表 88 我国各地区木本油料产品生产情况（2020 年）

单位：t

地 区	合 计	油茶籽	核 桃	油橄榄	油用牡丹籽	其 他
全国总计	8 521 903	3 141 620	4 795 939	58 420	44 947	480 977
北　　京	10 473		10 447		26	
天　　津	4 103		4 103			
河　　北	160 510		159 673		239	598
山　　西	159 902		158 311		1 330	261
内　蒙　古	155					155
辽　　宁	43 435		11 710		1 500	30 225
吉　　林	7 098		7 068			30
黑　龙　江	532		532			
上　　海						
江　　苏	1 898	150	1 120		417	211
浙　　江	109 041	81 759	27 221			61
安　　徽	147 338	110 180	27 561		8 333	1 264
福　　建	157 833	151 962		55		5 816
江　　西	488 094	482 520	159			5 415
山　　东	162 979		149 786		10 504	2 689
河　　南	229 488	53 736	164 077		4 977	6 698
湖　　北	330 977	221 790	104 242	144	2 448	2 353
湖　　南	1 419 322	1 373 445	7 398	5	248	38 226
广　　东	206 291	201 423				4 868
广　　西	340 921	298 693	4 295			37 933
海　　南	14 200	11 316				2 884
重　　庆	54 638	14 639	30 883	1 818	490	6 808
四　　川	681 198	25 059	605 797	26 220	223	23 899
贵　　州	174 732	77 788	87 892	35	240	8 777
云　　南	1 711 912	25 060	1 502 706	723	4	183 419
西　　藏	1 630	1	1 629			
陕　　西	571 123	12 099	443 457	40	13 745	101 782
甘　　肃	174 392		128 433	29 380	79	16 500
青　　海	1 320		1 300			20
宁　　夏	2 079		2 025		54	
新　　疆	1 154 289		1 154 114		90	85
大兴安岭						

表 89 我国食用菌产量、产值、出口情况（2019—2020 年）

项　目	单　位	2019 年	2020 年	同比增长（％）
产　量	万 t	3 933.87	4 061.40	10.84
产　值	亿元	3 126.67	3 465.70	3.24
出口量	万 t	67.97	64.72	−4.78
创　汇	亿美元	36.35	27.28	−24.95

表 90　我国酿酒行业主要产品产量（2019—2020 年）

单位：万 kL

产　品	2019 年	2020 年	同比增长（％）
总　计	**5 590. 10**	**5 400. 74**	**－2. 21**
发酵酒精	691. 60	924. 25	24. 26
饮料酒			
葡萄酒	45. 20	41. 33	－6. 00
白　酒	786. 10	740. 73	－2. 46
啤　酒	3 765. 30	3 411. 11	－7. 04

表 91　我国各地区主要森林药材产量（2020 年）

单位：t

地　区	合　计	其中：杜仲
全国总计	**3 954 431**	**237 087**
北　京		
天　津		
河　北	72 487	51
山　西	152 962	10
内 蒙 古	14 465	
辽　宁	36 645	2
吉　林	100 049	
黑 龙 江	127 700	
上　海		
江　苏	60 171	65
浙　江	18 111	137
安　徽	194 482	1 212
福　建	105 321	76
江　西	178 155	6 374
山　东	15 858	23
河　南	234 877	17 105
湖　北	272 947	14 241
湖　南	435 971	137 815
广　东	117 600	
广　西	245 755	3 677
海　南	5 905	
重　庆	253 278	8 524
四　川	316 284	30 259

（续）

地　区	合　计	其中：杜仲
贵　州	214 358	6 351
云　南	271 659	1 172
西　藏	23	
陕　西	174 197	9 993
甘　肃	133 495	
青　海	106 484	
宁　夏	74 372	
新　疆	20 268	
大兴安岭	552	

表 92　我国森林工业主要产品产量（2019—2020 年）

主要产品	单　位	2019 年	2020 年	同比增长（%）
锯　材	万 m³	6 745	7 593	12.56
木片（实积）	万 m³			
人造板	万 m³	30 859	32 544	5.46
胶合板	万 m³	18 005	19 796	9.95
纤维板	万 m³	6 200	6 226	0.43
刨花板	万 m³	2 980	3 002	0.74
其他人造板	万 m³	3 674	3 520	−4.19
其他加工材	万 m³			
改性木材	万 m²			
指接材	万 m²			
木竹地板	万 m³	81 805	77 257	−5.56
林产化学产品				
松香类产品	t	1 438 582	1 033 344	−28.17
松节油类产品	t			
樟　脑	t			
冰　片	t			
栲胶类产品	t	2 348	7 731	229.26
紫胶类产品	t	6 549	3 642	−44.39
木竹热解产品	t			
木质生物质成型燃料	t	944 389		

表 93 各地区森林工业主要产品产量（2020 年）

单位：万 m³

| 地 区 | 锯 材 | 木 片（实积） | 人 造 板 | | | | | 其他加工材 | |
			合 计	胶合板	纤维板	刨花板	其他人造板	改性木材	指接材
全国总计	7 592.6		32 544.7	19 796.5	6 226.3	3 001.7	3 520.2		
北 京									
天 津									
河 北	315.0		1 840.2	666.6	571.3	287.4	315.0		
山 西	11.9		5.9	2.3	0.0	0.1	3.5		
内 蒙 古	525.3		30.0	24.4	1.4		4.2		
辽 宁	126.7		107.5	32.7	28.3	6.9	39.5		
吉 林	71.4		1 703.2	1 604.4	53.3	7.0	38.6		
黑 龙 江	372.4		78.1	29.2	3.5	5.2	40.2		
上 海									
江 苏	624.5		5 866.5	3 715.4	888.0	941.9	321.2		
浙 江	394.3		543.4	223.1	92.6	11.3	216.3		
安 徽	574.8		3 023.1	2 175.0	415.9	216.5	215.7		
福 建	185.9		977.7	603.1	88.6	62.9	223.1		
江 西	343.3		530.2	202.8	133.6	45.5	148.4		
山 东	989.1		7 718.8	5 254.1	1 439.6	568.4	456.8		
河 南	177.4		1 466.1	597.9	422.5	107.4	338.4		
湖 北	251.4		681.8	293.8	324.3	44.8	18.9		
湖 南	364.4		585.8	286.5	71.1	39.4	188.8		
广 东	274.2		1 059.5	218.1	501.6	215.1	124.6		
广 西	1 282.9		5 034.2	3 455.0	689.8	302.6	586.8		
海 南	59.8		64.3	45.2	3.1	4.1	11.9		
重 庆	130.1		164.0	59.0	59.4	40.4	5.1		
四 川	202.9		593.7	109.0	316.0	40.8	127.9		
贵 州	133.1		118.0	44.8	13.0	8.8	51.4		
云 南	163.7		287.9	125.7	80.5	42.8	38.9		
西 藏	0.1								
陕 西	4.9		45.8	17.6	22.6	2.2	3.4		
甘 肃	0.5		6.1	4.3	0.8		1.0		
青 海	0.0								
宁 夏			1.7	1.7					
新 疆	12.6		11.5	5.0	5.6	0.3	0.6		
大兴安岭									

（续）

地 区	木竹地板（万 m²）	樟 脑（t）	冰 片（t）	松香类产品（t）	松节油类产品（t）	栲胶类产品（t）	紫胶类产品（t）	木竹热解产品（t）	木质生物质成型燃料
全国总计	**7 256.6**			**1 033 344**		**7 731**	**3 642**		
北　京									
天　津									
河　北	20.3					1 196			
山　西	1.5								
内 蒙 古									
辽　宁	743.9								
吉　林	2 298.9								
黑 龙 江	226.2								
上　海									
江　苏	39 090.5			8 500					
浙　江	8 312.7			18 300					
安　徽	8 754.6			36 502					
福　建	3 402.8			131 209					
江　西	3 780.6			151 461					
山　东	2 074.1								
河　南	191.4								
湖　北	2 791.4			10 946					
湖　南	1 109.9			25 882					
广　东	2 826.1			188 730					
广　西	1 240.4			268 797					
海　南	17.1			1 020		150			
重　庆	28.6			1 263					
四　川	129.4								
贵　州	52.5			7 573			636		
云　南	163.4			183 161		2 860			
西　藏									
陕　西	0.3								
甘　肃									
青　海									
宁　夏						3 525	3 006		
新　疆	0.2								
大 兴 安 岭									

表 94 我国水产品加工产品主要种类与产量 (2017—2020 年)

单位：万 t

年 份	冷冻制品	干腌制品	鱼糜制品	鱼 粉	罐制品	鱼油制品
2017	1 487.3	171.1	154.2	63.9	42.0	6.8
2018	1 515.0	162.4	145.5	65.0	35.6	7.3
2019	1 532.3	152.1	139.4	69.9	35.4	4.9
2020	1 475.9	138.3	126.8	70.8	33.0	5.3

资料来源：表中数据出自 2021 年版《中国渔业统计年鉴》。

表 95 纺织工业主要产品产量 (规模以上企业) (2019—2020 年)

产品名称	单 位	2019 年	2020 年	同比增长 (%)
化学纤维	万 t	5 952.8	6 126.5	4.1
纱	万 t	2 892.1	2 618.3	−7.4
布	亿 m	575.6	460.3	−17.1
服装	万件	244.7		

资料来源：表中数据中国纺织工业联合会。

表 96 我国家具工业分地区主要产品产量 (2020 年)

单位：万件

地 区	家 具	地 区	家 具
全国总计	**91 221.0**	福 建	13 905.6
北 京	389.9	江 西	4 427.5
天 津	888.5	山 东	44 379.3
河 北	3 331.5	河 南	3 468.5
山 西		湖 北	913.2
辽 宁	1 591.7	湖 南	997.2
吉 林		广 东	18 837.8
黑 龙 江	238.6	广 西	232.4
上 海	1 547.7	重 庆	927.7
江 苏	4 864.7	四 川	3 033.9
浙 江	25 561.8	贵 州	263.4
安 徽	1 134.5	云 南	

资料来源：表中数据出自中国家具协会，数据为 2020 年前三季度。

表 97 我国造纸工业纸浆消耗情况（2019—2020 年）

单位：万 t

品　种	2019 年		2020 年		同比增长（%）
	消　耗	所占比例（%）	消　耗	所占比例（%）	
纸浆消耗量	9 689	100	10 200	100	5.27
1. 木　浆	3 581	37	4 046	40	12.99
其中：进口木浆	2 317	24	2 556	25	10.32
国产木浆	1 264	13	1 490	15	17.88
2. 非木浆	585	6	522	5	−10.77
3. 废纸浆	5 523	57	5 632	55	1.97
其中：进口废纸浆	92	1	249	2	170.85
国产废纸浆	5 431	56	5 383	53	−0.88

资料来源：表中数据出自中国造纸协会。

表 98 我国造纸工业纸浆生产情况（2016—2020 年）

单位：万 t

品　种	2016 年	2017 年	2018 年	2019 年	2020 年
总　计	7 925	7 949	7 201	7 207	7 378
木　浆	1 005	1 050	1 147	1 268	1 490
废纸浆	6 329	6 302	5 444	5 351	5 363
非木浆	591	597	610	588	525
苇　浆	68	69	49	51	54
蔗渣浆	90	86	90	70	97
竹　浆	157	165	191	209	219
稻麦草	244	246	250	222	117
其他浆	32	31	30	36	38

资料来源：表中数据出自中国造纸协会。

表 99 我国纸和纸板主要品种产量（2019—2020 年）

单位：万 t

品　　种	2019 年	2020 年	同比增长（%）
纸及纸板合计	10 765	11 260	4.60
一、纸			
1. 新闻纸	150	110	−26.67
2. 未涂布印刷书写纸	1 780	1 730	−2.81
3. 涂布印刷纸	680	640	−5.88
其中：铜版纸	630	600	−4.76
4. 生活用纸	1 005	1 080	7.46
5. 包装用纸	695	705	1.44
二、纸板			
1. 白纸板	1 410	1 490	5.67
其中：涂布白纸板	1 350	1 410	4.44
2. 箱纸板	2 190	2 440	11.42
3. 瓦楞原纸	2 220	2 390	7.66
三、特种纸及纸板	380	405	6.58
四、其他纸及纸板	255	270	5.88

资料来源：表中数据出自中国造纸协会。

表 100　我国纸和纸板消费结构情况（2019—2020 年）

单位：万 t

产 品 名 称	生产量			消费量		
	2019 年	2020 年	同比增长（%）	2019 年	2020 年	同比增长（%）
总 计	**10 765**	**11 260**	**4.60**	**10 704**	**11 827**	**10.49**
1. 新闻纸	150	110	−26.67	195	175	−10.26
2. 未涂布印刷书写纸	1 780	1 730	−2.81	1 749	1 783	1.94
3. 涂布印刷纸	680	640	−5.88	542	571	5.35
其中：铜版纸	630	600	−4.76	535	556	3.93
4. 生活用纸	1 005	1 080	7.46	930	996	7.10
5. 包装用纸	695	705	1.44	699	718	2.72
6. 白纸板	1 410	1 490	5.67	1 277	1 373	7.52
其中：涂布白纸板	1 350	1 410	4.44	1 216	1 292	6.25
7. 箱纸板	2 190	2 440	11.42	2 403	2 837	18.06
8. 瓦楞原纸	2 220	2 390	7.66	2 374	2 776	16.93
9. 特种纸和纸板	380	405	6.58	309	330	6.80
10. 其他纸和纸板	255	270	5.88	226	268	18.58

资料来源：表中数据出自中国造纸协会。

表 101　我国纸和纸板生产、消费及进口量与人均消费量（2016—2020 年）

年 份	纸和纸板总产量（万 t）	纸和纸板总消费量（万 t）	纸和纸板进口量（万 t）	人均消费量（kg）
2016	10 855	10 419	297	75
2017	11 130	10 897	466	78
2018	10 435	10 439	622	75
2019	10 765	10 704	625	75
2020	11 260	11 827	1 154	84

资料来源：表中数据出自中国造纸协会。

表 102　我国人均主要工农业产品产量（2016—2020 年）

产 品 名 称	单 位	2016 年	2017 年	2018 年	2019 年	2020 年
粮 食	kg	449.0	477.2	472.4	474.9	474.4
棉 花	kg	3.8	4.1	4.4	4.2	4.2
油 料	kg	26.3	25.1	24.7	25.0	25.4
糖 料	kg		82.1	85.7	87.1	85.1
茶 叶	kg		1.8	1.9	2.0	2.08
水 果	kg		182.1	184.4	196.0	203.3
猪牛羊肉	kg	47.0	47.3	46.8	38.7	37.4
水产品	kg	50.6	46.5	46.4	46.4	46.4
牛 奶	kg	26.1	21.9	22.1	22.9	24.4
布	m	65.7	50.1	47.2	39.7	32.5
机制纸及纸板	kg	89.3	80.1	86.5	89.5	90.0
纱	kg	27.0	29.1	22.1	20.2	18.6

资料来源：表中数据出自 2021 年版《中国农村统计年鉴》。

农产品加工业主要产品出口创汇情况

表 103　我国海关出口农产品及加工品数量与金额（2019—2020 年）

单位：万元

产品名称	单位	2019 年		2020 年	
		数量	金额	数量	金额
活　猪	万头	106 158（t）	273 609		
活家禽	万只	129（t）	926		
牛　肉	t	218	1 130		
猪　肉	t	26 630	97 513		
冻　鸡	t	94 327	157 590		
水海产品	万 t	419	14 013 551	375	12 976 231
鲜　蛋	百万个	71 809（t）	78 204		
谷物及谷物粉	万 t	318	852 468		
稻谷和大米	万 t	275	727 598		
玉米	t	26 136	6 845		
蔬　菜	万 t	979	8 666 985	1 017	8 281 368
鲜或冷藏蔬菜	万 t	651	3 829 854	692	3 995 865
橘、橙	t	694 119	645 378		
苹　果	t	971 146	865 494	106	997 578
松子仁	t	10 434	161 592		
大　豆	万 t	11	63 401		
花生及花生仁	万 t	19	182 130		
食用植物油（含棕榈油）	t	266 564	188 477		
食　糖	t	185 600	60 342		
天然蜂蜜	t	120 845	162 303		
茶　叶	t	366 558	1 392 263	348 814	1 416 433
辣椒干	t	73 055	106 496		
猪肉罐头	t	29 013	63 358		
蘑菇罐头	t	254 444	614 746		
啤　酒	万 L	41 760	176 127	38 674	168 055
肠　衣	t	95 671	729 390		
填充用羽毛、羽绒	t	46 057	601 843		
中药材及中成药	t	132 514	811 772	144 409	2 754 262
烤　烟	t	121 869	296 239	110 449	231 346

(续)

产 品 名 称	单 位	2019 年		2020 年	
		数 量	金 额	数 量	金 额
纸　烟	万条	33 944（t）	487 939		
锯　材	万 m³	112 417（t）	111 504		
生　丝	t	4 305	157 501		
山羊绒	t	2 940	145 525		
棉　花	t	52 143	62 108		
烟花、爆竹	t	345 279	548 042	270 912	446 313
松香及树脂酸	t	35 256	33 830		
新的充气橡胶轮胎	万条	625	10 191 344	604	9 194 001
纸及纸板（未切成形）	万 t	629	5 532 973		
棉纱线	t	374 972	1 092 145		
丝织物			413 419		
棉机织物			9 186 832		
亚麻及苎麻机织物	万 m	33 807	728 944		
合成短纤及棉混纺机织物	万 m	168 278	1 336 063		
地　毯	万 m²	841 509	2013 755		
塑料编织袋（周转袋除外）	万条	587 927	611 968		
纺织机械及零件			2 587 209		3 168 420
家具及其零件			37 296 999		40 375 796
非针织或钩编织物制服装			41 503 806		
针织或钩编织服装			41 771 604		
皮　鞋	万双	57（万 t）	6 579 566		
橡胶或塑料底布鞋（包括球鞋）	万双	115（万 t）	9 224 469		
足球、篮球、排球	万个	23 667	307 136		
竹编结品	t	28 745	95 240		
藤编结品	t	9 399	57 429		
草编结品	t	19 144	117 175		
柳编结品	t	46 460	320 575		

表 104　我国农产品进出口状况（2016—2020 年）

单位：亿美元、%

年 份	出口额	同比	进口额	同 比	进出口总额	同 比	逆差	同 比
2016	729.9	3.3	1 115.7	−4.5	1 845.6	−1.6	385.8	−16.5
2017	755.3	3.5	1 258.6	12.8	2 013.9	9.1	503.2	30.4
2018	797.1	5.5	1 371.0	8.9	2 168.1	7.7	573.8	14.0
2019	791.0	−1.7	1 509.7	10.0	2 300.7	5.7	718.7	26.5
2020	760.3	−3.2	1 708.0	14.0	2 468.3	8.0	947.7	32.9

资料来源：表中数据出自中华人民共和国农业农村部。

表 105　我国主要农产品进出口增速情况（2018—2020 年）

单位：亿美元、%

类　别	年　份	进口额	同　比	出口额	同　比
水产品	2018	148.6	31.0	223.3	5.6
	2019	187.0	25.6	206.6	−8.0
	2020	155.6	16.8	190.4	−7.8
蔬　菜	2018	8.3	50.0	152.4	−1.8
	2019	9.6	15.9	155.0	1.7
	2020	10.4	8.2	149.3	−3.6
水　果	2018	84.2	34.5	71.6	1.2
	2019	103.6	23.2	74.5	4.1
	2020	110.4	6.5	83.5	12.1

资料来源：表中数据出自中华人民共和国农业农村部。

表 106　我国海关进口农产品及加工品数量与金额（2019—2020 年）

单位：万美元

产 品 名 称	单　位	2019 年		2020 年	
		数　量	金　额	数　量	金　额
谷物及谷物粉	万 t	1 785	520 292		
小麦	万 t	349	100 307	838	234 884
稻谷和大米	万 t	255	129 719	294	149 511
大豆	万 t	8 851	3 533 687	10 031	3 954 557
食用植物油	万 t	953	633 356	983	744 358
食糖	万 t	339	112 112	527	180 281
天然橡胶（包括胶乳）	万 t	245	337 280		
合成橡胶（包括胶乳）	万 t	412	668 565		
原木	万 m³	5 980	943 380		840 106
锯材	万 m³	3 714	859 181	3 399	764 526
纸浆	万 t	2 720	1 711 877	3 050	1 565 217
羊毛及毛条	万 t	28	239 561	22	164 297
棉花	万 t	185	357 048	216	356 563
氯化钾	万 t	908	265 341	873	208 911
硫酸钾	万 t	7	2 494		
杀虫剂、除草剂及类似品	t	89 689	76 155		

资料来源：表中数据出自 2021 年版《中国农村统计年鉴》。

表 107　我国粮油产品进口情况（2017—2020 年）

单位：万 t

年 份	粮食	谷物	小麦	大米	玉米	大麦	大豆
2017	13 062.0	2 559.0	422.0	403.0	283.0	886.0	9 553.0
2018	11 555.0	2 050.2	309.9	307.7	352.4	681.5	8 803.1
2019	11 144.0	1 791.8	348.8	245.6	479.3	592.9	8 851.1
2020	14 262.1	3 579.1	837.6	294.3	1 129.6	807.9	10 032.7

年 份	食用植物油	豆油	菜油	棕榈油	葵花油和红花油
2017	577.0	65.3	75.7	510.0	74.5
2018	808.7	54.9	129.6	532.7	70.3
2019	1 152.7	82.0	161.5	755.2	122.9
2020	1 169.5	96.3	193.2	646.1	195.4

表 108　我国粮油产品出口情况（2017—2020 年）

单位：万 t

年 份	粮食	谷物	小麦	大米	玉米	大豆	食用植物油	豆油	菜籽油
2017	280.0	161.1	29.6	119.9	8.6		20.2	13.3	2.1
2018	366.0	254.4	28.6	208.9	1.2	13.0	29.6		
2019	434.0	323.6	31.3	274.8	2.6	11.0	26.8		
2020	354.0	259.3	18.1	230.5	0.3				

资料来源：表中数据出自中华人民共和国农业农村部。

表 109　我国蔬菜出口情况（2019—2020 年）

品种类别	2019 年		2020 年		同比增长（%）	
	数量（万 t）	金额（亿美元）	数量（万 t）	金额（亿美元）	数量	金额
蔬菜	979	125.7	1 017	119.5	3.88	−4.93
鲜或冷藏蔬菜	651	55.4	692	57.8	6.30	4.33

资料来源：表中数据出自中华人民共和国海关总署。

表 110　我国谷物进出口情况（2015—2020 年）

单位：万 t、%

年 份	进口量	同比增长	出口量	同比增长	净进口量	同比增长
2015	3 218.2	64.9	53.3	−30.8	3 164.9	68.8
2016	2 198.9	−31.7	58.1	9.0	2 140.8	−32.4
2017	2 559.0	16.4	156.0	168.5	2 403.0	12.3
2018	2 050.2	−19.9	254.4	57.4	1 795.8	−25.1
2019	1 791.8	−12.6	323.6	26.8	1 468.2	−18.2
2020	3 579.1	99.8	259.3	−19.9	3 319.8	130.0

资料来源：表中数据出自中华人民共和国农业农村部。

表 111　我国分品种粮食进口情况（2016—2020）

单位：kt

年　份	小　麦	大　米	玉　米	大　豆
2016	3 412	3 562	3 168	
2017	4 420	4 030	2 830	95 530
2018	3 099	3 077	3 524	88 031
2019	3 488	2 546	4 793	88 511
2020	8 376	2 943	11 296	100 327

资料来源：表中数据出自中华人民共和国农业农村部。

表 112　我国主要粮食产品进出口情况（2020 年）

单位：万 t

主要粮食产品	进　口	出　口	顺　差
谷　物	3 579.1	259.3	−3 319.8
大　米	294.3	230.5	−63.8
小　麦	837.6	18.1	−819.5
玉　米	1 129.6	0.3	−1 129.3
大　麦	807.9	78.4	−729.5
大　豆	10 032.7	7.7	−10 025.0

资料来源：表中数据出自中华人民共和国农业农村部。

表 113　我国油脂油料进口情况（2016—2020 年）

单位：kt

年　份	大豆进口量	油菜籽进口量	其他油籽进口量	植物油进口量	其　中			
					（1）豆油	（2）棕榈油	（3）菜油	（4）其他植物油
2016	83 913	3 566	2 050	6 884	560	4 478	700	750
2017	95 530	1 296		5 770	650	3 460	757	
2018	88 031	4 756		8 087	549	5 327	1 296	
2019	88 511	2 737	2 060	11 527	826	7 552	1 615	1 229
2020	100 327	3 114	6 559	11 695	963	6 461	1 932	2 339

资料来源：表中数据出自中华人民共和国农业农村部。

表 114　我国林产品进出口数量（2019—2020 年）

产　品　名　称		贸 易	单 位	2019 年	2020 年
原木	针叶原木	出口 进口	m³	 44 484 085	 46 812 777
	阔叶原木	出口 进口	m³	50 632 14 745 446	21 764 12 895 217
	合　计	**出口** **进口**	**m³**	**50 632** **59 229 531**	**21 764** **59 707 994**
锯　材		出口 进口	m³	245 820 37 051 023	237 442 33 777 539
单　板		出口 进口	m³	461 487 1 244 081	433 465 1 576 553
特 形 材		出口 进口	t	97 267 68 704	78 861 132 762
刨 花 板		出口 进口	m³	336 644 1 036 113	376 527 1 187 368
纤 维 板		出口 进口	m³	2 133 683 242 180	2 027 544 197 920
胶 合 板		出口 进口	m³	10 060 581 139 251	10 385 333 224 023
木 制 品		出口 进口	t	2 357 129 637 822	2 479 406 612 121
家　具		出口 进口	件	353 208 468 10 275 286	386 551 287 8 027 567
木　片		出口 进口	t	71 12 564 718	873 13 525 672
木　浆		出口 进口	t	38 975 26 226 052	35 799 28 787 135
废　纸		出口 进口	t	689 10 362 640	1 233 6 892 536
纸和纸制品		出口 进口	t	9 161 090 6 379 417	9 053 446 12 541 823
木　炭		出口 进口	t	49 491 329 338	50 017 287 669
松　香		出口 进口	t	35 256 75 707	22 754 95 958

（续）

产 品 名 称		贸 易	单 位	2019 年	2020 年
水果	柑橘属	出口	t	1 013 842	1 045 332
		进口		567 157	434 556
	鲜苹果	出口	t	971 146	1 058 094
		进口		125 208	75 748
	鲜 梨	出口	t	470 245	539 446
		进口		12 849	10 384
	鲜葡萄	出口	t	366 496	424 918
		进口		252 312	250 499
	山竹果	出口	t	104	135
		进口		364 584	294 649
	鲜榴梿	出口	t	7	1
		进口		604 705	575 884
	鲜龙眼	出口	t	1 628	4 396
		进口		406 615	346 805
	鲜火龙果	出口	t	5 136	8 048
		进口		435 716	618 371
坚果	核 桃	出口	t	125 343	130 329
		进口		10 238	7 470
	板 栗	出口	t	39 820	38 949
		进口		6 641	3 537
	松子仁	出口	t	10 434	11 709
		进口		539	1 818
	开心果	出口	t	4 878	2 857
		进口		114 107	104 522
干果	梅干及李干	出口	t	896	1 661
		进口		9 080	11 479
	龙眼干、肉	出口	t	530	889
		进口		114 182	133 163
	柿 饼	出口	t	2 160	2 630
		进口		1	
	红 枣	出口	t	13 357	16 662
		进口		15	517
	葡萄干	出口	t	40 185	31 388
		进口		40 666	22 270
果汁	柑橘属果汁	出口	t	3 761	3 760
		进口		104 328	81 865
	苹果汁	出口	t	385 966	420 783
		进口		8 227	7 913

表 115 我国林产品进出口金额（2019—2020 年）

单位：千美元

产 品 名 称		贸 易	2019 年	2020 年
总 计		出口	**75 395 411**	**76 469 739**
		进口	**74 960 493**	**74 246 066**
原 木	针叶原木	出口		
		进口	5 642 349	5 463 484
	阔叶原木	出口	15 330	6 488
		进口	3 791 450	2 937 144
	合 计	**出口**	**15 330**	**6 488**
		进口	**9 433 798**	**8 400 629**
锯 材		出口	165 135	149 687
		进口	8 592 147	7 646 377
单 板		出口	524 959	537 377
		进口	228 444	249 542
特 形 材		出口	143 183	127 286
		进口	84 477	158 673
刨 花 板		出口	94 389	162 550
		进口	234 329	257 698
纤 维 板		出口	941 612	829 184
		进口	131 212	107 742
胶 合 板		出口	4 393 734	4 152 138
		进口	125 580	129 439
木 制 品		出口	6 001 919	6 630 796
		进口	650 685	898 800
家 具		出口	19 919 617	20 006 378
		进口	1 064 381	911 527
木 片		出口	198	1 120
		进口	2 400 167	2 264 548
木 浆		出口	28 759	24 767
		进口	16 765 090	15 092 258
纸和纸制品		出口	20 549 348	20 880 808
		进口	52 720 558	7 333 464
木 炭		出口	82 425	90 680
		进口	97 657	69 562
松 香		出口	1 270 393	1 577 682
		进口	594 780	495 488

（续）

产　品　名　称		贸　易	2019 年	2020 年
水果	柑橘属	出口	1 270 393	1 577 682
		进口	594 780	495 488
	鲜苹果	出口	1 246 333	1 449 615
		进口	219 040	138 539
	鲜　梨	出口	573 050	667 737
		进口	21 186	17 883
	鲜葡萄	出口	987 195	1 212 695
		进口	643 520	642 852
	山竹果	出口	92	135
		进口	794 911	677 684
	鲜榴梿	出口	7	1
		进口	1 604 484	2 304 959
	鲜龙眼	出口	4 745	11 210
		进口	424 880	491 574
	鲜火龙果	出口	9 038	13 161
		进口	362 140	552 933
坚果	核　桃	出口	341 261	286 002
		进口	27 409	20 941
	板　栗	出口	86 659	81 838
		进口	13 098	8 433
	松子仁	出口	233 554	258 571
		进口	9 305	26 741
	开心果	出口	19 859	14 226
		进口	809 186	659 233
干果	梅干及李干	出口	2 916	4 392
		进口	15 271	18 879
	龙眼干、肉	出口	2 804	4 467
		进口	144 817	181 624
	柿　饼	出口	6 749	8 197
		进口	3	
	红　枣	出口	38 581	47 413
		进口	94	284
	葡萄干	出口	74 200	54 596
		进口	58 804	33 480
果汁	柑橘类果汁	出口	8 892	8 428
		进口	184 136	120 909
	苹果汁	出口	425 717	432 605
		进口	7 171	5 885
其　他		出口	17 139 951	16 684 171
		进口	21 470 208	22 572 865

表 116　各地区水产品进口贸易情况（2019—2020 年）

单位：万美元、t

地　区	2019 年		2020 年		同比增长（%）	
	金额	数量	金额	数量	金额	数量
全国总计	1 870 066.86	6 265 155	1 556 469.39	5 678 635	−16.77	−9.36
北　京	277 673.51	818 523	169 636.96	640 336	−38.91	−21.77
天　津	82 881.33	187 100	67 068.94	165 885	−19.08	−11.34
河　北	19 317.39	65 785	17 279.91	51 700	−10.55	−21.41
山　西	25.68	99	97.06	60	277.91	−39.23
内 蒙 古	7 225.27	3 651	105.47	263	−98.54	−92.79
辽　宁	229 249.07	1 254 092	181 985.79	1 064 631	−20.62	−15.11
吉　林	27 948.25	64 980	22 025.92	48 927	−21.19	−24.70
黑 龙 江	2 266.36	3 284	2 034.95	2 844	−10.21	−13.38
上　海	213 887.81	301 109	171 886.99	236 834	−19.64	−21.35
江　苏	35 873.65	93 664	27 032.51	81 488	−24.65	−13.00
浙　江	79 171.53	276 967	80 432.73	268 134	1.59	−3.19
安　徽	14 296.76	86 700	9 420.63	60 412	−34.11	−30.32
福　建	189 429.23	971 849	207 097.03	1 020 244	9.33	4.98
江　西	5 331.63	20 286	3 795.28	3 816	−28.82	−81.19
山　东	347 268.83	1 318 387	280 499.68	1 167 923	−19.23	−11.41
河　南	4 411.16	7 132	3 596.57	8 002	−18.47	12.19
湖　北	6 641.27	23 470	3 697.21	13 884	−44.33	−40.84
湖　南	21 916.42	26 848	40 200.41	41 669	83.43	55.20
广　东	251 697.48	556 147	219 582.16	566 169	−12.76	1.80
广　西	13 346.31	59 169	20 006.71	95 880	49.90	62.04
海　南	4 723.26	20 054	3 061.55	14 831	−35.18	−26.04
重　庆	6 560.30	20 997	3 658.72	18 159	−44.23	−13.52
四　川	8 900.35	30 794	10 222.33	48 084	14.85	56.15
贵　州	0.31		2.70	1	782.95	
云　南	3 364.02	6 442	3 354.35	9 640	−0.29	49.65
西　藏	54.31	90	71.30	222		
陕　西	7 858.47	12 603	417.89	1 435	−94.68	−88.61
甘　肃	19.70	67	974.90	1 532	4 848.32	2 204.11
青　海						
宁　夏	1 313.58	2 407	50.14	91	−96.18	−96.22
新　疆	7 413.64	32 458	7 172.60	45 541	−3.25	40.31

表 117 各地区水产品出口贸易情况（2019—2020 年）

单位：万美元、t

地 区	2019 年		2020 年		同比增长（%）	
	金额	数量	金额	数量	金额	数量
全国总计	2 065 312.47	4 266 786	1 904 089.48	3 811 795	−7.81	−10.66
北　京	1 931.30	2 491	2 156.93	2 815	11.68	12.99
天　津	1 824.69	3 040	2 662.66	4 760	45.92	56.56
河　北	23 506.83	28 464	18 599.13	26 286	−20.88	−7.65
山　西	11.12	17				
内　蒙　古			40.70	51		
辽　宁	289 890.18	820 469	244 215.03	709 162	−15.76	−13.57
吉　林	14 097.53	33 641	12 565.13	30 345	−10.87	−9.80
黑　龙　江	86.97	901	138.96	206	59.77	−77.11
上　海	24 576.89	21 812	19 210.83	15 404	−21.83	−29.38
江　苏	41 353.66	50 340	41 012.24	48 126	−0.83	−4.40
浙　江	199 653.56	499 199	172 705.67	441 290	−13.50	−11.60
安　徽	4 551.38	3 788	2 899.56	2 909	−36.29	−23.21
福　建	561 042.48	870 108	594 025.40	826 089	5.88	−5.06
江　西	10 827.95	5 604	6 600.09	3 938	−39.05	−29.73
山　东	510 620.43	1 136 976	431 405.63	944 252	−15.51	−16.95
河　南	94.64	82	8.64	100	−90.87	22.08
湖　北	10 204.51	11 405	4 210.38	5 883	−58.74	−48.41
湖　南	2 108.81	2 885	2 196.94	3 009	4.18	4.32
广　东	294 986.21	572 204	281 415.99	538 035	−4.60	−5.97
广　西	18 859.67	41 664	15 756.31	35 630	−16.46	−14.48
海　南	47 805.95	156 978	45 644.61	168 336	−4.52	7.24
重　庆	12.19	3	11.33	81	−7.07	2 749.89
四　川	5 090.10	2 116	4 763.75	2 639	−6.41	24.72
贵　州	358.91	25	170.06	16	−52.62	−34.87
云　南	1 494.87	2 029	1 131.67	1 496	−24.30	−26.25
西　藏						
陕　西	76.55	122	61.58	72	−19.56	−40.72
甘　肃						
青　海			209.56	371		
宁　夏			46.19	23		
新　疆	245.09	423	224.51	470	−8.40	11.12

资料来源：表 116、表 117 中数据出自 2021 年版《中国渔业统计年鉴》。

表 118 我国淀粉及部分深加工品进出口情况（2019—2020 年）

单位：t

主要品种	2019 年		2020 年		同比增长（%）	
	进口量	出口量	进口量	出口量	进口量	出口量
玉米淀粉	3 053	704 000	7 975	623 000	161.22	−11.51
木薯淀粉	2 375 495	680	2 756 919	682	0.04	0.29
马铃薯淀粉	30 930	6 111	44 597	1 772	44.19	−71.00
未列名淀粉	13 237	49 576	27 322	40 712	106.41	−17.88
糊精及其他改性淀粉	461 722	92 678	481 912	79 426	4.37	−14.30
山梨醇	1 456	89 114	2 017	101 432	38.53	13.82
甘露醇	297	8 252	615	10 437	107.07	26.48
木糖醇	16	43 935	13	38 145	−18.75	−13.18
葡萄糖及葡萄糖浆（果糖<20%）	7 567	795 930	2 459	768 021	−67.50	−3.51
葡萄糖及葡萄糖浆（20%≤果糖≤50%，转化糖除外）	403	9 108	5 403	8 832	1 240.69	−3.03
果糖及果糖浆（果糖>50%，转化糖除外）	3 198	229 658	7 442	197 862	132.71	−13.84
其他固体糖	167 084	492 570	1 079 626	516 427	546.16	4.84
合　计	3 100 475	472 500 458	4 034 876	2 386 747	30.14	−99.49

资料来源：表中数据出自中国淀粉工业协会。

表 119 我国食糖进出口与贸易方式情况（2017—2020 年）

单位：万 t

	进 口					
年份	合 计	一般贸易	来料加工	进料加工	保税仓库进出境	其他
2017	229.07	115.96	0.88	12.55	76.19	
2018	279.55	183.66		18.09	45.14	
2019	339.01					
2020	527.30					

	出 口					
年份	合 计	一般贸易	来料加工	进料加工	保税仓库进出境	其他
2017	15.79	8.97	0.65	1.65	1.74	
2018	19.57	8.31		1.83	5.42	
2019	18.56					
2020	13.40	0.32	1.13	2.25	0.36	

资料来源：表中数据出自中国糖业协会。

表 120 我国食品出口情况（2019 年）

单位：t、万美元

产品名称	出 口 量	出 口 额
总　计		
糖	13.4	6 592
糖果、蜜饯		

(续)

产品名称	出口量	出口额
焙烘糕饼		
方便食品		
乳品	42 940.8	22 012
罐头		
可可制品		
调味品、发酵品		

表 121 我国蜂蜜生产及出口情况 (2017—2020 年)

年 份	世界产量 (万 t)	我国产量 (万 t)	占世界比例 (%)	出口量 (万 t)	出口率 (%)	出口创汇 (万美元)
2017		54.25		12.93	23.80	27 100
2018		44.69		12.35	27.60	24 926
2019		44.41		12.45	27.20	29 428
2020		45.80		13.25	28.93	25 404

资料来源：表中数据出自中国蜂蜜协会。

表 122 我国蜂产品出口情况 (2019—2020 年)

主要产品	数量、金额、单价	2019 年	2020 年	同比增长 (%)
蜂 蜜	数量 (t)	120 845.47	132 469.35	9.62
	金额 (万美元)	23 501.48	25 404.50	8.10
	平均单价 (美元/kg)	1.94	1.92	−1.39
鲜蜂王浆	数量 (t)	675.26	765.99	13.44
	金额 (万美元)	1 839.44	1 969.56	7.07
	平均单价 (美元/kg)	27.24	25.71	−5.61
鲜蜂王浆粉	数量 (t)	257.53	288.10	11.87
	金额 (万美元)	2 233.42	2 409.89	7.90
	平均单价 (美元/kg)	86.72	83.65	−3.55
蜂王浆制剂	数量 (t)	345.10		
	金额 (万美元)	333.73		
	平均单价 (美元/kg)	9.67		

表 123 我国水产品进出口贸易情况 (2017—2020 年)

年 份	出口量 (万 t)	出口额 (亿美元)	进口量 (万 t)	进口额 (亿美元)
2017	433.9	211.5	489.7	113.5
2018	432.8	224.4	522.3	148.9
2019	426.8	206.6	626.5	187.0
2020	381.2	190.4	567.9	155.6

资料来源：表中数据出自 2021 年版《中国渔业统计年鉴》。

表 124　我国乳制品进口情况（2020 年）

单位：万 t、万美元

项　目	数　量	金　额	占　比（%）
乳制品	328.14	117.17	100.00
干乳制品	220.95	103.51	67.33
婴配粉制	33.56	50.61	10.23
大包奶粉	97.93	32.91	29.84
乳　清	62.26	8.18	19.08
奶　酪	12.92	5.9	3.94
奶　油	11.56	5.46	3.52
液态奶	107.19	13.67	32.67
鲜　奶	103.98	13.09	31.69
酸　奶	3.21	0.58	0.98

资料来源：表中数据出自中华人民共和国海关总署。

表 125　我国纺织品服装出口情况（2019—2020 年）

产品名称	单位	2019 年	2020 年	同比增长（%）
纺织品服装出口总额	**亿美元**	**2 807.1**	**2 912.2**	**3.74**
其中：纺织品	亿美元	1 272.5	1 538.4	20.90
服　装	亿美元	1 534.5	1 373.8	−10.47

资料来源：表中数据出自中国纺织工业联合会。

表 126　我国机械工业产品进出口情况（2017—2020 年）

单位：亿美元

项　目	2017 年	2018 年	2019 年	2020 年
产品进出口总额	7 123	7 747	7 735	7 847
产品进口总额	3 063	3 218	3 151	3 177
产品出口总额	4 060	4 529	4 584	4 670

资料来源：表中数据出自中国机械工业联合会。

表 127　我国中药行业进出口情况（2019—2020 年）

单位：亿美元

年份	行业	进出口 总额	同比增长（%）	出口 总额	同比增长（%）	进口 总额	同比增长（%）
2019	全国医药合计	529.86		172.70	−0.90	357.16	20.60
	中药合计	11.77		11.77	6.80		
2020	全国医药合计	602.20	13.65	230.33	26.60	371.87	3.50
	中药合计	14.08	19.63	12.07	2.55	2.01	−2.80

资料来源：表中数据出自中华人民共和国海关总署。

表 128　我国天然橡胶、合成橡胶进口情况（2017—2020 年）

单位：万 t、万美元

产品	2017 年 数量	2017 年 金额	2018 年 数量	2018 年 金额	2019 年 数量	2019 年 金额	2020 年 数量	2020 年 金额
天然橡胶	279.3	491 693	260.5	360 672	245.0	337 279	229.9	308 000
合成橡胶	584.3	1 029 083	591.2	960 356	581.2	866 856	711.4	963 265

农产品加工业部分行业与企业排序

表129　轻工业系统农产品加工业分行业主要经济指标（2019年）

序号	按企业单位数排序			序号	按主营业部收入排序		
	行　业	企业数（个）	行业占轻工系统比重（%）		行　业	工业销售产值（亿元）	行业占轻工系统比重（%）
	总　计	83 570	100.0		总　计	127 100.4	100.0
1	农副食品加工业	21 346	25.5	1	农副食品加工业	29 773.1	23.4
2	纺织业	18 018	21.6	2	纺织业	19 927.1	15.7
3	木材加工和木、竹、藤、棕、草制品业	9 012	10.8	3	酒、饮料和精制茶制造业	17 932.0	14.1
4	皮革、毛皮、羽毛及其制品和制鞋业	8 319	10.0	4	食品制造业	16 508.7	13.0
5	食品制造业	8 043	9.6	5	造纸和纸制品业	14 935.1	11.8
6	造纸和纸制品业	6 579	7.9	6	烟草制品业	10 378.4	8.2
7	家具制造业	6 472	7.7	7	皮革、毛皮、羽毛及其制品和制鞋业	6 717.4	5.3
8	酒、饮料和精制茶制造业	5 674	6.8	8	家具制造业	5 931.9	4.7
9	烟草制品业	107	0.1	9	木材加工和木、竹、藤、棕、草制品业	4 996.7	3.9

序号	按利税总额排序			序号	按利润总额排序		
	行　业	利税总额（亿元）	行业占轻工系统比重（%）		行　业	利润总额（亿元）	行业占轻工系统比重（%）
	总　计	63 611.0	100.0		总　计	159 482.7	100.0
1	农副食品加工业	16 998.2	26.7	1	农副食品加工业	47 412.6	29.7
2	纺织业	11 128.8	17.5	2	纺织业	24 665.8	15.5
3	造纸和纸制品业	8 664.3	13.6	3	食品制造业	19 510.7	12.2
4	食品制造业	7 912.9	12.4	4	酒、饮料和精制茶制造业	15 336.1	9.6
5	酒、饮料和精制茶制造业	7 492.4	11.8	5	造纸和纸制品业	13 335.1	8.4
6	皮革、毛皮、羽毛及其制品和制鞋业	3 238.4	5.1	6	皮革、毛皮、羽毛及其制品和制鞋业	11 861.5	7.4
7	家具制造业	3 164.8	5.0	7	烟草制品业	11 135.0	7.0
8	木材加工和木、竹、藤、棕、草制品业	2 678.5	4.2	8	木材加工和木、竹、藤、棕、草制品业	8 879.9	5.6
9	烟草制品业	2 332.7	3.7	9	家具制造业	7 346.0	4.6

（续）

序号	按负债合计排序			序号	按资产总计排序		
	行　业	负债合计（亿元）	行业占轻工系统比重（%）		行　业	资产总计（亿元）	行业占轻工系统比重（%）
	总　计	128 597.5	100.0		总　计	10 641.9	100.0
1	农副食品加工业	42 410.1	33.0	1	酒、饮料和精制茶制造业	2 286.7	21.5
2	纺织业	21 734.3	16.9	2	农副食品加工业	2 052.0	19.3
3	食品制造业	15 035.1	11.7	3	食品制造业	1 789.1	16.8
4	造纸和纸制品业	11 422.7	8.9	4	纺织业	1 132.5	10.6
5	酒、饮料和精制茶制造业	10 223.8	8.0	5	烟草制品业	933.1	8.8
6	皮革、毛皮、羽毛及其制品和制鞋业	10 091.2	7.8	6	皮革、毛皮、羽毛及其制品和制鞋业	800.7	7.5
7	木材加工和木、竹、藤、棕、草制品业	7 840.4	6.1	7	造纸和纸制品业	732.3	6.9
8	家具制造业	6 040.6	4.7	8	家具制造业	488.4	4.6
9	烟草制品业	3 799.3	3.0	9	木材加工和木、竹、藤、棕、草制品业	427.1	4.0

资料来源：表中数据出自 2020 年版《中国统计年鉴》。

表 130　我国玉米淀粉产量前十强企业（2020 年）

序　号	企业名称	占有率（%）
1	诸城兴贸玉米开发有限公司	13.19
2	巨能金玉米开发有限公司	7.91
3	宁夏伊品生物科技股份有限公司	7.05
4	玉锋实业集团	6.60
5	中粮生物	5.92
6	西王集团	5.18
7	金象生化有限责任公司	4.32
8	詹洲食品	3.82
9	山东恒仁工贸	3.40
10	京粮集团	3.30

资料来源：表中数据出自中国淀粉工业协会。

表 131　我国白酒十大品牌（2020 年）

序号	品牌	生产企业
1	贵州茅台	中国贵州茅台酒厂（集团）有限责任公司
2	五粮液	四川川省宜宾五粮液集团有限公司
3	洋河	江苏洋河酒厂股份有限公司
4	泸州老窖	泸州老窖集团有限责任公司
5	山西汾酒	山西杏花村汾酒集团有限责任公司
6	古井贡酒	安徽古井贡酒股份有限公司
7	郎酒	四川郎酒集团有限责任公司
8	剑南春	四川剑南春（集团）有限责任公司
9	稻花香	稻花香集团
10	顺鑫农业	北京顺鑫农业股份有限公司

表 132　我国酿酒行业十强企业（2020 年）

序号	企业名称
1	中国贵州茅台酒厂（集团）有限责任公司
2	四川省宜宾五粮液集团有限公司
3	华润雪花啤酒（中国）有限公司
4	江苏洋河酒厂股份有限公司
5	青岛啤酒股份有限公司
6	泸州老窖集团有限责任公司
7	山西杏花村汾酒集团有限责任公司
8	安徽古井贡酒股份有限公司
9	四川郎酒集团有限责任公司
10	四川剑南春（集团）有限责任公司

表 133　我国造纸行业十强企业（2020 年）

序号	企业名称
1	玖龙纸业（控股）有限公司
2	山东晨鸣纸业集团股份有限公司
3	华泰集团有限公司
4	山东太阳控股集团有限公司
5	理文造纸有限公司
6	山鹰国际控股股份公司
7	广西金桂浆纸业有限公司
8	宁波亚洲浆纸业有限公司
9	金东纸业（江苏）股份有限公司
10	中国纸业投资有限公司

资料来源：表中信息出自中国造纸协会。

表 134　我国啤酒十大品牌生产企业（2020 年）

序　号	品　牌	生　产　企　业
1	雪　花	华润雪花啤酒（中国）有限公司
2	青　岛	青岛啤酒股份有限公司
3	燕　京	北京燕京啤酒集团公司（燕京）
4	哈尔滨	百威英博哈尔滨啤酒有限公司
5	珠　江	广州珠江啤酒股份有限公司
6	重　庆	重庆啤酒股份有限公司
7	乌　苏	新疆乌苏啤酒有限责任公司
8	雪　津	百威英博雪津啤酒有限公司
9	崂　山	青岛啤酒股份有限公司
10	金　星	金星啤酒集团有限公司

表 135　我国烟草十大品牌生产企业（2020 年）

序　号	品　牌	生　产　企　业
1	中　华	上海烟草集团有限责任公司
2	红塔山	红塔烟草（集团）有限责任公司
3	云　烟	红云红河集团昆明卷烟厂
4	利　群	浙江中烟工业有限责任公司
5	白　沙	湖南中烟工业有限责任公司
6	红　河	红云红河烟草（集团）有限责任公司
7	红金龙	湖北中烟工业有限责任公司
8	苏　烟	江苏中烟工业有限责任公司
9	双　喜	上海烟草集团有限责任公司
10	娇　子	川渝中烟工业公司

表 136　我国橡胶制品十大品牌生产企业（2020 年）

序　号	企　业　名　称
1	安徽中鼎控股（集团）股份有限公司
2	株洲时代新材料科技股份有限公司
3	宁波拓普集团股份有限公司
4	建新赵氏集团有限公司
5	陕西延长石油西北橡胶有限责任公司
6	江阴海达橡塑股份有限公司
7	山东美晨工业集团有限公司
8	大连巅峰集团有限公司
9	江苏冠联新材料科技股份有限公司
10	南京金腾橡塑有限公司

资料来源：表中数据出自中国橡胶工业协会。

表 137　我国家具十强企业（2020 年）

序　号	企 业 名 称
1	海太欧林集团有限公司
2	喜临门家具股份有限公司
3	江西金虎保险设备集团有限公司
4	全友家私有限公司
5	广州市番禺永华家具有限公司
6	圣奥集团有限公司
7	迪欧家具集团有限公司
8	明珠家具股份有限公司

表 138　我国棉纺织行业十强企业（2020 年）

序　号	企 业 名 称
1	山东魏桥创业集团有限公司
2	天虹纺织集团有限公司
3	山东如意时尚投资控股有限公司
4	华学时尚股份有限公司
5	百隆东方股份有限公司
6	鲁泰集团
7	临清三和纺织集团有限公司
8	德州恒丰集团（理事单位）
9	河南新野纺织集团股份有限公司
10	新疆中泰纺织集团有限公司

资料来源：表中信息出自中国纺织品进出口商会。

表 139　我国纸及纸板产量 100 万 t 以上省、自治区、直辖市（2019—2020 年）

单位：万 t

地　区	产　量		
	2019 年	2020 年	同比增长（％）
广　东	1 864	2012	7.94
山　东	1 830	1 920	4.92
江　苏	1 312	1 402	6.86
浙　江	1 429	1 149	−19.59
福　建	784	777	−0.89
河　南	498	532	6.83
湖　北	355	427	20.28
重　庆	301	352	16.94
安　徽	325	321	−1.23

（续）

地　区	产　量		
	2019 年	2020 年	同比增长（%）
河　北	240	317	32.08
四　川	260	313	20.38
天　津	210	265	26.19
广　西	245	255	4.08
江　西	235	250	6.38
湖　南	217	212	−2.3
辽　宁	132	184	39.39
海　南	175	171	−2.29
合　计	10 412	10 859	4.29

资料来源：表中数据出自中国造纸协会。

表 140　我国纸及纸板产量 100 万 t 以上的生产企业（2020 年）

单位：万 t

序 号	生 产 企 业	产 量
1	玖龙纸业（控股）有限公司	1 615.00
2	理文造纸有限公司	630.21
3	山东晨鸣纸业集团股份有限公司	577.00
4	山东太阳控股集团有限公司	547.77
5	山鹰国际控股股份公司	493.23
6	华泰集团有限公司	314.10
7	山东博汇集团有限公司	306.91
8	中国纸业投资有限公司	270.00
9	宁波中华纸业有限公司（含宁波亚洲浆纸业有限公司）	262.60
10	江苏荣成环保科技股份有限公司	233.00
11	福建联盛纸业	230.00
12	金东纸业（江苏）股份有限公司	190.00
13	金红叶纸业集团有限公司	177.00
14	亚太森博中国控股有限公司	163.40
15	海南金海浆纸业有限公司	148.48
16	东莞建晖纸业有限公司	148.00
17	山东世纪阳光纸业集团有限公司	146.13
18	浙江景兴纸业股份有限公司	134.86
19	广西金桂浆纸业有限公司	134.03
20	武汉金凤凰纸业有限公司	132.45
21	维达国际控股有限公司	125.00
22	恒安国际集团有限公司	109.40
23	东莞金洲纸业有限公司	107.35
24	新乡新亚纸业集团股份有限公司	101.25

表 141　我国重点造纸企业产量排名前 30 名企业 （2019—2020 年）

单位：万 t

序号	企 业 名 称	产 量		
		2019 年	2020 年	同比增长（%）
1	玖龙纸业（控股）有限公司	1 502.00	1 615.00	7.52
2	理文造纸有限公司	593.10	630.21	6.26
3	山东晨鸣纸业集团股份有限公司	501.00	577.00	15.17
4	山东太阳控股集团有限公司	499.40	547.77	9.69
5	山鹰国际控股股份公司	473.59	493.23	4.15
6	华泰集团有限公司	307.70	314.10	2.08
7	中国纸业投资有限公司	235.26	306.91	30.46
8	宁波中华纸业有限公司（含宁波亚洲浆纸业有限公司）	256.00	270.00	5.47
9	江苏荣成环保科技股份有限公司	261.86	262.60	0.28
10	山东博汇集团有限公司	253.00	233.00	−7.91
11	福建联盛纸业	203.00	230.00	13.30
12	金东纸业（江苏）股份有限公司	199.07	190.00	−4.56
13	亚太森博中国控股有限公司	192.00	177.00	−7.81
14	东莞金洲纸业有限公司	156.40	163.40	4.48
15	东莞建晖纸业有限公司	151.39	148.48	−1.92
16	金红叶纸业集团有限公司	147.22	148.00	0.53
17	浙江景兴纸业股份有限公司	125.95	146.13	16.02
18	武汉金凤凰纸业有限公司	143.71	134.86	−6.16
19	广西金桂浆纸业有限公司	135.00	134.03	−0.72
20	山东世纪阳光纸业集团有限公司	136.39	132.45	−2.89
21	维达国际控股有限公司	125.00	125.00	0.00
22	恒安国际集团有限公司	121.00	109.40	−9.59
23	海南金海浆纸业有限公司	154.09	107.35	−30.33
24	芬欧汇川（中国）有限公司	82.86	101.25	22.19
25	新乡新亚纸业集团股份有限公司	61.67	95.41	54.71
26	河南省龙源纸业股份有限公司	89.50	92.00	2.79
27	永丰余造纸（扬州）有限公司	78.97	82.98	5.08
28	大河纸业有限公司	77.80	79.00	1.54
29	东莞金田纸业有限公司	55.95	68.60	22.61
30	金华盛纸业（苏州工业园区）有限公司	63.01	62.73	−0.44

资料来源：表中数据出自中国造纸协会。

表 142 我国主食品加工十强企业（2020 年）

序 号	企 业 名 称
1	湖北禾丰粮油集团有限公司
2	河南今三麦食品有限公司
3	江西麻姑实业集团有限公司
4	安徽青松食品有限公司
5	安徽猛牛食品有限公司
6	山东环丰食品股份有限公司
7	安徽王仁和米线食品有限公司
8	淮北徽香昱原早餐工程有限责任公司
9	滨州中裕食品有限公司
10	西安爱菊粮油工业集团有限公司
11	合肥市福客多快餐食品有限公司
12	山东省托福实业有限公司

资料来源：表中信息出自中国粮食行业协会。

表 143 我国皮革行业十强企业（2020 年）

序 号	企 业 名 称
1	安踏（中国）有限公司
2	新百丽鞋业（深圳）有限公司
3	金猴集团有限公司
4	特步（中国）有限公司
5	李宁（中国）体育用品有限公司
6	奥康集团有限公司
7	浙江红蜻蜓鞋业股份有限公司
8	浙江通天星集团股份有限公司
9	信泰（福建）科技有限公司
10	康奈集团有限公司

资料来源：表中信息出自中国皮革协会。

我国西部地区综合统计

表 144　我国西部地区主要农产品产量（2019—2020 年）

单位：万 t

主要农产品	2019 年	2020 年	同比增长（%）
一、粮食作物	16 982.9	17 247.7	1.56
（一）谷　物	14 425.2	14 614.8	1.31
稻　谷	4 232.4	4 216.3	−0.38
小　麦	1 874.4	1 874.5	0.01
玉　米	7 756.8	7 922.5	2.14
谷　子	92.5	116.5	25.95
高　粱	166.9	164.1	−1.68
（二）豆　类	681.4	703.1	3.18
大　豆	461.5	477.8	3.53
杂　豆	219.9	225.3	2.46
（三）薯　类	1 876.3	1 929.8	2.85
马铃薯	1 338.3	1 381.1	3.20
二、油料作物	1 130.3	1 135.0	0.42
花　生	192.0	205.8	7.19
油菜籽	641.8	646.5	0.73
芝　麻	3.3	3.1	−6.06
胡麻籽	25.3	22.9	−9.49
葵花籽	239.2	231.7	−3.14
三、棉　花	504.7	519.5	2.93
四、麻　类	6.2	8.9	43.55
黄红麻	0.7	0.8	14.29
五、糖　料	10 270.3	10 223.4	−0.46
甘　蔗	9 168.5	9 117.6	−0.56
甜　菜	1 101.8	1 105.2	0.31
六、烟　叶	137.0	136.5	−0.36
烤　烟	128.5	129.2	0.54
七、茶　叶	116.9	124.4	6.42
八、水　果	10 260.3	10 989.7	7.11

表 145 我国西部地区主要农产品单位面积产量（2019—2020 年）

单位：kg/hm²

主 要 农 产 品	2019 年	2020 年	同比增长（%）
一、粮食作物	5 046.3	5 088.2	0.83
（一）谷 物	5 753.2	5 800.9	0.83
稻 谷	6 893.6	6 859.7	−0.49
小 麦	4 031.5	4 151.1	2.97
玉 米	6 235.7	6 295.3	0.96
谷 子	3 000.6	3 250.5	8.33
高 粱	4 827.1	4 787.7	−0.82
（二）豆 类	1 936.0	1 963.1	1.40
大 豆	1 926.1	1 953.9	1.44
杂 豆	1 957.4	1 982.8	1.30
（三）薯 类	3 707.2	3 767.7	1.63
马铃薯	3 647.7	3 707.6	1.64
二、油料作物	2 303.4	2 317.8	0.63
花 生	2 675.0	2 728.6	2.00
油菜籽	2 118.7	2 124.7	0.28
芝 麻	1 857.6	1 751.3	−5.72
胡麻籽	1 629.2	1 616.4	−0.79
向日葵籽	2 964.7	3 004.7	1.35
三、棉花	1 963.9	2 059.1	4.85
四、麻类	2 011.3	2 601.9	29.36
黄红麻	2 877.3	3 060.0	6.35
五、糖料	76 073.9	77 114.7	1.37
甘 蔗	79 143.7	80 514.6	1.73
甜 菜	57 511.0	57 598.6	0.15
六、烟叶	1 989.9	2 011.5	1.09
烤 烟	1 969.0	1 996.0	1.37

表 146　我国西部地区茶叶产量（2020 年）

单位：t

地　区	茶　叶总产量	其　中						
		绿茶	青茶	红茶	黑茶	黄茶	白茶	其他茶
全国总计	2 931 836	1 976 291	312 714	288 148	195 955	8 826	59 295	90 607
地区小计	1 243 504	990 235	15 079	121 401	38 659	495	12 300	65 337
占全国比重（%）	42.4	50.1	4.8	42.1	19.7	5.6	20.7	72.1
内 蒙 古								
广　　西	88 403	58 919	566	20 701	2 789		669	4 759
重　　庆	48 052	42 172	72	4 198			220	1 390
四　　川	344 152	284 773	4 289	11 555	25 083	374	638	17 440
贵　　州	211 004	163 310	1 678	22 441	6 770	121	10 082	6 603
云　　南	463 168	362 710	8 474	56 753		0	147	35 085
西　　藏	152	88	0	4				60
陕　　西	86 965	76 655		5 749	4 017		544	
甘　　肃	1 608	1 608						
青　　海								
宁　　夏								
新　　疆								

表 147　我国西部地区水果产量（2020 年）

单位：万 t

地　区	水　果总产量	其　中					
		香蕉	苹果	柑橘	梨	葡萄	菠萝
全国总计	28 692.4	1 151.3	4 406.6	5 121.9	1 781.5	1 431.4	184.8
地区小计	10 989.8	514.4	1 979.8	2 446.7	573.8	677.4	15.4
占全国比重（%）	38.3	44.7	44.9	47.8	32.2	47.3	8.3
内 蒙 古	238.7		25.8	0.0	5.1	5.0	
广　　西	2 785.7	303.7		1 382.1	47.1	62.6	3.7
重　　庆	514.8	0.1	0.6	319.9	32.0	12.7	
四　　川	1 221.3	5.1	80.8	489.0	95.6	41.6	0.1
贵　　州	548.1	7.8	34.5	67.8	44.8	33.7	
云　　南	961.6	197.6	60.6	135.9	65.4	97.5	11.6
西　　藏	2.2	0.1	0.8	0.0	0.1	0.1	
陕　　西	2 070.6		1 185.2	51.9	104.3	80.7	
甘　　肃	779.0		386.0	0.1	23.9	27.1	
青　　海	2.9		0.4		0.5	0.0	
宁　　夏	204.5		21.1		0.5	10.8	
新　　疆	1 660.4		184.0		154.5	305.6	

表148 我国西部地区主要林产品产量（2019—2020年）

产品	单位	2019年	2020年	同比增长（%）
木 材	万 m³	5 046	5 231	3.7
竹 材	万根	105 405	108 333	2.8
板 栗	t	499 341		−100.0
竹笋干	t	376 690	301 843	−19.9
油茶籽	t	410 934	453 339	10.3
核 桃	t	3 695 523	3 962 531	7.2
生 漆	t			
油桐籽	t			
乌桕籽	t			
五倍子	t			
棕 片	t			
松 脂	t			
紫胶（原胶）	t	5 893	3 006	−49.0

注：2019年国家林业和草原局制度修订，取消松脂、生漆、油桐籽等指标。

表149 我国西部地区主要畜产品产量（2019—2020年）

产品名称	单位	2019年	2020年	同比增长（%）
一、肉类总产量	万 t	2 460.9	2 522.7	2.51
猪 肉	万 t	1 340.9	1 353.9	0.97
牛 肉	万 t	303.4	317.7	4.71
羊 肉	万 t	296.8	300.9	1.38
禽 肉	万 t	458.8	484.6	5.62
兔 肉	万 t	28.5	32.4	13.68
二、其他畜产品产量				
奶 类	万 t	1 415.5	1 506.9	6.46
牛 奶	万 t	1 338.9	1 429.4	6.76
山羊粗毛	t	13 228.0	13 662.0	3.28
绵羊毛	t	263 948.0	265 107.0	0.44
细羊毛	t	92 853.0	91 812.0	−1.12
半细羊毛	t	59 388.0	66 087.0	11.28
山羊绒	t	11 133.0	11 308.0	1.57
蜂 蜜	万 t	14.3	16.1	12.59
禽 蛋	万 t	483.6	508.8	5.21

表150 我国西部地区水产品产量（2019—2020年）

单位：t

产品名称	2019年	2020年	同比增长（%）
水产品总产量	**7 070 022**	**7 123 220**	**0.75**
按海水、内陆分			
海水产品产量	1 994 915	2 009 180	0.72
内陆水产品产量	5 075 107	5 114 040	0.77
按生产性质分			
捕捞产量	799 639	676 150	−15.44
养殖产量	6 270 383	6 447 070	2.82

表 151 我国西部地区人均主要农产品、畜产品、水产品产量（2019—2020 年）

单位：kg/人

产 品 名 称	2019 年	2020 年	同比增长（%）
一、主要农产品			
（一）粮 食	445.9	451.0	1.14
1. 谷 物	378.7	382.2	0.92
稻 谷	111.1	110.3	−0.72
小 麦	49.2	49.0	−0.41
玉 米	203.7	207.2	1.72
谷 子	2.4	3.0	25.00
高 粱	4.4	4.3	−2.27
2. 豆 类	17.9	18.4	2.79
大 豆	12.1	12.5	3.31
杂 豆	5.8	5.9	1.72
3. 薯 类	49.3	50.5	2.43
马铃薯	35.1	36.1	2.85
（二）油 料	29.7	29.7	0
花 生	5.0	5.4	8.00
油菜籽	16.8	16.9	0.60
芝 麻	0.1	0.1	0
胡麻籽	0.7	0.6	−14.29
向日葵籽	6.3	6.1	−3.17
（三）棉 花	13.3	13.6	2.26
（四）麻 类	0.2	0.2	0
黄红麻	0.0	0.0	0
（五）糖 料	269.7	267.3	−0.89
甘 蔗	240.7	238.4	−0.96
甜 菜	28.9	28.9	0
（六）水 果	269.4	287.4	6.68
（七）烟 叶	3.6	3.6	0
烤 烟	3.4	3.4	0
二、畜产品			
（一）猪牛羊肉	50.8	51.5	1.38
猪 肉	35.1	35.3	0.57
牛 肉	7.9	8.3	5.06
羊 肉	7.8	7.9	1.28
（二）奶 类	37.1	39.3	5.93
牛 奶	35.1	37.3	6.27
（三）禽 蛋	12.7	13.3	4.72
三、水产品	18.5	18.6	0.54
鱼 类	13.9	13.9	0
虾蟹类	1.4	1.5	7.14

表 152 我国西部地区农林牧渔业总产值、增加值及构成（2019—2020 年）

名 称	总 产 值		增 加 值	
	2019 年	2020 年	2019 年	2020 年
一、绝对数（亿元）				
合 计	**38 254.1**	**43 549.8**	**3 668.8**	**5 295.7**
1. 农 业	22 692.5	24 807.6	1 938.5	2 115.1
2. 林 业	1 903.4	1 997.2	89.9	93.8
3. 牧 业	10 963.0	13 935.3	1 458.3	2 972.3
4. 渔 业	1 181.3	1 178.2	62.8	−3.1
二、构成（%）				
农林牧渔业合计	100.0	100.0		
1. 农 业	59.3	57.0	−0.7	−2.3
2. 林 业	5.0	4.6	−0.2	−0.4
3. 牧 业	28.7	32.0	1.2	3.3
4. 渔 业	3.1	2.7	−0.1	−0.4

表 153 我国西部地区林业产业总产值（2020 年）

单位：万元

地 区	总 计	第一产业	第二产业	第三产业
全国总计	**811 763 644**	**263 021 121**	**364 331 594**	**184 410 929**
地区小计	227 507 238	95 568 643	68 007 601	63 930 994
占全国比重（%）	28.03	36.33	18.67	34.67
内 蒙 古	4 520 266	1 937 852	1 080 463	1 501 951
广 西	75 207 493	22 339 801	35 646 494	17 221 198
重 庆	15 042 557	6 362 135	4 368 846	4 311 576
四 川	40 717 295	15 181 991	10 942 557	14 592 747
贵 州	33 780 012	9 656 864	5 385 254	18 737 894
云 南	27 225 628	15 614 829	7 495 304	4 115 495
西 藏	445 685	297 009	2 149	146 527
陕 西	14 727 599	11 605 975	1 605 640	1 515 984
甘 肃	4 866 118	4 140 758	285 547	439 813
青 海	648 066	497 287	63 990	86 789
宁 夏	1 830 628	715 493	339 326	775 809
新 疆	8 495 891	7 218 649	792 031	485 211

表 154 我国西部地区森林工业主要产品产量（2020 年）

地 区	锯材 （万 m³）	木片 （万实积 m³）	胶合板 （万 m³）	纤维板 （万 m³）	刨花板 （万 m³）	其他 人造板 （万 m³）	改性木材 （万 m³）	指接材 （万 m³）
全国总计	7 592.6		19 796.5	6 226.3	3 001.7	3 520.2		
地区小计	2 456.1		3 846.5	1 189.0	437.9	819.4		
占全国比重（%）	32.3		19.4	19.1	14.6	23.3		
内 蒙 古	525.3		24.4	1.4		4.2		
广　　西	1 282.9		3 455.0	689.8	302.6	586.8		
重　　庆	130.1		59.0	59.4	40.4	5.1		
四　　川	202.9		109.0	316.0	40.8	127.9		
贵　　州	133.1		44.8	13.0	8.8	51.4		
云　　南	163.7		125.7	80.5	42.8	38.9		
西　　藏	0.1							
陕　　西	4.9		17.6	22.6	2.2	3.4		
甘　　肃	0.5		4.3	0.8		1.0		
青　　海	0.0							
宁　　夏			1.7					
新　　疆	12.6		5.0	5.6	0.3	0.6		

地 区	木竹地板 （万 m²）	松香类 产品 （t）	松节油类 产品 （t）	樟脑 （t）	冰片 （t）	栲胶类 产品 （t）	紫胶类 产品 （t）	木材热 解产品 （t）	木质生物质 成型燃料 （t）
全国总计	77 256.6	1 033 344				7 731	3 642		
地区小计	1 614.7	460 794				6 385	3 006		
占全国比重（%）	2.1	44.6				82.6	82.5		
内 蒙 古									
广　　西	1 240.4	268 797				2 860			
重　　庆	28.6	1 263							
四　　川	129.4								
贵　　州	52.5	7 573							
云　　南	163.4	183 161				3 525	3 006		
西　　藏									
陕　　西	0.3								
甘　　肃									
青　　海									
宁　　夏									
新　　疆	0.2								

表 155　我国西部地区粮食作物单位面积产量（2020 年）

单位：kg/hm²

地　区	谷物	稻谷	小麦	玉米	豆类	薯类	油料
全　国	**6 295.6**	**7 044.3**	**5 742.3**	**6 317.0**	**1 973.1**	**4 143.1**	**2 731.6**
内 蒙 古	6 345.0	7 655.1	3 565.7	7 172.6	1 857.3	4 494.6	2 388.8
广　　西	5 428.3	5 759.5	1 617.6	4 578.6	1 653.6	1 968.1	2 817.8
重　　庆	6 626.5	7 442.8	3 286.8	5 695.4	2 053.6	4 312.7	2 008.8
四　　川	6 383.1	7 905.0	4 134.2	5 790.0	2 315.6	4 348.5	2 480.7
贵　　州	4 928.2	6 254.2	2 417.2	4 394.0	1 001.9	3 232.5	1 784.6
云　　南	5 057.4	6 409.7	2 178.1	5 204.0	2 545.0	3 402.2	2 027.1
西　　藏	5 743.7	5 594.1	5 909.2	6 210.7	3 571.9	1 596.5	2 520.4
陕　　西	4 659.3	7 662.3	4 286.0	5 258.1	1 502.1	2 801.3	2 216.2
甘　　肃	4 959.3	4 967.6	3 793.9	6 163.3	2 271.4	3 877.5	2 226.0
青　　海	3 573.7		3 963.5	6 920.9	2 374.2	4 330.4	2 104.2
宁　　夏	5 902.9	8 120.7	2 990.2	7 717.6	1 303.3	4 367.6	2016.2
新　　疆	7 153.3	8 790.7	5 445.1	8 833.4	3 121.2	7 774.5	3 095.2

表 156　我国西部地区国有农场基本情况（2020 年）

地　区	农场个数（个）	职工人数（万人）	耕地面积（khm²）
全国总计	**1 828**	**247.1**	**6 516.6**
地区小计	**724**	**81.7**	**2 613.8**
占全国比重（%）	39.6	33.1	40.1
内 蒙 古	100	11.1	748.2
广　　西	47	2.1	34.7
重　　庆	18	0.7	0.3
四　　川	87	0.3	1.0
贵　　州	37	0.4	1.0
云　　南	43	11.6	13.5
陕　　西	12	0.4	11.2
甘　　肃	22	1.6	70.6
青　　海	21	0.7	31.8
宁　　夏	14	1.0	43.2
新　　疆	323	51.8	1 658.3

其 他

表 157　我国农产品质量安全例行监测情况（2020 年）

监测产品种类	合格率	同比
蔬 菜	97.6	提高 0.3 个百分点
畜禽产品	98.8	提高 0.5 个百分点
水产品	95.9	提高 0.2 个百分点
水 果	98.0	提高 3.9 个百分点
茶 叶	98.1	下降 0.2 个百分点

资料来源：表中数据出自中华人民共和国农业农村部。

表 158　我国大米加工 50 强企业（2020 年）

序号	企 业 名 称	序号	企 业 名 称
1	中粮粮谷控股有限公司	26	湖南浩天米业有限公司
2	益海嘉里金龙鱼粮油食品股份有限公司	27	安徽联河股份有限公司
3	湖北国宝桥米有限公司	28	五常市乔府大院农业股份有限公司
4	湖南粮食集团有限责任公司	29	江西金佳谷物股份有限公司
5	万年贡集团有限公司	30	宜兴市粮油集团大米有限公司
6	湖北瓦仓谷香生态农业有限公司	31	黑龙江秋然米业有限公司
7	湖北禾丰粮油集团有限公司	32	广东友粮粮油实业有限公司
8	湖北省粮油（集团）有限责任公司	33	黑龙江省和粮农业有限公司
9	华润五丰米业（中国）有限公司	34	松原粮食集团有限公司
10	安徽省阜阳市海泉粮油工业股份有限公司	35	宁夏昊王米业集团有限公司
11	湖北洪森实业（集团）有限公司	36	福建泉州市金穗米业有限公司
12	江西奉新天工米业有限公司	37	湖北金银丰食品有限公司
13	洪湖市洪湖浪米业有限责任公司	38	黑龙江省博林鑫农业集团有限责任公司
14	安徽牧马湖农业开发集团有限公司	39	深圳市中泰米业有限公司
15	湖南角山米业有限责任公司	40	南京沙塘庵粮油实业有限公司
16	江苏省农垦米业集团有限公司	41	湖北心辉粮油股份有限公司
17	庆安东禾金谷粮食储备有限公司	42	方正县宝兴新龙米业有限公司
18	东莞市太粮米业有限公司	43	安徽省东博米业有限公司
19	五常市彩桥米业有限公司	44	湖北京和米业有限公司
20	黑龙江省北大荒米业集团有限公司	45	广东穗方源实业有限公司
21	上海良友（集团）有限公司	46	吉林裕丰米业股份有限公司
22	湖南天下洞庭粮油实业有限公司	47	深圳市稼贾福实业有限公司
23	安徽稼仙金佳粮集团股份有限公司	48	仙桃市恒泰米业有限公司
24	湖北庄品健实业（集团）有限公司	49	安徽省福宁米业有限公司
25	深圳市深粮控股股份有限公司	50	宁夏兴唐米业集团有限公司

表 159　我国小麦粉加工 50 强企业（2020 年）

序号	企 业 名 称	序号	企 业 名 称
1	五得利面粉集团有限公司	26	浙江恒天粮食股份有限公司
2	益海嘉里金龙鱼粮油食品股份有限公司	27	广东金禾面粉有限公司
3	中粮粮谷控股有限公司	28	维维六朝松面粉产业有限公司
4	金沙河集团有限公司	29	潍坊风筝面粉有限责任公司
5	蛇口南顺面粉有限公司	30	河南粮食投资集团有限公司
6	今麦郎食品有限公司	31	广州岭南穗粮谷物股份有限公司
7	发达面粉集团股份有限公司	32	宁夏塞北雪面粉有限公司
8	山东利生食品集团有限公司	33	西安爱菊粮油工业集团有限公司
9	东莞穗丰粮食集团有限公司	34	固安县参花面粉有限公司
10	江苏三零面粉有限公司	35	安徽省凤宝粮油食品（集团）有限公司
11	北京古船食品有限公司	36	安徽省天麒面业科技股份有限公司
12	陕西陕富面业有限责任公司	37	河南天香面业有限公司
13	滨州中裕食品有限公司	38	青岛维良食品有限公司
14	新疆天山面粉（集团）有限责任公司	39	克明面业股份有限公司
15	陕西西瑞（集团）有限责任公司	40	上海福新面粉有限公司
16	甘肃红太阳面业集团有限责任公司	41	安徽皖王面粉集团有限公司
17	广东白燕粮油实业有限公司	42	深圳市深粮控股股份有限公司
18	广东新粮实业有限公司面粉厂	43	北大荒丰缘集团有限公司
19	陕西老牛面粉有限公司	44	湖北三杰粮油食品集团有限公司
20	山东天邦粮油有限公司	45	想念食品股份有限公司
21	宝鸡祥和面粉有限责任公司	46	泉州市华圣食品有限公司
22	山东半球面粉有限公司	47	丹阳市同乐面粉有限公司
23	安徽正宇面粉有限公司	48	山东梨花面业有限公司
24	江苏省银河面粉有限公司	49	河南莲花面粉有限公司
25	江苏省淮安新丰面粉有限公司	50	安徽金鸽面业集团有限公司

表 160 我国食用油加工 50 强企业 （2020 年）

序号	企 业 名 称	序号	企 业 名 称
1	益海嘉里金龙鱼粮油食品股份有限公司	26	西安邦淇制油科技有限公司
2	中粮油脂专业化公司	27	长安花粮油股份有限公司
3	山东鲁花集团有限公司	28	青岛长生集团股份有限公司
4	九三粮油工业集团有限公司	29	上海富味乡油脂食品有限公司
5	山东渤海实业股份有限公司	30	江苏佳丰粮油工业有限公司
6	西王集团有限公司	31	西安爱菊粮油工业集团有限公司
7	山东三星玉米产业科技有限公司	32	山东玉皇粮油食品有限公司
8	三河汇福粮油集团有限公司	33	江苏金洲粮油集团
9	山东香驰粮油有限公司	34	广州植之元油脂实业有限公司
10	中储粮镇江粮油有限公司	35	河南省淇花食用油有限公司
11	道道全粮油股份有限公司	36	合肥燕庄食用油有限责任公司
12	防城港澳加粮油工业有限公司	37	广东鹰唛食品有限公司
13	山东金胜粮油食品有限公司	38	仪征方顺粮油工业有限公司
14	佳格食品（中国）有限公司	39	浙江新市油脂股份有限公司
15	湖北省粮油（集团）有限责任公司	40	湖南省长康实业有限责任公司
16	青岛天祥食品集团有限公司	41	北京艾森绿宝油脂有限公司
17	山东龙大植物油有限公司	42	湖南金浩茶油股份有限公司
18	京粮（天津）粮油工业有限公司	43	内蒙古蒙佳粮油工业集团有限公司
19	上海良友海狮油脂实业有限公司	44	成都市新兴粮油有限公司
20	广东省广垦粮油有限公司	45	邦基正大（天津）粮油有限公司
21	山东兴泉油脂有限公司	46	凯欣粮油有限公司
22	金太阳粮油股份有限公司	47	包头市金鹿油脂有限责任公司
23	厦门银祥油脂有限公司	48	瑞福油脂股份有限公司
24	云南滇雪粮油有限公司	49	吉林出彩农业产品开发有限公司
25	湖南粮食集团有限责任公司	50	金利油脂（苏州）有限公司

表 161　我国挂面加工十强企业（2020 年）

序　号	企 业 名 称
1	金沙河集团有限公司
2	克明面业股份有限公司
3	益海嘉里金龙鱼粮油食品股份有限公司
4	今麦郎食品有限公司
5	中粮粮谷控股有限公司
6	滨州中裕食品有限公司
7	山东利生食品集团有限公司
8	江西省春丝食品有限公司
9	想念食品股份有限公司
10	宁夏塞北雪面粉有限公司
11	五得利面粉集团有限公司
12	发达面粉集团股份有限公司

表 162　我国杂粮加工十强企业（2020 年）

序　号	企 业 名 称
1	中粮粮谷控股有限公司
2	安徽燕之坊食品有限公司
3	吉林市老爷岭农业发展有限公司
4	怀仁市龙首山粮油贸易有限责任公司
5	浏阳河集团股份有限公司
6	苏州金记食品有限公司
7	黑龙江省和粮农业有限公司
8	内蒙古老哈河粮油工业有限责任公司
9	吉林北显生态农业集团有限公司
10	陕西丰源粮油有限公司

表 163　我国粮油机械制造十强企业（2020 年）

序　号	企 业 名 称
1	布勒（中国）投资有限公司
2	丰尚农牧装备有限公司
3	合肥美亚光电技术股份有限公司
4	迈安德集团有限公司
5	江苏正昌集团有限公司
6	安徽捷迅光电技术有限公司
7	湖南郴州粮油机械有限公司
8	河北苹乐面粉机械集团有限公司
9	湖北永祥粮食机械股份有限公司
10	中粮工程科技股份有限公司
11	佐竹机械（苏州）有限公司
12	漳州佳龙科技股份有限公司

资料来源：表 158 至表 163 的数据出自中国粮食行业协会。

5

第五部分

标准、专利

农产品加工业部分国家标准（2021年）

标 准 号	标 准 名 称	代 替 标 准
GB/T 1355—2021	小麦粉	GB/T 1355—1986
GB/T 1536—2021	菜籽油	GB/T 1536—2004
GB 7300.501—2021	饲料添加剂　第5部分：微生物　酿酒酵母	GB/T 22547—2008
GB/T 8145—2021	脂松香	GB/T 8145—2003 GB/T 29591—2013
GB/T 8290—2021	胶乳　取样	GB/T 8290—2008
GB/T 8887—2021	淀粉分类	GB/T 8887—2009
GB/T 10457—2021	食品用塑料自粘保鲜膜质量通则	GB/T 10457—2009
GB/T 10781.1—2021	白酒质量要求　第1部分：浓香型白酒	GB/T 10781.1—2006
GB/T 10781.8—2021	白酒质量要求　第8部分：浓酱兼香型白酒	GB/T 23547—2009
GB/T 10781.9—2021	白酒质量要求　第9部分：芝麻香型白酒	GB/T 20824—2007
GB/T 10781.11—2021	白酒质量要求　第11部分：馥郁香型白酒	
GB/T 10782—2021	蜜饯质量通则	GB/T 10782—2006
GB/T 13214—2021	牛肉类、羊肉类罐头质量通则	GB/T 13214—2006
GB/T 14215—2021	番茄酱罐头质量通则	GB/T 14215—2008
GB/T 15109—2021	白酒工业术语	GB/T 15109—2008
GB/T 15854—2021	食物搅拌器	GB/T 15854—2008
GB/T 17204—2021	饮料酒术语和分类	GB/T 17204—2008
GB/T 19164—2021	饲料原料　鱼粉	GB/T 19164—2003
GB/T 20398—2021	核桃坚果质量等级	GB/T 20398—2006
GB/T 20452—2021	仁用杏杏仁质量等级	GB/T 20452—2006
GB/T 20707—2021	可可脂质量要求	GB/T 20707—2006
GB/T 20882.2—2021	淀粉糖质量要求　第2部分：葡萄糖浆（粉）	GB/T 20885—2007
GB/T 20882.3—2021	淀粉糖质量要求　第3部分：结晶果糖、固体果葡糖	GB/T 26762—2011
GB/T 20882.4—2021	淀粉糖质量要求　第4部分：果葡糖浆	GB/T 20882—2007
GB/T 20882.6—2021	淀粉糖质量要求　第6部分：麦芽糊精	GB/T 20884—2007
GB/T 20886.1—2021	酵母产品质量要求　第1部分：食品加工用酵母	GB/T 20886—2007
GB/T 20886.2—2021	酵母产品质量要求　第2部分：酵母加工制品	GB/T 23530—2009
GB/T 20978—2021	软冰淇淋机质量要求	GB/T 20978—2007
GB/T 20980—2021	饼干质量通则	GB/T 20980—2007
GB/T 20981—2021	面包质量通则	GB/T 20981—2007
GB/T 21017—2021	玉米干燥技术规范	GB/T 21017—2007
GB/T 21543—2021	饲料添加剂　调味剂　通用要求	GB/T 21543—2008
GB/T 21723—2021	麦（稻）秸秆刨花板	GB/T 21723—2008
GB/T 22301—2021	干迷迭香	GB/T 22301—2008
GB/T 22304—2021	干甜罗勒　规范	GB/T 22304—2008
GB/T 22808—2021	皮革和毛皮　化学试验　含氯苯酚的测定	GB/T 22808—2008
GB/T 22888—2021	皮革　物理和机械试验　表面涂层低温脆裂温度的测定	GB/T 22888—2008
GB/T 22889—2021	皮革　物理和机械试验　表面涂层厚度的测定	GB/T 22889—2008

（续）

标 准 号	标 准 名 称	代 替 标 准
GB/T 22930.1—2021	皮革和毛皮　金属含量的化学测定　第1部分：可萃取金属	部分代替： GB/T 22930—2008
GB/T 22930.2—2021	皮革和毛皮　金属含量的化学测定　第2部分：金属总量	GB/T 22930—2008 部分代替： GB/T 22930—2008
GB/T 23347—2021	橄榄油、油橄榄果渣油	GB/T 23347—2009
GB/T 23884—2021	动物源性饲料中生物胺的测定　高效液相色谱法	GB/T 23884—2009
GB/T 24402—2021	鲅鱼罐头质量通则	GB/T 24402—2009
GB/T 28577—2021	冷链物流分类与基本要求	GB/T 28577—2012
GB/T 28842—2021	药品冷链物流运作规范	GB/T 28842—2012
GB/T 29379—2021	马铃薯脱毒种薯贮藏、运输技术规程	GB/T 29379—2012
GB/T 30359—2021	蜂花粉	GB/T 30359—2013
GB/T 39907—2021	果蔬类周转箱尺寸系列及技术要求	
GB/T 39914—2021	主要农作物品种真实性和纯度 SSR 分子标记检测　玉米	
GB/T 39917—2021	主要农作物品种真实性和纯度 SSR 分子标记检测　稻	
GB/T 39918—2021	羊胴体及鲜肉分割	
GB/T 39920—2021	蛙病毒感染检疫技术规范	
GB/T 39921—2021	进境集装箱植物检疫规程	
GB/T 39922—2021	段木银耳耳棒生产规范	
GB/T 39945—2021	罐藏食品热穿透测试规程	
GB/T 39947—2021	食品包装选择及设计	
GB/T 39948—2021	食品热力杀菌设备热分布测试规程	
GB/T 40001—2021	食品包装评价技术通则	
GB/T 40065—2021	果蔬类周转箱循环共用管理规范	
GB/T 40135—2021	葡萄细菌性疫病菌检疫鉴定方法	
GB/T 40138—2021	南方菜豆花叶病毒检疫鉴定方法	
GB/T 40140—2021	葡萄轴枯病菌检疫鉴定方法	
GB/T 40141—2021	榆韧皮部坏死植原体检疫鉴定方法	
GB/T 40150—2021	粮油储藏　储粮机械通风均匀性评价方法	
GB/T 40152—2021	蜂蜜中蔗糖转化酶的测定　分光光度法	
GB/T 40154—2021	饲料原料　棉籽蛋白	
GB/T 40194—2021	大麦条纹花叶病毒检疫鉴定方法	
GB/T 40195—2021	阿洛葵检疫鉴定方法	
GB/T 40197—2021	雄蜂蛹生产技术规范	
GB/T 40220—2021	植物代谢产物大豆凝集素测定　酶联免疫吸附法	
GB/T 40266—2021	食品包装用氧化物阻隔透明塑料复合膜、袋质量通则	
GB/T 40360—2021	不含气饮料金属罐灌装封罐机　通用技术条件	
GB/T 40361—2021	啤酒、碳酸饮料易拉罐灌装生产线　通用技术规范	
GB/T 40446—2021	果品质量分级导则	
GB/T 40447—2021	鸭茅蜜穗病菌检疫鉴定方法	

（续）

标 准 号	标 准 名 称	代 替 标 准
GB/T 40448—2021	麦角检疫鉴定方法	
GB/T 40453—2021	柑橘黑斑病菌检疫鉴定方法	
GB/T 40454—2021	家禽孵化良好生产规范	
GB/T 40455—2021	蓝莓休克病毒检疫鉴定方法	
GB/T 40456—2021	石蒜弗粉蚧检疫鉴定方法	
GB/T 40457—2021	咖啡浆果炭疽病菌检疫鉴定方法	
GB/T 40458—2021	用于病原微生物高通量检测的核酸提取技术规范	
GB/T 40463—2021	机械分离肉	
GB/T 40464—2021	冷却肉加工技术要求	
GB/T 40465—2021	畜禽肉追溯要求	
GB/T 40466—2021	畜禽肉分割技术规程 猪肉	
GB/T 40467—2021	畜禽肉品质检测 近红外法通则	
GB/T 40468—2021	羊副产品	
GB/T 40469—2021	畜禽屠宰加工设备 牛屠宰成套设备技术条件	
GB/T 40470—2021	畜禽屠宰加工设备 禽屠宰成套设备技术条件	
GB/T 40471—2021	畜禽屠宰加工设备 羊屠宰成套设备技术条件	
GB/T 40492—2021	骏枣	
GB/T 40511—2021	农林生物质原料收储运通用技术规范	
GB/T 40622—2021	牡丹籽油	
GB/T 40627—2021	油菜茎基溃疡病菌活性检测方法	
GB/T 40628—2021	籽棉衣分率试验方法 锯齿型试轧法	
GB/T 40631—2021	阿月浑子（开心果）坚果质量等级	
GB/T 40632—2021	竹叶中多糖的检测方法	
GB/T 40633—2021	茶叶加工术语	
GB/T 40634—2021	灰枣	
GB/T 40635—2021	银耳干品包装、标志、运输和贮存	
GB/T 40636—2021	挂面	
GB/T 40743—2021	猕猴桃质量等级	
GB/T 40744—2021	马铃薯茎叶及其加工制品中茄尼醇的含量测定 高效液相色谱-质谱法	
GB/T 40745—2021	冷冻水产品包冰规范	
GB/T 40746—2021	淡水有核珍珠	
GB/T 40747—2021	饲料瘤胃可发酵有机物（FOM）测定方法	
GB/T 40748—2021	百香果质量分级	
GB/T 40752—2021	沃柑产业扶贫项目运营管理规范	
GB/T 40772—2021	方便面	
GB/T 40826—2021	分梳山羊绒手排长度试验方法 图板电子扫描仪法	
GB/T 40827—2021	枇杷采后处理技术规程	
GB/T 40828—2021	绵羊毛分级规程	

（续）

标　准　号	标　准　名　称	代　替　标　准
GB/T 40830—2021	猪饲料真可消化氨基酸测定技术规程（简单 T 型瘘管法）	
GB/T 40832—2021	芒果叶中芒果苷的测定　高效液相色谱法	
GB/T 40833—2021	甘蔗皮渣中对香豆酸检测方法　高效液相色谱法	
GB/T 40835—2021	畜禽饲料安全评价　反刍动物饲料瘤胃降解率测定　牛饲养试验技术规程	
GB/T 40837—2021	畜禽饲料安全评价　蛋鸡饲养试验技术规程	
GB/T 40848—2021	饲料原料　压片玉米	
GB/T 40850—2021	饲料中肠杆菌科的检验方法	
GB/T 40851—2021	食用调和油	
GB/T 40905.1—2021	纺织品　山羊绒、绵羊毛、其他特种动物纤维及其混合物定量分析　第 1 部分：光学显微镜法	
GB/T 40909—2021	纺织品　甲基环硅氧烷残留量的测定	
GB/T 40910—2021	纺织品　防水透湿性能的评定	
GB/T 40912—2021	纺织品　定量化学分析　聚酰胺酯纤维与某些其他纤维的混合物	
GB/T 40917—2021	纺织品　全氟己烷磺酸及其盐类的测定	
GB/T 40920—2021	皮革　色牢度试验　往复式摩擦色牢度	
GB/T 40927—2021	皮革　物理和机械试验　漆皮耐热性能的测定	
GB/T 40936—2021	皮革　物理和机械试验　服装革防水性能的测定	
GB/T 40938—2021	皮革　物理和机械试验　水渗透压测定	
GB/T 40941—2021	马鹿茸分等质量	
GB/T 40942—2021	畜禽饲料安全评价　肉鸡饲养试验技术规程	
GB/T 40943—2021	梅花鹿茸分等质量	
GB/T 40944—2021	饲料粒度测定　几何平均粒度法	
GB/T 40945—2021	畜禽肉质量分级规程	
GB/T 40946—2021	海洋牧场建设技术指南	
GB/T 40956—2021	食品冷链物流交接规范	
GB/T 40962—2021	干鲍鱼	
GB/T 40963—2021	冻虾仁	
GB/T 40964—2021	桃冷链流通技术操作规程	
GB/T 40996—2021	食品接触材料及制品购销基本信息描述	
GB/T 40998—2021	变性淀粉中羟丙基含量的测定　分光光度法	
GB/T 41008—2021	生物降解饮用吸管	
GB/T 41010—2021	生物降解塑料与制品降解性能及标识要求	
GB/T 41168—2021	食品包装用塑料与铝箔蒸煮复合膜、袋	
GB/T 41169—2021	食品包装用纸铝塑复合膜、袋	
GB/T 41185—2021	水生动物病原 DNA 检测参考物质制备和质量控制规范　质粒	
GB/T 41186—2021	鲜、活鲍分级	

标　准　号	标　准　名　称	代　替　标　准
GB/T 41187—2021	农业物联网应用服务	
GB/T 41188—2021	鹿茸加工技术规程	
GB/T 41189—2021	蛋鸭营养需要量	
GB/T 41190—2021	鹿营养需要量	
GB/T 41194—2021	肉用母牛体况评分技术规范	
GB/T 41200—2021	东方百合切花等级	
GB/T 41201—2021	月季切花等级	
GB/T 41202—2021	香石竹切花等级	
GB/T 41219—2021	酿酒酵母和乳酸克鲁维酵母的鉴定方法	
GB/T 41220—2021	食品包装用复合塑料盖膜	
GB/T 41221—2021	中药材种子检验规程	
GB/T 41227—2021	蜜蜂饲养管理技术规范	
GB/T 41228—2021	棉花加工调湿通用技术要求	
GB/T 41231—2021	竹木刨花模压成型托盘通用技术条件	
GB/Z 40948—2021	农产品追溯要求　蜂蜜	

农产品加工业农业行业标准（2021 年）

标　准　号	标　准　名　称	代　替　标　准
NY/T 212—2021	饲料原料　碎米	NY/T 212—1992
NY/T 273—2021	绿色食品　啤酒	NY/T 273—2012
NY/T 285—2021	绿色食品　豆类	NY/T 285—2012
NY/T 391—2021	绿色食品　产地环境质量	NY/T 391—2013
NY/T 394—2021	绿色食品　肥料使用准则	NY/T 394—2013
NY/T 419—2021	绿色食品　稻米	NY/T 419—2014 NY/T 2978—2016
NY/T 421—2021	绿色食品　小麦及小麦粉	NY/T 421—2012
NY/T 422—2021	绿色食品　食用糖	NY/T 422—2016
NY/T 426—2021	绿色食品　柑橘类水果	NY/T 426—2012
NY/T 432—2021	绿色食品　白酒	NY/T 432—2014
NY/T 433—2021	绿色食品　植物蛋白饮料	NY/T 433—2014
NY/T 435—2021	绿色食品　水果、蔬菜脆片	NY/T 435—2012
NY/T 593—2021	食用稻品种品质	NY/T 593—2013
NY/T 657—2021	绿色食品　乳与乳制品	NY/T 657—2012
NY/T 751—2021	绿色食品　食用植物油	NY/T 751—2017
NY/T 753—2021	绿色食品　禽肉	NY/T 753—2012
NY/T 754—2021	绿色食品　蛋及蛋制品	NY/T 754—2011
NY/T 841—2021	绿色食品　蟹	NY/T 841—2012
NY/T 842—2021	绿色食品　鱼	NY/T 842—2012
NY/T 893—2021	绿色食品　粟、黍、稷及其制品	NY/T 893—2014

（续）

标　准　号	标　准　名　称	代　替　标　准
NY/T 901—2021	绿色食品　香辛料及其制品	NY/T 901—2011
NY/T 1040—2021	绿色食品　食用盐	NY/T 1040—2012
NY/T 1047—2021	绿色食品　水果、蔬菜罐头	NY/T 1047—2014
NY/T 1048—2021	绿色食品　笋及笋制品	NY/T 1048—2012
NY/T 1054—2021	绿色食品　产地环境调查、监测与评价规范	NY/T 1054—2013
NY/T 1056—2021	绿色食品　贮藏运输准则	NY/T 1056—2006
NY/T 1142—2021	种子加工成套设备　质量评价技术规范	NY/T 1142—2006
NY/T 1248.14—2021	玉米抗病虫性鉴定技术规范　第14部分：南方锈病	
NY/T 1330—2021	绿色食品　方便主食品	NY/T 1330—2007
NY/T 1415—2021	马铃薯种植机　质量评价技术规范	NY/T 1415—2007
NY/T 1512—2021	绿色食品　生面食、米粉制品	NY/T 1512—2014
NY/T 1709—2021	绿色食品　藻类及其制品	NY/T 1709—2011
NY/T 1884—2021	绿色食品　果蔬粉	NY/T 1884—2010
NY/T 1886—2021	绿色食品　复合调味料	NY/T 1886—2010
NY/T 1888—2021	绿色食品　软体动物休闲食品	NY/T 1888—2010
NY/T 1889—2021	绿色食品　烘炒食品	NY/T 1889—2017
NY/T 1890—2021	绿色食品　蒸制类糕点	NY/T 1890—2010
NY/T 2105—2021	绿色食品　汤类罐头	NY/T 2105—2011
NY/T 2106—2021	绿色食品　谷物类罐头	NY/T 2106—2011
NY/T 2107—2021	绿色食品　食品馅料	NY/T 2107—2011
NY/T 2108—2021	绿色食品　熟粉及熟米制糕点	NY/T 2108—2011
NY/T 2111—2021	绿色食品　调味油	NY/T 2111—2011
NY/T 2288—2021	黄瓜绿斑驳花叶病毒检疫检测与鉴定方法	NY/T 2288—2012
NY/T 2632—2021	玉米—大豆带状复合种植技术规程	NY/T 2632—2014
NY/T 3836—2021	米粉专用稻	
NY/T 3842—2021	东北产区花生生产技术规程	
NY/T 3847—2021	枇杷生产技术规程	
NY/T 3848—2021	设施草莓生产技术规程	
NY/T 3849—2021	设施蓝莓生产技术规程	
NY/T 3867—2021	粮油作物产品中黄曲霉毒素 B_1、环匹阿尼酸毒素、杂色曲霉毒素的快速检测胶体金法	
NY/T 3868—2021	玉米及玉米淀粉糊化特性测定　快速粘度仪法	
NY/T 3871—2021	大蒜中蒜氨酸的测定　高效液相色谱法	
NY/T 3876—2021	猪肉中卡拉胶的检测　液相色谱-串联质谱法	
NY/T 3878—2021	饲料原料　喷浆玉米皮	
NY/T 3882—2021	种子超声波处理机　质量评价技术规范	
NY/T 3883—2021	秸秆收集机　质量评价技术规范	
NY/T 3899—2021	绿色食品　可食用鱼副产品及其制品	
NY/T 3900—2021	绿色食品　豆类罐头	
NY/T 3901—2021	绿色食品　谷物饮料	

（续）

标 准 号	标 准 名 称	代 替 标 准
NY/T 3902—2021	水果、蔬菜及其制品中阿拉伯糖、半乳糖、葡萄糖、果糖、麦芽糖和蔗糖的测定 离子色谱法	
NY/T 3903—2021	枸杞中黄酮类化合物的测定	
NY/T 3904—2021	肉及肉制品中杂环胺检测 液相色谱-串联质谱法	
NY/T 3905—2021	冷冻肉解冻失水率的测定	
NY/T 3906—2021	硫酸软骨素用原料	
NY/T 3907—2021	非浓缩还原果蔬汁用原料	
NY/T 3908—2021	非浓缩还原苹果汁	
NY/T 3909—2021	非浓缩还原果蔬汁加工技术规程	
NY/T 3910—2021	非浓缩还原果蔬汁冷链物流技术规程	
NY/T 3915—2021	蜂花粉干燥技术规范	
NY/T 3916—2021	西兰花干燥加工技术规范	
NY/T 3917—2021	柑橘全果果汁（浆）加工技术规程	
NY/T 3918—2021	太阳能果蔬干燥设施设计规范	
NY/T 3948—2021	植物源农产品中叶黄素、玉米黄质、β-隐黄质的测定 高效液相色谱法	
NY/T 3949—2021	植物源性食品中酚酸类化合物的测定 高效液相色谱-串联质谱法	
NY/T 3950—2021	植物源性食品中10种黄酮类化合物的测定 高效液相色谱-串联质谱法	
NY/T 3951—2021	马铃薯中龙葵素含量的测定 液相色谱-串联质谱法	

农产品加工机械行业标准（2021 年）

标 准 号	标 准 名 称	代 替 标 准
JB/T 14208—2021	扭结式棒棒糖包装机	
JB/T 14125—2021	冰柜内胆钣金自动成型线	
JB/T 14126—2021	饼干加工机械 面粉定量投放装置	
JB/T 14127—2021	饼干加工机械 油水定量投放装置	
JB/T 14128—2021	饼干面片叠层机	
JB/T 14129—2021	饼干喷油机	
JB/T 14130—2021	隧道式饼干燃气烤炉	
JB/T 14131—2021	柑橘滚筒榨汁机	
JB/T 14132—2021	柑橘切半榨汁机	
JB/T 14133—2021	果蔬带式压滤机	
JB/T 14134—2021	果蔬链板式干燥机	
JB/T 14135—2021	果蔬真空加压浸渍设备	
JB/T 14136—2021	薯类制泥机	
JB/T 14137—2021	豆皮分离机	

（续）

标 准 号	标 准 名 称	代 替 标 准
JB/T 14138—2021	豆沙全粉生产线	
JB/T 14139—2021	射流式豆类洗选机	
JB/T 14140—2021	食品机械 化糖设备	
JB/T 14141—2021	食品机械 调配设备	
JB/T 14142—2021	淀粉降解母粒生产线	
JB/T 14143—2021	果蔬微波干燥机	
JB/T 14144—2021	夹心软糖生产线	
JB/T 14145—2021	全自动花色硬糖生产线	
JB/T 14205—2021	焙烤食品自动理料设备	
JB/T 14206—2021	带内衬袋给袋式茶叶自动真空包装机	
JB/T 14207—2021	给袋式自动真空包装机	
JB/T 20199—2021	中药自动化煎制系统	

农产品加工业林业行业标准（2021 年）

标 准 号	标 准 名 称	代 替 标 准
LY/T 1082—2021	栲胶原料与产品试验方法	LY/T 1082—2008 LY/T 1083—2008
LY/T 1087—2021	栲胶	LY/T 1087—1993
LY/T 3262—2021	主要香调料产品质量等级	
LY/T 3264—2021	主要林副产品质量等级 菌类	
LY/T 3265—2021	食用林产品质量追溯要求通则	
LY/T 3274—2021	木塑复合材料分级	
LY/T 3275—2021	室外用木塑复合板材	
LY/T 3276—2021	轻质黄麻/聚酯纤维复合板	
LY/T 3277—2021	竹马赛克	
LY/T 3280—2021	漆树提取物	
LY/T 3281—2021	余甘子原汁	
LY/T 3282—2021	塔拉多糖胶	
LY/T 3283—2021	桧烯	

农产品加工业供销行业标准（2021 年）

标 准 号	标 准 名 称	代 替 标 准
GH/T 1148—2021	桃脯	GH/T 1148—2017
GH/T 1149—2021	梨脯	GH/T 1149—2017
GH/T 1150—2021	海棠脯	GH/T 1150—2017
GH/T 1154—2021	鲜菠萝	GH/T 1154—2017
GH/T 1156—2021	杏脯	GH/T 1156—2017
GH/T 1157—2021	话梅（类）技术条件	GH/T 1157—2017

（续）

标　准　号	标　准　名　称	代　替　标　准
GH/T 1158—2021	浓缩柑橘汁	GH/T 1158—2017
GH/T 1190—2021	洋葱贮藏技术	GH/T 1190—2017
GH/T 1337—2021	籽棉杂质含量快速测定　近红外光谱法	
GH/T 1338—2021	棉花加工智能控制系统技术要求	
GH/T 1339—2021	棉花包装材料加工企业质量评价规范	
GH/T 1340—2021	棉花包装材料加工技术要求	
GH/T 1341—2021	鲜切果蔬	
GH/T 1342—2021	百香果冷链流通技术规程	
GH/T 1345—2021	脱水洋葱	
GH/T 1346—2021	日化用青花椒精油	
GH/T 1347—2021	日化用丝瓜茎汁液	
GH/T 1348—2021	日化用马齿苋提取液	
GH/T 1351—2021	蒙顶山茶　第3部分：黄茶	
GH/T 1352—2021	蒙顶山茶　第4部分：红茶	
GH/T 1353—2021	蒙顶山茶　第5部分：花茶	
GH/T 1356—2021	枇杷蜜植物源成分的检测　实时荧光PCR法	
GH/T 1357—2021	石榴汁及石榴汁饮料	
GH/T 1358—2021	李等级规格	
GH/T 1359—2021	果品流通追溯平台供应商评价规范	
GH/T 1360—2021	苹果粉	
GH/T 1361—2021	枣粉	
GH/T 1362—2021	坚果炒货产品追溯技术规范	
GH/T 1363—2021	红肉蜜柚质量等级	
GH/T 1364—2021	干制无花果	

农产品加工业轻工行业标准（2021年）

标　准　号	标　准　名　称	代　替　标　准
QB/T 2076—2021	果蔬脆	QB/T 2076—1995
QB/T 2686—2021	马铃薯片（条、块）	QB/T 2686—2005
QB/T 4572—2021	酵母 β-葡聚糖	QB/T 4572—2013
QB/T 5476.2—2021	果酒　第2部分：山楂酒	QB/T 1983—1994
QB/T 5586—2021	大麦嫩苗粉	
QB/T 5587—2021	食品加工机械　脉冲强光杀菌机	
QB/T 5614—2021	白酒工业用酒甑	
QB/T 5615—2021	白酒工业用堆积糖化箱	
QB/T 5616—2021	白酒工业用摊凉机	
QB/T 5627—2021	非浓缩还原果汁　橙汁	
QB/T 5631—2021	花生四烯酸油脂粉	
QB/T 5641—2021	红腐乳罐头	

（续）

标　准　号	标　准　名　称	代　替　标　准
QB/T 5646—2021	烘焙纸	
QB/T 5651—2021	工坊啤酒机械　糖化一体机	
QB/T 5652—2021	工坊啤酒机械　独立制冷发酵罐	
QB/T 5653—2021	烤盐	
QB/T 5654—2021	水果冻罐头	

农产品加工业出入境检验检疫行业标准（2021 年）

标　准　号	标　准　名　称	代　替　标　准
SN/T 0494—2021	出口粮谷中克瘟散检验方法	SN 0494—1995
SN/T 2032—2021	进境种猪指定隔离检疫场建设规范	SN/T 2032—2019
SN/T 2203—2021	食品接触材料　木制品类　食品模拟物中多环芳烃的测定	SN/T 2203—2008
SN/T 2210—2021	出口食品中六价铬的测定	SN/T 2210—2008
SN/T 2231—2021	出口食品中呋虫胺及其代谢物残留量的测定　液相色谱-质谱/质谱法	SN/T 2231—2008
SN/T 2523—2021	进境水生动物指定隔离检疫场建设规范	SN/T 2523—2010
SN/T 4037—2021	进口木制品检验规程	SN/T 4037—2014
SN/T 4233—2021	进境牛羊指定隔离检疫场建设规范	SN/T 4233—2015
SN/T 4675.32—2021	出口葡萄酒中氮稳定同位素比值测定方法	
SN/T 5172—2021	国境口岸食品生产加工单位病媒生物控制水平	
SN/T 5286—2021	进出口纺织品　富马酸二甲酯的测定　表面等离子体共振法	
SN/T 5287—2021	进出口纺织品　双酚 A 的测定　表面等离子体共振法	
SN/T 5290—2021	进出口羽毛绒与聚酯纤维混合物成分定量化学分析　次氯酸钠法	
SN/T 5308—2021	食品级润滑油中苯、甲苯、氯苯、对二甲苯和邻二甲苯的测定　顶空气相色谱-质谱联用法	
SN/T 5309—2021	食品接触材料　高分子材料　食品模拟物中壬基酚和辛基酚的测定　液相色谱-串联质谱法	
SN/T 5320—2021	食品接触材料　高分子材料　食品模拟物中偏苯三甲酸、间苯二甲酸、对苯二甲酸及邻苯二甲酸的测定　高效液相色谱法	
SN/T 5323—2021	食品接触材料　高分子材料　塑料中对羟基苯甲酸酯类物质迁移量的测定　液相色谱串联质谱法	
SN/T 5339—2021	进出口纺织品　卡拉花醛的测定　气相色谱-质谱法	
SN/T 5340—2021	进出口纺织品　1，3-丙烷磺酸内酯的测定　气相色谱-质谱法	
SN/T 5341—2021	进出口纺织品　酚类化合物的测定　液相色谱-高分辨质谱法	
SN/T 5342—2021	进出口纺织品　邻苯二甲酸酯的测定　裂解-气相色谱-质谱定性筛选法	

（续）

标 准 号	标 准 名 称	代 替 标 准
SN/T 5343—2021	进出口纺织品功能性检测 防水透湿性	
SN/T 5344—2021	进出口羽毛羽绒 残酯率试验方法 快速溶剂萃取法	
SN/T 5357—2021	出口保健食品中多类非法添加物的测定 液相色谱-质谱/质谱法	
SN/T 5358—2021	出口茶叶中氯噻啉残留量的测定 液相色谱-质谱/质谱法	
SN/T 5359—2021	出口动物源食品中阿奇霉素残留量的测定 液相色谱-质谱/质谱法	
SN/T 5360—2021	出口动物源食品中万古霉素和去甲万古霉素残留量的测定 液相色谱-质谱/质谱法	
SN/T 5361—2021	出口食品中阪崎克罗诺杆菌检测方法 fusA 基因测序法	
SN/T 5362—2021	出口食品中氟啶虫胺腈残留量的测定	
SN/T 5364.1—2021	出口食品中致病菌检测方法 微滴式数字 PCR 法 第 1 部分：副溶血性弧菌	
SN/T 5364.2—2021	出口食品中致病菌检测方法 微滴式数字 PCR 法 第 2 部分：霍乱弧菌	
SN/T 5364.3—2021	出口食品中致病菌检测方法 微滴式数字 PCR 法 第 3 部分：溶藻弧菌	
SN/T 5364.4—2021	出口食品中致病菌检测方法 微滴式数字 PCR 法 第 4 部分：创伤弧菌	
SN/T 5364.5—2021	出口食品中致病菌检测方法 微滴式数字 PCR 法 第 5 部分：金黄色葡萄球菌	
SN/T 5364.6—2021	出口食品中致病菌检测方法 微滴式数字 PCR 法 第 6 部分：单核细胞增生李斯特氏菌	
SN/T 5364.7—2021	出口食品中致病菌检测方法 微滴式数字 PCR 法 第 7 部分：产志贺毒素大肠埃希氏菌	
SN/T 5364.8—2021	出口食品中致病菌检测方法 微滴式数字 PCR 法 第 8 部分：克罗诺杆菌属（阪崎肠杆菌）	
SN/T 5377—2021	仙人掌粉蚧检疫鉴定方法	
SN/T 5383—2021	印度大麻检疫鉴定方法	
SN/T 5384—2021	辣椒脉斑驳病毒检疫鉴定方法	
SN/T 5385—2021	蓝莓焦枯病毒检疫鉴定方法	
SN/T 5386—2021	葡萄灰皮诺病毒检疫鉴定方法	
SN/T 5387—2021	莴苣花叶病毒检疫鉴定方法	
SN/T 5388—2021	烟草线条病毒检疫鉴定方法	
SN/T 5389—2021	香蕉黄条叶斑病菌检疫鉴定方法	
SN/T 5391—2021	苹果溃疡病菌检疫鉴定方法	
SN/T 5392—2021	苹果牛眼果腐病菌检疫鉴定方法	
SN/T 5406—2021	进口食用植物油中转基因成分检测方法	
SN/T 5407—2021	进境水果预检规程	

农产品加工业纺织行业标准（2021 年）

标　准　号	标　准　名　称	代　替　标　准
FZ/T 01099—2021	纺织颜色体系	FZ/T 01099—2008
FZ/T 07010—2021	绿色设计产品评价技术规范　针织服装	
FZ/T 07011—2021	绿色设计产品评价技术规范　山羊绒产品	
FZ/T 07012—2021	绿色设计产品评价技术规范　毛精纺产品	
FZ/T 07013—2021	绿色设计产品评价技术规范　色纺纱	
FZ/T 07014—2021	绿色设计产品评价技术规范　聚酯涤纶	
FZ/T 07015—2021	绿色设计产品评价技术规范　再生涤纶	
FZ/T 08001—2021	羊毛絮片服装	
FZ/T 12016—2021	棉与涤纶混纺色纺纱	FZ/T 12016—2014
FZ/T 12023—2021	间位芳纶本色纱线	FZ/T 12023—2011
FZ/T 12024—2021	靛蓝染色棉纱线	FZ/T 12024—2011
FZ/T 12025—2021	毛经用低捻棉本色纱	FZ/T 12025—2011
FZ/T 12068—2021	喷气涡流纺涤棉混纺本色纱	
FZ/T 12069—2021	棉羊毛混纺涤纶弹力丝包芯本色纱	
FZ/T 12070—2021	聚酰亚胺纤维本色纱线	
FZ/T 12071—2021	导电纱线	
FZ/T 12072—2021	棉聚酰胺酯纤维混纺本色纱线	
FZ/T 13019—2021	色织氨纶弹力布	FZ/T 13019—2007
FZ/T 13025—2021	棉与粘胶纤维混纺本色布	FZ/T 13025—2012
FZ/T 13051—2021	棉羊毛混纺涤纶弹力丝包芯纱本色布	
FZ/T 13052—2021	棉与莱赛尔纤维混纺本色布	
FZ/T 13053—2021	棉与粘胶纤维纱线交织本色布	
FZ/T 13054—2021	天然染料染色棉制品	
FZ/T 13055—2021	棉蚕丝交织色织布	
FZ/T 13056—2021	涤粘混纺色纺弹力布	
FZ/T 14008—2021	棉维混纺印染布	FZ/T 14008—2005
FZ/T 14021—2021	防水、拒油、防污、免烫印染布	FZ/T 14021—2011
FZ/T 14022—2021	间位芳纶印染布	FZ/T 14022—2012
FZ/T 14023—2021	涤（锦）纶防水透湿雨衣面料	FZ/T 14023—2012
FZ/T 14051—2021	棉与锦纶长丝氨纶包覆纱交织弹力印染布	
FZ/T 14052—2021	锦纶与涤纶交织印染布	
FZ/T 21002—2021	国产细羊毛及其改良毛洗净毛	FZ/T 21002—2009
FZ/T 21004—2021	国产细羊毛及其改良毛毛条	FZ/T 21004—2009
FZ/T 21005—2021	大豆蛋白复合纤维毛条	FZ/T 21005—2009
FZ/T 22001—2021	精梳机织毛纱	FZ/T 22001—2010 FZ/T 22006—2012
FZ/T 22002—2021	粗梳机织毛纱	FZ/T 22002—2010
FZ/T 22017—2021	粗梳山羊绒点子纱	
FZ/T 24004—2021	精梳低含毛混纺及纯化纤毛织品	FZ/T 24004—2009
FZ/T 24007—2021	粗梳羊绒织品	FZ/T 24007—2010

（续）

标 准 号	标 准 名 称	代 替 标 准
FZ/T 24009—2021	精梳羊绒织品	FZ/T 24009—2010
FZ/T 24012—2021	拒水、拒油、抗污山羊绒针织品	FZ/T 24012—2010
FZ/T 24014—2021	印花精梳毛织品	FZ/T 24014—2010
FZ/T 24028—2021	拉舍尔针织面料	
FZ/T 25005—2021	底网造纸毛毯	FZ/T 25005—2012
FZ/T 40003—2021	桑蚕绢丝试验方法	FZ/T 40003—2010
FZ/T 42002—2021	桑蚕绢丝	FZ/T 42002—2010 FZ/T 42003—2011
FZ/T 42007—2021	生丝/氨纶包缠丝	FZ/T 42007—2014
FZ/T 43015—2021	桑蚕丝针织服装	FZ/T 43015—2011
FZ/T 43056—2021	涤纶长丝仿麻家居用织物	
FZ/T 43057—2021	聚乳酸丝织物	
FZ/T 50056—2021	合成纤维 短纤维拒水性能试验方法	
FZ/T 51019—2021	涤纶纤维色母粒	
FZ/T 51020—2021	锦纶6纤维色母粒	
FZ/T 51021—2021	纤维级聚对苯二甲酸乙二醇酯（PET）泡料	
FZ/T 52002—2021	锦纶66短纤维	FZ/T 52002—2012
FZ/T 52056—2021	富硒粘胶短纤维	
FZ/T 52057—2021	锦纶6短纤维	
FZ/T 52058—2021	低熔点聚乳酸（LMPLA）/聚乳酸（PLA）复合短纤维	
FZ/T 52059—2021	抗菌粘胶短纤维	
FZ/T 52060—2021	有色非织造用涤纶短纤维	
FZ/T 52061—2021	染色粘胶短纤维	
FZ/T 54040—2021	聚对苯二甲酸丁二醇酯（PBT）弹力丝	FZ/T 54040—2011
FZ/T 54130—2021	聚丙烯腈基碳纤维大丝束原丝	
FZ/T 54131—2021	弹性涤纶牵伸丝/涤纶预取向丝空气变形丝（EDY/POY ATY）	
FZ/T 60034—2021	粘合衬掉粉试验方法	FZ/T 60034—2012
FZ/T 62043—2021	聚氨酯离型转印沙发面料	
FZ/T 62044—2021	抗菌清洁巾	
FZ/T 62045—2021	棉睡袋	
FZ/T 63013—2021	涤纶长丝织带	FZ/T 63013—2010 FZ/T 63032—2015
FZ/T 63054—2021	涤纶色纺缝纫线	
FZ/T 63055—2021	涤纶低弹丝缝纫线	
FZ/T 63056—2021	缝纫用再生涤纶本色纱线	
FZ/T 64002—2021	复合保温材料 金属镀层复合絮片	FZ/T 64002—2011
FZ/T 64003—2021	喷胶棉絮片	FZ/T 64003—2011
FZ/T 64021—2021	染色非织造粘合衬	FZ/T 64021—2011
FZ/T 64026—2021	针刺非织造衬	FZ/T 64026—2011 FZ/T 64042—2014

(续)

标 准 号	标 准 名 称	代 替 标 准
FZ/T 64028—2021	衬纬经编针织粘合衬	FZ/T 64028—2012
FZ/T 64080—2021	树脂机织粘合衬	
FZ/T 64081—2021	大隔距经编间隔复合织物	
FZ/T 64082—2021	滤料用基布	
FZ/T 64083—2021	防熔融金属飞溅织物	
FZ/T 64084—2021	电子印刷丝网	
FZ/T 64085—2021	非织造用纤维网帘	
FZ/T 71006—2021	山羊绒针织绒线	FZ/T 71006—2009
FZ/T 73005—2021	低含毛混纺及仿毛针织品	FZ/T 73005—2012
FZ/T 73009—2021	山羊绒针织品	FZ/T 73009—2009
FZ/T 73018—2021	毛针织品	FZ/T 73018—2012
FZ/T 73034—2021	半精纺毛针织品	FZ/T 73034—2009
FZ/T 81008—2021	茄克衫	FZ/T 81008—2011
FZ/T 90074—2021	纺织机械产品涂装	FZ/T 90074—2004
FZ/T 92018—2021	平面钢领	FZ/T 92018—2011
FZ/T 92019—2021	棉纺环锭细纱机牵伸下罗拉	FZ/T 92019—2012
FZ/T 93015—2021	转杯纺纱机	FZ/T 93015—2010
FZ/T 93043—2021	棉纺并条机	FZ/T 93043—2012
FZ/T 93052—2021	棉纺滤尘设备	FZ/T 93052—2010
FZ/T 93110—2021	磁性转子式假捻器	
FZ/T 95013—2021	平网印花机	FZ/T 95013—2011
FZ/T 95019—2021	圆网闷头	FZ/T 95019—2013
FZ/T 95030—2021	平网与数码印花一体机	
FZ/T 95031—2021	气流染色机	
FZ/T 95032—2021	长环蒸化机	
FZ/T 95033—2021	丝光机	
FZ/T 95034—2021	烫光机	
FZ/T 95035—2021	气液染色机	
FZ/T 96023—2021	假捻变形机	FZ/T 96023—2012
FZ/T 97040—2021	分丝整经机	
FZ/T 97041—2021	针织横编鞋面机	
FZ/T 98023—2021	冲击摆锤法织物撕裂仪	

农产品加工业专利（2020 年）

[2020 年农产品加工业（含加工制品、加工技术与设备）部分专利选摘]

申请或批准号	发 明 名 称	申请（专利权）人与通信地址	发明人
CN202010013000.0	一种用于斑节对虾的快速分拣的装置	中国水产科学研究院南海水产研究所，广东省广州市新港西路 231 号（510277）	姜　松、周发林

（续）

申请或批准号	发　明　名　称	申请（专利权）人与通信地址	发明人
CN202010022060.9	一种馄饨皮翻折机构	江南大学，江苏省无锡市滨湖区蠡湖大道1800号（214122）	潘　嘹、卢立新
CN202010054871.7	一种从丑柑皮中提取黄酮类物质的方法	杭州师范大学，浙江省杭州市余杭区余杭塘路2318号（311199）	李娉婷、许明峰
CN202010059353.4	一种从丑柑皮中提取抗氧化活性物质的方法	杭州师范大学，浙江省杭州市余杭区余杭塘路2318号（311199）	李玲玲、许明峰
CN202010069817.X	强制性正负压机械通风穗干仓及使用方法	山东省农业机械科学研究院，山东省济南市历城区桑园路19号（250199）	崔相全、李寒松
CN202010072347.2	利用海鲜菇生物合成有机硒的方法	中国农业大学，北京市海淀区圆明园西路2号（100086）	郭岩彬、胡　婷
CN202010077767.X	一种智能鱼产品深加工设备	荣成和悦海洋食品有限公司，山东省威海市荣成市云光中路168号（264399）	余京丽
CN202010092512.0	一种斑兰叶制品及其制备方法	中国热带农业科学院香料饮料研究所，海南省万宁市兴隆镇香料饮料研究所（571799）	秦晓威、贺书珍
CN202010127688.5	益生菌发酵果蔬饮料产品	南昌大学，江西省南昌市红谷滩新区学府大道999号（330036）	谢明勇、熊　涛
CN202010147937.7	一种柠檬苦素的提取方法	广州市莱檬生物科技有限公司，广东省广州市天河区中山大道西140号1708房（510655）	廖劲松
CN202010154109.6	一种具有转筒的肉丸生产设备及其生产方法	深圳市华峰食品有限公司，广东省深圳市龙岗区园山街道安良社区安业路4号B栋1-3层（518172）	陈仕绸
CN202010168494.X	一种饲料粉碎加工设备	湖北沙洋正邦现代农业有限公司，湖北省荆门市沙洋县开源大道92号（448299）	李春华
CN202010208899.1	鱼鳞胶原蛋白及其制备方法和应用以及富含鱼鳞胶原蛋白的冰淇淋及其制备方法	江西师范大学，江西省南昌市紫阳大道99号（330299）	涂宗财、胡姿姿
CN202010213855.8	一种大蒜旋转分瓣设备	阜阳佰恩得新材料技术有限公司，安徽省阜阳市颍东区幸福路366号（236051）	周小伟
CN202010213934.9	一种全自动大蒜分瓣工艺	阜阳佰恩得新材料技术有限公司，安徽省阜阳市颍东区幸福路366号（236051）	周小伟
CN202010222046.3	一种食品酱生产用原材料除水装置	新飞达（山东）食品有限公司，山东省德州市乐陵市杨安镇飞达路1号（253614）	王　梓
CN202010247122.6	面带擀压展宽机	北京义利面包食品有限公司，北京市大兴区北兴路6号（100162）	王北一、荣　光
CN202010255432.2	一种自动化高效串丸装置	荣成泰祥食品股份有限公司，山东省威海市荣成市石岛渔岛路（264399）	王金梅、刘志敏

（续）

申请或批准号	发 明 名 称	申请（专利权）人与通信地址	发明人
CN202010261730.2	一种太阳能农作物烘干机	宣城梓天炭业有限公司，安徽省宣城市宣州区周王镇净蓬村朱大村组（242099）	彭正飞
CN202010267649.5	一种浓香花生油的生产工艺	广东漠阳花粮油有限公司，广东省阳江市阳江高新区福冈工业园高新二路西2号（529599）	徐纯伟
CN202010270779.4	一种具有绞肉功能的灌肠设备	山东贾姥爷食品有限公司，山东省菏泽市郓城县经济开发区食品产业园（274799）	赵 彬
CN202010279795.X	一种饲料混料装置及其配料设备	开平市佰益饲料科技发展有限公司，广东省江门市开平市月山镇水井青年场工业园62-70号（529399）	寿秀玲
CN202010292005.1	智能螃蟹、虾蛄分割方法、分割机和分割流水线	北京爱国小男孩科技有限公司，北京市朝阳区安翔北里甲11号院1号楼17层（100024）	孙 争
CN202010321208.9	一种用于开心果裂壳加工的智能机械装备及其控制方法	广州番禺职业技术学院，广东省广州市番禺区沙湾镇青山湖（511499）	钟球盛、侯文峰
CN202010344157.1	一种海参加工装置	浙江省海洋开发研究院，浙江省舟山市定海区临城街道体育路10号（316004）	杨会成、李瑞雪
CN202010344160.3	贻贝自动脱壳机构及方法	浙江省海洋开发研究院，浙江省舟山市定海区临城街道体育路10号（316004）	杨会成、李瑞雪
CN202010344969.6	一种贻贝脱壳取肉装置及方法	浙江省海洋开发研究院，浙江省舟山市定海区临城街道体育路10号（316004）	杨会成、李瑞雪
CN202010349878.1	一种雾化臭氧水环保消杀系统	华中师范大学，湖北省武汉市洪山区珞喻路152号（430070）	曹 郁、张春梅
CN202010352792.4	一种饲料加工流水线	安徽天隆饲料有限公司，安徽省六安市霍邱县长集镇（237499）	朱久安
CN202010353431.1	一种用于喷码装置的喷码控制方法及相应的喷码装置	智锐达仪器科技南通有限公司，江苏省南通市经济技术开发区新东路9号智慧园8号楼4层西侧（226006）	李 乾、宁尚国
CN202010373911.4	一种自动揉捻烘干茶叶设备	福建省仙茶美科技有限公司，福建省漳州市诏安工业区B区创业园（363599）	陈 波
CN202010387342.9	一种羊骨架分割夹具	安徽省争华食品有限公司，安徽省蚌埠市固镇县经济开发区城南路南（233799）	陈争上、徐 宁
CN202010410525.8	一种面条拉伸工艺	江西村娃实业有限公司，江西省宜春市丰城市泉港镇（331199）	唐 敏
CN202010425399.3	一种麻花加工方法	山西海玉园食品有限公司，山西省晋中市榆次区工业园区杨村段（030601）	张文海
CN202010425574.9	一种全自动酥皮面包麻花成型机	安徽维斯达食品机械有限公司，安徽省合肥市肥西县官亭镇长岗路2号（231299）	刘言顺、彭剑敏

（续）

申请或批准号	发　明　名　称	申请（专利权）人与通信地址	发明人
CN202010427832.7	一种饲料生产用玉米切段设备	义乌市巨界机械设备有限公司，浙江省金华市义乌市稠城街道赵宅五区 3 幢 6 单元 301（322099）	容金茵
CN202010429368.5	卧式滚筒农作物去皮机、分批下料的农作物去皮机构	石河子大学，新疆维吾尔自治区石河子市北四路 221 号（832099）	彭　霞、葛建兵
CN202010429478.1	一种食品制作用红枣自动刷洗设备	山东金丝食品有限公司，山东省滨州市沾化区沿河路 291 号（256899）	罗俊富
CN202010448587.8	一种水溶性芦丁衍生物的制备工艺	江苏恒正合生命科学有限公司，江苏省无锡市滨湖区马山梅梁路 138 号（214122）	王　聪、张明川
CN202010480573.4	一种蔬菜脱水粉碎装置	安徽昭口农业科技有限公司，安徽省亳州市涡阳县陈大工业园区（233606）	左　超
CN202010498348.3	一种工夫红茶的加工方法	湖南省茶叶研究所，湖南省长沙市芙蓉区远大二路 702 号湖南省茶叶研究所（410125）	余鹏辉、郑红发
CN202010502983.4	淀粉基脂肪替代物及其制备方法	宁夏大学，宁夏回族自治区银川市西夏区贺兰山西路 489 号（750021）	章　中、张惠玲
CN202010503012.1	一种鸡饲料颗粒机	湖南和生然生态农业科技有限公司，湖南省郴州市北湖区万华岩镇安和村原财政所内（423099）	高周强
CN202010520854.8	一种用于谷物膨化食品的挤出成型装置	广东协嘉食品有限公司，广东省汕头市濠江区河浦大道延伸段南侧厂房（515071）	洪　媛、袁如英
CN202010537045.8	一种油茶果的低温干燥方法	贵州石阡佛顶山野生油茶油业有限公司，贵州省铜仁市石阡县聚凤乡走马坪村（555199）	李官强、李　刚
CN202010562815.4	一种牛肉丸制作设备	广东浩洋速冻食品有限公司，广东省阳江市阳江高新区福冈工业园高新五路北 1 号（529569）	马满苏
CN202010562882.6	小龙虾去头壳装置	武汉轻工大学，湖北省武汉市东西湖区常青花园学府南路 68 号（430040）	陈继兵、田　鹏
CN202010571985.9	一种山楂去核装置	山东大学，山东省济南市历下区经十路 17923 号（250014）	张建华、卢存壮
CN202010594762.4	一种灵活可调的饲料制备系统及饲料加工方法	江苏波杜农牧股份有限公司，江苏省南京市浦口区星甸街道林河南路 1 号（211899）	尤佩华、尤　蒙
CN202010609364.5	一种用于山羊冬季饲料制作的多功能水稻秸秆处理装置	鲁首佳（山东）工业设计有限公司，山东省聊城市高新区长江路 1 号高新区管委会六楼 603 室（252001）	潘坚栓、张建川
CN202010610014.0	一种智能煎饼馃子制售机	北京正隆斋全素食品有限公司，北京市海淀区上庄镇白水洼甲 1 号院内平房（100086）	李重润
CN202010612546.8	一种益生菌压片糖果的制备方法	龙骧国际贸易（上海）有限公司，上海市松江区沪松公路 1177 号 C 座 702 室（201620）	李　博

（续）

申请或批准号	发明名称	申请（专利权）人与通信地址	发明人
CN202010614313.1	一种水产品保鲜设备	汇泰渤海水产有限责任公司，山东省滨州市北海新区经济开发区马山子镇政府驻地（251907）	张晓艳
CN202010630523.X	自动化茶叶采集装置	温州大学，浙江省温州市瓯海经济开发区东方南路38号温州市国家大学科技园孵化器（325035）	孙兵涛
CN202010652992.1	一种蔬菜生产用蔬菜清洗装置	温州科技职业学院，浙江省温州市瓯海经济开发区东方南路38号温州市国家大学科技园孵化器1号楼（325035）	孙继、孙乾皓
CN202010667649.4	一种农产品清洗后加工处理系统及加工处理工艺	桐庐益乡源农产品有限公司，浙江省杭州市桐庐县合村乡后溪村前柏（311599）	黄勤、孙睿
CN202010680930.1	一种加州鲈鱼的水产饲料混合加工造粒装置	福建大昌盛饲料有限公司，福建省福州市福清市海口镇牛宅村山下1069－66号（350399）	陈帅、陈大照
CN202010702789.0	一种肉块自定位的自动锯骨机	福州聚英智能科技有限公司，福建省福州市马尾区湖里路27号（350015）	任谦、余捷
CN202010715473.5	一种禽胗黄皮自动磨刮机	江苏深农智能科技有限公司，江苏省南京市浦口区江浦街道仁山路1号园区（211899）	李开亮、曹阳
CN202010716449.3	一种便于清理的自动去鱼鳞设备	吉林查干湖渔业有限公司，吉林省松原市前郭尔罗斯查干湖旅游经济开发区（138099）	岑秋霞
CN202010721709.6	畜禽肉清洗消毒装置及其清洗消毒方法	蚌埠学院，安徽省蚌埠市曹山路1866号（233060）	邓源喜、杨宁宁
CN202010723112.5	一种抗幽门螺杆菌复合制剂	尤丽康生物医药有限公司，江苏省连云港市灌云县经济开发区树云路北侧（222299）	张秀芳、杨严俊
CN202010730026.7	一种西番莲果皮花色苷微胶囊及其二次包埋制备方法	西南林业大学，云南省昆明市白龙寺300号（650205）	范方宇、苏靖程
CN202010737335.7	一种选择性洗鱼装置	浙江省海洋水产研究所，浙江省舟山市定海区临城体育路28号（316004）	徐国强、陈峰
CN202010739042.2	一种海苔制品加工用的天然气烤箱及其操作方法	苏迪生物科技有限公司，福建省泉州市晋江市安海镇安平嘉禄路5号（362216）	郭维乐、吴声滚
CN202010739485.1	一种食品加工用肉制品切片机	江西谷纬科技有限公司，江西省赣州市赣州经济技术开发区坪峰岭路19－6号厂房（341001）	张继云、赖莉萍
CN202010749359.4	一种肉牛屠宰线	长宁县九牛食品有限责任公司，四川省宜宾市长宁县开佛镇羊五村星光组（644399）	刘刚
CN202010757577.2	一种家禽快速脱毛装置	安徽省汇金木业股份有限公司，安徽省宿州市砀山县薛楼板材加工园（235399）	王艳、单琪琪
CN202010785377.8	一种饲料混合搅拌设备	峡江县慧泓信息技术有限公司，江西省吉安市峡江县水边镇何君小区1栋105室（331409）	谢国珍

申请或批准号	发 明 名 称	申请（专利权）人与通信地址	发明人
CN202010793930.2	一种肠衣回气调压方法与装置	青岛齐林智信自控技术有限公司，山东省青岛市黄岛区峄山路（266499）	宋京涛
CN202010810199.X	一种家禽肉类加工用脱毛水池	霍邱县泽钜农业开发有限公司，安徽省六安市霍邱县长集镇现代农业示范园（237499）	张海波
CN202010811043.3	一种肉类排酸用冷藏保鲜装置	蚌埠学院，安徽省蚌埠市曹山路1866号（222299）	邓源喜、杨宁宁
CN202010824237.7	一种用于肠衣生产加工的水冲式裁剪设备	江苏万力生物科技有限公司，江苏省盐城市东台沿海经济区港区二路20号（224299）	吴仕梅、张　浩
CN202010836603.0	一种蝴蝶面双面扑粉防粘连接料装置	抚州田园梦食品有限公司，江西省抚州市临川区才都工业园银涛大道5号（344099）	杜万军、张子成
CN202010856420.5	蛋挞皮成型快速运料装置	马鞍山市春晖食品有限责任公司，安徽省马鞍山市和县台湾农民创业园（238201）	仝　涛
CN202010872829.6	一种一体式绞肉机	宁波大学，浙江省宁波市江北区风华路818号（315020）	魏家聪、柳　丽
CN202010914012.0	一种基于5G网络的TMR智能饲喂系统及饲喂方法	北方民族大学，宁夏回族自治区银川市西夏区文昌北街204号（750021）	张秦玮、温利明
CN202010919222.9	一种麝香草酚复合生物涂膜保鲜剂及其制备方法与应用	四川农业大学，四川省成都市温江区惠民路211号（611130）	秦　文、丁　捷
CN202010920877.8	一种鸡鸭自动屠宰装置	安徽有机良庄农业科技股份有限公司，安徽省阜阳市太和县国家级农业示范区双浮镇刘老桥（236642）	陈金良、金　勇
CN202010925466.8	干式砂分离气流输送装置	山东凯欣绿色农业发展股份有限公司，山东省潍坊市青州弥河镇工贸区（262550）	张　莉、杨朝峰
CN202010929719.9	一种牦牛肉干保鲜装置及保鲜方法	西藏天湖放牧人农牧科技开发有限公司，西藏自治区拉萨市堆龙德庆区古荣乡产业园区（851414）	占　平、程基培
CN202010940474.X	一种适用于黄芪薏米饼干的加工方法及装置	安徽派杰食品科技有限公司，安徽省宿州市灵璧县北部开发区食品产业园（234299）	白长山
CN202010943556.X	一种火龙果去皮加工装置	广西壮族自治区农业科学院，广西壮族自治区南宁市大学东路174号（530001）	唐　杰、李　丽
CN202010953725.8	一种基于气流作用的水果采摘装置	山东昱佳旺食品有限公司，山东省临沂市河东区汤河镇大坊坞村（276034）	王继和
CN202010954922.1	沉香红茶及其制作工艺	中粮营养健康研究院有限公司，北京市昌平区北七家镇未来科技城南区四路（102299）	王　曦、刘　斌
CN202010993319.4	一种用于蛋制品加工的蛋品转移装置	武汉轻工大学，湖北省武汉市东西湖区常青花园学府南路68号（430040）	胥　伟、迟玉杰

（续）

申请或批准号	发 明 名 称	申请（专利权）人与通信地址	发明人
CN202010997838.8	一种红薯秧分类收割装置	萧县禾盛种业有限公司，安徽省宿州市萧县龙城镇安粮中央花园 B22 - 302 室（235200）	柳　松
CN202011006466.4	一种荔枝去核装置及去核方法	温州大学激光与光电智能制造研究院，浙江省温州市龙湾区海洋科技创业园 C1 幢（325024）	李峰平、姜小霞
CN202011015372.3	一种生猪屠宰方法	山东千喜鹤食品有限公司，山东省德州市夏津县经济开发区西外环西侧（253299）	李佃场、黄　河
CN202011015410.5	一种生猪屠宰装置及屠宰方法	山东千喜鹤食品有限公司，山东省德州市夏津县经济开发区西外环西侧（253299）	李佃场、黄　河
CN202011018667.6	一种花猪冷冻肉加工用切丁机及其加工工艺	湖南省流沙河花猪生态牧业股份有限公司，湖南省长沙市宁乡市城郊街道宁乡大道罗宦村村部大楼（410699）	李志强、曾勇波
CN202011019021.X	一种环保型肉鸡调理品加工设备	江苏华瑞天成食品有限公司，江苏省淮安市清浦工业园奋进大道 59 号（223023）	王宽华、万　燕
CN202011023703.8	一种定位追踪水生态修复方法与水生植物自动回收的装置	中国矿业大学，江苏省徐州市大学路 1 号（221116）	季　翔、陈炯臻
CN202011036291.1	一种辣椒晾晒机构	萧县禾盛种业有限公司，安徽省宿州市萧县龙城镇安粮中央花园 B22 - 302 室（235200）	柳　松
CN202011038903.0	一种用于中草药的剥皮机	吉林国安药业有限公司，吉林省吉林市丰满区江南乡三佳子村（132013）	王卫社、曲永梅
CN202011042737.1	一种通风玉米穗干燥仓及使用方法	山东省农业机械科学研究院，山东省济南市历城区桑园路 19 号（250199）	韩梦龙、孙立刚
CN202011047921.5	一种光量子智能保鲜箱	广州普朗克量子研究院有限公司，广东省广州市白云区石井街夏茅向西大道 88 号四楼（510450）	王晓云
CN202011054472.7	一种水溶性玉竹多糖及其硫酸化玉竹多糖和制备方法与应用	华南理工大学，广东省广州市天河区五山路 381 号（510655）	李　冰、霍　达
CN202011086757.9	一种打签装置	正大食品研发有限公司，浙江省宁波市慈溪市观海卫镇徐家浦围垦区（315302）	覃　爽、胡倬瑜
CN202011113758.8	一种集清洗切割功能一体的蔬菜加工设备	临沂市明达食品有限公司，山东省临沂市兰山区李官镇润华二路（276033）	于建庆
CN202011166809.3	一种香肠制造生产线	盐城凯兴食品有限公司，江苏省盐城市滨海县天场镇产业园 3 号（224599）	于尚昊、陈美玲
CN202011169648.3	一种三阶段干式熟成牛里脊肉的加工方法	江南大学，江苏省无锡市滨湖区蠡湖大道 1800 号（214122）	成玉梁、徐　琳

（续）

申请或批准号	发 明 名 称	申请（专利权）人与通信地址	发明人
CN202011176178.3	一种稳压控制青贮饲料加工装置	贵州金农富平生态农牧科技有限公司，贵州省铜仁市松桃苗族自治县盘石镇盘石村生态畜牧业园区（554199）	覃涛英、韩永芬
CN202011178472.8	一种高效油炸机	诸城市东方食品有限公司，山东省潍坊市诸城市东外环路北（262299）	赵金鹏、徐 岩
CN202011185134.7	一种用于毛芋和土豆的自动脱皮机及其使用方法	瑞安市龙派机械制造有限公司，浙江省温州市瑞安市马屿镇上安村（325299）	林贞诺、林贞秀
CN202011188204.4	一种用于丸子状食品加工制作机器	荣成东荣食品有限公司，山东省威海市荣成市虎山镇（264399）	周素琼
CN202011192655.5	一种生鲜肉加工设备	佛山市悯农食品有限公司，广东省佛山市南海区里水镇胜利丰岗村里水食品集中加工中心内N区8号（528299）	尹 平
CN202011216977.9	一种狗粮及其制备系统与方法	山东德海生物科技有限公司，山东省枣庄市高新区泰国工业园（277099）	许 静
CN202011243299.5	一种鱼类内脏去除装置	中国水产科学研究院渔业机械仪器研究所，上海市杨浦区四平街道赤峰路63号 200082）	郑晓伟、陈庆余
CN202011278077.7	一种全程监控预警的冷链物流运输装置及其冷藏方法	上海海配食用农产品有限公司，上海市青浦区朱家角镇新溪路2号208室（201799）	麦雪楹
CN202011311356.9	一种混料切搅机	重庆市远翔食品有限公司，重庆市合川区云门街道办事处产业园（401519）	徐远彬
CN202011372413.4	一种食品加工设备及其使用方法	四川省成都红灯笼食品有限公司，四川省成都市郫都区中国川菜产业化功能区工业园区188号（611730）	姚文发
CN202011403582.X	改善真空冷冻干燥重组草莓脆片色泽和质构品质的方法	中国农业科学院农产品加工研究所，北京市海淀区圆明园西路2号院（100086）	易建勇、毕金峰
CN202011432086.7	一种黄鳝、泥鳅初加工机台	荆州市集创机电科技股份有限公司，湖北省荆州市荆州区太湖大道荆州高新区创业服务中心（434031）	李 平、张 黎
CN202011458784.4	一种提高牛奶中共轭亚油酸含量的泌乳牛饲养方法	广东燕塘乳业股份有限公司，广东省广州市黄埔区香荔路188号（510799）	刘 婕、陈观梅
CN202011466393.7	一种自走式的草莓加工脱果蒂装置	沈阳农业大学，辽宁省沈阳市沈河区东陵路120号（110011）	孙希云、刘 宁
CN202011491445.6	一种饼胚烘烤装置	安徽顶康食品有限公司，安徽省亳州市涡阳县楚店镇工业园（233606）	王成雨、李 明
CN202011515000.7	一种水产品加工装置	湛江市粤水渔业有限公司，广东省湛江市湛江经济技术开发区乐怡路1号（524018）	王立萍

（续）

申请或批准号	发 明 名 称	申请（专利权）人与通信地址	发明人
CN202011636658.3	一种先鱼尾顺次的鱼类去内脏加工方法及智能化加工设备	中国水产科学研究院渔业机械仪器研究所，上海市杨浦区四平街道赤峰路63号200082)	陈庆余、沈 建
CN202020000524.1	一种果类清洗生产线用筛选装置	瑞金市康桥食品科技有限公司，江西省赣州市瑞金市工业园沙九公路北侧（342599）	陈吉龙、张东北
CN202020005083.4	一种脆皮肠打结机	四川省润宇食品有限公司，四川省达州市渠县工业园区（635299）	杨海燕、唐德建
CN202020008672.8	连续性茶叶真空干燥提香装置	孟州市远弘干燥设备研发有限公司，河南省焦作市孟州市赵和镇冶墙村程后一街8号（454750）	程长青、江用文
CN202020010460.3	一种屠宰加工用的家禽清洗装置	睢县海新食品有限公司，河南省商丘市睢县产业集聚区中心路10号（476999）	彭 娜
CN202020013522.6	一种高消化肉鸡饲料研发用配料装置	郴州湘大骆驼饲料有限公司，湖南省郴州市北湖区石盖塘工业小区（423099）	吕荣创
CN202020014128.4	一种挤压稳定的面食机	九阳股份有限公司，山东省济南市槐荫区美里路999号（250117）	王旭宁、纪昌罗
CN202020014479.5	一种新型菊花茶	亳州学院，安徽省亳州市南部新区汤王大道南端（236801）	胡云飞、顾晶晶
CN202020018398.2	一种用于猪肉生产的电麻机	盐城市天惠食品有限公司，江苏省盐城市盐都区鞍湖街道刘垛村（224055）	陈 军
CN202020019642.7	一种用于鱿鱼加工用头筒分离装置	福清市龙华水产食品有限公司，福建省福州市福清市龙田镇二村龙进路58号（350399）	周 衡、方晓蕾
CN202020023024.X	一种宠物健康食品成型装置	温州锦恒宠物用品有限公司，浙江省温州市平阳县萧江镇工业园区岱口段（325499）	郑京敏
CN202020026748.X	一种水产品加工用带有筛选装置的清洗槽	湖北金鲤鱼农业科技股份有限公司，湖北省荆州市城南开发区龙海路东侧（434099）	陈沙宁、王 松
CN202020028308.8	一种自动鱼丸穿串机	晋江市双骏食品工贸有限公司，福建省泉州市晋江市安海镇安平开发区聚贤路144号（362216）	陈培文
CN202020032752.7	一种一体化水产品加工鱼虾解冻处理装置	湖北金鲤鱼农业科技股份有限公司，湖北省荆州市城南开发区龙海路东侧（434099）	陈沙宁、王 松
CN202020036870.5	一种水产加工用送料机构	漳州中罐生物科技有限公司，福建省漳州市龙文区湖滨路15号建发碧湖1号11幢106室（434099）	黄勇平
CN202020038188.X	鸡、鸭、鹅禽类生产线用集血装置	合肥学院，安徽省合肥市经开区锦绣大道99号（230031）	于 宙、于 航
CN202020038393.6	一种矿泉水生产加工用灭菌装置	连江大农环保科技有限公司，福建省福州市连江县马祖西路10号万家城市广场一区（350599）	谢雨梦

（续）

申请或批准号	发　明　名　称	申请（专利权）人与通信地址	发明人
CN202020042593.9	一种通过反复运动增加锤击次数的松肉锤	四川岳老大食品有限责任公司，四川省巴中市巴州区宕梁办事处插旗山村九社（636001）	黄　萍
CN202020043503.8	白条鸡屠宰内脏分离工作台	德州乡盛食品有限公司，山东省德州市经济开发区崇德一大道 1360 号（253614）	刘全胜、刘志磊
CN202020043505.7	白条鸡屠宰车间上料台	德州乡盛食品有限公司，山东省德州市经济开发区崇德一大道 1360 号（253614）	刘全胜、刘志磊
CN202020052077.4	一种茶叶加工用茶叶压扁机构	苏州望洞庭生态农业发展有限公司，江苏省苏州市姑苏区留园路 107 号（215031）	唐华军、邹静洁
CN202020054339.0	一种茶叶萎凋机的茶叶出叶装置	福建省泉州市裕园茶业有限公司，福建省泉州市丰泽区田安路丰盛商住楼 F8－10 号店曲（362046）	林扬闻、林茂安
CN202020055433.8	一种具有废水集中功能的鸡体冲洗装置	河北美客多食品集团股份有限公司，河北省唐山市遵化市工业园黄庄子村邦宽路南（064299）	李洪艳
CN202020055567.X	一种白茶加工烘干用提香装置	云南省农业科学院茶叶研究所，云南省西双版纳傣族自治州勐海县勐海镇景囡街 2 号（666299）	孙雪梅、包云秀
CN202020055688.4	一种蚬肉蚬壳分离装置	苏州泰进食品有限公司，江苏省苏州市相城区相城经济开发区富元路 188 号（215131）	宫长青、洪良兵
CN202020055689.9	蚬子刷洗装置	苏州泰进食品有限公司，江苏省苏州市相城区相城经济开发区富元路 188 号（215131）	宫长青、范齐勇
CN202020056087.5	一种待宰活鸡的运输装置	河北美客多食品集团股份有限公司，河北省唐山市遵化市工业园（064299）	周海东
CN202020060768.9	一种红茶连续揉捻装置	珙县硬贡茶业有限公司，四川省宜宾市珙县巡场镇新桥街民生路（644599）	白高永、李德芬
CN202020062130.9	一种茶叶生产用原料去梗装置	苏州吴地集珍茶业有限公司，江苏省苏州市姑苏区留园路 107 号太湖之春（215031）	唐华军、邹静洁
CN202020066371.0	一种蚬子分离冷冻机	苏州泰进食品有限公司，江苏省苏州市相城区相城经济开发区富元路 188 号（215131）	宫长青、洪良兵
CN202020066560.8	一种新型薯类脱皮机	绍兴市大舜农业发展有限公司，浙江省绍兴市上虞区曹娥街道梁巷居委家庭工业集聚点厂房（312399）	杨兴军
CN202020068198.8	一种鱼肉滚筒式采肉机	晋江市双骏食品工贸有限公司，福建省泉州市晋江市安海镇安平开发区聚贤路 144 号（362216）	陈培文
CN202020069196.0	一种高效型茶叶精加工装置	杭州祥龙茶科技有限公司，浙江省杭州市锦北街道筑镜花园 99 幢 16－61 号（311399）	王延隆

（续）

申请或批准号	发 明 名 称	申请（专利权）人与通信地址	发明人
CN202020071075.X	一种农业生产用水稻晾晒翻面装置	杭州轩至唐科技有限公司，浙江省杭州市余杭区瓶窑镇南山村观音堂 59 号（311199）	刘阳晨
CN202020071445.X	一种新型瓜子初步清洗装置	内蒙古葵先生食品有限公司，内蒙古自治区巴彦淖尔市经济开发区融丰街 2 号（015099）	聂长成
CN202020072962.9	一种肉食品安全生产斩拌装置	武汉源香食品有限公司，湖北省武汉市东西湖区吴家山台商投资区新华工业园（430040）	陈自然、陈志平
CN202020077936.5	一种保鲜运输车的车厢	武汉巨力鼎兴冷链股份有限公司，湖北省武汉市东西湖区走马岭走新路 301 号（430040）	冯传利
CN202020078826.0	一种颗粒状圆腰形绿茶揉捻装置	安徽省金寨县金龙玉珠茶业有限公司，安徽省六安市金寨县全军乡大团山（237321）	陈明松、吴 彬
CN202020079600.2	一种混合料提升倒入装置	武汉源香食品有限公司，湖北省武汉市东西湖区吴家山台商投资区新华工业园（430040）	陈志平、陈自然
CN202020079605.5	一种烤肠在线生产挂件	武汉源香食品有限公司，湖北省武汉市东西湖区吴家山台商投资区新华工业园（430040）	陈志平、陈自然
CN202020081061.6	一种小黄姜的保鲜储藏装置	红河泰华农业发展有限公司，云南省红河哈尼族彝族自治州蒙自市草坝镇十九村民委员会（661199）	杨海龙
CN202020082376.2	一种串料双向切穿模具	青岛国易食品科技有限公司，山东省青岛市黄岛区玉屏路 217 号（266499）	蔡新国
CN202020089234.9	一种蛋糕生产用超声波切割装置	漯河恒利源食品有限公司，河南省漯河市临颍县产业集聚区龙云工业园（462699）	李 硕、张小辉
CN202020090329.2	一种肉类起泡清洗机的内壳体自动提升机构	绍兴市搜诚记食品有限公司，浙江省绍兴市上虞区梁湖街道工业园区皂李湖路（312399）	徐人山、高伟表
CN202020090557.X	一种振动式茶叶制作冷却装置	苏州吴地集珍茶业有限公司，江苏省苏州市姑苏区留园路 107 号太湖之春（215031）	唐华军、邹静洁
CN202020090822.4	一种肉类起泡清洗主机	绍兴市搜诚记食品有限公司，浙江省绍兴市上虞区梁湖街道工业园区皂李湖路（312399）	徐人山、高伟表
CN202020091471.9	一种番茄打浆机	长安大学，陕西省西安市南二环中段 33 号（710068）	霍富强、许天泽
CN202020093960.8	一种桑椹高效自动压榨器	四川尚果鼎椹酒业有限公司，四川省成都市简阳市永宁乡团岭村五组（641499）	毛 谱
CN202020093988.1	一种黑青稞炒制机	西藏吉祥粮农业发展股份有限公司，西藏自治区拉萨市经济技术开发区林琼岗东一路 13 号办公楼（851611）	韩佃刚、张义康
CN202020095880.6	普洱茶饼自动控温控湿烘烤房	普洱和聚诚生物科技发展有限公司，云南省普洱市工业园区创业路标准厂房（665099）	田迎春、田 兰
CN202020096166.9	一种面包生产制作用和面机	南安市瑞竣机械科技有限公司，福建省泉州市南安市溪美新美路 55 号（362399）	奉德刚

（续）

申请或批准号	发 明 名 称	申请（专利权）人与通信地址	发明人
CN202020098231.1	一种腊味加工车间用真空滚揉机	平武县康昕生态食品集团有限公司，四川省绵阳市平武县龙安镇人民西路 25 号（622550）	赵兴蓉
CN202020098427.0	卷状食品坯料侧部翘起成型机构	天津市亿春食品机械有限公司，天津市北辰区青光镇韩家墅天津第三食品加工厂院内（300499）	张同起、赵宝清
CN202020103231.6	一种制糖用辅料添加装置	上海雄厚机械制造有限公司，上海市奉贤区柘林镇胡桥社区农交路 28 号第 1 幢 669 室（201499）	朱旭东
CN202020109717.0	一种炒花生仁装置	连云港德盛生物科技有限公司，江苏省连云港市赣榆区厉庄镇工业集聚区 8 号（222199）	贾文龙、钊慧杰
CN202020109804.6	一种饲料颗粒的冷却装置	天津瑞孚饲料有限公司，天津市静海区经济开发区物海道（301699）	王洪燕
CN202020111579.X	一种畜牧用饲料造粒装置	吉林农业大学，吉林省长春市新城大街 2888 号（130022）	李润航、周海柱
CN202020114228.4	一种鸡伴翅切割机	福建正大食品有限公司，福建省龙岩市新罗区东城登高东路 688 号（364099）	刘 富、沈 奇
CN202020125765.9	一种反刍动物营养料膨化处理设备	安徽东方天合生物技术有限责任公司，安徽省蚌埠市固镇县蚌埠铜陵现代产业园区 12 号路（233799）	李寰旭
CN202020128518.4	一种散发金花黑茶恒温恒湿发酵房	广东碧辉生物技术有限公司，广东省清远市英德市英城碧桂路 99 号综合楼 105 号（513099）	罗来辉
CN202020130856.1	一种华夫饼深加工改良控制装置	福建麦得隆食品有限公司，福建省漳州市龙海市海澄工业区（363199）	蔡鸿谦
CN202020135117.1	一种速冻食品辅助喷淋装置	六安市胜缘食品有限公司，安徽省六安市裕安区分路口镇街道（237008）	夏俭胜
CN202020135359.0	一种分选标准可以调的罗非鱼分选装置	广东国美水产食品有限公司，广东省湛江市吴川市覃巴镇工业园（524599）	王北华、梁志鹏
CN202020137176.2	一种鸡脚浸泡机构	芭夯食品开发有限公司，四川省自贡市高新工业园区卫里路 68 号（643030）	钟正国
CN202020138652.2	一种防粘连面条机	江苏众富智能电气研究院有限公司，江苏省徐州市邳州市铁富镇工业园区康元路西侧 16 号（221399）	何 英
CN202020142468.5	一种饲料添加剂制粒系统	天津邦元生物科技有限公司，天津市北辰区天津医药医疗器械产业园京福公路东侧优谷新科园（300499）	王泽明、郝国强
CN202020143745.4	一种水晶杯沙冰机	佛山市云米电器科技有限公司，广东省佛山市顺德区伦教街道办事处霞石村委会新熹四路北 2 号（528399）	陈小平、龙中富
CN202020144739.0	一种豆饼机烘料盘组件	固镇县豆豆发食品机械有限公司，安徽省蚌埠市固镇县新马桥镇梨园新村（233799）	戴建华

（续）

申请或批准号	发 明 名 称	申请（专利权）人与通信地址	发明人
CN202020145304.8	一种虾类加工用批量清洗装置	广东国美水产食品有限公司，广东省湛江市吴川市覃巴镇工业园（524599）	王北华、梁志鹏
CN202020147866.6	一种速冻鲍鱼加工用清洗装置	福州龙福食品有限公司，福建省福州市连江县凤城镇文山北路5-126号（350599）	刘用财
CN202020155356.3	一种用于制备油炸制品的设备	临沂金锣文瑞食品有限公司，山东省临沂市兰山区半程镇金锣科技园（276033）	姚现强、李传勇
CN202020157582.5	一种多功能面食机	九阳股份有限公司，山东省济南市槐荫区美里路999号（250117）	王旭宁、王 钰
CN202020160452.7	一种使用球状糖果的3D制作DIY工具	广东荣顺科技有限公司，广东省云浮市云安区循环经济工业园管理委员会办公楼301室（527528）	邹锦光、陈文辉
CN202020163748.4	一种保温保湿的松饭机	江苏佳之家食品有限公司，江苏省无锡市江阴市申港街道亚包大道177号（214431）	陈海峰
CN202020164061.2	一种有机银耳加工用浸泡装置	通江品冠银耳科技有限公司，四川省巴中市通江县诺江镇西寺街92号（636799）	鲁芳秀、蔡天宝
CN202020164546.1	一种米粉蒸熟加热装置	紫金县金霸食品有限公司，广东省河源市紫金县临江镇桂林村临古路（517499）	邓子庭、邓小智
CN202020165532.1	一种冷水鱼刮鳞器	天津市水产研究所，天津市河西区解放南路442号（300202）	夏苏东、钱 红
CN202020165882.8	一种剔好骨的鸡爪凉水冲洗机构	芭夯食品开发有限公司，四川省自贡市高新工业园区卫里路68号（643030）	钟正国
CN202020167124.X	一种家禽饲料加工用研磨装置	泗洪县康源养殖有限公司，江苏省宿迁市泗洪县大楼街道办事处金沙江路北侧（223999）	井美英
CN202020169877.4	一种加工手工牛肉的操作台	四川筠牛食品集团有限公司，四川省宜宾市筠连县筠连镇海瀛工业园区HYDL-01（645250）	张德兵、肖传勇
CN202020173853.6	一种剁鱼机	六安市胜缘食品有限公司，安徽省六安市裕安区分路口镇街道（237008）	夏俭胜
CN202020173854.0	一种泡椒凤爪沥水装置	六安市胜缘食品有限公司，安徽省六安市裕安区分路口镇街道（237008）	夏俭胜
CN202020175063.1	一种生物发酵饲料生产线	沈阳英大科技发展有限公司，辽宁省沈阳市胡台新城振兴大街31-1号（110319）	金秋岩、胡忠宏
CN202020179281.2	一种饼干生产用冷却防潮装置	上海绿树食品销售有限公司，上海市浦东新区自由贸易试验区金豫路100号2幢901室（200135）	陈世军、钟 权
CN202020181790.9	一种披萨用面粉发酵装置	上海潮乡源食品有限公司，上海市浦东新区三林路158号2幢205室（200135）	阎 忠
CN202020184639.0	一种油炸机冷凝装置	青岛六一机械有限公司，山东省青岛市莱西市水集街道办事处深圳北路220号（266699）	王建化、宫勤明

（续）

申请或批准号	发 明 名 称	申请（专利权）人与通信地址	发明人
CN202020185033.9	一种整鱼宰杀工具	珠海集元水产科技有限公司，广东省珠海市斗门区城南区白藤三路3号（519199）	沈少波
CN202020185913.6	一种新型剔除牛肉筋膜的装置	内蒙古伊赛牛肉有限公司，内蒙古自治区通辽市开鲁县工业园区伊赛大街东段南侧（028499）	买银胖、丹建军
CN202020187056.3	一种杂色蛤清洗筛分装置	丹东永明食品有限公司，辽宁省丹东市东港市友好路189号（118399）	李永明
CN202020190133.0	一种具有防飞溅功能的斩拌机	青岛亚鲁特食品有限公司，山东省青岛市黄岛区珠海街道办事处马厂村（266499）	胡贤波、胡贤珍
CN202020192224.8	莲了脱蓬去衣机	梧州学院，广西壮族自治区梧州市万秀区富民三路82号（543099）	黄燕钧、韦佳成
CN202020193091.6	一种肉饼冲压成型设备	青岛亚鲁特食品有限公司，山东省青岛市黄岛区珠海街道办事处马厂村（266499）	胡贤波、胡贤珍
CN202020193094.X	灌肠机的出料装置	青岛亚鲁特食品有限公司，山东省青岛市黄岛区珠海街道办事处马厂村（266499）	胡贤波、胡贤珍
CN202020198249.9	碱液面粉混合系统	武汉金香园食品有限公司，湖北省武汉市东西湖区走马岭走新路601号（430040）	徐 鹏
CN202020201613.2	一种红枣加工用蒸制设备	河北枣能元食品有限公司，河北省石家庄市赞皇县经济开发区兴业路三号（051230）	肖建军
CN202020205097.0	一种饲料生产用废料快速高效环保处理装置	宁夏华望生物科技有限公司，宁夏回族自治区银川市永宁县望远镇创业谷二期7-6-6号（750199）	梁 瑞
CN202020206954.9	一种肉牛加工用大肠清洗装置	张掖市金翔牧业有限责任公司，甘肃省张掖市甘州区明永镇下崖村（734099）	张永东、杨建春
CN202020207533.8	一种香肠剪切机	铁岭信义食品有限公司，辽宁省铁岭市铁岭县新台子镇一路村（112608）	李晓秋
CN202020208122.0	一种香肠烘干机	铁岭信义食品有限公司，辽宁省铁岭市铁岭县新台子镇一路村（112608）	李晓秋
CN202020211022.3	一种高效环保的核桃仁脱皮清洗装置	云南农业大学，云南省昆明市盘龙区黑龙潭（650205）	陶 亮、赵存朝
CN202020229542.7	一种茶叶发酵装置	江西公和厚茶业有限公司，江西省九江市修水县义宁镇宁红大道2号茶楼（332499）	樊耀林、郭萍萍
CN202020230003.5	一种辣根清洗运输机	大连天鹏食品有限公司，辽宁省大连市瓦房店市复州城镇工业园区2段3号（116399）	王宇鹏
CN202020233048.8	一种食品均匀翻炒装置	莱阳顺和食品有限公司，山东省烟台市莱阳市照旺庄镇后发坊村（265299）	王龙山
CN202020238451.X	一种水产品清洗筛分装置	福州市凯达生态农业有限公司，福建省福州市闽清县桔林乡新村新光73号（350899）	曹光标

（续）

申请或批准号	发 明 名 称	申请（专利权）人与通信地址	发明人
CN202020248110.0	一种植物蛋白饮料用灭菌釜	山东席汇乳业有限公司，山东省滨州市邹平市长山镇小张村初级中学东 10 米（256299）	张嘉仪、刘思伟
CN202020248532.8	一种全自动腰背划线兼掰腿装置	山东新希望六和集团有限公司，山东省青岛市崂山区九水东路 592 - 26 号 3 号楼 4 楼（266061）	魏士勤、魏宝林
CN202020257288.1	一种发酵机	广州丽源机械设备有限公司，广东省广州市番禺区沙湾镇南村金寺围工业区 19 号（511499）	刘事菠、刘世春
CN202020263156.X	一种鸡腿去骨装置	河北美客多食品集团股份有限公司，河北省唐山市遵化市工业园（064299）	郭力伟
CN202020267167.5	一种蔬果处理设备	果嘟果园（广州）科技有限责任公司，广东省广州市海珠区石溪村蚝壳洲东街一巷 5 号 5 楼（510277）	尹世和
CN202020270211.8	半自动搓面机	临清市鑫迈机械有限公司，山东省聊城市临清市康庄镇丁庄村村东（252699）	丁际新
CN202020274331.5	一种用于制备烤鸭的高温杀菌装置	湖南润香源食品股份有限公司，湖南省株洲市芦淞区白关镇成家坝村杨家组（412002）	刘建刚
CN202020276306.0	一种生肉丸快速成型器	重庆市钦鼎农业集团有限公司，重庆市铜梁区少云镇向阳村十五社（402560）	吴智程
CN202020277185.1	一种茶叶加工用晾晒架	连云港绿谊农业科技有限公司，江苏省连云港市云台山风景名胜区云台乡前关村西隅果林场（222002）	朱孟超、朱孟芹
CN202020278962.4	一种食品加工用面条挤出装置	松阳县绿丰农业开发有限公司，浙江省丽水市松阳县古市镇万寿南路 71 号（323499）	刘小巧
CN202020287403.X	一种畜产品检测样品处理装置	青海省畜牧兽医科学院，青海省西宁市城北生物园区纬二路 1 号（810028）	李升升
CN202020288466.7	鸡鸭胆胆汁挤出装置	青州市欣泰生物制品有限公司，山东省潍坊市青州市黄楼街道办事处大赵务村（262550）	国　晶、国书维
CN202020289122.8	一种山茶果剥壳机	宁波亚特电器有限公司，浙江省宁波市余姚经济开发区茂盛路 23 - 25 号（315402）	卢茂龙、李进威
CN202020292633.5	一种挤压膨化设备出口定型模具	山东天博食品配料有限公司，山东省济宁市高新区接庄街道海川路 6 号（272005）	李秉业、李洪久
CN202020293208.8	一种鱼肉快速切碎装置	宁波今日食品有限公司，浙江省宁波市奉化区溪口镇中心东路 38 号（315506）	骆志明、王求娟
CN202020294174.4	一种普洱茶茶饼摊晾干燥装置	云南省农业科学院茶叶研究所，云南省西双版纳傣族自治州勐海县勐海镇曼真村景图街 2 号（666299）	伍　岗、刘本英
CN202020294733.1	一种红枣去核装置	好想你健康食品股份有限公司，河南省郑州市新郑市薛店镇（451199）	石　勇、石　训

（续）

申请或批准号	发明名称	申请（专利权）人与通信地址	发明人
CN202020295153.4	手工饺机械化的成型装置	成都掘越智能机械设备有限公司，四川省成都市金堂县淮口镇淮洲大道246－250号（610499）	王　东
CN202020301373.3	一种食品加工用花生脱皮装置	青岛金泰农业科技有限公司，山东省青岛市莱西市河头店镇千家村80号甲（266699）	陆冬松
CN202020305901.2	一种延长保鲜期限的半成品牛肉滚揉装置	浙江佳时食品有限公司，浙江省嘉兴市平湖市新仓镇富前路165号（314299）	庄中观、吴家忠
CN202020307286.9	一种双混合机中间加粉碎机的混合系统	辽宁波尔莱特农牧实业有限公司，辽宁省沈阳市沈北新区虎石台经济开发区虎石台南大街75－1号（110164）	吕福军
CN202020315856.9	一种饲料加工用发酵罐	宁夏绿健源生物科技有限公司，宁夏回族自治区吴忠市金积镇政府南侧政府巷东侧金积粮库西侧（751199）	熊金山
CN202020320792.1	应用于植物油脂生产的多联自控炒锅系统	广东匠心花生油生产有限公司，广东省茂名市高州市金山街道金星大道粤西花生交易市场6号（525299）	杜继雄
CN202020323760.7	一种具有自洁功能的移动式烤箱	昆山三凯光电科技有限公司，江苏省苏州市昆山市巴城镇石牌立基路518号2号房（215301）	韩敬坤、顾红军
CN202020328936.8	一种高效节能自动炒货装置	盐津铺子食品股份有限公司，湖南省长沙市浏阳生物医药工业园（410399）	杨　斌
CN202020333052.1	一种延长甘薯保藏期的装置	河南科技学院，河南省新乡市红旗区五一路东段（453003）	王玉玲、乔　红
CN202020333702.2	一种食品加工用核桃烘干装置	山西舜兴干果产业发展有限公司，山西省运城市垣曲县特色食品双创基地（043703）	陈小灵
CN202020338504.5	一种鲜肉处理机	四川职业技术学院，四川省遂宁市河东新区学府北路1号（629099）	蒋　毅、吴　庆
CN202020346621.6	一种食用菌流水线自动化采摘装置	哈尔滨汉洋食用菌种植有限公司，黑龙江省哈尔滨市双城经济技术开发区（150199）	莫观南
CN202020358310.1	一种鸭肉加工用清洗装置	沈阳佳合食品有限公司，辽宁省沈阳市康平县经济开发区朝阳工业园纺织园三号路（110599）	翟慈伟、魏冬站
CN202020360874.9	一种水果加工用水果消毒设备	湘西韵莱农业发展有限责任公司，湖南省湘西土家族苗族自治州保靖县迁陵镇创新创业园（416599）	王海鹏
CN202020361816.8	一种牛肉加工用烘箱	六安市胜缘食品有限公司，安徽省六安市裕安区分路口镇街道（237008）	夏俭胜
CN202020369692.8	一种快速微生物发酵面团的装置	广西朗盛食品科技有限公司，广西壮族自治区南宁市江南区国凯大道19号（530031）	韦福献

（续）

申请或批准号	发 明 名 称	申请（专利权）人与通信地址	发明人
CN202020370002.0	一种冰温无水保湿系统	江苏恩链环境科技有限公司，江苏省苏州市昆山市玉山镇城北路 5 号 3 号房（215301）	李 巍、邱志明
CN202020371086.X	一种饺子馅高效搅拌装置	宿迁市五芬食品有限公司，江苏省宿迁市泗阳县史集街道办全民创业园发展大道 2 号（223799）	李志明
CN202020373243.0	一种肋条加工机床用肋条固定装置	济南奉观棉机配件有限公司，山东省济南市章丘区绣惠街道北套村（250203）	李 波
CN202020387729.X	屠宰淋浴室	沈阳福润肉类加工有限公司，辽宁省沈阳市沈北新区宏业街 11 号（110164）	张继明
CN202020387960.9	一种高效率的裙带菜生产用气泡脱盐机	时代海洋食品有限公司，辽宁省大连市高新技术产业园区海龙路 57 号（116021）	程 里
CN202020397237.9	一种往复式食品加工用干燥设备	宁夏迪葳食品有限公司，宁夏回族自治区吴忠市盐池县工业园区南北大道（751599）	刘保法
CN202020397614.9	肉类食品去毛切块加工一体机	四川寇大香食品有限公司，四川省成都市温江区成都海峡两岸科技产业开发园科兴西路 618 号（611130）	寇大香、田光莲
CN202020398515.2	大型家禽体毛处理装置	沈阳福润肉类加工有限公司，辽宁省沈阳市沈北新区宏业街 11 号（110164）	辛 江
CN202020398525.6	猪头打毛机	沈阳福润肉类加工有限公司，辽宁省沈阳市沈北新区宏业街 11 号（110164）	张继明
CN202020398539.8	家禽屠宰劈半锯平衡组件	沈阳福润肉类加工有限公司，辽宁省沈阳市沈北新区宏业街 11 号（110164）	辛 江
CN202020403406.5	去鱼皮结构	江南大学，江苏省无锡市滨湖区蠡湖大道 1800 号（214122）	罗 慧、唐正宁
CN202020408575.8	一种便于老茶叶热揉的茶叶揉捻机	广西昭平县鹊鸣春茶业有限公司，广西壮族自治区贺州市昭平县西宁北路富民街 1 号（546899）	陈 伟
CN202020409433.3	一种搅拌均匀的糕点原料搅拌装置	淳安千岛湖日康食品有限公司，浙江省杭州市淳安县千岛湖镇涌金路 321 号 1 幢三层 B 区（311799）	方景璐、方 晓
CN202020413597.3	一种下馅器馅料切料机构	上海诚淘机械有限公司，上海市松江区永丰街道欣玉路 188 号 B1 栋（201620）	谢周伟、聂长丽
CN202020416091.8	一种能够生产结晶蜂蜜的加工装置	江西省卫民蜜蜂园有限公司，江西省九江市永修县燕山（330399）	吴卫民
CN202020420474.2	一种食用菌加工用分段干燥装置	北京航天农业生物科技有限公司，北京市房山区青龙湖镇大苑村良坨路甲 2 号（102401）	胡立峰
CN202020421214.7	一种用于番茄打浆的装置	莆田正宇生态农业科技发展有限公司，福建省莆田市仙游县度尾镇云水村坟尾 19 号（351299）	方雪美

（续）

申请或批准号	发 明 名 称	申请（专利权）人与通信地址	发明人
CN202020425096.7	蛋糕糕点系列制作生产快速输送智能流水线	佩洛西（海南）食品科技有限公司，海南省海口市琼山区府城镇金花新路 10 号一楼铺面（571199）	陈德华、陈一乐
CN202020429142.0	蔬菜加工设备	山东新大新食品工业装备有限公司，山东省潍坊市诸城市高新技术产业园场站路中段路北（262299）	徐恩洪
CN202020432928.8	一种连续供料的千层榴梿饼加工设备	广州泽威金属机械有限公司，广东省广州市花都区风神大道自编 75-2 号之五（510801）	王 威
CN202020437131.7	一种通风方便的茶叶发酵箱	浙江府燕尔茶业有限公司，浙江省绍兴市新昌县澄潭镇大桥路 22 号 1 幢（312599）	梁秀华
CN202020440224.5	一种肉串加工装置	青海省畜牧兽医科学院，青海省西宁市生物园区纬二路 1 号（810028）	李升升
CN202020449188.9	一种木香外皮去除辅助装置	重庆澜科中药材有限公司，重庆市南岸区丹龙路 7 号丹桂苑 B 栋第三层（401336）	邹联中
CN202020449288.1	一种冬瓜削皮机	保定翔龙食品机械制造有限公司，河北省保定市容城县南张镇津保路北侧（071799）	齐文浩、肖 飞
CN202020449764.X	一种智能取椰肉装置	海口欣佳达机电有限公司，海南省海口市高新区海马工业园海马一横路 7 号（570216）	黎柏甫
CN202020457041.4	一种牛肉干加工用清洗脱水一体机	重庆渝海食品有限公司，重庆市南岸区南坪镇四公里村团结社（401336）	黄晓英
CN202020457087.6	一种快速组装的畜禽挂钩	睢县海新食品有限公司，河南省商丘市睢县产业集聚区中心路 10 号（476999）	薛庆香
CN202020477073.0	用于谷物干燥机的冷热风电动调控装置	安徽森米诺智能科技有限公司，安徽省合肥市蜀山区自主创新产业基地三期 C 座 8 层 810 号（230031）	陆必发
CN202020477965.0	一种双色双口味糕点出嘴结构	涵尊精密机械制造有限公司，江苏省苏州市昆山市淀山湖镇新兴路 10 号 2 号房（215301）	孙瑞斌
CN202020478080.2	一种面条生产用切割分条装置	昆明市东川吴氏面条制造有限公司，云南省昆明市东川区铜都街道兴玉路 54 号（654199）	吴宗民
CN202020479597.3	一种用于修剪禽爪趾甲的插接治具	广东好味来食品有限公司，广东省潮州市饶平县钱东镇下浮山行顶片（515799）	蔡 锴、林思慈
CN202020488467.6	一种农业水果保鲜装置	龙岩市绿谷优蓝生态农业科技发展有限公司，福建省龙岩市上杭县临城镇城南村岗上路 107-1 号（364299）	刘洪艳
CN202020491287.3	一种塑料肠衣折缩机自动卸料装置	天津利成虹宇包装材料有限公司，天津市西青区杨柳青镇柳口路 98 号 9 号楼（300380）	马存福
CN202020492799.1	一种食品加工用喷印装置	黑甜（福建）实业有限公司，福建省厦门市湖里区高林中路 521 号 2708 单元（361015）	王雪伟

（续）

申请或批准号	发 明 名 称	申请（专利权）人与通信地址	发明人
CN202020500260.6	一种速冻汤圆脱盘机	宁波市缸鸭狗食品有限公司，浙江省宁波市镇海区九龙湖镇陈沈路 188 号（315299）	陈开河、华浩波
CN202020501001.5	一种全自动环保型高效包衣机	南京凯欧机械制造有限公司，江苏省南京市栖霞区靖安街道三江口工业园 1 区 002 室（210023）	汪 波
CN202020501661.3	一种折叠烧鸡放置架	安徽兴粮烧鸡有限公司，安徽省宿州市符离集镇宿符路（234099）	尹 斌、王晓梅
CN202020503233.4	一种防止蜂蜜结晶的蜂蜜后处理装置	浙江江山健康蜂业有限公司，浙江省衢州市江山市长台镇甲海安山底 15 号（324199）	王 前、朱君旺
CN202020504141.8	一种蜂王浆除杂过滤用温湿度控制装置	浙江江山健康蜂业有限公司，浙江省衢州市江山市长台镇甲海安山底 15 号（324199）	夏小明、姜文健
CN202020504409.8	料理机	浙江绍兴苏泊尔生活电器有限公司，浙江省绍兴市世纪西街 3 号（312099）	倪 滔、唐路蒙
CN202020505466.8	一种零食蚕豆生产用剥衣装置	湖南乔峰食品有限公司，湖南省湘潭市湘乡经济开发区振湘路 009 号（312099）	文树乔
CN202020507814.5	一种面团破碎机	中山市顶盛食品机械有限公司，广东省中山市坦洲镇腾云路 13 号（528467）	李海疆
CN202020518267.0	一种莲子加工处理机	江西鲜莲设备制造有限公司，江西省抚州市南城县建昌镇秋水园村庙岭（344799）	罗 琴、陈立群
CN202020524632.9	一种脱水蔬菜加工用手动烘干设备	甘肃金沙食品有限公司，甘肃省张掖市临泽县农副产品加工集中区（734299）	张 鹏、李春海
CN202020524642.2	一种蔬菜加工用冷凝水自动回收装置	甘肃金沙食品有限公司，甘肃省张掖市临泽县农副产品加工集中区（734299）	李春海、李吉海
CN202020524671.9	一种蔬菜加工用搅拌清洗装置	甘肃金沙食品有限公司，甘肃省张掖市临泽县农副产品加工集中区（734299）	王正林、李吉海
CN202020530760.4	一种滚筒式水产品沥水设备	巢湖市江涛水产食品有限公司，安徽省巢湖市居巢区炯炀工业区（238008）	程 燕
CN202020533070.4	一种新型饺子成型模具	河南中博食品机械有限公司，河南省新乡市新乡县七里营镇金融大道 11 号（453799）	陈光涛、陈荣志
CN202020533195.7	一种自动拨板粮食流量控制设备	河北皓凯农业机械有限公司，河北省石家庄市高新区和平东路 767 号（050023）	梁连贵、梁 凯
CN202020538625.4	一种面团食品加工装置	福建省卡尔顿食品有限公司，福建省漳州市龙海市海澄工业区（363199）	黄秋平
CN202020541619.4	一种食品加工用脱水装置	宁夏迪葳食品有限公司，宁夏回族自治区吴忠市盐池县工业园区南北大道（751599）	李康明
CN202020544298.3	一种双螺杆挤压膨化装置	江苏傲农生物科技有限公司，江苏省宿迁市泗阳县经济开发区金鸡湖路 9 号（223799）	肖丽萍、周盛昌

（续）

申请或批准号	发 明 名 称	申请（专利权）人与通信地址	发明人
CN202020544359.6	一种新型层叠式豆芽机	内蒙古汉生源科技有限公司，内蒙古自治区包头市昆区校园路内蒙古科技大学孵化园2楼汉生源（014020）	侯建伟
CN202020548488.2	鱿鱼剁籽机	舟山市裕达水产食品有限公司，浙江省舟山市普陀区展茅鱿鱼市场五路1号（316199）	史红光
CN202020549846.1	一种松肉器	上海娟龙包装技术有限公司，上海市奉贤区金闸公路999号1幢3层2333室（201499）	王新祥
CN202020550736.7	一种水果饮料加工用水果清洗装置	江苏盱眙富杨农业科技发展有限公司，江苏省淮安市盱眙县河桥镇幸福村（211799）	杨 群
CN202020550752.6	一种具有免伤剥皮功能的蒜米去皮机	江苏盱眙富杨农业科技发展有限公司，江苏省淮安市盱眙县河桥镇幸福村（211799）	杨 群
CN202020554703.X	一种油条机	温州金伊丰机械有限公司，浙江省温州市瑞安市马屿镇南垟堡村工业区（供电所旁）（325299）	鲁日区
CN202020557456.9	一种快速冻肉切片机	南京年吉冷冻食品有限公司，江苏省南京市溧水区和凤镇工业园（211299）	谭美兰
CN202020558232.X	一种畜牧业用饲料加工干燥设备	民乐县碧如意种植有限责任公司，甘肃省张掖市民乐县六坝镇工业园区（734507）	魏宗唐
CN202020558605.3	滚刀组件及禽类脖皮去除机	青岛耐森机械科技有限公司，山东省青岛市城阳区书云东路中江物流园南门南200米（266109）	牟 涛、李宗锋
CN202020564206.8	一种用于打散裙带菜的打散装置	威海诚远海洋生物科技股份有限公司，山东省威海市荣成市寻山路189号（264399）	彭俊洲、王宇超
CN202020564743.2	一种用于中晚稻稻谷的烘干装置	湖南世纪绿食农业有限公司，湖南省岳阳市岳阳县杨林乡尚书村张坪片柴家组（414199）	方 正、李石明
CN202020568868.2	一种磁力式豆芽培育箱	内蒙古汉生源科技有限公司，内蒙古自治区包头市昆区校园路内蒙古科技大学孵化园2楼汉生源（014020）	陈玉斌、陈佳音
CN202020570311.2	一种水产饲料生产用快速冷却装置	海南远生渔业有限公司，海南省海口市澄迈县老城开发区玉堂路6号（570312）	刘荣锋
CN202020571063.3	一种反扣式豆芽铲收装置	内蒙古汉生源科技有限公司，内蒙古自治区包头市昆区校园路内蒙古科技大学孵化园2楼汉生源（014020）	张 峰
CN202020572475.9	一种多辊卧式脱毛机	许昌智工机械制造有限公司，河南省许昌市襄城县产业集聚区创业园（461799）	安著铭
CN202020575076.8	用于包馅食品生产装置的馅料供给系统	成都掘越智能机械设备有限公司，四川省成都市金堂县淮口镇淮洲大道246-250号（610499）	王 东
CN202020578721.1	一种可去除渣滓的油炸机	龙海市福联食品机械有限公司，福建省漳州市龙海市海澄镇工业园西小区（363199）	蒋建国、蔡锡惠

（续）

申请或批准号	发 明 名 称	申请（专利权）人与通信地址	发明人
CN202020580762.4	一种便于操作的罐头生产用切割台	山东润品源食品股份有限公司，山东省枣庄市山亭区新城工业园区世纪大道西侧（277299）	韩荣生
CN202020581398.3	冷冻烤鳗生产用清洗设备	福清弘晟食品有限公司，福建省福州市福清市渔溪镇上张村（350399）	潘世和、郭进勇
CN202020582962.3	一种牛肉切片机	山东奥华生态农牧有限公司，山东省枣庄市国家高新区复元四路东侧宁波路南侧（277099）	陈建华、郭素琴
CN202020582968.0	一种加工鸡腿肉去骨装置	滕州合易食品有限公司，山东省枣庄市滕州市洪绪镇团结村（277599）	张祥礼、殷 涛
CN202020583672.0	一种加水装置、和面设备	扬州哈工科创机器人研究院有限公司，江苏省扬州市生态科技新城杭集镇曙光路 579 号（211499）	衣 超、赵小东
CN202020586269.3	一种方便使用的禽类脱毛装置	霍邱县科瑞达禽业有限公司，安徽省六安市霍邱县乌龙镇陡岗村（237499）	尹 勇、贾昌泽
CN202020593722.3	一种仓外制冷控温的粮仓	湖州市储备粮管理有限公司，浙江省湖州市吴兴区东街 118 号（313002）	钱国良、曾 诚
CN202020593880.9	一种香肠生产用肠衣清洗装置	沈阳重工食品有限公司，辽宁省沈阳市经济技术开发区六号街八甲 2 号（110179）	尤志刚、张艳平
CN202020597615.8	一种食品加工生产用烘干设备	上海金丰裕米业有限公司，上海市奉贤区堂富路 66 弄 56 号 2 幢二层 207 室（201499）	陈 惠
CN202020601628.8	家用虾仁平分器	山西大学，山西省太原市小店区坞城路 92 号（030032）	刘 洋、弓晓娟
CN202020601787.8	一种具有铁屑清除功能的制面装置	乐至县石佛挂面厂，四川省资阳市乐至县石佛镇池塘巷 2 号（641599）	王 良
CN202020603318.X	重力压块及设置该重力压块的玉子烧自动生产线	青岛环速科技有限公司，山东省青岛市市北区福州北路 90 号 15 层 1503 户（266034）	孙业国、姜志兴
CN202020604070.9	一种液压花生破碎机	青岛昊昊植物油有限公司，山东省青岛市莱西市沽河街道办事处耿家营 1 号（266699）	吴海鹏
CN202020605373.2	一种生态环境修复治理箱	山东江河湿地生态研究院，山东省济南市莱芜职业技术学院内 H 座（250022）	董红霞、郑福山
CN202020606708.2	一种具有排杂功能的大蒜清洗装置	江苏盱眙富杨农业科技发展有限公司，江苏省淮安市盱眙县河桥镇幸福村（211799）	杨 群
CN202020607117.7	一种便于取面的和面机	江门市星丰食品机械有限公司，广东省江门市蓬江区荷塘镇雷步村委会红花山 10 号（529030）	何伟洪、李万祺
CN202020608265.0	一种鱼块切割装置	漳州市博嘉自动化机械设备有限公司，福建省漳州市东山县康美镇铜钵村后厝 318 号岳宗停车场内（363499）	董智雄、林跃宗

（续）

申请或批准号	发　明　名　称	申请（专利权）人与通信地址	发明人
CN202020609737.4	一种泡菜丝搅拌设备	阆中市阆味香食品有限公司，四川省南充市阆中市沙溪办事处金鼓村（637455）	郑月佳、常　聪
CN202020613618.6	一种板栗壳仁分离装置	陕西君威农贸综合有限责任公司，陕西省商洛市商州区商丹循环工业经济区刘湾生态工业园（726099）	胡　勇
CN202020617552.8	一种杂交构树生态饲料专用粉碎机	陕西楮谷生物科技有限公司，陕西省宝鸡市千阳县崔家头镇赵家塬村一组（721104）	刘俊涛、赵胜利
CN202020618269.7	一种果汁生产用高温杀菌装置	武汉冠典食品有限公司，湖北省武汉市黄陂区前川街武湖村浙商工业园 A 区＋1 号（430399）	魏彩荣
CN202020621635.4	一种生猪屠宰加工用屠体挂架	河南邓农食品股份有限公司，河南省南阳市邓州市腰店镇大房营村（474150）	黄　志
CN202020621640.5	一种滚烫式屠宰用去毛设备	河南邓农食品股份有限公司，河南省南阳市邓州市腰店镇大房营村（474150）	黄　志
CN202020627433.0	极速茶汤降温设备	上海斟茶记餐饮管理有限公司，上海市金山区漕泾镇亭卫公路 3318 号 2 幢 101 室（200540）	李书萱
CN202020631048.3	一种远洋捕捞船上的水产品分类清洗装置	舟山国家远洋渔业基地科技发展有限公司，浙江省舟山市定海区干览镇商会路 1 号- 161601 室（316004）	史　宇
CN202020631433.8	一种斩拌机	成都陈麻婆川菜调味品有限公司，四川省成都市新都区新都镇工业大道东段 1061 号（610599）	余　阳、凌国民
CN202020638151.0	一种蔬果制品低温油炸装置	亳州康仕嘉食品有限公司，安徽省亳州市经济开发区庄周路以东、槐花路以北（236801）	康非洲、康干荣
CN202020641718.X	一种禽畜开翅叶片	寿光市和益自动化设备有限公司，山东省潍坊市寿光市古城街道安前街中段（262799）	冯朝波、郑　伟
CN202020641723.0	一种禽畜提升定位机构	寿光市和益自动化设备有限公司，山东省潍坊市寿光市古城街道安前街中段（262799）	冯朝波、李泽煜
CN202020643976.1	一种米粉的挤压成型机	无锡威尔森淀粉工业有限公司，江苏省无锡市滨湖区锦溪路 100 号科教软件园 8 号楼 502 室（214122）	周　宇、张立群
CN202020645089.8	一种膨化饲料挤出模具	扬州市安源金属制品有限公司，江苏省扬州市邗江区杨寿镇回归路西侧（225012）	李保安
CN202020648424.X	一种鳗鱼加工头尾固定装置	福建铭发水产开发有限公司，福建省福州市福清市上迳镇南湾村（350399）	杨　新、陆卓丽
CN202020648438.1	一种和面机	陕西好利来食品有限公司，陕西省西安市西咸新区秦汉新城周陵街道新庄村天工一路东段 6 号（710005）	任常东

（续）

申请或批准号	发 明 名 称	申请（专利权）人与通信地址	发明人
CN202020648478.6	一种饲料生产用制粒机	郑州绿赛农牧业有限公司，河南省郑州市高新区沟赵办事处郭村（450007）	冯文斌、尹 源
CN202020649390.6	一种水浴漂烫锅	余姚市鸿基食品有限公司，浙江省宁波市余姚市泗门镇楝树下村（315402）	徐 毅、俞光华
CN202020652264.6	一种方便安装的五谷杂粮饼生产用分离座	河南省旷华食品有限公司，河南省驻马店市上蔡县西工业园区（463899）	吴长文、吴家聪
CN202020652272.0	一种辣椒去籽装置	青岛派普瑞克食品有限公司，山东省青岛市胶州市胶北镇工业园（266399）	姜善财
CN202020656663.X	用于自动化装盒装置的取料机械手	立高食品股份有限公司，广东省广州市增城石滩镇工业园平岭工业区（511399）	卢剑钊、徐建军
CN202020662492.1	一种具有沥干功能的罗非鱼片清洗装置	福建福铭食品有限公司，福建省福州市福清市上迳镇南湾村（350399）	杨 新、陆卓丽
CN202020662678.7	一种新型鸡屠宰后脱毛装置	宁夏锦玉食品有限公司，宁夏回族自治区吴忠市青铜峡市瞿靖镇毛桥村（751699）	王爱梅
CN202020664589.6	一种物料超细粉碎装置	昆明方向盘饲料有限公司，云南省昆明市大板桥街道办事处西冲社区西冲口村（650299）	李川杰
CN202020666901.5	一种食品加工灌装一体机	沈阳阿雷食品有限公司，辽宁省沈阳市沈北新区辉山经济开发区辉山大街111号（110164）	郑念军
CN202020672461.4	茶叶杀青专用生物质燃烧机	云南邦纳科技有限公司，云南省昆明市中国自由贸易试验区昆明片区经开区经开路3号科技创新园（650021）	莫祥进、陈达跃
CN202020672697.8	一种卧式粉料炒制搅拌机	西安福瑞德食品饮料有限公司，陕西省西安市经济技术开发区雅荷花园中环大厦B座15层（710005）	张继锋、张义明
CN202020672906.9	一种用于核桃的加工装置	核磨坊饮品科技有限公司，河北省邢台市宁晋县宁隆路88号（055550）	王荣强、王占飞
CN202020675762.2	一种反刍颗粒饲料调质装置	公主岭禾丰反刍饲料有限责任公司，吉林省四平市公主岭市公伊路98号（136199）	王铁元、吕超群
CN202020676987.X	一种自动升降筐式清洗机	中国农业机械化科学研究院，北京市朝阳区德胜门外北沙滩1号（100024）	杜志龙、李佳伟
CN202020678920.X	一种茶窖	安溪萌皇茶业有限公司，福建省泉州市安溪县城东工业区A6小区（362499）	谢辉煌、谢启龙
CN202020679705.1	一种羊毛刮毛机	南京耐合屠宰机械制造有限公司，江苏省南京市溧水区洪蓝镇工业园（211299）	陈春根、水白清
CN202020681753.4	一种食品加工用烘焙食品降温装置	黑龙江农辰生物科技有限公司，黑龙江省哈尔滨市松北区智谷二街3043号哈尔滨松北科技创新产业园13栋4楼4163室（150023）	余慧南

（续）

申请或批准号	发 明 名 称	申请（专利权）人与通信地址	发明人
CN202020681761.9	一种自动化蜂蜜融晶装置	湖南省明园蜂业有限公司，湖南省长沙市芙蓉区长冲路30号（410016）	刘有源、王进武
CN202020683171.X	一种鸡骨架切割机	福建正大食品有限公司，福建省龙岩市新罗区东城登高东路688号（364099）	沈 奇、滕宏炜
CN202020683490.0	用于饲料秸秆除土装置	宁夏龙泽农业机械制造有限公司，宁夏回族自治区石嘴山市平罗县星火村一队92号（753499）	杨成龙、马建林
CN202020683511.9	一种便于调节的茶叶加工用炒制装置	杭州大明茶叶有限公司，浙江省杭州市余杭区瓶窑镇塘埠村（311199）	朱雅风
CN202020683914.3	一种面包成型机构	桂林陈氏大家庭食品科技有限责任公司，广西壮族自治区桂林市七星区环城南一路穿山科技产业园（541004）	陈新义、陈新庭
CN202020684986.X	一种养羊用秸秆高效粉碎装置	安徽省争华羊业集团有限公司，安徽省蚌埠市固镇县仲兴乡中陈村后陈庄（233799）	陈争上、徐 宁
CN202020685050.9	一种冷冻羊肉切割装置	安徽省争华食品有限公司，安徽省蚌埠市固镇县经济开发区城南路南（233799）	陈争上、徐 宁
CN202020688681.6	一种酱板鸭生产用的清洗装置	湖南省新漾食品有限公司，湖南省长沙市浏阳市两型产业园（410399）	唐 珊
CN202020689616.5	一种饲料粉碎机	罗定市百越农牧发展有限公司，广东省云浮市罗定市罗平镇罗平居委罗平农场三栋17号首层（527299）	张博升
CN202020696566.3	一种酱牛肉杀菌用高温杀菌釜	湖南杨阳杨食品有限公司，湖南省益阳市南县南洲镇工业园8栋（413299）	许 时
CN202020697921.9	一种生猪屠宰用生猪起吊设备	河南丹水情肉食品有限公司，河南省南阳市邓州市南二环张寨村（474150）	黄 志
CN202020698521.X	粮食烘干机过滤网孔板	江苏优虎智能制造有限公司，江苏省无锡市锡山区羊尖镇机械装备产业园A区（214101）	钱志峰
CN202020700908.4	一种滑轨式饲料加工用成型装置	湖南华佑生物科技有限公司，湖南省长沙市浏阳市荷花工业小区（410399）	兰大万
CN202020700963.3	一种振筛式秋刀鱼鱼体初级选别机	上海海洋大学，上海市浦东新区沪城环路999号（200135）	花传祥、曹金程
CN202020702177.7	一种果蔬去农残全自动清洗设备	卓领电子（深圳）有限公司，广东省深圳市龙岗区南湾街道南岭村社区南新路9号厂房（518172）	任龙生
CN202020703939.5	一种去除肉类有害激素新型机器	卓领电子（深圳）有限公司，广东省深圳市龙岗区南湾街道南岭村社区南新路9号厂房（518172）	任龙生
CN202020707405.X	一种用于绞肉机的可拆卸式绞肉刀组件	中山市派优宜电器有限公司，广东省中山市阜沙镇阜港公路侧（528447）	丁明敏、王俭牛

（续）

申请或批准号	发 明 名 称	申请（专利权）人与通信地址	发明人
CN202020710486.9	一种夹心海苔生产用便捷式抖料装置	安徽欢乐禧禧食品科技有限公司，安徽省滁州市经济技术开发区城东工业园九江东路 278 号（233260）	吴鸿岩
CN202020712123.9	一种百香果保鲜盒	贵州省山地资源研究所，贵州省贵阳市陕西路 1 号贵州科学院（550004）	张丽敏、王 瑞
CN202020715309.X	一种谷物烘干机	湖南科森农业股份有限公司，湖南省永州市祁阳县黎家坪镇十里坪农场（426182）	张志翠、刘玉贵
CN202020716950.5	一种新型发酵反应器	天津开发区老北塘家食品技术有限公司，天津市滨海新区塘沽海洋科技园新北路 4668 号创新创业园 31-A 号厂房五层 C 角（300480）	吴尚奇
CN202020718160.0	改进型混揉机出料口	山东海奥斯生物科技股份有限公司，山东省淄博市桓台县果里镇张北路 201 号（256499）	宋立国、马 龙
CN202020719222.X	混揉工序用辅料添加装置	山东海奥斯生物科技股份有限公司，山东省淄博市桓台县果里镇张北路 201 号（256499）	赵换英、宋立国
CN202020722804.3	一种模拟恒温的火腿发酵房用的发酵架	云南宣威火腿集团有限责任公司，云南省曲靖市宣威市宛水街道南岩村 142 号（655499）	陈 阳、张明昌
CN202020724008.3	一种新型牛肉液压真空滚揉装置	山东借箭牛业发展有限公司，山东省滨州市阳信县温店镇大营开发区（251899）	冯玉在、冯建康
CN202020725544.5	食用油加热系统	石家庄佳月机械制造有限公司，河北省石家庄市藁城区九门乡只照村（052160）	于辉波、白国旺
CN202020727966.6	一种方便调节的茶叶加工用晾晒架	益阳市旺泰茶业有限公司，湖南省益阳市赫山区泥江口镇南坝村（413002）	张幸荣
CN202020730375.4	一种水产品筛选分类装置	广东泰联海洋食品有限公司，广东省湛江市麻章区瑞云北路 2 号（524094）	余传圣、余小兵
CN202020730389.6	一种牛肉加工用涂料装置	安徽鳌鸟运营管理有限公司，安徽省合肥市合肥高新技术开发区玉兰大道 767 号机电产业园（230031）	余传圣、余小兵
CN202020731666.5	一种粉类加工输送切断装置	河源市绿州食品有限公司，广东省河源市源城区龙岭工业园五路（517099）	朱文辉、刘丽琴
CN202020744049.9	一种带有过滤功能的食品加工用油炸装置	安徽黑娃食品科技有限公司，安徽省亳州市涡阳县经开区 B 区华都路与兴业路交叉口（233606）	魏秀兰
CN202020744122.2	一种用于饲料生产的制粒装置	淮安中大饲料有限公司，江苏省淮安市淮阴区飞耀路（223399）	聂刘明、陈权文
CN202020744274.2	一种油茶加工用脱壳装置	上犹县绿源天然食品有限公司，江西省赣州市上犹县东山镇犹江大道上犹县林业局办公楼（341299）	施彦均
CN202020744567.0	一种牛肉切割装置	桦甸市金牛牧业有限公司，吉林省吉林市桦甸市永吉街陶瓷工业园区（132499）	潘淑红、陈玉祥

（续）

申请或批准号	发 明 名 称	申请（专利权）人与通信地址	发明人
CN202020745590.1	混合机构及自动喂面机	内蒙古星华源食品股份有限公司，内蒙古自治区乌兰察布市察右前旗察哈尔工业园区（012199）	王占军
CN202020759933.X	一种水果罐头生产用水果清洗装置	湛江市华煌食品有限公司，广东省湛江市徐闻生态工业集聚区（524139）	詹 杰
CN202020768341.4	一种肉丸加工用肉丸馅绞肉机	漳州市博嘉自动化机械设备有限公司，福建省漳州市东山县康美镇铜钵村后厝318号岳宗停车场内（363499）	曾满艺
CN202020769037.1	一种罗非鱼加工装置	湛江龙威水产实业有限公司，广东省湛江市霞山华港工业区（524019）	何细弟、施忠伟
CN202020770196.3	一种动物饲料生产用旋转配料装置	淮滨顺和农业综合开发有限公司，河南省信阳市淮滨县产业集聚区立城大道与新华街交汇处南侧（464411）	邢江龙
CN202020775617.1	虾线自动去除装置	浙江理工大学，浙江省杭州市下沙高教园区2号大街928号（310020）	高兴文、金亦康
CN202020776943.4	一种绿豆蒸煮罐	晋江曼酷食品有限公司，福建省泉州市晋江市经济开发区长安路17-1号（362216）	张松林
CN202020777174.X	一种山核桃加工用蒸煮设备	杭州千岛湖绿瑶食品有限公司，浙江省杭州市淳安县瑶山乡琅洞村147号（311799）	何晓林、洪 旻
CN202020777815.1	一种粮食工程用防潮存储仓	山东省粮油工程设计院有限公司，山东省济南市历下区洙源大街3号（250014）	范秀云、刘 芃
CN202020780516.3	一种多功能青饲料切碎机	重庆潼双机械制造有限公司，重庆市潼南区工业园区南区B6-5/01号（402660）	宋国民
CN202020781377.6	一种安装方便的手持式面食机	九阳股份有限公司，山东省济南市槐荫区美里路999号（250117）	王旭宁、支鹏龙
CN202020781616.8	一种大豆分离蛋白生产用水洗搅拌装置	哈尔滨商业大学，黑龙江省哈尔滨市松北区学院路（150023）	黄雨洋
CN202020781622.3	一种茶叶生产用茶叶翻炒装置	湖南湘沩茶叶有限公司，湖南省长沙市宁乡县沩山乡沩山村太阳庙组（410699）	李谢华
CN202020781625.7	一种饲料膨化机	福州航盛饲料有限公司，福建省福州市长乐区营前街道黄石村（350299）	陈诗潮
CN202020783779.X	一种红茶发酵熏炉	云南临沧正山堂茶业有限公司，云南省临沧市临翔区忙畔街道滇西农产品物流园10号（677099）	卫京棣
CN202020787194.5	一种脉冲强光对病室床垫的消毒装置	上海思坦德医疗科技有限公司，上海市闵行区都庄路2350号3幢318室（201199）	宋伯根、王 侃
CN202020787738.8	一种肉类加工用切割绞肉装置	利辛县凯利达肉类加工有限公司，安徽省亳州市利辛县经开区诚信路北侧、环翠路西侧（236701）	杨守宇、刘永涛

（续）

申请或批准号	发　明　名　称	申请（专利权）人与通信地址	发明人
CN202020794352.X	一种自动切肉穿串机	金华职业技术学院，浙江省金华市婺州街 1188 号（321025）	王嘉翊、许亚军
CN202020795653.4	手抓饼成型装置	山东省潍坊市省工食品机械科技有限公司，山东省潍坊市寒亭区高里街道办事处高里二村（261199）	石　坚、宋彬山
CN202020804306.3	一种面条加工用压面机	杭州鸿福食品有限公司，浙江省杭州市余杭区崇贤街道银杏路 9 号（311199）	陈　彦、王东林
CN202020804550.X	一种细化效果可调的面条细化机	江西村娃实业有限公司，江西省宜春市丰城市泉港镇（331199）	唐　敏
CN202020806667.1	窝眼自定位长径击打核桃破壳装置及核桃取整仁装置	青岛理工大学，山东省青岛市经济技术开发区嘉陵江路 777 号（266499）	张紫薇、张小虎
CN202020808922.6	一种茶叶除尘筛选装置	杭州大明茶叶有限公司，浙江省杭州市余杭区瓶窑镇塘埠村（311199）	何　芳
CN202020812457.3	一种稳定下料的冻肉切片机	江西谷纬科技有限公司，江西省赣州市赣州经济技术开发区坪峰岭路 19 - 6 号厂房（341001）	张继云、赖莉萍
CN202020813514.X	一种可控制上料的挤压供料机	漯河大旺食品有限公司，河南省漯河市经济开发区衡山路南段（462002）	刘新红
CN202020814543.8	骨汤热压提取防溢收集装置	河南普乐泰生物科技股份有限公司，河南省鹤壁市淇县高村镇 107 国道东侧（456750）	许　雄、张天鹏
CN202020816184.X	一种全自动 3D 冻肉整形生产线	山东正通机械设备有限公司，山东省滨州市博兴县湖滨镇丈八佛村皇冠路北头（256599）	李国涛、安　冉
CN202020818425.4	一种鱼尾加工用去鳞器	湖南湘味斋食品股份有限公司，湖南省益阳市南县南洲镇工业园（413299）	侯建辉
CN202020823322.7	一种用于茶干酱料酿造时补料的无菌型流加罐	马鞍山市采石矶食品有限公司，安徽省马鞍山市雨山区雨翠路 518 号 1 栋（243011）	鲍　哲、鲍　臻
CN202020824218.X	一种饲料生产用自动配料装置	沈阳泰尔兰牧业有限公司，辽宁省沈阳市辽中县养士卜乡东牛心坨村（110299）	段景然
CN202020824817.1	一种新型滚筒炒松机	德清唯信食品有限公司，浙江省湖州市德清县武康镇丰庆街 838 号 1 幢（313299）	汪进英、赵从永
CN202020826994.3	一种电磁爆米花机中的供油装置	金华市融昌工具有限公司，浙江省金华市金东区康济北街 1 号（321015）	胡旭军、钟晓昱
CN202020827431.6	一种基于炒货食品的翻炒用除尘装置	遂宁市川好子食品有限公司，四川省遂宁市工业园区明星大道 100 号（629299）	王高林、陈胜菊
CN202020830634.0	一种浓缩饲料加工用筛选装置	漳州正邦农牧科技有限公司，福建省漳州市南靖县高新技术产业园区（363699）	黄　俊
CN202020831269.5	一种肉鸭屠宰净毛装置	河南旭瑞食品有限公司，河南省焦作市三阳乡大聂村（454950）	郭振环、李胜茂

申请或批准号	发 明 名 称	申请（专利权）人与通信地址	发明人
CN202020831270.8	一种禽类屠宰净膛装置	河南旭瑞食品有限公司，河南省焦作市三阳乡大聂村（454950）	贾国生、周延州
CN202020831332.5	一种肉鸭屠宰过程用的烫制装置	河南旭瑞食品有限公司，河南省焦作市三阳乡大聂村（454950）	马 霞、吕一舟
CN202020831636.1	一种用于香肠加工的灌肠分段装置	宣汉县兴旺食品有限公司，四川省达州市宣汉县樊哙镇街道柏岩街（636153）	陈兴明、陈治燃
CN202020832644.8	一种野生菌菇加工用杀菌机	中延菌菇业（天津）有限公司，天津市静海区林海循环经济示范区（301699）	马洪芳
CN202020833456.7	一种手持式屠宰切割生猪肛门装置	河南黄志牧业有限公司，河南省南阳市邓州市小杨营乡孙庄村（474150）	黄 志
CN202020834121.7	一种芦根代饮茶制备系统	沅江市芦小妹食品有限公司，湖南省益阳市沅江市高新技术产业园区01层（413199）	张 沿、张博宁
CN202020837590.4	一种面条加工流水线上的加热机构	贵州和盛食品开发有限公司，贵州省贵阳市修文县扎佐医药园区（550299）	江运洲
CN202020839751.3	一种腊肉香肠晾晒装置	宣汉县兴旺食品有限公司，四川省达州市宣汉县樊哙镇街道柏岩街（636153）	陈兴明、陈治燃
CN202020839772.5	一种家禽饲料发酵装置	湖北双港农业科技贸易股份有限公司，湖北省荆州市公安县斗湖堤镇油江路1号（434399）	李一平
CN202020846936.7	一种方便移动的猪肉制品用挂架	天津老东乡食品有限公司，天津市静海区中旺镇中旺村中心街南侧村委会东侧（301699）	刘文振
CN202020851203.2	一种罐头用油泼辣子处理装置	昆明德和罐头食品有限责任公司，云南省昆明市龙泉路503号（652299）	钱金莲、吴 炜
CN202020852312.6	用于饲料生产线的调质器	江门嘉年华饲料实业有限公司，广东省江门市台山市大江镇潭江工业区7号（529299）	王明鹏、何松明
CN202020858360.6	一种腌制肉类滚揉机的接料装置	绍兴市祥泰丰食品有限公司，浙江省绍兴市人民东路1426号3号楼西首一楼（312599）	金芳娟
CN202020861604.6	一种青梅除杂用滚筒清洗装置	贵州荔波亿隆之家农业科技有限公司，贵州省黔南布依族苗族自治州荔波县朝阳镇八烂村寨省组农耕文化园（558499）	赵章山、刘俊芬
CN202020861852.0	一种手持搅拌式自流巢蜜	正元合谷（北京）健康科技发展有限公司，北京市海淀区羊坊店路18号S座6层601-11（100086）	翟大福、吴 军
CN202020861876.6	基于鹅肉香肠发酵的灌注装置	宜宾市娥天歌食品有限公司，四川省宜宾市南溪区九龙食品园区（644199）	徐 艺、蔡 茂
CN202020867551.9	一种饲料添加剂药品混合用自动上料设备	洛阳瑞莱生物工程有限公司，河南省洛阳市汝阳县产业集聚区西环路6号（471299）	张智利、刘朝阳
CN202020869500.X	一种笋类自动清洗及检测装置	福建飞捷农业科技有限公司，福建省三明市建宁县濉溪镇工业路3-1号（354599）	范高强、范龙辉

（续）

申请或批准号	发 明 名 称	申请（专利权）人与通信地址	发明人
CN202020872310.3	一种食用菌加工用的原料配制装置	福建川久农业发展有限公司，福建省宁德市寿宁县南阳镇下房村大门 29 号（355599）	叶竹福
CN202020874068.3	一种沙棘果汁离心过滤机	华池县甘农生物科技有限公司，甘肃省庆阳市华池县城南新区（745699）	吴若阳
CN202020877145.0	一种用于食品的超长波解冻装置	江苏恩链环境科技有限公司，江苏省苏州市昆山市玉山镇城北路 5 号 3 号房（215301）	李巍、邱志明
CN202020880483.X	一种饮品加工用原料清洗装置	龙岩米讯星科技有限公司，福建省龙岩市新罗区西陂街道华莲社区龙岩大道中 276 号 A 幢 1105 室（364099）	林明勇
CN202020894640.2	一种范围广的喷淋杀菌机的喷淋支架机构	阜阳三农食品科技有限公司，安徽省阜阳市颍州区阜阳合肥现代产业园区翡翠湖路 15 号（236032）	王雯
CN202020899877.X	一种禽类饲料生产系统	昆明正阳饲料有限公司，云南省昆明市官渡区阿拉乡阿拉村（650299）	何亚洪
CN202020908619.3	一种谷物生产用微生物蒸汽式杀灭装置	江西谷物源食品有限公司，江西省宜春市高安市高新技术产业园区（330899）	丁德华、叶开飞
CN202020909190.X	多功能栗子剥皮机	南京工业职业技术学院，江苏省南京市仙林大学城羊山北路 1 号（210023）	李萍萍、周凌涛
CN202020911384.3	一种腊肠加热机的自动加水装置	湖南开天新农业科技有限公司，湖南省长沙市望城区乔口镇大垅围村原新堤小学（410299）	刘双全、胡新民
CN202020918221.8	一种猪浓缩饲料配料装置	昆明邦云饲料有限公司，云南省昆明市官渡区大板桥镇园艺农场六大队（650299）	刘治国、舒建斌
CN202020918460.3	一种月桂酸单甘酯与母猪饲料混合添加装置	河南枫华种业股份有限公司，河南省驻马店市高新区工业园创业大道南侧 1 至 5 层 01 - 0501（463003）	江道合、魏云
CN202020926167.1	法棒面包排气装置	武汉市仟吉食品有限公司，湖北省武汉市黄陂区武湖农场滨湖分场（430399）	陆伟、宋劲松
CN202020928371.7	一种预调理猪肉切割装置	遂宁市凡是食品有限公司，四川省遂宁市明星大道 313 号（629099）	凡东
CN202020929558.9	一种海参剖腹装置	烟台华康生物医药科技有限公司，山东省烟台市蓬莱市经济开发区金创南路 6 号（265699）	王林彬、王新茂
CN202020930118.5	一种用于菌菇料包生产的清洗装置	成都雅乐鲜生物科技有限公司，四川省成都市金堂县竹篙镇农产品精深加工园区标准化厂房区域内 12 号（610499）	纪昌联、纪玉莉
CN202020931796.3	一种牧草颗粒制取装置	西藏自治区农牧科学院草业科学研究所，西藏自治区拉萨市城关区农科路 11 号（850001）	曲广鹏、参木友
CN202020933934.1	一种结构改进的压皮器	浙江圣浩新能源有限公司，浙江省绍兴市诸暨市暨阳街道新世纪花园 B2 - 6（311899）	蔡建平

（续）

申请或批准号	发 明 名 称	申请（专利权）人与通信地址	发明人
CN202020937830.8	一种茶球制备机	广西科技大学鹿山学院，广西壮族自治区柳州市鱼峰区新柳大道99号（545006）	蔡锦源、张金华
CN202020939133.6	食品输送机	佛山长睿机械有限公司，广东省佛山市顺德区勒流街道江村村委会工业大道西七路3号（528399）	王天兵
CN202020951010.4	一种手持式腌肉器	福建师范大学，福建省福州市闽侯县上街镇大学城福建师范大学科技处（350199）	许 婷、李海花
CN202020959835.0	一种肉饼压实装置	宁夏夏华肉食品股份有限公司，宁夏回族自治区中卫市沙波头区迎水桥镇（755099）	王太生、宋宏军
CN202020962328.2	一种粽子捆扎机	贺州学院，广西壮族自治区贺州市西环路18号（542899）	谭赶生、谭韩英
CN202020971219.7	一种用于食品安全检查的杀菌设备	宜宾嘉合食品有限责任公司，四川省宜宾市筠连县筠连镇海瀛农场品工业园区（645250）	高发崇
CN202020973856.8	一种单刀片绞肉结构	广东新宝电器股份有限公司，广东省佛山市顺德区勒流镇政和南路（528399）	郭建刚、李志勇
CN202020980758.7	一种全自动锯骨机	江西众得力厨具有限公司，江西省赣州市章贡区客家大道169-2号场地（341001）	张继云、赖莉萍
CN202020980773.1	一种冷冻肉自动切片机	江西赣云食品机械有限公司，江西省赣州市章贡区章贡经济开发区客家大道169号恒昌金属制品有限公司2号厂房（341001）	张继云、赖莉萍
CN202020985335.4	一种烤箱	杭州九阳小家电有限公司，浙江省杭州市经济技术开发区下沙街道银海街760号（310020）	王旭宁、刘敦国
CN202020993623.4	一种自动化鳗鱼切片装置	安徽省味香居食品有限公司，安徽省蚌埠市固镇县经济开发区纬二路202号（233799）	曹明浩、曹波浪
CN202021007405.5	一种食品加工用肉制品悬挂架	丹东零点食品有限公司，辽宁省丹东市东港市经济开发区滨海西区疏港路1号（118399）	邵大珊
CN202021009481.X	一种新型咸鸭蛋分离清洗两用装置	山东陈氏特产食品有限公司，山东省滨州市博兴县乔庄镇滨乔路888号（256599）	陈子峰、陈 娜
CN202021015248.2	一种海参加工提取用立式硅藻土过滤机	青岛悦龙堂食品有限公司，山东省青岛市崂山区苗岭路19号裕龙大厦2号楼1单元1701户（266061）	吴相肖、于普良
CN202021021763.1	一种高营养秸秆生物黑山羊饲料制备设备	辰溪天源生态农业科技开发有限公司，湖南省怀化市辰溪县辰阳镇辰州北路二中段（419599）	黄民解
CN202021021899.2	一种高效的自动绞肉机	佛山市顺德区德财健倍网络科技有限公司，广东省佛山市顺德区容桂小黄圃居委会朝桂南路1号高骏科技创新中心1座2102号（528399）	宋元彬

（续）

申请或批准号	发 明 名 称	申请（专利权）人与通信地址	发明人
CN202021024825.4	巴沙鱼手动浅去皮机	茂名市恒兴水产科技有限公司，广东省茂名市化州市鉴江区百室堂山底岭大园坡（525121）	陈　丹、周卫彪
CN202021025816.7	一种挂面生产用混料装置	江西晶星食品有限公司，江西省赣州市赣县区赣州高新技术产业开发区长岭路2号（341199）	王菊香、闵昌荣
CN202021031277.8	一种以山药为原料的面条成型设备	福建和平古镇农业开发有限公司，福建省南平市邵武市和平镇和平街36号（354099）	吴菊萍、危智诚
CN202021032151.2	一种生态蛋鸭绿色饲料及添加剂混合生产设备	维康腾达生物科技有限公司，河南省郑州市自贸试验区郑州片区航海东路1394号（450099）	周维辉、李超雷
CN202021035630.X	一种高效脱水蔬菜干燥机	常州市泽华干燥设备有限公司，江苏省常州市天宁区郑陆镇河口村（213004）	王跃中、杨松元
CN202021036053.6	一种带有粉碎功能的鱼丸成型装置	山东汇泰海洋科技有限公司，山东省威海市荣成市黎明南路777号（264399）	唐　黎
CN202021036311.0	一种带有烘干效果的粮仓	郑州中锣科技有限公司，河南省郑州市金水区花园路天伦路花园茶楼D区29-1室（450002）	吴继振
CN202021040669.0	一种具有移动定位结构的压延机	大连第二橡塑机械有限公司，辽宁省大连市甘井子区同德路4号（116039）	王丹丹
CN202021043055.8	一种蛋挞皮传送分流装置	威海壹鹏食品有限公司，山东省威海市文登区汕头东路129-1号（264499）	王志明
CN202021043246.4	一种螺蛳肉生产加工用外壳预分离装置	湖南省东江清水食品有限公司，湖南省郴州市苏仙区五里牌镇工业集中区兴林中小企业孵化基地（423001）	吴志强、谭三忠
CN202021044761.4	一种高效剖鱼装置	天津农学院，天津市西青区津静路22号（300380）	刘　娜、单慧勇
CN202021048617.8	一种烘干机	丽江大然生物有限公司，云南省丽江市玉龙纳西族自治县黄山镇南口工业园区（674199）	李金成
CN202021051115.0	一种虾蟹饲料加工用熟化装置	连云港联和饲料有限公司，江苏省连云港市经济技术开发区大浦工业园临浦路10号（222042）	仲一鸣、程　刚
CN202021052592.9	一种猪养殖的喂料装置	河南天宇牧业有限公司，河南省南阳市方城县小史店镇陈潭沱村（473299）	张方东
CN202021056286.2	一种鲍鱼气泡清洗设备	福建海文铭海洋科技发展有限公司，福建省福州市马尾区亭江镇长祥路67号（350015）	欧于斌、许钧绽
CN202021056691.4	一种肉丸加工用肉末制备装置	广东华创展翔食品有限公司，广东省佛山市三水区西南街道金森路5号联东双创园24座（528199）	林烈和
CN202021056722.6	肉丸搅拌送料装置	广东华创展翔食品有限公司，广东省佛山市三水区西南街道金森路5号联东双创园24座101、102（528199）	林烈和

（续）

申请或批准号	发 明 名 称	申请（专利权）人与通信地址	发明人
CN202021058365.7	一种恒温多烘斗茶叶烘焙机	资溪县韵茗香茶叶有限责任公司，江西省抚州市资溪县马头山镇永胜村（335399）	梁艳艳
CN202021060202.2	一种饲料生产加工用储存装置	驻马店大地饲料有限公司，河南省驻马店市汝南县产业集聚区乐山路北段（463399）	彭　静、贺四华
CN202021060950.0	芝麻连续烘炒机	河北徐府粮油有限公司，河北省石家庄市藁城区丘头镇徐村（052160）	徐建军
CN202021061319.2	一种养猪用饲料混合装置	安徽昊牧农业科技有限公司，安徽省阜阳市颍泉区宁老庄镇陈集村（236065）	宋国徽、牛　辉
CN202021062423.3	一种南极磷虾虾酱生产用筛选装置	荣成市日鑫水产有限公司，山东省威海市荣成市港湾街道办事处玄镇村（264399）	原永广、房文涛
CN202021063680.9	一种茶叶加工用烘干除水装置	资溪县韵茗香茶叶有限责任公司，江西省抚州市资溪县马头山镇永胜村（335399）	梁艳艳
CN202021068176.8	一种和面机机架	浙江鲨鱼食品机械有限公司，浙江省丽水市遂昌县毛田工业区（323399）	林宗武、陈文波
CN202021068767.5	一种饲料粉碎混合装置	上海牧高生物科技有限公司，上海市浦东新区临港海洋高新技术产业化基地A0201街坊617号（200135）	刘仕军、李文娟
CN202021072592.5	一种猪胴体喷淋清洗机	青岛新万福食品有限公司，山东省青岛市莱西市珠海路5号（266699）	史　蕾、周少永
CN202021077258.9	诺丽果果汁循环灭菌装置	万宁万维生物科技有限公司，海南省万宁市龙滚镇坡罗村委会（岭加达坡）（571799）	符文英、邢又木
CN202021080212.2	一种香肠制作机	河北大锤食品科技有限公司，河北省廊坊市永清县别古庄镇辛务民营科技园东区1号（065601）	段瑞英
CN202021084311.8	一种屠宰用剥皮装置	天祝华锐之星冷链物流有限公司，甘肃省武威市天祝藏族自治县华藏寺镇华藏寺村水泉组（733299）	马更尕、靳　新
CN202021085908.4	一种用于鱼类内脏清洗的新型装置	宁德市百盛水产有限公司，福建省宁德市蕉城区三都镇三都粮食管理站（352199）	林福增
CN202021086588.4	欧李钙等元素提取及果汁浓缩装置	山东聚福德现代农业有限公司，山东省泰安市泰山区省庄镇河东路中段德美机电西临50米（271002）	冯殿齐、邢　刚
CN202021088762.9	一种用于粮仓的除湿装置	郑州中锣科技有限公司，河南省郑州市金水区花园路天伦路花园茶楼D区29-1室（450002）	王成洲
CN202021096153.8	一种具有清砂功能的紫菜输送装置	福州海林食品有限公司，福建省福州市罗源县起步经济开发区（350699）	李光强、李杨寅
CN202021098609.4	一种蜜柚表皮多道清洗设备	梅州万川千红农业发展有限公司，广东省梅州市大埔县湖寮镇进城大道西湖风情街15号商铺（514247）	丘牡香、林意青

（续）

申请或批准号	发 明 名 称	申请（专利权）人与通信地址	发明人
CN202021101229.1	一种具有投喂功能的鸡饲料搅拌装置	宁都县阳春禽业有限公司，江西省赣州市宁都县梅江镇翠微西路莲花大道 2-2 号（342899）	熊吉琴
CN202021101356.1	一种兔饲料的搅拌装置	济源市阳光兔业科技有限公司，河南省济源市承留镇孤树村大东凹（463005）	牛选民、段天奎
CN202021101443.7	一种绞肉机添加装置	石家庄冠奕机械设备科技有限公司，河北省石家庄市南石家庄工业区村东 1 号（050011）	唐建国
CN202021103683.0	和面机	浙江绍兴苏泊尔生活电器有限公司，浙江省绍兴市世纪西街 3 号（312099）	侯 康、汤叶舟
CN202021104048.4	一种便携式生物发酵饲料装置	武汉市农业科学院，湖北省武汉市江夏区金口街纸金公路长山村 2 号（430299）	周 源、华 娟
CN202021107475.8	应用于生产月饼可调节烘烤系统及冷却生产线	广东扬航食品有限公司，广东省潮州市潮安区浮洋镇洪巷村陇头李水电路（515699）	杨 敏、陈树贤
CN202021107952.0	一种牛血清解冻装置	呼和浩特市草原绿野生物工程材料有限公司，内蒙古自治区呼和浩特市玉泉区小黑河镇后八里庄 243 号（010040）	刘云山、刘晓成
CN202021120462.4	串肉机	湖北新涵野自动化设备科技有限公司，湖北省黄冈市英山县经济开发区干臣大道神力半轴厂隔壁（438799）	姜 辉
CN202021124787.X	一种无菌朗德鹅屠宰集血装置	安徽食汇农业科技开发有限公司，安徽省六安市霍邱县花园镇天竹村（237499）	胡中海
CN202021126801.X	高效辐射式热风杀青机	浙江春江茶叶机械有限公司，浙江省杭州市富阳区银湖街道中秋路 18 号（311499）	郑树立、孙鹿鸣
CN202021135478.2	一种虾仁除渣设备	南通宝泰机械科技有限公司，江苏省南通市港闸区永福路 8 号 1 幢（226006）	丁浩锋、马徐飞
CN202021135960.6	一种屠宰用牛只行走通道	云南双友现代农业股份有限公司，云南省曲靖市马龙县旧县街道九龙街（655199）	段凯熙、焦立军
CN202021137063.9	一种腐竹自动油炸设备	柳州市美申园食品科技有限公司，广西壮族自治区柳州市柳江区拉堡镇基隆村中屯 78 号（545199）	黄 海
CN202021139765.0	一种改良发酵袋	广东驱动力生物科技股份有限公司，广东省广州市白云区广从十路登塘工业区 9 号之四厂（510450）	刘平祥、郑冬冬
CN202021146259.4	一种用于水产品的辐照加速器灭菌保鲜装置	武汉爱邦高能技术有限公司，湖北省鄂州市红莲湖旅游新城新星路 30 号（436030）	潘际林、卢艺元
CN202021147409.3	一种防晃动的小型搅拌机	扬州市艾力达机电制造有限公司，江苏省扬州市高邮市高邮镇工业集中区（225699）	周 军
CN202021156475.7	用于茶叶处理的高效加工装置	筠连县千秋茶业有限公司，四川省宜宾市筠连县腾达镇春风村水坪组（645250）	方兴元

（续）

申请或批准号	发　明　名　称	申请（专利权）人与通信地址	发明人
CN202021158703.4	一种自动化大鲵加工去表层角质装置	江西武功山金牛实业有限责任公司，江西省吉安市安福县钱山乡南山村（343299）	管夏松、李树良
CN202021165382.0	一种用于加工压片糖果的混料设备	天津肽谷生物科技有限公司，天津市津南区北闸口镇广惠道 52 号（300350）	陈文天、张矛矛
CN202021168992.6	一种蛏子去壳后表面除泥装置	福建瑞云食品有限公司，福建省福州市连江经济开发区敖江园区富兴北路（350599）	陈建先、陈金瑞
CN202021170519.1	一种鱼丸生产原料用脱水装置	福建瑞云食品有限公司，福建省福州市连江经济开发区敖江园区富兴北路（350599）	陈建先、陈金瑞
CN202021176221.1	一种鸡蛋皮生产用搅拌打匀装置	重庆来品农业发展有限公司，重庆市巫溪县红池坝镇渔沙村五社（405899）	孟德发
CN202021176842.X	一种海参加工用清洗装置	天津肽谷生物科技有限公司，天津市津南区北闸口镇广惠道 52 号（300350）	陈文天、张矛矛
CN202021177490.X	一种具有精确添加风味酶功能的肉类盐水注射机	安徽鲜满多食品有限公司，安徽省淮北市相山区凤凰山食品经济开发区仪凤路西（235099）	黄新新
CN202021178752.4	一种牛肉加工用入味装置	徐闻聚丰食品有限公司，广东省湛江市徐闻县海安经济技术开发区内（524139）	谭富雄
CN202021180334.9	一种绞肉机	广州市华平食品有限公司，广东省广州市荔湾区海北西浦路 19 号（510170）	李永华
CN202021183040.1	一种易于移动的肠衣制作用多层挂架	安徽省固镇县振宇肠衣有限公司，安徽省蚌埠市固镇县蚌埠铜陵现代产业园区中小企业园（233799）	张　宇、杨利生
CN202021185687.8	一种煎饼折叠装置及煎饼生产线	北京正隆斋全素食品有限公司，北京市海淀区上庄镇白水洼甲 1 号院内平房（100086）	李重润
CN202021186893.0	和面刀组件和和面机	浙江绍兴苏泊尔生活电器有限公司，浙江省绍兴市世纪西街 3 号（312099）	侯　康
CN202021191866.2	一种面包切割夹馅一体机	重庆巴怡缘食品有限公司，重庆市南岸区江龙路 8 号 1# 厂房（401336）	罗　双
CN202021197121.7	用于龙虾的沥水装置	天门市鑫天农业发展有限公司，湖北省荆州市天门市张港镇景峰大道（431726）	李根华
CN202021197171.5	一种龙虾处理操作台	天门市鑫天农业发展有限公司，湖北省荆州市天门市张港镇景峰大道（431726）	李根华
CN202021197645.6	冰淇淋机抽板式撒颗粒装置	天津标星不锈钢制品有限公司，天津市津南区辛庄镇白塘口村达港路 68 号（300350）	高林月、张庆琪
CN202021200407.6	一种蜂蜜生产可旋转低温灭菌装置	武汉康思农生物科技有限公司，湖北省武汉市华中农业大学产业服务大楼（430015）	唐宏泉、王孟津
CN202021200796.2	一种夹层卷材成卷机器人	深圳爱她他智能餐饮技术有限公司，广东省深圳市宝安区新安街道兴东社区群辉路 23 号 403（518101）	邹　娜、陈荣龙

（续）

申请或批准号	发 明 名 称	申请（专利权）人与通信地址	发明人
CN202021202092.9	紫菜挤压脱水装置	真荣南通水产有限公司，江苏省南通市如东县丰利镇环渔村（226499）	沙臻德
CN202021209703.2	一种手动、电动一体驱动装置	深圳市誉华食品科技控股有限公司，广东省深圳市龙华新区龙华街道油松社区梅观高速水斗段水斗新围工业区 A 栋 401（518110）	张北京、徐 翔
CN202021212759.3	一种水产品加工装置	安徽省鸿图生态农业有限公司，安徽省安庆市望江县鸦滩镇码头村码头街（246299）	陈学武
CN202021217689.0	一种具有杀菌功能的干果放置仓	蔚县小好小干果有限公司，河北省张家口市常宁乡范家堡村（075799）	范俊峰
CN202021217875.4	一种干果去壳装置	蔚县小好小干果有限公司，河北省张家口市常宁乡范家堡村（075799）	范俊峰
CN202021220004.8	一种养殖生猪加工用速冻装置	青岛黄海学院，山东省青岛市黄岛区灵海路1145 号（266499）	赵梅莲
CN202021230104.9	带式劈半锯	查维斯机械制造（北京）有限公司，北京市顺义区南彩镇二三产业基地 11 号厂房（101399）	约翰威
CN202021232825.3	一种滚揉机	南通双和食品有限公司，江苏省南通市通州区兴仁镇阚庵东村（226399）	何灿华
CN202021233574.0	一种虾加工用消毒装置	汇泰渤海水产有限责任公司，山东省滨州市北海新区经济开发区马山子镇政府驻地、张东路北侧（256899）	牛明德、高德昌
CN202021235289.2	一种复合维生素 D 胶囊	广州市雅博生物科技有限公司，广东省广州市黄埔区荔联街沧联工业园 8 号大院 3 号三楼（510799）	陆寒松、师 敏
CN202021241067.1	一种全自动金针菇采收切根一体机	苏州荣世吉自动化设备有限公司，江苏省苏州市相城经济技术开发区澄阳街道泰元路 8 号（215131）	韩吉发、陆广勤
CN202021243088.7	一种虾肉泥搅拌装置	鲜美来食品股份有限公司，广西壮族自治区北海市工业园区科盛路 16 号（536006）	李 欣
CN202021249465.8	干燥设备	北京华创瑞风空调科技有限公司，北京市海淀区中关村东路 1 号院 3 号楼 10 层 1005B（100086）	陈亮亮、刘亭亭
CN202021253249.0	一种用于食品加工处理的清洗装置	临沂太合食品有限公司，山东省临沂市高新技术产业开发区罗西街道金山路北段路西（276014）	马振博
CN202021255761.9	一种肠衣原料预处理装置	安徽省固镇县振宇肠衣有限公司，安徽省蚌埠市固镇县蚌埠铜陵现代产业园区中小企业园（233799）	张 宇、杨利生
CN202021261860.8	全自动响铃卷油炸设备	上海截鲲自动化科技有限公司，上海市奉贤区肖塘路 255 弄 10 号 1 层（201499）	官正印、陈 果

（续）

申请或批准号	发　明　名　称	申请（专利权）人与通信地址	发明人
CN202021264791.6	水果去核装置	广州富港生活智能科技有限公司，广东省广州市黄埔区科学城南云五路 11 号光正科技产业园 501-2（510799）	傅峰峰、江志强
CN202021265909.7	一种油炸设备用过滤装置	青岛六一机械有限公司，山东省青岛市莱西市水集街道办事处深圳北路 220 号（266699）	宫勤明
CN202021268412.0	一种便于出料的茶叶理条机	松阳县振跃茶叶机械有限公司，浙江省丽水市松阳县古市镇黄岗坑 6 号 1 楼（323499）	张根法、何贤才
CN202021272283.2	一种全自动大豆浸泡池	豆黄金食品有限公司，山东省临沂市费县上冶镇工业园（273499）	张京宝、王西保
CN202021272748.4	一种用于果蔬清洗的气泡发生器	南京蓝洁环保科技有限公司，江苏省南京市六合区马鞍街道小康南路 12 号 2 号楼 309（211599）	李书宝
CN202021274929.0	和面桶及和面机	小熊电器股份有限公司，广东省佛山市顺德区勒流街道富裕村委会富安集约工业区 5-2-1 号地（528399）	李一峰、刘睦林
CN202021275055.0	蔬菜清洗装置的清洗槽水循环涡流增强结构	深圳市誉华食品科技控股有限公司，广东省深圳市龙华新区龙华街道油松社区水斗新围工业区（518110）	张北京、徐　翔
CN202021277285.0	一种撒坝火腿加工房	云南农业大学，云南省昆明市沣源路 452 号（650205）	宋春莲、舒相华
CN202021283484.2	一种鱼鳞快速去除装置	福建瑞云食品有限公司，福建省福州市连江经济开发区敖江园区富兴北路（350599）	陈建先、陈金瑞
CN202021291879.7	一种蜜汁鸭翅卤制装置	湖南照霞食品有限公司，湖南省长沙市浏阳经济技术开发区康宁路 382 号（410399）	章国照
CN202021292398.8	一种肉块加工用切割成型装置	湖南照霞食品有限公司，湖南省长沙市浏阳经济技术开发区康宁路 382 号（410399）	章国照
CN202021295670.8	一种手持式面条机	杭州九阳小家电有限公司，浙江省杭州市经济技术开发区下沙街道银海街 760 号（310020）	王旭宁、陈　迪
CN202021302391.X	一种牲畜屠宰用固定装置	安徽永洁肉类有限公司，安徽省阜阳市临泉县工业园区（236499）	于万龙
CN202021311418.1	一种带有自清洗功能的滚揉机	湖南湘典食品有限公司，湖南省长沙市浏阳市两型产业园（410399）	戴谋宏、张鹏飞
CN202021312720.9	一种易于清理的腌渍肠料浸泡装置	固镇县环宇食品有限公司，安徽省蚌埠市固镇县蚌埠铜陵现代产业园区中小企业园 3#孵化器二层（233799）	张　宇、杨利生
CN202021319356.9	一种罗非鱼加工鱼肉清洗装置	重庆市开州区博洋生态农业发展有限公司，重庆市开州区汉丰街道驷马社区南山中路 1 号 2 楼（405499）	徐　渤

（续）

申请或批准号	发　明　名　称	申请（专利权）人与通信地址	发明人
CN202021322380.8	一种肉制品温和式减菌加工装置	内蒙古农业大学职业技术学院，内蒙古自治区包头市土右旗萨拉齐镇（014199）	蔡永敏、王晓政
CN202021324103.0	一种鲍鱼肉清洗蒸煮一体化装置	福建罗屿岛食品有限公司，福建省莆田市仙游县赖店镇罗峰村（351299）	林志良
CN202021331591.8	麻酱生产用真空脱气罐	北京京茂香源科技发展有限公司，北京市大兴区物顺南路 7 号院 3 号楼 1 至 3 层 01（100162）	李俊廷
CN202021331680.2	一种牲畜屠宰流水线用自动变轨机构	常熟市屠宰成套设备厂有限公司，江苏省苏州市常熟市董浜镇支王路 27 号（215505）	周建昌、张　涛
CN202021332859.X	一种多头包馅机成形收切装置	泰兴市德茂机械制造有限公司，江苏省泰州市泰兴市姚王镇十里甸村甸何七组 40－2 号（225499）	黄志勇
CN202021333668.5	一种肉鸡胴体喷淋装置	开原市赢德肉禽有限责任公司，辽宁省铁岭市开原市庆云堡镇河西村（112399）	邢桓阁、邢珈鸣
CN202021335963.4	一种揉面与压面、和面与绞肉组合一体机	浙江鲨鱼食品机械有限公司，浙江省丽水市遂昌县毛田工业区（323399）	林宗武
CN202021337357.6	一种防堵塞的麻蓉酥糖滚筒刮粉装置	桃源县佳奇食品有限责任公司，湖南省常德市桃源县陬市镇三里铺村十九组陬尧路（415799）	刘振军
CN202021339794.1	一种面皮一体成型机	宝鸡金昱食品机械制造有限公司，陕西省宝鸡市渭滨区高新开发区宝钛路高崖村工业园 2 号（721099）	程　挺
CN202021345318.0	一种饲料添加剂生产用筛选装置	天津生泰源生物科技有限公司，天津市宝坻区大口屯镇产业功能区利安路 2 号（301899）	赵怀宝
CN202021352902.9	一种饲料搅拌混合喂养装置	江西省惠大实业有限公司，江西省赣州市宁都县工业园（342899）	张晓敏
CN202021360480.X	一种和面锅	安徽荣达食品有限公司，安徽省宣城市广德县桃州镇高湖村（242299）	李海斌、郭利宁
CN202021360496.0	一种适用于面点辐照的限位装置	四川润祥辐照技术有限公司，四川省眉山市彭山区经济开发区（620860）	彭进松、阙龙飞
CN202021360729.7	一种用于糕点加工的切饼装置	拉萨大昭青稞食品有限公司，西藏自治区拉萨市曲水县曲水镇）218－1 号（850699）	沈　焱、王成程
CN202021360922.0	一种生猪屠宰线自动输送装置	无为市康宁科技食品有限公司，安徽省芜湖市无为市福渡镇石碑村城东工业污水处理厂南侧（238399）	江向军、陶福立
CN202021362581.0	一种包心肉丸成型装置	福建富邦食品有限公司，福建省泉州市惠安县黄塘镇中心工业区（362199）	蔡阿粉、骆主胜
CN202021362916.9	一种基于蔗糖的甜味调味品生产用的粉碎机	广西工业职业技术学院，广西壮族自治区南宁市西乡塘区秀灵路 37 号广西工业职业技术学院（530001）	宁方尧、梁　勇

（续）

申请或批准号	发　明　名　称	申请（专利权）人与通信地址	发明人
CN202021364968.X	一种骆驼奶片的压片装置	内蒙古沙漠之神生物科技有限公司，内蒙古自治区阿拉善盟阿拉善右旗巴丹吉林镇骆驼产业园（737399）	陈钢粮
CN202021365088.4	一种具有筛分功能的覆盆子甜茶加工用烘干装置	江西福圣元生物科技有限公司，江西省上饶市德兴市天海路1号（334299）	张　斌、祝天才
CN202021366943.3	一种面包加工用面团塑形装置	天津阿兴食品有限公司，天津市静海区独流镇莲花工业园莲花二支路九号（301699）	李典锋
CN202021367444.6	肉鸡自动宰杀机	山东震邦机械科技有限公司，山东省潍坊市诸城市枳沟镇隆兴路248号乔庄工业园（262299）	蒋胜邦、聂清宗
CN202021367474.7	一种毛禽宰杀电晕机	山东震邦机械科技有限公司，山东省潍坊市诸城市枳沟镇隆兴路248号乔庄工业园（262299）	蒋胜邦、聂清宗
CN202021368429.3	鸭脱蜡器	山东震邦机械科技有限公司，山东省潍坊市诸城市枳沟镇隆兴路248号乔庄工业园（262299）	蒋胜邦、聂清宗
CN202021368758.8	一种用于面包制作的揉面机	合肥市超港食品有限公司，安徽省合肥市高新区机电产业园杨林路（230031）	胡湾湾
CN202021371359.7	一种酶解鲣鱼的加工设备	东山东毅食品有限公司，福建省漳州市东山县铜陵镇（363499）	佘跃龙、陈思静
CN202021374527.8	一种夹持架	甸硕水产科技（化州）有限公司，广东省茂名市杨梅镇杨梅工业园管委会办公楼101号（525121）	叶柯蕾
CN202021377753.1	一种裹衣缓冲机	青岛钧亿来机械有限公司，山东省青岛市即墨区大信镇南王家庄村信华街11号（266299）	宫兆福、宫祺睿
CN202021377897.7	一种嫩化牛排制备装置	上海潮乡源食品有限公司，上海市浦东新区三林路158号2幢205室（200135）	张正国
CN202021381522.8	一种用于肉制品加工沥干装置	重庆阿兴记食品股份有限公司，重庆市渝北区渝北国家农业科技园区食品工业城宝环一路6号（401120）	柏　勇
CN202021381723.8	一种手抓饼生产用切段机	张家口饼厨食品有限公司，河北省沧州市张家口市宣化区洋河南工业区（075199）	左更英
CN202021382134.1	一种风味鱼制品工业化生产线	湖南喜味佳生物科技有限公司，湖南省岳阳市岳阳经济技术开发区康王工业园木里港路（414199）	田明礼、田鸣伟
CN202021382967.8	一种用于生猪屠宰线的自动转挂装置	无为市康宁科技食品有限公司，安徽省芜湖市无为市福渡镇石碑村城东工业污水处理厂南侧（238399）	江向军、陶福立
CN202021390835.X	一种防腐剂生产原料牡蛎壳的高效清洗装置	广东海洋大学，广东省湛江市麻章区海大路1号（524094）	余传明、张兆霞
CN202021394684.5	一种面包生产用原料存放设备	天津阿兴食品有限公司，天津市静海区独流镇莲花工业园莲花二支路九号（301699）	陈锐斌

（续）

申请或批准号	发 明 名 称	申请（专利权）人与通信地址	发明人
CN202021396119.2	一种用于牛骨蒸煮的自动搅拌装置	辽宁博恩生物制品有限公司，辽宁省铁岭市调兵山市北工业园区（112799）	徐洪权
CN202021401931.X	一种煎饼机用刮板机构	天津酷捷科技有限公司，天津市河北区建昌道街迎春道 321 号诗景广场 1 号楼-808（300143）	张瑞林、袁名伟
CN202021402903.X	一种均匀混合干燥水果的加工装置	海南禾日香食品有限公司，海南省海口市金盘工业区建设三横路金马大厦五层 A 单元（570105）	陈晓东、陈晓聪
CN202021402949.1	一种振动除活鲍鱼细沙装置	福州海天蓝水产有限公司，福建省福州市连江县筱埕镇定海 815 路 228 号（350599）	颜家义
CN202021402969.9	一种鱼糜制品加工用油炸装置	福州海天蓝水产有限公司，福建省福州市连江县筱埕镇定海 815 路 228 号（350599）	颜家义
CN202021405449.3	一种茶叶清洗装置	萧氏茶业集团有限公司，湖北省宜昌市夷陵区发展大道萧氏工业园（443101）	肖 勇、陈 成
CN202021406495.5	一种用于毛豆的筛选和清洗装置	海南欧兰德农业高科发展有限公司，海南省昌江县石碌镇山竹沟村百业红建材城（571799）	颜和德
CN202021407938.2	一种可实时监测水分的果蔬烘干系统	辽宁冶装绿色高科技实业有限公司，辽宁省鞍山市高新区越岭路 259 号 411 室-10（114051）	吴思涵、武志涛
CN202021408425.3	一种应用于屠宰场的猪头自动切割装置	安徽聚丰畜禽开发有限公司，安徽省芜湖市鸠江区清水街道联盟村（241006）	翟笃奇、唐金鹏
CN202021412245.2	一种自动化熟虾仁杂质分离设备	广东虹宝水产开发股份有限公司，广东省湛江市麻章经济开发试验区金园路东侧 2 号（524094）	田增良、张增奇
CN202021413736.9	一种能够自动添加调料的腌制机	深圳市誉华食品科技控股有限公司，广东省深圳市龙华新区龙华街道油松社区梅观高速水斗段水斗新围工业区 A 栋 401（518110）	张北京、徐 翔
CN202021413843.1	一种槟榔点卤后烘干仓	海南口味王科技发展有限公司，海南省万宁市后安镇七星村（571799）	匡凤军、陈雪梅
CN202021416084.4	一种具有自动发酵功能的食品工程用面包机	大为器具（无锡）有限公司，江苏省无锡市锡山区东港镇里西村勤工路 16 号（214101）	邵 刚
CN202021417647.1	一种肉制品加工用定时型自动斩拌机	上海丁义兴食品股份有限公司，上海市金山区枫泾镇枫阳路 848 号（200540）	王 瑞
CN202021420461.1	一种饲料生产用安全粉碎装置	廊坊聚慧饲料有限公司，河北省廊坊市文安县大围河乡南辛庄村（065899）	高建波、任春山
CN202021420649.6	一种雁鹅屠宰用扯皮装置	江苏陕东生物科技集团有限公司，江苏省连云港市东海县安峰镇工业集中区振北路（222399）	庞作仁、杨贵修
CN202021421013.3	一种肉制品加工用节能型拌馅机	杭州领头牛生物科技有限公司，浙江省杭州市江干区茂宸金座 10 幢 1703 室（310020）	魏佳良
CN202021422899.3	一种冻虾仁清洗去杂质一体机	广东绿环水产有限公司，广东省湛江市麻章经济开发区合流路 6 号（524094）	田满良、张增奇

（续）

申请或批准号	发　明　名　称	申请（专利权）人与通信地址	发明人
CN202021431142.0	一种基于香肠加工的盐水注射机	湖南知味大师食品有限公司，湖南省衡阳市祁东县工业园开发区（421699）	江寿平
CN202021432260.3	一种羊击晕箱	青岛万和牧源屠宰机械制造有限公司，山东省青岛市胶州市胶北街道办事处贵州路 32 号（266399）	夏龙明、郭玉春
CN202021433031.3	草团揉搓装置及具有其的反刍动物颗粒饲料生产线	广西壮族自治区畜牧研究所，广西壮族自治区南宁市兴宁区邕武路 24 号（530002）	肖正中、周晓情
CN202021448718.4	一种饲料生产用粉料筛分装置	海龙威（漳州）饲料有限公司，福建省漳州市南靖县靖城镇南靖高新技术产业园区（363699）	庄家林、庄明生
CN202021451707.1	一种食品机械油水混合油炸装置	青岛农业大学海都学院，山东省烟台市莱阳市文化路 11 号（265299）	张　军、胡意良
CN202021458942.1	一种自动去鳞设备	丹东泰宏食品有限公司，辽宁省丹东市东港市经济开发区文苑路 1 号（118399）	杜元春、于世娟
CN202021459947.6	一种用于牦牛肉加工的切片装置	青海西北骄天然营养食品有限公司，青海省西宁市生物科技产业园区经三路 28 号（810028）	张保卫、余根来
CN202021460781.X	一种用于压片糖果的压片机	山东佰萃生特殊医学用途配方食品有限公司，山东省济南市天桥区 308 国道 6399 号融通智能科技园 11 号楼（250031）	靳梦潇、吕瑞军
CN202021464101.1	一种具有双重碎肉功能的肉制品加工绞肉机	佛山市顺德区德财健倍网络科技有限公司，广东省佛山市顺德区容桂小黄圃居委会朝桂南路 1 号高骏科技创新中心 1 座 2102 号之一（528399）	昂骏杰
CN202021464750.1	一种养牛用饲料投放装置	泸州东牛牧场科技有限公司，四川省泸州市叙永县落卜镇三台村二社（柏杨湾）（646499）	万书大
CN202021467124.8	一种家禽机器人自动掏膛系统	武汉轻工大学，湖北省武汉市汉口常青花园学府南路 68 号（430040）	陈　艳、胡志刚
CN202021472844.3	一种食品加工装置	赣州丰豪机械设备有限公司，江西省赣州市章贡区金属产业商贸物流城 18 栋 3 - 19 号物流仓储（341001）	刘小辉、刘伟跃
CN202021475484.2	一种鱼丸加工用采肉装置	汕头市金派食品有限公司，广东省汕头市台商投资区濠江片（515071）	李耀宏、黄泽全
CN202021475485.7	一种牛肉丸打浆机	汕头市金派食品有限公司，广东省汕头市台商投资区濠江片（515071）	李耀宏、吴培煌
CN202021478031.5	可调输出盘及虾皮处理装置	珠海鸿伸机器有限公司，广东省珠海市金湾区红旗镇红旗路 38 号厂房车间一层 B 区 101（519090）	于金花、陈展裕
CN202021478032.X	一种虾皮处理装置	珠海鸿伸机器有限公司，广东省珠海市金湾区红旗镇红旗路 38 号（519090）	于金花、陈展裕
CN202021478912.7	一种搅拌均匀的三辊拌陷机	惠安县飞联电子产品有限公司，福建省泉州市惠安县螺城镇中山北路 16 号（362199）	林建超

（续）

申请或批准号	发 明 名 称	申请（专利权）人与通信地址	发明人
CN202021481661.8	一种圆形面皮快速成型机	吉林佬长坊食品工业有限公司，吉林省松原市宁江区和平街（138001）	聂新爱
CN202021485049.8	肉制品加工用切割搅拌装置	广东华创展翔食品有限公司，广东省佛山市三水区西南街道金淼路5号联东双创园24座101、102（528199）	林烈和
CN202021489057.X	一种肉类加工用盐水注射装置	潍坊汇和机械工程有限公司，山东省潍坊市经济开发区吉庆东街177号（261199）	丁孝军、郑陆东
CN202021490110.8	一种牛板筋切丝设备	四川品品食品有限公司，四川省成都市郫都区安德镇中国川菜产业功能区蜀雅路272号（611730）	吕 勤、赖朝敏
CN202021491162.7	一种用于家禽屠宰的剖腹清洗装置	丹东零点食品有限公司，辽宁省丹东市东港市经济开发区滨海西区疏港路1号（118399）	方月娥
CN202021498196.9	一种香肠自动灌装机	宜昌清江肴生态农业有限公司，湖北省宜昌市长阳龙舟坪镇白氏坪村五组（443599）	田江海
CN202021499963.8	一种肠衣套缩管顶进机构	青岛齐林智信自控技术有限公司，山东省青岛市黄岛区峰山路（266499）	宋京涛、张红娟
CN202021502094.X	一种用于荸荠加工清洗装置	湖南海日食品有限公司，湖南省岳阳市湘阴县高新区工业大道西侧（414699）	吴细良、吴恒涛
CN202021507933.7	一种油淋设备的门板微动控制机构	浙江安派餐饮设备有限公司，浙江省嘉兴市嘉善县罗星街道人民大道2388号（314199）	陈祥利、杨永富
CN202021511049.0	一种蝴蝶面切割余料收集装置	郑州万家食品有限公司，河南省郑州市马寨经济园区东方南路66号（450015）	杜万军、张子成
CN202021511511.7	一种避免调味品浪费的速冻带鱼调味装置	福建闽通万海渔业有限公司，福建省福州市连江县经济开发区敖江园区青啤大道68号（350599）	李秀桃、肖建英
CN202021514319.3	一种牛羊切割用便于调节的腿部剃骨固定装置	安徽华安丰实业有限公司，安徽省淮北市濉溪县百善镇食品工业园（235199）	王 勇、何雪华
CN202021514583.7	一种面包糠发酵生产设备	淮北市麦祺食品有限公司，安徽省淮北市濉溪县乾隆湖工业园区（235199）	薛本礼
CN202021527706.0	一种筛选机构及烘干装置	四川省广通茶业有限公司，四川省宜宾市珙县洛表镇大坊村5社（644599）	丁为贵
CN202021531293.3	用于粮食烘干机的可调式叶轮排料机构	安徽禾阳机械科技有限公司，安徽省合肥市肥西县经济开发区汤口路43号东风机电产业园（231299）	胡少升、王 伟
CN202021531474.6	一种食用菌快速除水装置	信丰茂旺源生态农业有限公司，江西省赣州市信丰县虎山乡中心村沙仔坝（341699）	曾洪富
CN202021533320.0	一种节能降耗的粮食烘干机用缓苏装置	安徽禾阳机械科技有限公司，安徽省合肥市肥西县经济开发区汤口路43号东风机电产业园（231299）	胡少升、王 伟

（续）

申请或批准号	发 明 名 称	申请（专利权）人与通信地址	发明人
CN202021550426.1	一种酱腌菜加工用脱盐清洗机	宜宾市屏山县香轩苑食品有限公司，四川省宜宾市屏山县石盘产业园区（645350）	周明玉
CN202021563026.4	黄豆预处理装置	湖北岭上人家生态食品有限公司，湖北省宜昌市远安县鸣凤镇嫘祖路16号（444299）	刘孝泉
CN202021573144.3	一种鱼罐头原料多通道快速降温生产线	广东甘竹罐头有限公司，广东省佛山市顺德区杏坛镇东村（528399）	林　海
CN202021577100.8	一种肉食品加工台	张家口云中牧场食品有限公司，河北省张家口市张北县张北镇西梁村207线国道北（076450）	李　青
CN202021579323.8	一种新型茶叶杀青理条多用机用油槽机构	浙江特益机械有限公司，浙江省衢州市江山经济开发区江东区兴工八路1-4号（324199）	刘驰涛、郑富城
CN202021581164.5	一种茶叶熏腿加工用切腿装置	松阳县诚天和食品有限公司，浙江省丽水市松阳县西屏镇瓦窑头村（323499）	陈金富
CN202021585486.7	一种谷物烘干生产线监控装置	江苏天禹农业机械有限公司，江苏省泰州市姜堰区沈高镇工业集中区（万众村）（225599）	刘素芹
CN202021587631.5	一种农产品保鲜储存装置	深圳市超翔农业科技有限公司，广东省深圳市宝安区西乡街道宝民二路东方商务大厦503（518101）	徐　翔
CN202021594553.1	一种用于高肉浆宠物饲料的加工装置	山东路斯宠物食品股份有限公司，山东省潍坊市寿光市羊口先进制造园区（262799）	孙仁梅
CN202021595261.X	一种用于牛产品生产的高效烘干装置	筠连县嘉岳农业发展有限公司，四川省宜宾市筠连县筠连镇海瀛工业园区 HYDL-01（645250）	肖传勇
CN202021599176.0	一种降低植物源酵素食品安全风险的发酵装置	贵州工程职业学院，德江县城南新区贵州工程职业学院（565299）	王高峰
CN202021600242.1	一种具有防堵料功能的脱皮机出料结构	湖南乡也农林科技有限公司，湖南省常德市石门县南北镇黑土岩社区八组（415399）	张　平
CN202021604514.5	一种软骨分割机	诸城沃峰机械科技有限公司，山东省潍坊市诸城市龙都街道小栗元村北（262299）	张凤杰
CN202021609298.3	一种用于油炸食品的自动油炸装置	天津市食新食异食品有限公司，天津市武清区石各庄镇石北村（301799）	王凤军
CN202021612963.4	一种饲料加工用冷却器	联英饲料（天津）有限公司，天津市静海区静海经济技术开发区聚海道14号（301699）	李　健、陈静廷
CN202021624097.0	一种肉制品腌制用滚揉机	上海醋畅食品有限公司，上海市金山区廊下镇漕廊公路6996号3幢底层A区（200540）	夏英俊
CN202021625194.1	一种自动碾米机	安徽泾县正明米业有限公司，安徽省宣城市宣州区泾县昌桥乡童疃汪家大岭（242099）	唐正明
CN202021625346.8	一种牛排加工设备	上海醋畅食品有限公司，上海市金山区廊下镇漕廊公路6996号3幢底层A区（200540）	夏英俊

（续）

申请或批准号	发 明 名 称	申请（专利权）人与通信地址	发明人
CN202021629145.5	一种灌肠机的行程限位装置	武义哈瑞斯电器有限公司，浙江省金华市武义县泉溪镇凤凰山工业区（321299）	潘丽君
CN202021629582.7	蜂蜜快速冷却装置	武汉市大兴蜂业有限责任公司，湖北省武汉市新洲区三店街井塘村第 8 栋 1-3 层（430408）	黄阳阳、黄朝阳
CN202021636663.X	一种果子清洗烘干定量分装一体化装置	赣州市意民果子加工厂，江西省赣州市赣县区湖江镇新圩镇（341199）	许烈科
CN202021641252.X	一种高效配合饲料混合装置	盐城惠民饲料科技有限公司，江苏省盐城市东台市唐洋镇南大街（224299）	朱兰红
CN202021641770.1	一种晾晒架	广东丰穗米业有限公司，广东省江门市恩平市牛江镇北郊 B-24 号（529499）	谢国良
CN202021643744.2	一种海参快速清洗设备	青岛悦龙堂食品有限公司，山东省青岛市崂山区苗岭路 19 号裕龙大厦 2 号楼 1 单元 1701 户（266061）	吴相肖、于普良
CN202021645956.4	一种面粉生产用和面装置	郑州久依粮食工程有限公司，河南省郑州市郑州高新技术产业开发区西三环路 283 号（450007）	易文强、刘瑞卿
CN202021646710.9	一种线面加工用自动摆条陈列装置	福建合利食品实业有限公司，福建省宁德市蕉城区涵内路 110 号（352199）	张祖梁、林伏沌
CN202021648648.7	动物剥皮装置	石家庄市农林科学研究院，河北省石家庄市胜利北街 479 号（050011）	任二军、刘进军
CN202021650259.8	一种固体饮料用高温杀菌装置	江西云恩健康产业有限公司，江西省宜春市樟树市永泰镇洋塘洲（331299）	王 勇、彭 欢
CN202021655588.1	拉面步进提面机	青岛海科佳智能装备科技有限公司，山东省青岛市城阳区龙腾路 88 号（266109）	柳先知、范常文
CN202021657084.3	一种液体袋装饮料杀菌设备进料分散机构	廊坊市冠誉铝箔包装材料有限公司，河北省廊坊市广阳区产业聚集区畅祥南道 30 号（065099）	徐东升、郑灿炜
CN202021659886.8	一种安全健康的高自动化牛脱毛清洗装置	筠连县嘉岳农业发展有限公司，四川省宜宾市筠连县筠连镇海瀛工业园区 HYDL-01（645250）	肖传勇
CN202021659903.8	一种用于牛分割用的高效加工平台	筠连县嘉岳农业发展有限公司，四川省宜宾市筠连县筠连镇海瀛工业园区 HYDL-01（645250）	肖传勇
CN202021665149.9	烤鸭炉	温州精宇机械有限公司，浙江省温州市瑞安市马屿镇山后村（325299）	叶增浴
CN202021666594.7	一种饲料混合下料复核装置	乐山市七普饲料有限公司，四川省乐山市夹江县新场镇红旗村 3、4 社（614199）	张 礼、何淑莲
CN202021669950.0	一种鱼开片机的挂鱼传输机构	南通宝泰机械科技有限公司，江苏省南通市港闸区永福路 8 号 1 幢（226006）	王海霞
CN202021672563.2	一种便于操作的茶叶翻炒机	四川绿源春茶业有限公司，四川省达州市宣汉县东乡镇衙墙街 53 号（636153）	向以建、向 福

（续）

申请或批准号	发　明　名　称	申请（专利权）人与通信地址	发明人
CN202021676672.1	一种石斑鱼饲料膨化成形的设计模板	海南恒兴饲料实业有限公司，海南省海口市高新区狮子岭飞地工业园内（570311）	颜礼文
CN202021676955.6	馄饨皮制作装置	思念食品有限公司，河南省郑州市自贸试验区郑州片区柳东路9-2号A22室（450018）	王卫刚、王　鹏
CN202021677243.6	一种馅料定量注料挤出装置	广东华饮食品供应链管理有限公司，广东省清远市清城区高新技术产业开发区彩云街4号（511510）	段智飞、罗观清
CN202021677620.6	一种用于家禽肉类加工的传输装置	霍邱县泽钜农业开发有限公司，安徽省六安市霍邱县长集镇现代农业示范园（237499）	吴海洋
CN202021681666.5	一种滚筒油炸机	嘉兴市意昕自动化设备股份有限公司，浙江省嘉兴市秀洲区新塍镇振兴路南侧（314001）	黄　伟、郑佳俊
CN202021690861.4	一种肉丸挤压成型装置	上海艾多米生物科技有限公司，上海市松江区广富林路600弄1号1410室（201613）	齐海亮
CN202021705482.8	一种饲料添加剂的挤出装置	史丹力（天津）生物技术有限公司，天津市武清区黄花店镇来鱼公路56号207-2（301799）	杨　松、黄　兵
CN202021708718.3	一种肉制品加工滚揉机	锦州九丰食品有限公司，辽宁省锦州市义县七里河镇石桥子村（121199）	王宏财
CN202021711190.5	一种用于小龙虾高效分拣装置	安徽跨跃农业发展有限公司，安徽省六安市霍邱县临淮岗乡临闸村（237499）	陈　庆
CN202021711203.9	一种小龙虾预处理用清洗装置	安徽跨跃农业发展有限公司，安徽省六安市霍邱县临淮岗乡临闸村（237499）	陈　庆
CN202021711761.5	一种芒果清洗后烘干装置	三亚君福来实业有限公司，海南省三亚市南滨农场塘南路西面21号（572025）	彭时顿、彭福返
CN202021718687.X	一种面团波纹挤压机	风禾（烟台）智能设备有限公司，山东省烟台市莱山区杰瑞路12号（264003）	邵增钊
CN202021728969.8	一种饲料混匀铲	新疆畜牧科学院兽医研究所，新疆维吾尔自治区乌鲁木齐市新市区冬融街726号（830054）	郭会玲、刘志强
CN202021732216.4	一种食品加工鸡腿肉去骨装置	宁夏九州盛世生物科技有限公司，宁夏回族自治区银川市永宁县闽宁镇扶贫产业园区201省道（750199）	李　臻
CN202021737160.1	一种颗粒饲料破碎机	廊坊市绿康生物科技股份有限公司，河北省廊坊市广阳区南尖塔镇北甸村西（065099）	孙志刚
CN202021737244.5	一种用于混合饲料的添加剂配送装置	河南亿万饲料有限公司，河南省郑州市荥阳市建设路中段南侧棋源路东（450121）	郑德润、钱俊章
CN202021737254.9	一种用于湿发酵饲料罐的搅拌装置	河南亿万饲料有限公司，河南省郑州市荥阳市建设路中段南侧棋源路东（450121）	郑　瑞、郑秀娟
CN202021743762.8	一种变性淀粉加工用原料清洗装置	江西博大化工有限公司，江西省抚州市东乡县经济开发区东山工业园（331899）	杨　建

（续）

申请或批准号	发 明 名 称	申请（专利权）人与通信地址	发明人
CN202021745963.1	一种用于复合微生物饲料的混料装置	深圳市贝翡尔科技有限公司，广东省深圳市龙岗区龙岗街道南联社区碧新路 2055 号 201 - A017（518172）	张肖群
CN202021753405.X	一种用于生蚝快速包结冰衣的新型冷冻装置	饶平县宇祥水产养殖有限公司，广东省潮州市饶平县洪洲镇洪东东兴路南六行 1 - 2 号（515799）	余林荣、林祥如
CN202021759809.X	一种立式和面机的加热装置	广州市汇德五金制品有限公司，广东省广州市花都区新华街九潭村皇帝路 12 号东边 5 号厂房（510801）	刘 玲
CN202021761275.4	一种蔬菜水果气泡清洗机	莱芜泰丰食品有限公司，山东省济南市莱芜区口镇太平村（250022）	周晓鹏、张 静
CN202021762500.6	一种用于益生菌咀嚼片加工的造粒机	中民集团生物科技有限公司，上海市普陀区桃浦路 130 弄 100 号 1166 室（200333）	张敏海
CN202021762525.6	一种海参加工用干燥机	大连棒棰岛海产股份有限公司，辽宁省大连市金州区五一路 987 号（116602）	封福鲜、郝志娜
CN202021763065.9	一种馅料加工设备	广州酒家集团利口福（湘潭）食品有限公司，湖南省湘潭市湘潭县易俗河镇香樟路以西（411228）	贺 辉、方嘉沁
CN202021763671.0	一种鲜面的生产装置	淮北旭源食品有限公司，安徽省淮北市濉溪县百善镇御河路西（235199）	黄旭远、黄 曦
CN202021766769.1	一种高效的双层分隔独立式全自动煎饼机	莒县鏊得旺食品机械有限公司，山东省日照市莒县城阳街道金龙河社区（276599）	张同金
CN202021767147.0	一种多功能的灌肠打卡机	河南炜成实业有限公司，河南省平顶山市鲁山县人民路东段 999 号（467399）	孟庆伟、陈亚东
CN202021770097.1	一种单辊可调手摇式核桃去壳机	海南大学，海南省海口市美兰区人民大道 58 号海南大学（570205）	张 燕、许 阐
CN202021772713.7	一种具有方便水果卸料的烘干装置	福建赛园食品有限公司，福建省三明市将乐县积善工业园鹏程大道四路 5 号（353399）	黄晓岚、臧国庆
CN202021773680.8	一种膳食纤维面条生产装置	河南工业大学，河南省郑州市高新区莲花街 100 号（450007）	李 力、马 森
CN202021780404.4	一种具有烟尘处理功能的瓜蒌子炒制装置	安徽香越食品有限公司，安徽省安庆市岳西县莲云乡关畈路 1 号（246699）	李广来、朱军军
CN202021782048.X	一种食品生产用肉制品切割装置	中实投重庆食品有限公司，重庆市开州区赵家街道浦里新区赵家组第 27 号（405499）	杨海波
CN202021783984.2	一种禽类加工用收集装置	哈尔滨力森科技有限公司，黑龙江省哈尔滨市松北区科技四街 115 号 2 号服务楼联合办公区 38 号（150023）	殷树宝、秦建卫

申请或批准号	发明名称	申请（专利权）人与通信地址	发明人
CN202021791366.2	一种方便收纳的手持式面食机	杭州九阳小家电有限公司，浙江省杭州市经济技术开发区下沙街道银海街 760 号（310020）	王旭宁、张利新
CN202021793538.X	一种跳跳糖生产用搅拌设备	广东汕泰食品有限公司，广东省潮州市潮安区庵埠镇梅溪梅泰路（515699）	洪泳鸿、洪柏崇
CN202021795278.X	一种肉类鱼类熟成保鲜设备	山东博美特厨业有限公司，山东省滨州市博兴县湖滨镇寨郝村南（256599）	张士秋、孟维芳
CN202021803932.7	一种便于烧鸡入炉的挂杆	青岛腊杆子食品有限公司，山东省青岛市平度市古岘镇沽河路 153 号（266799）	陈连杰、李浩
CN202021804780.2	真空干果装置	佛山市顺德区美的电热电器制造有限公司，广东省佛山市顺德区北滘镇三乐东路 19 号（528399）	张川、李晶
CN202021806226.8	一种新型鸡肠划剖装置	江苏省农业科学院，江苏省南京市玄武区孝陵卫钟灵街 50 号（210018）	张新笑、吴海虹
CN202021807549.9	一种带加料的牛板筋切片机	磐石市兴泽食品有限公司，吉林省吉林市磐石经济开发区西阜康大路 2777 号（132399）	赵志雨、薛安翠
CN202021810065.X	一种糕点加工用抗菌型模板	广州市海利来食品有限公司，广东省广州市白云区钟落潭镇良马新路 102 号（510450）	王川
CN202021813735.3	一种挑线机构	甸硕水产科技（化州）有限公司，广东省茂名市杨梅镇杨梅工业园管委会办公楼 101 号（525121）	韩远、叶柯蕾
CN202021814898.3	用于海鲜原料的多级提取装置	莱阳新龙海食品有限公司，山东省莱阳市姜疃镇濯村（265299）	刘洪敏
CN202021820811.3	一种生猪屠宰加工用分割装置	重庆鼎实食品开发有限公司，重庆市开州区郭家镇慈林村 1 组（405499）	江安术
CN202021825044.5	一种热辐射式隧道炉	广东汉和食品机械设备有限公司，广东省东莞市茶山镇增埗村卢屋（523587）	陈宏斌
CN202021825217.3	一种腐皮加工生产线	惠州市云创利自动化设备有限公司，广东省惠州市惠阳区新圩镇南坑村水径村小组路口的房屋五楼（516211）	魏华荣
CN202021828927.1	一种裹衣花生油炸设备	烟台枫林食品股份有限公司，山东省烟台市牟平区水道镇前刘家夼村（264199）	于豪谅、施龙珍
CN202021834743.6	小型化快速集成性猪屠宰设备	南京安乐屠宰机械制造有限公司，江苏省南京市鼓楼区华阳佳园（210024）	殷德平
CN202021835611.5	一种清洗效率高的滚筒装置	福建罗屿岛食品有限公司，福建省莆田市仙游县赖店镇罗峰村（351299）	林志良
CN202021841154.0	一种食用菌的多功能灭菌培养出菇烘干管理装置	郑州市美菇缘农业科技有限公司，河南省郑州市管城回族区郑汴路 60 号 1 单元 25 层 2506 号（450099）	高银录

（续）

申请或批准号	发 明 名 称	申请（专利权）人与通信地址	发明人
CN202021842034.2	一种蜂蜜加工用水浴池	湖南锦寿堂蜂业有限公司，湖南省长沙市浏阳市大围山镇东门社区枫树组（410399）	罗 璋、张祖标
CN202021847375.9	猪头劈半机	南京市宏伟屠宰机械制造有限公司，江苏省南京市溧水区石湫镇明觉工业园（211299）	毛凯旸
CN202021847426.8	简易型烫毛隧道	南京市宏伟屠宰机械制造有限公司，江苏省南京市溧水区石湫镇明觉工业园（211299）	毛凯旸
CN202021851461.7	一种吐司面包整形机	上海丽昆楼食品有限公司，上海市松江区新桥镇新润路 385 号（201620）	黄朝峰、孔 建
CN202021854512.1	骨肉分离机分体式分离筒	齐齐哈尔双百机械制造有限公司，黑龙江省齐齐哈尔市昂昂溪区金水二街 58 号（161031）	张百春、张天放
CN202021859877.3	小夹角伺服切片设备	灵动自动化科技（苏州）有限公司，江苏省苏州市高新区五台山路 528 号旭捷厂房 8 幢（215011）	王德金、吴亮亮
CN202021861536.X	一种花边方形饺子模具	哈尔滨金美乐商业机械有限公司，黑龙江省哈尔滨市平房区彩虹路 3 号（150060）	高兆成、郭延明
CN202021862661.2	鳅鳝宰杀机	郑州治世长云科技有限公司，河南省郑州市高新技术产业开发区莲花街 338 号（450007）	杨 哲、陈 烨
CN202021863291.4	一种高效集肉桶	厦门金润达机械有限公司，福建省厦门市海沧区阳泰路 6-2 号一楼（361026）	陈锡贤
CN202021864842.9	一种屠宰场的分拣平台	涿州市汪记生猪屠宰有限公司，河北省保定市涿州市东仙坡镇中胡良村（072750）	汪 冬
CN202021869851.7	一种可制作不同规格月饼的月饼压印组合模具	海南水晶宫饼业有限公司，海南省海口市海榆中线 199 号金鹿工业园 C9 栋第 4 层 B 区（570311）	陈万春、陈观上
CN202021874861.X	一种烧鸡用的晾晒架	青岛腊杆子食品有限公司，山东省青岛市平度市古岘镇沽河路 153 号（266799）	陈连杰、李 浩
CN202021898234.X	一种条形肉丸成型设备	福建富邦食品有限公司，福建省泉州市惠安县黄塘镇中心工业区（362199）	蔡阿粉、骆主胜
CN202021903063.5	一种用于鸡叉骨的切割机	河南九豫全食品有限公司，河南省新乡市原阳县产业集聚区解放路与太行大道交叉口西 100 米路南（453599）	杨书锋、李苗云
CN202021905102.5	一种驴肉加工用分割装置	天津市蓟州区仓农农业科技发展有限公司，天津市蓟州区上仓镇东塔村北 300 米（301999）	卢兴盛
CN202021905628.3	一种驴屠宰加工用传送装置	天津市蓟州区仓农农业科技发展有限公司，天津市蓟州区上仓镇东塔村北 300 米（301999）	卢兴盛
CN202021905656.5	一种用于驴屠宰用脱毛装置	天津市蓟州区仓农农业科技发展有限公司，天津市蓟州区上仓镇东塔村北 300 米（301999）	卢兴盛

（续）

申请或批准号	发 明 名 称	申请（专利权）人与通信地址	发明人
CN202021907618.3	一种腊鸭腿制备的加工切断设备	安徽超扬食品有限公司，安徽省合肥市肥东县元疃镇工业园聚集区（231699）	褚有志、管理杰
CN202021913435.2	多连杆液压提升装置和青贮机	中国铁建重工集团股份有限公司，湖南省长沙市长沙经济技术开发区东七线88号（410199）	成习军、罗 军
CN202021916911.6	一种用于绿茶生产的萎凋装置	龙川南越王生态农业发展有限公司，广东省河源市龙川县义都镇桂林村（517399）	蔡海峰
CN202021917077.2	一种气浮式漂洗机	厦门金润达机械有限公司，福建省厦门市海沧区阳泰路6-2号1楼（361026）	陈锡贤
CN202021917200.0	高速饺子机脱模机构	哈尔滨金美乐商业机械有限公司，黑龙江省哈尔滨市平房区彩虹路3号（150060）	郭延明、高兆成
CN202021921641.8	一种新型火腿发酵加工室	浙江大江南食品有限公司，浙江省金华市义乌市东河经济开发区（322099）	何扬剑
CN202021923449.2	一种羊前腿预剥装置	南京安乐屠宰机械制造有限公司，江苏省南京市鼓楼区华阳佳园（210024）	殷德平
CN202021936203.9	一种牲畜采血器和牲畜采血装置	麻城星零科技有限公司，湖北省黄冈市麻城市物流商贸城A区一期三街24号（438313）	胡 超
CN202021938538.4	饲料生产原料配料装置	山东爱佳饲料有限公司，山东省聊城市莘县东鲁街道办事处鸿图街东首向西200米路南（252499）	孙习智
CN202021939565.3	一种鸡饲料加工生产用颗粒成型装置	淮北市正邦饲料科技有限公司，安徽省淮北市相山区凤凰山工业园凤鸣路3号1幢（235099）	何士洋、孟 丽
CN202021950099.9	一种家禽肉骨分切刀	广东研基精密五金有限公司，广东省江门市江海区高新西路189号（529040）	戴振纲、马炳国
CN202021955681.4	一种用于食品加工的真空滚揉机	藤桥食品有限公司，浙江省温州市鹿城区藤桥镇潮济、雅漾村（325099）	赵相南
CN202021957231.9	橘子剥皮机	江西聚福堂农业发展有限公司，江西省抚州市南丰县富溪工业园区（344599）	杨劲松
CN202021957269.6	一种冷水鱼加工用切片机	恩施州国硒冷水渔业开发有限公司，湖北省恩施土家族苗族自治州建始县花坪镇大洪寨村5组（445399）	田大才、文玉先
CN202021959735.4	一种新型包馅机器	上海桢麦工贸有限公司，上海市松江区小昆山镇港业路158弄2号D193幢（201620）	何水金
CN202021961911.8	一种夹心食品成型机	深圳市智造峰科技有限公司，广东省深圳市宝安区福海街道新田社区大洋路南侧厂房六栋1层B（518101）	邓少斌
CN202021964229.4	一种丁香鱼加工用鱼身切断清洗装置	连江信洋水产有限公司，福建省福州市连江县筱埕镇定海村长沃八一路228号（350599）	颜家义、谭贤兵

（续）

申请或批准号	发 明 名 称	申请（专利权）人与通信地址	发明人
CN202021966399.6	一种设施农业蔬菜自动收获机	河北绿多多农业科技开发有限公司，河北省邯郸市经济开发区姚寨乡南中堡村西西侧（057150）	陈建红、陈建霞
CN202021966639.2	一种节能型肉类加工的脱毛装置	湖南腊么香食品有限公司，湖南省益阳市安化县柘溪镇对溪社区枫树组（413599）	董佳悦
CN202021967151.1	一种新型全自动蛋糕生产线	福建凯斯蒂食品机械设备有限公司，福建省漳州市龙海市海澄镇外楼新村21号（363199）	刘艺伟
CN202021968098.7	一种腌菜加工用的防护装置	赣州巧耕人家农业发展有限公司，江西省赣州市寻乌县南桥镇车头村（342214）	赵一麟
CN202021970282.5	一种石头饼的压制成型装置	河南米多奇食品有限公司，河南省新乡市辉县市太行大道东段路北（453699）	牛利宾、张 星
CN202021979454.5	一种防粘连的打饼模具	苏州瑷玛森食品有限公司，江苏省苏州市太仓市沙溪镇台南支路5号（215488）	顾永生、胡兆明
CN202021980855.2	一种油炸零食机械设备	南通科技职业学院，江苏省南通市崇川区青年东路136号（226006）	徐少华
CN202021987455.4	一种清肠道仙人掌深加工装置	浙江依思味生物科技有限公司，浙江省湖州市安吉县递铺街道阳光工业园区2幢（313399）	金 杰
CN202021998825.4	一种便于燕窝制品成型的滑槽	四川中天和信机械设备有限公司，四川省成都市温江区成都海峡两岸科技产业开发园科北路21号（611130）	熊维剑、吴 强
CN202021999005.7	一种饲料添加剂微生物发酵设备	山东天润和生物工程有限公司，山东省济南市商河县玉皇庙镇经济开发区科源街53号（251699）	高 剑、赵鹏博
CN202022004115.1	一种猪饲料发酵剂添加装置	贵阳富源饲料有限公司，贵州省贵阳市修文县工业园区（550299）	金富忠、龙继邦
CN202022006351.7	一种茶叶防潮柜	深圳壹叁柒零茶产业有限公司，广东省深圳市宝安区西乡街道龙腾社区新安市场A705（518101）	林恒强
CN202022013022.5	一种鸭脖切割分段装置	湖南省湘嘴巴食品股份有限公司，湖南省长沙市浏阳市农业科技产业园（410399）	刘 江
CN202022017743.3	食品加工成型自动落料机构	伟钿精密机械股份有限公司，辽宁省阜新市太平区鹏仪路104巷15号（123003）	黄武辉、黄立威
CN202022017843.6	串肉机的压肉模组	佛山市新涵野自动化设备科技有限公司，广东省佛山市南海区桂城街道林岳村街头工业区（528299）	姜 辉
CN202022018017.3	一种用于火龙果的打浆装置	广东美辰生物科技有限公司，广东省湛江市遂溪县建新镇那仙村委会（524359）	刘亚烈、陈 君
CN202022023894.X	一种具有粮情监控功能的全自动智能控制通风系统	安徽省粮油科学研究所，安徽省合肥市蜀山区潜山路432号（230031）	曹胜男、王 懿

（续）

申请或批准号	发 明 名 称	申请（专利权）人与通信地址	发明人
CN202022028453.9	一种快速取物的多层烘箱装置	上海杜普利化工科技有限公司，上海市青浦区重固镇北青公路6878号（201799）	何伟、林宇翔
CN202022035313.4	一种饲料生产用配料装置	浙江恒通生物科技股份有限公司，浙江省湖州市南浔区善琏镇含山村梅口村（313009）	黄昊、陈利忠
CN202022037513.3	一种南瓜籽产品加工用上料机构	甘肃小南仁食品有限公司，甘肃省武威市民勤县工业集中区经四路东侧（733399）	王燕
CN202022043441.3	节能型热风式烤炉	河南九豫全食品有限公司，河南省新乡市原阳县产业集聚区解放路与太行大道交叉口西100米路南（453599）	杨书锋、陈名存
CN202022043447.0	一种烟熏液的加热装置	河南九豫全食品有限公司，河南省新乡市原阳县产业集聚区解放路与太行大道交叉口西100米路南（453599）	杨书锋、林日明
CN202022049299.3	一种龙虾加工剥壳操作台	合肥东华水产品有限公司，安徽省合肥市肥东县肥东经济开发区桂王路东侧（231699）	路标
CN202022053569.8	一种瓜蒌瓤籽分离清洗装置	安徽乐丰园生态农业科技有限公司，安徽省合肥市肥西县丰乐镇双枣社区严丰路（231299）	谢晓东、方珊珊
CN202022062152.8	家用干豆角加工装置	湘潭县荷味食品有限公司，湖南省湘潭市湘潭县河口镇河口村中塘组（411228）	何伟红
CN202022067086.3	一种鲍鱼加工用剖切装置	福建罗屿岛食品有限公司，福建省莆田市仙游县赖店镇罗峰村（351299）	林志良
CN202022070348.1	一种用于饲料加工的混合搅拌装置	张家口好农好牧生态养殖有限公司，河北省张家口市怀来县大黄庄镇大黄庄村新大公路经济开发区（075499）	王雅茹、王少威
CN202022070760.3	一种用于肠衣加工的环保型灌水设备	南通天瑞生物科技有限公司，江苏省南通市如皋市丁堰镇丁新东路298号14幢（226599）	陈广英、许悟赟
CN202022073237.6	一种饼干烘干箱	天津市老茂生食品有限公司，天津市北辰区北辰科技园区（300499）	王立国
CN202022074029.8	一种精肉加工用防滑剔骨钳	庆阳绿丰农牧业有限公司，甘肃省庆阳市宁县瓦斜乡官草咀西村西组8号（745299）	刘富荣、李莉
CN202022074195.8	一种运行稳定且高效的茶叶汽热杀青机	西安文官花生物科技有限公司，陕西省西安市高新区锦业路32号（710065）	薛达明
CN202022074200.5	一种面包自动化切片装置	赣州味源食品有限公司，江西省赣州市于都县仙下乡仙下圩西区（342399）	刘荣兴
CN202022081871.4	一种加工宠物食品用防尘灌肠装置	潍坊鑫都食品有限公司，山东省潍坊市安丘市新安街道香江路21号（262199）	都治德
CN202022084300.6	一种脱骨用拉伸装置	云南双友现代农业股份有限公司，云南省曲靖市马龙县旧县街道九龙街（655199）	黄鑫、黄秀忠
CN202022088228.4	一种冻肉切片用设备	山东省阳信县福安清真肉类有限公司，山东省滨州市阳信县鲁北大街南三公里西（251899）	许皓

（续）

申请或批准号	发　明　名　称	申请（专利权）人与通信地址	发明人
CN202022091641.6	一种刺梨去蒂装置	贵州工程应用技术学院，贵州省毕节市七星关区学院路1号（551701）	赵国旗、孟　泰
CN202022092137.8	一种肉类食品加工用切割装置	宁夏味尤美食品有限公司，宁夏回族自治区银川市德胜工业园区兴发路6号（750299）	段斌馗
CN202022101315.9	一种熟食加工用新型预冷架	黑龙江亚述食品科技有限公司，黑龙江省哈尔滨市香坊区公滨路201号505室（150046）	许晶晶
CN202022102467.0	一种加工热干面用的切面机	湖北美玉面业股份有限公司，湖北省黄冈市麻城经济开发区车站路（438313）	董纯清、朱举旗
CN202022103062.9	一种鲟鱼鱼子清洗筛选装置	天全润兆鲟业有限公司，四川省雅安市天全县思经乡团结村二组（625599）	李　军、田小青
CN202022111124.0	风管式速冻机用可调节型进风装置	浙江康联智能设备有限公司，浙江省嘉兴市秀洲区高照街道康和路500号B17－1厂房（314001）	王凤新、张忠明
CN202022127297.1	一种骨类食品加工用锯骨机	上海依牛依羊食品有限公司，上海市金山区枫泾镇王圩东路1888号（200540）	董立红
CN202022128474.8	一种高效蓝莓采摘机	紫约农业科技有限公司，安徽省芜湖市无为市无为经济开发区纬二路8号（238399）	蒋洪洲、朱明亮
CN202022129080.4	一种腌腊制品生产用腊肠悬挂架	奉节县苍荷脉农业发展有限公司，重庆市奉节县龙桥土家族乡阳坝村3组25号（404699）	刘学德
CN202022130135.3	直冷式制冷柜	天津市金港华不锈钢商用设备有限公司，天津市津南区经济开发区北京街59号（300350）	刘玉明、刘江涛
CN202022158962.3	一种海参低温破壁研磨装置	福建御蓝记水产食品有限公司，福建省宁德市霞浦县松港街道东景社区永康路318号（355199）	张明照
CN202022159237.8	自动化灌肠生产线	绿海食品（固安）有限公司，河北省廊坊市固安县大清河经济开发区（065599）	刘　梅、李海路
CN202022161135.X	一种茶叶筛分机的进料装置	乐昌市峰之源茶业有限公司，广东省韶关市乐昌市九峰镇文洞村文洞小学教学楼（512299）	白晓芬、梁　栋
CN202022163258.7	一种金枪鱼骨肉分离装置	广东鹰金钱海宝食品有限公司，广东省茂名市电白区民营科技工业园（525499）	谢绍泰、谢忠诚
CN202022163688.9	一种食品加工用肉食打碎装置	江西净菜食品有限公司，江西省上饶市余干县生态食品产业园工业中路8号（335199）	秦明珠
CN202022166934.6	一种脆饼撒芝麻分切机	南通麦蒂酥食品有限公司，江苏省南通市通州区兴仁镇孙家桥村24组（226399）	陈　艳
CN202022167961.5	一种和面机	安徽先徽食品有限公司，安徽省六安市金寨县现代产业园区江天路（237321）	李先辉
CN202022171505.8	一种荸荠去皮机	华中农业大学，湖北省武汉市洪山区狮子山街1号（430070）	张国忠、白国瑞
CN202022176668.5	一种肉类加工用滚揉装置	北川禹珍实业有限公司，四川省绵阳市北川羌族自治县禹里乡石泉街58号（622760）	王华祁
CN202022193386.6	一种灌肠机	绿海食品（固安）有限公司，河北省廊坊市固安县大清河经济开发区（065599）	李永新、邱艳华

（续）

申请或批准号	发 明 名 称	申请（专利权）人与通信地址	发明人
CN202022197631.0	一种用于肉食品去毛装置	成都今山谷餐饮管理有限公司，四川省成都市新都区新民镇护国村小区169栋1号2号（610599）	刘世寻、尚雪梅
CN202022198600.7	一种高效减损牛羊肚清洗装置	昆明理工大学，云南省昆明市五华区学府路253号（650021）	杜志锦、黄德镛
CN202022204907.3	一种用于肉食品加工装置	烟台永和致远食品有限公司，山东省烟台市莱阳市共建路339号（265299）	刘世寻、尚雪梅
CN202022206715.6	一种宠物食品饲料生产用的混合装置	山东宠言生物科技有限公司，山东省泰安市泰山区南河西工业园299号（271002）	徐明太
CN202022207427.2	用于速冻食品加工的原料切割装置	伽力森主食企业（江苏）有限公司，江苏省泰州市兴化经济开发区纬七路1号（225799）	王伟强
CN202022207554.2	灌肠式仿手工饺子机	哈尔滨金美乐商业机械有限公司，黑龙江省哈尔滨市平房区彩虹路3号（150060）	郭延明
CN202022212463.8	一种龙虾清洗设备	湖北亚惠农业科技有限公司，湖北省荆州市沙市经济开发区达雅路48号（434099）	庄全典、刘 勇
CN202022215247.9	一种自动灌肠机	石家庄经济技术开发区长城食品有限公司，河北省石家庄市经济技术开发区扬子路1号（051230）	韩军正、于艳辉
CN202022226949.7	一种自动化切割猪体的三段锯设备	常德伟创机械制造有限责任公司，湖南省常德市西洞庭管理区迎丰大道北段589号（415006）	覃虹桥、邹 辉
CN202022227215.0	一种不规则冻肉用切片机	中山市金朗宝电器有限公司，广东省中山市横栏镇横东村永兴工业区（528478）	欧贤超
CN202022234130.5	一种用于油炸花生的排油装置	中粮山萃花生制品（威海）有限公司，山东省威海市文登经济开发区文昌路（264499）	李 滨、牟立新
CN202022234359.9	冷热交替谷物干燥系统	江苏华瑞农业科技有限公司，江苏省镇江市扬中经济开发区港隆路科创中心四楼（212299）	马海乐、戴其根
CN202022243598.0	一种高原茶用菊花加工的微波杀青烘干装置	西藏藏医药大学，西藏自治区拉萨市城关区娘热路24号附10号（850001）	徐立军、李彩华
CN202022244460.2	一种方便清理的培根模具	杭州派祺空气净化科技有限公司，浙江省杭州市临安区锦城街道新溪桥村（311399）	刘 念
CN202022244643.4	一种用于龙虾清洗装置的防龙虾夹持装置	湖北亚惠农业科技有限公司，湖北省荆州市沙市经济开发区达雅路48号（434099）	庄全典、刘 勇
CN202022245131.X	一种白茶茶饼成型装置	福建清铧茶业股份有限公司，福建省福州市马尾区快安延伸区21号地综合楼二层三层（350015）	林清修
CN202022252533.2	一种加工竹荚鱼用清洗槽	文登华隆水产食品有限公司，山东省威海市文登区宋村镇工业园1号（264499）	慈爱解、张爱清

（续）

申请或批准号	发 明 名 称	申请（专利权）人与通信地址	发明人
CN202022261962.6	一种半成品面包包装设备的喷洒机构	九江学院，江西省九江市前进东路551号（332005）	周 洁
CN202022262231.3	一种杀鱼机下料机构	成都友金机械设备有限公司，四川省成都市彭州市天彭镇天人路40号（611930）	唐友全
CN202022262539.8	一种刀片组、刮鱼鳞机构及杀鱼机	成都友金机械设备有限公司，四川省成都市彭州市天彭镇天人路40号（611930）	唐友全
CN202022263897.0	一种水产品加工用壳肉分离装置	鄂州职业大学，湖北省鄂州市凤凰路77号（436099）	吴锁连、李冬姣
CN202022268445.1	一种烘焙器具用防尘喷涂装置	无锡福大氟塑材料应用有限公司，江苏省无锡市滨湖区太湖街道黄金湾工业园梁南工业区（214122）	孙筱云、郑风光
CN202022268599.0	一种速冻虾丸生产加工用原料粉碎、搅拌一体机	福建巧食夫食品有限公司，福建省漳州市华安经济开发区九龙工业园（363899）	魏素英
CN202022271509.3	猪剥皮机用刀片固定装置	天津市新津双轮机械有限公司，天津市西青区中北镇中北工业园北园辰星路6号（300380）	朱新运
CN202022273879.0	馄饨捏合装置	思念食品有限公司，河南省郑州市自贸试验区郑州片区柳东路9-2号A22室（450018）	王卫刚、王 鹏
CN202022282130.2	一种食品生产设备	滨州金福德食品有限公司，山东省滨州市沾化区古城镇驻地（256899）	叶美凤
CN202022282763.3	面条机进水口与支架	广东吉美斯电器有限公司，广东省茂名市电白县高地街道那贞大道十八号（525499）	何 龙
CN202022285540.2	一种具有防潮结构的粮食存储装置	深圳市益禾生态农业科技有限公司，广东省深圳市龙岗区宝龙街道南约社区马桥东区25号-5（518172）	余莉霞
CN202022290695.5	一种全自动茶叶揉捻机	湖南保靖黄金茶有限公司，湖南省湘西土家族苗族自治州保靖县葫芦镇（416599）	张孝周、王能文
CN202022308683.0	一种新型牛后蹄剪切装置	福建顺鑫鑫源食品有限公司，福建省南平市邵武市拿口庄上富裕工业园1层（354099）	刘治国、李 鹏
CN202022318079.6	一种连续式方形蛋糕切块装置	金华市老北琼食品有限公司，浙江省金华市金东区孝顺镇广顺南街1558号吉成创业园25栋（321015）	林七弟
CN202022319817.9	一种生产海鲜泥饼用斩拌机	文登华隆水产食品有限公司，山东省威海市文登区宋村镇工业园1号（264499）	徐承辉、张爱清
CN202022322899.2	一种可以快速粉碎原料的肉丸用加工设备	安徽科技学院，安徽省滁州市凤阳县东华路9号安徽科技学院（233199）	李星宇
CN202022326682.9	一种鱼浆成型机	漳州英博机械制造有限公司，福建省漳州市华安经济开发区九龙工业园（363899）	陈启涛
CN202022326785.5	一种咖啡豆快速筛选装置	白矮星智能科技（江苏）有限公司，江苏省无锡市惠山区前洲工业园新石路3号（214174）	陈 亮

（续）

申请或批准号	发 明 名 称	申请（专利权）人与通信地址	发明人
CN202022337214.1	一种香料用的肉类原料搅碎设备	广州芬曼生物科技有限公司，广东省广州市花都区花都大道西 60 号之一 101 房（510801）	吴彩燕
CN202022341068.X	肉肠灌装器材	永康市晋腾贸易有限公司，浙江省金华市永康市西城街道后垄路 33 弄 5 幢 11 - 17 号（321399）	陈春萍
CN202022342445.1	一种饼干生产用组合烘焙架	湖北精畅食品有限公司，湖北省天门市黄潭镇西庙村（431799）	徐 谦
CN202022350226.8	一种狮子头自动惯摔成型装置	扬州大学，江苏省扬州市大学南路 88 号（225012）	朱文政、周晓燕
CN202022355032.7	一种便捷式牛肉卷切片收集装置	河北福成五丰食品股份有限公司，河北省廊坊市三河市高楼镇兴隆庄村北（065299）	靳东军
CN202022357006.8	一种屠宰作业设备	广东岭南职业技术学院，广东省广州市天河东圃大观中路 492 号（510655）	郑 钢、田 晶
CN202022357852.X	一种新型具有和面功能的料理机	广州国誉厨房设备有限公司，广东省广州市白云区白云湖街大朗村第九经济合作社工业区 1 号厂区（510450）	王 川
CN202022362135.6	一种畜牧养殖用饲料加工装置	张掖市鑫山湖农牧发展有限公司，甘肃省张掖市甘州区平山湖乡平山湖村二社（734099）	魏玉兵、赵 悦
CN202022364197.0	一种小龙虾清洗装置	湖北海瑞渔业股份有限公司，湖北省荆州市公安县青吉工业园，幸福路以南，观绿路以西（434399）	熊 浩、帅 露
CN202022364409.5	一种新型甜甜圈油炸机	广州新动力餐饮设备制造有限公司，广东省广州市白云区太和镇北村九龙城工业区 GA 栋厂房 1 楼（510450）	陈文广
CN202022365967.3	一种具有自动卸料装置的斩拌机	天津云创伟业机械科技有限公司，天津市津南区辛庄镇白塘口村鑫港 5 号路北侧五大街 22 号（300350）	于忠强
CN202022367277.1	一种和面搅拌机	湖州鲜领食品有限公司，浙江省湖州市南浔区菱湖镇下昂振兴西路 57 号（313009）	沈新民、慎水清
CN202022371289.1	一种饺子机制皮模块	山西长华机械设备有限公司，山西省太原市不锈钢工业园区 C 区 1 号（030002）	王志平
CN202022373935.8	一种无菌型鸡肉块加工设备	山西吉美康食品科技有限公司，山西省临汾市吉县屯里镇产业聚集区（042299）	郭宏勇、史文平
CN202022386905.0	一种裹衣花生成品冷却装置	青岛健业食品有限公司，山东省青岛市莱西市河头店镇嘉盛路 1001 - 2 号（266699）	刘常虹
CN202022389427.9	一种饲料生产后熟化装置	四川天王牧业有限公司，四川省达州市达川区翠屏街道盛达路 88 号 6 楼（635711）	刘 冬
CN202022392135.0	一种酱卤产品连续化生产装置	盐城凯兴食品有限公司，江苏省盐城市滨海县天场镇产业园 3 号（224599）	于尚昊、陈美玲

（续）

申请或批准号	发 明 名 称	申请（专利权）人与通信地址	发明人
CN202022395688.1	加工小龙虾的水冷装置	江苏正源创辉食品科技发展有限公司，江苏省盐城市建湖县恒济工业区新恒蒋路 2 号（224799）	孙启华
CN202022397899.9	肉番鸭小批量宰杀装置	安庆永强农业科技股份有限公司，安徽省安庆市腈纶北路 14 号（246005）	黄永强、赵巧珍
CN202022397951.0	一种便于清洁的斩拌机	天津云创伟业机械科技有限公司，天津市津南区辛庄镇白塘口村鑫港 5 号路北侧五大街 22 号（300350）	于忠强
CN202022399369.8	馄饨加工装置	思念食品有限公司，河南省郑州市自贸试验区郑州片区柳东路 9－2 号 A22 室（450018）	王卫刚、王 鹏
CN202022411201.4	一种和面机面斗固定结构	山东银鹰炊事机械有限公司，山东省济南市章丘区刁镇银鹰炊事机械有限公司技术中心（250203）	惠 杰、刘 凯
CN202022411950.7	一种畜牧用饲料搅拌装置	西藏蓄惠畜牧科技发展有限公司，西藏自治区拉萨市柳梧新区 N 次元众创空间 11 层 4 室（851414）	扎西顿珠
CN202022413398.5	一种盐渍猪肠衣加工用压肠机	四川省阆苑食品有限公司，四川省南充市阆中市工业集中区海棠街（637455）	谭亚山、吴中华
CN202022413430.X	盐渍猪肠衣加工用刮肠机	四川省阆苑食品有限公司，四川省南充市阆中市工业集中区海棠街（637455）	刘笃军、吴中华
CN202022414512.6	谷物加工循环降温仓	武汉食为天和平粮油有限责任公司，湖北省武汉市东西湖区辛安渡惠安大道北、振兴东路以东（430040）	张海明
CN202022419941.2	一种饲料混合干燥装置	酒泉阿树农牧生物科技有限公司，甘肃省酒泉市肃州区银达镇关明村新 1 组（735099）	何玉龙、孙树伟
CN202022421935.0	一种饺子机的合模	东亚自动化设备（大连）有限公司，辽宁省大连市经济技术开发区保灵街 3 号（116602）	王 成、徐晓强
CN202022431768.8	一种腊肠灌装工具	漯河龙回首实业有限公司，河南省漯河市经济技术开发区经三路 59 号（462002）	张冠华、赵云昌
CN202022433727.2	一种新型基于无线控制的多功能炒货机	浙江何字食品有限公司，浙江省绍兴市诸暨市枫桥镇宜桥头（311899）	张宗杰
CN202022434696.2	一种冷却效率高的花生冷却装置	青岛健业食品有限公司，山东省青岛市莱西市河头店镇嘉盛路 1001－2 号（266699）	刘常虹
CN202022437062.2	一种新型小龙虾自动清洗的气泡清洗机	江苏正源创辉食品科技发展有限公司，江苏省盐城市建湖县恒济工业区新恒蒋路 2 号（224799）	孙启华
CN202022438237.1	一种成型压力可调的鱼丸机出浆装置	福州市连江鑫博食品机械有限公司，福建省福州市连江县江南乡龙浦路 172 号（350599）	黄秋来

（续）

申请或批准号	发　明　名　称	申请（专利权）人与通信地址	发明人
CN202022439954.6	一种蛋糕生产用打直裱花机	金华市老北琼食品有限公司，浙江省金华市金东区孝顺镇广顺南街 1558 号（321015）	林七弟
CN202022440419.2	冻肉切割机	广东恒联食品机械有限公司，广东省广州市番禺区石楼镇砺江路 95 号（511499）	刘子健
CN202022441741.7	一种便于安装的饲料加工用投料装置	南通华粮进出口集团粮油有限公司，江苏省南通市濠西路 266 号百安谊家大厦 B1106 室（226001）	张小壮
CN202022443200.8	一种力度可调节的饼干模压装置	上海麦宝食品有限公司，上海市金山区亭卫公路 1428 号（200540）	斯盘恩
CN202022445220.9	一种饼干翻面烘烤装置	上海麦宝食品有限公司，上海市金山区亭卫公路 1428 号（200540）	斯盘恩
CN202022454743.X	一种屠宰场专用的猪肉悬挂装置	吉林省金惠农牧业发展有限公司，吉林省四平市伊通满族自治县伊通镇永宁东路南侧房管所综合楼（130799）	孙宝军、高　巍
CN202022457892.1	一种饼干生产用隧道式热风循环热烤炉	嘉兴美丹食品有限公司，浙江省嘉兴市秀洲区油车港正阳东路 169 号（314001）	陈千中
CN202022473634.2	一种基于畜牧养殖的牧草自动化切割装置	深圳市鸿旭网络技术有限公司，广东省深圳市龙华区大浪街道同胜社区同富裕工业园 30 号 503（518110）	王华斌
CN202022473760.8	一种猪肉加工成碎末的装置	重庆市开洲食品有限公司，重庆市开州区汉丰街道帅乡路 1 号开州大市场 C 栋 8 号（405499）	唐永德
CN202022489872.2	一种面食产品加工用全自动揉面机	上海天信绿色食品有限公司，上海市浦东新区宣桥镇宣夏路 666 号 2 幢全幢（200135）	李参参
CN202022494545.6	一种整鸡切块装置	罗定市振加农业发展有限公司，广东省云浮市罗定市迎宾路富豪三横路 41 号 2 楼 201（527299）	张鉴国
CN202022497308.5	一种具有固定机构的快速型家猪屠宰设备	青岛华堂食品机械制造有限公司，山东省青岛市胶州市胶北街道办事处曾家庄村村北（266399）	薛　力、马逢佳
CN202022508892.X	一种养殖鱼自动去鳞设备	宁德市金盛水产有限公司，福建省宁德市蕉城区飞鸾镇二都上村西区 3 号（352199）	尤信灶、陈永钦
CN202022524456.1	一种制糖箱	山东金晔农法食品有限公司，山东省济南市济阳县济北开发区顺义街 7 号（251499）	王泽祥、张松健
CN202022525409.9	一种饲料添加剂原浆搅拌设备	杭州德鸿生物科技有限公司，浙江省杭州市桐庐县城洋塘路 251 号（311599）	屠乾林、包竹炎
CN202022526657.5	一种凤爪食品加工用指尖切除机构	六安市胜缘食品有限公司，安徽省六安市裕安区分路口镇街道（237008）	夏俭胜
CN202022529710.7	一种盐水鸭生产线用悬挂机构	南京佳福食品有限公司，江苏省南京市江宁区淳化街道青龙工业集中区 58 号（211122）	汤可元、李　远

（续）

申请或批准号	发 明 名 称	申请（专利权）人与通信地址	发明人
CN202022531366.5	一种水产加工用烤箱	浙江海洋大学东海科学技术学院，浙江省舟山市定海区昌国街道海院路18号（316004）	林 欣、何紫轩
CN202022532626.0	一种白茶提取物粉碎酶解一体化制备装置	长沙医学院，湖南省长沙市望城区雷锋大道1501号（410299）	刘雯慧、夏园园
CN202022532787.X	一种食品烹饪加工用的烘烤装置	海南经贸职业技术学院，海南省海口市美兰区桂林洋高校区校际2号路（570205）	赵福振
CN202022534676.2	一种海参加工用去泥沙装置	大连鑫玉龙海洋生物种业科技股份有限公司，辽宁省大连市普兰店区皮口街道宝参园2号（116207）	李倩倩、车 全
CN202022536497.2	一种牦牛肉加工用清洗装置	迪庆州香格里拉龙峰生物科技开发有限公司，云南省迪庆藏族自治州香格里拉市建塘镇香德路东侧（674499）	龙晓峰
CN202022543325.8	一种鱼类加工用分层式腌制桶	珠海德洋水产养殖有限公司，广东省珠海市金湾区红旗镇虹晖一路39号6栋1单元703房（519090）	许晓东、林旭斌
CN202022553902.1	青饲料搅拌机	盐城市大丰区辉洋农业机械制造有限公司，江苏省盐城市大丰区三龙镇丰富小街南侧1幢、2幢（224199）	史海霞、陈 辉
CN202022562507.X	一种带有防护结构的肉片切割机	鹤山市中泰农副食品加工有限公司，广东省江门市鹤山市沙坪荀山村大岗顶开发区（529799）	罗 虹
CN202022570550.0	一种绞肉器	东莞市振中康精密传动科技有限公司，广东省东莞市黄江镇北岸村北岸南路28号（523759）	佘易欣、倪堂荣
CN202022573764.3	一种绿色环保复合型猪饲料加工装置	中博国农（北京）牧场建设有限公司，北京市丰台区科学城海鹰路5号422室（100070）	周佑家、苍晓笛
CN202022582850.0	一种具有干湿分离结构的饲料生产设备	青岛新康生物科技有限公司，山东省青岛市黄岛区峨眉山路396号光谷软件园45号楼302（266499）	孙 瑛、王忠杰
CN202022589486.0	一种压整机	藤桥食品有限公司，浙江省温州市鹿城区藤桥镇潮济、雅漾村（325099）	赵相南
CN202022597271.3	一种用于水果原料催熟的乙烯转化器	海南鲜友食品有限公司，海南省琼海市塔洋镇联先村农业科技示范园（571799）	陈藤楠、钟籍明
CN202022597574.5	连续理条机	浙江上洋机械股份有限公司，浙江省衢州市柯城区经济开发区凯旋南路8号（324003）	戴惠亮、李建马
CN202022610418.8	一种猪肉绞肉用入料装置	福建省光辉东升食品有限公司，福建省福州市连江县浦口镇塔头村上社1-2号（350599）	黄鸿光、黄鸿辉
CN202022610464.8	一种连心脆切割机	秦皇岛正大有限公司，河北省秦皇岛市山海关区关城东路30号（066299）	邵嘉伟

（续）

申请或批准号	发　明　名　称	申请（专利权）人与通信地址	发明人
CN202022625544.0	一种便于快速杀青的茶叶加工装置	重庆市开州区珍茗农业发展有限公司，重庆市开州区敦好镇龙珠村9组18号（405499）	张银来
CN202022627547.8	一种可调节金萱茶叶发酵室	上海承曜生物科技有限公司，上海市奉贤区肖塘路255弄10号1层（201499）	任颖春、谢志青
CN202022640133.9	一种猪饲料生产装置	抚州市东乡区九鼎牧业有限公司，江西省抚州市东乡区经济开发区渊山岗工业区（331899）	赵君存、曾胜发
CN202022648831.3	便于清洗的浆料搅拌装置	广东浩洋速冻食品有限公司，广东省阳江市高新区福冈工业园高新五路北1号（529599）	冯均元、曹周记
CN202022654391.2	一种带有定量装置的灌肠机	济南香贝尔食品有限公司，山东省济南市济阳县济北开发区正安北路10号（251499）	杨锌泽、马玉山
CN202022656040.5	一种带有导料机构的糕点成型机	广东雅太郎实业有限公司，广东省梅州市丰顺县留隍镇北洞广东雅太郎实业有限公司（514399）	刘亿淦、杜映慧
CN202022658841.5	一种藏香猪猪肉的切割包装装置	湘潭龙飞生态农业有限公司，湖南省湘潭市湘潭县易俗河镇白云村白云组（411228）	刘湘贤
CN202022659771.5	一种按键双重锁定抬头功能的和面机	江门市蓬江区裕威倡电器实业有限公司，广东省江门市蓬江区棠下镇新昌村元山仔工业区（529030）	刘嘉良、杨立波
CN202022659856.3	一种猪屠宰用无尘接血盒	广西壮族自治区动物疫病预防控制中心，广西壮族自治区南宁市西乡塘区友爱北路51号（530001）	马　琳、周　跃
CN202022660175.9	一种用于压延机组的刮刀装置	山东江泷机械有限公司，山东省滨州市邹平县魏桥商贸区（256299）	张念江、刘晋平
CN202022667142.7	一种新型串肉机	湖北新涵野自动化设备科技有限公司，湖北省黄冈市英山县经济开发区干臣大道神力半轴厂隔（438799）	姜　辉
CN202022669812.9	一体化全方位果蔬涂膜保鲜系统	天津市融裕科技有限公司，天津市北辰区小淀镇淮东路西侧荣辰花园7号楼-1-101（300499）	毛　莹
CN202022676335.9	一种馒头倒向搓揉机	河南省新乡食品机械有限公司，河南省新乡市新乡县小冀镇（453799）	姜　玲、李全伟
CN202022679899.8	一种可分选的放果闸门	河北绿诺食品有限公司，河北省石家庄市赵县范庄镇（051530）	于　征、徐建志
CN202022680856.1	一种自动化锅巴成型机	湖北卧龙神厨食品股份有限公司，湖北省襄阳市襄州区双沟镇双兴路57号（441199）	杨小峰
CN202022681231.7	带有集液功能的牛肉烘干设备	新疆天莱香牛食品有限责任公司，新疆维吾尔自治区博尔塔拉蒙古自治州博乐市博精公路50号（833499）	张丹楠

（续）

申请或批准号	发 明 名 称	申请（专利权）人与通信地址	发明人
CN202022683677.3	一种羊肉加工用安全温度控制装置	新乡市雨轩清真食品股份有限公司，河南省新乡市原阳县产业集聚区中央厨房产业园西园区（453599）	王 峰
CN202022684528.9	一种碗团制作的面浆熟化搅拌罐	山西金圪达食品有限公司，山西省吕梁市孝义市崇文街道宋家庄村（032399）	王 辉
CN202022688951.6	一种肠衣黏膜刮制装置	大英县添峰生物制品有限公司，四川省遂宁市大英县工业集中区红旗村（629399）	邓 军
CN202022693987.3	一种虾类夹取机构	甸硕水产科技（化州）有限公司，广东省茂名市化州市杨梅镇杨梅工业园管委会办公楼101号（525121）	韩 远、叶春蕾
CN202022694253.7	一种虾的定向输送装置	甸硕水产科技（化州）有限公司，广东省茂名市化州市杨梅镇杨梅工业园管委会办公楼101号（525121）	韩 远、叶柯蕾
CN202022695588.0	一种辣椒酱生产加工用搅拌机	宁夏沙湖食品有限公司，宁夏回族自治区石嘴山市平罗县高庄乡109国道西侧头石路口（753499）	丁学保
CN202022697189.8	一种刺虾翻转装置	甸硕水产科技（化州）有限公司，广东省茂名市化州市杨梅镇杨梅工业园管委会办公楼101号（525121）	韩 远、叶柯蕾
CN202022700886.4	一种羊屠宰无尘集血设备	新乡市雨轩清真食品股份有限公司，河南省新乡市原阳县产业集聚区中央厨房产业园西园区（453599）	王 峰
CN202022701569.4	一种制作发酵火锅底料的储存罐	宁夏草原阿妈食品有限公司，宁夏回族自治区银川市西夏区经天东路（750021）	刘式东、王卫国
CN202022701837.2	一种新型酱板鹅发酵罐	江西惠长隆农业生态科技有限公司，江西省吉安市吉水县文峰镇炉下原鳗鱼场旧址（331699）	饶兴军
CN202022710992.0	一种菠萝茎叶生产青饲料的粉碎机	中国热带农业科学院农业机械研究所，广东省湛江市麻章区湖秀路（524094）	连文伟、欧忠庆
CN202022715377.9	一种金刚虾料调制器装置	福建粤海饲料有限公司，福建省漳州市云霄县陈岱镇竹港村北门340号（363399）	曾凡归、黄 勇
CN202022716501.3	油炸烹饪设备	北京恒泰伟业工贸有限公司，北京市大兴区北京经济技术开发区科创十三街29号院一区3号楼6层（100162）	兰锦禄、林燕钦
CN202022723722.3	收放式贝类海鲜摩擦旋转清洗装置	河北保食健健康科技有限公司，河北省廊坊市三河市燕郊开发区迎宾路神威环岛东北角创业大厦（065299）	池俊科、宁 博
CN202022727056.0	一种中式香肠的生产设备	松阳县松州红食品有限公司，浙江省丽水市松阳县望松街道碧浪路5号（323499）	夏丽娟

（续）

申请或批准号	发 明 名 称	申请（专利权）人与通信地址	发明人
CN202022727151.0	一种老婆饼生产机	安徽乐锦记食品有限公司，安徽省合肥市肥东经济开发区龙城路 6 号（231699）	胡顺宝
CN202022732936.7	一种蔬菜杀青用固液分离装置	天津百世耕食品有限公司，天津市西青区杨柳青镇沐杨道 9 号（300380）	李 增
CN202022733234.0	一种巧克力拉花装置	苏州斯芬克斯食品有限公司，江苏省苏州市苏州吴中经济开发区南湖路 70 - 3 号（215128）	裴昌林
CN202022738107.X	清洗效率高的牛肉加工用清洗机构	沈丘县豫沈牧业有限公司，河南省周口市沈丘县赵德营镇洼刘营行政村（466301）	张丹楠
CN202022742996.7	一种鸡肉传送装置	河北正先食品股份有限公司，河北省石家庄市正定县东安卞村（050899）	王阳光、王阳亮
CN202022743917.4	一种海产品清洗加工设备	聊城易海食品有限公司，山东省聊城市莘县莘亭街道办事处耕莘街 002 号（252499）	杨建新
CN202022751682.3	一种海鲜食品加工用固定装置	聊城易海食品有限公司，山东省聊城市莘县莘亭街道办事处耕莘街 002 号（252499）	杨建新
CN202022756535.5	一种带加湿装置的醒发箱	青岛杰麦烘焙设备有限公司，山东省青岛市城阳区棘洪滩街道北万社区居委会（266109）	孟 琳、夏宝金
CN202022756715.3	一种家禽去毛装置	安徽和超禽业科技集团有限公司，安徽省宣城市宣州区洪林镇宣州农产品加工园（242099）	陈章超
CN202022756961.9	一种带智能供气装置的真空滚揉机	青岛安泰科气体有限公司，山东省青岛市市北区郑州路 43 号 A 栋 120 - 09 室（266034）	陈晓军、杜剑民
CN202022757198.1	一种面包生产用柜式醒发室	青岛杰麦烘焙设备有限公司，山东省青岛市城阳区棘洪滩街道北万社区居委会东（266109）	孟 琳、夏宝金
CN202022767348.7	面包安全生产用烘干机	南京依泽瑞丝食品有限公司，江苏省南京市江宁区秣陵街道竹山路 605 号 01 幢（211122）	江明理、江俊夫
CN202022772033.1	虾片料卷挤压输出装置	辽宁安德食品有限公司，辽宁省丹东市东港市新城区小寺村六组（118399）	迟宏超、张以圣
CN202022772696.3	一种速冻调理产品仿真异形的成型配套装置	福建冠先食品有限公司，福建省漳州市长泰县古农农场顺祥路 1 号（363999）	杨武强
CN202022773911.1	一种用于高原蔬菜的清洗装置	中科云健康（甘肃）有限公司，甘肃省天水市武山县洛门镇蔬菜科技园区（741399）	李 云、徐 兵
CN202022782341.2	一种鸡腿剔骨机	河北正先食品股份有限公司，河北省石家庄市正定县东安丰村（050899）	王阳光、王会会
CN202022784000.9	家禽宰杀上挂装置	安徽和超禽业科技集团有限公司，安徽省宣城市宣州区洪林镇宣州农产品加工园（242099）	陈章超
CN202022788014.8	一种猪饲料粉碎设备	抚州市东乡区九鼎牧业有限公司，江西省抚州市东乡区经济开发区渊山岗工业区（331899）	赵君存、曾胜发

（续）

申请或批准号	发 明 名 称	申请（专利权）人与通信地址	发明人
CN202022791096.1	一种包装机清洗装置	青岛东生药业有限公司，山东省青岛市平度市云山镇驻地（266799）	于翠欣、董 辉
CN202022793889.7	一种用于月饼生产的自动排盘机	嘉兴市陆家桥食品有限公司，浙江省嘉兴市秀洲区新塍镇润园路 317 号-1（314001）	路晶晶
CN202022795031.4	一种去鳞刷自清洁防粘鳞的去鱼鳞设备	龙海市格林水产食品有限公司，福建省漳州市龙海市港尾镇汤头岭口（363105）	黄海泉、吴胜平
CN202022801555.X	一种用于菊花茶加工的快速筛选装置	朔州市瑞草堂中药材种植加工有限公司，山西省朔州市朔城区张蔡庄乡狼儿村（036022）	寇 锋、寇世福
CN202022803952.0	一种苦荞茶精加工设备	福泉市风味食品有限公司，贵州省黔南布依族苗族自治州福泉市马场坪办事处沙井村 1 号（550599）	牟树强、马 飞
CN202022805749.7	一种用于饲料混合的搅拌设备	抚州市东乡区九鼎牧业有限公司，江西省抚州市东乡区经济开发区渊山岗工业区（331899）	曾胜发、赵君存
CN202022807542.3	一种方便面生产线中调味料混合搅拌装置	山东森像机械设备有限公司，山东省济南市天桥区北园大街 548 号嘉汇环球广场 C623（250031）	金 刚
CN202022821881.7	一种用于大黄鱼饲料的碎冰机	福建大昌盛饲料有限公司，福建省福州市福清市海口镇牛宅村山下 1069-66 号（350399）	陈 帅、陈大照
CN202022824797.0	一种绿豆清洗罐	烟台瑞华食品有限公司，山东省烟台市高新区经六路 18 号（264003）	李 峰、皮彦臣
CN202022825024.4	压花机	苏州斯芬克斯食品有限公司，江苏省苏州市苏州吴中经济开发区南湖路 70-3 号（215128）	裴昌林
CN202022825876.3	一种具有防水结构的电机、虾线清理设备	郑州尺良科技有限公司，河南省郑州市中原区中原路 167 号（450007）	田 野、乔永波
CN202022826273.5	制糖机糖料导料装置	台州市宝刚机械有限公司，浙江省台州市椒江区海丰路 355 号 4 幢 1 楼（318099）	陈 龙、陈灵宝
CN202022830700.7	一种带食品自动输送机构的高效烘焙设备	安徽绿能技术研究院有限公司，安徽省合肥市高新区海棠路 150 号 1402 室（230031）	俞 葵、郭斗斗
CN202022831167.6	一种食物料理机的容器及食物料理机	昌欣动力（深圳）科技有限公司，广东省深圳市宝安区沙井街道洪田村金源工业区 D 栋 3 楼（518101）	聂 英
CN202022836265.9	一种瓜子蒸煮装置	蚌埠市清菲食品科技有限公司，安徽省蚌埠市固镇县蚌埠铜陵现代产业园区（233799）	束春林、马洪安
CN202022838186.1	一种畜牧养殖用牧草粉碎机	广西壮族自治区畜牧研究所，广西壮族自治区南宁市兴宁区邕武路 24 号（530002）	韦明松、何仁春
CN202022847902.2	一种便捷式脱毛机脱毛辊	许昌智工机械制造有限公司，河南省许昌市襄城县产业集聚区创业园（461799）	安著铭
CN202022850986.5	一种用于脱水机的内框固定架	上海万洋水产有限公司，上海市金山区廊下镇漕廊公路 6996 号 6 幢底楼 C 区（200540）	王静宇

（续）

申请或批准号	发 明 名 称	申请（专利权）人与通信地址	发明人
CN202022851244.4	一种用于肉鸭加工的剥胗机	鹤壁春黎农业开发有限公司，河南省鹤壁市浚县产业集聚区浚州大道与六和路交叉口（456250）	张瑞锋
CN202022851997.5	一种肉制品解冻装置	四川以牛科技有限公司，四川省乐山市高新区南新路8号（614099）	苏荣聪
CN202022855130.7	一种月饼自动刷蛋液生产加工系统	广州市来利洪饼业有限公司，广东省广州市白云区人和镇秀盛路129号（510450）	丘　勇
CN202022862424.2	一种腊肉生产加工用清洗装置	奉节县苍荷脉农业发展有限公司，重庆市奉节县龙桥土家族乡阳坝村3组25号（404699）	刘学德
CN202022867016.6	一种精准控温的巧克力融化设备	山东君君乳酪有限公司，山东省德州市德州（禹城）国家高新技术产业开发区友谊街西段南侧（251299）	马建军、杨贞耐
CN202022883363.8	一种用于鱼类水产品脱鳞装置	湖北金鲤鱼农业科技股份有限公司，湖北省荆州市城南开发区龙海路东侧（434099）	王　松
CN202022884697.7	一种发酵饲料制作用菌液添加系统	盐城九洲饲料发展有限公司，江苏省盐城市滨海县滨海现代农业产业园区农产品加工园（224599）	张建明、李　萌
CN202022896480.8	一种带有自动送料机构的鱼类加工用除鳞设备	广东海蕉港食品有限公司，广东省珠海市斗门区白蕉镇新港大道55号2层202房（519199）	丘秋明、黄赞峰
CN202022896539.3	一种带有自动喷淋机构的鱼肉加工用切片机	广东海蕉港食品有限公司，广东省珠海市斗门区白蕉镇新港大道55号2层202房（519199）	丘秋明、黄赞峰
CN202022916961.0	一种用于生猪检疫的自动滚戳器	新疆生产建设兵团第一师市场监管综合行政执法支队，新疆维吾尔自治区阿拉尔市军垦大道西胡杨楼（843399）	黄跃杰、龚　磊
CN202022917952.3	一种牦牛肉揉滚装置	迪庆香溢德吉食品开发有限责任公司，云南省迪庆藏族自治州香格里拉市建塘镇诺西村康定路中段（674499）	和文花
CN202022921814.2	一种蜜浆生产过滤装置	西京学院，陕西省西安市长安区西京路1号（710199）	陈明哲、李　盛
CN202022924724.9	一种对搅拌食材具有制冷保温的食品搅拌机	徐州佳乐福机械有限公司，江苏省徐州市鼓楼区琵琶村复兴北路212号（221007）	汪　忠
CN202022925364.4	一种什锦菜软罐头加工用分段杀菌装置	南靖县益得利罐装食品有限公司，福建省漳州市南靖县龙山镇马山（363699）	张丽红、杨爱珠
CN202022929891.2	一种豆皮炸卷机的下料设备	佛山市豆本营食品有限公司，广东省佛山市顺德区陈村镇赤花居委会广隆工业区南二路12号（528399）	毕秋玲
CN202022935598.7	一种甜筒烘焙烤板	广州市鹏大机械有限公司，广东省广州市增城市新塘镇太平洋工业区56号（511399）	何鹏翔、何鹏达

（续）

申请或批准号	发 明 名 称	申请（专利权）人与通信地址	发明人
CN202022938157.2	一种鲜活鳗鱼剖杀装置	福建铭发水产开发有限公司，福建省福州市福清市上迳镇南湾村（350399）	杨 新、杨 欢
CN202022941055.6	一种切牛排机的牛排固定结构	山东如康清真食品有限公司，山东省德州市齐河县表白寺镇济北高铁枢纽经济协作区纬五路1号（251199）	魏东晓、高 军
CN202022941304.1	一种用于摊直虾体的转动装置	甸硕水产科技（化州）有限公司，广东省茂名市化州市杨梅镇杨梅工业园管委会办公楼101号（525121）	叶柯蕾、韩 远
CN202022941327.2	一种对虾传送装置	甸硕水产科技（化州）有限公司，广东省茂名市化州市杨梅镇杨梅工业园管委会办公楼101号（525121）	叶柯蕾、韩 远
CN202022943690.8	一种鳗鱼宰杀专用冰晕箱	福建铭发水产开发有限公司，福建省福州市福清市上迳镇南湾村（350399）	杨 新、杨 欢
CN202022946929.7	一种可收集污水污物的肉食品加工台	徐州工程学院，江苏省徐州市云龙区富春路1号徐州工程学院（221004）	李 超
CN202022947824.3	一种天然肠衣套管干制模具	大通肠衣（商丘）有限公司，河南省商丘市经济技术开发区北海路东段南侧（476005）	宋江东、郭祥金
CN202022961302.9	海苔片生产用异物识别筛选设备	青岛瑞荣食品有限公司，山东省青岛市城阳区上马街道龙泽路北张工业园（266109）	张金龙
CN202022968676.3	一种牛肉块切割机的夹持组件	山东如康清真食品有限公司，山东省德州市齐河县表白寺镇济北高铁枢纽经济协作区纬五路1号（251199）	魏东晓、高 军
CN202022970081.1	一种培养基生产用便于分类的熬制器具	颐正源（天津）科技有限公司，天津市武清区下伍旗良庄村（301799）	李琴琴
CN202022978502.5	一种大型灌肠机料斗内料馅保温和冷却的装置	临沂金锣文瑞食品有限公司，山东省临沂市兰山区半程镇金锣科技园（276033）	张广春、马文庆
CN202022979782.1	一种豆豉生产用风干房	浏阳市溢品鲜调味食品厂，湖南省长沙市浏阳市枨冲镇新南桥村（410399）	卜伟明
CN202022992164.0	一种豆腐生产用混料装置	云南运安康食品有限公司，云南省昆明市安宁县街道办事处富安村（650399）	李加用、朱丽波
CN202022996222.7	自动压面机	河北同福健康产业有限公司，河北省石家庄市栾城区308国道与西外环南路交汇处西北角（051430）	赵鑫燕、刘 辉
CN202022996318.3	一种猪屠宰用烫池的排污装置	青岛建华食品机械制造有限公司，山东省青岛市胶州市营海办事处北辛庄村西（266399）	杨华建、孙胜斌
CN202023001222.5	夹心面包的定型用自动化装置	浙江阿兴食品有限公司，浙江省杭州市余杭区龙船坞路157号4幢201室、502室（311199）	肖水顺、谢华坤
CN202023002492.8	一种水果加工烘干设备	盐城同和农业科技发展有限公司，江苏省盐城市亭湖区南洋镇才堂村四组（224002）	梅广山

（续）

申请或批准号	发 明 名 称	申请（专利权）人与通信地址	发明人
CN202023003996.1	一种虾加工用冷却装置	寿县如今食品有限责任公司，安徽省淮南市寿县茶庵镇工业园区（232261）	贾如今
CN202023005191.0	屠宰用的真空采血机构	大厂回族自治县华远肉类有限公司，河北省廊坊市大厂回族自治县厂谭路南侧复兴路2号（065399）	李 傲
CN202023013227.X	一种牛肉切片加工装置	安徽蒸小皖餐饮有限公司，安徽省合肥市庐阳工业园时雨路与灵溪路交口工投兴庐科技产业园（230041）	司武卓、司武瑜
CN202023017688.4	一种方形面块整形机	广州市达三江机械有限公司，广东省广州市白云区钟落潭镇米岗康富路6号（510450）	陈卉娴
CN202023017763.7	一种可移动的牛肉屠宰装置	阳信华胜清真肉类有限公司，山东省滨州市阳信县河流镇工业园区（251899）	冯元度
CN202023018277.7	一种用于牛肉屠宰的分隔架	阳信华胜清真肉类有限公司，山东省滨州市阳信县河流镇工业园区（251899）	冯元度
CN202023026945.0	一种富含白藜芦醇的红葡萄浓缩粉生产设备	上海诚一大健康科技集团有限公司，上海市嘉定区徐行镇曹新公路1388弄8号8幢314室（201899）	程 丹
CN202023028826.9	一种新型鼓风方式的棉花糖机	深圳市合泰英龙科技有限公司，广东省深圳市南山区南头街道红花园社区南山大道2329新海大厦（518052）	刘晓雄、黄 健
CN202023030364.4	一种杏鲍菇自动分拣装置	漳州奇蕈农业开发有限公司，福建省漳州市高新区靖城镇郑店村山头社127-1号（363699）	王健兴
CN202023036194.0	一种可调节面片厚度的压面机	北京哈迈食品科技有限公司，北京市海淀区紫竹院路广源闸5号3层83084号（100086）	马 华
CN202023041166.8	一种干花椒开口挤压装置	重庆市江津区丰源花椒有限公司，重庆市江津区先锋中小企业创业基地（402260）	杨华忠
CN202023050395.6	一种带有导流通风结构的小麦贮藏塔	新疆金天山农业科技有限责任公司，新疆维吾尔自治区昌吉回族自治州昌吉市农业科技园区（831199）	韩 涛、曹 衡
CN202023054413.8	一种牛排切割机	石家庄市惠康食品有限公司，河北省石家庄市正定县新城铺镇（050899）	王会杰、李玉锋
CN202023062769.6	肉制品加工用清洗装置	浙江波拉波拉食品股份有限公司，浙江省嘉兴市海盐县望海街道电庄社区（314399）	王腾浩、唐申成
CN202023063333.9	一种夹心海苔压实烘干装置	晋江华恒食品有限公司，福建省泉州市晋江市经济开发区青莲路7号（362216）	柯文言
CN202023066811.1	一种牛肉加工用清洗装置	镇平县金贵清真食品有限公司，河南省南阳市镇平县遮山镇中其营村（474250）	马银博、陈 戈

(续)

申请或批准号	发 明 名 称	申请（专利权）人与通信地址	发明人
CN202023067186.2	用于肉牛深加工的牛胴体排酸室	大厂回族自治县华远肉类有限公司，河北省廊坊市大厂回族自治县厂谭路南侧复兴路2号（065399）	李 傲
CN202023071525.4	一种便于快速杀青的茶叶加工装置	丹江口市圣和生态农业开发有限公司，湖北省十堰市丹江口市浪河镇青莫村一组（442799）	丁家勤、吴红梅
CN202023076555.4	一种具有杀菌功能的梅干生产用清洗装置	福建省诏安福益食品有限公司，福建省漳州市诏安县太平镇景坑村城畔588号（363599）	田文序
CN202023083591.3	一种金枪鱼的鱼肉处理装置	浙江企润食品有限公司，浙江省舟山市普陀区展茅街道富丹路18号（316199）	史苏琴、江炳灵
CN202023086981.6	一种减速传动单元、台面和减速传动一体化的切片机	安徽华菱西厨装备股份有限公司，安徽省马鞍山市博望区辽河东路256号（243131）	李栋权、许正华
CN202023090033.X	一种虾类夹取装置与虾类加工系统	甸硕水产科技（化州）有限公司，广东省茂名市化州市杨梅镇杨梅工业园管委会办公楼101号（525121）	韩 远、叶柯蕾
CN202023092025.9	一种茶饮料加工用清洗装置	山东泰乐源农业科技有限公司，山东省泰安市宁阳县振兴街以南，文庙西路以西（271411）	肖志剑
CN202023092400.X	一种鱼丸定型机用自动下料装置	福建省水手食品有限公司，福建省莆田市涵江区高新技术产业园区涵庭西路101号（351111）	陈建华、林金煌
CN202023093161.X	一种馒头和面机的排料结构	山东康浪河面业有限公司，山东省淄博市齐城农业高新技术开发区宏达路6号（255399）	于英鑫
CN202023093890.5	一种带有清洗功能的马家柚高效分选装置	江西金柚家缘农业开发有限公司，江西省上饶市广丰区洋口镇人民政府大院内（334699）	许金福
CN202023104881.1	一种铁核桃剥壳机	河南沃客智能装备有限公司，河南省平顶山市市辖区黄河路336号伊顿工业园办公楼2楼2号（467002）	高向明、陈小军
CN202023108175.4	一种用于水产品加工的清洗装置	珠海诚汇丰农业科技有限公司，广东省珠海市平沙镇珠海大道8009号（519090）	许世杰
CN202023117083.2	一种牛肉粒切粒装置	重庆登娃食品开发有限公司，重庆市城口县坪坝镇新华村九组18号（405999）	龚芳富
CN202023120218.0	一种用于鱼类开背的自动开背装置	广东海蕉港食品有限公司，广东省珠海市斗门区白蕉镇新港大道55号2层202房（519199）	丘秋明、黄赞峰
CN202023120976.2	定量加料的灌肠机	辽宁义利农牧有限公司，辽宁省铁岭市昌图县八面城镇西街20组537栋（112599）	谭立冬
CN202023129650.6	一种能够自动控温的食品油炸机	青岛浩源集团有限公司，山东省青岛市红岛经济区红岛镇千佛山（266114）	吕玉琴、王秀兰
CN202023136840.0	一种海参自动泡发设备	北京信息科技大学，北京市海淀区清河小营东路12号（100086）	刘 琼、张世卓

（续）

申请或批准号	发 明 名 称	申请（专利权）人与通信地址	发明人
CN202023153312.6	一种大蒜破瓣机	山东瑞泉食品有限公司，山东省临沂市莒南县石莲子镇工业项目聚集园（276699）	刘洪海、赵春堤
CN202023153488.1	一种用于杨梅汁澄清的超滤装置	江西日远食品有限公司，江西省上饶市广丰区经济开发区双金路168号A2栋（334699）	叶远平
CN202023153588.4	一种果汁生产用压榨渗滤装置	江西日远食品有限公司，江西省上饶市广丰区经济开发区双金路168号A2栋（334699）	叶远平
CN202023153704.2	一种带有内脏收集机构的杀鱼装置	广东海蕉港食品有限公司，广东省珠海市斗门区白蕉镇新港大道55号2层202房（519199）	丘秋明、黄赞峰
CN202023157573.5	一种茶树菇种植采摘用周转箱	湖北誉达农业科技股份有限公司，湖北省孝感市大悟县经济开发区湖北誉达农业科技股份有限公司（432801）	郑玉光、吴重桥
CN202023158303.6	一种挂杆机及其导轨	佛山市奥楷机械科技有限公司，广东省佛山市南海区狮山镇罗村联星村兴旺大道3号（528299）	熊　洪、邱亿辉
CN202023162248.8	一种带油烟净化的通过式炸虾装置	茂名新洲海产有限公司，广东省茂名市广州白云江高产业转移工业园（525499）	李　强、陈振亮
CN202023167539.6	一种即食型低温化浅发酵香肠加工装置	宜宾市劲芬食品有限公司，四川省宜宾市高县来复镇石坝村四组24号（645154）	罗学清
CN202023168014.4	一种用于制茶的摇青装置	公主岭国家农业科技园区九正生物医药科技有限公司，吉林省长春市吉林公主岭国家农业科技园区科贸大街民兴路20号（136199）	马学达、吴广志
CN202023169020.1	一种具有升降功能的速冻蔓越莓用储存装置	莱阳海特尔食品有限公司，山东省烟台市莱阳市马山路11号（265299）	董　海
CN202023181835.1	一种自动化和面机	西京学院，陕西省西安市长安区西京路1号（710199）	翁鞠海、张述嘉
CN202023183762.X	一种脆脆香软骨切割机	福建正大食品有限公司，福建省龙岩市新罗区东城登高东路688号（364099）	沈　奇、刘晓芳
CN202023188536.0	一种用于生产制作香肠的发酵装置	宜宾市劲芬食品有限公司，四川省宜宾市高县来复镇石坝村四组24号（645154）	罗学清
CN202023188717.3	一种生鲜肉分切装置	河南中科广安食品有限公司，河南省郑州市高新区檀香路3号1号楼（450007）	梁晓晓、付珊珊
CN202023204623.0	一种梅子酱用的鲜果清洗装置	诏安梅满天下食品有限公司，福建省漳州市诏安县太平镇麻寮村（363599）	田雄杰
CN202023207836.9	一种牛肉屠宰用的刨毛装置	山东借箭牧业发展有限公司，山东省滨州市阳信县温店镇大营开发区（251899）	冯玉在、张会阳
CN202023211554.6	一种牦牛制品冷冻冷藏两用装置	红原新希望牦牛产业有限公司，四川省阿坝藏族羌族自治州红原县工业园区内（624603）	杨开洪、刘怀伟

（续）

申请或批准号	发 明 名 称	申请（专利权）人与通信地址	发明人
CN202023211593.6	一种可自动清洁的牦牛屠宰工作台	红原新希望牦牛产业有限公司，四川省阿坝藏族羌族自治州红原县工业园区内（624603）	杨开洪、刘怀伟
CN202023211851.0	一种肠衣制品生产用压肠机	河北常山凯库得生物技术有限公司，石家庄市中国自由贸易试验区高新技术产业开发区（050899）	孙云霞、崔 洁
CN202023218480.9	一种烘焙酱料乳化工艺中的换热冷却装置	武陟一村食品有限公司，河南省焦作市武陟县武陟产业新城鸿源路东段（454950）	刘瑞卿、杜彦伟
CN202023219969.8	一种全自动烘干干果机	佛山市海氏智能电器有限公司，广东省佛山市顺德区均安镇均安社区居民委员会仓沙西路6号（528399）	李盛川
CN202023222443.5	一种农业种植用花生脱粒装置	潍坊大良农业发展有限公司，山东省潍坊市安丘市景芝镇太平村206国道西（262199）	周晓龙、周晓坤
CN202023222912.3	一种用于鲍鱼加工的旋转蒸煮装置	福州宏利食品有限公司，福建省福州市连江县敖江镇青塘村龙达路7号（350599）	郑华鑫、吴明庆
CN202023247197.9	一种非油炸面计量切刀架	湖北顾大嫂食品有限公司，湖北省仙桃市高新技术产业园区干河北路（433099）	李显剑、吴红超
CN202023252511.2	一种多楼层厂房用猪屠体转运系统	莱州市新力复合材料有限公司，山东省烟台市莱州市开发区玉苑东路138号（261499）	翟启达、姜守欣
CN202023256287.4	能够提高安全性的强力碎骨机	廊坊市惠友机械有限公司，河北省廊坊市安次区安次工业园安锦道19号4号车间（065012）	孟庆刚、曹瑞涛
CN202023257957.4	一种旱地西红柿丁罐头研发用原料清洗装置	石楼县冠通食品有限公司，山西省吕梁市石楼县龙交乡上庄村（032599）	苏喜君
CN202023259846.7	一种屠宰线末端的滑动式猪胴体冲淋装置	四川农业大学，四川省雅安市雨城区新康路46号（625099）	刘书亮、唐 林
CN202023277589.X	一种鲍鱼加工用壳外侧结石去除装置	福州宏利食品有限公司，福建省福州市连江县敖江镇青塘村龙达路7号（350599）	郑华鑫、魏慧云
CN202023297756.7	一种对虾原料清洗上料设备	湛江港洋水产有限公司，广东省湛江市霞山区机场路38号（524019）	冼上贵、叶为果
CN202023297851.7	一种8字面条切丝刀	郑州镓顺机械设备有限公司，河南省郑州市中原区紫竹路1号（450007）	张顺国
CN202023303450.8	一种生产猪肉预制品的预处理装置	河南中科广安食品有限公司，河南省郑州市高新区檀香路3号1号楼（450007）	梁晓晓、高天增
CN202023305508.2	一种茶叶烘干装置	广西昭平县将军峰农业科技有限公司，广西壮族自治区贺州市昭平县昭平镇江滨新区四楼（546899）	朱营佳、彭国强
CN202023308459.8	一种鱼类加工生产用开背机	珠海市浪淘水产有限公司，广东省珠海市斗门区白蕉镇新沙工业新区工业二路8号（519199）	陶红霞

（续）

申请或批准号	发　明　名　称	申请（专利权）人与通信地址	发明人
CN202023322520.4	一种家禽水肺分离装置	福建正大食品有限公司，福建省龙岩市新罗区东城登高东路 688 号（364099）	沈　奇、刘晓芳
CN202023341134.X	多滚筒上粉机	好为尔机械（山东）有限公司，山东省济南市济阳区济北街道顺义街 14 号（251499）	张　峰、艾铭毅
CN202023341791.4	一种高效型冻肉切块机	广东海昌沅国通食材有限公司，广东省佛山市南海区大沥镇盐步东秀聚龙村工业区水街路 36 号（528299）	郑银地、林韩贞

第六部分

大 事 记

1月

12日 全国粮食和物资储备工作视频会议在京召开。会议以习近平新时代中国特色社会主义思想为指导，深入贯彻党的十九大和十九届二中、三中、四中、五中全会精神，部署2021年粮食流通和物资储备工作。会议强调，"十四五"时期是粮食和物资储备安全重要性的凸显期、"深化改革、转型发展"的重要机遇期、治理体系和治理能力现代化的攻坚期。要坚持统筹发展和安全，牢牢把住改革发展的主动权、安全发展的主动权、高质量发展的主动权、融合发展的主动权、规划引领的主动权、依法治理的主动权。要抢抓用好机遇，育新机争主动，务求在思想观念、治理方式、发展质量、保障能力等方面加快转变提升，扛稳保障国家粮食安全的政治责任，更好发挥国家储备"稳定器"作用。会议要求深入推进优质粮食工程，在粮食产业高质量发展上实现更大突破。围绕建设国家粮食安全产业带，放大粮食加工转化引擎作用，借鉴"湖州模式"和"阜南样板"等经验，大力实施建链、补链、强链，建设粮食产业发展高地。适时召开第二次现场经验交流会，实施"六大行动"，打造优质粮食工程升级版。大力开展节约粮食行动，重点做好仓储、运输、加工等环节减损工作，搞好粮食产后服务中心建设，实施农户科学储粮专项，积极推广绿色低温储粮和适度加工技术。国家发展改革委负责同志及有关司局主要负责同志，驻发改委纪检监察组负责同志，国家粮食和物资储备局各司局单位主要负责同志在主会场参加会议。

22日 脱贫攻坚工作领导小组会议在京召开。会议要求，要着力巩固易地搬迁脱贫成果。结合新型城镇化和美丽乡村建设，提升完善集中安置区公共服务和基础设施，做好搬迁群众就业跟踪帮扶，因地制宜发展后续产业，提升安置区社区管理服务水平，确保"稳得住、有就业、逐步能致富"。要进一步发挥以工代赈"赈"的作用。继续以"三区三州"等原深度贫困地区为重点，更加注重扶志扶智，积极动员农村低收入群体参与"以工代赈"的工程建设获取劳务报酬，通过以工代训的方式加强就业技能和国家通用语言培训，在农业农村基础设施建设领域积极推广以工代赈方式，带动更多农村群众就业增收。要继续大力实施消费帮扶。持续打通生产、加工、流通、运输等各环节的痛点难点堵点，加大脱贫地区农产品线上线下销售力度，强化质量安全监管。要持续做好定点帮扶工作。保持主要帮扶政策的总体稳定，继续在消费帮扶、规划政策、项目资金、金融帮扶、人才智

力、媒体宣传等方面给予支持，继续选派干部赴定点帮扶县挂职锻炼，巩固和拓展定点帮扶县脱贫摘帽成果，全面推进乡村振兴。国家发展改革委党组成员、副主任丛亮，副秘书长郭兰峰出席会议。国家发展改革委脱贫攻坚工作领导小组成员单位主要负责同志和驻发改委纪检监察组负责同志参加会议。

2月

5日 中央农办、农业农村部在京组织召开金融服务全面推进乡村振兴座谈会，与19家金融机构共商金融支农举措，推动扩大农业农村有效投资。会议强调，各级农业农村部门要与金融机构密切合作，找准结合点寻求突破，总结推广有效做法，不断创新产品服务，为全面推进乡村振兴、加快农业农村现代化提供有力支撑。会议指出，近年来我国农村金融蓬勃发展，服务体系不断健全，业务规模不断扩大，产品服务不断创新，为推动"三农"事业发展作出了突出贡献。"三农"工作重心历史性转向全面推进乡村振兴后，将释放出巨量的消费和投资需求，农村金融大有可为。"十四五"期间高标准农田建设、打好种业翻身仗、开展乡村建设行动、实施农产品仓储保鲜冷链物流工程、打造农业全产业链、培育新型农业经营主体、防范化解农业风险等农业农村领域重点任务，迫切需要金融资本加大投资力度，为乡村振兴赋能助力。中央农办主任，农业农村部党组书记、部长唐仁健出席会议并讲话。会议由农业农村部副部长刘焕鑫主持，农业农村部总经济师、办公厅主任魏百刚出席会议。

21日 党的十九届五中全会审议通过的《中共中央关于制定国民经济和社会发展第十四个五年规划和二〇三五年远景目标的建议》，对新发展阶段优先发展农业农村、全面推进乡村振兴作出总体部署，为做好当前和今后一个时期"三农"工作指明了方向。《建议》要求加快推进农业现代化提升粮食和重要农产品供给保障能力。地方各级党委和政府要切实扛起粮食安全政治责任，实行粮食安全党政同责。深入实施重要农产品保障战略，完善粮食安全省长责任制和"菜篮子"市长负责制，确保粮、棉、油、糖、肉等供给安全。"十四五"时期各省（自治区、直辖市）要稳定粮食播种面积、提高单产水平。加强粮食生产功能区和重要农产品生产保护区建设。建设国家粮食安全产业带。稳定种粮农民补贴，让种粮有合理收益。坚持并完善稻谷、小麦最低收购价政策，完善玉米、大豆生产者补贴政策。深入推进农业结构调整，推动品种培优、品质提升、品牌

打造和标准化生产。鼓励发展青贮玉米等优质饲草饲料，稳定大豆生产，多措并举发展油菜、花生等油料作物。健全产粮大县支持政策体系。扩大稻谷、小麦、玉米三大粮食作物完全成本保险和收入保险试点范围，支持有条件的省份降低产粮大县三大粮食作物农业保险保费县级补贴比例。深入推进优质粮食工程。加快构建现代养殖体系，保护生猪基础产能，健全生猪产业平稳有序发展长效机制，积极发展牛羊产业，继续实施奶业振兴行动，推进水产绿色健康养殖。推进渔港建设和管理改革。促进木本粮油和林下经济发展。优化农产品贸易布局，实施农产品进口多元化战略，支持企业融入全球农产品供应链。保持打击重点农产品走私高压态势。加强口岸检疫和外来入侵物种防控。开展粮食节约行动，减少生产、流通、加工、存储、消费环节粮食损耗浪费。构建现代乡村产业体系。依托乡村特色优势资源，打造农业全产业链，把产业链主体留在县城，让农民更多分享产业增值收益。加快健全现代农业全产业链标准体系，推动新型农业经营主体按标生产，培育农业龙头企业标准"领跑者"。立足县域布局特色农产品产地初加工和精深加工，建设现代农业产业园、农业产业强镇、优势特色产业集群。推进公益性农产品市场和农产品流通骨干网络建设。开发休闲农业和乡村旅游精深线路，完善配套设施。推进农村一二三产业融合发展示范园和科技示范园区建设。把农业现代化示范区作为推进农业现代化的重要抓手，围绕提高农业产业体系、生产体系、经营体系现代化水平，建立指标体系，加强资源整合、政策集成，以县（市、区）为单位开展创建，到2025年创建500个左右示范区，形成梯次推进农业现代化的格局。创建现代林业产业示范区。组织开展"万企兴万村"行动。稳步推进反映全产业链价值的农业及相关产业统计核算。

3 月

1 日 农业农村部召开全国推进乡村产业高质量发展视频会。会议强调，要深入贯彻落实习近平总书记重要指示批示精神和党中央、国务院关于乡村产业振兴的决策部署，围绕"保供固安全，振兴畅循环"，加快构建现代乡村产业体系，提升乡村产业链供应链现代化水平。农业农村部副部长刘焕鑫出席会议并讲话。会议指出，要实施好《全国乡村产业发展规划（2020—2025 年）》，拓展乡村功能价值，拓展产业增值增效空间。到2025年，农产品加工业营业收入达到32万亿元，主要农产品加工转化

率达到80%；培育一批产值超百亿元、千亿元优势特色产业集群；乡村休闲旅游业年接待游客人数超过40亿人次，经营收入超过1.2万亿元；返乡入乡创业创新人员超过1 500万人。会议强调，构建现代乡村产业体系，要以一二三产业融合发展为路径。一要抓规划。各地要编制好"十四五"乡村产业发展规划。二要抓平台。建设好"一村一品"示范村镇、农业产业强镇、现代农业产业园、优势特色产业集群以及农产品加工园和返乡入乡创业园等平台。三要抓企业。发展壮大龙头企业，培育农业产业化联合体。四要抓要素。破解乡村产业发展用地难、贷款难问题。五要抓机制。推广契约式、分红式、股权式利益联结方式，让农民有活干、有钱赚。各省、自治区、直辖市和新疆生产建设兵团农业农村部门负责同志参加会议。

30 日 中央农办、农业农村部、国家乡村振兴局在京召开实现巩固拓展脱贫攻坚成果同乡村振兴有效衔接座谈会。会议强调，要深入学习贯彻习近平总书记关于全面推进乡村振兴的重要讲话和重要指示精神，把思想和行动统一到中央决策部署上来，进一步统筹谋划、有效衔接好巩固拓展脱贫攻坚成果与全面推进乡村振兴，推动各级扶贫工作机构职能有序调整到位、形成工作合力，确保全面推进乡村振兴、加快农业农村现代化开好局起好步，以优异成绩庆祝建党100周年。会议指出，开局起步之年"三农"工作极端重要，要坚持机构调整和重点工作两手抓两不误，切实抓好乡村振兴重点任务落实，确保工作不断档、大事不耽误。巩固拓展脱贫攻坚成果要不间断不落空，细化梳理可能导致规模性返贫的主要风险点，逐项研究提出预警指标，科学制定应对预案，开展常态化监测帮扶，持续推进脱贫地区产业发展。乡村建设行动要早谋划早启动，尽快建立统筹协调、分工协作的工作机制，制定出台实施方案，优先安排一批既改善生活又促进生产的工程项目，推动项目尽快落地。推进乡村治理要有新举措新进展，全面建立加强乡村治理体系建设联席会议机制，发挥好统筹协调作用，找准工作抓手和载体，总结推出一批乡村治理的典型模式，以点带面搞好推广。乡村振兴工作推进要有硬招见真章，建立健全清晰明确的责任落实机制、动真碰硬的考核督查制度、多元高效的社会动员体系，切实保障各项重点任务落实到位。中央农办主任，农业农村部党组书记、部长唐仁健出席会议并讲话。农业农村部党组成员、副部长刘焕鑫主持会议，中央农办副主任、农业农村部党组成员、国家乡村振兴局局长王正谱出席会议并对乡村振兴部门重点工作作具体安排。

4 月

20 日　2021 中国农业展望大会在京召开。大会主题为"稳预期固安全",发布了《中国农业展望报告(2021—2030)》,对未来 10 年中国主要农产品生产、消费、贸易形势进行预测分析。农业农村部副部长于康震出席会议并讲话。会议指出,2020 年我国统筹推进新冠肺炎疫情防控和经济社会发展工作,粮食产量连续 6 年保持在 1.3 万亿斤以上,年末生猪存栏已恢复到 2017 年的 92%,农产品市场供给总体充足。今年全国春耕生产进展顺利,冬小麦、冬油菜种植面积均稳中有增,玉米种植面积明显增长,全年玉米供给特别是饲料粮保障有较好基础,生猪产能持续恢复、猪肉价格有所回落,6、7 月份生猪存栏可望恢复到正常年份水平。会议强调,当前国内外农产品市场运行的不确定性增大,展望大会通过粮食等重要农产品供需形势会商和发布,来引导市场预期、服务生产经营,契合形势需要和各方诉求。要进一步完善农产品市场监测分析和预警体系,加快新技术应用,切实发挥好信息在稳预期、固安全方面的重要作用。会上发布的《中国农业展望报告(2021—2030)》预测,2021 年中国粮食和重要农产品供给保障能力将进一步增强,口粮绝对安全有保障,玉米种植面积将增长 4% 以上,猪肉产量增长约 20%,农产品价格有望保持总体稳定。未来 10 年,中国农业结构将不断优化,发展质量效益持续提升,玉米、猪肉、奶类等产量年均增速在 2% 以上,玉米、大豆单产将明显提高,农产品国际贸易更加活跃、贸易伙伴更趋多元。中国农业科学院院长唐华俊致欢迎辞,中国农业科学院党组书记张合成主持开幕式,联合国粮农组织驻华代表文康农、美国农业部首席经济学家塞斯·迈耶等在会上致辞。

23 日　中国奶业高质量发展推进会在河北省唐山市召开。会议指出,奶业是关系国计民生的战略性产业,乳品是城乡居民日常消费的必需品。党中央、国务院高度重视奶业发展,"十三五"期间,我国奶业振兴揭开了新篇章。2020 年全国牛奶产量比 2015 年增长 8.2%,规模以上乳品企业主营业务收入增长了 26.1%,乳制品人均消费比 2015 年增长 20.4%,生鲜乳和乳制品抽检合格率稳定保持在 99% 以上。会议强调,推动"十四五"时期奶业高质量发展,要深入贯彻新发展理念,以国务院办公厅奶业振兴意见为遵循,着力提升奶业整体素质,统筹推进奶源基地建设与饲草料种植和乳品加工配套衔接,推动奶业节本提质增效;要筑牢质量安全根基,严格落实主体责任和监管责任,打造全环节全链条的乳品质量安全监管网络;要密切农企利益联结,推进奶业上下游利益共同体建设,促进行业的可持续发展;要引导消费升级,优化乳制品供给,满足消费者对乳品高品质、多样化、便利性的需求,拓展奶业发展空间。农业农村部总畜牧师马有祥出席会议并讲话。

26 日　由农业农村部主办、中国农业科学院承办的"国家粮食安全与可持续发展对话研讨会"在北京召开。农业农村部副部长张桃林出席会议并讲话。会议表示,"十四五"时期,中国将牢牢把住粮食安全主动权,做好"藏粮于地、藏粮于技",强化"辅之以利、辅之以义"的政策保障,确保粮食产量稳定在 1.3 万亿斤以上,实现巩固拓展脱贫攻坚成果同乡村振兴有效衔接,推动农业绿色可持续发展向纵深拓展。中国还将加大农业开放合作,与各国分享发展机遇,积极参与全球粮食安全治理,为世界贡献中国方案。会议强调,粮食安全是世界和平与发展的民生保障,是构建人类命运共同体的重要基础,国际社会要守望相助、务实行动,携手应对挑战,以峰会为契机,共同提升农业生产效率,强化粮食系统的包容性和韧性,维护供应链安全稳定,推动粮食减损,开创全球粮食安全和农业可持续发展的新局面。同日,农业农村部农产品冷链物流标准化技术委员会 2021 年工作会议暨换届大会在北京召开。会议强调,要以"完善一个体系、突出两个重点"为目标,加快构建农产品冷链物流基础标准体系,加强与法律法规和现有标准衔接融合,做好标准宣传贯彻工作,为加快补齐农产品冷链物流短板奠定坚实基础。中国农科院院长唐华俊、2021 年世界粮食峰会特使艾格尼丝·卡里巴塔参会。

5 月

21 日　由农业农村部和浙江省人民政府共同主办的第四届中国国际茶叶博览会在浙江杭州开幕,农业农村部部长唐仁健出席会议并讲话,茶博会举办以来,办展方式不断创新,展览规模越来越大,交流领域越来越广,带动作用越来越强。会议指出,未来随着人们更加关注健康和生活品质,对茶叶等健康饮品和茶旅游、茶文化的需求会越来越旺盛,茶产业发展潜力巨大。要继续办好茶博会,搭建茶文化交流的舞台、茶产业发展的平台、茶科技创新的擂台。会议强调,要认真贯彻落实习近平主席重要指示精神,弘扬推广茶文化,加强茶类非物质文化遗产传承保护和对外交流;振兴发展茶产业,持续优化茶叶生产布局,集成推广绿色生产模式,探索发展新型消费业态;提升做强茶科技,大力推进自主创新,促进品种优化、品质提升，不断提高产业效益。会议就推动全球茶产业持续健康发展、促进茶文化交流互鉴提出三点倡议。一是共同拓展茶贸易合作，以茶为媒促进世界共同繁荣。二是共同深化茶文化交融，以茶奉客、以茶会友，助力构建人类命运共同体。三是共同分享茶减贫经验，支持发展中国家做大做强茶产业，让更多的荒山变茶山，茶山变金山，更好造福各国人民。农业农村部副部长马有祥主持开幕活动。浙江省副省长刘小涛，农业农村部总经济师、办公厅主任魏百刚出席，杭州市市长刘忻致辞，共有来自 19 个国家驻华使馆和国际机构代表参加。

22 日 中国粮油学会薯类分会成立大会暨第一届薯类产业发展高峰论坛在北京举行。会上，相关专家就"十四五"食品产业科技发展战略、中国甘薯产业发展现状及展望、马铃薯产业发展态势分析及薯类加工装备的研究与开发应用等主题做了报告，与会嘉宾也就薯类方便主食创新发展模式，马铃薯、甘薯、木薯淀粉规模化生产新工艺、新设备及薯类一二三产业融合发展助力乡村振兴等主题进行了分享交流。会议指出，甘薯具有产量高、营养好、适应性好、耐旱耐瘠、加工产品丰富等特点，是产业扶贫的优势作物。近年来，我国种植面积稳定 6 000 万亩左右，总产 1.0 亿 t，且甘薯单产持续提高，未来，甘薯产业在健康种薯种苗体系建设，绿色高效种植技术，产后储藏流通、加工、贸易与企业研发创新等领域有较大提升空间。长期以来，产业对甘薯的利用集中在地下块茎部分，而其地上茎叶部分不仅产量高、营养丰富，其富含的膳食纤维与活性成分等更可作为良好的功能食品原料进行开发。针对薯类加工副产物综合利用率低的问题，薯类加工与品质调控创新团队已开发出绿色节能甘薯保鲜技术，薯类馒头、冰烤薯、低油脂薯条、高水分无明矾薯类鲜湿粉条、薯渣益生菌发酵饮料、薯浆益生菌发酵饮料、薯类高纤营养粉、甘薯茎叶青汁粉、甘薯茎叶修复面膜等特色产品，以及薯类淀粉基脂肪替代物、薯类膳食纤维、薯类果胶、纤维素纳米晶、甘薯蛋白及多肽等原配料，极大丰富了甘薯的应用范围和场景。在健康中国战略不断推进的背景下，推动薯类种植产业向优质高效发展，推动薯类深加工产业向功能化、多元化发展，将为进一步开发我国薯类资源、助力乡村振兴与满足居民美好生活需求做出积极贡献。

29 日 农业农村部在河南省漯河市召开全国农业全产业链建设现场推进会。会议指出，推进全产业链建设是贯彻新发展理念、构建新发展格局、促进农民农村实现共同富裕的重要举措。要坚持因地制宜、突出重点，找准抓手、搭建平台，建设载体、创新机制，加快培育和壮大农业全产业链，使之成为乡村产业发展新的增长极。会议强调，要聚焦农业主导产业，选择地位突出、成长性好、参与主体多的产业加以重点培育。聚集农业的食品保障、生态涵养、休闲体验、文化传承等多种功能，打造全产业链。聚力科技和资金两大支撑，围绕产业链部署创新链、畅通资金链。聚拢各类经营主体，构建以"链主"企业为引领的农业产业化联合体。要深入学习贯彻习近平总书记关于发展乡村产业特别是延长粮食产业链、提升价值链、打造供应链的重要指示精神，加快农业全产业链培育发展，为全面推进乡村振兴、加快农业农村现代化提供有力支撑。中央农办副主任，农业农村部党组副书记、副部长刘焕鑫出席会议并讲话，河南省副省长武国定出席会议并致辞。

30 日 中国食品和包装机械工业协会 2021 年度会长工作（扩大）会议在安徽青阳召开。会议指出，"十三五"期间，中国食品装备和包装机械行业总体发展态势良好，行业平均增长率高于全国机械行业整体增长速度，在行业规模、产业结构、产品水平、国际竞争力等方面都有了较大幅度的提升，为我国的食品工业转型升级做出了积极贡献。并对"十四五"进行展望，希望中国食品装备和包装机械行业发展应坚持系统的全产业链观念，把握数字化变革趋势，抓住"国内大循环"机遇，"重点突破，迈向高端"，加快推进产业化优化升级；着力提升产业基础能力和产业链现代化水平，通过科技创新逐步从生产型制造向服务型制造转型，打造竞争新优势，为我国食品装备和包装机械行业的未来发展打好坚实的基础。中国食品和包装机械工业协会理事长楚玉峰，中国食品和包装机械工业协会秘书长崔林，中国包装和食品机械有限公司董事长周海军等领导出席会议。

6 月

14 日 联合国粮农组织大会第 42 届会议以视频方式召开。围绕"农业粮食系统转型"主题，共享经验、共商对策、共话合作。农业农村部部长唐仁健出席会议并作视频发言，粮农组织总干事屈冬玉出席会议。中国政府高度重视粮食和农业生产，始终把保障粮食安全作为治国理政的头等大事，深入实施"藏粮于地、藏粮于技"战略，取得了显著成效。中国将以更有力的举措，着力提升农业综合生产能力，深化农业供给侧结构性改革，推进农业产业链供应链现代化。围绕实现碳达峰、碳中和目标，构建资源节约、环境友好、绿色导向的气候智能型农业。会议就推动农业粮食系统转型提出四点倡议：一是加强政策对话，支持粮农组织倡议，推动加强农业基础设施建设，共同提升全球农业粮食系统的包容性和韧性。二是促进农业与科技深度融合，培育推广优良品种，加快发展数字农业，推动农业节本提质增效。三是加快法律制定、技术进步和宣传教育，有效降低全产业链粮食损失浪费。四是促进贸易畅通，共同维护新冠肺炎疫情防控常态化背景下全球粮食供应链安全稳定。来自194个成员国的代表团团长参加会议。

27日　由国家粮食和物资储备局、重庆市人民政府共同主办的2021年"全国食品安全宣传周·粮食质量安全宣传日"主场活动在重庆举行。会议指出，国家粮食和物资储备局坚决贯彻落实习近平总书记关于粮食安全工作的重要指示批示精神，健全完善粮食质量安全管理制度框架，深入推进质量安全检验检测体系建设，扎实开展粮食质量安全检验监测，强化先进标准引领，粮食质量安全工作成效显著。"十四五"期间，国家粮食和物资储备局将继续落实党中央、国务院关于加强粮食质量安全工作的重要决策部署，着力强化绿色导向，着力强化标准引领，着力强化法治保障，科学组织制定、修订并实施粮油相关标准，扎实开展粮食质量检测、监测，充分发挥各级粮食质量安全检验监测机构在保障粮食质量安全方面的重要作用，从源头上守住粮食质量安全，守护人民群众"舌尖上的安全"。国家粮食和物资储备局办公室、规划建设司、标准质量管理办公室，部分省份粮食和储备部门负责同志，粮食质量安全检验机构干部职工，粮油生产企业代表，以及部分市民群众参加了活动。

7月

14~16日　以"夯实基础融合创新"为主题的第九届中国休闲食品科技创新与产业发展大会在浙江省杭州市召开。休闲食品产业是我国食品工业的重要分支，近10年来发展迅猛，销售复合增长率在15%以上。2020年休闲食品产业以1.27万亿元的产值占据了食品工业14.1%的市场份额，增速11%，高于中国食品工业6.5%的平均增速。休闲食品本身所具有的健康特质与平台型企业发展模式，使其成为中小企业少有的创新沃土，并成为食品与资本拥抱的新领域。休闲食品对糖果、肉类、水产品、果蔬等多品类食品创新的吸纳和包容，有效激活了整个中国食品工业的创新，并实现整体上的增容、增量和增值。大会指出，乘势而起的中国休闲食品行业缺乏厚积薄发的底蕴；市场上大批的同质化产品，反射出行业创新乏力和企业间差异化定位的模糊；产业链、工业链体系的不完善，对代加工厂管理的粗放，使得企业及平台

主体面临极大的食品安全风险；标准法规的不到位，加大了良性竞争的难度。这些问题均需要逐一破解。健康与天然是休闲食品最大的价值。未来要以科技之力，用保鲜技术和最少加工方式，确保产品的天然本色和功能因子，用科普和消费者教育巩固和引领市场。加大和科技界的合作，提升企业的核心竞争价值，实现行业从价格竞争向价值竞争的健康转型。本届大会发布了休闲食品产业六大科学技术问题。第一，休闲食品原料加工适宜性与营养化、功能化提升。第二，休闲食品感官食用品质保持机理。第三，休闲食品活性包装、新型杀菌与智能保质保鲜技术。第四，休闲食品全产业链安全与质量防控体系构建。第五，休闲食品加工制造装备的自动化与智能化。第六，休闲食品共性加工技术的融合创新。

18日　2021中国奶业20强（D20）峰会在安徽省合肥市召开。本届峰会以"立足大循环、促进双循环、推进奶业高质量发展"为主题，发布《2021中国奶业质量报告》和D20生牛乳团体标准，奶业20强企业围绕企业创新发展、产业链提升等内容进行了深入交流。会议强调，"十四五"期间要按照"保供固安全，振兴畅循环"的工作总定位，深化奶业供给侧结构性改革，不断提高质量效益和竞争力，推动奶业振兴发展再上新台阶。持续加强优质奶源基地建设，推进奶牛遗传改良，增加优质饲草料供给，不断提高奶源供给能力；持续强化全链条、全主体、全覆盖监管，进一步提升乳品质量安全水平；支持乳品企业扩大自有奶源比例，鼓励奶牛养殖与乳品加工、休闲观光等增值服务相结合，大力促进养殖加工融合发展；持续优化乳品供给结构，加快开发适合中国消费者的奶酪等干乳制品，尽快提高乳品供需适配度；持续深化国际合作交流，推进高质量的"引进来"和"走出去"，努力开拓合作共赢新局面。2020年我国奶类产量3530万t，同比增长7.0%，其中牛奶产量3440万t，同比增长7.5%，均为"十三五"期间增长最快的一年；乳制品产量2780.4万t，同比增长2.8%。奶牛规模养殖比例达到67%，同比提高3个百分点，规模牧场全部实现机械化挤奶，奶牛平均单产8.3t，同比提高500kg。生鲜乳抽检合格率达到99.8%以上；乳制品和婴幼儿配方奶粉抽检合格率分别达到99.87%、99.89%，持续位居食品行业前列。据国家统计局数据，今年上半年，牛奶产量同比增加7.6%，继续保持高速增长态势。农业农村部副部长马有祥出席峰会并作主旨报告。

26~28日　联合国粮食峰会预备会议以线上线下结合方式在意大利罗马联合国粮农组织总部召开。此次会议旨在凝聚国际粮农合作共识，为9月举行的

峰会酝酿成果。联合国成员 183 名部长级代表参会，中国农业农村部总农艺师曾衍德率团出席会议。曾衍德发言时表示，中国政府始终把保障粮食安全作为治国安邦的首要任务。在中国共产党的坚强领导下，中国牢牢端稳了 14 亿多人的饭碗，粮食生产持续增长，绿色发展持续提升，营养健康持续改善，农民生活持续向好，为世界粮食安全和农业发展作出了表率。曾衍德呼吁世界各国携手应对挑战，以峰会为契机，推动全球粮食与农业系统转型发展，要提升包容性和韧性，聚焦发展重点，要保障供应链安全稳定，扩大对外开放，要提升发展质量效率，加快科技进步，要降低粮食损失和浪费，实现开源节流，以推动实现 2030 年可持续发展目标。

8 月

18 日 农业农村部召开视频会议，部署推进都市现代农业发展和农产品仓储保鲜冷链物流建设工作。会议指出，近年来，都市现代农业在保障"菜篮子"产品供应、促进新产业新业态发展、深化农村改革、推动城乡融合发展方面取得新成效。农产品仓储保鲜冷链物流建设是一项重大乡村建设工程，也是现代农业重大牵引性工程，去年工程试点取得了实效，实现了良好开局。会议强调，立足乡村振兴大局，都市现代农业要保障"菜篮子"产品高质量供给，挖掘农业多功能性，提升农业品牌化水平，推进科技创新和打造乡村全面振兴示范样板。农产品仓储保鲜冷链物流要聚焦产地"最初一公里"，依托新型农业经营主体，以工程建设为抓手，创新机制，完善政策，加强监管，高质量推进建设工作，主动融入新发展格局。"菜篮子"食品管理部际联席会议成员单位、中央农办秘书局、农业农村部有关单位和全国 31 个省（自治区、直辖市）、新疆生产建设兵团农业农村部门代表以及计划单列市、省会城市有关负责人参加会议。

19 日 2021 年亚太经合组织（APEC）粮食安全部长级会议召开，中国农业农村部副部长马有祥率团出席会议。马有祥指出，新冠肺炎疫情发生以来，中国政府高度重视发挥创新和数字技术的力量，更好保障粮食安全。一是依靠科技促进粮食生产，二是依靠数字课堂为农民提供培训，三是依靠机收助力粮食减损。为共同保障亚太地区粮食安全，他提出三点建议：坚持合作共赢原则，促进科技创新和研发合作；坚持把握数字机遇，加强数字技术研究与应用；坚持节粮减损理念，推动全链条减损。本次会议以视频方式召开。会议由东道主新西兰农业部部长奥康纳主持，通过了《亚太经合组织粮食安全部长级会议声明》。外交部、国家粮食和物资储备局派代表与会。

30 日 中共中央总书记、国家主席、中央军委主席、中央全面深化改革委员会主任习近平 8 月 30 日下午主持召开中央全面深化改革委员会第二十一次会议。会议审议通过了《关于强化反垄断深入推进公平竞争政策实施的意见》《关于改革完善体制机制加强战略和应急物资储备安全管理的若干意见》《关于深入打好污染防治攻坚战的意见》《关于更加有效发挥统计监督职能作用的意见》。会议强调，国家储备是国家治理的重要物质基础，要从体制机制层面加强战略和应急物资储备安全管理，强化战略保障、宏观调控和应对急需功能，增强防范抵御重大风险能力。我国必须具备同大国地位相符的国家储备实力和应急能力。要统筹解决好"储什么""谁来储""怎么储"的问题，系统规划、科学优化储备的品类、规模、结构，加快补齐补足关键品类物资短板。要加快健全统一的战略和应急物资储备体系，坚持政府主导、社会共建、多元互补，健全中央和地方、实物和产能、政府和企业储备相结合的储备机制，优化重要物资产能保障和区域布局，分类分级落实储备责任，完善储备模式，创新储备管理机制。要完善战略储备市场调节机制，增强大宗商品储备和调节能力，更好发挥战略储备的稳定市场功能。要加大国家储备监管力度，发挥专业监管、行业监管、属地监管合力。中共中央政治局常委、中央全面深化改革委员会副主任李克强、王沪宁、韩正出席会议。

9 月

10 日 国际粮食减损大会在山东济南开幕。会议指出，面临新冠肺炎疫情和气候变化等因素，全球粮食安全面临前所未有的压力，粮食损失和浪费是全球共同面临的挑战。今年中国通过了《反食品浪费法》，以法律形式规范消费者和餐饮行业行为，节约资源，保护环境，促进经济社会可持续发展。很多国家也都采取了一些积极措施，希望今后有更多国家参与进来，加强合作，共同应对，建立常态化工作机制，推动减少粮食损失和浪费。粮食损失和浪费既涉及生产、加工、流通、储藏、消费多环节，又涉及农户、企业、消费者等多主体，还涉及公共部门和社会组织，希望各国加强系统研究，深化政策、信息、科技等方面交流合作，加快形成粮食减损合力。唐仁健表示，粮食安全是关系人类生存发展的永恒课题。当前，全球粮食需求刚性增长，淡水等资源环境约束日益加剧，新冠肺炎疫情起伏不定，粮食增面积、提产量的难度越来越大，这要求我们比以往任何时候都更加重视减少粮食损失和浪费。中国政府始终把解决吃饭问题作为治国理政的头等大事，把粮食减损作为确保粮食安全的重要抓手，通过强化法规制度保障、改善设施装备条件、推广先进适用技术、加强全民宣传教育等，持续提升粮食生产、储运、加工水平，引导节约理性消费，全方位全链条减少粮食损失和浪费。中国政府将认真贯彻落实习近平主席贺信精神，与各国一道扎实推进粮食减损，希望各方完善国际合作机制，深化科技交流互惠，推动基础设施共建，构建多方参与格局，努力实现到2030年减少粮食损失和浪费的目标。与会国家和国际组织代表一致认为，召开此次大会恰逢其时，具有重要的现实意义，彰显了中国反对粮食浪费的信心决心和促进世界粮食安全的责任担当，表示愿与中国加强合作，共同努力，推动实现联合国2030年可持续发展议程，为"零饥饿""零贫困"目标贡献力量。全国人大常委会副委员长吉炳轩出席开幕式，农业农村部部长唐仁健、山东省委书记刘家义、省长李干杰等出席并致辞。

22~24日　由中国农业农村部、联合国粮农组织和亚太区域水产养殖中心网共同主办的第四届全球水产养殖大会在上海召开，农业农村部部长唐仁健作视频致辞。大会指出，水产品是人类食物蛋白质的第三大来源，是保障世界粮食安全的重要内容。中国政府高度重视水产养殖，采取务实有效举措推动高质量发展，综合生产能力稳步增强，产业素质不断提升，养殖方式加快转变，对外合作持续深化。中国水产养殖产量连续32年稳居世界第一，人均占有量37kg，是世界平均水平的两倍，成为全球最大的水产品加工和贸易市场。在全球新冠肺炎疫情起伏不定、极端天气多发重发、饥饿人口数量大幅攀升的背景下，各方要把水产养殖摆上更加重要位置，深化合作、携手努力，全链条推进水产品生产、加工、流通、贸易发展，让各国人民享受到充足、优质、多样、便捷的水产品。大会就未来水产品发展提出三点倡议：一是坚持创新驱动，加强水产养殖新品种新技术新模式研发推广，依托联合国粮农组织南南合作等机制，推动科技交流和人才培养。二是坚持绿色转型，致力发展环境友好型水产养殖，提高设施装备和养殖尾水达标排放水平，充分发挥贝藻类养殖增汇作用，助力碳达峰、碳中和。三是坚持互利互惠，推进各国检验检疫标准和追溯制度互认，减少不合理的进出口限制，扩大贸易投资，构建顺畅互惠的国际产业链、供应链。本次会议以"面向食物供给和可持续发展的水产养殖"为主题，以线上线下结合方式召开，来自120个国家、地区和经济体及有关国际和区域组织的2700多人参加会议。会议发布了《促进全球水产养殖业可持续发展的上海宣言》。

26日　由农业农村部和河南省人民政府主办的第24届中国农产品加工业投资贸易洽谈会开幕式暨农产品加工业高质量发展论坛在河南省驻马店市举办。本届洽谈会以"提升农产品加工业打造农业全产业链"为主题，聚焦农产品加工业高质量发展，通过线上线下全渠道模式，搭建名优精品展台、合作交流平台和宣传推介舞台。会议指出，产业振兴是乡村振兴的重中之重，农产品加工业是乡村产业的核心产业。农产品加工业已成为国民经济的重要支柱，在促进乡村产业振兴、拓宽农民增收渠道、加快农业农村现代化等方面发挥了重要作用。刘焕鑫强调，要充分发挥农产品加工业的引领和支撑作用，打造农业全产业链，抱团发展联合体，融合发展新模式，开辟绿色发展新领域，融入新发展格局。要总结推广河南经验，通过抓政策、抓链条、抓企业、抓科技、抓平台、抓机制，多措并举推动农产品加工业高质量发展。有关联合国驻华机构、外国驻华使馆代表和两院院士出席开幕式和主论坛。

29日　农业农村部在天津召开全国农业生产"三品一标"提升行动现场会。会议指出，农业生产"三品一标"工作要系统谋划、科学推进。聚力推进品种培优，发掘一批优异种质资源，培育一批具有自主知识产权的突破性品种，提纯复壮一批老品种。聚力抓好品质提升，净化产地环境，保护农业资源，促进生态友好。聚力创响知名品牌，大力发展绿色、有机、地理标志农产品，加快推行食用农产品达标合格证制度，加强农业品牌、农产品品牌和区域公用品牌宣传。聚力推进标准化生产，健全农业标准体系，促进全产业链按标生产，建设农业标准化示范园区。中央农办副主任、农业农村部党组副书记、副部长刘焕鑫出席会议并讲话，天津市副市长李树起出席会议并致辞。

10月

10日　由国家农业农村部、甘肃省人民政府主办，甘肃省农业农村厅、定西市人民政府承办的2021年中国·定西马铃薯大会暨高峰论坛在定西大剧院开幕。马铃薯是我国第四大粮食作物，近年来，各地区各部门深入贯彻落实习近平总书记重要指示精神，加强良种培育、提升生产水平、加快全链条开发、做细产销对接，马铃薯产业呈现生产规模稳中有增，产业链条加快延伸，产业素质不断增强，带农增收更加有力的良好局面。今年是"十四五"开局之年，三农工作重心历史性转向全面推进乡村振兴。大会指出，马铃薯既是保障国家粮食安全的重要补充，也是促进农民增收的重要产业。推进马铃薯产业发展，要牢固树立"营养指导消费、市场引导生产"理念，围绕"科技创新、绿色发展、产业升级、增产增效"思路，稳面积提单产、强科技优品质、壮加工增效益、树品牌创特色，强化规划引领，加大政策支持，稳定种植面积，提高单产水平，推进全产业链开发，促进马铃薯产业绿色转型和提档升级，加快提升质量、效益和竞争力。

16 日 国家粮食和物资储备局、农业农村部、教育部、科技部、全国妇联，湖北省人民政府以及联合国粮农组织在湖北武汉联合主办 2021 年世界粮食日和全国粮食安全宣传周主会场活动。这次活动适逢中国共产党成立 100 周年的重要时刻。在党的领导下，经过不懈努力，实现了由"吃不饱"向"吃得饱"进而追求"吃得好"的历史性转变，中国特色粮食安全之路越走越宽广，为全面建成小康社会提供了有力支撑。在全面建设社会主义现代化国家的新征程上，要坚决贯彻习近平总书记关于保障国家粮食安全的重要论述精神，坚决扛稳保障国家粮食安全这个政治责任。一是，要坚持"粮头食尾"和"农头工尾"，深入推进优质粮食工程，推动产业链、价值链、供应链"三链协同"，促进优粮优产、优购、优储、优加、优销"五优联动"。二是，要强化"产购储加销"协同保障，实施"藏粮于地、藏粮于技"战略，不断提升粮食收储调控能力。三是，要大力开展粮食节约行动，加强全链条节粮减损，营造爱粮节粮浓厚氛围。四是，要加快推动粮食安全保障立法，深入贯彻《粮食流通管理条例》，扎实推进穿透式监管，坚决守住管好"天下粮仓"。五是，要积极开展粮食安全国际合作，促进国际粮食产业链供应链健康、稳定、可持续发展。湖北省委副书记、省长王忠林，联合国粮农组织驻华代表文康农出席活动并致辞。

19 日 国家农产品加工产业科技创新联盟（以下简称"联盟"）在江苏省南京市举行成立仪式。组建联盟是贯彻落实党中央、国务院和农业农村部关于"三农"与科技创新工作部署的一项重要举措，对于形成在国内外具有重大影响力和国际竞争力的农产品加工产业联合体，为实现乡村全面振兴提供有力的科技支撑和决策支撑意义重大。本次论坛还特设了农产品初加工装备成果对接环节，就日前农业农村部乡村产业发展司面向全国 348 家国家重点龙头企业征集的 85 项技术与装备需求，邀请了国家粮食和物资储备局科学研究院曹阳教授等 13 位专家学者，对粮油加工、谷物加工、果蔬加工、畜禽产品加工、水产加工等多个领域的农产品初加工装备技术难点问题，分享了最新研究成果，共享了最优的解决方案，有力促进

了科教单位与企业开展合作，加快成果落地转化，推动农产品初加工装备产业升级。

20 日 2021 年全国农产品加工院所长座谈会在江苏省南京市顺利召开。会议发布了潍坊、海南、沧州等地农产品加工"揭榜挂帅"项目，交流讨论了"十四五"期间农产品加工领域的重点研发计划任务，共谋乡村产业发展。会议形成了全国一盘棋新思路的具体举措：一是协同攻关"十四五"国家重点研发计划项目，为乡村振兴贡献力量；二是积极参与地方产业化项目，落实"揭榜挂帅"机制，服务地方产业；三是 832 个国家级贫困县脱贫后的特色产业发展，做好脱贫攻坚与乡村振兴的有效衔接；四是深度参与优势特色产业集群项目，支持各省聚焦主导产业；五是布局全国名特优新农产品鉴定机构；六是加强农产品产地初加工装备研究，破解产地初加工发展乏力的问题。会议指出，全国农产品加工科研领域的兄弟单位凝心聚力、交流经验、协同攻关，共谋农产品加工产业科技发展大计，在科学前沿、国家战略、经济主战场和人民生命健康方面探出了新路径、找到了新模式，已成为乡村振兴中重要的科技支撑力量。期待未来有更多单位加入院所长座谈会，巩固建立联合长效的合作机制，在人才联合培养、科企成果对接、项目落地实施中不断注入新思路、开拓新模式，共同为产业发展和乡村产业振兴源源不断地注入新动能。来自全国各省、自治区、直辖市 70 余家农产品加工科研院所及相关高校食品学院的领导、专家出席座谈会。

11 月

17 日 农业农村部召开全国农产品初加工机械化工作推进会。会议强调，要立足乡村产业发展、农民增收致富实际需要，分区域、分产业、分品种、分环节加快补齐农产品初加工机械短板弱项，推动初加工机械化向更广领域、更高质量发展，力争 2025 年全国农产品初加工机械化率有一个明显提升，为全面推进乡村振兴、加快农业农村现代化提供有力装备支撑。会议指出，在我国农业生产进入机械化主导的新阶段，减损提质保障农产品有效供给、增值富农提升农产品价值链产业链、省工节本保障优势特色产业可持续发展，对农产品初加工机械化提出了迫切需求。要充分认识农产品初加工机械化在巩固拓展脱贫攻坚成果同乡村振兴有效衔接、加快农业农村现代化进程中的重要作用，主动作为、抓实举措，加快提高农产品初加工机械化整体水平。会议要求，各地农业农村部门要将农产品初加工机械化工作摆上重要位置，扎实做好调查研究和顶层设计，强化部门协作、行业动

员、工作联动，形成工作合力。注重从需求侧引领研发供给，制定发布本地重点农产品初加工机械化技术装备需求目录，促进初加工机械迭代升级。立足不同发展阶段产业急需，因地制宜明确初加工机械化发展重点，精准发力、务求实效。推进创设落实相关购机用机、用地用电等扶持政策，积极支持将农产品初加工成套设施装备纳入农机新产品购置补贴试点范围。强化技术推广和试验鉴定工作，遴选绿色高效、先进适用机械，示范打造高水平应用场景，促进初加工装备与工艺融合应用。延伸初加工机械化服务链，加快推进农机社会化服务向农产品初加工全环节、全产业拓展，提高装备利用效率效益。会议以视频形式召开，农业农村部有关司局负责人、各省（自治区、直辖市）农业农村部门相关负责人参加会议，山东、山西、浙江、福建等4省农业农村部门作交流发言。

19日 2021中国农业农村科技发展高峰论坛暨中国现代农业发展论坛发布会在北京举行，农业农村部副部长张桃林出席发布会并讲话。会议指出，党的十八大以来，在党中央的坚强领导下，我国农业农村发展取得历史性成就，科技成为农业农村经济增长最重要的驱动力。站在向第二个百年奋斗目标进军的新起点，要深刻认识农业农村科技的使命担当，立足"保供固安全、振兴畅循环"的三农工作定位，加快推进农业科技自立自强，为农业农村高质量发展提供有力支撑。在"突破"上把握战略方向，聚焦种子和耕地两个要害，着力解决农业产业技术难题，确保把发展主动权牢牢掌握在手中。在"融合"上推进战略一体，强化产学研深度融合，切实以科技强支撑产业强、经济强。在"重塑"上优化战略布局，围绕农业基础前沿、新兴交叉学科、关键核心技术等供给，强化国家农业战略科技力量。在"提升"上强化战略支撑，营造良好创新生态，加强农业科技人才队伍建设。中国农业科学院、中国农学会、农业农村部科技发展中心、农业农村部农业生态与资源保护总站等单位发布了7份专题研究报告，江苏省南京市浦口区人民政府发布了南京农创中心推介报告。

29日 农业农村部、工业和信息化部在京联合召开农机装备补短板工作推进会议。会议强调，要认真学习贯彻习近平总书记重要指示精神，落实党中央、国务院决策部署，坚持问题导向，瞄准农业生产需求，着眼全产业链强化农机装备研发制造和推广应用，加快补齐短板弱项，促进农业机械化转型升级，更好支撑全面推进乡村振兴、加快农业农村现代化。要围绕产业急需、农民急用，系统梳理农机装备短板弱项清单，明确重点攻关的整机产品、关键核心零部件、基础软件、基础材料、基础工艺等，组织"产学

研用推"各方优质资源协同攻关，力争每年部署一批、突破一批、推广一批。推动农田农艺品种与农机相适应相匹配，把改地改路宜机作为农田建设的重要方向，推进种植模式、作物品种宜机化，拓展农机应用场景。发展农机社会化服务，在主产区支持建设一批区域性农机社会化服务中心，引导农机服务主体优化布局，扩大覆盖范围，加强农机防灾救灾能力建设。发挥好农机购置与应用补贴政策导向作用，进一步突出稳产保供和支持自主创新，支持短板机具优先开展专项鉴定，加大补贴力度，加快资金兑付进度。加强优质企业培育，强化农机自主创新成果与知识产权保护，抓好产品质量监督检查，加大对不合格产品和假冒侵权行为的打击力度，持续优化市场环境。中央农办主任，农业农村部党组书记、部长唐仁健，工业和信息化部党组书记、部长肖亚庆出席会议并讲话。

12月

18～20日 第六届国际饲料加工技术研讨会暨中国饲料生产技术创新高峰论坛在广东省深圳市举办。研讨会以"从零到壹，绿色创新"为主题，特设"新资源"和"新工艺，新装备"两个专题。论坛提出，工厂是饲料加工行业的主体，实现精准加工、废物资源化、能源低碳化并保证产品质量及安全性是饲料行业践行绿色制造、可持续发展的核心要义。本次论坛特别邀请教授级高工曹康先生主持，正昌研究院副院长吕建龙先生、丰尚研究院副院长马凤德博士担任论坛嘉宾。针对未来饲料行业的数字化、智能化转型及可持续发展等关键命题和与会嘉宾进行交流研讨，同时分享了行业内备受关注的数字化饲料加工厂、无人渔场等未来智慧农业相关项目，旨在助力行业融入国家"双碳"战略布局，推动饲料加工技术不断发展创新。本次会议吸引了近200位来自企业、高校及科研院所的参会代表亲临现场研习学习。

25～26日 中央农村工作会议在北京召开。中共中央总书记、国家主席、中央军委主席习近平主持召开中央政治局常委会会议专题研究"三农"工作并发表重要讲话。会议强调，保障好初级产品供给是一个重大战略性问题，中国人的饭碗任何时候都要牢牢端在自己手中，饭碗主要装中国粮。保证粮食安全，大家都有责任，党政同责要真正见效。要有合理布局，主产区、主销区、产销平衡区都要保面积、保产量。耕地保护要求要非常明确，18亿亩耕地必须实至名归，农田就是农田，而且必须是良田。要实打实地调整结构，扩种大豆和油料，见到可考核的成效。要真正落实"菜篮子"市长负责制，确保猪肉、蔬菜

等农副产品供给安全。会议要求，要毫不放松抓好粮食和重要农产品生产供应，严格落实地方粮食安全主体责任，下大力气抓好粮食生产，稳定粮食播种面积，促进大豆和油料增产。要切实保障农资供应和价格稳定，调动农民积极性，加强田间管理，全力确保夏粮丰收。要落实藏粮于地、藏粮于技战略，加强耕地保护和质量建设。要全面巩固拓展脱贫攻坚成果。要扎实稳妥推进乡村发展建设，改进和完善乡村治理，持续整治提升农村人居环境，不断改善农村基础设施和基本公共服务条件。会议强调，要全力抓好粮食生产和重要农产品供给，稳定粮食面积，大力扩大大豆和油料生产，确保2022年粮食产量稳定在1.3万亿斤以上。强化"菜篮子"市长负责制，稳定生猪生产，确保畜禽水产和蔬菜有效供给。落实好耕地保护建设硬措施，严格耕地保护责任，加强耕地用途管制，建设1亿亩高标准农田。大力推进种源等农业关键核心技术攻关，提升农机装备研发应用水平，加快发展设施农业，强化农业科技支撑。要巩固拓展好脱贫攻坚成果，加大对乡村振兴重点帮扶县倾斜支持力度，抓紧完善和落实监测帮扶机制，加强产业和就业帮扶，确保不发生规模性返贫。要聚焦产业促进乡村发展，深入推进农村一二三产业融合，大力发展县域富民产业，推进农业农村绿色发展，让农民更多分享产业增值收益。要扎实推进乡村建设，以农村人居环境整治提升为抓手，立足现有村庄基础，重点加强普惠性、基础性、兜底性民生建设，加快县域内城乡融合发展，逐步使农村具备基本现代生活条件。要加强和改进乡村治理，发挥农村基层党组织战斗堡垒作用，创新农村精神文明建设有效平台载体，妥善解决农村矛盾纠纷，维护好农村社会和谐稳定。要加强和改善党对"三农"工作的领导，落实五级书记抓乡村振兴要求，强化乡村振兴要素保障。中央农村工作领导小组成员，各省、自治区、直辖市和计划单列市、新疆生产建设兵团负责同志，中央和国家机关有关部门、有关人民团体、有关金融机构和企业、中央军委机关有关部门负责同志参加会议。

27日 全国农业农村厅局长会议在北京召开。会议强调，要围绕"两条底线"，突出抓好"四件要事"。一要千方百计稳定粮食生产。严格落实党政同责要求，确保全国粮食播种面积稳定，全力抓好明春增施返青肥等关键措施落实，推动晚播麦"促弱转壮、早发稳长"，集成推广绿色高产技术模式，狠抓防灾减灾和机收减损，以背水一战的态度、超常超强的力度，坚决打赢保夏粮保全年粮食丰收这场硬仗。二要攻坚克难扩种大豆油料。把扩大大豆油料生产作

为明年必须完成的重大政治任务，抓好东北四省区大豆面积恢复，支持西北、黄淮海、西南和长江中下游等地区推广玉米大豆带状复合种植，加快推广新模式新技术，逐步推动大豆玉米兼容发展，同时抓好油菜、花生等油料生产，多油并举、多措并施扩面积、提产量。三要确保"菜篮子"产品稳定供给。发挥好"菜篮子"市长负责制考核指挥棒作用，加强北方设施蔬菜和南菜北运基地建设，抓好应急生产保供，落实生猪产能调控机制，稳定生猪生产，继续抓好其他畜禽、蛋奶和水产品生产，强化农产品质量安全监管。四要持续巩固拓展脱贫攻坚成果。进一步健全防止返贫监测帮扶机制，提高衔接资金和涉农整合资金用于产业的比重，重点发展一批能更多带动脱贫群众就业的特色优势富民产业，加大对160个国家乡村振兴重点帮扶县的支持力度。要围绕乡村发展、乡村建设、乡村治理"三个方面"，统筹推进"六项任务"。一是切实打牢种子耕地农机基础。深入实施种业振兴行动，加强耕地质量提升和种植结构管控，坚决完成好新建1亿亩高标准农田任务，加力推进农机装备补短板。二是聚焦农业多种功能、乡村多元价值做优乡村特色产业。建强农业现代化示范区、优势特色产业集群、现代农业产业园和农业产业强镇等产业发展平台，加强农产品仓储保鲜冷链物流设施建设，持续抓好两个"三品一标"。三是统筹推进乡村建设行动。抓好农村改厕整改巩固，接续实施农村人居环境整治提升五年行动，协调推进农村生活污水和垃圾治理等重点工作，推动改善产业路资源路旅游路、通村组路、农村供水、乡村物流等基础设施。四是突出实效加强和改进乡村治理。加快推广运用积分制、清单制、数字化等治理方式，找准抓手推进移风易俗，逐步推动解决高价彩礼、人情攀比、厚葬薄养等现实难题。五是坚持不懈推动农业绿色发展。以长江、黄河流域为重点推进农业面源污染防治，持续抓好长江十年禁渔，做好退捕渔民就业帮扶培训，加强渔政常态化执法能力建设。六是系统谋划推进新阶段农村改革。稳慎推进农村"三块地"改革，健全现代农业经营体系，发展以生产托管为主要形式的社会化服务，促进小农户和现代农业发展有机衔接。中央农办、农业农村部、国家乡村振兴局负责同志及机关各司局、各直属单位负责同志，中央和国家机关有关部门相关司局负责同志，各省（自治区、直辖市）及计划单列市、新疆生产建设兵团党委农办、农业农村和乡村振兴部门负责同志，农业科学院、共建涉农高校主要负责同志等参加会议。

第七部分

附 录

附录简要说明

1. 本部分统计资料数据主要包括：香港、澳门特别行政区和台湾省相关统计数据；世界和部分国家主要农产品收获面积、单产和总产量；禽畜产品产量；主要国家农业与农产品加工业生产指数；农产品加工业主要经济指标；世界主要国家农、林、畜、禽产品进出口情况；按营业额排序的世界最大500个企业中农产品加工业企业。

2. 本部分统计资料数据主要来源于国家统计局、农业农村部、2021年《国际统计年鉴》、2021年《中国统计年鉴》、美国农业部、世界银行统计数据、联合国商品贸易统计数据库、中国海关以及2022年《世界农业》、2022年《农业展望》等。未注明"资料来源"的数据，均采用国家统计局公布的数据。

3. 本部分统计资料中符号使用说明："空格"表示该项统计指标数据不详或无该项数据；"＊""①""△"表示本表下面有注解。

表 1 部分国家（地区）农业生产指数（2018 年）

（2004—2016 年＝100）

国家或地区	农业	食品
世界总计	**105.7**	**105.6**
埃 及	97.2	96.8
南 非	103.8	103.7
加拿大	108.0	108.4
美 国	103.5	103.2
巴 西	108.0	107.3
中 国	104.2	104.3
印 度	113.0	114.5
日 本	99.5	99.4
韩 国	99.1	99.1
法 国	96.8	96.5
德 国	91.5	91.6
意大利	98.8	98.9
俄罗斯	104.7	104.7
英 国	99.4	99.4
澳大利亚	96.6	94.2

资料来源：表中数据来自 2021 年《国际统计年鉴》。

表 2 我国台湾地区农业生产指数（2016—2019 年）

（2016 年＝100）

年份	总指数	农作物	林业	畜牧业	渔业
2016	100.0	100.0	100.0	100.0	100.0
2017	105.7	109.7	84.9	99.7	105.2
2018	108.5	113.1	61.2	102.7	105.3
2019	104.4	104.5	73.2	104.2	104.5

资料来源：表中数据来自 2021 年《中国统计年鉴》。

表 3 香港特别行政区轻工业生产指数（2016—2020 年）

（2015 年＝100）

工业组别	2016 年	2017 年	2018 年	2019 年	2020 年
所有制造行业	99.6	100.0	101.3	101.7	95.8
其中：食品、饮品及烟草制品业	103.9	107.0	110.3	111.0	97.7
纺织制品业及成衣业	95.7	91.5	90.5	91.0	89.8
纸制品及印刷业	99.2	98.6	98.2	97.2	93.3

资料来源：表中数据来自 2021 年《中国统计年鉴》。

表4 我国主要指标居世界位次（2018—2019 年）

指　标	2018 年	2019 年
国土面积	4	4
人　口	1	1
国内生产总值	2	2
人均国民总收入①	71（192）	71（192）
货物进出口贸易总额	1	1
出口额	1	1
进口额	2	2
外商直接投资	2	4
外汇储备	1	1

注：①括号中数据指参加排序的国家和地区。

资料来源：表中数据来自 2020 年《国际统计年鉴》。

表5 我国主要指标占世界比重（2019—2020 年）

单位：%

指　标	2019 年	2020 年
国土面积	7.1	7.1
人　口	18.2	18.1
国内生产总值	16.3	17.4
货物进出口贸易总额	12	13.1
出口额	13.2	14.7
进口额	10.8	11.5
外商直接投资	9.2	15.0
对外直接投资	11.2	18.0
外汇储备	26.3	25.0
稻谷产量	27.7	28.0
小麦产量	17.4	17.6
玉米产量	22.7	22.4
大豆产量	4.7	5.5

资料来源：表中数据来自 2021 年《国际统计年鉴》。

表6 我国主要农产品产量居世界位次（1978—2020 年）

项　目	1978 年	1980 年	1990 年	2000 年	2015 年	2010 年	2019 年	2020 年
谷　物	2	1	1	1	1	1	1	1
肉　类[①]	3	3	2	1	1	1	1	1
棉　籽	2	2	1	1	1	1	1	1
大　豆	3	3	3	4	4	4	4	4
花　生	2	2	2	1	1	1	1	1
油菜籽	2	2	1	1	1	1	2	2
甘　蔗	10	10	4	3	3	3	4	3
茶　叶	2	2	2	2	1	1	1	1
水　果	6	8	1	1	1	1	1	1

注：①1990 年以前为猪、牛、羊肉产量的位次。
资料来源：表中数据来自 2021 年《国际统计年鉴》。

表7 世界主要国家国土面积、人口排名情况（2018—2020 年）

排名	国土面积（万 km²）		人口密度（人/km²）		年中人口数（亿人）		
	国家	2018 年	国家	2019 年	国家	2020 年	增长率（%）
世界		13 454.3		59.0		775 284.1	1.0
1	俄罗斯	1 709.8	新加坡	8 044.5	中　国	140 211.2	0.3
2	加拿大	988.0	孟加拉国	1 252.6	印　度	138 000.4	1.0
3	美　国	983.2	韩　国	530.2	美　国	32 948.4	0.4
4	中　国	960.0	荷　兰	515.1	印度尼西亚	27 352.4	1.1
5	巴　西	851.6	印　度	459.6	巴基斯坦	22 089.2	2.0

资料来源：表中数据来自 2021 年《国际统计年鉴》。

表8 世界玉米主产国的玉米产量（2017/2018—2020/2021 年度）

单位：万 t

国家或地区	产　量			
	2017/2018 年度	2018/2019 年度	2019/2020 年度	2020/2021 年度
世界总计	107 618	112 449	111 475	113 389
美　国	37 096	36 629	40 629	36 025
中　国	25 907	25 733	26 000	26 067
巴　西	8 200	10 100	10 600	10 900
欧　盟	6 210	6 421	6 830	6 360

（续）

国家或地区	产　量			
	2017/2018 年度	2018/2019 年度	2019/2020 年度	2020/2021 年度
乌克兰	2 412	3 581	3 900	2 950
阿根廷	3 200	5 100	5 000	4 750
印　度	2 872	2 723	2 750	2 850
加拿大	1 410	1 389	1 560	1 356
南　非	1 353	1 180	1 400	1 600
墨西哥	2 745	2 760	2 800	2 800
俄罗斯	1 323	1 142	1 450	1 400
印度尼西亚	1 140	1 200	1 200	1 200

资料来源：表中数据来自美国农业部（USDA）。

表9　世界主要农畜产品排名前三生产国（2019 年）

农畜产品	第一位国家	产量（万 t）	第二位国家	产量（万 t）	第三位国家	产量（万 t）
谷　物	中　国	61 272.0	美　国	42 154.9	印　度	32 430.1
小　麦	中　国	13 359.6	印　度	10 359.6	俄罗斯	7 445.3
稻　谷	中　国	20 961.4	印　度	17 764.5	印度尼西亚	5 460.4
玉　米	美　国	34 704.8	中　国	26 077.9	巴　西	10 113.9
大　豆	巴　西	11 426.9	美　国	9 679.3	阿根廷	5 526.4
甘　蔗	巴　西	75 289.5	印　度	40 541.6	泰　国	13 100.2
甜　菜	俄罗斯	5 435.0	法　国	3 802.4	德　国	2 972.8
油菜籽	加拿大	1 864.9	中　国	1 348.5	印　度	925.6
籽　棉	中　国	2 350.5	印　度	1 855.0	美　国	1 295.6
水　果	中　国	24 662.1	印　度	10 416.6	巴　西	4 009.9
花　生	中　国	1 752.0	印　度	672.7	尼日利亚	445.0
肉　类	中　国	7 744.9	美　国	4 811.3	巴　西	2 862.0
蛋　类	中　国	3 354.7	美　国	670.7	印　度	577.5
奶　类	印　度	18 763.3	美　国	9 908.2	巴基斯坦	5 595.7
鱼　类	中　国	3 703.6	印　度	1 161.8	印度尼西亚	1 140.0
蜂　蜜	中　国	44.7	土耳其	10.9	加拿大	8.0

资料来源：表中数据来自 2020 年《国际统计年鉴》和 2021 年《国际统计年鉴》。

表 10　世界大豆主产国的大豆产量（2017/2018—2020/2021 年度）

单位：万 t

国　家	产　量			
	2017/2018 年度	2018/2019 年度	2019/2020 年度	2020/2021 年度
世界总计	**33 947**	**35 821**	**33 611**	**36 100**
美　国	12 004	12 052	11 226	11 225
巴　西	12 030	11 700	13 110	13 300
阿根廷	3 780	5 530	5 350	4 800
中　国	1 520	1 590	1 750	1 960
印　度	835	1 093	1 050	1 050
巴拉圭	981	885	1 025	1 025
加拿大	772	727	615	635

资料来源：表中数据来自美国农业部（USDA）。

表 11　世界棉花种植面积及产销量（2014—2021 年）

单位：万 hm²、万 t

年份	种植面积	产量	消费量	期末库存量
2014	3 387	2 596	2 434	2 400
2015	3 075	2 094	2 466	2 035
2016	2 981	2 322	2 521	1 831
2017	3 379	2 699	2 675	1 766
2018	3 330	2 582	2 623	1 743
2019	3 485	2 643	2 239	2 137
2020	3 141	2 448	2 591	1 998
2021	3 285	2 588	2 685	1 899

资料来源：表中数据来自美国农业部。

表 12　世界棉花主要生产国及产量情况（2014/2015—2021/2022 年度）

单位：万 t

国　家	产　量							
	2014/2015 年度	2015/2016 年度	2016/2017 年度	2017/2018 年度	2018/2019 年度	2019/2020 年度	2020/2021 年度	2021/2022 年度
印　度	642	564	588	631	562	627	616	631
中　国	653	479	495	599	604	593	642	582
美　国	355	281	374	456	400	434	318	376
巴　西	156	129	153	201	283	300	234	272
巴基斯坦	231	152	168	179	166	135	98	109
澳大利亚	50	62	88	105	48	14	61	96
其　他	508	427	456	530	520	541	478	521
总　计	**2 596**	**2 094**	**2 322**	**2 699**	**2 582**	**2 643**	**2 448**	**2 588**

资料来源：表中数据来自美国农业部。

表 13　世界猪肉贸易量情况（2017—2020 年）

单位：万 t

年份	贸易量
2017	754
2018	760
2019	845
2020	1 173

资料来源：表中数据来自美国农业部（USDA）。

表 14　世界生猪存栏和出栏情况（2017—2020 年）

单位：万头

年份	存　栏	出　栏
2017	77 658	128 380
2018	78 129	127 386
2019	76 749	103 816
2020	65 066	116 659

资料来源：表中数据来自美国农业部（USDA）。

表 15　部分国家（地区）主要粮食作物总产量（2020 年）

单位：万 t

国家或地区	谷　物	其　中		
		小麦	稻谷	玉米
世界总计	**299 614.2**	**76 092.6**	**75 674.4**	**116 235.3**
中　国	61 551.8	13 425.0	21 186.0	26 067.0
美　国	46 487.5	4 969.1	1 032.3	36 025.2
印　度	33 503.5	10 759.0	17 830.5	3 016.0
俄罗斯	13 003.8	8 589.6	114.2	1 387.9
巴　西	12 556.8	615.8	1 109.1	10 396.4
阿根廷	8 657.3	2 050.0	122.3	5 939.6
印度尼西亚	7 714.9		5 464.9	2 250.0
加拿大	6 501.4	3 014.4		1 356.3
乌克兰	6 434.2	2 524.8		3 029.0
孟加拉国	5 996.0		5 490.6	401.5
法　国	5 685.0	3 518.3		1 341.9
越　南	4 732.1		4 275.9	456.0
德　国	4 326.5	2 217.2		402.0
巴基斯坦	4 254.4	2 491.2	841.9	846.5
土耳其	3 718.5	1 977.7	98.0	650.0

资料来源：表中数据来自 2021 年《国际统计年鉴》。

表 16 部分国家（地区）主要油料作物总产量（2020 年）

单位：万 t

国家或地区	大豆	油菜籽	花生	芝麻
世界总计	35 346.4	7 237.6	5 363.9	680.4
巴 西	12 179.8	4.4	65.1	11.1
美 国	11 254.9	157.6	278.2	
阿根廷	4 879.7	3.3	128.5	
中 国	1 960.0	1 400.0	1 799.3	44.7
印 度	1 122.6	912.4	995.2	65.8
巴拉圭	1 102.4	6.7		3.7
加拿大	635.9	1 948.5		
俄罗斯	430.8	257.2		
乌克兰	279.8	255.7		
玻利维亚	282.9		2.7	1.0
乌拉圭	199.0	11.3		
南 非	124.6	16.7	5.0	
意大利	100.6	4.9		
印度尼西亚	104.0		86.0	
塞尔维亚	75.2	7.4		

资料来源：表中数据来自 2021 年《国际统计年鉴》。

表 17 部分国家（地区）籽棉生产情况（2020 年）

国家或地区	收获面积 （khm²）	单 产 （kg/hm²）	总产量 （万 t）
世界总计	31 840.2	2 610.3	8 311.3
中 国	3 250.0	9 076.9	2 950.0
印 度	12 864.6	911.9	1 173.1
美 国	3 521.4	2 765.1	973.7
巴 西	1 633.1	4 329.2	707.0
巴基斯坦	2 078.9	1 661.5	345.4
尼日利亚	373.6	754.8	28.2
土耳其	359.2	4 938.8	177.4
澳大利亚	69.9	5 336.2	37.3
墨西哥	144.0	4 687.5	67.5
阿根廷	413.6	2 529.0	104.6
埃 及	65.0	3 307.7	21.5
缅 甸	180.0	1 716.7	30.9
哈萨克斯坦	125.9	2 597.3	32.7
朝 鲜	19.9	2 010.1	4.0

资料来源：表中数据来自 2021 年《国际统计年鉴》。

表 18　部分国家（地区）甘蔗、甜菜生产情况（2020 年）

甘　蔗				甜　菜			
国家或地区	收获面积（khm²）	单产（kg/hm²）	总产量（万 t）	国家或地区	收获面积（khm²）	单产（kg/hm²）	总产量（万 t）
世界总计	26 466.9	70 643.5	186 971.5	世界总计	4 439.1	56 986.6	25 296.9
巴　西	10 014.2	75 604.3	75 711.7	俄罗斯	916.6	37 000.9	3 391.5
印　度	4 790.1	77 347.0	37 050.0	美　国	462.3	68 133.2	3 149.8
泰　国	1 834.4	4 067.9	7 496.8	德　国	386.0	74 139.9	2 861.8
中　国	1 368.0	79 035.8	10 812.1	法　国	420.9	62 235.7	2 619.5
巴基斯坦	1 165.0	69 535.6	8 100.9	土耳其	336.3	68 468.6	2 302.6
墨西哥	777.1	69 428.6	5 395.3	波　兰	245.9	57 511.2	1 414.2
埃　及	135.8	109 823.3	1 491.4	埃　及	263.5	49 502.8	1 304.4
澳大利亚	366.4	82 650.1	3 028.3	中　国	195.2	59 416.0	1 159.8
印度尼西亚	420.5	68 832.3	2 894.4	乌克兰	220.0	41 590.9	915.0
伊　朗	92.9	84 251.9	782.7	荷　兰	81.5	82 098.2	669.1
美　国	383.5	85 395.0	3 274.9	伊　朗	93.7	66 446.1	622.6

资料来源：表中数据来自 2021 年《国际统计年鉴》。

表 19　部分国家（地区）肉类产量（2019 年）

单位：万 t

国家或地区	肉类总产量	其　中			
		牛　肉	羊　肉	猪　肉	禽　肉
世界总计	33 663.9	7 260.4	1 617.5	11 011.0	13 164.7
埃　及	235.6	74.7	8.5	0.1	145.5
南　非	336.1	103.3	17.2	27.9	181.6
加拿大	510.9	138.9	1.7	217.5	150.4
美　国	4 811.3	1 234.9	7.9	1 254.3	2 285.8
中　国	7 744.9	660.1	482.7	4 348.1	2 119.5
印　度	81.3	252.2	83.0	36.0	423.2
日　本	405.4	47		127.9	229.8
韩　国	260.7	28.6	0.2	136.4	95.1
法　国	541.9	142.8	8.7	220.0	166.0
德　国	791.9	110.7	3.5	523.2	154.4
意大利	369.0	80.1	3.4	146.4	135.8
俄罗斯	1 086.6	162.5	21.7	393.7	460.6
英　国	409.2	91.4	30.7	96.0	190.2
澳大利亚	482.0	235.2	75.2	41.4	127.8

资料来源：表中数据来自 2021 年《国际统计年鉴》。

表 20　部分国家（地区）牛奶产量（2019 年）

单位：万 t

国家或地区	产　量
世界总计	71 592.3
中　国	3 244.4
美　国	9 905.7
巴　西	3 589.0
印　度	9 000.0
德　国	3 308.0
俄罗斯	3 109.1
法　国	2 493.1
新西兰	2 187.2
土耳其	2 078.2
巴基斯坦	2 060.6
英　国	1 555.2

资料来源：表中数据来自 2021 年《国际统计年鉴》。

表 21　部分国家（地区）鱼类产量（2019 年）

单位：万 t

国家或地区	鱼类产品产量	其　中	
		海域	内陆水域
世界总计	9 833.1	4 262.8	4 929. 2
中　国	3 703.6	1 017.2	2 686.4
印　度	1 161.8	301.1	860.7
印度尼西亚	1 140.0	71.4	427.6
越　南	608.1	300.1	308.0
俄罗斯	490.8	447.5	43.3
美　国	432.8	412.7	20.1
秘　鲁	417.3	409.8	7.5
孟加拉国	413.2	75.0	338.2
挪　威	348.8	348.8	0.1
缅　甸	294.4	103.6	190.7
日　本	286.6	282.3	4.3
智　利	277.2	277.0	0.1
菲律宾	258.5	216.3	42.2

资料来源：表中数据来自 2021 年《国际统计年鉴》。

表 22 部分国家（地区）蛋类产品产量（2019 年）

单位：万 t

国家或地区	蛋 类 产 量		其中：鸡蛋产量	
	产 量	占世界比重（%）	产 量	占世界比重（%）
世界总计	**8 952.3**	**100.00**	**8 348.4**	**100.00**
中　国	3 354.7	37.47	2 888.6	34.60
美　国	670.7	7.49	670.7	8.03
日　本	264.0	2.95	264.0	3.16
墨西哥	295.0	3.30	295.0	3.53
巴　西	334.8	3.74	315.8	3.78
俄罗斯	251.5	2.81	249.2	2.99
印度尼西亚	513.5	5.74	475.3	5.69
乌克兰	96.9	1.08	95.4	1.14
泰　国	110.4	1.23	70.4	0.84
土耳其	124.4	1.39	124.4	1.49
法　国	78.6	0.88	78.6	0.94
德　国	76.3	0.85	76.3	0.91
意大利	71.7	0.80	71.7	0.86
荷　兰		0.00	64.9	0.78
英　国	81.1	0.91	79.7	0.95
伊　朗	72.4	0.81	72.4	0.87

资料来源：表中数据来自 2021 年《国际统计年鉴》。

表 23 部分国家（地区）蜂蜜产量（2019 年）

单位：万 t

国家或地区	产 量
世界总计	**185.3**
中　国	44.7
土耳其	10.9
加拿大	8.0
阿根廷	7.9
伊　朗	7.5
乌克兰	7.0
美　国	7.1
印　度	6.7
俄罗斯	6.4
墨西哥	6.2
巴　西	4.6
韩　国	3.0
新西兰	2.3

资料来源：表中数据来自 2021 年《国际统计年鉴》。

表 24 世界各大洲农产品进出口额（2020 年）

大 洲	进 口		出 口	
	金额（亿美元）	占比（%）	金额（亿美元）	占比（%）
亚 洲	326.8	19.1	505.1	66.4
非 洲	42.6	2.5	33.3	4.4
欧 洲	323.4	18.9	106.8	14.0
南美洲	518.8	30.4	24.7	3.2
北美洲	312.1	18.3	76.0	10.0
大洋洲	184.9	19.8	14.7	1.9

资料来源：表中数据来自中华人民共和国商务部对外贸易司。

表 25 世界农产品出口最多的国家及出口额情况（2020 年）

单位：亿美元

排名	国家	出口额
1	美国	1 586.32
2	荷兰	115.68
3	巴西	876.14
4	德国	843.96
5	中国	760.34

资料来源：表中数据来自 2021 年《对外经贸实务》第 6 期。

表 26 世界棉花历年出口基本情况（2015/2016—2020/2021 年度）

单位：万 t

国家或地区	2015/2016 年度	2016/2017 年度	2017/2018 年度	2018/2019 年度	2019/2020 年度	2020/2021 年度
世 界	759	831	926	926	902	949
美 国	199	333	364	337	338	338
印 度	126	99	113	76	70	114
西非法郎地区	98	100	106	118	96	123
巴 西	94	61	91	131	195	174
乌兹别克斯坦	50	40	34	13	10	6

资料来源：表中数据来自 2021 年《国际经济合作》第 5 期。

表 27　世界棉花历年进口基本情况（2015/2016—2020/2021 年度）

单位：万 t

国家或地区	2015/2016 年度	2016/2017 年度	2017/2018 年度	2018/2019 年度	2019/2020 年度	2020/2021 年度
世　界	**784**	**810**	**900**	**905**	**826**	**949**
孟加拉	138	141	167	154	137	138
越　南	100	120	l52	151	146	148
中　国	96	110	132	210	155	222
土耳其	98	84	96	79	102	96
印度尼西亚	64	74	76	69	55	60

资料来源：表中数据来自 2021 年《国际经济合作》第 5 期。

表 28　世界大米主要进口国进口量情况（2013—2018 年）

单位：万 t

年份	中国	尼日利亚	菲律宾	印度尼西亚
2013	223.6	218.7	39.9	47.2
2014	254.9	163.7	107.7	84.4
2015	334.1	78.7	109.5	86.1
2016	352.3	9.1	44.6	128.2
2017	397.8	6.5	87.4	29.3
2018	303.5	6.3	176.9	225.4

资料来源：表中数据来自联合国 UNComtrade 数据库。

表 29　世界大米主要出口国出口量情况（2013—2018 年）

单位：万 t

年份	印度	泰国	越南	巴基斯坦	美国
2013	1 130.0	678.8	393.9	382.2	318.4
2014	1 109.3	1 095.1	655.3	376.8	291.5
2015	1 095.3	978.2	684.8	405.1	326.6
2016	986.9	987.0	524.9	394.7	331.6
2017	1 206.0	1 161.6	581.2	273.7	326.6
2018	1 166.7	1 108.9	289.2	393.2	319.4

资料来源：表中数据来自联合国 UNComtrade 数据库。

表 30　世界玉米主要出口国出口量情况（2016/2017—2020/2021 年度）

单位：亿 t

国家或地区	2016/2017 年度	2017/2018 年度	2018/2019 年度	2019/2020 年度	2020/2021 年度
世　界	**1.61**	**1.49**	**1.82**	**1.7**	**1.84**
美　国	0.58	0.62	0.52	0.45	0.65
巴　西	0.32	0.24	0.4	0.35	0.39
阿根廷	0.26	0.22	0.37	0.36	0.34
乌克兰	0.21	0.18	0.3	0.29	0.24
塞尔维亚	0.02	0.01	0.03	0.03	0.04
俄罗斯	0.06	0.06	0.03	0.04	0.03
南　非	0.02	0.02	0.01	0.03	0.03
巴拉圭	0.02	0.02	0.03	0.02	0.03
欧　盟	0.02	0.02	0.04	0.05	0.02
缅　甸	0.02	0.01	0.02	0.02	0.02

资料来源：表中数据来自 2021 年《农业展望》第 3 期。

表 31　世界玉米主要进口国进口量情况（2016/2017—2020/2021 年度）

单位：亿 t

国家或地区	2016/2017 年度	2017/2018 年度	2018/2019 年度	2019/2020 年度	2020/2021 年度
世　界	**1.36**	**1.51**	**1.64**	**1.65**	**1.76**
欧　盟	0.15	0.18	0.25	0.19	0.18
中　国	0.02	0.03	0.04	0.08	0.18
墨西哥	0.15	0.16	0.17	0.17	0.17
日　本	0.15	0.16	0.16	0.16	0.16
韩　国	0.09	0.10	0.11	0.12	0.12
越　南	0.08	0.09	0.10	0.11	0.12
埃　及	0.09	0.09	0.09	0.10	0.10
伊　朗	0.08	0.09	0.09	0.07	0.07
哥伦比亚	0.05	0.05	0.06	0.06	0.06
阿尔及利亚	0.04	0.04	0.05	0.05	0.05

资料来源：表中数据来自 2021 年《农业展望》第 3 期。

表 32　世界主要皮棉出口国家贸易量占全球总贸易量比（2001—2019 年）

单位：%

国　家	2001 年	2011 年	2019 年
希　腊	4	3	4
澳大利亚	16	11	6
印　度	0	18	7
巴　西	3	8	19
美　国	32	38	42
其　他	45	22	21

资料来源：表中数据来自 2022 年《世界农业》第 4 期。

表33 世界主要皮棉进口国家贸易量占全球总贸易量比（2011年、2019年）

单位:%

国　家	2011年	2019年
巴基斯坦	6	8
土耳其	7	10
孟加拉国	7	13
越　南	4	16
中　国	40	18
其　他	36	34

资料来源：表中数据来自2022年《世界农业》第4期。

表34 我国乳品产量和人均乳及乳制品消费量情况（2001—2019年）

年份	奶类产量 （万t）	牛奶产量 （万t）	乳制品产量 （万t）	人均乳及乳制品 消费量（kg）
2001	1 122.6	1 025.5	105.4	5.7
2002	1 400.4	1 299.8	93.3	7.6
2003	1 848.6	1 746.3	140.6	9.5
2004	2 368.4	2 260.6	949.2	10.2
2005	2 864.8	2 753.4	1 310.4	10.7
2006	3 302.5	2 944.6	1 459.6	11.5
2007	3 055.2	2 947.1	1 787.4	11.8
2008	3 236.2	3 010.6	1 810.6	10.7
2009	3 153.9	2 995.1	1 935.1	11.0
2010	3 211.3	3 038.9	2 159.4	10.6
2011	3 262.8	3 109.9	2 387.5	11.5
2012	3 306.7	3 174.9	2 545.2	11.8
2013	3 118.9	3 000.8	2 698.0	11.7
2014	3 276.5	3 159.9	2 651.8	12.6
2015	3 295.5	3 179.8	2 782.5	12.1
2016	3 173.9	3 064.0	2 993.2	12.0
2017	3 148.6	3 038.6	2 935.0	12.1
2018	3 176.8	3 074.6	2 687.1	12.2
2019	3 297.6	3 201.2	2 870.4	12.5

资料来源：2021年《中国统计年鉴》、2021年《现代食品》第23期。

表 35 我国牛羊肉供需情况（2015—2019 年）

单位：万 t、%

年份	产量	进口量	出口量	消费量	自给率
2015	1 056.83	69.67	0.85	1 133.81	93.2
2016	1 077.16	79.99	0.82	1 166.91	92.3
2017	1 105.69	94.41	0.61	1 209.74	91.4
2018	1 119.13	135.84	0.37	1 273.79	87.9
2019	1 154.80	205.17	0.23	1 359.76	84.9

资料来源：表中数据来自国家统计局。

表 36 我国牛羊肉消费情况（2014—2019 年）

单位：kg、%

年份	居民人均牛羊肉消费		农村居民人均牛羊肉消费		城镇居民人均牛羊肉消费	
	数量	占比	数量	占比	数量	占比
2014	2.5	9.8	1.5	6.7	3.4	12.0
2015	2.8	10.7	1.7	7.4	3.9	13.5
2016	3.3	12.6	2.0	8.8	4.3	14.8
2017	3.2	12.0	1.9	8.1	4.2	14.4
2018	3.3	11.2	2.1	7.6	4.2	13.5
2019	3.4	12.6	2.2	8.9	4.3	15.0

资料来源：表中数据来自 2021 年《中国统计年鉴》。

表 37 我国猪肉消费和自给情况（2005—2020 年）

单位：万 t、%

年份	产量	净进口量	表观消费量	自给率
2005	4 555.33	−21.95	4 533.38	100.48
2010	5 138.44	9.12	5 147.56	99.82
2015	5 645.41	65.49	5 710.90	98.85
2018	5 403.74	115.11	5 518.85	97.91
2019	4 255.00	196.76	4 451.76	95.58
2020	4 113.00	554.71	4 669.70	88.12

资料来源：表中数据来自 2021 年《中国畜牧业》第 2 期。

表 38 我国农产品进出口变化情况（2010—2020 年）

单位：亿美元

年份	进口额	出口额	进出口额	贸易逆差
2010	719.2	488.7	1 203.9	230.5
2011	948.7	607.5	1 556.2	341.2
2012	1 015.5	567.2	1 582.7	448.3
2013	1 188.7	678.3	1 866.9	510.4
2014	1 225.4	719.6	1 945.0	505.5
2015	1 168.8	706.8	1 875.6	462.0
2016	1 115.7	729.9	1 845.6	385.8
2017	1 258.6	755.3	2013.9	503.3
2018	1 371.0	787.1	2 168.1	573.3
2019	1 509.7	971.0	2 300.7	718.7
2020	1 708.0	760.3	2 458.3	947.7

资料来源：表中数据来自 2021 年《黑龙江粮食》第 11 期。

表 39 我国食品主要出口国家（地区）情况（2019—2020 年）

单位：万美元

国家或地区	出口额		同期比（%）
	2019 年	2020 年	
中国香港	831 376.5	875 762.9	−5.1
日 本	808 025.1	886 552.4	−8.9
美 国	516 905.3	521 827.4	−0.9
越 南	475 123.3	449 850.0	5.6
泰 国	396 706.8	337 668.1	17.5
韩 国	383 406.2	398 839.1	−3.9
马来西亚	315 155.7	271 588.3	16.0
菲律宾	212 946.8	192 127.4	10.8
印度尼西亚	189 137.4	201 973.6	−6.4
中国台湾	179 844.7	183 707.9	−2.1

资料来源：表中数据来自中华人民共和国商务部对外贸易司。

表 40　我国主要粮食进口情况（2002—2020 年）

单位：万 t

年份	稻米	小麦	玉米	大豆
2002	24.00	63.00	0.81	1 131.00
2003	26.00	45.00	0.07	2 074.00
2004	76.00	726.00	0.25	2 023.00
2005	52.00	354.00	0.40	2 659.00
2006	73.00	61.00	6.54	2 824.00
2007	49.00	10.00	3.54	3 082.00
2008	32.97	4.31	5.00	3 744.00
2009	36.00	90.40	8.45	4 255.00
2010	38.82	123.07	157.32	5 480.00
2011	59.78	125.81	175.36	5 264.00
2012	236.86	370.10	520.80	5 838.00
2013	227.11	553.51	326.59	6 338.00
2014	257.90	300.00	259.91	7 140.31
2015	337.69	300.59	473.00	8 169.19
2016	356.00	341.00	317.00	8 391.00
2017	403.00	442.00	283.00	9 553.00
2018	308.00	310.00	352.00	8 803.00
2019	255.00	349.00	479.00	8 851.00
2020	294.27	837.65	1 129.60	10 031.45

资料来源：表中数据来自国家统计局、中国海关总署网站。

表 41　我国主要粮食出口情况（2002—2020 年）

单位：万 t

年份	稻米	玉米	大豆
2002	199.00	1 167.00	28.00
2003	262.00	1 639.00	27.00
2004	91.00	232.00	33.00
2005	69.00	864.00	40.00
2006	124.00	310.00	38.00
2007	134.00	492.00	46.00
2008	97.00	27.00	47.00
2009	79.00	13.00	35.00
2010	62.00	13.00	16.00

（续）

年份	稻米	玉米	大豆
2011	51.57	13.61	21.00
2012	27.92	25.73	32.00
2013	47.85	7.76	21.00
2014	41.92	2.00	20.71
2015	28.72	1.11	13.36
2016	39.51	0.41	13.00
2017	119.68	8.59	11.00
2018	208.93	1.22	13.00
2019	274.76	2.61	11.00
2020	230.43	0.25	7.95

资料来源：表中数据来自国家统计局、中国海关总署网站。

表 42　我国谷物进出口情况（2013—2020 年）

单位：万 t、亿美元

年份	数量			金额		
	进口	出口	顺差	进口	出口	顺差
2013	1 458.5	100.1	−1 358.4	51.0	7.0	−44.0
2014	1 951.6	79.6	−1 874.7	62.2	6.0	−56.2
2015	3 271.5	53.3	−3 218.2	94.0	4.4	−89.6
2016	2 198.7	63.6	−2 136.1	57.1	5.0	−52.1
2017	2 560.1	161.6	−2 398.5	64.9	8.0	−56.9
2018	2 050.2	254.4	−1 795.8	59.4	11.0	−48.4
2019	1 791.8	323.6	−1 468.2	52.6	12.8	−39.8
2020	3 579.1	259.3	−3 318.9	95.2	10.8	−84.4

资料来源：表中数据来自 2021 年《黑龙江粮食》第 11 期。

表 43　我国大豆来源进口国占比情况（2014—2020 年）

单位：%

年份	美国	巴西	阿根廷	加拿大
2014	42.06	44.82	8.41	1.21
2015	34.76	49.09	11.55	1.31
2016	40.42	45.68	8.64	1.74
2017	34.19	54.41	6.71	2.14
2018	18.90	75.09	1.66	2.04
2019	19.10	64.03	8.46	2.56
2020	25.80	64.07	7.43	0.24

资料来源：表中数据来自联合国 UNComtrade 数据库。

表 44 我国大豆进口量及主要进口国情况（2003—2019 年）

单位：万 t、%

年份	进口量	进口国 1	占比	进口国 2	占比
2003	2 074.34	美国	43.11	巴西	30.42
2005	2 659.03	美国	44.14	巴西	29.27
2007	3 081.83	美国	37.54	巴西	34.51
2009	4 254.55	美国	52.54	巴西	37.00
2011	5 263.41	美国	42.91	巴西	39.44
2013	6 340.76	巴西	50.15	美国	35.02
2014	7 139.91	巴西	44.82	美国	42.05
2015	8 173.97	巴西	49.05	美国	34.78
2016	8 323.16	巴西	45.53	美国	40.72
2017	9 553.00	巴西	53.00	美国	34.00
2018	8 915.99	巴西	73.10	美国	18.90
2019	8 850.54	巴西	64.03	美国	19.10

资料来源：表中数据来自美国农业部（USDA）。

表 45 我国大豆进出口数量及产量情况（2011—2020 年）

单位：万 t

年份	进口数量	出口数量	产量
2011	5 264.00	21.00	1 448.53
2012	5 838.00	32.00	1 301.09
2013	6 338.00	21.00	1 195.10
2014	7 140.31	20.71	1 215.40
2015	8 169.19	13.36	1 178.50
2016	8 391.00	13.00	1 293.70
2017	9 553.00	11.00	1 489.00
2018	8 803.10	13.00	1 600.00
2019	8 850.54	11.00	1 727.00
2020	10 032.72	7.95	1 960.00

资料来源：表中数据来自国家统计局数据库。

表 46　我国马铃薯及其产品进出口来源情况（2019 年）

单位：万美元、%

区　域	进　口		出　口	
	进口额	占比	出口额	占比
亚　洲	3 146.2	15.5	43 056.2	95.0
欧　洲	6 759.2	33.2	1 694.8	3.7
北美洲	10 277.3	50.5	221.7	0.5
非　洲	0.0	0.0	151.5	0.3
南美洲	2.2	0.0	152.3	0.3
大洋洲	161.3	0.8	53.1	0.1

资料来源：表中数据来自 2021 年《山西广播电视大学学报》第 2 期。

表 47　我国马铃薯及其产品主要进出口地区情况（2019 年）

单位：%

进　口		出　口	
进口地区	占比	出口地区	占比
美　国	48.29	越　南	22.50
荷　兰	15.48	中国香港	27.78
比利时	8.80	马来西亚	25.65
土耳其	11.90	日　本	4.23
德　国	5.76	俄罗斯	7.80
马来西亚	0.75	美　国	0.29
其　他	9.02	其　他	11.75
合　计	**100.00**	合　计	**100.00**

资料来源：表中数据来自中国海关。

表 48　我国马铃薯及其产品进口额情况（2017—2019 年）

单位：万美元

产品类型	2017 年	2018 年	2019 年
种用马铃薯	1.1	0.7	0.1
鲜马铃薯	0.0	0.0	0.0
冷冻马铃薯	11.0	0.8	0.6
马铃薯细粉	849.5	659.1	407.1
马铃薯团粒	485.9	523.1	703.3
马铃薯淀粉	4 785.1	4 105.0	3 144.4
非醋用制作冷冻马铃薯制品	14 331.6	20 230.8	15 207.9
非醋用制作未冷冻马铃薯制品	952.3	1 145.1	880.0

资料来源：表中数据来自中国海关。

表 49 我国马铃薯及其产品出口额情况（2017—2019 年）

单位：万美元

产品类型	2017 年	2018 年	2019 年
种用马铃薯	110.5	157.6	139.2
鲜马铃薯	27 965.2	25 966.3	39 661.9
冷冻马铃薯	1 738.2	1 624.5	1 577.0
马铃薯细粉	58.5	39.1	125.7
马铃薯团粒	55.4	47.2	53.1
马铃薯淀粉	187.8	186.1	591.5
非醋用制作冷冻马铃薯制品	1 481.5	1 362.5	1 755.3
非醋用制作未冷冻马铃薯制品	10 258.2	1 342.5	1 426.1

资料来源：表中数据来自中国海关。

表 50 我国小麦进口贸易情况（2002—2019 年）

单位：万 t、亿美元

年份	数量	金额
2002	60.46	1.03
2003	42.42	0.77
2004	723.29	16.40
2005	351.01	7.62
2006	58.41	1.08
2007	8.34	0.21
2008	3.19	0.07
2009	89.37	2.05
2010	121.87	3.09
2011	124.88	4.18
2012	368.86	11.01
2013	550.67	18.66
2014	297.12	9.62
2015	297.18	8.86
2016	337.43	8.01
2017	429.65	10.31
2018	287.61	7.81
2019	320.48	9.01

资料来源：表中数据来自联合国 UNComtrade 数据库。

表51 我国小麦进口量及主要进口国情况（2003—2019年）

单位：万 t、%

年份	进口量	进口国1	占比	进口国2	占比
2003	42.42	美国	50.28	加拿大	48.17
2005	351.57	美国	48.78	加拿大	47.98
2007	8.34	加拿大	52.86	澳大利亚	27.69
2009	89.37	美国	44.28	澳大利亚	36.34
2011	125.23	澳大利亚	51.01	美国	34.82
2013	550.71	美国	69.37	加拿大	15.74
2014	297.20	澳大利亚	46.80	美国	29.03
2015	297.27	澳大利亚	42.23	加拿大	33.38
2016	337.42	澳大利亚	40.57	美国	25.56
2017	429.65	澳大利亚	44.20	美国	36.20
2018	287.61	加拿大	48.05	哈萨克斯坦	18.87
2019	348.67	加拿大	47.70	法国	13.84

资料来源：表中数据来自中华人民共和国商务部对外贸易司。

表52 我国大米主要出口国家（地区）情况（2020年）

单位：t、万美元

国家或地区	出口		同比（%）	
	数量	金额	数量	金额
韩 国	205 578.0	15 369.4	38.7	38.9
埃 及	263 500.0	7 616.0	−40.9	−42.5
塞拉利昂	205 000.0	5 792.8	67.2	50.0
日 本	62 260.9	5 242.9	143.4	140.9
喀麦隆	187 550.0	5 008.1	37.3	38.3
巴布亚新几内亚	126 151.5	4 552.5	3.1	3.2
菲律宾	34 672.3	3 841.2	501.8	276.7
尼日尔	132 000.0	3 447.0	2.6	−4.4
巴基斯坦	9 527.0	3 190.3	−9.9	−16.0
科特迪瓦	99 000.0	2 851.4	−67.9	−66.3

资料来源：表中数据来自中华人民共和国商务部对外贸易司。

表 53 我国大米总出口量及出口前三国家（地区）（2019—2020 年）

单位：t、万美元

国 家	2019 年		2020 年		同期比（%）	
	数量	金额	数量	金额	数量	金额
总出口	2 747 556.1	105 902.8	2 304 349.9	91 637.4	−16.1	−13.5
韩 国	148 169.0	11 063.3	205 578.0	15 369.47	38.7	38.9
埃 及	446 000.0	13 247.7	263 500.0	7 616.0	−40.9	−42.5
塞拉利昂	122 626.1	3 862.4	205 000.0	5 792.8	67.2	50.0

资料来源：表中数据来自中华人民共和国商务部对外贸易司。

表 54 我国稻谷和大米进口量及主要进口国情况（2003—2019 年）

单位：万 t、%

年份	进口量	进口国 1	占比	进口国 2	占比
2003	112.20	泰国	99.71	老挝	0.08
2005	65.40	泰国	91.74	越南	8.08
2007	47.15	泰国	93.10	越南	5.79
2009	34.25	泰国	93.88	老挝	5.05
2011	59.78	泰国	53.60	越南	40.42
2013	225.11	越南	65.99	巴基斯坦	18.58
2014	255.72	越南	52.89	泰国	28.46
2015	335.00	越南	53.56	泰国	27.80
2016	353.45	越南	45.79	泰国	26.27
2017	399.25	越南	55.85	泰国	25.70
2018	305.58	越南	42.21	泰国	26.83
2019	254.47	泰国	22.33	缅甸	21.46

资料来源：表中数据来自中华人民共和国商务部对外贸易司。

表 55 我国稻谷和大米总进口量及进口前三国家（地区）（2019—2020 年）

单位：t、万美元

国 家	2019 年		2020 年		同期比（%）	
	数量	金额	数量	金额	数量	金额
总进口	2 544 725.8	129 666.0	2 942 678.2	149 511.4	15.6	15.3
越 南	478 107.7	24 021.3	787 538.4	45 187.4	64.7	88.1
缅 甸	546 129.1	20 373.0	910 660.6	32 390.5	66.7	59.0
泰 国	568 292.9	38 907.1	356 442.2	27 837.9	−37.3	−28.5

资料来源：表中数据来自中华人民共和国商务部对外贸易司。

表 56 我国玉米出口量情况（2016—2020 年）

单位：万 t、%

年份	总量	朝鲜	占比
2016	0.39	0.31	79.49
2017	8.51	5.08	60.00
2018	1.20	0.43	35.83
2019	2.57	2.29	89.10
2020	2.51	1.24	49.40

资料来源：表中数据来自中华人民共和国商务部对外贸易司。

表 57 我国玉米贸易情况（2016—2020 年）

单位：万 t

年份	进口量	出口量	净进口量
2016	313.13	0.39	312.74
2017	282.70	8.51	274.19
2018	349.84	1.20	348.64
2019	479.14	2.57	476.57
2020	1 124.28	2.51	1 121.77

资料来源：表中数据来自中华人民共和国商务部对外贸易司。

表 58 我国玉米进出口贸易情况（2002—2020 年）

单位：万 t、亿美元

年份	数量			金额		
	进口	出口	顺差	进口	出口	顺差
2002	0.63	1 167.33	1 166.7	0.011	11.668	11.657
2003	0.03	1 639.90	1 639.87	0.001	17.665	17.664
2004	0.23	231.79	231.56	0.005	3.240	3.235
2005	0.39	861.08	860.69	0.008	10.964	10.956
2006	6.51	307.04	300.53	0.105	4.120	4.015
2007	3.51	491.62	488.11	0.053	8.739	8.686
2008	4.91	25.23	20.32	0.104	0.731	0.627
2009	8.35	12.90	4.55	0.184	0.310	0.126
2010	157.51	12.72	−144.79	3.623	0.330	−3.293
2011	175.26	13.57	−161.69	5.741	0.458	−5.283
2012	520.67	25.71	−494.96	16.834	1.007	−15.827

（续）

年份	数 量			金 额		
	进口	出口	顺差	进口	出口	顺差
2013	326.45	7.73	−318.72	9.305	0.322	−8.983
2014	259.81	1.99	−257.82	7.232	0.070	−7.162
2015	472.98	1.08	−471.90	11.038	0.035	−11.003
2016	316.63	0.35	−316.28	6.343	0.011	−6.332
2017	282.52	8.46	−274.06	6.000	0.199	−5.801
2018	352.11	1.13	−350.98	7.821	0.031	−7.790
2019	479.06	2.49	−476.57	10.569	0.068	−10.501
2020	1 129.4	0.30	−1 129.1	24.903	0.043	−24.860

资料来源：表中数据来自联合国商品贸易统计数据库。

表 59 我国玉米进口量及主要进口国情况（2003—2019 年）

单位：万 t、%

年份	进口量	进口国 1	占比	进口国 2	占比
2003	0.01	美国	94.81	阿根廷	5.02
2005	0.39	美国	97.35	阿根廷	2.39
2007	3.51	老挝	46.21	缅甸	42.87
2009	8.35	美国	80.60	巴西	13.40
2011	175.25	美国	73.45	巴西	16.85
2013	326.32	美国	90.89	乌克兰	3.33
2014	259.92	美国	39.52	乌克兰	37.11
2015	473.03	乌克兰	81.43	美国	9.76
2016	316.69	乌克兰	84.01	美国	7.04
2017	282.54	乌克兰	82.39	美国	8.52
2018	352.11	乌克兰	60.22	美国	26.57
2019	479.14	乌克兰	86.31	美国	6.63

资料来源：表中数据来自中华人民共和国商务部对外贸易司。

表 60　我国植物油主要出口国家（地区）情况（2020 年）

单位：t、万美元

国家或地区	出品		同比（%）	
	数量	金额	数量	金额
朝　鲜	81 688.8	7 862.6	−40.1	−43.8
中国香港	53 403.7	6 517.5	−30.1	−13.8
美　国	4 651.6	2 367.1	18.2	7.0
荷　兰	1 995.0	2 002.4	33.1	20.9
日　本	3 008.7	1 614.9	−58.0	−29.9
马来西亚	13 162.4	1 528.5	34.8	47.0
澳大利亚	1 525.5	1 153.6	64.7	19.9
新加坡	5 686.9	781.4	−11.7	−5.0
韩　国	2 084.9	683.6	−58.7	−20.0
泰　国	1 759.1	600.4	27.0	16.2

资料来源：表中数据来自中华人民共和国商务部对外贸易司。

表 61　我国食用植物油进口量变化情况（2014—2020 年）

单位：万 t

年份	总进口量	棕榈油进口量	菜籽油进口量	豆油进口量	葵花油和红花油进口量
2014	787.3	532.4	81.0	113.5	45.5
2015	839.1	590.9	81.5	81.8	65.1
2016	688.4	447.7	70.0	56.0	95.7
2017	742.8	507.9	75.7	65.3	74.5
2018	808.7	522.7	129.6	54.9	70.3
2019	1 152.7	755.7	161.5	82.6	122.9
2020	1 169.5	646.1	193.2	96.3	195.4

资料来源：表中数据来自 2021 年《黑龙江粮食》第 11 期。

表 62　我国食用油籽进出口额变化情况（2013—2020 年）

单位：亿美元

年份	进口	出口	贸易逆差
2013	414.0	15.7	398.3
2014	445.1	14.3	430.8
2015	383.9	14.6	369.3
2016	370.4	14.2	356.2
2017	430.2	16.4	413.8
2018	417.5	17.1	400.4
2019	384.0	16.9	367.1
2020	432.7	16.0	416.7

资料来源：表中数据来自 2021 年《黑龙江粮食》第 11 期。

表63 我国葵花籽主要进口来源国进口量占比情况（2010—2019年）

单位：%

2010年		2015年		2019年	
进口来源国	占比	进口来源国	占比	进口来源国	占比
哈萨克斯坦	51.000	哈萨克斯坦	98.200	哈萨克斯坦	73.675
美 国	37.200	美 国	1.700	保加利亚	13.004
智 利	4.500	加拿大	0.030	俄罗斯	10.531
法 国	3.000	意大利	0.020	日 本	2.250
阿根廷	2.600	西班牙	0.010	美 国	0.174

资料来源：表中数据来自联合国商品贸易统计数据库。

表64 我国葵花籽主要出口目的地出口量占比情况（2010—2019年）

单位：%

2010年		2015年		2019年	
出口目的地	占比	出口目的地	占比	出口目的地	占比
阿联酋	17.0	伊 朗	30.2	土耳其	23.2
埃 及	15.2	埃 及	21.5	埃 及	16.5
伊 朗	7.4	伊拉克	12.5	伊 朗	8.6
越 南	7.3	越 南	8.1	越 南	8.0
德 国	7.0	缅 甸	3.7	阿拉伯联合酋长国	8.0

资料来源：表中数据来自联合国商品贸易统计数据库。

表65 我国花生仁果主要出口国家（地区）情况（2020年）

单位：t、万美元

国 家	出 口		同比（%）	
	数量	金额	数量	金额
日 本	12 003.3	2 928.2	−23.3	−20.9
泰 国	12 671.0	1 733.6	−27.9	−17.0
加拿大	9 658.9	1 671.4	25.1	49.9
越 南	12 526.5	1 570.1	−63.7	−69.3
荷 兰	8 725.3	1 420.5	−21.9	−5.6
西班牙	10 301.5	1 355.0	−25.0	−21.5
英 国	7 280.7	1 189.4	11.2	37.5
马来西亚	7 015.2	1 124.5	−22.6	−2.6
黎巴嫩	3 950.9	756.1	−32.2	−16.4
约 旦	4 079.9	691.6	−2.1	18.4

资料来源：表中数据来自中华人民共和国商务部对外贸易司。

表 66   我国水果出口贸易发展情况（2001—2019 年）

单位：亿美元、%

年份	水果出口额	占世界水果出口比例	世界排名
2001	4.35	1.50	18
2002	5.55	1.77	16
2003	7.52	2.00	14
2004	9.16	2.16	13
2005	10.67	2.17	14
2006	12.84	2.43	13
2007	16.32	2.64	11
2008	21.04	2.96	9
2009	23.79	3.47	8
2010	26.79	3.53	8
2011	31.88	3.64	7
2012	37.72	4.15	7
2013	41.72	4.18	5
2014	43.18	4.09	6
2015	52.11	4.97	4
2016	54.87	4.94	5
2017	53.43	4.47	6
2018	52.85	4.20	7
2019	62.29	4.99	5

资料来源：表中数据来自 2021 年《农业展望》第 1 期。

表 67   我国水果出口贸易排名前 10 的合作伙伴（2019 年）

单位：万美元、%

国家或地区	出口额	占比
越　南	142 330.8	22.85
泰　国	70 399.1	11.30
印度尼西亚	64 877.1	10.42
菲律宾	33 871.6	5.44
中国香港	32 652.1	5.24
俄罗斯	32 415.9	5.20
马来西亚	31 874.2	5.12
孟加拉国	26 175.9	4.20
吉尔吉斯斯坦	22 242.5	3.57
缅　甸	21 453.4	3.44

资料来源：表中数据来自 2021 年《农业展望》第 1 期。

表 68　我国水果出口贸易额居前 10 位的产品（2019 年）

单位：万美元、%

产品名称	出口额	占比	世界排名
鲜苹果	124 645.3	20.01	1
鲜葡萄	98 724.2	15.85	1
其他柑橘	84 033.7	13.49	1
其他鲜梨	52 707.0	8.46	1
松子仁	23 355.5	3.75	4
未去壳核桃	22 144.7	3.56	2
未列名鲜果	20 500.7	3.29	3
鲜　桃	19 746.6	3.17	2
鲜西柚	18 819.9	3.02	1
鲜柠檬	15 318.4	2.46	8

资料来源：表中数据来自 2021 年《农业展望》第 1 期。

表 69　我国苹果主要出口国家（地区）情况（2020 年）

单位：t、万美元

国家或地区	出　口		同比（%）	
	数量	金额	数量	金额
越　南	160 282.7	32 214.0	41.5	55.4
菲律宾	168 414.5	21 284.5	73.0	68.7
泰　国	136 967.4	21 258.5	41.2	38.6
孟加拉国	179 089.2	18 308.0	1.7	20.4
印度尼西亚	133 793.0	17 064.8	12.0	4.1
缅　甸	53 112.6	7 400.2	−18.0	−26.8
中国香港	30 512.9	5 350.0	22.1	11.6
尼泊尔	43 786.8	4 724.7	−38.9	−30.2
马来西亚	38 557.4	4 306.4	30.7	17.8
新加坡	20 237.6	2 736.5	72.6	43.9

资料来源：表中数据来自中华人民共和国商务部对外贸易司。

表 70　我国苹果汁主要出口国家（地区）情况（2020 年）

单位：t、万美元

国家或地区	出　口		同比（％）	
	数量	金额	数量	金额
美　国	156 242.9	15 623.2	38.2	37.2
日　本	45 442.5	5 177.1	−4.1	−15.2
俄罗斯联邦	39 789.4	3 868.2	0.6	−3.2
南　非	34 859.2	3 610.7	−25.0	−32.1
加拿大	30 171.5	3 059.5	53.2	41.6
澳大利亚	24 910.8	2 561.2	5.4	−7.5
土耳其	15 211.5	1 542.7	−42.1	−45.7
德　国	11 073.0	1 178.9	−26.8	−25.8
印　度	9 000.9	908.5	−5.7	−17.5
波　兰	7 455.5	719.8	318.8	292.5

资料来源：表中数据来自中华人民共和国商务部对外贸易司。

表 71　我国梨主要出口国家（地区）情况（2020 年）

单位：t、万美元

国家或地区	出　口		同比（％）	
	数量	金额	数量	金额
越　南	102 766.8	18 432.7	2.5	4.9
印度尼西亚	200 635.7	18 181.5	28.8	38.8
泰　国	53 813.7	6 966.2	15.1	9.3
中国香港	36 786.8	5 135.6	22.3	19.8
马来西亚	35 634.6	4 160.2	19.1	21.0
菲律宾	26 364.6	3 660.5	48.5	69.2
缅　甸	13 342.5	1 880.7	4.0	−4.6
美　国	11 792.8	1 663.0	24.9	24.7
加拿大	11 387.2	1 565.8	18.0	20.7
新加坡	10 475.7	1 320.9	27.3	32.6

资料来源：表中数据来自中华人民共和国商务部对外贸易司。

表 72 我国梨总出口量及出口前三国家（地区）（2019—2020 年）

单位：t、万美元

国家或地区	2019 年		2020 年		同期比（%）	
	数量	金额	数量	金额	数量	金额
总出口	470 251.70	57 307.90	539 464.10	66 782.40	14.7	16.5
印度尼西亚	100 292.90	17 570.70	102 766.80	18 432.70	2.5	4.9
中国香港	155 722.70	13 097.30	200 635.70	18 181.50	28.8	38.8
越 南	46 740.40	6 374.30	53 813.70	6 966.20	15.1	9.3

资料来源：表中数据来自中华人民共和国商务部对外贸易司。

表 73 我国蔬菜进出口额变化情况（2013—2020 年）

单位：亿美元

年份	进口	出口	贸易顺差
2013	4.2	115.8	111.6
2014	5.1	125.0	119.9
2015	5.4	132.7	127.3
2016	5.3	147.2	141.9
2017	5.5	155.2	149.7
2018	8.3	152.4	144.1
2019	9.6	155.0	145.4
2020	10.4	149.3	138.9

资料来源：表中数据来自 2021 年《黑龙江粮食》第 11 期。

表 74 我国大蒜及制品主要出口国家（地区）情况（2020 年）

单位：t、万美元

国家或地区	出 口		同比（%）	
	数量	金额	数量	金额
印度尼西亚	631 151.5	47 155.5	33.2	−6.1
越 南	254 464.6	30 219.5	14.2	−0.6
美 国	130 750.7	30 022.2	8.1	14.5
巴 西	119 902.1	13 152.4	77.1	40.6
马来西亚	116 009.9	10 667.8	6.8	−0.9
日 本	31 036.3	8 946.2	−8.7	−3.7
巴基斯坦	108 838.7	8 006.2	79.2	43.7
菲律宾	95 049.7	7 655.0	12.5	7.1
俄罗斯联邦	60 525.6	7 127.4	39.8	25.9
泰 国	90 153.2	6 721.8	8.4	−6.2

资料来源：表中数据来自中华人民共和国商务部对外贸易司。

表 75 我国香菇及制品主要出口国家（地区）情况（2020 年）

单位：t、万美元

国家或地区	出　口		同比（%）	
	数量	金额	数量	金额
中国香港	13 890.6	21 075.1	−35.4	−42.6
泰　国	14 678.9	19 815.2	−10.5	−14.5
马来西亚	11 602.5	16 023.7	−46.9	−50.0
越　南	9 585.7	14 341.1	−60.9	−65.2
日　本	6 250.9	7 241.9	−10.3	−16.8
新加坡	3 507.4	4 372.5	74.4	61.8
韩　国	6 332.1	3 979.6	−22.7	−36.1
美　国	3 432.5	3 118.0	−10.5	8.7
缅　甸	1 082.3	1 995.9	−32.9	−24.1
哈萨克斯坦	771.4	1 772.2	9.4	35.6

资料来源：表中数据来自中华人民共和国商务部对外贸易司。

表 76 我国蜂蜜主要出口国家（地区）情况（2020 年）

单位：t、万美元

国家或地区	出　口		同比（%）	
	数量	金额	数量	金额
日　本	33 551.2	7 360.9	15.5	15.0
英　国	37 151.7	6 310.9	15.7	11.2
比利时	10 927.0	1 931.8	27.2	17.0
波　兰	9 319.8	1 688.5	−2.9	−1.1
沙特阿拉伯	4 791.1	1 195.1	56.0	82.6
西班牙	5 451.8	888.0	−20.6	−28.1
南　非	4 162.7	708.3	12.5	2.8
澳大利亚	3 452.6	657.5	9.4	3.2
德　国	3 090.7	573.5	−22.7	−27.9
荷　兰	2 263.3	418.7	−20.9	−19.7

资料来源：表中数据来自中华人民共和国商务部对外贸易司。

表 77 我国食糖进口贸易情况（2013—2020 年）

单位：万 t、亿美元

年份	进口量	进口额
2013	454.6	20.7
2014	348.6	14.9
2015	484.6	14.7
2016	306.2	11.7
2017	229.0	10.8
2018	279.6	10.3
2019	339.0	11.2
2020	527.3	18.0

资料来源：表中数据来自 2021 年《黑龙江粮食》第 11 期。

表 78 我国茶叶总出口量及出口前三国家（地区）（2019—2020 年）

单位：t、万美元

国家或地区	2019 年		2020 年		同期比（%）	
	数量	金额	数量	金额	数量	金额
总出口	**366 528.1**	**201 954.5**	**348 814.2**	**187 807.1**	**−4.8**	**−7.0**
中国香港	17 444.3	50 617.2	13 973.8	46 529.4	−19.9	−8.1
摩洛哥	74 283.6	22 532.3	67 159.2	19 816.4	−9.6	−12.1
越 南	6 156.2	15 185.6	5 081.7	13 267.4	−17.5	−12.6

资料来源：表中数据来自中华人民共和国商务部对外贸易司。

表 79 我国花卉主要出口国家（地区）情况（2019—2020 年）

单位：万美元

国家或地区	出口额		同期比（%）
	2019 年	2020 年	
日 本	9 176.4	9 366.7	2.1
韩 国	5 112.3	4 774.2	−6.6
荷 兰	4 002.0	4 741.9	18.5
越 南	2 054.9	4 641.4	125.9
美 国	3 003.4	2 689.5	−10.5
中国香港	1 580.9	1 722.8	9.0
澳大利亚	1 065.5	1 591.5	49.4
泰 国	1 442.7	1 549.5	7.4
缅 甸	571.4	1 102.4	92.9
德 国	914.6	996.2	8.9

资料来源：表中数据来自中华人民共和国商务部对外贸易司。

表 80　我国中药类商品进出口情况（2014—2019 年）

单位：亿元、%

年份		2014	2015	2016	2017	2018	2019
进出口	总额	46.30	47.95	46.00	51.97	57.68	61.74
	增长率	9.76	3.26	−4.06	8.25	9.90	6.60
进　口	进口额	10.38	10.25	11.74	15.57	18.59	21.55
	增长率	−3.84	−1.26	14.50	26.06	16.20	13.70
出　口	出口额	35.92	37.70	34.26	36.40	39.09	40.19
	增长率	14.49	4.95	−9.13	2.07	6.90	2.70

资料来源：表中数据来自 2021 年《农业展望》第 10 期。

表 81　我国棉花进口贸易情况（2013—2020 年）

单位：万 t、亿美元

年份	进口量	进口额
2013	450.0	87.2
2014	266.9	51.6
2015	175.9	27.2
2016	124.0	17.8
2017	136.3	23.6
2018	162.7	32.0
2019	193.7	36.0
2020	223.2	35.9

资料来源：表中数据来自 2021 年《黑龙江粮食》第 11 期。

表 82　我国棉花主要出口国家（地区）情况（2020 年）

单位：t、万美元

国家或地区	出　口		同比（%）	
	数量	金额	数量	金额
马来西亚	3 362.2	482.3	16 348.9	12 357.3
越　南	753.6	138.5	−96.5	−96.2
吉布提	292.6	43.5		
朝　鲜	115.2	25.0	−89.6	−89.0
泰　国	78.5	13.5	−94.4	−95.1
印度尼西亚	79.5	13.2	−99.2	−99.2
日　本	47.0	12.4	−96.3	−94.8
中国香港	0.2	0.0		

资料来源：表中数据来自中华人民共和国商务部对外贸易司。

表83　我国水产品进出口额变化情况（2013—2020 年）

单位：亿美元

年份	进口额	出口额	贸易顺差
2013	86.4	202.6	116.2
2014	91.9	217.0	125.1
2015	89.8	203.3	113.5
2016	90.7	207.4	113.6
2017	113.5	211.5	98.0
2018	148.6	223.3	74.6
2019	187.0	206.6	19.6
2020	155.6	190.4	34.8

资料来源：表中数据来自 2021 年《黑龙江粮食》第 11 期。

表84　我国虾制品主要出口国家（地区）情况（2020 年）

单位：t、万美元

国家或地区	出　口		同比（%）	
	数量	金额	数量	金额
美　国	28 984.6	24 947.1	−23.0	−26.0
中国台湾	12 094.6	21 959.5	−20.5	−22.2
日　本	32 151.3	20 897.7	48.3	−0.2
中国香港	14 604.1	20 579.1	16.1	13.3
韩　国	12 701.4	12 284.9	−9.3	1.4
墨西哥	6 589.4	9 736.7	−12.5	1.3
智　利	7 379.7	8 195.6	42.1	47.7
西班牙	10 863.6	7 934.9	−4.8	−10.6
马来西亚	4 509.2	7 540.8	−8.7	6.5
加拿大	7 394.9	7 243.2	−29.9	−33.8

资料来源：表中数据来自中华人民共和国商务部对外贸易司。

表85　我国猪肉主要出口国家（地区）情况（2020 年）

单位：t、万美元

国家或地区	出　口		同比（%）	
	数量	金额	数量	金额
中国香港	9 153.4	7 663.9	−61.9	−39.9
中国澳门	1 461.5	1 265.5	−43.6	−8.6
荷　兰	24.2	7.7		

资料来源：表中数据来自中华人民共和国商务部对外贸易司。

表 86　我国猪肉主要进口市场及其进口比例情况（2017—2019 年）

单位:%

市　　场	2017 年	2018 年	2019 年	平均
德　　国	17.68	18.90	16.21	17.60
西班牙	19.81	18.56	19.14	19.17
加拿大	12.32	12.02	8.63	10.99
美　　国	12.86	6.24	12.28	10.46
巴　　西	5.07	15.30	17.22	12.53

资料来源：表中数据来自中国海关。

表 87　我国牛肉主要进口市场及其进口比例情况（2017—2019 年）

单位:%

市　　场	2017 年	2018 年	2019 年	平均
巴　　西	30.42	28.46	24.07	27.65
澳大利亚	22.25	21.49	18.51	20.75
乌拉圭	20.87	20.91	17.22	19.67
阿根廷	9.07	12.08	22.63	14.59
新西兰	13.07	12.54	12.91	12.84

资料来源：表中数据来自中国海关。

表 88　我国羊肉主要进口市场及其进口比例情况（2017—2019 年）

单位:%

市　　场	2017 年	2018 年	2019 年	平均
新西兰	68.04	61.42	53.43	60.96
澳大利亚	30.36	36.81	44.20	37.12
乌拉圭	0.86	1.16	1.63	1.22
智　　利	0.69	0.60	0.74	0.68

资料来源：表中数据来自中国海关。

表 89　我国禽肉主要进口市场及其进口比例情况（2017—2019 年）

单位:%

市　　场	2017 年	2018 年	2019 年	平均
巴　　西	84.93	81.67	67.37	77.99
阿根廷	10.99	9.16	10.22	10.12
智　　利	3.72	4.32	4.85	4.30
泰　　国	0.00	4.63	9.10	4.58

资料来源：表中数据来自中国海关。

表 90　我国鸡肉主要出口国家（地区）情况（2020 年）

单位：t、万美元

国家或地区	出　口		同比（%）	
	数量	金额	数量	金额
日　本	161 195.7	67 939.9	−16.4	−17.1
中国香港	142 879.5	44 696.8	−1.2	−4.1
中国澳门	11 711.9	4 003.5	−1.6	−6.6
荷　兰	9 972.4	3 332.9	−25.2	−26.6
马来西亚	13 172.5	3 182.4	10.1	−3.5
蒙　古	13 120.3	2 160.0	2.3	−18.7
英　国	6 143.5	2 038.8	−30.9	−31.1
韩　国	4 620.7	1 765.8	−39.5	−38.3
爱尔兰	3 228.8	1 150.1	9.7	8.6
菲律宾	4 087.2	1 106.5	3 631.8	4 945.5

资料来源：表中数据来自中华人民共和国商务部对外贸易司。

表 91　我国蛋类产品出口情况（2016—2020 年）

单位：万美元

国家或地区	2016 年	2017 年	2018 年	2019 年	2020 年
中国香港	13 484.3	13 003.4	13 489.1	13 542.2	12 670.2
中国澳门	1 530.4	1 458.1	1 687.3	1 761.2	1 487.2
日　本	908.4	894.2	996.8	957.3	819.4
美　国	665.1	741.2	775.2	775.5	894.0
新加坡	666.7	617.2	621.8	624.2	590.4
加拿大	357.3	343.7	371.8	472.8	474.0
合　计	18 439.5	17 057.8	17 942.0	18 133.2	16 935.2

资料来源：表中数据来自中华人民共和国商务部对外贸易司。

表 92　我国乳制品进口来源国排名及其比重情况（2017—2019 年）

单位：%

2017 年		2018 年		2019 年	
国　家	占比	国　家	占比	国　家	占比
新西兰	41.44	新西兰	42.50	新西兰	45.36
美　国	15.55	美　国	13.90	德　国	13.42
德　国	12.14	德　国	10.48	澳大利亚	8.15

（续）

2017 年		2018 年		2019 年	
国　家	占比	国　家	占比	国　家	占比
法　国	8.51	澳大利亚	7.40	美　国	6.77
澳大利亚	7.38	法　国	6.87	法　国	5.81
荷　兰	3.27	荷　兰	3.72	波　兰	4.35
波　兰	2.48	波　兰	3.07	荷　兰	2.66
爱尔兰	1.39	白俄罗斯	1.89	白俄罗斯	2.11
芬　兰	0.95	爱尔兰	1.68	爱尔兰	2.07
英　国	0.81	阿根廷	1.09	芬　兰	1.17

资料来源：表中数据来自 2021 年《农业展望》第 3 期。

表 93　我国台湾主要农产品产量（2017—2019 年）

单位：万 t

年份	稻米	槟榔	菠萝	杧果	甘蔗	茶叶	花生	香蕉
2017	175.4	10.2	55.4	15.1	45.5	1.3	6.3	35.6
2018	195.0	10.3	43.2	14.7	57.9	1.5	5.9	35.6
2019	179.1	10.4	43.1	16.8	53.3	1.5	5.3	34.3

资料来源：表中数据来自 2021 年《中国统计年鉴》。

表 94　台湾对大陆主要蔬菜品种出口量、出口额及占比情况（2019 年）

单位：t、万美元

品　种	出口量	占比（％）	出口额	占比（％）
竹　笋	144	4.48	72	13.39
豌　豆	103	3.22	35	6.44
其他菇类	16	0.50	30	5.53
黄　瓜	48	1.50	13	2.44
混合蔬菜	5	0.15	9	1.65
莴　苣	120	3.74	9	1.62
马铃薯	10	0.32	4	0.83
番　茄	9	0.28	2	0.45
香　菇	0	0.01	2	0.29
甘　蓝	44	1.36	1	0.27

资料来源：表中数据来自 2021 年《农业展望》第 2 期。

表95 台湾对大陆主要蔬菜品种进口量、进口额及占比情况（2019年）

单位：t、万美元

品 种	进口量	占比（%）	进口额	占比（%）
花椰菜及青花菜	10 885	12.17	811	14.62
其他菇类	4 274	4.78	518	9.33
番茄	4 660	5.21	375	6.76
菜豆	3 301	3.69	319	5.75
姜	258	0.29	69	1.24
洋葱	179	0.20	40	0.73
豌豆	205	0.23	28	0.50
竹笋	535	0.60	23	0.41
胡萝卜及芜菁	273	0.31	22	0.40
混合蔬菜	142	0.16	21	0.37
香菇	71	0.08	14	0.26
马铃薯	83	0.09	12	0.22
蚕豆	76	0.08	6	0.10
甜玉米	62	0.07	3	0.05
大蒜	8	0.01	2	0.03
芦笋	16	0.02	1	0.02

资料来源：表中数据来自2021年《农业展望》第2期。

表96 中国台湾与主要国家和地区的蔬菜出口贸易情况（2019年）

单位：t、万美元

排序	国家或地区	数量	占比（%）	金额	占比（%）
1	日本	46 523	57.40	9 259	59.73
2	美国	8 631	10.65	2 141	13.81
3	中国香港	8 895	10.97	734	4.74
4	中国大陆	3 207	3.96	540	3.48
5	德国	1 955	2.41	491	3.17
6	新加坡	1 840	2.27	386	2.49
7	加拿大	2 359	2.91	372	2.4
8	澳大利亚	2 162	2.67	338	2.18
9	泰国	714	0.88	154	0.99
10	马来西亚	560	0.69	133	0.86

资料来源：表中数据来自2021年《农业展望》第2期。

表 97　中国台湾与主要国家和地区的蔬菜进口贸易情况（2019 年）

单位：t、万美元

排序	国家或地区	数量	占比（%）	金额	占比（%）
1	美　国	154 722	25.95	15 311	32.62
2	中国大陆	89 449	15.00	5 547	11.82
3	泰　国	38 205	6.41	4 288	9.14
4	韩　国	83 603	14.02	3 499	7.45
5	越　南	59 281	9.94	3 303	7.04
6	加拿大	22 284	3.74	1 875	3.99
7	荷　兰	12 599	2.11	1 325	2.82
8	西班牙	10 104	1.69	1 204	2.56
9	日　本	10 201	1.71	1 068	2.28
10	印度尼西亚	29 525	4.95	837	1.78

资料来源：表中数据来自 2021 年《农业展望》第 2 期。

表 98　日本主要农产品供需情况（2019 年）

单位：kt

农产品分类	日本产量	日本进口量	日本出口量	日本消费量
米	8 154	870	121	8 281
小麦	1 037	5 312	0	6 323
大麦	202	1 689	0	1 861
大豆	218	3 359	0	3 670
蔬菜	11 660	3 035	20	14 675
牛肉	471	890	6	1 339
猪肉	1 290	1 397	2	2 623
鸡肉	1 633	915	9	2 537
鸡蛋	2 640	113	10	2 743
牛奶和乳制品	7 362	5 219	31	12 400
鱼类和水产品	3 750	4 210	715	7 237

资料来源：表中数据来自 2021 年《农村经济与科技》第 10 期。

表 99 中国对日本出口的主要农产品情况（2019 年）

单位：亿美元、%

出口类别	出口额	同比增长	占对日出口农产品比重
水产品	39.30	−2.90	37.90
蔬 菜	22.20	3.00	21.40
畜产品	14.00	3.80	13.50
水 果	5.50	−2.80	5.30
药 材	2.20	−3.40	2.20
小 计	83.20	—	80.30

资料来源：表中数据来自 2021 年《新疆农垦经济》第 6 期。

表 100 中国和日本甘薯主要出口目标市场及占比情况（2018 年）

单位：%

中 国		日 本	
出口目标市场	占比	出口目标市场	占比
越 南	47.64	中国香港	52.69
日 本	10.95	新加坡	25.16
荷 兰	8.42	泰 国	10.12
英 国	7.95	其他亚洲地区	7.40
德 国	7.05	马来西亚	3.60
加拿大	6.97	加拿大	0.75
韩 国	2.65	越 南	0.18

资料来源：表中数据来自联合国商品贸易统计数据库。

表 101 印度棉花生产贸易情况（2016—2020 年）

单位：万 hm²、万 t

年份	种植面积	总产量	出口量
2016	1 085.0	587.9	99.1
2017	1 260.0	631.4	112.8
2018	1 260.0	561.7	76.4
2019	1 330.0	664.1	65.3
2020	1 330.0	631.4	98.4

资料来源：表中数据来自美国农业部（USDA）。

表 102　巴西棉花生产贸易情况（2016—2020 年）

单位：万 t

年份	总产量	出口量
2016	152.8	60.7
2017	200.7	90.9
2018	283.0	131.0
2019	287.4	190.5
2020	261.3	210.0

资料来源：表中数据来自美国农业部（USDA）。

表 103　巴西主要农产品产量情况（2020 年）

单位：万 t

地区	棉花	甘蔗	玉米	大豆	牛肉	鸡肉	牛奶	咖啡
北　部	2.76	453.84	305.04	596.64	13.29	1.71	9.01	15.75
东北部	170.35	4 980.92	717.01	1 116.07	4.72	3.84	13.67	18.19
东南部	20.60	42 427.89	1 175.26	936.36	12.04	21.46	82.77	299.59
南　部	0.00	4 259.55	2 438.18	4 210.55	6.57	64.10	76.79	5.61
中西部	507.95	15 307.11	5 014.63	5 663.91	22.53	14.36	27.01	2.94
全国总体	**701.66**	**67 429.31**	**9 650.12**	**12 523.53**	**59.15**	**105.47**	**209.25**	**342.08**

资料来源：表中数据来自 2021 年《世界农业》第 2 期。

表 104　巴西主要农产品进出口额和占比（2020 年）

单位：亿美元、%

出　口			进　口		
类别	出口额	占比	类别	进口额	占比
大豆	285.64	34.21	谷物类	22.62	19.88
玉米	58.53	7.01	动植物油类	15.65	13.75
蔗糖	87.44	10.47	蔬菜类	5.76	5.06
咖啡	49.96	5.98	水果类	5.88	5.17
牛肉	84.00	10.06	水产品类	8.96	7.87
合计	**565.57**	**67.73**	合计	**58.87**	**51.73**

资料来源：表中数据来自联合国商品贸易数据库。

表 105　中国与巴西农产品贸易情况（2015—2019 年）

单位：亿美元

年份	出口额	进口额	贸易总额
2015	6.65	199.09	205.74
2016	6.70	208.30	215.00
2017	7.20	265.90	273.10
2018	4.34	330.13	334.47
2019	4.16	295.03	299.19

资料来源：表中数据来自中华人民共和国商务部对外贸易司。

表 106　中国对越南农产品进出口额情况（2013—2020 年）

单位：亿美元

年份	出口额	进口额	贸易总额	越南占中国的贸易比例	中国占越南的贸易比例
2013	168.92	485.86	654.78	1.57	24.80
2014	199.06	637.30	836.36	1.94	28.06
2015	251.28	663.81	915.09	2.31	27.92
2016	372.17	615.85	988.02	2.66	28.10
2017	503.74	721.17	1 224.91	2.98	28.60
2018	640.87	840.16	1 481.03	3.20	30.82
2019	640.78	980.04	1 620.82	3.55	31.29
2020	784.75	1 138.14	1 928.89	4.15	35.39

资料来源：表中数据来自中国商务部。

表 107　中国进出口越南主要农产品情况（2020 年）

单位：%

出口类别	占比	进口类别	占比
柑　橘	8.67	火龙果	15.27
苹　果	5.88	木薯淀粉	9.74
葡　萄	5.57	其他冻鱼片	8.69
大　蒜	5.56	碎米	5.75
洋　葱	4.39	精米	5.56
动物饲料	3.69	虾仁	4.56
雪　梨	3.36	冻虾	4.25
结球甘蓝	3.16	饲料鱼粉	3.77
羽　绒	2.95	腰果	3.70
肉　桂	2.63	香蕉	2.87
合　计	**45.86**	合计	**64.16**

资料来源：表中数据来自联合国商品贸易统计数据库。

表 108 美国棉花出口结构（2017 年、2020 年）

单位：%

国　家	2017 年	2020 年
中　国	17	31
越　南	18	19
巴基斯坦	5	13
土耳其	13	10
孟加拉国	5	6
印度尼西亚	9	4
墨西哥	7	3
泰　国	7	2
印　度	4	2
韩　国	4	2
其　他	12	8

资料来源：表中数据来自美国农业部（USDA）。

表 109 中国对美国农产品进出口情况（2015—2020 年）

单位：亿美元、%

年　份	进出口额	出口额	同比增长	进口额	同比增长	顺差
2015	320.0	73.5	−0.9	246.5	−14.0	−173.0
2016	312.0	73.6	0.1	238.4	−3.3	−164.8
2017	317.3	76.5	4.0	240.8	1.0	−164.3
2018	244.3	82.4	7.7	161.9	−32.8	−79.5
2019	205.3	64.3	−22.1	140.9	−13.0	−76.6
2020	301.8	64.5	0.2	237.3	68.4	−172.8

资料来源：表中数据来自中华人民共和国商务部对外贸易司。

表 110 美国猪肉产量情况（2011—2020 年）

单位：万 t

年份	产量
2011	1 032
2012	1 055
2013	1 052
2014	1 036
2015	1 111
2016	1 132
2017	1 161
2018	1 194
2019	1 252
2020	1 285

资料来源：表中数据来自美国农业部（USDA）。

表 111　欧盟 27 国生猪屠宰量情况（2011—2020 年）

单位：万 t

年份	屠宰量
2011	2 189
2012	2 140
2013	2 132
2014	2 149
2015	2 221
2016	2 264
2017	2 246
2018	2 292
2019	2 277
2020	2 303

资料来源：表中数据来自欧盟统计局。

表 112　欧盟对外猪肉出口量情况（2017—2020 年）

单位：万 t

年份	出口量
2017	276
2018	284
2019	355
2020	517

资料来源：表中数据来自美国农业部（USDA）。

表 113　中国对欧盟主要农产品进出口情况（2019 年）

单位：亿美元、%

出口类别	出口额	占比	进口类别	进口额	占比
鱼类	20.7	22.0	乳品	51.4	27.6
蔬菜	12.6	13.4	生猪产品	43.8	23.5
贝类及软体动物	3.1	3.3	酒精及酒类	29.6	15.9
虾类	1.9	2.0	麻类	6.4	3.4
花生	1.5	1.6	动物生毛皮	2.9	1.6
合计	39.8	42.3	合计	134.1	72.0

资料来源：表中数据来自 2020 年《世界农业》第 3 期。

表 114　俄罗斯大豆产量情况（2016—2019 年）

单位：kt

年份	总产量
2016	3 127
2017	3 615
2018	3 918
2019	4 359

资料来源：表中数据来自 2021 年《大豆科技》第 1 期。

表 115　俄罗斯大豆种植面积情况（2013—2019 年）

单位：khm²

年份	种植面积
2013	1 537
2014	2012
2015	2 131
2016	2 237
2017	2 636
2018	2 919
2019	2 776

资料来源：表中数据来自 2021 年《大豆科技》第 1 期。

表 116　俄罗斯大豆出口中国情况（2013—2019 年）

单位：万 t

年份	出口量
2013	6.79
2014	7.35
2015	37.72
2016	38.88
2017	45.14
2018	86.53
2019	72.21

资料来源：表中数据来自 2021 年《大豆科技》第 1 期。

表 117 中国对俄罗斯主要农产品进口情况（2015—2019 年）

单位：kt

进口类别	2015 年	2016 年	2017 年	2018 年	2019 年
大 豆	37.30	40.10	50.80	81.70	73.30
葵花籽油	3.00	13.70	12.10	21.40	31.70
豆 油	3.00	7.40	12.80	18.90	16.60
菜 籽	2.60	1.90	6.40	20.50	18.80
亚麻籽	0.00	3.50	5.10	8.00	21.70
菜籽油	2.30	1.20	1.90	8.10	15.30
玉 米	8.30	6.50	0.00	3.90	7.00
面 粉	1.60	1.20	3.10	7.50	7.80
小 麦	0.00	0.00	1.80	10.00	4.70
大麦啤酒	1.20	1.90	1.90	3.30	3.90

资料来源：表中数据来自 2021 年《欧亚经济》第 6 期。

表 118 中国对俄罗斯农产品进出口情况（2015—2020 年）

单位：亿美元、%

年份	进出口额	出口额	同比增长	进口额	同比增长	顺差
2015	35.19	18.00	−21.8	17.19	10.9	0.81
2016	39.12	19.21	6.7	19.91	15.9	−0.7
2017	40.76	19.56	1.8	21.20	6.4	−1.64
2018	52.25	20.18	3.2	32.07	51.3	−11.89
2019	54.82	18.89	−6.4	35.93	12.1	−17.04
2020	55.29	14.50	−23.2	40.79	3.5	26.29

资料来源：表中数据来自中华人民共和国商务部对外贸易司。

表 119 中澳农产品贸易总额及其在中澳贸易总额中的占比（2000—2019 年）

单位：亿美元、%

进出口额	2000 年	2004 年	2009 年	2014 年	2019 年
中国从澳大利亚农产品进口额	13.93	21.80	22.05	73.04	108.00
中国从澳大利亚进口总额	50.24	115.52	394.39	976.31	1 196.08
中国从澳大利亚农产品进口占中国从澳大利亚进口总额的份额	27.73	18.87	5.59	7.48	9.03
中国对澳大利亚农产品出口额	1.20	2.66	5.82	10.32	10.34
中国对澳大利亚出口总额	34.29	88.38	206.46	391.46	481.04

（续）

进出口额	2000 年	2004 年	2009 年	2014 年	2019 年
中国对澳大利亚农产品出口占中国对澳大利亚出口总额的份额	3.50	3.01	2.82	2.64	2.15
中澳农产品贸易额	15.14	24.46	27.87	83.36	118.33
中澳贸易总额	84.53	203.91	600.84	1 367.77	1 677.12
中澳农产品贸易额占中澳贸易总额的份额	17.91	11.20	4.64	6.09	7.06
中国与世界农产品贸易总额	338.33	615.52	1 041.14	2 125.23	2 463.00
中澳农产品贸易额占中国与世界农产品贸易总额的份额	4.47	3.97	2.68	3.92	4.80

资料来源：表中数据来自 2022 年《商业研究》第 1 期。

表 120　中国与新澳日韩东盟农产品国际市场份额对比（1990—2019 年）

单位:%

年份	中国	新西兰	澳大利亚	日本	韩国	东盟
1990	4.25	1.47	3.61	0.36	0.35	1.73
1995	4.56	1.39	2.87	0.40	0.37	1.92
2000	4.28	1.45	3.76	0.38	0.37	2.01
2005	3.65	1.66	3.08	0.30	0.35	2.24
2010	4.01	1.53	2.47	0.30	0.35	2.95
2011	3.96	1.15	2.50	0.27	0.32	3.33
2012	4.01	1.51	2.81	0.25	0.38	3.78
2013	4.13	1.60	2.70	0.24	0.37	4.00
2014	4.24	1.71	2.60	0.23	0.39	3.63
2015	4.71	1.57	2.70	0.27	0.43	3.18
2016	4.99	1.51	2.53	0.31	0.45	3.08
2017	4.79	1.60	2.70	0.30	0.44	3.14
2018	4.91	1.62	2.41	0.33	0.43	2.90
2019	4.93	1.69	2.34	0.35	0.46	2.87

资料来源：表中数据来自 2021 年《农业展望》第 8 期。

表 121　中国对印度尼西亚农产品进出口情况（2016—2020 年）

单位：百万美元、%

年　份	进出口额	出口额	同比增长	进口额	同比增长	顺差
2016	5 783.41	2 055.15	12.30	3 728.26	−7.90	−1 673.11
2017	7 023.39	2 330.65	13.4	4 692.74	25.9	−2 362.09
2018	7 515.19	2 342.99	0.5	5 172.20	10.2	−2 829.21
2019	8 006.60	2 614.40	11.6	5 842.20	13.0	−3 227.80
2020	8 143.10	2 330.65	−10.9	5 812.45	−0.5	−3 481.80

资料来源：表中数据来自中华人民共和国商务部对外贸易司。

表 122　中国与阿根廷农产品贸易情况（2001—2020 年）

单位：亿美元

年份	进口	出口	贸易总额	贸易顺差
2001	10.48	0.04	10.52	−10.44
2002	8.91	0.02	8.93	−8.89
2003	22.59	0.06	22.65	−22.53
2004	27.03	0.06	27.09	−26.97
2005	29.93	0.08	30.01	−29.85
2006	24.09	0.12	24.21	−23.97
2007	51.81	0.23	52.04	−51.58
2008	84.07	0.26	84.33	−83.81
2009	34.85	0.22	35.07	−34.63
2010	57.05	0.36	57.41	−56.69
2011	54.09	0.47	54.56	−53.62
2012	50.98	0.42	51.40	−50.56
2013	49.87	0.37	50.24	−49.50
2014	45.17	0.37	45.54	−44.80
2015	50.88	0.39	51.27	−50.49
2016	42.04	0.46	42.50	−41.58
2017	36.55	0.51	37.06	−36.04
2018	22.44	0.46	22.90	−21.98
2019	65.65	0.45	66.10	−65.20
2020	63.89	0.66	64.55	−63.23

资料来源：表中数据来自中国海关。

表 123　保加利亚谷物进口贸易居前 10 位的合作国家（2019 年）

单位：亿美元、%

排名	国　家	进口额	占比
1	罗马尼亚	0.332	34.54
2	匈牙利	0.141	14.65
3	中　国	0.106	11.04
4	希　腊	0.102	10.57
5	法　国	0.070	7.33
6	缅　甸	0.054	5.64
7	奥地利	0.029	3.02
8	塞尔维亚	0.028	2.87
9	意大利	0.025	2.61
10	乌克兰	0.017	1.81

资料来源：表中数据来自 2022 年《农业展望》第 1 期。

表 124　保加利亚谷物出口贸易居前 10 位的合作国家（2019 年）

单位：亿美元、%

排名	国　家	出口额	占比
1	西班牙	2.647	17.46
2	希　腊	2.380	15.71
3	罗马尼亚	1.738	11.47
4	菲律宾	0.697	4.60
5	韩　国	0.666	4.40
6	葡萄牙	0.635	4.19
7	意大利	0.622	4.11
8	土耳其	0.606	4.00
9	黎巴嫩	0.561	3.70
10	利比亚	0.539	3.56

资料来源：表中数据来自 2022 年《农业展望》第 1 期。

表 125 越南农产品出口贸易前 10 位的合作国家（2019 年）

单位：万美元、%

国 家	出口额	占比
中 国	638 375.6	24.27
美 国	336 048.1	12.77
日 本	205 717.1	7.82
菲律宾	144 700.8	5.50
韩 国	125 361.2	4.77
德 国	79 838.6	3.03
荷 兰	76 916.3	2.92
泰 国	69 133.0	2.63
马来西亚	58 416.2	2.22
英 国	53 942.8	2.05

资料来源：表中数据来自 2022 年《农业展望》第 1 期。

表 126 中国对"一带一路"沿线国家不同农产品出口额变化情况（2005—2020 年）

单位：亿美元

出口类别	2005 年	2010 年	2015 年	2020 年
谷物、油菜籽等	4.93	3.13	4.55	7.92
园艺产品	15.30	49.46	70.27	80.08
动物产品	6.26	13.53	26.10	27.75
加工产品	15.34	32.63	48.20	62.03
纺织原料农产品	1.72	2.31	2.27	3.75

资料来源：表中数据来自一带一路信息公开网。

表 127 中国对"一带一路"沿线国家不同农产品进口额变化情况（2005—2020 年）

单位：亿美元

进口类别	2005 年	2010 年	2015 年	2020 年
谷物、油菜籽等	20.13	49.51	62.21	78.93
园艺产品	8.48	24.34	44.56	59.14
动物产品	12.77	17.66	20.80	29.31
加工产品	4.26	14.93	27.77	45.52
纺织原料农产品	6.26	21.72	7.67	10.19

资料来源：表中数据来自一带一路信息公开网。

表 128　中国与"一带一路"沿线国家农产品贸易进出口情况（1995—2020 年）

单位：亿元、%

分类	指标	1995 年	2000 年	2005 年	2010 年	2015 年	2020 年
出口	中国与"一带一路"沿线国家农产品出口总额	257.27	206.33	360.44	689.98	942.92	1 334.01
	中国农产品出口总额	1 359.42	1 284.81	1 957.23	2 596.93	3 107.35	4 328.82
	中国与"一带一路"沿线国家农产品出口额占全国农产品出口额比重	18.93	16.06	18.42	26.57	30.34	30.82
进口	中国与"一带一路"沿线国家农产品进口总额	255.75	172.88	429.47	875.02	1 015.29	1 455.04
	中国农产品进口总额	1 155.19	914.47	2 071.77	3 858.22	5 193.93	7 035.28
	中国与"一带一路"沿线国家农产品进口额占全国农产品进口额比重	22.14	18.90	20.73	22.68	19.55	20.68
顺逆差	中国与"一带一路"沿线国家农产品贸易	1.52	33.45	−69.03	−185.04	−72.37	−121.03
	中国农产品贸易	204.23	370.34	−114.55	−1 261.29	−2 086.58	−2 706.46

资料来源：表中数据来自 2021 年《商业经济研究》第 22 期。

表 129　中国与中亚国家不同类别农产品贸易额（2018 年）

单位：亿美元

农产品种类	出口	进口
肉及制品	0.01	0.00
鱼、甲壳类等水产品	0.12	0.01
谷物及其制品	0.02	1.07
蔬菜和水果	3.31	0.54
茶等饮品及制品	0.71	0.01
杂项食品及其制品	0.27	0.00
油籽及油性水果	0.04	0.58
天然橡胶	0.02	0.00
软木和木材	0.00	0.00
纸浆和废纸	0.00	0.01
纺织纤维及其废料	0.10	1.95
其他未加工的动植物原料	0.09	0.14
植物油脂	0.02	0.56

资料来源：表中数据来自联合国 UNComtrade 数据库。

表 130　中国向中亚五国出口农产品占比情况（2008—2019 年）

单位：%

年份	哈萨克斯坦	吉尔吉斯斯坦	塔吉克斯坦	土库曼斯坦	乌兹别克斯坦	合计
2008	47.07	32.88	3.33	2.19	14.52	100
2009	47.47	34.03	4.38	1.84	12.29	100
2010	43.35	40.14	4.17	1.89	10.45	100
2011	47.44	32.82	3.55	2.67	13.51	100
2012	46.77	31.64	2.96	2.49	16.14	100
2013	51.19	28.01	3.26	2.18	15.37	100
2014	46.57	36.56	3.70	2.22	10.96	100
2015	48.56	31.55	3.60	2.53	13.76	100
2016	55.26	25.65	3.19	4.45	11.46	100
2017	69.61	10.50	4.85	2.34	12.69	100
2018	64.71	17.63	2.72	1.88	13.06	100
2019	44.23	40.96	2.35	1.87	10.60	100

资料来源：表中数据来自联合国商品贸易统计数据库。

表 131　中国对中亚五国农产品进出口贸易额（2016—2020 年）

单位：百万美元

年份	总出口额	总进口额	贸易差额
2016	365.33	237.53	127.8
2017	451.24	227.64	223.6
2018	431.04	315.86	115.18
2019	405.17	340.58	64.59
2020	325.64	288.63	37.01

资料来源：表中数据来自 2022 年《科技与金融》第 4 期。

表 132　中国出口东南亚国家农产品贸易总额（2010—2019 年）

单位：百万美元

年份	尼泊尔	不丹	印度	巴基斯坦	孟加拉国	斯里兰卡	马尔代夫
2010	31.86	0.21	486.11	284.62	252.73	95.96	2.60
2011	50.16	0.00	592.57	284.31	244.50	119.87	4.07
2012	41.94	0.00	784.66	549.93	211.38	136.31	2.63
2013	51.51	0.00	742.44	414.78	267.72	149.71	3.26
2014	38.68	0.00	602.20	479.31	299.50	192.04	3.49

（续）

年份	尼泊尔	不丹	印度	巴基斯坦	孟加拉国	斯里兰卡	马尔代夫
2015	43.81	0.02	601.92	552.98	321.78	303.16	4.40
2016	66.37	0.03	560.21	638.53	368.98	305.56	6.79
2017	71.46	0.07	620.42	495.98	331.98	266.63	6.27
2018	79.83	0.18	842.31	504.43	400.14	207.92	5.22
2019	86.68	0.10	2 057.87	659.66	610.41	259.12	5.25

资料来源：表中数据来自联合国商品贸易数据库。

表 133　中国对东盟农产品进出口额情况（2020 年）

单位：百万美元

国　家	进口额	出口额	贸易顺差	贸易总额
泰　国	7 601.31	4 222.78	3 378.54	11 824.09
新加坡	331.03	1 043.85	712.82	1 374.88
马来西亚	3 106.52	3 446.46	359.94	6 572.99
文　莱	0.55	17.55	17.00	18.10
缅　甸	629.11	743.40	114.29	137.25
老　挝	285.81	34.44	251.37	320.25
越　南	3 932.55	5 442.95	1 510.40	9 375.49
柬埔寨	371.54	111.28	260.26	482.82
菲律宾	790.94	2 273.55	1 482.60	3 064.49
印度尼西亚	5 782.16	2 238.93	3 543.23	8 021.09

资料来源：表中数据来自 2021 年《农业展望》第 12 期。

表 134　中国对 RCEP 成员农产品贸易情况（2011—2020 年）

单位：亿美元、%

年份	进口	占比	出口	占比	进出口	占比
2011	234.62	25.01	260.54	43.36	495.16	32.16
2012	264.78	23.75	272.62	43.58	537.40	30.88
2013	284.63	24.12	286.33	42.70	570.96	30.85
2014	312.30	25.69	306.84	43.03	619.14	32.10
2015	293.46	25.28	304.86	43.41	598.32	32.11
2016	270.89	24.49	312.52	42.99	583.41	31.82
2017	326.79	26.15	319.99	42.42	646.78	32.27
2018	372.18	27.22	342.67	43.23	714.85	33.10
2019	426.57	28.44	351.38	44.72	777.95	34.04
2020	438.09	25.65	356.13	46.86	794.22	32.18

资料来源：表中数据来自 2021 年《农业展望》第 11 期。

表 135 中国与 RCEP 成员农产品贸易的国别市场分布情况（2020 年）

单位：亿美元、%

国 别	进口		出口		进出口	
	金额	占比	金额	占比	金额	占比
泰 国	77.84	17.77	42.76	12.01	120.60	15.18
日 本	12.82	2.93	96.39	27.06	109.21	13.75
澳大利亚	92.41	21.09	10.25	2.88	102.66	12.93
越 南	39.93	9.11	54.81	15.39	94.74	11.93
新西兰	89.75	20.49	2.25	0.63	92.00	11.58
印度尼西亚	58.02	13.24	23.29	6.54	81.31	10.24
马来西亚	31.07	7.09	34.95	9.81	66.02	8.31
韩 国	11.94	2.73	48.59	13.64	60.53	7.62

资料来源：表中数据来自 2021 年《农业展望》第 11 期。

表 136 中国与其他金砖国家农产品进出口占比（2019 年）

单位：%

SITC 编码	种类	出口	进口
00	活的动物以外的其他动物的分类	0.00	0.05
01	肉及肉制品	1.34	3.59
02	乳制品和鸟蛋	0.06	0.01
03	鱼和水产品	18.08	6.52
04	谷物和谷物制品	2.01	0.06
05	蔬菜和水果	42.51	1.26
06	糖、糖制品及蜂蜜	2.78	1.99
07	咖啡、茶、可可、香料及其制造	2.93	0.29
08	饲料	2.53	0.73
09	杂项食品	3.71	0.06
11	饮料	0.49	0.11
12	烟草及烟草制品	0.96	1.30
21	毛皮	0.00	0.23
22	油料	0.92	49.12
23	橡胶	1.88	1.59
24	软木及其制品	0.66	12.73
25	纸浆及废纸	0.16	11.07
26	纺织纤维	12.40	25.89
29	原油动物和植物	6.05	0.26
41	动物油脂	0.17	0.02
42	固体油脂、原油、成品或分馏	0.12	3.06
43	动物和植物油脂	0.19	0.07

资料来源：表中数据来自 2021 年《农业展望》第 8 期。

表 137 中国与其他金砖国家进出口贸易情况（2004—2019 年）

单位：亿美元、%

年份	贸易	中国对其他金砖国家出口				中国从其他金砖国家进口			
		印度	南非	俄罗斯	巴西	印度	南非	俄罗斯	巴西
2004	贸易额	2.23	0.72	5.82	0.38	3.31	0.62	28.86	34.07
	占比	24.41	7.85	63.61	4.13	4.96	0.93	43.16	50.95
2009	贸易额	5.09	2.51	11.29	2.35	9.54	3.10	44.64	98.21
	占比	23.97	11.82	53.17	11.04	6.13	1.99	28.71	63.16
2014	贸易额	6.92	3.14	22.76	7.16	23.9	10.05	56.69	237.47
	占比	17.31	7.86	56.92	17.92	7.28	3.06	17.28	72.37
2019	贸易额	6.21	3.67	19.06	4.97	29.88	11.18	88.78	336.97
	占比	18.33	10.82	56.20	14.65	6.40	2.40	19.02	72.18

资料来源：表中数据来自 2021 年《农业展望》第 6 期。

表 138 中国与非洲农产品贸易与发展情况（2010—2019 年）

单位：亿美元

年份	中国对非洲出口贸易额	中国自非洲进口贸易额	贸易差额
2010	17.13	16.20	0.93
2011	23.42	23.37	0.05
2012	24.04	29.60	−5.56
2013	27.18	32.23	−5.05
2014	27.51	33.38	−5.87
2015	26.95	31.21	−4.28
2016	26.33	29.18	−2.85
2017	30.21	30.09	0.12
2018	33.90	35.30	−1.40
2019	35.57	34.25	1.32

资料来源：表中数据来自 2020 年《农业展望》第 1 期。

表 139 按营业额排序的世界最强 500 个企业中相关农产品加工企业（2020 年）

企业名称	国家或地区	营业额位次	营业额（百万美元）
一、食品业			
CVSHealth 公司	美 国	7	268 706.0
克罗格	美 国	40	132 498.0
雀巢公司	瑞 士	79	89 852.9
中国华润有限公司	中 国	69	99 437.6
日本永旺集团	日 本	100	81 227.8
乐购	英 国	99	81 248.0

（续）

企业名称	国家或地区	营业额位次	营业额（百万美元）
麦德龙	德 国	329	36 524.7
中粮集团有限公司	中 国	112	76 855.6
皇家阿霍德德尔海兹集团	荷 兰	87	85 157.9
西斯科公司	美 国	199	52 893.3
巴西 JBS 公司	巴 西	202	52 429.0
邦吉公司	美 国	289	41 404.0
丰益国际	新加坡	211	50 526.8
泰森食品	美 国	270	43 185.0
乔治威斯顿	加拿大	292	40 792.6
大众超级市场公司	美 国	253	54 204.0
艾德卡	德 国	259	44 158.6
森宝利公司	英 国	314	37 943.5
路易达孚集团	荷 兰	362	33 564.0
CHS 公司	美 国	429	28 406.4
Migros 集团	瑞 士	386	31 903.3
达能	法 国	454	26 913.8
二、饮料业			
百事公司	美 国	131	70 372.0
可口可乐公司	美 国	370	33 014.0
喜力控股公司	荷 兰		
三、纺织、服装业			
迪奥公司	法 国	210	50 877.6
TJX 公司	美 国	383	32 184.0
耐克公司	美 国	321	37 403.0
四、橡胶和塑料制品业			
普利斯通	日 本	434	28 046.8
米其林	法 国		
五、肥皂与化妆品业			
宝洁公司	美 国	128	70 950.0
欧莱雅	法 国	387	31 895.6
六、综合			
沃尔玛	美 国	1	559 151.0
家乐福	法 国	96	82 211.3
ELO 集团	法 国	233	47 607.3
联合利华	英国/荷兰	175	57 797.4

资料来源：表中数据来自 2021 年《国际统计年鉴》。

图书在版编目（CIP）数据

中国农产品加工业年鉴. 2021 / 科学技术部农村科
技司等编. —北京：中国农业出版社，2022.12
ISBN 978-7-109-30109-2

Ⅰ.①中… Ⅱ.①科… Ⅲ.①农产品加工—加工工业
—中国—2021—年鉴 Ⅳ.①F326.5-54

中国版本图书馆 CIP 数据核字（2022）第 183299 号

中国农业出版社出版
地址：北京市朝阳区麦子店街 18 号楼
邮编：100125
责任编辑：孟令洋 国 圆
版式设计：杜 然 责任校对：周丽芳
印刷：北京通州皇家印刷厂
版次：2022 年 12 月第 1 版
印次：2022 年 12 月北京第 1 次印刷
发行：新华书店北京发行所
开本：787mm×1092mm 1/16
印张：31.5 插页：6
字数：1100 千字
定价：300.00 元

薯类产后全程减损保质关键技术与应用

农业农村部规划设计研究院牵头承担完成了科技部"十三五"国家重点研发计划"薯类主食化加工关键新技术装备研发及示范"项目的"薯类产后储运减损技术装备及模式研究与示范"课题（2016YFD0401301），课题参与单位有中国农业科学院蔬菜花卉研究所、宁夏大学、中国农业机械化科学研究院、甘肃薯香园农业科技有限公司。

代表性成果 1　马铃薯储藏病害综合防控减损关键技术

薯类远程智能控制储藏设施：突破储藏设施远程智能控制技术，基于防病减损目标控制环境，采用新型无线传输技术，实现现场、PC端和移动端协同管理。传感系统精度：温度 ±0.1℃；湿度 ±2%。

甘薯短时高温愈伤技术：克服了整库加热愈伤存在的效率低、能耗大、不均匀问题，创新采用循环加热、隧道式进料的连续生产方式。设备愈伤能力 2～3 t/h，愈伤率 92.5%，节能率达到 57.5%，延长储藏期 40d。

马铃薯储藏病害综合防控技术：从田间到储藏全程病害防控技术集成，具有低成本、成效高的特点。储藏损失率为 2%～5.7%，发芽率 2.1%～4.1%。

代表性成果 2　马铃薯除土净理分级与检测技术

薯类除土净理技术：突破薯块表面干式除土净理关键技术，刮刷结合、全周位搓擦，除土率高，破损率低。马铃薯处理能力 3.3～3.5t/h，除土率 90.4%～90.8%，破损率 2.67%～2.72%。

薯类内部品质检测技术：基于近红外漫透射原理研制便携式检测仪，快速、精准、无损、便利。甘薯干物质检测精度 90.8%，马铃薯干物质、还原糖和淀粉检测精度分别为 91.1%、90.3%、88.6%。

薯类外在缺陷检测剔除技术：突破薯类缺陷机器视觉识别、柔性上料排序及全周位旋转定位等关键技术，创新研发外部品质检测装置等，薯块单个排序、自动剔除定制式分选。处理能力 5t/h，精度 90.5%。

代表性成果 3　薯类储运加一体化工程模式

以提升薯类储运加（储运）工程模式现代化水平为目标，构建薯类储运加工程模式评价指标体系，利用该指标体系对现有马铃薯储运加工程模式、马铃薯储运工程模式和甘薯储运工程模式进行比较分析，优化提出了大型马铃薯全粉加工企业储运加模式、西南中型马铃薯储运模式、西北中型马铃薯储运模式、华东甘薯规模化储运模式等 4 种薯类储运加一体化典型模式。

薯类全粉加工关键技术及装备研发与集成示范

河南工业大学牵头承担完成了科技部"十三五"重点研发计划"薯类全粉加工关键技术及装备研发与集成示范"课题（2016YFD0401302）。该课题在马铃薯生全粉的制备工艺和装备、防褐变技术和装备、生全粉鉴定方法及加工性能综合评价、缺陷在线去除技术和装备、薯类全粉共线加工技术和高适应性滚筒干燥机方面取得了6项重大研究成果，构建出了一套完整的马铃薯生全粉加工工艺理论体系，建立了符合马铃薯主食化产品加工的评价标准以及马铃薯内部缺陷快速检测技术。

高适应性清洗脱皮机

能够最大部分地清除物料原料中的泥土和杂质，去除物料的外表皮，尽可能地除去物料皮层中的酶类物质，减轻加工中的褐变，提高产品质量。

创新点

·设计新颖。砂辊在推料螺旋下方呈圆弧状排列，去皮面积最大，可装配砂辊磨削，不锈钢丝辊或高分子材料波浪辊去皮，多辊组合结构，耐磨性能好，去皮率高，更换方便。

·一机多用。可连续清洗不同的原料品种，如马铃薯、红薯、木薯、菊芋、百香果等。

低游离淀粉锉磨机

根据微剪切破碎的机理，减小马铃薯物料的破碎粒度，降低能量消耗。采用挤压破碎和锯齿切削相结合的破碎原理，研制微剪切破碎低游离淀粉锉磨机。

创新点

·采用螺旋挤压方式的微剪切破碎，在机体的挤压槽，采用超大螺旋对清洗去皮后的马铃薯物料进行挤压，使之碎解，然后送入锉磨腔。

·锉磨锯齿适当加大，降低对马铃薯细胞的破碎程度，同时提高锯条的强度和刚度，增强耐用性，减少更换锯条时间，提高工作效率。

·采用将锉磨机滚筒内固定锉磨锯条组件、中心轴带动叶轮转动。

专家评价意见

该项目优化出生产马铃薯生全粉的无硫复合护色剂，研制出高性能清洗去皮机和远红外气流干燥设备，保证了产品色泽和质量，保持马铃薯原有风味和营养，防止马铃薯生全粉制备过程中的褐变，项目既有理论成果又为产业化生产提供了新型实用的装备。在马铃薯生全粉加工工艺和设备方面具有创新性，填补了马铃薯生全粉加工领域的空白，项目整体技术达到国际领先水平。

薯类全粉加工技术究及关键技术、核心设备研发

中国包装和食品机械有限公司承担完成了"薯类全粉加工技术优化研究及关键技术、核心设备研发"课题（2016YFD0401302-03）。课题针对薯类全粉加工技术落后、关键装备适应性差等问题，重点开展了薯类（马铃薯、甘薯、紫薯）全粉共线加工技术、高适应性滚筒干燥技术与XGT20/40高适应性滚筒干燥机装备的研究，取得了突破性、创新性研发成果。

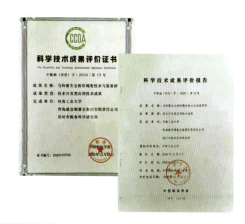

薯类（马铃薯、甘薯、紫薯）全粉共线加工技术

技术创新点：突破了高稳性、大螺距与大直径等比、变频、正反转、双螺带薯泥摊铺技术，实现了紫甘薯高黏稠物料在滚筒干燥机上的均匀摊铺，优化了薯类全粉共线加工技术的生产流程及生产工艺参数，实现了薯类全粉的共线加工生产。

高适应性滚筒干燥技术与XGT20/40高适应性滚筒干燥机

技术创新点：突破了高稳定双螺带式薯泥摊铺技术，实现了薯类不同品性物料快速均匀摊铺；研发了柔性气囊刮刀技术，实现了不停机更换刀片；优化了主滚筒内部结构和表面加工工艺，干燥产量提高5.4%；研制了XGT20/40高适应性滚筒干燥机，实现不同薯类全粉共线生产，提高了设备利用率。

课题成果鉴定意见

2021年5月23日，中国机械工业联合会组织召开了"薯类（马铃薯、甘薯、紫薯）全粉共线加工技术"和"高适应性滚筒干燥技术与XGT20/40高适应性滚筒干燥机"科技成果鉴定会。鉴定委员会认为：薯类共线加工技术填补了国内空白，高适应性滚筒干燥技术及装备达到国际先进水平。

薯类主食化技术提升与装备研发

乐陵希森马铃薯产业集团有限公司牵头承担完成了科技部"十三五"国家重点研发计划"薯类主食化技术提升与装备研发"课题(2016YFD0401303)。该课题所属项目为中国农业机械化科学研究院牵头承担的"薯类主食化加工关键新技术装备研发及示范"项目,课题参与单位有中国食品发酵工业研究院有限公司、河南农业大学、克明面业股份有限公司、郑州米格机械有限公司。课题针对高占比薯类主食新产品(馒头、面包、面条、米粉等)加工过程中的质构成型、连续压延、降黏、快速醒发、智能醒发、自动化包装等关键问题,开展了一系列研究,取得了突破性、创新性研发成果,部分成果达到了国际领先和国际先进水平。

基于三层面带复合的马铃薯挂面生产技术

技术创新点 1 马铃薯面条的三层复合压延成形过程中,内外层面带厚度比为1:3:1,外层面带的含水量37%较为适宜。内外层面带厚度比过高,压延过程中会出现外层面带破损的现象,过低则导致内层面带成形困难;提高面带含水量能增加外层面带的抗延伸位移,使其能与内层面带同步延伸。

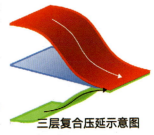

三层复合压延示意图

技术创新点 2 三层复合压延显著提高了马铃薯挂面的抗弯能力,在面条煮制时通过限制小麦淀粉团粒的过度膨胀与马铃薯淀粉分子的溶出,改善了挂面的蒸煮与食用品质。相比普通复合,三层复合马铃薯挂面的弹性模量、断裂应力和断裂位移显著提高($p < 0.05$),最佳蒸煮时间减少了45s,蒸煮损失率减小了37.0%,熟面条黏附性降低了51%。

技术创新点 3 三层复合面带外层的面筋网络结构形成良好,从而改善了面带的整体加工品质与面条产品品质。内层面带与常规复合面带的面筋网络中均存在较多空洞,其面筋蛋白的面积、分支率均显著低于外层面带($p < 0.05$),末梢率和蛋白平均宽度则高于外层面带($p < 0.05$)。面带/面条外层的面筋网络结构均匀且致密,能有效弥补内层面带空洞、蛋白质聚集等缺陷,从而显著改善了面带的拉伸特性。

科学技术成果评价报告

技术创新点 4 三层复合压延方式可显著提高面带的加工品质及面条的蒸煮与食用品质。相比常规复合,同配方下三层复合面带的抗拉能力提高了28.5%,面条的蒸煮损失降低了26.2%,爽滑性提高了50%,而硬度、弹性无显著性差异。

项目成果鉴定意见

2021年4月30日,对"马铃薯非发酵主食加工技术与产品创新"项目成果进行了评价。与会专家一致认为:三层复合压延工艺有效改善了马铃薯面带抗拉能力差、易黏附,面条蒸煮损失大、易断条等技术难题;以冷冻薯泥为配料制作面条,避免了由新鲜马铃薯制备全粉的繁琐工序以及巨大能耗,大幅降低了马铃薯挂面的生产成本,且避免了营养成分的流失和破坏。该项目创新性强,项目整体技术达到国际领先水平。

低 GI 薯类面包制备工艺优化及评价

技术创新点 1 创造性研究面包的 5 种发酵方法(快速发酵法、直接发酵法、中种发酵法、过夜种子面团法、冷藏过夜面团法)对薯粉面包品质及 eGI 值的影响,在面包制备工艺方面探究功效影响,为低 GI 面包制备工艺优化提供指导。

技术创新点 2 系统探究糖元类、膳食纤维类、淀粉酶竞争抑制剂等多类型降 GI 食品原料对薯类面包 eGI 值的影响,结合面团特性及产品品质研究,开展人体 GI 测试,首次研发得到低 GI 薯粉面包,为低 GI 面包的研发提供重要引领作用。

电子器官客观评价数据结果;中种发酵法硬度显著最低($p<0.05$),弹性最高,咀嚼度最小,面包品质相对最高。

项目成果鉴定意见

2021 年 3 月 17 日,对"低 GI 薯类面包制备工艺优化及评价技术"进行了技术鉴定,专家一致认为:筛选和优化了不同含量的马铃薯全粉、菊粉、甘蔗提取物等对面包 eGI 值的影响发酵方法;确认了配方组成,开发了一款低 GI 薯类面包。该项目技术达到国内领先水平。

无模质构成型及智能醒发、烘焙技术

技术创新点 1 多条模具并行、同步注浆技术

利用多条模具钢带组成模具槽并行的方式,可同时进行多条面包条的生产,提高生产效率。

技术创新点 2 槽型模具滚筒技术

滚筒采用片状组装的方式组合而成,在每片之间设置有 5mm×60mm 的槽,便于外部滚筒钢带侧立通过,完成了小钢带和大钢带组成模具槽的需求。

技术创新点 3 超声波多条薄片切割技术

采用此技术可将面包条在运动中利用超声波切刀切成 5mm 左右的薄片。

项目成果鉴定意见

2021 年 5 月 22 日,对"连续自动成型薯类面包自动化生产线——无模质构成型及智能醒发、烘焙技术"项目进行了成果鉴定。评价委员会一致认为:多条模具并行技术实现了多条面包条的同时生产;槽型模具滚筒技术完成了小钢带和大钢带组成模具槽的需求;超声波多条薄片切割技术可将面包条在运动中切成 5mm 左右的薄片;多条同步注浆技术实现了多条模具槽进行注浆成型。该成果达到国际先进水平。

原薯主食制品加工关键技术及装备研发与示范

科技部"十三五"重点研发计划"原薯主食制品加工关键技术及装备研发与示范"课题（2016YFD0401304）已通过技术评审和课题验收。该课题属"薯类主食化加工关键新技术装备研发及示范"项目，课题承担单位为中国机械工业集团有限公司，参与单位为贵州省生物技术研究所、新疆农业科学院综合试验场、大连工业大学、天津科技大学。课题研究了原薯原料在主食制品加工中产品褐变、淀粉回生、营养流失、品控不稳的演变机理；研发了鲜切制品的褐变抑制与品质保持、烘焙制品的质构控制与营养提升、蒸煮制品回生抑制与特色制品工艺优化等新技术，研制出两次剪切制浆、对辊模压成型、桨叶式冲压制泥成型一体机等关键设备，进行了原薯主食和特色食品的生产线、主食厨房模式集成示范。

原薯主食制品加工关键装备

通过中国机械工业联合会组织的成果鉴定，以原薯制浆机、洋芋鱼鱼模压成型机、洋芋粑粑制泥成型一体机为代表的关键装备和技术适用于特色马铃薯制品的加工需求和示范应用，相关研发关键技术和装备达到国际先进水平。原薯制浆机创新设计了二次剪切刀头，采用二次剪切破碎技术和工艺，将淀粉游离率最低降到40%，保留薯浆物料制品的特色风味。洋芋鱼鱼模压成型机采用了模压角＞15°对辊模压成型方式，解决了物料粘黏难成型的问题，实现了特色马铃薯食品成型率≥90%的目标。洋芋粑粑制泥成型一体机研发了桨叶式冲击制泥、螺旋输送和挤压、切制成型等关键技术，实现多功能装备一体化，成型率≥90%。适用于特色马铃薯食品（洋芋粑粑、马铃薯饼等）加工，实现了工业化生产线示范应用。

洋芋鱼鱼及其系列制品

通过贵州省农学会组织召开成果技术评价。洋芋鱼鱼是新疆、甘肃、陕西、山西等地的传统特色马铃薯主食，具有蒸、煮、炒等多种食用形式，产品认知度很高。课题利用现代食品加工技术，开展了洋芋鱼鱼标准化、工厂化加工技术的开发，集成原料筛选、薯浆护色、机械成型、质构调制、营养强化与保质保鲜等综合技术，构建了市场化洋芋鱼鱼加工的技术体系，实现洋芋鱼鱼产品全程机械化生产。该项技术马铃薯添加量达到60%，产品类型覆盖鲜食、速冻、冷藏复配等系列；产品可用于蒸、炒、拌与菜肴制作，易于冷链运输和储存，保质期达到240d。

原薯不脱水蒸煮系列制品

通过贵州省农学会组织召开成果技术评价。系列制品以马铃薯为主要原料，通过不脱水蒸煮制泥工艺，开发出贵州特色洋芋粑粑、薯泥营养餐、速冻马铃薯丸子、马铃薯汤圆、即食型马铃薯素食肠等系列产品，解决了产品成型难及保质期短等难题，产品保质期延长至180d。通过营养强化、工艺调配等技术创新，产品易于存储，食用便捷；原薯材料直接加工降低了产品成本，实现环保与资源有效利用和有机结合。

薯类方便主食课题成果达到国际领先水平

四川光友薯业有限公司牵头承担完成了科技部"十三五"国家重点研发计划"薯类挤压重组方便主食加工关键技术及装备研发与示范"课题（2016YFD0401305）。该课题所属项目为中国农业机械化科学研究院牵头承担的"薯类主食化加工关键新技术装备研发及示范"项目，课题参与单位有中国农业大学、四川省食品发酵工业研究设计院、北京食品科学研究院、安徽正远包装科技有限公司。课题在四川光友薯业有限公司完成薯类挤压重组方便主食制品工艺关键技术与装备研发，以及完成技术集成与示范。

创新四大薯类方便主食

国家"十三五"四大薯类方便主食分别为非油炸薯类方便面、薯类方便粉丝、薯类方便米粉、薯类方便火锅，选用绿色、天然的甘薯、马铃薯、紫薯为原材料，粗细搭配，口感丰富，营养全面。更好地保留了原薯的膳食纤维、维生素、矿物质等多种营养成分，满足消费者需要的合理膳食结构，既保证营养均衡，又有益身体健康。

薯类方便粉丝

首创了鲜薯胶体磨粉碎、全薯粉丝及调味料配料技术；通过薯类全薯粉丝微观可视化研究，首次建立薯类全薯粉丝加工工艺；首次开发全薯粉丝产品并建立技术集成数字化、产业化示范生产线；首创世界首条年产3 600 t具有自主知识产权的薯类全薯方便粉丝示范生产线，形成多种口味、多种包装形式系列产品，实现规模化生产。

非油炸薯类方便面

创新鲜全薯加工薯泥与挤压重组制面工艺技术；突破了非油炸薯类方便面低温冲泡复水技术难关；创新建立了多维度质构数据可视化分析非油炸薯类方便面口感差异的评价方法；创建了年产3 600 t非油炸薯类方便面技术集成数字化、产业化示范生产线。

薯类方便米粉

创新筛选出适宜薯类方便米粉加工专用薯类品种；创新性地采用了挤压成形工艺，连续老化、隧道式分段节能干燥等技术，解决了方便粉丝的复水时间、粘连并条等品质难题；首创世界首条年产2 000 t薯类方便米粉技术集成数字化、产业化示范生产线，创制多口味、多品类、多包装形态的马铃薯方便米粉、甘薯方便米粉系列产品。

薯类方便火锅

通过对薯类方便火锅配方、工艺技术、蔬菜包中甘薯、马铃薯片保脆护色技术、调料包控盐减钠技术研究，创新研制出甘薯、马铃薯全薯干物质高含量的薯类方便主食。开发了薯类方便火锅鲜马铃薯片、鲜甘薯片保脆护色技术，开发了薯类方便火锅控盐减钠工艺技术；研制了薯类方便火锅系列主食并进行了应用示范；研制出以薯类全薯粉丝和薯片蔬菜包等重组包装成甘薯、马铃薯系列薯类方便火锅主食：自热火锅、四川冒菜、自热酸辣粉等，采用冷水自加热或开水冲泡即可食用。

课题成果评价意见

2020年12月，由中国食品科学技术学会在北京组织相关专家对"十三五"薯类方便主食成果"非油炸薯类方便面、薯类方便粉丝、薯类方便米粉、薯类方便火锅"进行了成果评价，认为具国际创新领先水平。

2021年8月，项目牵头承担单位中国农业机械化科学研究院组织绩效评价专家对该课题进行了绩效评价，专家组认为："整体技术达到国际先进水平，薯类方便面、粉丝、米粉生产技术达到国际领先水平，同意该课题通过绩效评价。"

传统条状米面制品智能化加工关键技术装备研发与集成应用

由中国农业机械化科学研究院牵头，联合中国包装和食品机械化有限公司、青岛海科佳智能装备科技有限公司、克明面业股份有限公司、山东鲁花（延津）面粉食品有限公司共同承担的"传统条状米面制品智能化加工关键技术装备研发与集成应用"项目荣获"中国机械工业科技进步奖"一等奖。

项目围绕挂面、米粉加工过程中的关键技术环节及主要瓶颈问题进行深入研究，创新加工工艺，研发核心装备，构建产品品质可追溯体系，提升挂面、米粉工业化加工水平。

创新点 1 ｜ 创新发明了高温改性和低温调质挂面加工工艺，首创米粉加工保湿循环干燥模式，研制高效、节能、分段梯度脱水技术与装备

创新多区分段柔性调节梯度脱水模式，建立含水率与干燥时间的脱水规律数学模型，研制全封闭、全天候、系列化、节能型的智能干燥系统，合格率提高 2%；发明了挂面高温改性（干蒸）和低温调质（面线熟化）加工工艺，创新研发了以"华夏一面"和"鲁花经典"为标志的优质挂面品牌；研发米粉保湿循序脱水工艺，首创保湿循环全自动米粉干燥系统，实现米粉工业化加工从无到有的重大突破；创新利用无动力排气热能回收、蒸汽冷凝水二次循环利用等技术措施，降低热能损失大于 15%。

创新点 2 ｜ 研究条状米面制品的性状特点，创制高效切断、精准计量、高速包装加工装备

突破传统单层滚刀切断方式，研发了挂面双层垂直分切高效切断机；基于米粉性状特点，首创米粉专用切断装置；突破双通道称量和多规格自适应捆扎技术，研发了自动高效精准称量和捆扎设备；创新 M 型自动制袋等核心技术，研制了条状物料制袋、装填、封口一体化包装系统。切断误差 ≤ 2mm，计量速度提高 1 倍，包装速度 90 包 / min，合格率大于 98%，节约人工 50%，整体技术达到国际先进水平。

创新点 3 ｜ 构建挂面、米粉加工技术装备集成和产品品质可追溯体系

通过集成供粉配粉、和面压延、保质干燥、切断包装等核心环节，创建日产 80 t 国际最大规模挂面加工生产线；通过对清洗、挤丝、老化、脱水、切断和包装进行连续化技术开发和系统集成优化，首创米粉加工从原料到成品包装的全程自动化生产；应用智能化、网络化远程监控技术，构建挂面、米粉加工技术装备集成和产品品质可追溯体系，减少人员投入 50%。

项目成果鉴定意见

项目的顺利实施和推广应用促进了挂面、米粉生产技术装备水平的快速提升，引领并推动了我国传统条状米面制品行业的高质量发展。

经中国食品科学技术学会鉴定，项目整体技术达到国际先进水平。

牛羊屠宰与畜禽分割技术装备研发示范

中国农业机械化科学研究院牵头承担完成了科技部"十三五"国家重点研发计划"牛羊屠宰与畜禽分割技术装备研发与示范"项目（2018YFD0700800）。项目针对牛羊屠宰装备落后，畜禽自动化分级分割装备缺乏，瞄准过程卫生、自动高效等关键问题，开展了一系列研究，取得了创新性研发成果。

创制的羊多工位高效扯皮机、内脏卫检同步系统在内蒙古美洋洋完成示范推广，创制的家禽分割产品快速分级系统、家禽分割主要设备在北票宏发示范应用，突破了制约家畜屠宰加工规模化生产的关键技术瓶颈，解决了畜禽屠宰加工效率和避免食品卫生安全隐患等问题。

羊多工位高效扯皮机

突破了双动力驱动的、多种空间动作相互配合的去皮技术，实现了多工位连续自动化扯皮作业，大幅提升关键单机加工效率，有效降低劳动强度。扯皮部件旋转速度与生产能力自动匹配，满足柔性扯皮加工要求，皮张破损率≤1%，有效提升产品质量，降低肉损失。

家禽自动割生产线

完成了"家禽自动化分割技术和装备研发与示范"课题，开发了家禽分割产品快速分级系统，实现挂禽区、烫毛、脱毛、掏膛、预冷及分割的自动化流水作业，集成了家禽自动分割生产线。解决了分割作业人员多，生产效率低等问题，全面提升我国家禽加工技术水平，打破了发达国家对我国的技术垄断。

专家评价意见

该项目研制了羊多工位高效扯皮机、内脏卫检同步系统、家禽快速分级系统等，建立了羊屠宰加工生产线，加工能力达 480 只/h；建立了家禽自动分割生产线，加工能力达 6 020 只/h，实现了畜禽屠宰加工自动化、标准化生产，提升了产品品质和卫生安全水平，经济社会效益显著。

食品新型压榨与微细化加工技术与装备开发

中机康元粮油装备（北京）有限公司承担完成了科技部"十三五"重点研发计划"食品新型压榨与微细化加工技术与装备开发"课题（2016YFD0400305）。该课题所属项目为浙江大学"食品工程化与智能化加工新技术装备开发研究"项目。课题参与单位有中国农业大学、北京工商大学、廊坊通用机械制造有限公司。

课题针对设备存在"生产效率低、稳定性差、智能化程度低、压榨理论研究不足"等突出问题，开展了一系列研究，取得了突破性、创新性研发成果，部分成果达到了国际先进水平。

技术创新点 1

项目采用了新型高效传动、榨膛适宜增压构建，压榨全程应力应变智能监测及控制、容积式压榨机的全自动喂料、出饼及压榨全程自动化控制等油脂加工新技术。

技术创新点 2

项目通过对油料压榨应力应变与传热传质机理技术研究，构建了榨螺与流体域模型以及油料压榨的应力-应变曲线。

技术创新点 3

开发的 WYZ5.0 全自动容积压榨机，实现了对珍稀油料的连续化规模化生产和自动控制，提高了设备产能；开发的 SLZ-50 低温榨油机，在螺旋铠甲化、压力云图建立和分布式智能压榨监测系统等关键技术和装备上取得了突破，填补了部分领域空白，有效地提升了设备的使用寿命和信息化控制水平。

项目成果评价意见

2021 年 6 月 19 日，中国粮油学会组织专家对"食品新型压榨与微细化加工技术研究与装备开发"项目成果进行了评价。与会专家一致认为：项目以高效智能化低温压榨装备为研究目标，引领油料压榨领域向绿色清洁、优质优用方式转变，整体技术达到国际先进水平。

低钠盐中式火腿相揉腌制设备和快速风干成熟控制系统研制

中国包装和食品机械有限公司承担了科技部"十三五"国家重点研发计划"低钠盐中式火腿辊揉腌制设备和快速风干成熟控制系统研制"课题（2016YFD0401502-02）。该课题所属项目为江苏雨润肉食品有限公司牵头承担的"中式传统肉制品绿色制造关键技术与装备研发及示范"项目。

课题针对干腌火腿加工周期长、盐分含量高、工艺装备落后、产品单一等关键问题，研制出的火腿自动辊揉腌制机、智能化控制的火腿快速风干成熟控制系统，已在江苏长寿集团实现产业化应用。

火腿快速风干成熟控制系统

构建的智能化温湿度控制系统，实现了传统干腌火腿连续化、自动化风干发酵，大幅节约人工数量，降低能耗，有效降低生产成本，缩短火腿工艺时间50%，达到工业化生产的技术要求，大幅提升了企业的加工技术水平和产能。

火腿自动相揉腌制设备

开发的火腿辊揉腌制自动化加工设备加工能力480条/h，辊揉频率70次/min，解决了干腌火腿品质不稳定、高盐和手工生产等难题。设备采用仿形压辊和托板对火腿进行反复辊揉、弯曲挤压和拉伸，使肌肉组织疏松柔软，有效促进盐分渗透吸收，提升火腿品质。

专家评价意见

该课题研制的火腿自动辊揉腌制设备、快速风干成熟控制系统，设备填补了国内空白，实现了火腿辊揉自动化加工及工艺参数自动化控制，突破了制约行业发展的技术难点，改变了传统干腌火腿加工技术装备落后的现状。